# LAW
## BIG DATA
### 法律大数据
案由法条关联丛书

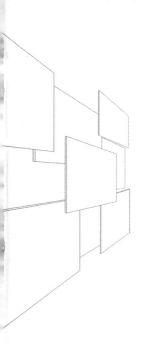

# LAW
# BIG DATA
# 法律大数据

案由法条关联丛书

丛书主编 王 竹

数据分析：四川大学法学院法律大数据实验室
数据支持：法合实验室

COMMERCIAL DISPUTES:
CORPORATION, ENTERPRISE AND BANKRUPTCY

# 商事纠纷：公司、企业与破产

主编 汪 灏
副主编 袁淼英 李俊良

**图书在版编目（CIP）数据**

商事纠纷：公司、企业与破产/汪灏主编. —北京：北京大学出版社，2019.1

（法律大数据·案由法条关联丛书）

ISBN 978-7-301-30055-8

Ⅰ.①商… Ⅱ.①汪… Ⅲ.①企业—经济纠纷—民事诉讼—案例—中国 Ⅳ.①D925.105

中国版本图书馆 CIP 数据核字（2018）第 261036 号

| | |
|---|---|
| **书　　名** | 商事纠纷：公司、企业与破产<br>SHANGSHIJIUFEN：GONGSI、QIYE YU POCHAN |
| **著作责任者** | 汪　灏　主编 |
| **丛书策划** | 陆建华 |
| **责任编辑** | 陆建华 |
| **标准书号** | ISBN 978-7-301-30055-8 |
| **出版发行** | 北京大学出版社 |
| **地　　址** | 北京市海淀区成府路 205 号　100871 |
| **网　　址** | http://www.pup.cn　http://www.yandayuanzhao.com |
| **电子信箱** | yandayuanzhao@163.com |
| **新浪微博** | @北京大学出版社　@北大出版社燕大元照法律图书 |
| **电　　话** | 邮购部 010-62752015　发行部 010-62750672<br>编辑部 010-62117788 |
| **印 刷 者** | 北京中科印刷有限公司 |
| **经 销 者** | 新华书店 |
| | 880 毫米×1230 毫米　32 开本　33.125 印张　1250 千字<br>2019 年 1 月第 1 版　2019 年 1 月第 1 次印刷 |
| **定　　价** | 98.00 元 |

未经许可，不得以任何方式复制或抄袭本书之部分或全部内容。
**版权所有，侵权必究**
举报电话：010-62752024　电子信箱：fd@pup.pku.edu.cn
图书如有印装质量问题，请与出版部联系，电话：010-62756370

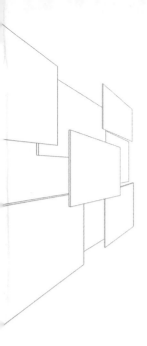

# 法律大数据·案由法条关联丛书编委会

## 主 任

王 竹

## 副主任

程慧芳 徐继敏 魏 东

## 编委会成员（按照姓氏拼音排序）

陈宝贵 程慧芳 范 围 侯国跃 刘召成 汪 灏 王 皓
王 竹 魏 东 徐继敏 徐 鹏 袁淼英 张晓远 张新峰 曾学原

## 数据分析

四川大学法学院法律大数据实验室

## 数据支持

法合实验室

# 总目录

快速入门指南 …………………………………………… 01
丛书编写说明 …………………………………………… 03
《商事纠纷:公司、企业与破产》分册编写说明 …………… 11
目录 …………………………………………………… 13

第一编　案由关联法条索引 ………………………………… 0001
第二编　核心法律条文主要适用案由及关联法条索引 ………… 0083
第三编　本书关联法条全文 ………………………………… 0789
法律规范性文件简全称对照索引表 ………………………… 0987
后记 …………………………………………………… 1003

# 快速入门指南

本丛书基于"法合实验室"提供的"千万级"的裁判文书库和"百万级"法律规范性文件库,由"星云律例"(Galawxy)法律大数据引擎和法律专业团队联袂提供如下快速检索功能:

1. 通过本书第一编"案由关联法条索引"可快速检索在该案由下<u>最常见</u>适用的<u>全部</u>法律规范性文件<u>条文</u>,本丛书按照法条相关度星级(★)进行排序。

2. 通过本书第二编"核心法律条文主要适用案由及关联法条索引"可快速检索核心法律每个条文主要适用的<u>案由</u>和<u>同时适用</u>的法律规范性文件<u>条文</u>,本丛书按照法条相关度星级(★)进行排序。

3. 通过本书第三编"本书关联法条全文",可查阅本书涉及的<u>全部</u>法律规范性文件的<u>条文</u>全文。

4. 本书涉及的每个<u>案由</u>和每部<u>法律</u>规范性文件首页,以及"法律规范性文件<u>简全称对照索引表</u>"均配有"法合二维码",手机扫码可以直接进入"法合案由"和"法合法规"大数据平台,检索与最高人民法院"中国裁判文书网"同步更新的司法实务动态和法律规范性文件更新,更多的法律大数据逐步更新上线!

5. 读者也可以直接访问:www.LawSum.com,获取"法合实验室"的全部法律大数据资源!

更多检索功能和详细使用说明,参见本书"丛书编写说明"和各分册编写说明。

# 丛书编写说明

**1. 丛书内容编排方式**

本丛书根据人民法院立案时采用的民事、刑事、行政立案案由编写各分册,并根据案由相关度作适当合并。

每分册分为"案由关联法条索引""核心法律条文主要适用案由及关联法条索引"和"本书关联法条全文"三编。其中,每分册第一编"案由关联法条索引"和第二编"核心法律条文主要适用案由及关联法条索引"只列出法律规范性文件名称简称和条文号及其条文主旨,第三编"本书关联法条全文"列出相关法律条文的正文可供按需查阅。三编既可以进行交叉检索查阅,又避免了篇幅的重复。

1.1 "案由关联法条索引"

每分册第一编"案由关联法条索引"按照案由顺序展开,每个案由一般再分为"主要适用的法条及其相关度"和"常见适用的其他法条"两部分。

"主要适用的法条及其相关度"部分,参考最高人民法院《关于裁判文书引用法律、法规等规范性法律文件的规定》(法释[2009]14号)第3—5条的规定,分析依法可以在裁判文书中作为裁判依据引用的全国性、实体性的法律、法规和司法解释等法律规范性文件及其相关度。在排列顺序上,按照法律、法律解释、行政法规及行政法规解释、司法解释和部门规章的顺序排列;相同顺位法律规范性文件按照各自权重最高法条的权重排列。

"常见适用的其他法条"(不区分星级)部分则列出在裁判文书数量较大的案由中,尽管实际引用率相对不高,但法律专业人士根据经验认为仍然具有重要性的法律条文。① 如果"常见适用的其他法条"的显著度不高,则不予罗列。

对于案件数量极少的案由,由于不具备进行法律大数据分析的前提,则

---

① 之所以出现这种情况,是由于最高人民法院发布的部分案由细化程度不够,导致部分条文适用的相关度被淡化。未来"法律大数据实验室"将在法律大数据分析的基础上提出案由的细化建议,方便司法适用。

仅列出全部的"常见适用的法条"(不区分星级),供读者参考。极少数案由尚无足够数量判决书可供法律大数据分析,本丛书也在相应位置予以了说明。

1.2 "核心法律条文主要适用案由及关联法条索引"

每分册第二编"核心法律条文主要适用案由及关联法条索引"选择每分册案由对应的核心法律①、法规(一般是实体性法律②)和重要行政法规,按照法律条文顺序展开,每个条文之下,除了由"法律大数据实验室"拟定的条文主旨和条文正文之外,分为"主要适用的案由及其相关度"和"同时适用的法条及其相关度"两个部分。

"主要适用的案由及其相关度"是指本条文在超过 5000 万份裁判文书中,主要适用于哪些案由以及相关度。

"同时适用的法条及其相关度"是指本法条在被判决书作为裁判依据时,同时被引用的其他法律条文及其相关度。

1.3 "本书关联法条全文"

每分册第三编"本书关联法条全文"列出了第一编和第二编涉及的全部法律条文的条文主旨和条文内容,但不重复列出每分册第二编的核心法律③,也不列出在每分册没有涉及的法律条文。在每部法律规范性文件名称和每个条文的条文主旨之后,根据在每分册涵盖案由中的整体被引用情况和法律专业人士的经验判断,根据权重标记为★★★★★到★。

## 2. 法合码 = 法合索引码 + 法合二维码

为方便查阅,"法律大数据实验室"与"法合实验室"共同设计了"法合码",包括"法合索引码"与"法合二维码"两部分。在"法合码"网站(Key.LawSum.com)输入"法合索引码"或者通过手机扫描"法合二维码"后,均可进入对应的"法合码"页面。

---

① 考虑到《民法通则》的特殊法律地位,本编按照其各章最相关的主题纳入各分册。

② 除了实体法,对程序法上包含的少数实体性法律规范,本丛书也作为实体性规范纳入第二编。

③ 考虑到《民法通则》的特殊法律地位,本分册第二编列出了《民法通则》部分条文的,在第三编如有涉及,仍然按照前两编列出的条文序号列出相应的《民法通则》条文全文。

2.1 "法合索引码"

其以不同字母开头索引不同类别的法律大数据资源,现阶段包括"法规索引码"和"案由索引码"两类。

2.1.1 "法规索引码"以字母 L 开头,对每部法律规范性文件进行编码,例如"L1.1.1《中华人民共和国宪法》"。

2.1.2 "案由索引码"以案件类型区分。

民事案由以字母 M 开头,按照《民事案件案由规定》(法[2011]42 号)的四级案由序号编号,例如"M9.30.347.1 公共场所管理人责任纠纷"。

刑事案由以字母 X 开头,按照罪名所在刑法分则主要条文的章、节、条、款命名;历次"修正案"增加的"之一""之二""之三"等条款以条序号加"-1""-2""-3"等表示;同一款有多个罪名的,按照顺序命名,例如"X3.4.177-1.2 窃取、收买、非法提供信用卡信息罪"。①

行政案由以字母 Z 开头,按照《最高人民法院关于规范行政案件案由的通知》(法发[2004]2 号)的规定,由"行政管理范围""行政行为种类"和"是否涉及行政赔偿"三段序号进行组合;"行政管理范围"有二级分类的,标记为 1、2、3……;不涉及行政赔偿的,标记为 0,涉及行政赔偿的标记为 1,例如"Z13.1.0 道路交通行政处罚"和"Z13.0.1 道路交通行政赔偿"。②

2.2 "法合二维码"

本丛书在全部案由和每部法律规范性文件标题旁边均附有由"法合二维码"及其对应的"法合索引码"组成的完整"法合码"。用户可以根据需要直接扫描"法合二维码"查看详细内容和更新信息,并享受"法合码"的部分免费服务。

### 3. 丛书检索功能

本丛书经过专业法律团队的精心编排,实现多种快速检索法律规范性文件条文(现阶段仅限于法律、行政法规和司法解释)和案由(部分案由需要跨分册检索)的核心功能,并通过"法合码"提供扩展检索功能和更新服务。

---

① 唯一的例外是"骗购外汇罪"。该罪名的法律依据是《全国人民代表大会常务委员会关于惩治骗购外汇、逃汇和非法买卖外汇犯罪的决定》第 1 条,序列为"X0.1.1",以指称"刑法之外"的"第 1 部"立法机关决定的"第 1 条"规定的罪名。

② 这样编号的好处是能够涵盖所有可能的行政案由种类,但实务中并非所有的行政部门都可以作出全部 27 种行政行为,所以部分编号可能为空。

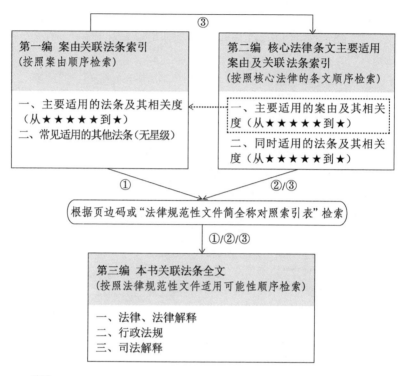

说明：

1. 上图为本丛书核心检索功能①②③检索方式的演示图；虚线为根据第二编的"案由"为第一编切换的路径。

2. 除"核心检索功能"外，本书还具有"扩展检索功能"：不仅可通过"法合码"（手机扫"法合二维码"或电脑检索"法合索引码"）替代"核心检索功能"，还能提供内容更新服务。

**核心检索功能①**：通过"案由"快速检索可能适用的全部法条

适用情形：读者已经确定要适用的案由，希望查找可能适用的全部法条。

第一步：利用第一编"案由关联法条索引"提供的每个案由的"主要适用的法条及其相关度"和"常见适用的其他法条"，协助读者根据案由索引，按照从★★★★★到★的顺序，通过浏览【条文主旨】快速地检索到可能适用的全部法条条文序号。

第二步：按照条文序号，在本书第三编"本书关联法条全文"找到条文的全文。读者可以通过法律规范性文件简称对应的页边码，或者通过本书"法律规范性文件简称全称对照索引表"找到其所在的页码。

**核心检索功能②**：通过"核心法律条文"快速检索可能适用的案由和其他关联法条

适用情形：读者已经确定要适用的"核心法律的条文"，希望确定可能适用的案由和查找其他关联法条。

第一步：利用第二编"核心法律条文主要适用案由及关联法条索引"提供的每个核心法律条文的"主要适用的案由及其相关度"，协助读者根据核心法律条文索引，按照从★★★★★到★的顺序，通过浏览案由名称快速地检索到可能适用的案由。（如果可能适用多个案由，如存在违约和侵权的请求权竞合，可以转而使用"核心检索功能①"尝试通过不同案由进行检索，以比较以哪种案由提起诉讼更为有利。）

第二步：利用第二编"核心法律条文主要适用案由及关联法条索引"提供的每个核心法律条文的"同时适用的法条及其相关度"，协助读者根据核心法律法条索引，按照从★★★★★到★的顺序，通过浏览【条文主旨】快速地检索到可能同时适用的全部法律条文法条序号。

第三步：按照条文序号，在本书第三编"本书关联法条全文"找到条文的全文。读者可以通过法律规范性文件简称对应的页边码，或者通过本书"法律规范性文件简称全称对照索引表"找到其所在的页码。

**核心检索功能③**：通过"案由＋核心法律条文"快速检索可能适用的全部法条

适用情形：读者已经确定要适用的案由，且有能力识别可能适用的"核心法律条文"，希望快速查找可能适用的全部其他法条。

第一步：利用第一编"案由相关法条索引"提供的每个案由的"主要适用的法条及其相关度"和"常见适用的其他法条"，协助读者根据案由索引，按照从★★★★★到★的顺序，通过浏览【条文主旨】快速地检索到可能适用的"核心法律条文"的条文序号。

第二步：对于每个可能适用的"核心法律的条文"，再利用第二编"核心法律条文主要适用案由及关联法条索引"提供的每个核心法律条文的"同时适用的法条及其相关度"，协助读者根据核心法律法条索引，按照从★★★★★到★的顺序，通过浏览【条文主旨】快速地检索到全部可能同时适用法律条文的法条序号。（如果可能适用多个案由，如存在违约和侵权的请求权竞合，可以转而使用"核心检索功能①"尝试通过不同案由进行检索或者再利用"核心检索功能③"第一步尝试通过不同案由进行检索，以比较以哪种案由提起诉讼更为有利。)

第三步:按照条文序号,在本书第三编"本书关联法条全文"找到条文的全文。读者可以通过法律规范性文件简称对应的页边码,或者通过本书《法律规范性文件简称全称对照索引表》找到其所在的页码。

**扩展检索功能**:通过"法合码"实现上述功能和更新服务

方法一:手机扫描"法合二维码"。

每个案由和每部法律规范性文件标题旁边均附有"法合二维码",或利用本书《法律规范性文件简称全称对照索引表》按照法律规范性文件简称的拼音顺序检索到每部法律规范性文件的"法合二维码"。通过手机扫描"法合二维码"进入"法合码"系统后,按照提示即可更加方便地辅助实现上述检索功能。

方法二:输入"法合索引码"。

每个"法合二维码"下均有对应的"法合索引码",访问"法合码"网站(Key. LawSum. com),按照提示输入"法合索引码",就可以获得和手机扫描"法合二维码"相同的服务。

### 4. 其他

#### 4.1 相关度

本丛书所称"相关度",是对超过 5000 万份裁判文书案由和裁判依据进行大数据分析,在裁判依据实际引用情况的基础上,参考法律专业人士的经验判断进行调整后,根据权重标记为★★★★★到★。极少数法条尚无足够数量判决书可供法律大数据分析,本丛书也在相应位置予以了说明。

4.2 本丛书所称"法条",为"法律规范性文件条文"的简称;所称"法律条文"为"法律及法律解释文件条文"的简称。

#### 4.3 页边码

本丛书第一、二编的页边码,为所对应法律规范性文件在本书第三编的页码。

#### 4.4 法律规范性文件简称全称对照索引表

为了最大限度地方便查阅和节约篇幅,本丛书每分册第一编和第二编中涉及的法律规范性文件名称采用简称，并制作"法律规范性文件简全称对照索引"，对全书中涉及的所有法律条文均标记条文主旨。

该表的设计有利于法律规范性文件简全称的对照，并可用于在本书检索或扫码获取法律规范性文件内容。

本丛书涉及的每部法律规范性文件简称，均由"法律大数据实验室"根据裁判文书中法院在说理部分引用时常见的缩略方式，参考法律专业人士的缩略习惯确定，希望通过进一步的规范来建立法律规范性文件简称的使用标准。

本丛书涉及的条文主旨均由"法律大数据实验室"根据法律专业人士通行的使用习惯，并尽量照顾到每个条文中的每款内容进行编写，希望通过进一步的规范来建立条文主旨的编写标准。

王　竹<br>2018 年 11 月 30 日更新

# 《商事纠纷:公司、企业与破产》分册编写说明

《商事纠纷:公司、企业与破产》一书是"法律大数据·案由法条关联丛书"的第五本。就本书的编写情况,在此作简要说明。

## 1. 数据分析单位

本书的法律大数据分析由"法合实验室"提供数据支持,"法律大数据实验室"负责数据分析。

## 2. 数据分析范围

本书的法律大数据分析全样本为"中国裁判文书网"自2014年1月1日到2018年8月31日公布的超过5000万份裁判文书。

## 3. 案由涵盖范围

《民事案件案由规定》(法[2011]42号)的第八部分"与公司、证券、保险、票据等有关的民事纠纷"(M8.20.228—M8.23.285),合计68个案由。

## 4. 案由编排顺序

考虑到《民事案件案由规定》的顺序,在编排上先列出"与企业有关的纠纷",再列出"与公司有关的纠纷",再次列出"合伙企业纠纷",最后列出"与破产有关的纠纷"。

## 5. 核心法律选取

本书选取的核心法律包括《公司法》全文(218个条文)、《企业破产法》全文(136个条文)、《合伙企业法》全文(109个条文)和《个人独资企业法》全文(48个条文)。合计511个条文。

## 6. 人工干预措施

本书编写过程中,在各案由和各核心法律法条大数据分析结果上,经过

征求法学研究和司法实务人员的意见,对部分数据进行了人工干预。主要干预措施如下:

第一,根据对法律条文本身和所适用的裁判文书内容进行的大数据分析提示,部分法条可能被错误引用,经过人工确定后进行了相应的干预。

第二,部分法律的新修改条文和新颁布的司法解释本身尚未被适用或者仅被少量适用,但根据对裁判文书历史数据的大数据分析,进行了一定的预测性干预,其效果仅具有提示性。

第三,部分司法解释尽管在近年来公布的案例中仍然存在少数适用的情形,但已经被废止,从本书的实用性角度出发,为避免混淆,予以删除。

本书编写过程受到裁判文书数据数量、质量和分布的客观限制,可能与实务存在一定的偏差,敬请读者谅解。也欢迎读者提出宝贵意见和建议。本书的出版得到中共成都市委党校资助,课题编号 Z-2018-1,在此表示衷心感谢。

汪灏

2018 年 8 日 31 日

# 目 录

## 第一编
## 案由关联法条索引

**M8　与公司、证券、保险、票据等有关的民事纠纷** …………★ 0003

**M8.20　与企业有关的纠纷** ……………………………………★★ 0006

- M8.20.228　企业出资人权益确认纠纷………………………★ 0007
- M8.20.229　侵害企业出资人权益纠纷………………………★ 0011
- M8.20.230　企业公司制改造合同纠纷………………………★ 0014
- M8.20.231　企业股份合作制改造合同纠纷…………………★ 0014
- M8.20.232　企业债权转股权合同纠纷………………………★ 0015
- M8.20.233　企业分立合同纠纷………………………………★ 0015
- M8.20.234　企业租赁经营合同纠纷…………………………★★ 0016
- M8.20.235　企业出售合同纠纷………………………………★★ 0017
- M8.20.236　挂靠经营合同纠纷………………………………★★★★ 0018
- M8.20.237　企业兼并合同纠纷………………………………★ 0019
- M8.20.238　联营合同纠纷……………………………………★★★ 0019
- M8.20.239　企业承包经营合同纠纷…………………………★★★ 0020
  - M8.20.239.1　中外合资经营企业承包经营合同纠纷……★ 0021
  - M8.20.239.2　中外合作经营企业承包经营合同纠纷……★ 0021
  - M8.20.239.3　外商独资企业承包经营合同纠纷………… 0021
  - M8.20.239.4　乡镇企业承包经营合同纠纷………………★ 0021
- M8.20.240　中外合资经营企业合同纠纷……………………★ 0023
- M8.20.241　中外合作经营企业合同纠纷……………………★ 0023

**M8.21 与公司有关的纠纷** ★★ 0024

M8.21.242　股东资格确认纠纷 ★★★ 0026

M8.21.243　股东名册记载纠纷 ★★ 0028

M8.21.244　请求变更公司登记纠纷 ★★ 0029

M8.21.245　股东出资纠纷 ★★ 0030

M8.21.246　新增资本认购纠纷 ★★ 0031

M8.21.247　股东知情权纠纷 ★★★ 0032

M8.21.248　请求公司收购股份纠纷 ★ 0033

M8.21.249　股权转让纠纷 ★★★★ 0034

M8.21.250　公司决议纠纷 ★★ 0037

　M8.21.250.1　公司决议效力确认纠纷 ★★ 0037

　M8.21.250.2　公司决议撤销纠纷 ★★★ 0038

M8.21.251　公司设立纠纷 ★ 0038

M8.21.252　公司证照返还纠纷 ★★ 0041

M8.21.253　发起人责任纠纷 ★ 0042

M8.21.254　公司盈余分配纠纷 ★★ 0043

M8.21.255　损害股东利益责任纠纷 ★★ 0045

M8.21.256　损害公司利益责任纠纷 ★★ 0047

M8.21.257　股东损害公司债权人利益责任纠纷 ★★★ 0048

M8.21.258　公司关联交易损害责任纠纷 ★ 0049

M8.21.259　公司合并纠纷 ★ 0049

M8.21.260　公司分立纠纷 ★ 0051

M8.21.261　公司减资纠纷 ★ 0051

M8.21.262　公司增资纠纷 ★★ 0052

M8.21.263　公司解散纠纷 ★★★ 0053

M8.21.264　申请公司清算 ★ 0054

M8.21.265　清算责任纠纷 ★★ 0054

M8.21.266　上市公司收购纠纷 0056

M8.22　合伙企业纠纷 …………………………………… ★ 0056

 M8.22.267　入伙纠纷………………………………… ★★ 0060

 M8.22.268　退伙纠纷………………………………… ★★ 0061

 M8.22.269　合伙企业财产份额转让纠纷…………… ★ 0062

M8.23　与破产有关的纠纷 ……………………………… ★ 0065

 M8.23.270　申请破产清算…………………………… ★ 0067

 M8.23.271　申请破产重整…………………………… ★ 0067

 M8.23.272　申请破产和解…………………………… 0068

 M8.23.273　请求撤销个别清偿行为纠纷………… ★★ 0068

 M8.23.274　请求确认债务人行为无效纠纷……… ★★ 0069

 M8.23.275　对外追收债权纠纷…………………… ★★ 0069

 M8.23.276　追收未缴出资纠纷……………………… ★ 0071

 M8.23.277　追收抽逃出资纠纷……………………… ★ 0072

 M8.23.278　追收非正常收入纠纷…………………… ★ 0072

 M8.23.279　破产债权确认纠纷…………………… ★★★ 0073

  M8.23.279.1　职工破产债权确认纠纷………… ★★ 0074

  M8.23.279.2　普通破产债权确认纠纷………… ★★ 0075

 M8.23.280　取回权纠纷…………………………… ★★ 0075

  M8.23.280.1　一般取回权纠纷………………… ★ 0077

  M8.23.280.2　出卖人取回权纠纷……………… ★ 0078

 M8.23.281　破产抵销权纠纷………………………… ★ 0078

 M8.23.282　别除权纠纷……………………………… 0079

 M8.23.283　破产撤销权纠纷……………………… ★★ 0080

 M8.23.284　损害债务人利益赔偿纠纷……………… ★ 0080

 M8.23.285　管理人责任纠纷………………………… ★ 0081

# 第二编
# 核心法律条文主要适用案由及关联法条索引

**中华人民共和国公司法** ················································ ★★★★ 0085
 **第一章　总则** ·························································· 0085
  第 1 条【公司法立法宗旨】 ································· ★★ 0085
  第 2 条【公司类别】 ············································ ★ 0087
  第 3 条【公司法人制度】 ··································· ★★★ 0091
  第 4 条【公司股东权利】 ····································· ★★ 0093
  第 5 条【公司的社会责任】 ····································· ★ 0097
  第 6 条【公司设立的登记、审批；公司对于登记事项的公开
    义务】 ······························································ ★ 0101
  第 7 条【公司营业执照的签发、记载事项以及换发】 ············ ★★ 0104
  第 8 条【公司名称中特别标明公司类型的义务】 ·············· ★★ 0107
  第 9 条【公司组织形式的变更应当满足的条件及债权债务的
    承继】 ···························································· ★★ 0109
  第 10 条【公司的住所】 ········································ ★ 0110
  第 11 条【公司的章程及其效力】 ···························· ★★ 0112
  第 12 条【公司经营范围的登记、变更和审批】 ················ ★ 0117
  第 13 条【公司的法定代表人】 ······························· ★★ 0121
  第 14 条【分公司的法律地位；子公司的法律地位】 ········ ★★★★ 0125
  第 15 条【公司向其他企业投资的权利及其限制】 ··············· ★ 0126
  第 16 条【公司对外投资或为他人提供担保的条件和
    限制】 ·························································· ★★★ 0129
  第 17 条【公司职工的权益保护】 ······························· ★ 0131
  第 18 条【公司的工会制度】 ···································· ★ 0132
  第 19 条【公司中的党组织活动】 ······························· ★ 0134

第20条【禁止股东权利滥用;滥用股东权利的法律
　　　　责任】……………………………………………★★★ 0138
第21条【关联交易的限制】………………………………★★ 0140
第22条【股东会、股东大会、董事会决议的效力;股东对于会议
　　　　决议的撤销之诉】……………………………… ★★ 0144

## 第二章　有限责任公司的设立和组织机构 ………………… 0147

第23条【有限责任公司的设立条件】……………………… ★ 0147
第24条【有限责任公司的股东人数】……………………… ★ 0150
第25条【有限责任公司章程应载明事项】………………… ★ 0154
第26条【有限责任公司注册资本认缴制;注册资本特别
　　　　规定】……………………………………………★★ 0156
第27条【股东出资方式及其限制;非货币出资的评估作价
　　　　规定】……………………………………………… ★ 0159
第28条【股东出资义务的履行及其违约责任】…………★★ 0161
第29条【有限责任公司的设立登记】……………………… ★ 0163
第30条【出资人的出资财产有权利瑕疵时的股权认定与处置
　　　　方式】……………………………………………… ★ 0166
第31条【股东出资证明书的签发与载明事项】…………★★ 0170
第32条【股东名册的载明事项和效力;股东名册的登记
　　　　管理】……………………………………………★★ 0171
第33条【股东的知情权;股东查阅公司会计账册的权利及
　　　　司法救济】………………………………………★★ 0174
第34条【股东红利分配规则;公司新增资本时股东的优先认
　　　　购权】……………………………………………… ★ 0176
第35条【股东不得抽逃出资的义务】……………………★★ 0178
第36条【有限责任公司股东会的组成及法律地位】……★★ 0181
第37条【公司股东会职权】………………………………… ★ 0184
第38条【有限责任公司首次股东会会议的召集和主持】… ★ 0187
第39条【有限责任公司股东会会议的类型及召开制度】… ★ 0190
第40条【有限责任公司股东会会议的召集与主持】……… ★ 0191

第41条【股东会会议的召集通知及会议记录】………………★ 0193

第42条【有限责任公司股东会表决权行使规则】……………★ 0194

第43条【有限责任公司股东会的议事方式和表决程序】………★ 0195

第44条【有限责任公司董事会的组成】………………………★ 0197

第45条【有限责任公司董事的任期】…………………………★ 0200

第46条【有限责任公司董事会的职权】………………………★ 0202

第47条【有限责任公司董事会会议的召集与主持】……………★ 0204

第48条【有限责任公司董事会的议事方式和表决程序】………★ 0207

第49条【有限责任公司经理的聘任及其职权】…………………★ 0208

第50条【小型有限责任公司执行董事的设立】…………………★ 0211

第51条【有限责任公司的监事会组成】………………………★ 0215

第52条【有限责任公司监事的任期】…………………………★ 0218

第53条【有限责任公司监事会的职权】………………………★★ 0220

第54条【有限责任公司监事的建议权、质询权和调查权】………★ 0221

第55条【有限责任公司监事会会议制度】……………………★ 0224

第56条【有限责任公司监事会行使职权的费用由公司承担】…★ 0225

第57条【一人有限责任公司的法律适用；一人有限责任公司的定义】………………………………………………………★★ 0226

第58条【一人有限责任公司设立的限制】……………………★★ 0227

第59条【一人有限责任公司登记中的特别载明事项】…………★ 0228

第60条【一人有限责任公司的公司章程制定】…………………★ 0234

第61条【一人有限责任公司股东决定的形成机制】……………★ 0237

第62条【一人有限责任公司的会计制度】……………………★★ 0240

第63条【一人有限责任公司的法人人格否认制度】……………★★★ 0241

第64条【国有独资公司的定义及其设立和组织机构的法律适用】………………………………………………………★★★ 0243

第65条【国有独资公司章程的制定与批准】……………………★ 0244

第66条【国有独资公司股东权的行使】………………………★ 0246

第67条【国有独资公司的董事会制度】…………………………… 0247

第68条【国有独资公司经理的聘任与解聘】……………… 0248

第69条【国有独资公司高管人员兼职的限制】………… ★ 0248

第70条【国有独资公司监事会的组成及职权】………… ★ 0249

### 第三章 有限责任公司的股权转让 ……………………………… 0250

第71条【有限责任公司的股权转让;股东的优先购
买权】……………………………………………… ★★★ 0250

第72条【有限责任公司股权强制转让中的优先购买权】… ★★★ 0251

第73条【有限责任公司股权转让后公司章程与股东名册的
修改】………………………………………………… ★★ 0253

第74条【异议股东的股权回购请求权;异议股东的股权回购
之诉】………………………………………………… ★★ 0254

第75条【有限责任公司股东资格的继承】…………… ★★ 0255

### 第四章 股份有限公司的设立和组织机构 ……………………… 0257

第76条【股份有限公司的设立条件】………………… ★★ 0257

第77条【股份有限公司的设立方式】………………… ★ 0259

第78条【股份有限公司发起人的人数及限制】……… ★ 0261

第79条【股份有限公司发起人的责任和发起人协议】… ★ 0262

第80条【股份有限公司的注册资本及其限制】……… ★ 0263

第81条【股份有限公司章程应载明事项】…………… ★ 0265

第82条【股份有限公司发起人出资方式的法条适用】… ★ 0267

第83条【股份有限公司发起人的出资方式及违约责任;股份有限
公司的设立登记】…………………………………… ★ 0267

第84条【募集设立的股份有限公司发起人认购股份的最低
比例】………………………………………………… ★ 0268

第85条【招股说明书的公告及认股书的制作】……… ★ 0270

第86条【招股说明书的内容】………………………………… 0270

第87条【公开募股的承销方式】……………………… ★ 0271

第88条【代收股款协议及代收股款银行的义务】……… 0272

第89条【验资及公司创立大会；创立大会未按时召开时认股人的返还请求权】…… 0272

第90条【创立大会的召集及其职权和表决方式】…… ★0272

第91条【抽回股本的原则禁止及其例外】…… 0273

第92条【股份有限公司的设立登记】…… ★0274

第93条【出资人的出资财产有权利瑕疵时的股权认定与处置方式】…… ★0275

第94条【公司设立阶段及设立不成功时股份有限公司发起人的法定责任】…… ★0277

第95条【有限责任公司变更为股份有限公司的股本折合与增加资本的规定】…… ★0279

第96条【股份有限公司重要文件的置备义务】…… ★0280

第97条【股东的查阅权、建议权和质询权】…… ★0281

第98条【股份有限公司股东大会的组成及其法律地位】…… ★0283

第99条【股份有限公司股东大会的职权】…… ★0284

第100条【股份有限公司股东大会的召开周期及临时股东大会召开的条件】…… 0285

第101条【股份有限公司股东大会的召集和主持】…… 0287

第102条【股份有限公司股东大会的召开程序；股东的提案权】…… 0287

第103条【股份有限公司股东的表决权】…… ★0289

第104条【对公司转让、受让重大资产或对外提供担保等事项的特殊决议程序】…… ★0290

第105条【累积投票制】…… ★0292

第106条【股东表决权的代理行使】…… 0294

第107条【股份有限公司股东大会会议记录的制作与保存】…… ★0294

第108条【股份有限公司董事会的人数、职权及董事任期的一般规定】…… ★0298

第109条【股份有限公司董事长、副董事长的选举及其职权】… ★0300

第110条【股份有限公司董事会的召开制度】…… ★0301

第111条【股份有限公司董事会的议事规则】…… 0302

第 112 条【股份有限公司董事会的董事出席制度、会议记录制度
　　　　以及董事对董事会决议的责任承担】……………………… 0303
第 113 条【股份有限公司经理的聘任或解聘及其职权】…………… 0304
第 114 条【董事会成员兼任经理的规定】……………………… ★ 0305
第 115 条【禁止公司向董事、监事以及高级管理人员提供
　　　　借款】……………………………………………… ★ 0306
第 116 条【股份有限公司高层人员报酬的披露】……………… ★ 0306
第 117 条【股份有限公司监事会的组成及监事的任期】……… ★ 0307
第 118 条【股份有限公司监事会的职权及其所需费用的承担】…… 0308
第 119 条【股份有限公司监事会的会议制度】…………………… 0308
第 120 条【上市公司的定义】……………………………………… 0309
第 121 条【上市公司重大事项决策的特别程序】……………… ★ 0309
第 122 条【上市公司独立董事制度】……………………………… 0310
第 123 条【上市公司董事会秘书制度】…………………………… 0310
第 124 条【上市公司关联董事回避制度】………………………… 0310

## 第五章　股份有限公司的股份发行和转让……………………… 0311

第 125 条【股份及其形式:股票】………………………………… ★ 0311
第 126 条【股份发行的公平公正原则以及同股同权原则】…… ★ 0312
第 127 条【股票发行价格应当等于或超过票面金额】…………… 0314
第 128 条【股票形式;股票载明事项】…………………………… ★ 0314
第 129 条【股票种类:记名股票;不记名股票】………………… ★ 0315
第 130 条【股东名册应当记载的内容】…………………………… 0316
第 131 条【发行公司法规定之外的其他种类股份由国务院另行
　　　　规定】……………………………………………… ★ 0319
第 132 条【向股东交付股票的时间】……………………………… 0320
第 133 条【发行新股时股东大会应当决议的事项】…………… ★ 0320
第 134 条【公开发行新股的条件】……………………………… ★ 0322
第 135 条【新股作价方案确定的依据】………………………… ★ 0323
第 136 条【新股股款募足后的变更登记和公告】……………… ★ 0323

第 137 条【股份的可转让性】 ★ 0324
第 138 条【股份应在法定交易场所进行转让】 ★★ 0328
第 139 条【记名股票的转让方式;股东名册变更登记的限制】 ★★ 0329
第 140 条【无记名股票的转让方式】 ★ 0330
第 141 条【发起人以及公司董事、监事、高级管理人员股份转让的限制性规定】 ★ 0332
第 142 条【公司收购本公司股份的原则禁止与例外许可;公司不得接受本公司股票作为质押标的】 ★ 0334
第 143 条【记名股票被盗、遗失、或灭失后的补救措施】 ★ 0338
第 144 条【股票上市交易规则】 ★ 0340
第 145 条【上市公司信息公开制度及财务会计报告公布制度】 ★ 0344

## 第六章 公司董事、监事、高级管理人员的资格和义务 0344
第 146 条【公司董事、监事、高级管理人员的任职资格限制】 ★ 0344
第 147 条【董事、监事、高级管理人员的忠实义务和勤勉义务】 ★ 0345
第 148 条【禁止董事、高级管理人员实施的行为】 ★ 0346
第 149 条【董事、监事、高级管理人员对于所造成的公司损害的赔偿责任】 ★★ 0348
第 150 条【董事、监事、高级管理人员列席股东会议并接受质询的义务;董事、高级管理人员配合监事行使职权的义务】 ★ 0350
第 151 条【股东派生诉讼】 ★★ 0351
第 152 条【股东直接诉讼】 ★ 0352

## 第七章 公司债券 0354
第 153 条【公司债券的定义及其发行条件】 ★ 0354
第 154 条【公司债券的发行程序;公司债券募集办法载明的主要事项】 0356
第 155 条【公司债券的制作】 0356

第 156 条【公司债券的分类】……………………………… 0356
第 157 条【公司债券存根簿的置备及其应载明事项】……… ★ 0357
第 158 条【记名公司债券的登记结算制度】………………… ★ 0357
第 159 条【公司债券的转让价格约定和交易规则】………… ★ 0358
第 160 条【公司债券的转让方式】…………………………… 0359
第 161 条【可转换公司债券的发行与制作】………………… ★ 0360
第 162 条【可转换公司债券的转换办法及债券持有人的转换选择权】……………………………………………… 0361

## 第八章 公司财务、会计 …………………………………… 0361

第 163 条【公司建立财务会计制度的法定义务】…………… ★★ 0361
第 164 条【公司财务会计报告的编制与审计】……………… ★ 0361
第 165 条【财务会计报告的公开规则】……………………… ★★ 0364
第 166 条【公司的法定公积金制度、任意公积金制度：公司利润分配的规定】……………………………………… ★ 0365
第 167 条【公司资本公积金的组成】………………………… ★ 0367
第 168 条【公积金的用途及转为资本时应当留存的最低限额】……………………………………………… ★ 0368
第 169 条【会计师事务所的聘用和解聘】…………………… ★ 0369
第 170 条【公司对于会计师事务所的会计资料如实提供义务】……………………………………………… ★ 0370
第 171 条【公司法定会计账簿制度；公司资产存储账户的限制规定】……………………………………………… ★★ 0370

## 第九章 公司合并、分立、增资、减资 …………………… 0371

第 172 条【公司合并的方式】………………………………… ★★ 0371
第 173 条【公司合并的程序】………………………………… ★ 0372
第 174 条【公司合并后债权债务的承继】…………………… ★★ 0374
第 175 条【公司分立的程序】………………………………… ★★ 0375
第 176 条【公司分立后的债务承担】………………………… ★★ 0377
第 177 条【公司减少注册资本的程序】……………………… ★★ 0378

第 178 条【公司增加注册资本的执行规定】…………………… ★ 0380

第 179 条【公司变更的登记制度】…………………………… ★ 0386

## 第十章 公司解散和清算 ……………………………………… 0392

第 180 条【公司的法定解散事由】………………………… ★★ 0392

第 181 条【公司通过修改公司章程而存续的办法及其表决
　　　　程序】……………………………………………… ★★ 0394

第 182 条【公司僵局时特定股东请求法院解散公司的
　　　　权利】……………………………………………… ★★★ 0396

第 183 条【公司的解散清算:清算组的人员组成,债权人请求
　　　　法院指定有关人员成立清算组的权利】………… ★★ 0396

第 184 条【清算组的职权】………………………………… ★★ 0398

第 185 条【债权申报程序】………………………………… ★★ 0400

第 186 条【清算方案的制定与确认;公司财产的分配顺序;
　　　　清算期间公司的法律地位】……………………… ★★ 0402

第 187 条【公司解散清算转破产;清算事务的移交】……… ★ 0404

第 188 条【公司清算报告的制作与报送;公司的注销】…… ★ 0414

第 189 条【清算组成员的义务和责任】…………………… ★★ 0418

第 190 条【公司破产及破产清算】………………………… ★★ 0421

## 第十一章 外国公司的分支机构 ……………………………… 0423

第 191 条【外国公司的定义】……………………………… ★ 0423

第 192 条【外国公司分支机构的设立程序】……………… ★ 0425

第 193 条【外国公司设立分支机构的条件】………………… 0426

第 194 条【外国公司分支机构的名称;外国公司分支机构的
　　　　公司章程置备义务】……………………………… ★ 0426

第 195 条【外国公司分支机构的法律地位】……………… ★ 0427

第 196 条【外国公司分支机构的活动原则】……………… ★ 0428

第 197 条【外国公司分支机构的撤销程序】………………… 0430

## 第十二章 法律责任 …………………………………………… 0430

第 198 条【虚报注册资本的法律责任】…………………… ★ 0430

第 199 条【虚假出资的法律责任】 ············· ★ 0432

第 200 条【抽逃出资的法律责任】 ············· ★ 0433

第 201 条【公司在法定账簿以外另立会计账簿的法律责任】 ····· ★ 0434

第 202 条【公司提供虚假财务会计报告等材料的法律责任】 ····· ★ 0435

第 203 条【公司未提取法定公积金的法律责任】 ············ 0436

第 204 条【公司在合并、分立,减少注册资本或者进行清算时未履行通知或公告债权人义务的法律责任;公司清算时违法行为的法律责任】 ····················· ★ 0436

第 205 条【清算期间开展与清算无关的经营活动的法律责任】 ······························· ★ 0436

第 206 条【违法报送清算报告的法律责任;清算组成员违法行为的法律责任】 ······················ ★ 0438

第 207 条【承担资产评估、验资或者验证的中介机构的法律责任:提供虚假材料、提供有重大遗漏的报告;因报告不实造成损失】 ························ ★ 0441

第 208 条【登记机关违法登记的法律责任】 ·········· ★ 0443

第 209 条【登记机关的上级部门违法登记的法律责任】 ····· ★ 0444

第 210 条【未登记而冒用公司名义的法律责任】 ······· ★ 0445

第 211 条【逾期开业、违法停业的法律责任】 ········ ★ 0446

第 212 条【外国公司违法设立分支机构的法律责任】 ······· 0447

第 213 条【利用公司名义从事危害国家安全、社会公共利益的严重违法行为的法律责任】 ··················· 0447

第 214 条【企业民事赔偿责任优先原则】 ············ 0448

第 215 条【违反公司法规定构成犯罪的刑事责任追究】 ···· ★ 0448

## 第十三章 附则 ··························· 0448

第 216 条【高级管理人员、控股股东、实际控制人、关联关系的法定含义】 ······················· ★★★ 0448

第 217 条【外商投资公司适用公司法的有关规定及例外】 ··· ★★ 0450

第 218 条【公司法的施行日期】 ··············· ★ 0453

## 中华人民共和国企业破产法 ★★★★ 0456

### 第一章 总则 0456

第 1 条【企业破产法的立法宗旨】 ★★ 0456

第 2 条【公司解散清算转破产;清算事务的移交】 ★ 0457

第 3 条【破产案件的管辖法院】 0458

第 4 条【破产案件审理程序的适用法律:破产法、民事诉讼法】 ★ 0458

第 5 条【企业破产法的域外效力】 0460

第 6 条【破产企业职工合法权益的保障以及破产企业经营管理人员的法律责任追究】 0460

### 第二章 申请和受理 0460

第 7 条【破产程序的启动:破产债权人申请主义】 0460

第 8 条【破产申请的形式要件;破产申请书的载明事项】 0461

第 9 条【破产申请的撤回】 ★ 0461

第 10 条【破产申请的受理期限】 0462

第 11 条【受理破产申请裁定的送达;受理破产申请的裁定送达后债务人应向法院提交的有关文件及其期限】 ★ 0462

第 12 条【人民法院不受理破产申请的理由说明义务;驳回破产申请的规定情形及申请人的救济程序】 ★ 0463

第 13 条【破产管理人的指定】 ★ 0464

第 14 条【人民法院裁定受理破产申请后的通知与公告及其载明事项】 ★ 0465

第 15 条【破产程序开始后债务人的有关人员的协助义务】 ★ 0467

第 16 条【人民法院受理破产申请后破产债务人的个别清偿债务行为无效】 ★★ 0470

第 17 条【破产开始后债务人的债务人或财产持有人的清偿债务、交付财产义务】 ★★ 0471

第 18 条【破产申请受理后尚未履行完毕合同的处理;管理人决定解除合同或继续履行的权利;管理人决定继续履行合同的法律后果:管理人提供担保的义务】 ★★ 0473

第19条【破产申请受理后保全措施的解除和执行程序的中止】………………………………………………………………★ 0475

第20条【破产申请受理后有关债务人的民事诉讼或仲裁的处理规定：受理后中止、管理人接管后继续】…………★★ 0479

第21条【破产申请受理后有关债务人的民事诉讼的管辖规定】………………………………………………………★ 0481

## 第三章 管理人 …………………………………………………… 0484

第22条【破产管理人的产生、更换和报酬规定】……………★ 0484

第23条【破产管理人的基本义务】……………………………★ 0486

第24条【破产管理人的任职条件与资格禁止】………………★ 0487

第25条【破产管理人的职责】……………………………★★★ 0489

第26条【破产管理人实施对债权人利益有重大影响的行为时的报告义务】……………………………………………★ 0491

第27条【破产管理人勤勉忠实的义务】………………………★ 0491

第28条【破产管理人聘用工作人员的规定；破产管理人报酬的确定】……………………………………………………… 0493

第29条【破产管理人辞职的一般规定：无正当理由不得辞职、须经法院许可】…………………………………………★ 0493

## 第四章 债务人财产 ……………………………………………… 0494

第30条【破产程序中债务人财产范围的认定】………………★ 0494

第31条【破产管理人的撤销请求权；破产债务人的可撤销行为】………………………………………………………★ 0498

第32条【破产管理人对个别清偿的撤销权及其例外规定】……★ 0503

第33条【涉及破产债务人财产的无效行为】…………………★ 0504

第34条【破产管理人对债务人财产的追回权】………………★ 0507

第35条【破产管理人对尚未完全履行出资义务的出资人的出资追缴权】…………………………………………………★ 0508

第36条【破产管理人对董事、监事或高级管理人员非正常收入和侵占财产的追回权】…………………………………★ 0509

第37条【破产管理人通过债务清偿或替代担保收回质物、
留置物的规定】⋯⋯⋯⋯⋯⋯⋯⋯⋯⋯⋯⋯⋯⋯ ★ 0511

第38条【债务人占有不属于债务人的财产时财产权利人的
取回权】⋯⋯⋯⋯⋯⋯⋯⋯⋯⋯⋯⋯⋯⋯⋯⋯⋯ ★ 0512

第39条【破产程序中尚在运输途中的买卖标的物的处理】⋯⋯⋯⋯ 0515

第40条【债权人在破产程序中可主张抵销的债权和不可抵销
的债权】⋯⋯⋯⋯⋯⋯⋯⋯⋯⋯⋯⋯⋯⋯⋯⋯⋯ ★ 0515

## 第五章　破产费用和共益债务⋯⋯⋯⋯⋯⋯⋯⋯⋯⋯⋯⋯⋯⋯ 0520

第41条【破产费用的范围】⋯⋯⋯⋯⋯⋯⋯⋯⋯⋯⋯⋯ ★ 0520

第42条【破产程序中共益债务的范围与种类】⋯⋯⋯⋯⋯ ★ 0523

第43条【破产费用和共益债务的清偿规则】⋯⋯⋯⋯⋯⋯ ★ 0525

## 第六章　债权申报⋯⋯⋯⋯⋯⋯⋯⋯⋯⋯⋯⋯⋯⋯⋯⋯⋯⋯⋯⋯ 0527

第44条【对破产债务人享有债权的债权人依破产法行使
权利】⋯⋯⋯⋯⋯⋯⋯⋯⋯⋯⋯⋯⋯⋯⋯⋯⋯ ★★ 0527

第45条【对破产债权申报期限的一般规定】⋯⋯⋯⋯⋯⋯ ★ 0531

第46条【破产时的债权期限与利息：未到期视为到期；
停止计息】⋯⋯⋯⋯⋯⋯⋯⋯⋯⋯⋯⋯⋯⋯⋯ ★★★ 0533

第47条【附条件、期限或诉讼、仲裁未决的债权申报】⋯⋯⋯ ★ 0534

第48条【管理人接受债权申报；债务人所欠职工的各项费用不必
进行破产债权申报】⋯⋯⋯⋯⋯⋯⋯⋯⋯⋯⋯⋯ ★★ 0537

第49条【债权申报的形式要求和债权说明义务】⋯⋯⋯⋯⋯ ★ 0540

第50条【连带债权的申报：一人代表全体申报或共同申报】⋯⋯ ★ 0541

第51条【债务人的保证人或其他连带债务人的债权申报规定：
以求偿权或将来求偿权申报】⋯⋯⋯⋯⋯⋯⋯⋯⋯ ★ 0543

第52条【多个连带债务人其债权人的债权申报规定】⋯⋯⋯⋯ ★ 0545

第53条【破产管理人或债务人依法解除合同时合同对方当事人
的债权申报：以损害赔偿请求权申报】⋯⋯⋯⋯⋯⋯ ★ 0546

第54条【委托合同受托人不知委托人进入破产程序而继续委托
事务情形下的债权申报】⋯⋯⋯⋯⋯⋯⋯⋯⋯⋯⋯ ★ 0547

第55条【破产程序中票据付款人的债权申报】⋯⋯⋯⋯⋯⋯ ★ 0548

第 56 条【破产债权的补充申报】…………………………… ★ 0548

第 57 条【破产管理人债权表的编制义务以及利害关系人对债权表
的查阅权】……………………………………………… ★ 0549

第 58 条【破产程序中债权表的核查和确认】………………… ★★ 0551

## 第七章 债权人会议 …………………………………………… 0554

第 59 条【债权人会议的组成及债权人表决权的行使】……………… 0554

第 60 条【债权人会议主席的产生规则】………………………… 0555

第 61 条【债权人会议的职权】………………………………… ★ 0556

第 62 条【债权人会议的召集】………………………………… 0557

第 63 条【债权人会议的通知义务及期限】……………………… 0557

第 64 条【债权人会议决议的通过、撤销和效力】……………… ★ 0557

第 65 条【破产程序中破产财产管理、变价与分配方案表决未通过时
人民法院的裁定权】……………………………………… 0559

第 66 条【债权人不服法院对破产财产管理、作价以及分配方案的裁
定时的复议权】…………………………………………… 0559

第 67 条【债权人委员会的设立和组成】………………………… 0559

第 68 条【债权人委员会的法定职权】…………………………… 0560

第 69 条【破产管理人实施对债权人利益有重大影响的行为时的
报告义务】……………………………………………… ★ 0560

## 第八章 重整 ……………………………………………………… 0561

第 70 条【重整申请人的法定资格;重整程序的启动】……………… 0561

第 71 条【重整的法院审查制度】……………………………… ★ 0561

第 72 条【重整期间的起止时间】……………………………… ★ 0562

第 73 条【重整期间债务人自行管理财产和营业事务的规定】……… 0563

第 74 条【重整期间管理人对营业事务负责人的聘任权】………… 0563

第 75 条【重整期间担保权的行使;重整期间借款担保的
设立】…………………………………………………… ★ 0563

第 76 条【重整期间相关权利人财产取回权的行使】……………… 0565

第77条【重整期间对债务人的出资人及董事、监事、高级管理人员的权利限制】………………………………… ★ 0565

第78条【重整程序终止的法定事由】…………………………… 0566

第79条【重整计划草案的提交期限】…………………… ★ 0566

第80条【重整计划草案的制作主体:债务人或破产管理人】……… 0567

第81条【重整计划草案的法定内容】…………………………… 0567

第82条【重整计划草案的分组表决规则】……………………… 0567

第83条【重整计划草案分组表决规则的特殊规定】…………… 0568

第84条【重整计划草案的表决程序;债务人或管理人的说明义务】……………………………………………………… 0568

第85条【债务人的出资人在破产重整计划草案表决时的权利】…… 0568

第86条【重整计划草案的通过;重整计划的批准及重整程序的终止】……………………………………………… ★ 0568

第87条【重整计划草案未通过表决时的处理:重新协商表决、法定情形下人民法院依法批准重整计划】………………… 0569

第88条【重整计划草案未获通过和批准时重整程序的终止和破产宣告】…………………………………………… 0570

第89条【重整计划的执行人】………………………… ★ 0570

第90条【破产管理人监督重整计划的执行;监督期内债务人的报告义务】……………………………………………… 0571

第91条【监督期届满时破产管理人的相关职责:提交监督报告、利害关系人的查阅权、申请延长监督期限】……………… 0571

第92条【重整计划的效力范围】………………………… ★ 0572

第93条【债务人不能执行或不执行重整计划的法律后果】……… 0575

第94条【重整计划中债务减免行为的效力】……………… ★ 0575

## 第九章 和解 …………………………………………………… 0576

第95条【债务人和解申请的提出时间和形式要件】……………… 0576

第96条【和解的裁定和公告;和解裁定后担保权利的行使】…… 0576

第97条【和解协议的表决程序】………………………………… 0577

第98条【和解协议通过后的法律后果:终止和解程序并公告、
　　　　移交财产和营业事务、管理人职务报告的提交】…………0577
第99条【和解协议草案未获通过或未被认可后和解程序的终止
　　　　和破产宣告】…………………………………………………0577
第100条【和解协议的效力范围;和解债权人的定义;和解债权人
　　　　的权利行使】…………………………………………………0577
第101条【和解协议不影响和解债权人对连带债务人行使
　　　　权利】………………………………………………… ★ 0578
第102条【破产债务人按和解协议清偿债务的义务】……………0578
第103条【和解协议无效情形及其法律后果】……………………0579
第104条【破产债务人不能执行或不执行和解协议的法定后果:
　　　　终止执行和解协议、宣告破产、债权调整承诺失效、同
　　　　比例清偿、提供的担保继续有效】…………………………0579
第105条【破产程序因自行达成和解协议而终结】………………0579
第106条【和解协议中债务减免行为的效力】……………………0579

**第十章　破产清算**……………………………………………………0580
　第107条【宣告破产裁定的通知和公告;破产人、破产财产、破产
　　　　债权的含义】………………………………………… ★ 0580
　第108条【破产宣告前终结破产程序的法定事由】………………0581
　第109条【破产宣告后有担保的债权优先受偿的规定】……… ★ 0581
　第110条【破产宣告后有担保的债权优先受偿的特别规定】…… ★ 0585
　第111条【破产财产变价方案的拟订与执行】……………………0587
　第112条【破产财产变价出售的方式】………………………… ★ 0587
　第113条【破产债权的法定清偿顺序】………………………… ★ 0588
　第114条【破产财产分配方式及例外】……………………………0590
　第115条【破产财产分配方案的载明事项】………………………0591
　第116条【破产财产分配方案的执行】………………………… ★ 0591
　第117条【附生效条件或解除条件债权的破产清偿分配
　　　　规定】………………………………………………… ★ 0592

第118条【未受领破产财产分配额的提存及再分配】……………… 0593

　　第119条【诉讼或仲裁未决债权的分配额的提存及再分配】……… 0593

　　第120条【破产程序终结的法定程序】……………………… ★ 0593

　　第121条【破产人的注销登记】…………………………………… 0595

　　第122条【破产管理人职务的终止时间与例外】……………… ★ 0595

　　第123条【破产财产的追加分配】……………………………… ★ 0596

　　第124条【破程序终结后破产人的保证人和连带债务人的继续
　　　　　　清偿责任】………………………………………… ★★ 0596

第十一章　法律责任……………………………………………………… 0598

　　第125条【破产人的董事、监事或高级管理人员的民事责任和任
　　　　　　职资格限制】……………………………………………★ 0598

　　第126条【债务人有配合协助义务的有关人员拒不履行法定义务
　　　　　　的法律责任】………………………………………………… 0599

　　第127条【破产债务人不移交、拒不提交或提交不真实材料或者
　　　　　　伪造、销毁有关材料的法律责任】………………………… 0599

　　第128条【债务人存在损害债权人利益的法定情形的破产债务人
　　　　　　的法定代表人和其他直接责任人员的赔偿责任】……… ★ 0599

　　第129条【破产债务人的有关人员擅自离开住所地的法律责任】… 0600

　　第130条【破产管理人的忠实、勤勉义务和赔偿责任】……… ★ 0600

　　第131条【违反企业破产法的刑事责任】……………………………… 0602

第十二章　附则…………………………………………………………… 0602

　　第132条【破产法公布前的职工劳动债权可以优先于担保债权
　　　　　　受偿的规定】……………………………………………★ 0602

　　第133条【破产法施行前国有企业破产特殊事宜的法律适用】…… 0603

　　第134条【金融机构的破产启动规则】………………………… ★ 0604

　　第135条【其他组织破产清算参照适用企业破产法的规定】…… ★ 0604

　　第136条【企业破产法的实施日期】……………………………… 0605

## 中华人民共和国合伙企业法 ★★★★★ 0606
### 第一章 总则 0606
第 1 条【合伙企业法立法目的】 ★ 0606
第 2 条【合伙企业的类型：普通合伙企业、有限合伙企业】 ★★ 0607
第 3 条【普通合伙人禁止主体】 ★ 0610
第 4 条【合伙协议的订立】 ★ 0610
第 5 条【订立合伙协议、设立合伙企业应当遵循的原则】 ★ 0612
第 6 条【合伙企业所得税缴纳规定】 0614
第 7 条【合伙企业及合伙人的义务】 ★ 0614
第 8 条【合法财产及权益受法律保护】 ★ 0615
第 9 条【合伙企业设立登记及申请文件】 ★ 0617
第 10 条【企业登记机关审核程序】 0619
第 11 条【合伙企业成立日期】 ★ 0619
第 12 条【合伙企业分支机构设立登记】 0621
第 13 条【合伙企业登记事项的变更】 ★ 0622

### 第二章 普通合伙企业 0624
第 14 条【普通合伙企业设立条件】 ★ 0624
第 15 条【企业名称中"普通合伙"字样标明义务】 ★ 0625
第 16 条【合伙人出资及评估方式】 ★ 0626
第 17 条【合伙人出资的履行】 ★ 0629
第 18 条【合伙协议应载明的事项】 ★ 0631
第 19 条【合伙协议的效力规则】 ★ 0632
第 20 条【合伙企业的财产】 ★ 0636
第 21 条【清算前合伙企业财产禁止分割；私自转移或处分合伙企业财产不得对抗善意第三人】 ★ 0638
第 22 条【合伙企业财产份额转让：通知义务、一票否定权】 ★ 0639
第 23 条【合伙人的优先购买权】 ★ 0644
第 24 条【合伙人资格的继受取得：依法受让合伙企业的财产份额】 ★ 0646

第25条【合伙份额出质：其他合伙人一致同意；未经同意的无效】 ………………………………………………………… ★ 0648
第26条【合伙事务的执行】 ………………………………… ★ 0650
第27条【非执行合伙人的监督权】 ………………………… ★ 0653
第28条【执行事务合伙人的报告义务及执行收益的归属与费用承担；非执行合伙人的知情权】 ……………………… ★ 0656
第29条【合伙人的异议权和撤销委托权】 ………………… ★ 0658
第30条【合伙事务表决方式】 ……………………………… ★ 0659
第31条【须经全体合伙人一致同意的事项】 ……………… ★ 0661
第32条【合伙人竞业禁止；合伙人自我交易限制】 ……… ★ 0665
第33条【合伙企业利润分配与亏损分担规则】 …………… ★★ 0667
第34条【合伙人增减出资的规定】 ………………………… ★ 0671
第35条【合伙企业聘任的经营管理人员的履职规则及赔偿责任】 ……………………………………………………… ★ 0671
第36条【合伙企业的财务、会计制度】 …………………… ★ 0673
第37条【合伙企业对合伙人的内部限制不得对抗善意第三人】 …………………………………………………… ★ 0673
第38条【合伙企业债务清偿原则：以合伙企业财产优先清偿】 …………………………………………………… ★★ 0676
第39条【合伙人的无限连带责任】 ………………………… ★★ 0677
第40条【合伙人的债务追偿权】 …………………………… ★★ 0679
第41条【合伙人的债权人的权利限制】 …………………… 0680
第42条【合伙人个人债务的清偿规则】 …………………… ★ 0681
第43条【入伙条件】 ………………………………………… ★ 0682
第44条【新入伙合伙人的权利义务】 ……………………… ★★ 0683
第45条【合伙人退伙事由】 ………………………………… ★★ 0685
第46条【合伙人自愿退伙的条件和通知义务】 …………… 0687
第47条【合伙人违法退伙的赔偿责任】 …………………… ★ 0688
第48条【法定退伙情形】 …………………………………… ★ 0689

第 49 条【除名退伙情形；除名退伙时的通知义务；被除名人的
异议权】 ★ 0691
第 50 条【合伙人死亡或被宣告死亡后其财产份额的处理】 ★ 0693
第 51 条【退伙结算】 ★★ 0695
第 52 条【退伙人的合伙企业财产份额的退还办法】 ★★ 0697
第 53 条【退伙人对合伙企业债务的承担规则】 ★★ 0698
第 54 条【退伙人的亏损分担义务】 ★ 0700
第 55 条【特殊普通合伙企业的定义、适用范围和适用法律的
规定】 0701
第 56 条【"特殊普通合伙"字样标明义务】 ★ 0701
第 57 条【特殊普通合伙企业合伙人债务承担的特别规定】 ★ 0702
第 58 条【特殊普通合伙企业的内部赔偿规定】 ★ 0703
第 59 条【特殊合伙企业替代赔偿措施：执业风险基金和职业
保险】 ★ 0704

## 第三章 有限合伙企业 0705

第 60 条【有限合伙企业的法律适用】 ★ 0705
第 61 条【有限合伙企业合伙人人数规定】 ★ 0706
第 62 条【"有限合伙"字样标明义务】 0707
第 63 条【有限合伙企业合伙协议的特别载明事项】 ★ 0708
第 64 条【有限合伙人出资形式；劳务出资禁止】 ★ 0709
第 65 条【有限合伙人出资缴纳义务及违约责任】 ★ 0710
第 66 条【有限合伙企业登记事项】 0711
第 67 条【有限合伙企业事务执行规定】 ★ 0711
第 68 条【有限合伙人执行合伙事务的限制规定】 0712
第 69 条【有限合伙企业利润分配的特殊规定】 0713
第 70 条【有限合伙人与合伙企业交易的许可与例外】 0713
第 71 条【有限合伙人竞业许可与例外】 0713
第 72 条【有限合伙人财产份额出质规定】 ★ 0714
第 73 条【有限合伙人财产份额转让规定】 ★ 0714

第74条【有限合伙人以其合伙份额清偿个人债务的规定；其他合伙人的优先购买权】……………………………… 0715

第75条【有限合伙企业转普通合伙企业的规定】……………… 0715

第76条【有限合伙人承担无限连带责任的特别情形】………… 0715

第77条【新入伙的有限合伙人的责任承担规则】……………… 0716

第78条【有限合伙人法定退伙规定】…………………………… 0716

第79条【有限合伙人退伙的限制：丧失民事行为能力】……… 0716

第80条【有限合伙人资格的承继】……………………………… 0716

第81条【有限合伙人退伙后承担合伙企业债务的限度】……… 0716

第82条【普通合伙人与有限合伙人相互转变的条件】………… 0716

第83条【有限合伙人转变为普通合伙人后的责任承担规则】… 0716

第84条【普通合伙人转变为有限合伙人的责任承担规则】…… 0717

## 第四章　合伙企业解散、清算 ……………………………… 0717

第85条【合伙企业的法定解散事由】………………………… ★ 0717

第86条【合伙企业解散时的清算人确定规则：自行确定、法院指定】……………………………………………… ★ 0720

第87条【合伙企业清算人职责】……………………………… ★ 0722

第88条【债权申报程序】……………………………………… 0722

第89条【合伙企业清算期间债务的清偿顺序及剩余财产分配】…………………………………………………… ★ 0723

第90条【合伙企业清算报告的编制、报送和办理注销登记】… ★ 0724

第91条【合伙企业注销后原普通合伙人的责任承担规则】…… ★ 0725

第92条【合伙企业不能清偿到期债务时的债权人权利；合伙企业宣告破产后的债务承担】……………………………… ★ 0730

## 第五章　法律责任 …………………………………………… 0732

第93条【虚假登记的法律责任】……………………………… 0732

第94条【合伙企业未在其名称中标明组织形式应承担的法律责任】………………………………………………… 0733

第95条【合伙企业或者合伙企业的分支机构无照经营的法律
　　　　责任;合伙企业未依法办理变更登记行为应承担的
　　　　法律责任】……………………………………… ★ 0733
第96条【执行事务合伙人和合伙企业从业人员侵占合伙企业财产
　　　　的法律责任】…………………………………… ★ 0734
第97条【合伙人擅自处理须经全体合伙人一致同意事项的法律
　　　　责任】……………………………………………… ★ 0735
第98条【不具有事务执行权的合伙人擅自执行合伙事务的法律
　　　　责任】……………………………………………… ★ 0736
第99条【合伙人竞业禁止;合伙人自我交易限制】………… ★ 0737
第100条【合伙企业清算人报送清算报告的法律责任】…… ★ 0738
第101条【清算人执行清算事务时牟取非法收入或者侵占合伙企业
　　　　 财产应承担的法律责任】……………………………… 0739
第102条【清算人违法处置、分配合伙企业财产的法律责任】……… 0739
第103条【合伙人的违约责任及争议解决方式】…………… ★ 0739
第104条【有关行政机关的工作人员违法侵犯合伙企业合法权益应
　　　　 承担的法律责任】……………………………………… 0740
第105条【合伙企业及相关人员刑事违法责任的追究】……………… 0741
第106条【合伙财产民事赔偿优先原则】……………………………… 0741

**第六章　附则** …………………………………………………… 0741
第107条【非企业专业服务机构可采用特殊普通合伙形式】……… 0741
第108条【外国企业或个人在我国设立合伙企业的管理办法由
　　　　 国务院规定】…………………………………………… 0741
第109条【合伙企业法的实施日期】………………………………… 0741

# 中华人民共和国个人独资企业法 ★★★★★ 0742
## 第一章　总则 …………………………………………… 0742
第1条【个人独资企业法立法目的和立法依据】……………… ★ 0742
第2条【个人独资企业的定义】…………………………… ★★★ 0743
第3条【个人独资企业的住所】……………………………… ★ 0745

第4条【个人独资企业经营规则】 ………………………… ★ 0746
第5条【国家保护个人独资企业原则】 …………………… ★ 0746
第6条【个人独资企业职工及工会规则】 ……………………… 0748
第7条【党员活动的开展】 ……………………………………… 0748

## 第二章 个人独资企业的设立 …………………………………… 0749

第8条【个人独资企业的设立条件】 ……………………… ★ 0749
第9条【申请设立个人独资企业需提交的文件】 ………… ★ 0750
第10条【个人独资企业设立申请书应载明事项】 ……………… 0751
第11条【个人独资企业的名称要求】 …………………………… 0751
第12条【设立登记的时效和营业执照发放】 …………………… 0751
第13条【个人独资企业的成立日期:营业执照签发日期】……… ★ 0751
第14条【个人独资企业分支机构的设立登记、备案及民事责任
       承担】………………………………………………… ★ 0753
第15条【个人独资企业的变更登记】 …………………………… 0757

## 第三章 个人独资企业的投资人及事务管理 …………………… 0758

第16条【个人独资企业投资人资格的禁止性规定】 …………… 0758
第17条【个人独资企业财产的所有权归属及其转让或
       继承】………………………………………… ★★ 0758
第18条【个人独资企业无限责任的特别规定】 ………… ★★ 0760
第19条【个人独资企业的事务管理:自行管理、委托管理、聘用
       管理】………………………………………………… ★ 0762
第20条【个人独资企业投资人委托或聘用的管理人不得从事
       的行为】……………………………………………… 0764
第21条【个人独资企业依法设置会计帐簿进行会计核算的
       义务】………………………………………………… ★ 0765
第22条【个人独资企业职工劳动权益的保障】 ………… ★★ 0766
第23条【个人独资企业参加社保为职工缴纳社保费的义务】 … ★ 0767
第24条【个人独资企业的权利:申请贷款权、取得土地
       使用权等】……………………………………………… 0767

第25条【任何单位和个人不得违法强制个人独资企业提供财力、物力、人力】 ┄┄┄┄┄┄┄┄┄┄┄┄┄┄┄┄┄┄ 0768

## 第四章 个人独资企业的解散和清算 ┄┄┄┄┄┄┄┄ 0768

第26条【个人独资企业的法定解散事由】 ┄┄┄┄ ★ 0768

第27条【个人独资企业的解散清算;投资人自行清算时的通知义务和债权人申报债权的期限】 ┄┄┄┄┄┄┄ ★ 0771

第28条【个人独资企业解散后原投资人的债务偿还责任及其期限】 ┄┄┄┄┄┄┄┄┄┄┄┄┄┄┄┄ ★★ 0773

第29条【个人独资企业解散时的财产清偿顺序】 ┄┄┄┄┄┄ ★ 0776

第30条【个人独资企业在清算期间经营活动的禁止和企业财产转移、隐匿的禁止】 ┄┄┄┄┄┄┄┄┄┄┄┄ ★ 0777

第31条【个人独资企业投资人的无限责任】 ┄┄┄ ★★★★ 0778

第32条【个人独资企业编制清算报告的义务和办理注销登记的义务】 ┄┄┄┄┄┄┄┄┄┄┄┄┄┄┄┄ ★ 0780

## 第五章 法律责任 ┄┄┄┄┄┄┄┄┄┄┄┄┄┄┄┄┄┄ 0782

第33条【虚假登记的法律责任】 ┄┄┄┄┄┄┄┄┄ ★ 0782

第34条【个人独资企业使用名称与登记名称不符的法律责任】 ┄┄┄ 0782

第35条【违法使用营业执照的法律责任】 ┄┄┄┄┄ ★ 0783

第36条【个人独资企业无正当理由未开业或停业超过法定期限的法律责任:吊销营业执照】 ┄┄┄┄┄┄┄┄┄ ★ 0783

第37条【未领取营业执照以个人独资企业名义从事经营活动的法律责任;个人独资企业未及时办理变更登记的法律责任】 ┄┄┄┄┄┄┄┄┄┄┄┄┄┄┄┄┄┄┄┄┄ ★ 0784

第38条【个人独资企业投资人委托或聘用的人员违反合同约定致投资人损害的赔偿责任】 ┄┄┄┄┄┄┄┄┄┄ 0785

第39条【个人独资企业侵犯职工合法权益的法律责任】 ┄┄┄┄ 0785

第40条【投资人委托或聘用人员侵犯个人独资企业财产权益的法律责任】 ┄┄┄┄┄┄┄┄┄┄┄┄┄┄┄┄┄┄ 0785

第 41 条【违法强制个人独资企业提供财力、物力、人力的法律
　　　　责任】……………………………………………………… 0785
第 42 条【个人独资企业及其投资人在清算前或清算期间隐匿或
　　　　转移财产的法律责任】…………………………………… 0785
第 43 条【企业民事赔偿责任优先原则】………………………… ★ 0785
第 44 条【登记机关违法登记的法律责任】……………………… 0786
第 45 条【登记机关的上级部门违法登记的法律责任】………… 0786
第 46 条【个人独资企业申请人的法律救济手段】……………… 0787

## 第六章　附则 …………………………………………………………… 0787

第 47 条【外商独资企业不适用个人独资企业法的规定】……… 0787
第 48 条【个人独资企业法的施行日期】………………………… 0787

# 第三编

# 本书关联法条全文*

## 一、法律 …………………………………………………………… 0791

中华人民共和国合同法 …………………………… ★★★★★ 0791
中华人民共和国民法通则 ………………………… ★★★★ 0812
中华人民共和国担保法 …………………………… ★★★★ 0823
中华人民共和国著作权法 ………………………… ★★★★ 0830
中华人民共和国物权法 …………………………… ★★★ 0834
中华人民共和国劳动法 …………………………… ★★★ 0843
中华人民共和国证券法 …………………………… ★★★ 0846
中华人民共和国劳动合同法 ……………………… ★★★ 0849
中华人民共和国会计法 …………………………… ★★★ 0854
中华人民共和国专利法 …………………………… ★★ 0856

---

\* 本书第三编是所列法律规范性文件在第一、二编中被引用过的法条的节选。

| 中华人民共和国刑法 | ★★ 0857 |
| 中华人民共和国继承法 | ★ 0859 |
| 中华人民共和国侵权责任法 | ★ 0862 |
| 中华人民共和国婚姻法 | ★ 0865 |
| 中华人民共和国商标法 | 0866 |
| 中华人民共和国保险法 | 0868 |
| 中华人民共和国城市房地产管理法 | 0871 |
| 中华人民共和国矿产资源法 | 0872 |
| 中华人民共和国商业银行法 | 0874 |
| 中华人民共和国建筑法 | 0875 |
| 中华人民共和国消费者权益保护法 | 0876 |
| 中华人民共和国劳动争议调解仲裁法 | 0877 |
| 中华人民共和国中外合资经营企业法 | 0878 |
| 中华人民共和国涉外民事关系法律适用法 | 0879 |
| 中华人民共和国道路交通安全法 | 0880 |
| 中华人民共和国土地管理法 | 0881 |
| 中华人民共和国社会保险法 | 0881 |
| 中华人民共和国企业国有资产法 | 0882 |
| 中华人民共和国中小企业促进法 | 0883 |
| 中华人民共和国企业所得税法 | 0884 |
| 中华人民共和国水法 | 0884 |
| 中华人民共和国立法法 | 0885 |
| 中华人民共和国农民专业合作社法 | 0885 |
| 中华人民共和国公证法 | 0887 |
| 中华人民共和国证券投资基金法 | 0887 |
| 中华人民共和国安全生产法 | 0888 |
| 中华人民共和国票据法 | 0888 |
| 中华人民共和国招标投标法 | 0889 |
| 中华人民共和国农村土地承包法 | 0889 |

## 二、行政法规 ·················································· 0890

中华人民共和国公司登记管理条例 ·················· ★★ 0890
中华人民共和国著作权法实施条例 ·················· ★★ 0893
中华人民共和国专利法实施细则 ····················· ★★ 0894
工伤保险条例 ································································ ★ 0895
中华人民共和国劳动合同法实施条例 ····················· 0901
中华人民共和国合伙企业登记管理办法 ·················· 0902
社会保险费征缴暂行条例 ············································ 0903
中华人民共和国增值税暂行条例 ······························· 0904
国有企业富余职工安置规定 ········································ 0905
危险化学品安全管理条例 ············································ 0905
探矿权采矿权转让管理办法 ········································ 0906
中华人民共和国道路运输条例 ···································· 0907
中华人民共和国外资企业法实施细则 ······················· 0907
中华人民共和国城镇集体所有制企业条例 ··············· 0908
中华人民共和国中外合资经营企业法实施条例 ······· 0909
机动车交通事故责任强制保险条例 ··························· 0909
中华人民共和国商标法实施条例 ································ 0910
中华人民共和国城镇国有土地使用权出让和转让暂行条例 ··········· 0910
中华人民共和国企业法人登记管理条例 ·················· 0911
建设工程质量管理条例 ················································ 0912
民办非企业单位登记管理暂行条例 ··························· 0912
企业财务会计报告条例 ················································ 0913
商业特许经营管理条例 ················································ 0913

## 三、司法解释 ·················································· 0915

最高人民法院关于适用《中华人民共和国公司法》若干问题
的规定（三） ······································ ★★★★ 0915

最高人民法院关于适用《中华人民共和国公司法》若干问题
　　的规定(二) ………………………………………………… ★★★ 0920
最高人民法院关于审理著作权民事纠纷案件适用法律若干
　　问题的解释 ……………………………………………… ★★★ 0924
最高人民法院关于适用《中华人民共和国合同法》若干问题
　　的解释(二) ……………………………………………… ★★★ 0925
最高人民法院关于审理商品房买卖合同纠纷案件适用法律
　　若干问题的解释 ………………………………………… ★★★ 0927
最高人民法院关于适用《中华人民共和国担保法》若干问题
　　的解释 …………………………………………………… ★★★ 0929
最高人民法院关于适用《中华人民共和国婚姻法》若干问题
　　的解释(二) ……………………………………………… ★★ 0933
最高人民法院关于贯彻执行《中华人民共和国民法通则》
　　若干问题的意见(试行) …………………………………… ★★ 0934
最高人民法院关于审理买卖合同纠纷案件适用法律问题
　　的解释 ……………………………………………………… ★★ 0937
最高人民法院关于审理证券市场因虚假陈述引发的民事赔偿
　　案件的若干规定 …………………………………………… ★★ 0941
最高人民法院关于审理与企业改制相关的民事纠纷案件
　　若干问题的规定 …………………………………………… ★ 0944
最高人民法院关于适用《中华人民共和国公司法》若干问题
　　的规定(一) ………………………………………………… ★ 0945
最高人民法院关于审理劳动争议案件适用法律若干问题的
　　解释(二) …………………………………………………… ★ 0946
最高人民法院关于审理建设工程施工合同纠纷案件适用
　　法律问题的解释 …………………………………………… ★ 0947
最高人民法院关于审理企业破产案件若干问题的规定 ……… ★ 0950
最高人民法院关于审理人身损害赔偿案件适用法律若
　　干问题的解释 ………………………………………………… 0953
最高人民法院关于适用《中华人民共和国企业破产法》
　　若干问题的规定(二) ………………………………………… 0956

最高人民法院关于审理民间借贷案件适用法律若干问题
　　的规定 …………………………………………………………… 0959
最高人民法院关于审理涉及金融资产管理公司收购、管理、
　　处置国有银行不良贷款形成的资产的案件适用法律若干
　　问题的规定 ……………………………………………………… 0961
最高人民法院关于适用简易程序审理民事案件的若干
　　规定 ……………………………………………………………… 0961
最高人民法院关于审理劳动争议案件适用法律若干问题
　　的解释(三) ……………………………………………………… 0962
最高人民法院关于审理物业服务纠纷案件具体应用法律
　　若干问题的解释 ………………………………………………… 0962
最高人民法院关于审理涉及国有土地使用权合同纠纷案件
　　适用法律问题的解释 …………………………………………… 0963
最高人民法院关于建设工程价款优先受偿权问题的批复 ……… 0964
最高人民法院关于审理劳动争议案件适用法律若干问题
　　的解释 …………………………………………………………… 0965
最高人民法院关于审理融资租赁合同纠纷案件适用法律
　　问题的解释 ……………………………………………………… 0966
最高人民法院关于适用《中华人民共和国合同法》若干问
　　题的解释(一) …………………………………………………… 0968
最高人民法院关于执行程序中计算迟延履行期间的债务
　　利息适用法律若干问题的解释 ………………………………… 0969
最高人民法院关于审理商标民事纠纷案件适用法律若干
　　问题的解释 ……………………………………………………… 0970
最高人民法院关于审理劳动争议案件适用法律若干问题
　　的解释(四) ……………………………………………………… 0971
最高人民法院关于贯彻执行《中华人民共和国继承法》若干
　　问题的意见 ……………………………………………………… 0972
最高人民法院关于《中华人民共和国企业破产法》施行时尚
　　未审结的企业破产案件适用法律若干问题的规定 …………… 0972

最高人民法院关于人民法院民事执行中查封、扣押、冻结财产
的规定 ·········· 0973

最高人民法院关于人民法院审理离婚案件处理财产分割问题
的若干具体意见 ·········· 0974

最高人民法院关于确定民事侵权精神损害赔偿责任若干问题
的解释 ·········· 0974

最高人民法院关于适用《中华人民共和国婚姻法》若干问题的
解释(一) ·········· 0975

最高人民法院印发《关于审理公司强制清算案件工作座谈会
纪要》的通知 ·········· 0976

最高人民法院关于人民法院执行工作若干问题的规定(试行) ·········· 0977

最高人民法院关于人民法院办理执行异议和复议案件若干问题
的规定 ·········· 0977

最高人民法院关于审理旅游纠纷案件适用法律若干问题的
规定 ·········· 0978

最高人民法院关于审理涉及会计师事务所在审计业务活动中
民事侵权赔偿案件的若干规定 ·········· 0979

最高人民法院关于审理涉及人民调解协议的民事案件的若干
规定 ·········· 0980

最高人民法院关于审理注册商标、企业名称与在先权利冲突
的民事纠纷案件若干问题的规定 ·········· 0980

最高人民法院关于审理企业破产案件确定管理人报酬的规定 ·········· 0981

最高人民法院关于商标法修改决定施行后商标案件管辖和法律
适用问题的解释 ·········· 0981

最高人民法院人民法院对外委托司法鉴定管理规定 ·········· 0982

最高人民法院关于适用《中华人民共和国婚姻法》若干问题
的解释(三) ·········· 0982

最高人民法院关于印发《第二次全国涉外商事海事审判工作
会议纪要》的通知 ·········· 0983

最高人民法院关于正确审理企业破产案件为维护市场经济
　　秩序提供司法保障若干问题的意见 ……………………………… 0983
最高人民法院关于适用《中华人民共和国公司法》若干问题的
　　规定(四) …………………………………………………………… 0984

**法律规范性文件简全称对照索引表**…………………………………… 0987
**后记** ……………………………………………………………………… 1003

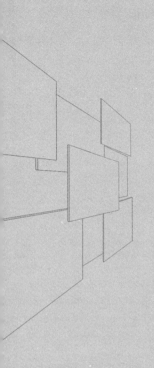

# 第一编
# 案由关联法条索引

# M8 与公司、证券、保险、票据等有关的民事纠纷

★

## ■ 常见适用的法条

| | 常见适用的法条 | 相关度 | |
|---|---|---|---|
| 保险法 | 第5条【保险活动当事人的诚实信用原则】 | | 0868 |
| | 第14条【投保人和保险人的义务】 | | |
| | 第23条【保险人赔付义务的履行及程序】 | | |
| | 第57条【保险事故发生时被保险人减损义务及费用承担】 | | |
| | 第65条【责任保险的赔偿规则】 | | |
| 担保法 | 第18条【保证合同中连带责任的承担】 | | 0823 |
| | 第21条【保证担保的范围;没有约定、约定不明时的担保范围】 | | |
| 道路交通安全法 | 第76条【交通事故赔偿责任一般条款】 | | 0880 |
| 合同法 | 第8条【合同约束力】 | | 0791 |
| | 第44条【合同成立条件与时间】 | | |
| | 第52条【合同无效的情形】 | | |
| | 第58条【合同无效或被撤销的法律后果】 | | |
| | 第60条【合同履行的原则】 | | |
| | 第62条【合同内容约定不明确的处理规则;合同漏洞的填补】 | | |
| | 第79条【债权人不得转让合同权利的情形】 | | |

| | | 常见适用的法条 | 相关度 |
|---|---|---|---|
| 0791 | 合同法 | 第80条【债权人转让债权的通知义务】 | |
| | | 第94条【合同的法定解除;法定解除权】 | |
| | | 第107条【合同约束力:违约责任】 | |
| | | 第108条【预期违约责任】 | |
| | | 第109条【违约责任的承担:付款义务的继续履行】 | |
| | | 第113条【违约责任的承担:损失赔偿】 | |
| | | 第114条【违约金的数额及其调整】 | |
| | | 第130条【买卖合同的定义】 | |
| | | 第159条【买受人应支付价款的数额认定】 | |
| | | 第161条【买受人支付价款的时间】 | |
| | | 第196条【借款合同定义】 | |
| | | 第212条【租赁合同的定义】 | |
| | | 第251条【承揽合同的定义】 | |
| | | 第262条【承揽人违约责任承担方式】 | |
| | | 第263条【定作人报酬支付的期限】 | |
| | | 第311条【承运人的责任承担以及抗辩事由】 | |
| 0843 | 劳动法 | 第50条【劳动者工资支付的法定形式】 | |
| 0812 | 民法通则 | 第117条【侵害财产权的责任承担方式:返还财产、折价赔偿;恢复原状、折价赔偿;赔偿损失】 | |
| | | 第119条【人身损害赔偿项目:一般人身损害赔偿项目、伤残赔偿项目、死亡赔偿项目】 | |
| 0862 | 侵权责任法 | 第1条【侵权责任法的立法目的】 | |
| | | 第19条【侵害财产造成财产损失的计算方式】 | |
| | | 第49条【机动车所有人与使用人分离时发生交通事故的侵权责任:租赁、借用机动车发生交通事故的侵权责任】 | |

| | 常见适用的法条 | 相关度 | |
|---|---|---|---|
| 著作权法 | 第3条【作品的范围】 | | 0830 |
| | 第10条【著作权的内容】 | | |
| | 第15条【电影作品的著作权归属】 | | |
| | 第48条【同时损害公共利益的侵犯著作权行为及其法律责任】 | | |
| | 第49条【侵犯著作权的赔偿责任标准】 | | |
| 交强险条例 | 第8条【保险费率下降和提高的条件；保险费率的制定主体】 | | 0909 |
| 精神损害赔偿司法解释 | 第10条【精神损害赔偿数额的确定标准】 | | 0974 |
| 劳动争议案件司法解释二 | 第3条【视为拖欠劳动报酬争议的起诉】 | | 0946 |
| 人身损害赔偿司法解释 | 第11条【雇员在雇佣活动中遭受损害的责任承担】 | | 0953 |
| | 第17条【人身损害赔偿项目：一般人身损害赔偿项目、伤残赔偿项目、死亡赔偿项目】 | | |
| | 第18条【精神损害抚慰金的请求权】 | | |
| | 第19条【医疗费计算标准】 | | |
| | 第20条【误工费计算标准】 | | |
| | 第21条【人身损害赔偿：护理费计算】 | | |
| | 第22条【交通费计算标准】 | | |
| | 第23条【伙食费、住宿费计算标准】 | | |
| | 第24条【营养费计算标准】 | | |
| | 第25条【人身损害赔偿项目：残疾赔偿金计算标准】 | | |

|  | | 常见适用的法条 | 相关度 |
|---|---|---|---|
| 0924 | 著作权纠纷司法解释 | 第7条【著作权人的认定规则】 | |
| | | 第25条【侵犯著作权的赔偿责任标准】 | |
| | | 第26条【侵犯著作权的赔偿范围】 | |
| 0933 | 婚姻法司法解释二 | 第24条【离婚时夫妻共同债务的清偿】 | |

## M8.20 与企业有关的纠纷 ★★

### 主要适用的法条及其相关度

|  | | 主要适用的法条 | 相关度 |
|---|---|---|---|
| 0791 | 合同法 | 第60条【合同履行的原则】 | ★★★★★ |
| | | 第94条【合同的法定解除;法定解除权】 | ★★★ |
| | | 第107条【合同约束力:违约责任】 | ★★★ |
| | | 第8条【合同约束力】 | ★★ |
| | | 第93条【合同的意定解除:协商一致;约定条件成就】 | ★★ |
| | | 第97条【合同解除的法律后果】 | ★★ |
| | | 第110条【继续履行及其例外;债权人不得要求对方继续履行的情形】 | ★★ |
| | | 第44条【合同成立条件与时间】 | ★ |
| | | 第109条【违约责任的承担:付款义务的继续履行】 | ★ |
| | | 第114条【违约金的数额及其调整】 | ★ |
| 0812 | 民法通则 | 第57条【民事法律行为的效力】 | ★★★ |
| | | 第84条【债的界定】 | ★ |
| | | 第108条【债务清偿:分期偿还、强制偿还】 | ★ |

## M8.20.228　企业出资人权益确认纠纷 ★

### ▓ 常见适用的法条

| | 常见适用的法条 | |
|---|---|---|
| 个人独资企业法 | 第2条【个人独资企业的定义】 | 0742 |
| | 第17条【个人独资企业财产的所有权归属及其转让或继承】 | |
| | 第27条【个人独资企业的解散清算；投资人自行清算时的通知义务和债权人申报债权的期限】 | |
| | 第28条【个人独资企业解散后原投资人的债务偿还责任及其期限】 | |
| | 第30条【个人独资企业在清算期间经营活动的禁止和企业财产转移、隐匿的禁止】 | |
| 公司法 | 第15条【公司向其他企业投资的权利及其限制】 | 0085 |
| | 第23条【有限责任公司的设立条件】 | |
| | 第26条【有限责任公司注册资本认缴制；注册资本特别规定】 | |
| | 第27条【股东出资方式及其限制；非货币出资的评估作价规定】 | |
| | 第28条【股东出资义务的履行及其违约责任】 | |
| | 第29条【有限责任公司的设立登记】 | |
| | 第33条【股东的知情权；股东查阅公司会计账册的权利及司法救济】 | |
| | 第35条【股东不得抽逃出资的义务】 | |
| | 第72条【有限责任公司股权强制转让中的优先购买权】 | |
| | 第76条【股份有限公司的设立条件】 | |
| | 第166条【公司的法定公积金制度、任意公积金制度；公司利润分配的规定】 | |
| | 第178条【公司增加注册资本的执行规定】 | |
| | 第179条【公司变更的登记制度】 | |

| | | 常见适用的法条 |
|---|---|---|
| 0606 | 合伙企业法 | 第8条【合法财产及权益受法律保护】 |
| | | 第14条【普通合伙企业设立条件】 |
| | | 第16条【合伙人出资及评估方式】 |
| | | 第19条【合伙协议的效力规则】 |
| | | 第20条【合伙企业的财产】 |
| | | 第22条【合伙企业财产份额转让:通知义务、一票否定权】 |
| | | 第43条【入伙条件】 |
| | | 第49条【除名退伙情形;除名退伙时的通知义务;被除名人的异议权】 |
| | | 第52条【退伙人的合伙企业财产份额的退还办法】 |
| | | 第60条【有限合伙企业的法律适用】 |
| | | 第64条【有限合伙人出资形式;劳务出资禁止】 |
| | | 第65条【有限合伙人出资缴纳义务及违约责任】 |
| | | 第67条【有限合伙企业事务执行规定】 |
| | | 第73条【有限合伙人财产份额转让规定】 |
| | | 第91条【合伙企业注销后原普通合伙人的责任承担规则】 |
| 0791 | 合同法 | 第6条【诚实信用原则】 |
| | | 第8条【合同约束力】 |
| | | 第44条【合同成立条件与时间】 |
| | | 第48条【无权代理人订立合同的法律后果】 |
| | | 第52条【合同无效的情形】 |
| | | 第60条【合同履行的原则】 |
| | | 第67条【后履行抗辩权】 |
| | | 第79条【债权人不得转让合同权利的情形】 |
| | | 第80条【债权人转让债权的通知义务】 |
| | | 第81条【债权转让从权利一并转让】 |
| | | 第88条【合同权利义务的概括转移;概括承受】 |
| | | 第107条【合同约束力:违约责任】 |

|  |  | 常见适用的法条 |  |
|---|---|---|---|
| 继承法 | 第3条【遗产范围】 |  | 0859 |
|  | 第10条【继承人范围及继承顺序】 |  |  |
| 民法通则 | 第4条【民事活动的基本原则：自愿、公平、等价有偿、诚实信用】 |  | 0812 |
|  | 第5条【公民的合法权益受到保护】 |  |  |
|  | 第6条【民事活动应遵守国家政策】 |  |  |
|  | 第26条【个体工商户】 |  |  |
|  | 第30条【个人合伙】 |  |  |
|  | 第32条【合伙财产的归属、管理和使用】 |  |  |
|  | 第34条【合伙事务的执行】 |  |  |
|  | 第54条【民事法律行为的定义】 |  |  |
|  | 第55条【民事法律行为的有效条件】 |  |  |
|  | 第57条【民事法律行为的效力】 |  |  |
|  | 第66条【无权代理的法律后果；代理人不履行职责、损害代理人利益的民事责任；代理人和第三人的连带责任】 |  |  |
|  | 第71条【所有权的内容】 |  |  |
|  | 第75条【个人财产：合法财产受法律保护】 |  |  |
|  | 第82条【全民所有制企业经营权范围】 |  |  |
|  | 第84条【债的界定】 |  |  |
|  | 第85条【合同的定义】 |  |  |
|  | 第99条【姓名权、名称权的保护】 |  |  |
| 物权法 | 第33条【利害关系人的物权确认请求权】 |  | 0834 |
|  | 第65条【国家保护私人合法储蓄、投资和财产继承权等合法权益】 |  |  |
|  | 第67条【企业出资人的权利】 |  |  |
| 中小企业促进法 | 第50条【中小企业权益保护的精神】 |  | 0883 |
|  | 第54条【中小企业权益保护的措施】 |  |  |

| | | 常见适用的法条 |
|---|---|---|
| 0908 | 城镇集体所有制企业条例 | 第4条【城镇集体所有制企业的定义;劳动群众集体所有的规定】 |
| | | 第40条【职工股金的归属】 |
| | | 第48条【集体企业的股金分红同企业盈亏相结合】 |
| 0934 | 民通意见 | 第1条【公民的民事权利能力自出生时开始:户籍证明、医院出具的出生证明、其他证明】 |
| | | 第46条【合伙人的认定】 |
| | | 第50条【认定合伙关系:无合伙协议且未登记时的认定方式】 |
| | | 第52条【个人合伙中合伙人退伙及其赔偿责任】 |
| 0915 | 公司法司法解释三 | 第13条【未履行或未全面履行出资义务的股东对于公司债务承担补充责任;发起人的连带责任;董事、高级管理人员的不真正连带责任】 |
| | | 第17条【有限责任公司的股东未履行出资义务或抽逃全部出资后股东资格的解除程序】 |
| | | 第20条【是否出资义务纠纷中原被告双方的举证责任】 |
| | | 第23条【股东名册的载明事项和效力;股东名册的登记管理】 |
| | | 第24条【隐名股东与名义股东:投资权益归属、实际履行出资义务;变更登记】 |
| | | 第25条【名义股东处分股权】 |
| 0968 | 合同法司法解释一 | 第2条【合同法的溯及力】 |
| | | 第3条【合同法实施以前成立的合同的效力】 |

## M8.20.229 侵害企业出资人权益纠纷 ★

### ■ 常见适用的法条

| | 常见适用的法条 | |
|---|---|---|
| 担保法 | 第1条【担保法的立法目的】 | 0823 |
| | 第6条【保证的定义】 | |
| | 第18条【保证合同中连带责任的承担】 | |
| | 第19条【保证方式不明时:连带责任担保】 | |
| | 第31条【保证人的追偿权】 | |
| 公司法 | 第3条【公司法人制度】 | 0085 |
| | 第4条【公司股东权利】 | |
| | 第11条【公司的章程及其效力】 | |
| | 第20条【禁止股东权利滥用;滥用股东权利的法律责任】 | |
| | 第22条【股东会、股东大会、董事会决议的效力;股东对于会议决议的撤销之诉】 | |
| | 第35条【股东不得抽逃出资的义务】 | |
| | 第36条【有限责任公司股东会的组成及法律地位】 | |
| | 第37条【公司股东会职权】 | |
| | 第38条【有限责任公司首次股东会会议的召集和主持】 | |
| | 第41条【股东会会议的召集通知及会议记录】 | |
| | 第42条【有限责任公司股东会表决权行使规则】 | |
| | 第43条【有限责任公司股东会的议事方式和表决程序】 | |
| | 第44条【有限责任公司董事会的组成】 | |
| | 第47条【有限责任公司董事会会议的召集与主持】 | |
| | 第166条【公司的法定公积金制度、任意公积金制度;公司利润分配的规定】 | |
| | 第167条【公司资本公积金的组成】 | |

| | | 常见适用的法条 |
|---|---|---|
| 0606 | 合伙企业法 | 第8条【合法财产及权益受法律保护】 |
| | | 第12条【合伙企业分支机构设立登记】 |
| | | 第45条【合伙人退伙事由】 |
| | | 第51条【退伙结算】 |
| | | 第76条【有限合伙人承担无限连带责任的特别情形】 |
| 0791 | 合同法 | 第8条【合同约束力】 |
| | | 第44条【合同成立条件与时间】 |
| | | 第46条【附期限的合同】 |
| | | 第52条【合同无效的情形】 |
| | | 第58条【合同无效或被撤销的法律后果】 |
| | | 第60条【合同履行的原则】 |
| | | 第94条【合同的法定解除;法定解除权】 |
| | | 第107条【合同约束力:违约责任】 |
| | | 第122条【侵权与违约的竞合】 |
| 0859 | 继承法 | 第10条【继承人范围及继承顺序】 |
| 0812 | 民法通则 | 第4条【民事活动的基本原则:自愿、公平、等价有偿、诚实信用】 |
| | | 第5条【公民的合法权益受到保护】 |
| | | 第6条【民事活动应遵守国家政策】 |
| | | 第32条【合伙财产的归属、管理和使用】 |
| | | 第34条【合伙事务的执行】 |
| | | 第36条【法人的定义;法人民事权利能力和民事行为能力的存续期间】 |
| | | 第57条【民事法律行为的效力】 |
| | | 第71条【所有权的内容】 |
| | | 第72条【财产所有权取得应符合法律规定;动产所有权自交付时转移】 |

| | 常见适用的法条 | |
|---|---|---|
| 民法通则 | 第75条【个人财产:合法财产受法律保护】 | 0812 |
| | 第84条【债的界定】 | |
| | 第90条【借贷关系】 | |
| | 第106条【民事责任归责原则:违约责任、无过错责任原则;侵权责任、过错责任、无过错责任】 | |
| | 第108条【债务清偿:分期偿还、强制偿还】 | |
| | 第117条【侵害财产权的责任承担方式:返还财产、折价赔偿;恢复原状、折价赔偿;赔偿损失】 | |
| | 第130条【共同实施侵权行为人的连带责任】 | |
| | 第134条【侵权责任的主要承担方式】 | |
| 农业合作社法 | 第29条【农民专业合作社成员大会的组成与职权】 | 0885 |
| | 第36条【农民专业合作社的理事长、理事和管理人员的禁止行为】 | |
| 侵权责任法 | 第2条【侵权责任一般条款;民事权益的范围】 | 0862 |
| | 第8条【共同实施侵权行为人的连带责任】 | |
| | 第15条【侵权责任的主要承担方式】 | |
| 涉外民事关系法律适用法 | 第44条【涉外侵权责任的法律适用】 | 0879 |
| 物权法 | 第67条【企业出资人的权利】 | 0834 |
| | 第68条【企业法人财产权的内容】 | |
| 中小企业促进法 | 第50条【中小企业权益保护的精神】 | 0883 |
| | 第54条【中小企业权益保护的措施】 | |
| 公司法司法解释三 | 第25条【名义股东处分股权】 | 0915 |

## M8.20.230　企业公司制改造合同纠纷 ★

■ 常见适用的法条

| | | 常见适用的法条 |
|---|---|---|
| 0791 | 合同法 | 第44条【合同成立条件与时间】 |
| | | 第45条【附条件的合同】 |
| | | 第60条【合同履行的原则】 |
| | | 第94条【合同的法定解除;法定解除权】 |
| | | 第97条【合同解除的法律后果】 |
| | | 第120条【双方违约应各自承担违约责任】 |
| | | 第125条【合同的解释;合同条款理解不一致的解释规则】 |
| 0812 | 民法通则 | 第5条【公民的合法权益受到保护】 |
| | | 第84条【债的界定】 |
| | | 第108条【债务清偿:分期偿还、强制偿还】 |
| | | 第113条【双方违约应分别承担各自的民事责任】 |
| 0944 | 企业改制纠纷司法解释 | 第11条【企业在进行股份合作制改造时公告通知了债权人的后续处理】 |

## M8.20.231　企业股份合作制改造合同纠纷 ★

■ 常见适用的法条

| | | 常见适用的法条 |
|---|---|---|
| 0791 | 合同法 | 第75条【撤销权的行使期限】 |
| | | 第91条【合同权利义务终止的法定情形】 |
| 0812 | 民法通则 | 第135条【诉讼时效期间:两年】 |

|  | 常见适用的法条 |  |
|---|---|---|
| 企业改制纠纷司法解释 | 第1条【人民法院受理企业产权制度改造中发生的民事纠纷案件的范围】 | 0944 |

## M8.20.232 企业债权转股权合同纠纷 ★

■ 常见适用的法条

|  | 常见适用的法条 |  |
|---|---|---|
| 合同法 | 第60条【合同履行的原则】 | 0791 |
|  | 第84条【合同义务转移;债务转移;债务承担】 |  |
|  | 第94条【合同的法定解除;法定解除权】 |  |
|  | 第97条【合同解除的法律后果】 |  |
|  | 第107条【合同约束力;违约责任】 |  |

## M8.20.233 企业分立合同纠纷 ★

■ 常见适用的法条

|  | 常见适用的法条 |  |
|---|---|---|
| 公司法 | 第176条【公司分立后的债务承担】 | 0085 |
| 合同法 | 第6条【诚实信用原则】 | 0791 |
|  | 第60条【合同履行的原则】 |  |

## M8.20.234　企业租赁经营合同纠纷 ★★

■ 主要适用的法条及其相关度

| | 主要适用的法条 | 相关度 |
|---|---|---|
| 合同法 | 第60条【合同履行的原则】 | ★★★★★ |
| | 第107条【合同约束力；违约责任】 | ★★★★★ |
| | 第8条【合同约束力】 | ★★★ |
| | 第93条【合同的意定解除：协商一致；约定条件成就】 | ★★★ |
| | 第94条【合同的法定解除；法定解除权】 | ★★★ |
| | 第97条【合同解除的法律后果】 | ★★★ |
| | 第96条【合同解除权的行使规则】 | ★★ |
| | 第109条【违约责任的承担：付款义务的继续履行】 | ★★ |
| | 第114条【违约金的数额及其调整】 | ★★ |
| | 第212条【租赁合同的定义】 | ★★ |
| | 第226条【租赁合同中承租人租金支付期限的确定规则】 | ★★ |
| | 第6条【诚实信用原则】 | ★ |
| | 第44条【合同成立条件与时间】 | ★ |
| | 第52条【合同无效的情形】 | ★ |
| | 第88条【合同权利义务的概括转移；概括承受】 | ★ |
| | 第91条【合同权利义务终止的法定情形】 | ★ |
| | 第98条【结算条款、清理条款效力的独立性】 | ★ |
| | 第120条【双方违约应各自承担违约责任】 | ★ |
| 民法通则 | 第84条【债的界定】 | ★ |
| | 第108条【债务清偿：分期偿还、强制偿还】 | ★ |

## M8.20.235　企业出售合同纠纷 ★★

■ 常见适用的法条

| | 常见适用的法条 | | |
|---|---|---|---|
| 合同法 | 第60条【合同履行的原则】 | ★★★★★ | 0791 |
| | 第107条【合同约束力;违约责任】 | ★★★★★ | |
| | 第44条【合同成立条件与时间】 | ★★★ | |
| | 第109条【违约责任的承担:付款义务的继续履行】 | ★★★ | |
| | 第114条【违约金的数额及其调整】 | ★★★ | |
| | 第8条【合同约束力】 | ★★ | |
| | 第159条【买受人应支付价款的数额认定】 | ★★ | |
| | 第32条【书面合同自双方当事人签字或盖章时成立】 | ★ | |
| | 第52条【合同无效的情形】 | ★ | |
| | 第58条【合同无效或被撤销的法律后果】 | ★ | |
| | 第94条【合同的法定解除;法定解除权】 | ★ | |
| | 第97条【合同解除的法律后果】 | ★ | |
| | 第113条【违约责任的承担:损失赔偿】 | ★ | |
| | 第130条【买卖合同的定义】 | ★ | |
| | 第161条【买受人支付价款的时间】 | ★ | |
| 民法通则 | 第84条【债的界定】 | ★ | 0812 |
| | 第108条【债务清偿:分期偿还、强制偿还】 | ★ | |
| 买卖合同司法解释 | 第24条【买卖合同逾期付款违约金的适用规则】 | ★ | 0937 |

# M8.20.236　挂靠经营合同纠纷 ····· ★★★★

## 一、主要适用的法条及其相关度

| | 主要适用的法条 | 相关度 |
|---|---|---|
| 合同法 | 第60条【合同履行的原则】 | ★★★★★ |
| | 第94条【合同的法定解除；法定解除权】 | ★★★★★ |
| | 第8条【合同约束力】 | ★★★ |
| | 第93条【合同的意定解除：协商一致；约定条件成就】 | ★★★ |
| | 第97条【合同解除的法律后果】 | ★★★ |
| | 第107条【合同约束力：违约责任】 | ★★★ |
| | 第114条【违约金的数额及其调整】 | ★★★ |
| | 第44条【合同成立条件与时间】 | ★★ |
| | 第91条【合同权利义务终止的法定情形】 | ★★ |
| | 第109条【违约责任的承担：付款义务的继续履行】 | ★★ |
| | 第96条【合同解除权的行使规则】 | ★ |
| | 第98条【结算条款、清理条款效力的独立性】 | ★ |

## 二、常见适用的其他法条

| | 常见适用的其他法条 |
|---|---|
| 公司法 | 第14条【分公司的法律地位；子公司的法律地位】 |
| 合同法 | 第92条【后合同义务】 |
| 民法通则 | 第84条【债的界定】 |
| | 第106条【民事责任归责原则：违约责任，无过错责任原则；侵权责任，过错责任、无过错责任】 |
| | 第108条【债务清偿：分期偿还、强制偿还】 |

## M8.20.237　企业兼并合同纠纷 ★

■ 常见适用的法条

| | 常见适用的法条 | |
|---|---|---|
| 合同法 | 第 8 条【合同约束力】 | 0791 |
| | 第 44 条【合同成立条件与时间】 | |
| | 第 60 条【合同履行的原则】 | |
| | 第 94 条【合同的法定解除;法定解除权】 | |
| | 第 96 条【合同解除权的行使规则】 | |
| | 第 97 条【合同解除的法律后果】 | |
| | 第 107 条【合同约束力:违约责任】 | |
| | 第 108 条【预期违约责任】 | |
| | 第 109 条【违约责任的承担:付款义务的继续履行】 | |
| | 第 110 条【继续履行及其例外;债权人不得要求对方继续履行的情形】 | |
| | 第 205 条【借款合同的利息支付义务】 | |
| | 第 206 条【借款期限的认定】 | |
| 民法通则 | 第 135 条【诉讼时效期间:两年】 | 0812 |
| | 第 137 条【诉讼时效期间的起算日和最长保护期限】 | |

## M8.20.238　联营合同纠纷 ★★★

■ 主要适用的法条及其相关度

| | 主要适用的法条 | 相关度 | |
|---|---|---|---|
| 合同法 | 第 60 条【合同履行的原则】 | ★★★★★ | 0791 |
| | 第 107 条【合同约束力:违约责任】 | ★★★★★ | |
| | 第 8 条【合同约束力】 | ★★★ | |
| | 第 109 条【违约责任的承担:付款义务的继续履行】 | ★★★ | |

| | 主要适用的法条 | 相关度 |
|---|---|---|
| 合同法 | 第44条【合同成立条件与时间】 | ★★ |
| | 第94条【合同的法定解除;法定解除权】 | ★★ |
| | 第97条【合同解除的法律后果】 | ★★ |
| | 第114条【违约金的数额及其调整】 | ★★ |
| | 第6条【诚实信用原则】 | ★ |
| | 第93条【合同的意定解除:协商一致;约定条件成就】 | ★ |
| | 第98条【结算条款、清理条款效力的独立性】 | ★ |
| | 第113条【违约责任的承担:损失赔偿】 | ★ |
| | 第159条【买受人应支付价款的数额认定】 | ★ |
| | 第161条【买受人支付价款的时间】 | ★ |
| 民法通则 | 第108条【债务清偿:分期偿还、强制偿还】 | ★ |

## M8.20.239　企业承包经营合同纠纷 ★★★

■ 主要适用的法条及其相关度

| | 主要适用的法条 | 相关度 |
|---|---|---|
| 合同法 | 第60条【合同履行的原则】 | ★★★★★ |
| | 第107条【合同约束力:违约责任】 | ★★★★★ |
| | 第8条【合同约束力】 | ★★ |
| | 第94条【合同的法定解除;法定解除权】 | ★★ |
| | 第97条【合同解除的法律后果】 | ★★ |
| | 第109条【违约责任的承担:付款义务的继续履行】 | ★★ |
| | 第114条【违约金的数额及其调整】 | ★★ |
| | 第44条【合同成立条件与时间】 | ★ |
| | 第93条【合同的意定解除:协商一致;约定条件成就】 | ★ |
| | 第98条【结算条款、清理条款效力的独立性】 | ★ |

|  | 主要适用的法条 | 相关度 |  |
|---|---|---|---|
| 民法通则 | 第 84 条【债的界定】 | ★ | 0812 |
|  | 第 108 条【债务清偿:分期偿还、强制偿还】 | ★ | 0812 |

## M8.20.239.1　中外合资经营企业承包经营合同纠纷……★

■ 常见适用的法条

|  | 常见适用的法条 |  |
|---|---|---|
| 合同法 | 第 91 条【合同权利义务终止的法定情形】 | 0791 |
| 民法通则 | 第 135 条【诉讼时效期间:两年】 | 0812 |

## M8.20.239.2　中外合作经营企业承包经营合同纠纷……★

■ 常见适用的法条

|  | 常见适用的法条 |  |
|---|---|---|
| 合同法 | 第 52 条【合同无效的情形】 | 0791 |
|  | 第 58 条【合同无效或被撤销的法律后果】 |  |

## M8.20.239.3　外商独资企业承包经营合同纠纷①

## M8.20.239.4　乡镇企业承包经营合同纠纷……………★

■ 常见适用的法条

|  | 常见适用的法条 |  |
|---|---|---|
| 担保法 | 第 40 条【流质契约的绝对禁止】 | 0823 |
| 公司法 | 第 3 条【公司法人制度】 | 0085 |
|  | 第 20 条【禁止股东权利滥用;滥用股东权利的法律责任】 |  |

---

① 说明:本案由尚无足够数量判决书可供法律大数据分析。

| | | 常见适用的法条 |
|---|---|---|
| 0606 | 合伙企业法 | 第39条【合伙人的无限连带责任】 |
| 0791 | 合同法 | 第4条【合同自愿原则】 |
| | | 第5条【合同公平原则;合同权利义务确定的原则】 |
| | | 第8条【合同约束力】 |
| | | 第42条【缔约过失责任;合同订立过程中承担损害赔偿责任的情形】 |
| | | 第44条【合同成立条件与时间】 |
| | | 第52条【合同无效的情形】 |
| | | 第60条【合同履行的原则】 |
| | | 第62条【合同内容约定不明确的处理规则;合同漏洞的填补】 |
| | | 第91条【合同权利义务终止的法定情形】 |
| | | 第93条【合同的意定解除:协商一致;约定条件成就】 |
| | | 第94条【合同的法定解除;法定解除权】 |
| | | 第96条【合同解除权的行使规则】 |
| | | 第97条【合同解除的法律后果】 |
| | | 第107条【合同约束力:违约责任】 |
| | | 第109条【违约责任的承担:付款义务的继续履行】 |
| | | 第112条【违约责任的承担:损失赔偿与其他责任的并存】 |
| | | 第113条【违约责任的承担:损失赔偿】 |
| | | 第114条【违约金的数额及其调整】 |
| | | 第159条【买受人应支付价款的数额认定】 |
| | | 第206条【借款期限的认定】 |
| | | 第207条【借款合同违约责任承担:支付利息】 |
| | | 第226条【租赁合同中承租人租金支付期限的确定规则】 |

| | 常见适用的法条 | |
|---|---|---|
| 民法通则 | 第4条【民事活动的基本原则:自愿、公平、等价有偿、诚实信用】 | 0812 |
| | 第35条【民事合伙的债务承担规则】 | |
| | 第81条【森林、山岭、草原、荒地、滩涂、水面、矿藏等自然资源的归属】 | |
| | 第84条【债的界定】 | |
| | 第108条【债务清偿:分期偿还、强制偿还】 | |
| | 第111条【不履行合同义务的后果:继续履行;补救;赔偿损失】 | |
| | 第135条【诉讼时效期间:两年】 | |
| 合同法司法解释二 | 第29条【违约金的数额及其调整】 | 0925 |
| 合同法司法解释一 | 第2条【合同法的溯及力】 | 0968 |

## M8.20.240　中外合资经营企业合同纠纷 ······ ★

■ 常见适用的法条

| | 常见适用的法条 | |
|---|---|---|
| 合同法 | 第126条【涉外合同的法律适用】 | 0791 |
| 外资企业法实施细则 | 第30条【外国投资者缴付出资的期限】 | 0907 |
| | 第31条【外资企业的用地】 | |

## M8.20.241　中外合作经营企业合同纠纷 ······ ★

■ 常见适用的法条

| | 常见适用的法条 | |
|---|---|---|
| 公司法 | 第24条【有限责任公司的股东人数】 | 0085 |

|  | 常见适用的法条 |
|---|---|
| 合同法 | 第6条【诚实信用原则】 |
|  | 第8条【合同约束力】 |
|  | 第93条【合同的意定解除:协商一致;约定条件成就】 |
|  | 第107条【合同约束力:违约责任】 |
|  | 第109条【违约责任的承担:付款义务的继续履行】 |
|  | 第114条【违约金的数额及其调整】 |
| 民法通则 | 第84条【债的界定】 |

## M8.21　与公司有关的纠纷 ★★

■ 主要适用的法条及其相关度

|  | 主要适用的法条 | 相关度 |
|---|---|---|
| 合同法 | 第60条【合同履行的原则】 | ★★★★★ |
|  | 第107条【合同约束力:违约责任】 | ★★★★★ |
|  | 第44条【合同成立条件与时间】 | ★★★ |
|  | 第8条【合同约束力】 | ★★ |
|  | 第52条【合同无效的情形】 | ★★ |
|  | 第97条【合同解除的法律后果】 | ★★ |
|  | 第109条【违约责任的承担:付款义务的继续履行】 | ★★ |
|  | 第54条【合同的变更和撤销】 | ★ |
|  | 第55条【撤销权消灭的法定情形】 | ★ |
|  | 第58条【合同无效或被撤销的法律后果】 | ★ |
|  | 第93条【合同的意定解除:协商一致;约定条件成就】 | ★ |
|  | 第94条【合同的法定解除;法定解除权】 | ★ |

| | 主要适用的法条 | 相关度 | |
|---|---|---|---|
| 民法通则 | 第106条【民事责任归责原则:违约责任,无过错责任原则;侵权责任,过错责任、无过错责任】 | ★★ | 0812 |
| | 第108条【债务清偿:分期偿还、强制偿还】 | ★★ | |
| | 第4条【民事活动的基本原则:自愿、公平、等价有偿、诚实信用】 | ★ | |
| | 第43条【企业法人对其机构的活动承担民事责任】 | ★ | |
| | 第71条【所有权的内容】 | ★ | |
| | 第84条【债的界定】 | ★ | |
| | 第117条【侵害财产权的责任承担方式:返还财产、折价赔偿;恢复原状、折价赔偿;赔偿损失】 | ★ | |
| | 第135条【诉讼时效期间:两年】 | ★ | |
| 公司法 | 第20条【禁止股东权利滥用;滥用股东权利的法律责任】 | ★★ | 0085 |
| | 第3条【公司法人制度】 | ★ | |
| | 第4条【公司股东权利】 | ★ | |
| | 第22条【股东会、股东大会、董事会决议的效力;股东对于会议决议的撤销之诉】 | ★ | |
| | 第28条【股东出资义务的履行及其违约责任】 | ★ | |
| | 第32条【股东名册的载明事项和效力;股东名册的登记管理】 | ★ | |
| | 第33条【股东的知情权;股东查阅公司会计账册的权利及司法救济】 | ★ | |
| | 第34条【股东红利分配规则;公司新增资本时股东的优先认购权】 | ★ | |
| | 第35条【股东不得抽逃出资的义务】 | ★ | |
| | 第37条【公司股东会职权】 | ★ | |

0026 商事纠纷：公司、企业与破产

| | | 主要适用的法条 | 相关度 |
|---|---|---|---|
| 0085 | 公司法 | 第71条【有限责任公司的股权转让；股东的优先购买权】 | ★ |
| | | 第72条【有限责任公司股权强制转让中的优先购买权】 | ★ |
| 0915 | 公司法司法解释三 | 第25条【名义股东处分股权】 | ★★ |
| 0920 | 公司法司法解释二 | 第18条【有限责任公司的股东、股份有限公司的董事、控股股东和实际控制人在清算中怠于履行义务的赔偿责任】 | ★ |
| 0933 | 婚姻法司法解释二 | 第24条【离婚时夫妻共同债务的清偿】 | ★ |

## M8.21.242 股东资格确认纠纷 ★★★

### ■ 主要适用的法条及其相关度

| | | 主要适用的法条 | 相关度 |
|---|---|---|---|
| 0085 | 公司法 | 第32条【股东名册的载明事项和效力；股东名册的登记管理】 | ★★★★★ |
| | | 第33条【股东的知情权；股东查阅公司会计账册的权利及司法救济】 | ★★★ |
| | | 第4条【公司股东权利】 | ★★ |
| | | 第28条【股东出资义务的履行及其违约责任】 | ★★ |
| | | 第72条【有限责任公司股权强制转让中的优先购买权】 | ★★ |
| | | 第3条【公司法人制度】 | ★ |
| | | 第11条【公司的章程及其效力】 | ★ |

|  | 主要适用的法条 | 相关度 |  |
|---|---|---|---|
| 公司法 | 第22条【股东会、股东大会、董事会决议的效力；股东对于会议决议的撤销之诉】 | ★ | 0085 |
|  | 第23条【有限责任公司的设立条件】 | ★ |  |
|  | 第25条【有限责任公司章程应载明事项】 | ★ |  |
|  | 第27条【股东出资方式及其限制；非货币出资的评估作价规定】 | ★ |  |
|  | 第31条【股东出资证明书的签发与载明事项】 | ★ |  |
|  | 第34条【股东红利分配规则；公司新增资本时股东的优先认购权】 | ★ |  |
|  | 第71条【有限责任公司的股权转让；股东的优先购买权】 | ★ |  |
|  | 第75条【有限责任公司股东资格的继承】 | ★ |  |
| 民法通则 | 第71条【所有权的内容】 | ★★★★ | 0812 |
|  | 第5条【公民的合法权益受到保护】 | ★★★ |  |
|  | 第84条【债的界定】 | ★★ |  |
|  | 第4条【民事活动的基本原则：自愿、公平、等价有偿、诚实信用】 | ★ |  |
| 合同法 | 第8条【合同约束力】 | ★ | 0791 |
|  | 第52条【合同无效的情形】 | ★ |  |
|  | 第60条【合同履行的原则】 | ★ |  |
| 公司法司法解释三 | 第23条【股东名册的载明事项和效力；股东名册的登记管理】 | ★★★★ | 0915 |
|  | 第22条【股权确认之诉中当事人应当证明的事项】 | ★★★ |  |
|  | 第24条【隐名股东与名义股东：投资权益归属、实际履行出资义务；变更登记】 | ★★★ |  |
|  | 第25条【名义股东处分股权】 | ★★★ |  |
|  | 第21条【股东资格确认之诉的诉讼当事人的认定】 | ★★ |  |

## M8.21.243　股东名册记载纠纷　★★

### 主要适用的法条及其相关度

| | 主要适用的法条 | 相关度 |
|---|---|---|
| 公司法 | 第 31 条【股东出资证明书的签发与载明事项】 | ★★★★★ |
| | 第 32 条【股东名册的载明事项和效力；股东名册的登记管理】 | ★★★★★ |
| | 第 4 条【公司股东权利】 | ★★★ |
| | 第 33 条【股东的知情权；股东查阅公司会计账册的权利及司法救济】 | ★★ |
| | 第 23 条【有限责任公司的设立条件】 | ★ |
| | 第 71 条【有限责任公司的股权转让；股东的优先购买权】 | ★ |
| | 第 72 条【有限责任公司股权强制转让中的优先购买权】 | ★ |
| | 第 73 条【有限责任公司股权转让后公司章程与股东名册的修改】 | ★ |
| | 第 130 条【股东名册应当记载的内容】 | ★ |
| 民法通则 | 第 4 条【民事活动的基本原则：自愿、公平、等价有偿、诚实信用】 | ★★★ |
| | 第 5 条【公民的合法权益受到保护】 | ★★★ |
| | 第 71 条【所有权的内容】 | ★★★ |
| | 第 6 条【民事活动应遵守国家政策】 | ★ |
| | 第 55 条【民事法律行为的有效条件】 | ★ |
| | 第 58 条【民事行为无效的法定情形】 | ★ |
| | 第 66 条【无权代理的法律后果；代理人不履行职责、损害代理人利益的民事责任；代理人和第三人的连带责任】 | ★ |

|  | 主要适用的法条 | 相关度 |
|---|---|---|
| 公司法司法解释三 | 第23条【股东名册的载明事项和效力；股东名册的登记管理】 | ★★★★★ |
|  | 第24条【隐名股东与名义股东：投资权益归属、实际履行出资义务；变更登记】 | ★ |

## M8.21.244 请求变更公司登记纠纷 ★★

■ 主要适用的法条及其相关度

|  | 主要适用的法条 | 相关度 |
|---|---|---|
| 公司法 | 第32条【股东名册的载明事项和效力；股东名册的登记管理】 | ★★★★ |
|  | 第13条【公司的法定代表人】 | ★★★ |
|  | 第33条【股东的知情权；股东查阅公司会计账册的权利及司法救济】 | ★★★ |
|  | 第71条【有限责任公司的股权转让；股东的优先购买权】 | ★★★ |
|  | 第73条【有限责任公司股权转让后公司章程与股东名册的修改】 | ★★ |
|  | 第7条【公司营业执照的签发、记载事项以及换发】 | ★ |
|  | 第11条【公司的章程及其效力】 | ★ |
|  | 第22条【股东会、股东大会、董事会决议的效力；股东对于会议决议的撤销之诉】 | ★ |
|  | 第43条【有限责任公司股东会的议事方式和表决程序】 | ★ |
|  | 第44条【有限责任公司董事会的组成】 | ★ |
|  | 第72条【有限责任公司股权强制转让中的优先购买权】 | ★ |

| | | 主要适用的法条 | 相关度 |
|---|---|---|---|
| 0791 | 合同法 | 第 8 条【合同约束力】 | ★ |
| | | 第 60 条【合同履行的原则】 | ★ |
| | | 第 107 条【合同约束力:违约责任】 | ★ |
| 0890 | 公司登记管理条例 | 第 26 条【公司变更登记】 | ★★ |
| | | 第 30 条【公司变更法定代表人的变更登记】 | ★ |
| 0915 | 公司法司法解释三 | 第 1 条【公司发起人的认定】 | ★★★★★ |
| | | 第 23 条【股东名册的载明事项和效力;股东名册的登记管理】 | ★★ |
| | | 第 24 条【隐名股东与名义股东:投资权益归属、实际履行出资义务;变更登记】 | ★ |

## M8.21.245　股东出资纠纷 ★★

■ 主要适用的法条及其相关度

| | | 主要适用的法条 | 相关度 |
|---|---|---|---|
| 0085 | 公司法 | 第 28 条【股东出资义务的履行及其违约责任】 | ★★★★★ |
| | | 第 35 条【股东不得抽逃出资的义务】 | ★★★ |
| | | 第 36 条【有限责任公司股东会的组成及法律地位】 | ★★ |
| | | 第 3 条【公司法人制度】 | ★ |
| | | 第 27 条【股东出资方式及其限制;非货币出资的评估作价规定】 | ★ |
| | | 第 37 条【公司股东会职权】 | ★ |
| 0791 | 合同法 | 第 60 条【合同履行的原则】 | ★★★ |
| | | 第 107 条【合同约束力:违约责任】 | ★★ |
| | | 第 8 条【合同约束力】 | ★ |
| | | 第 94 条【合同的法定解除;法定解除权】 | ★ |

|  | 主要适用的法条 | 相关度 |  |
|---|---|---|---|
| 民法通则 | 第84条【债的界定】 | ★ | 0812 |
|  | 第108条【债务清偿:分期偿还、强制偿还】 | ★ |  |
| 公司法司法解释三 | 第12条【可以认定股东抽逃出资的情形】 | ★★★ | 0915 |
|  | 第13条【未履行或未全面履行出资义务的股东对于公司债务承担补充责任;发起人的连带责任;董事、高级管理人员的不真正连带责任】 | ★★★ |  |
|  | 第14条【抽逃出资的法律责任】 | ★★ |  |
|  | 第18条【未履行或未全面履行出资义务的有限责任公司股东转让股权后与受让人负有连带的出资义务】 | ★ |  |
|  | 第19条【股东未履行或未全面履行出资义务或抽逃出资时的出资义务或返还出资的义务不适用诉讼时效抗辩规则】 | ★ |  |
|  | 第20条【是否出资义务纠纷中原被告双方的举证责任】 | ★ |  |

## M8.21.246　新增资本认购纠纷 ★★

### 主要适用的法条及其相关度

|  | 主要适用的法条 | 相关度 |  |
|---|---|---|---|
| 合同法 | 第107条【合同约束力:违约责任】 | ★★★★★ | 0791 |
|  | 第60条【合同履行的原则】 | ★★★★ |  |
|  | 第94条【合同的法定解除;法定解除权】 | ★★★ |  |
|  | 第8条【合同约束力】 | ★★ |  |
|  | 第93条【合同的意定解除:协商一致;约定条件成就】 | ★ |  |
|  | 第97条【合同解除的法律后果】 | ★ |  |

| | | 主要适用的法条 | 相关度 |
|---|---|---|---|
| 0085 | 公司法 | 第99条【股份有限公司股东大会的职权】 | ★★★★★ |
| | | 第103条【股份有限公司股东的表决权】 | ★★★★★ |
| | | 第136条【新股股款募足后的变更登记和公告】 | ★★★★★ |
| | | 第37条【公司股东会职权】 | ★★ |
| | | 第38条【有限责任公司首次股东会会议的召集和主持】 | ★★ |
| | | 第4条【公司股东权利】 | ★ |
| | | 第32条【股东名册的载明事项和效力;股东名册的登记管理】 | ★ |
| | | 第33条【股东的知情权;股东查阅公司会计账册的权利及司法救济】 | ★ |
| | | 第44条【有限责任公司董事会的组成】 | ★ |
| 0915 | 公司法司法解释三 | 第19条【股东未履行或未全面履行出资义务或抽逃出资时的出资义务或返还出资的义务不适用诉讼时效抗辩规则】 | ★ |
| | | 第23条【股东名册的载明事项和效力;股东名册的登记管理】 | ★ |

## M8.21.247 股东知情权纠纷 ★★★

■ 主要适用的法条及其相关度

| | | 主要适用的法条 | 相关度 |
|---|---|---|---|
| 0085 | 公司法 | 第33条【股东的知情权;股东查阅公司会计账册的权利及司法救济】 | ★★★★★ |
| | | 第34条【股东红利分配规则;公司新增资本时股东的优先认购权】 | ★★★★ |
| | | 第165条【财务会计报告的公开规则】 | ★ |

|  | 主要适用的法条 | 相关度 | |
|---|---|---|---|
| 会计法 | 第14条【会计凭证】 | ★ | 0854 |
|  | 第15条【会计帐簿登记】 | ★ |  |
| 公司法司法解释四 | 第7条【股东有权起诉请求查阅、复制公司文件材料】 | ★ | 0984 |
|  | 第8条【股东有"不正当目的"的认定】 | ★ |  |
|  | 第9条【协议不得实质剥夺股东查阅、复制文字材料的权利】 | ★ |  |
|  | 第10条【判决支持查阅、复制文字材料】 | ★ |  |

## M8.21.248 请求公司收购股份纠纷 ★

■ 常见适用的法条

|  | 常见适用的法条 |  |
|---|---|---|
| 担保法 | 第5条【担保合同的界定及其与主债权合同的关系;担保合同无效的责任承担规则】 | 0823 |
| 公司法 | 第4条【公司股东权利】 | 0085 |
|  | 第11条【公司的章程及其效力】 |  |
|  | 第20条【禁止股东权利滥用;滥用股东权利的法律责任】 |  |
|  | 第21条【关联交易的限制】 |  |
|  | 第35条【股东不得抽逃出资的义务】 |  |
|  | 第36条【有限责任公司股东会的组成及法律地位】 |  |
|  | 第71条【有限责任公司的股权转让;股东的优先购买权】 |  |
|  | 第72条【有限责任公司股权强制转让中的优先购买权】 |  |
|  | 第74条【异议股东的股权回购请求权;异议股东的股权回购之诉】 |  |
|  | 第75条【有限责任公司股东资格的继承】 |  |
|  | 第138条【股份应在法定交易场所进行转让】 |  |

|  |  | 常见适用的法条 |
|---|---|---|
| 0085 | 公司法 | 第142条【公司收购本公司股份的原则禁止与例外许可；公司不得接受本公司股票作为质押标的】 |
|  |  | 第148条【禁止董事、高级管理人员实施的行为】 |
| 0791 | 合同法 | 第46条【附期限的合同】 |
|  |  | 第52条【合同无效的情形】 |
|  |  | 第54条【合同的变更和撤销】 |
|  |  | 第58条【合同无效或被撤销的法律后果】 |
|  |  | 第60条【合同履行的原则】 |
|  |  | 第107条【合同约束力：违约责任】 |
|  |  | 第109条【违约责任的承担：付款义务的继续履行】 |
| 0846 | 证券法 | 第10条【证券的发行方式：公开发行与非公开发行】 |
| 0920 | 公司法司法解释二 | 第5条【解散公司诉讼中的法院调解】 |

## M8.21.249 股权转让纠纷 ★★★★

■ 一、主要适用的法条及其相关度

|  |  | 主要适用的法条 | 相关度 |
|---|---|---|---|
| 0791 | 合同法 | 第60条【合同履行的原则】 | ★★★★★ |
|  |  | 第107条【合同约束力：违约责任】 | ★★★★★ |
|  |  | 第8条【合同约束力】 | ★★★ |
|  |  | 第44条【合同成立条件与时间】 | ★★★ |
|  |  | 第109条【违约责任的承担：付款义务的继续履行】 | ★★★ |
|  |  | 第114条【违约金的数额及其调整】 | ★★★ |
|  |  | 第52条【合同无效的情形】 | ★★ |
|  |  | 第94条【合同的法定解除；法定解除权】 | ★★ |

| | 主要适用的法条 | 相关度 | |
|---|---|---|---|
| 合同法 | 第97条【合同解除的法律后果】 | ★★ | 0791 |
| | 第6条【诚实信用原则】 | ★ | |
| | 第93条【合同的意定解除：协商一致；约定条件成就】 | ★ | |
| 公司法 | 第71条【有限责任公司的股权转让；股东的优先购买权】 | ★★★ | 0085 |
| | 第72条【有限责任公司股权强制转让中的优先购买权】 | ★★★ | |
| 担保法 | 第18条【保证合同中连带责任的承担】 | ★ | 0823 |
| 民法通则 | 第84条【债的界定】 | ★ | 0812 |
| | 第108条【债务清偿：分期偿还、强制偿还】 | ★ | |
| 公司法司法解释三 | 第25条【名义股东处分股权】 | ★★ | 0915 |

### ■ 二、常见适用的其他法条

| | 常见适用的其他法条 | |
|---|---|---|
| 担保法 | 第19条【保证方式不明时：连带责任担保】 | 0823 |
| | 第21条【保证担保的范围；没有约定、约定不明时的担保范围】 | |
| | 第31条【保证人的追偿权】 | |
| 公司法 | 第32条【股东名册的载明事项和效力；股东名册的登记管理】 | 0085 |
| | 第33条【股东的知情权；股东查阅公司会计账册的权利及司法救济】 | |
| 合同法 | 第45条【附条件的合同】 | 0791 |
| | 第54条【合同的变更和撤销】 | |
| | 第58条【合同无效或被撤销的法律后果】 | |
| | 第62条【合同内容约定不明确的处理规则；合同漏洞的填补】 | |

| | | 常见适用的其他法条 |
|---|---|---|
| 0791 | 合同法 | 第96条【合同解除权的行使规则】 |
| | | 第113条【违约责任的承担:损失赔偿】 |
| | | 第159条【买受人应支付价款的数额认定】 |
| | | 第161条【买受人支付价款的时间】 |
| 0812 | 民法通则 | 第4条【民事活动的基本原则:自愿、公平、等价有偿、诚实信用】 |
| | | 第55条【民事法律行为的有效条件】 |
| | | 第106条【民事责任归责原则:违约责任,无过错责任原则;侵权责任、过错责任、无过错责任】 |
| | | 第135条【诉讼时效期间:两年】 |
| | | 第140条【诉讼时效期间的中断】 |
| 0944 | 企业改制纠纷司法解释 | 第30条【企业兼并协议效力的认定】 |
| 0925 | 合同法司法解释二 | 第29条【违约金的数额及其调整】 |
| 0933 | 婚姻法司法解释二 | 第24条【离婚时夫妻共同债务的清偿】 |
| 0984 | 公司法司法解释四 | 第21条【损害其他股东优先购买权的民事责任】 |

## M8.21.250 公司决议纠纷 ★★

■ 主要适用的法条及其相关度

| | 主要适用的法条 | 相关度 | |
|---|---|---|---|
| 公司法 | 第22条【股东会、股东大会、董事会决议的效力;股东对于会议决议的撤销之诉】 | ★★★★★ | 0085 |
| | 第4条【公司股东权利】 | ★ | |
| | 第37条【公司股东会职权】 | ★ | |
| | 第41条【股东会会议的召集通知及会议记录】 | ★ | |
| | 第42条【有限责任公司股东会表决权行使规则】 | ★ | |
| | 第43条【有限责任公司股东会的议事方式和表决程序】 | ★ | |
| 民法通则 | 第55条【民事法律行为的有效条件】 | ★ | 0812 |
| 公司法司法解释四 | 第1条【公司决议纠纷的受理】 | ★ | 0984 |
| | 第3条【公司决议纠纷的被告】 | ★ | |
| | 第5条【公司决议不成立的情形】 | ★ | |

## M8.21.250.1 公司决议效力确认纠纷 ★★

■ 主要适用的法条及其相关度

| | 主要适用的法条 | 相关度 | |
|---|---|---|---|
| 公司法 | 第22条【股东会、股东大会、董事会决议的效力;股东对于会议决议的撤销之诉】 | ★★★★★ | 0085 |
| | 第43条【有限责任公司股东会的议事方式和表决程序】 | ★★ | |
| | 第37条【公司股东会职权】 | ★ | |
| | 第38条【有限责任公司首次股东会会议的召集和主持】 | ★ | |

|  | 主要适用的法条 | 相关度 |
|---|---|---|
| 0085 公司法 | 第41条【股东会会议的召集通知及会议记录】 | ★ |
| | 第42条【有限责任公司股东会表决权行使规则】 | ★ |
| | 第71条【有限责任公司的股权转让;股东的优先购买权】 | ★ |
| 0812 民法通则 | 第55条【民事法律行为的有效条件】 | ★★ |

## M8.21.250.2 公司决议撤销纠纷 ★★★

■ 主要适用的法条及其相关度

|  | 主要适用的法条 | 相关度 |
|---|---|---|
| 0085 公司法 | 第22条【股东会、股东大会、董事会决议的效力;股东对于会议决议的撤销之诉】 | ★★★★★ |
| | 第41条【股东会会议的召集通知及会议记录】 | ★★★ |
| | 第42条【有限责任公司股东会表决权行使规则】 | ★★ |
| | 第40条【有限责任公司股东会会议的召集与主持】 | ★ |
| | 第43条【有限责任公司股东会的议事方式和表决程序】 | ★ |
| | 第48条【有限责任公司董事会的议事方式和表决程序】 | ★ |
| 0984 公司法司法解释四 | 第3条【公司决议纠纷的被告】 | |
| | 第4条【撤销公司决议的裁判依据】 | |

## M8.21.251 公司设立纠纷 ★

■ 常见适用的法条

|  | 常见适用的法条 |
|---|---|
| 0823 担保法 | 第18条【保证合同中连带责任的承担】 |
| | 第21条【保证担保的范围;没有约定、约定不明时的担保范围】 |

|  | 常见适用的法条 | |
|---|---|---|
| 公司法 | 第15条【公司向其他企业投资的权利及其限制】 | 0085 |
| | 第16条【公司对外投资或为他人提供担保的条件和限制】 | |
| | 第32条【股东名册的载明事项和效力;股东名册的登记管理】 | |
| | 第33条【股东的知情权;股东查阅公司会计账册的权利及司法救济】 | |
| | 第74条【异议股东的股权回购请求权;异议股东的股权回购之诉】 | |
| | 第94条【公司设立阶段及设立不成功时股份有限公司发起人的法定责任】 | |
| | 第95条【有限责任公司变更为股份有限公司的股本折合与增加资本的规定】 | |
| 合同法 | 第5条【合同公平原则;合同权利义务确定的原则】 | 0791 |
| | 第8条【合同约束力】 | |
| | 第44条【合同成立条件与时间】 | |
| | 第48条【无权代理人订立合同的法律后果】 | |
| | 第52条【合同无效的情形】 | |
| | 第58条【合同无效或被撤销的法律后果】 | |
| | 第60条【合同履行的原则】 | |
| | 第93条【合同的意定解除:协商一致;约定条件成就】 | |
| | 第94条【合同的法定解除;法定解除权】 | |
| | 第96条【合同解除权的行使规则】 | |
| | 第97条【合同解除的法律后果】 | |
| | 第98条【结算条款、清理条款效力的独立性】 | |
| | 第107条【合同约束力:违约责任】 | |
| | 第109条【违约责任的承担:付款义务的继续履行】 | |
| | 第113条【违约责任的承担:损失赔偿】 | |

| | | 常见适用的法条 |
|---|---|---|
| 0791 | 合同法 | 第115条【定金罚则】 |
| | | 第116条【同时约定违约金和定金时:择一适用】 |
| | | 第120条【双方违约应各自承担违约责任】 |
| 0812 | 民法通则 | 第4条【民事活动的基本原则:自愿、公平、等价有偿、诚实信用】 |
| | | 第32条【合伙财产的归属、管理和使用】 |
| | | 第54条【民事法律行为的定义】 |
| | | 第55条【民事法律行为的有效条件】 |
| | | 第57条【民事法律行为的效力】 |
| | | 第84条【债的界定】 |
| | | 第90条【借贷关系】 |
| | | 第106条【民事责任归责原则:违约责任,无过错责任原则;侵权责任,过错责任、无过错责任】 |
| | | 第108条【债务清偿:分期偿还、强制偿还】 |
| | | 第135条【诉讼时效期间:两年】 |
| | | 第140条【诉讼时效期间的中断】 |
| 0862 | 侵权责任法 | 第8条【共同实施侵权行为人的连带责任】 |
| 0934 | 民通意见 | 第1条【公民的民事权利能力自出生时开始:户籍证明、医院出具的出生证明、其他证明】 |
| | | 第55条【合伙终止时合伙财产处理规则】 |
| 0915 | 公司法司法解释三 | 第1条【公司发起人的认定】 |
| | | 第4条【公司设立阶段及设立不成功时股份有限公司发起人的法定责任】 |
| | | 第13条【未履行或未全面履行出资义务的股东对于公司债务承担补充责任;发起人的连带责任;董事、高级管理人员的不真正连带责任】 |

| | 常见适用的法条 | |
|---|---|---|
| 公司法司法解释三 | 第15条【出资人以符合法定条件的非货币财产出资后因市场变化或者其他客观原因导致出资财产贬值的仍应认定其已经完成出资义务】 | 0915 |
| | 第19条【股东未履行或未全面履行出资义务或抽逃出资时的出资义务或返还出资的义务不适用诉讼时效抗辩规则】 | |
| 公司法司法解释一 | 第1条【公司法对其实施前的法律纠纷没有溯及力】 | 0945 |
| | 第4条【股东派生诉讼】 | |
| 婚姻法司法解释二 | 第24条【离婚时夫妻共同债务的清偿】 | 0933 |
| 适用简易程序民事案件规定 | 第30条【拒不到庭或中途退庭的处理:原告撤诉;被告缺席判决;文书送达】 | 0961 |

## M8.21.252 公司证照返还纠纷 ★★

■ 主要适用的法条及其相关度

| | 主要适用的法条 | 相关度 | |
|---|---|---|---|
| 物权法 | 第34条【权利人的返还原物请求权】 | ★★★★★ | 0834 |
| 民法通则 | 第117条【侵害财产权的责任承担方式:返还财产、折价赔偿;恢复原状、折价赔偿;赔偿损失】 | ★★★ | 0812 |
| | 第38条【法定代表人】 | ★ | |
| 公司法 | 第3条【公司法人制度】 | ★★ | 0085 |
| | 第148条【禁止董事、高级管理人员实施的行为】 | ★★ | |
| | 第13条【公司的法定代表人】 | ★ | |
| | 第22条【股东会、股东大会、董事会决议的效力;股东对于会议决议的撤销之诉】 | ★ | |

| | | 主要适用的法条 | 相关度 |
|---|---|---|---|
| 0085 | 公司法 | 第42条【有限责任公司股东会表决权行使规则】 | ★ |
| | | 第43条【有限责任公司股东会的议事方式和表决程序】 | ★ |
| | | 第147条【董事、监事、高级管理人员的忠实义务和勤勉义务】 | ★ |

## M8.21.253 发起人责任纠纷 ······ ★

■ 常见适用的法条

| | | 常见适用的法条 |
|---|---|---|
| 0085 | 公司法 | 第26条【有限责任公司注册资本认缴制;注册资本特别规定】 |
| | | 第27条【股东出资方式及其限制;非货币出资的评估作价规定】 |
| | | 第28条【股东出资义务的履行及其违约责任】 |
| | | 第36条【有限责任公司股东会的组成及法律地位】 |
| | | 第95条【有限责任公司变更为股份有限公司的股本折合与增加资本的规定】 |
| 0606 | 合伙企业法 | 第2条【合伙企业的类型:普通合伙企业、有限合伙企业】 |
| | | 第35条【合伙企业聘任的经营管理人员的履职规则及赔偿责任】 |
| 0791 | 合同法 | 第8条【合同约束力】 |
| | | 第60条【合同履行的原则】 |
| | | 第80条【债权人转让债权的通知义务】 |
| | | 第84条【合同义务转移;债务转移;债务承担】 |
| | | 第94条【合同的法定解除;法定解除权】 |
| | | 第95条【解除权行使期限】 |
| | | 第107条【合同约束力;违约责任】 |
| | | 第109条【违约责任的承担:付款义务的继续履行】 |
| | | 第112条【违约责任的承担:损失赔偿与其他责任的并存】 |

|  | 常见适用的法条 | |
|---|---|---|
| 合同法 | 第113条【违约责任的承担:损失赔偿】 | 0791 |
| 民法通则 | 第4条【民事活动的基本原则:自愿、公平、等价有偿、诚实信用】 | 0812 |
| | 第31条【合伙协议】 | |
| | 第108条【债务清偿:分期偿还、强制偿还】 | |
| | 第134条【侵权责任的主要承担方式】 | |
| | 第135条【诉讼时效期间:两年】 | |
| 民通意见 | 第1条【公民的民事权利能力自出生时开始:户籍证明、医院出具的出生证明、其他证明】 | 0934 |
| 公司法司法解释三 | 第2条【发起人为设立公司的目的以自己的名义对外签订合同的责任承担规则】 | 0915 |
| | 第4条【公司设立阶段及设立不成功时股份有限公司发起人的法定责任】 | |
| | 第13条【未履行或未全面履行出资义务的股东对于公司债务承担补充责任;发起人的连带责任;董事、高级管理人员的不真正连带责任】 | |
| | 第14条【抽逃出资的法律责任】 | |

## M8.21.254 公司盈余分配纠纷 ★★

■ 主要适用的法条及其相关度

|  | 主要适用的法条 | 相关度 | |
|---|---|---|---|
| 公司法 | 第4条【公司股东权利】 | ★★★★★ | 0085 |
| | 第34条【股东红利分配规则;公司新增资本时股东的优先认购权】 | ★★★★★ | |
| | 第37条【公司股东会职权】 | ★★★★★ | |
| | 第35条【股东不得抽逃出资的义务】 | ★★★★ | |
| | 第18条【公司的工会制度】 | ★★★ | |

| | | 主要适用的法条 | 相关度 |
|---|---|---|---|
| 0085 | 公司法 | 第166条【公司的法定公积金制度、任意公积金制度;公司利润分配的规定】 | ★★★ |
| | | 第38条【有限责任公司首次股东会会议的召集和主持】 | ★★ |
| | | 第167条【公司资本公积金的组成】 | ★★ |
| | | 第3条【公司法人制度】 | ★ |
| | | 第11条【公司的章程及其效力】 | ★ |
| | | 第22条【股东会、股东大会、董事会决议的效力;股东对于会议决议的撤销之诉】 | ★ |
| | | 第32条【股东名册的载明事项和效力;股东名册的登记管理】 | ★ |
| | | 第33条【股东的知情权;股东查阅公司会计账册的权利及司法救济】 | ★ |
| | | 第36条【有限责任公司股东会的组成及法律地位】 | ★ |
| | | 第46条【有限责任公司董事会的职权】 | ★ |
| 0812 | 民法通则 | 第5条【公民的合法权益受到保护】 | ★★★ |
| | | 第84条【债的界定】 | ★ |
| | | 第108条【债务清偿:分期偿还、强制偿还】 | ★ |
| 0791 | 合同法 | 第60条【合同履行的原则】 | ★ |
| | | 第107条【合同约束力:违约责任】 | ★ |
| 0915 | 公司法司法解释三 | 第24条【隐名股东与名义股东:投资权益归属、实际履行出资义务;变更登记】 | ★★★ |

## M8.21.255　损害股东利益责任纠纷·························· ★★

■ 主要适用的法条及其相关度

| | 主要适用的法条 | 相关度 |
|---|---|---|
| 公司法 | 第20条【禁止股东权利滥用；滥用股东权利的法律责任】 | ★★★★★ |
| | 第4条【公司股东权利】 | ★★★ |
| | 第32条【股东名册的载明事项和效力；股东名册的登记管理】 | ★★★ |
| | 第152条【股东直接诉讼】 | ★★★ |
| | 第153条【公司债券的定义及其发行条件】 | ★★★ |
| | 第186条【清算方案的制定与确认；公司财产的分配顺序；清算期间公司的法律地位】 | ★★★ |
| | 第3条【公司法人制度】 | ★★ |
| | 第37条【公司股东会职权】 | ★★ |
| | 第71条【有限责任公司的股权转让；股东的优先购买权】 | ★★ |
| | 第11条【公司的章程及其效力】 | ★ |
| | 第22条【股东会、股东大会、董事会决议的效力；股东对于会议决议的撤销之诉】 | ★ |
| | 第34条【股东红利分配规则；公司新增资本时股东的优先认购权】 | ★ |
| | 第35条【股东不得抽逃出资的义务】 | ★ |
| | 第41条【股东会会议的召集通知及会议记录】 | ★ |
| | 第42条【有限责任公司股东会表决权行使规则】 | ★ |
| | 第44条【有限责任公司董事会的组成】 | ★ |
| | 第72条【有限责任公司股权强制转让中的优先购买权】 | ★ |

| | | 主要适用的法条 | 相关度 |
|---|---|---|---|
| 0085 | 公司法 | 第148条【禁止董事、高级管理人员实施的行为】 | ★ |
| | | 第149条【董事、监事、高级管理人员对于所造成的公司损害的赔偿责任】 | ★ |
| | | 第183条【公司的解散清算：清算组的人员组成，债权人请求法院指定有关人员成立清算组的权利】 | ★ |
| 0846 | 证券法 | 第1条【证券法立法宗旨】 | ★★★ |
| 0791 | 合同法 | 第52条【合同无效的情形】 | ★★★ |
| | | 第44条【合同成立条件与时间】 | ★ |
| 0812 | 民法通则 | 第4条【民事活动的基本原则：自愿、公平、等价有偿、诚实信用】 | ★ |
| | | 第5条【公民的合法权益受到保护】 | ★ |
| | | 第55条【民事法律行为的有效条件】 | ★ |
| | | 第58条【民事行为无效的法定情形】 | ★ |
| | | 第135条【诉讼时效期间：两年】 | ★ |
| | | 第137条【诉讼时效期间的起算日和最长保护期限】 | ★ |
| 0862 | 侵权责任法 | 第15条【侵权责任的主要承担方式】 | ★ |
| 0920 | 公司法司法解释二 | 第18条【有限责任公司的股东、股份有限公司的董事、控股股东和实际控制人在清算中怠于履行义务的赔偿责任】 | ★★ |
| 0915 | 公司法司法解释三 | 第1条【公司发起人的认定】 | ★ |
| | | 第18条【未履行或未全面履行出资义务的有限责任公司股东转让股权后与受让人负有连带的出资义务】 | ★ |
| | | 第26条【名义股东未履行出资义务时对于公司债权人补充赔偿责任的承担】 | ★ |

## M8.21.256 损害公司利益责任纠纷 ★★

### 主要适用的法条及其相关度

| | 主要适用的法条 | 相关度 | |
|---|---|---|---|
| 公司法 | 第 20 条【禁止股东权利滥用;滥用股东权利的法律责任】 | ★★★★★ | 0085 |
| | 第 148 条【禁止董事、高级管理人员实施的行为】 | ★★★★★ | |
| | 第 149 条【董事、监事、高级管理人员对于所造成的公司损害的赔偿责任】 | ★★★★★ | |
| | 第 147 条【董事、监事、高级管理人员的忠实义务和勤勉义务】 | ★★★★ | |
| | 第 150 条【董事、监事、高级管理人员列席股东会议并接受质询的义务;董事、高级管理人员配合监事行使职权的义务】 | ★★★ | |
| | 第 151 条【股东派生诉讼】 | ★★★ | |
| | 第 152 条【股东直接诉讼】 | ★★★ | |
| | 第 21 条【关联交易的限制】 | ★★ | |
| | 第 3 条【公司法人制度】 | ★ | |
| | 第 54 条【有限责任公司监事的建议权、质询权和调查权】 | ★ | |
| | 第 216 条【高级管理人员、控股股东、实际控制人、关联关系的法定含义】 | ★ | |
| 合同法 | 第 60 条【合同履行的原则】 | ★ | 0791 |
| | 第 107 条【合同约束力;违约责任】 | ★ | |
| 民法通则 | 第 117 条【侵害财产权的责任承担方式:返还财产、折价赔偿;恢复原状、折价赔偿;赔偿损失】 | ★ | 0812 |

## M8.21.257　股东损害公司债权人利益责任纠纷 …… ★★★

### 主要适用的法条及其相关度

| | 主要适用的法条 | 相关度 |
|---|---|---|
| 公司法 | 第20条【禁止股东权利滥用；滥用股东权利的法律责任】 | ★★★ |
| | 第180条【公司的法定解散事由】 | ★★ |
| | 第183条【公司的解散清算：清算组的人员组成，债权人请求法院指定有关人员成立清算组的权利】 | ★★ |
| | 第184条【清算组的职权】 | ★★ |
| | 第28条【股东出资义务的履行及其违约责任】 | ★ |
| | 第63条【一人有限责任公司的法人人格否认制度】 | ★ |
| | 第181条【公司通过修改公司章程而存续的办法及其表决程序】 | ★ |
| 合同法 | 第107条【合同约束力：违约责任】 | ★ |
| | 第159条【买受人应支付价款的数额认定】 | ★ |
| | 第161条【买受人支付价款的时间】 | ★ |
| 公司法司法解释二 | 第18条【有限责任公司的股东、股份有限公司的董事、控股股东和实际控制人在清算中怠于履行义务的赔偿责任】 | ★★★★★ |
| | 第19条【有限责任公司的股东、股份有限公司的董事和控股股东以及公司实际控制人恶意处置公司财产损害债权人利益或未经清算骗取办理注销登记的赔偿责任】 | ★ |

| | 主要适用的法条 | 相关度 | |
|---|---|---|---|
| 公司法司法解释三 | 第13条【未履行或未全面履行出资义务的股东对于公司债务承担补充责任；发起人的连带责任；董事、高级管理人员的不真正连带责任】 | ★★ | 0915 |
| | 第14条【抽逃出资的法律责任】 | ★ | |

## M8.21.258　公司关联交易损害责任纠纷 ……………… ★

■ 常见适用的法条

| | 常见适用的法条 | |
|---|---|---|
| 公司法 | 第11条【公司的章程及其效力】 | 0085 |
| | 第21条【关联交易的限制】 | |
| | 第152条【股东直接诉讼】 | |
| | 第216条【高级管理人员、控股股东、实际控制人、关联关系的法定含义】 | |
| | 第217条【外商投资公司适用公司法的有关规定及例外】 | |
| 合同法 | 第54条【合同的变更和撤销】 | 0791 |

## M8.21.259　公司合并纠纷 ……………………………………… ★

■ 常见适用的法条

| | 常见适用的法条 | |
|---|---|---|
| 担保法 | 第18条【保证合同中连带责任的承担】 | 0823 |
| | 第19条【保证方式不明时:连带责任担保】 | |
| 公司法 | 第104条【对公司转让、受让重大资产或对外提供担保等事项的特殊决议程序】 | 0085 |
| | 第105条【累积投票制】 | |
| | 第172条【公司合并的方式】 | |

| | | 常见适用的法条 |
|---|---|---|
| 0085 | 公司法 | 第173条【公司合并的程序】 |
| | | 第179条【公司变更的登记制度】 |
| | | 第180条【公司的法定解散事由】 |
| 0791 | 合同法 | 第8条【合同约束力】 |
| | | 第44条【合同成立条件与时间】 |
| | | 第52条【合同无效的情形】 |
| | | 第58条【合同无效或被撤销的法律后果】 |
| | | 第60条【合同履行的原则】 |
| | | 第61条【合同内容约定不明确的处理规则；合同漏洞的填补】 |
| | | 第67条【后履行抗辩权】 |
| | | 第93条【合同的意定解除：协商一致；约定条件成就】 |
| | | 第94条【合同的法定解除：法定解除权】 |
| | | 第96条【合同解除权的行使规则】 |
| | | 第97条【合同解除的法律后果】 |
| | | 第98条【结算条款、清理条款效力的独立性】 |
| | | 第107条【合同约束力：违约责任】 |
| | | 第109条【违约责任的承担：付款义务的继续履行】 |
| | | 第112条【违约责任的承担：损失赔偿与其他责任的并存】 |
| | | 第114条【违约金的数额及其调整】 |
| | | 第130条【买卖合同的定义】 |
| | | 第159条【买受人应支付价款的数额认定】 |
| | | 第161条【买受人支付价款的时间】 |
| | | 第206条【借款期限的认定】 |
| | | 第292条【旅客、托运人或收货人支付票款或者运输费用的义务】 |
| 0812 | 民法通则 | 第44条【公司合并后债权债务的承继】 |
| | | 第55条【民事法律行为的有效条件】 |

| | 常见适用的法条 | |
|---|---|---|
| 民法通则 | 第84条【债的界定】 | 0812 |
| | 第92条【不当得利返还请求权】 | |
| | 第108条【债务清偿：分期偿还、强制偿还】 | |
| | 第135条【诉讼时效期间：两年】 | |
| 企业破产法 | 第27条【破产管理人勤勉忠实的义务】 | 0456 |
| | 第44条【对破产债务人享有债权的债权人依破产法行使权利】 | |
| | 第48条【管理人接受债权申报；债务人所欠职工的各项费用不必进行破产债权申报】 | |
| | 第59条【债权人会议的组成及债权人表决权的行使】 | |
| 物权法 | 第7条【物权取得与行使应遵守法律和公序良俗】 | 0834 |
| | 第33条【利害关系人的物权确认请求权】 | |
| 买卖合同司法解释 | 第24条【买卖合同逾期付款违约金的适用规则】 | 0937 |

## M8.21.260 公司分立纠纷 ★

■ 常见适用的法条

| | 常见适用的法条 | |
|---|---|---|
| 民法通则 | 第108条【债务清偿：分期偿还、强制偿还】 | 0812 |

## M8.21.261 公司减资纠纷 ★

■ 常见适用的法条

| | 常见适用的法条 | |
|---|---|---|
| 担保法 | 第6条【保证的定义】 | 0823 |

## 0052 商事纠纷：公司、企业与破产

| | | 常见适用的法条 |
|---|---|---|
| 0085 | 公司法 | 第28条【股东出资义务的履行及其违约责任】 |
| | | 第35条【股东不得抽逃出资的义务】 |
| | | 第37条【公司股东会职权】 |
| | | 第43条【有限责任公司股东会的议事方式和表决程序】 |
| | | 第177条【公司减少注册资本的程序】 |
| | | 第178条【公司增加注册资本的执行规定】 |
| 0915 | 公司法司法解释三 | 第13条【未履行或未全面履行出资义务的股东对于公司债务承担补充责任；发起人的连带责任；董事、高级管理人员的不真正连带责任】 |
| | | 第14条【抽逃出资的法律责任】 |
| | | 第20条【是否出资义务纠纷中原被告双方的举证责任】 |

## M8.21.262 公司增资纠纷 ★★

### 主要适用的法条及其相关度

| | | 主要适用的法条 | 相关度 |
|---|---|---|---|
| 0791 | 合同法 | 第60条【合同履行的原则】 | ★★★★★ |
| | | 第107条【合同约束力；违约责任】 | ★★★★★ |
| | | 第8条【合同约束力】 | ★★★ |
| | | 第10条【合同订立形式；合同的形式】 | ★★★ |
| | | 第113条【违约责任的承担：损失赔偿】 | ★★★ |
| | | 第44条【合同成立条件与时间】 | ★★ |
| | | 第52条【合同无效的情形】 | ★★ |
| | | 第62条【合同内容约定不明确的处理规则；合同漏洞的填补】 | ★★ |
| | | 第97条【合同解除的法律后果】 | ★★ |
| | | 第6条【诚实信用原则】 | ★ |

| | 主要适用的法条 | 相关度 | |
|---|---|---|---|
| 合同法 | 第94条【合同的法定解除;法定解除权】 | ★ | 0791 |
| | 第114条【违约金的数额及其调整】 | ★ | |
| 公司法 | 第20条【禁止股东权利滥用;滥用股东权利的法律责任】 | ★★ | 0085 |
| | 第28条【股东出资义务的履行及其违约责任】 | ★ | |
| | 第42条【有限责任公司股东会表决权行使规则】 | ★ | |
| | 第43条【有限责任公司股东会的议事方式和表决程序】 | ★ | |
| | 第44条【有限责任公司董事会的组成】 | ★ | |
| | 第176条【公司分立后的债务承担】 | ★ | |
| | 第179条【公司变更的登记制度】 | ★ | |

## M8.21.263 公司解散纠纷 ★★★

■ 主要适用的法条及其相关度

| | 主要适用的法条 | 相关度 | |
|---|---|---|---|
| 公司法 | 第182条【公司僵局时特定股东请求法院解散公司的权利】 | ★★★★ | 0085 |
| | 第183条【公司的解散清算;清算组的人员组成,债权人请求法院指定有关人员成立清算组的权利】 | ★★★★ | |
| | 第180条【公司的法定解散事由】 | ★★ | |
| | 第181条【公司通过修改公司章程而存续的办法及其表决程序】 | ★★ | |
| 公司法司法解释二 | 第1条【公司僵局时特定股东请求法院解散公司的权利】 | ★★★★★ | 0920 |
| | 第5条【解散公司诉讼中的法院调解】 | ★★ | |
| | 第4条【股东解散公司之诉的诉讼当事人】 | ★ | |

0054 商事纠纷：公司、企业与破产

## M8.21.264　申请公司清算 ★

■ 常见适用的法条

| | | 常见适用的法条 |
|---|---|---|
| 0823 | 担保法 | 第12条【多人保证责任的承担】 |
| | | 第18条【保证合同中连带责任的承担】 |
| 0085 | 公司法 | 第179条【公司变更的登记制度】 |
| | | 第180条【公司的法定解散事由】 |
| | | 第182条【公司僵局时特定股东请求法院解散公司的权利】 |
| | | 第183条【公司的解散清算：清算组的人员组成，债权人请求法院指定有关人员成立清算组的权利】 |
| 0791 | 合同法 | 第8条【合同约束力】 |
| | | 第205条【借款合同的利息支付义务】 |
| | | 第206条【借款期限的认定】 |
| | | 第207条【借款合同违约责任承担：支付利息】 |
| 0812 | 民法通则 | 第47条【企业法人解散、被撤销或宣告破产后的清算义务】 |
| 0920 | 公司法司法解释二 | 第7条【公司的解散清算：清算组的人员组成，债权人请求法院指定有关人员成立清算组的权利】 |

## M8.21.265　清算责任纠纷 ★★

■ 主要适用的法条及其相关度

| | | 主要适用的法条 | 相关度 |
|---|---|---|---|
| 0085 | 公司法 | 第184条【清算组的职权】 | ★★★ |
| | | 第185条【债权申报程序】 | ★★★ |
| | | 第186条【清算方案的制定与确认；公司财产的分配顺序；清算期间公司的法律地位】 | ★★★ |

|  | 主要适用的法条 | 相关度 |  |
|---|---|---|---|
| 公司法 | 第189条【清算组成员的义务和责任】 | ★★★ | 0085 |
| | 第190条【公司破产及破产清算】 | ★★★ | |
| | 第181条【公司通过修改公司章程而存续的办法及其表决程序】 | ★★ | |
| | 第183条【公司的解散清算:清算组的人员组成,债权人请求法院指定有关人员成立清算组的权利】 | ★★ | |
| | 第20条【禁止股东权利滥用;滥用股东权利的法律责任】 | ★ | |
| | 第180条【公司的法定解散事由】 | ★ | |
| 合同法 | 第107条【合同约束力:违约责任】 | ★★ | 0791 |
| | 第60条【合同履行的原则】 | ★ | |
| | 第109条【违约责任的承担:付款义务的继续履行】 | ★ | |
| | 第159条【买受人应支付价款的数额认定】 | ★ | |
| 民法通则 | 第135条【诉讼时效期间:两年】 | ★ | 0812 |
| | 第137条【诉讼时效期间的起算日和最长保护期限】 | ★ | |
| 公司法司法解释二 | 第11条【债权申报程序】 | ★★★★★ | 0920 |
| | 第18条【有限责任公司的股东、股份有限公司的董事、控股股东和实际控制人在清算中怠于履行义务的赔偿责任】 | ★★★★ | |
| | 第19条【有限责任公司的股东、股份有限公司的董事和控股股东以及公司实际控制人恶意处置公司财产损害债权人利益或未经清算骗取办理注销登记的赔偿责任】 | ★★★ | |
| | 第20条【未经清算即办理注销登记的法律责任】 | ★★ | |
| | 第23条【股东派生诉讼】 | ★ | |

| | | 主要适用的法条 | 相关度 |
|---|---|---|---|
| 0969 | 执行程序中计算迟延履行利息司法解释 | 第1条【迟延履行期间的债务利息进行加倍计算的范围;加倍部分债务利息的计算方法】 | ★ |

## M8.21.266　上市公司收购纠纷①

## M8.22　合伙企业纠纷 ·········································· ★

▨ 常见适用的法条

| | | 常见适用的法条 |
|---|---|---|
| 0823 | 担保法 | 第19条【保证方式不明时:连带责任担保】 |
| 0742 | 个人独资企业法 | 第28条【个人独资企业解散后原投资人的债务偿还责任及其期限】 |
| 0085 | 公司法 | 第71条【有限责任公司的股权转让;股东的优先购买权】 |
| 0606 | 合伙企业法 | 第2条【合伙企业的类型:普通合伙企业、有限合伙企业】 |
| | | 第4条【合伙协议的订立】 |
| | | 第5条【订立合伙协议、设立合伙企业应当遵循的原则】 |
| | | 第9条【合伙企业设立登记及申请文件】 |
| | | 第11条【合伙企业成立日期】 |
| | | 第13条【合伙企业登记事项的变更】 |
| | | 第14条【普通合伙企业设立条件】 |
| | | 第15条【企业名称中"普通合伙"字样标明义务】 |
| | | 第17条【合伙人出资的履行】 |

---

① 说明:本案由尚无足够数量判决书可供法律大数据分析。

| | 常见适用的法条 | |
|---|---|---|
| 合伙企业法 | 第19条【合伙协议的效力规则】 | 0606 |
| | 第20条【合伙企业的财产】 | |
| | 第21条【清算前合伙企业财产禁止分割;私自转移或处分合伙企业财产不得对抗善意第三人】 | |
| | 第22条【合伙企业财产份额转让:通知义务、一票否定权】 | |
| | 第23条【合伙人的优先购买权】 | |
| | 第24条【合伙人资格的继受取得:依法受让合伙企业的财产份额】 | |
| | 第26条【合伙事务的执行】 | |
| | 第27条【非执行合伙人的监督权】 | |
| | 第28条【执行事务合伙人的报告义务及执行收益的归属与费用承担;非执行合伙人的知情权】 | |
| | 第30条【合伙事务表决方式】 | |
| | 第33条【合伙企业利润分配与亏损分担规则】 | |
| | 第43条【入伙条件】 | |
| | 第45条【合伙人退伙事由】 | |
| | 第49条【除名退伙情形;除名退伙时的通知义务;被除名人的异议权】 | |
| | 第51条【退伙结算】 | |
| | 第52条【退伙人的合伙企业财产份额的退还办法】 | |
| | 第62条【"有限合伙"字样标明义务】 | |
| | 第63条【有限合伙企业合伙协议的特别载明事项】 | |
| | 第67条【有限合伙企业事务执行规定】 | |
| | 第85条【合伙企业的法定解散事由】 | |
| | 第86条【合伙企业解散时的清算人确定规则:自行确定、法院指定】 | |
| | 第89条【合伙企业清算期间债务的清偿顺序及剩余财产分配】 | |
| | 第96条【执行事务合伙人和合伙企业从业人员侵占合伙企业财产的法律责任】 | |

| | | 常见适用的法条 |
|---|---|---|
| 0791 | 合同法 | 第5条【合同公平原则；合同权利义务确定的原则】 |
| | | 第6条【诚实信用原则】 |
| | | 第8条【合同约束力】 |
| | | 第44条【合同成立条件与时间】 |
| | | 第49条【表见代理的构成及其效力】 |
| | | 第52条【合同无效的情形】 |
| | | 第58条【合同无效或被撤销的法律后果】 |
| | | 第60条【合同履行的原则】 |
| | | 第77条【变更合同的条件与要求】 |
| | | 第94条【合同的法定解除；法定解除权】 |
| | | 第97条【合同解除的法律后果】 |
| | | 第98条【结算条款、清理条款效力的独立性】 |
| | | 第107条【合同约束力：违约责任】 |
| | | 第108条【预期违约责任】 |
| | | 第109条【违约责任的承担：付款义务的继续履行】 |
| | | 第114条【违约金的数额及其调整】 |
| | | 第120条【双方违约应各自承担违约责任】 |
| | | 第122条【侵权与违约的竞合】 |
| | | 第206条【借款期限的认定】 |
| | | 第207条【借款合同违约责任承担：支付利息】 |
| 0859 | 继承法 | 第33条【继承遗产与清偿债务】 |
| 0812 | 民法通则 | 第5条【公民的合法权益受到保护】 |
| | | 第30条【个人合伙】 |
| | | 第31条【合伙协议】 |
| | | 第32条【合伙财产的归属、管理和使用】 |
| | | 第34条【合伙事务的执行】 |

| | | 常见适用的法条 | |
|---|---|---|---|
| 民法通则 | 第35条【民事合伙的债务承担规则】 | | 0812 |
| | 第51条【法人型联营主体资格取得】 | | |
| | 第55条【民事法律行为的有效条件】 | | |
| | 第58条【民事行为无效的法定情形】 | | |
| | 第63条【代理的界定及不得代理的情形】 | | |
| | 第71条【所有权的内容】 | | |
| | 第84条【债的界定】 | | |
| | 第85条【合同的定义】 | | |
| | 第90条【借贷关系】 | | |
| | 第106条【民事责任归责原则:违约责任,无过错责任原则;侵权责任,过错责任、无过错责任】 | | |
| | 第108条【债务清偿:分期偿还、强制偿还】 | | |
| | 第111条【不履行合同义务的后果:继续履行;补救;赔偿损失】 | | |
| | 第112条【违约金的计算方法:约定违约金数额、约定违约金计算方法;违约金过高、违约金过低】 | | |
| | 第117条【侵害财产权的责任承担方式:返还财产、折价赔偿;恢复原状、折价赔偿;赔偿损失】 | | |
| | 第135条【诉讼时效期间:两年】 | | |
| | 第137条【诉讼时效期间的起算日和最长保护期限】 | | |
| 农业合作社法 | 第41条【农民专业合作社解散的原因;农民专业合作社解散后的清算】 | | 0885 |
| | 第44条【农民专业合作社因特定原因解散不能办理成员退社手续】 | | |
| 物权法 | 第34条【权利人的返还原物请求权】 | | 0834 |
| 合伙企业登记管理办法 | 第2条【合伙企业设立、变更、注销应当办理企业登记;申请人对申请材料真实性负责】 | | 0902 |
| | 第18条【申请变更登记的期限】 | | |

| | | 常见适用的法条 |
|---|---|---|
| 0902 | 合伙企业登记管理办法 | 第19条【合伙企业申请变更登记应提交的文件】 |
| | | 第20条【当场变更登记；企业登记机关变更登记决定的作出和换发营业执照】 |
| 0934 | 民通意见 | 第1条【公民的民事权利能力自出生时开始：户籍证明、医院出具的出生证明、其他证明】 |
| | | 第52条【个人合伙中合伙人退伙及其赔偿责任】 |
| | | 第54条【个人合伙合伙人退伙时合伙财产的分割规定】 |
| | | 第55条【合伙终止时合伙财产处理规则】 |

## M8.22.267　入伙纠纷 ★★

### 主要适用的法条及其相关度

| | | 主要适用的法条 | 相关度 |
|---|---|---|---|
| 0606 | 合伙企业法 | 第43条【入伙条件】 | ★★★★★ |
| | | 第4条【合伙协议的订立】 | ★★★★ |
| | | 第14条【普通合伙企业设立条件】 | ★★★★ |
| | | 第18条【合伙协议应载明的事项】 | ★★★★ |
| | | 第5条【订立合伙协议、设立合伙企业应当遵循的原则】 | ★ |
| | | 第38条【合伙企业债务清偿原则：以合伙企业财产优先清偿】 | ★ |
| | | 第39条【合伙人的无限连带责任】 | ★ |
| 0791 | 合同法 | 第107条【合同约束力：违约责任】 | ★ |

## M8.22.268 退伙纠纷 ★★

### 主要适用的法条及其相关度

| | 主要适用的法条 | 相关度 | |
|---|---|---|---|
| 民法通则 | 第108条【债务清偿：分期偿还、强制偿还】 | ★★★★★ | 0812 |
| | 第30条【个人合伙】 | ★★★★ | |
| | 第31条【合伙协议】 | ★★★ | |
| | 第84条【债的界定】 | ★★★ | |
| | 第32条【合伙财产的归属、管理和使用】 | ★ | |
| | 第35条【民事合伙的债务承担规则】 | ★ | |
| | 第106条【民事责任归责原则：违约责任，无过错责任原则；侵权责任，过错责任、无过错责任】 | ★ | |
| | 第111条【不履行合同义务的后果：继续履行；补救；赔偿损失】 | ★ | |
| 合同法 | 第60条【合同履行的原则】 | ★★★★★ | 0791 |
| | 第107条【合同约束力：违约责任】 | ★★★★★ | |
| | 第8条【合同约束力】 | ★★ | |
| | 第44条【合同成立条件与时间】 | ★★ | |
| | 第108条【预期违约责任】 | ★ | |
| | 第109条【违约责任的承担：付款义务的继续履行】 | ★ | |
| | 第114条【违约金的数额及其调整】 | ★ | |
| | 第206条【借款期限的认定】 | ★ | |
| 合伙企业法 | 第51条【退伙结算】 | ★★ | 0606 |
| | 第45条【合伙人退伙事由】 | ★ | |
| | 第52条【退伙人的合伙企业财产份额的退还办法】 | ★ | |

| | | 主要适用的法条 | 相关度 |
|---|---|---|---|
| 0934 | 民通意见 | 第1条【公民的民事权利能力自出生时开始：户籍证明、医院出具的出生证明、其他证明】 | ★★★★ |
| | | 第52条【个人合伙中合伙人退伙及其赔偿责任】 | ★★★ |
| | | 第54条【个人合伙合伙人退伙时合伙财产的分割规定】 | ★ |
| | | 第55条【合伙终止时合伙财产处理规则】 | ★ |
| 0933 | 婚姻法司法解释二 | 第24条【离婚时夫妻共同债务的清偿】 | ★★ |

## M8.22.269 合伙企业财产份额转让纠纷 ★

■ 常见适用的法条

| | | 常见适用的法条 |
|---|---|---|
| 0823 | 担保法 | 第16条【保证的方式】 |
| | | 第18条【保证合同中连带责任的承担】 |
| | | 第19条【保证方式不明时：连带责任担保】 |
| | | 第26条【连带保证的保证期间】 |
| | | 第31条【保证人的追偿权】 |
| | | 第64条【质押合同的订立形式与质权生效时间】 |
| 0606 | 合伙企业法 | 第2条【合伙企业的类型：普通合伙企业、有限合伙企业】 |
| | | 第13条【合伙企业登记事项的变更】 |
| | | 第20条【合伙企业的财产】 |
| | | 第21条【清算前合伙企业财产禁止分割；私自转移或处分合伙企业财产不得对抗善意第三人】 |
| | | 第22条【合伙企业财产份额转让：通知义务、一票否定权】 |
| | | 第23条【合伙人的优先购买权】 |

|  | 常见适用的法条 | |
|---|---|---|
| 合伙企业法 | 第24条【合伙人资格的继受取得:依法受让合伙企业的财产份额】 | 0606 |
| | 第31条【须经全体合伙人一致同意的事项】 | |
| | 第39条【合伙人的无限连带责任】 | |
| | 第40条【合伙人的债务追偿权】 | |
| | 第45条【合伙人退伙事由】 | |
| | 第51条【退伙结算】 | |
| 合同法 | 第6条【诚实信用原则】 | 0791 |
| | 第8条【合同约束力】 | |
| | 第19条【不得撤销要约的情形】 | |
| | 第21条【承诺的概念】 | |
| | 第44条【合同成立条件与时间】 | |
| | 第45条【附条件的合同】 | |
| | 第52条【合同无效的情形】 | |
| | 第54条【合同的变更和撤销】 | |
| | 第56条【合同无效或被撤销的溯及力;部分无效不影响其他独立部分的效力】 | |
| | 第58条【合同无效或被撤销的法律后果】 | |
| | 第60条【合同履行的原则】 | |
| | 第67条【后履行抗辩权】 | |
| | 第107条【合同约束力:违约责任】 | |
| | 第108条【预期违约责任】 | |
| | 第109条【违约责任的承担:付款义务的继续履行】 | |
| | 第112条【违约责任的承担:损失赔偿与其他责任的并存】 | |
| | 第113条【违约责任的承担:损失赔偿】 | |
| | 第114条【违约金的数额及其调整】 | |

| | | 常见适用的法条 |
|---|---|---|
| 0812 | 民法通则 | 第3条【民事主体的地位平等】 |
| | | 第4条【民事活动的基本原则：自愿、公平、等价有偿、诚实信用】 |
| | | 第5条【公民的合法权益受到保护】 |
| | | 第34条【合伙事务的执行】 |
| | | 第35条【民事合伙的债务承担规则】 |
| | | 第54条【民事法律行为的定义】 |
| | | 第58条【民事行为无效的法定情形】 |
| | | 第60条【民事行为部分无效】 |
| | | 第84条【债的界定】 |
| | | 第85条【合同的定义】 |
| | | 第88条【合同内容约定不明确的处理规则；合同漏洞的填补】 |
| | | 第106条【民事责任归责原则：违约责任，无过错责任原则；侵权责任、过错责任、无过错责任】 |
| | | 第107条【民事责任的免除事由：不可抗力】 |
| | | 第108条【债务清偿：分期偿还、强制偿还】 |
| | | 第111条【不履行合同义务的后果：继续履行；补救；赔偿损失】 |
| | | 第135条【诉讼时效期间：两年】 |
| | | 第137条【诉讼时效期间的起算日和最长保护期限】 |
| 0934 | 民通意见 | 第1条【公民的民事权利能力自出生时开始：户籍证明、医院出具的出生证明、其他证明】 |
| | | 第51条【合伙经营过程中入伙的处理】 |
| 0925 | 合同法司法解释二 | 第29条【违约金的数额及其调整】 |
| 0933 | 婚姻法司法解释二 | 第24条【离婚时夫妻共同债务的清偿】 |

## M8.23 与破产有关的纠纷 ★

### 常见适用的法条

| | 常见适用的法条 | |
|---|---|---|
| 担保法 | 第31条【保证人的追偿权】 | 0823 |
| | 第52条【抵押权的从属性】 | |
| 合同法 | 第6条【诚实信用原则】 | 0791 |
| | 第8条【合同约束力】 | |
| | 第44条【合同成立条件与时间】 | |
| | 第60条【合同履行的原则】 | |
| | 第79条【债权人不得转让合同权利的情形】 | |
| | 第81条【债权转让从权利一并转让】 | |
| | 第91条【合同权利义务终止的法定情形】 | |
| | 第97条【合同解除的法律后果】 | |
| | 第107条【合同约束力:违约责任】 | |
| | 第130条【买卖合同的定义】 | |
| | 第159条【买受人应支付价款的数额认定】 | |
| | 第161条【买受人支付价款的时间】 | |
| | 第207条【借款合同违约责任承担:支付利息】 | |
| | 第212条【租赁合同的定义】 | |
| | 第220条【出租人的维修义务】 | |
| | 第223条【承租人对租赁物进行改善或增设他物的规定】 | |
| 劳动合同法 | 第42条【劳动合同解除的限制】 | 0849 |
| | 第44条【劳动合同的终止】 | |
| | 第46条【经济补偿金的支付】 | |
| | 第47条【经济补偿金的支付标准】 | |

| | | 常见适用的法条 |
|---|---|---|
| 0812 | 民法通则 | 第5条【公民的合法权益受到保护】 |
| | | 第58条【民事行为无效的法定情形】 |
| | | 第61条【民事行为被确认为无效或者被撤销后的法律后果】 |
| | | 第66条【无权代理的法律后果;代理人不履行职责、损害代理人利益的民事责任;代理人和第三人的连带责任】 |
| | | 第67条【代理人故意代理违法事项时的责任承担:被代理人和代理人承担连带责任】 |
| | | 第84条【债的界定】 |
| 0456 | 企业破产法 | 第16条【人民法院受理破产申请后破产债务人的个别清偿债务行为无效】 |
| | | 第18条【破产申请受理后尚未履行完毕合同的处理;管理人决定解除合同或继续履行的权利;管理人决定继续履行合同的法律后果:管理人提供担保的义务】 |
| | | 第31条【破产管理人的撤销请求权;破产债务人的可撤销行为】 |
| | | 第32条【破产管理人对个别清偿的撤销权及其例外规定】 |
| | | 第58条【破产程序中债权表的核查和确认】 |
| | | 第111条【破产财产变价方案的拟订与执行】 |
| 0834 | 物权法 | 第9条【不动产物权变动的登记原则;国家的自然资源所有权登记的特殊规定】 |
| | | 第177条【担保物权消灭的情形】 |
| 0964 | 建设工程价款优先受偿权问题的批复 | 第2条【承包人的工程价款优先受偿权不得对抗已支付全部或者大部分款项的买受人】 |
| 0920 | 公司法司法解释二 | 第18条【有限责任公司的股东、股份有限公司的董事、控股股东和实际控制人在清算中怠于履行义务的赔偿责任】 |

## M8.23.270 申请破产清算 ★

■ 常见适用的法条

| | 常见适用的法条 | |
|---|---|---|
| 担保法 | 第4条【担保物权的设立;反担保的设立】 | 0823 |
| | 第12条【多人保证责任的承担】 | |
| | 第18条【保证合同中连带责任的承担】 | |
| | 第21条【保证担保的范围;没有约定、约定不明时的担保范围】 | |
| | 第31条【保证人的追偿权】 | |
| 合同法 | 第113条【违约责任的承担:损失赔偿】 | 0791 |
| | 第196条【借款合同定义】 | |
| | 第206条【借款期限的认定】 | |
| | 第207条【借款合同违约责任承担:支付利息】 | |
| 民法通则 | 第90条【借贷关系】 | 0812 |
| | 第108条【债务清偿:分期偿还、强制偿还】 | |
| 企业破产法 | 第32条【破产管理人对个别清偿的撤销权及其例外规定】 | 0456 |
| | 第46条【破产时的债权期限与利息:未到期视为到期;停止计息】 | |
| 担保法司法解释 | 第20条【连带共同保证的责任承担】 | 0929 |

## M8.23.271 申请破产重整 ★

■ 常见适用的法条

| | 常见适用的法条 | |
|---|---|---|
| 担保法 | 第13条【保证合同的形式:书面形式】 | 0823 |
| | 第14条【保证合同的订立:分别订立;合并订立】 | |
| | 第18条【保证合同中连带责任的承担】 | |
| | 第21条【保证担保的范围;没有约定、约定不明时的担保范围】 | |

| | | 常见适用的法条 |
|---|---|---|
| | 担保法 | 第31条【保证人的追偿权】 |
| 0791 | 合同法 | 第60条【合同履行的原则】 |
| | | 第107条【合同约束力:违约责任】 |
| | | 第196条【借款合同定义】 |
| | | 第205条【借款合同的利息支付义务】 |
| | | 第206条【借款期限的认定】 |
| | | 第207条【借款合同违约责任承担:支付利息】 |
| 0812 | 民法通则 | 第4条【民事活动的基本原则:自愿、公平、等价有偿、诚实信用】 |
| | | 第71条【所有权的内容】 |
| | | 第72条【财产所有权取得应符合法律规定;动产所有权自交付时转移】 |
| 0456 | 企业破产法 | 第32条【破产管理人对个别清偿的撤销权及其例外规定】 |
| | | 第34条【破产管理人对债务人财产的追回权】 |
| | | 第46条【破产时的债权期限与利息:未到期视为到期;停止计息】 |

## M8.23.272 申请破产和解①

## M8.23.273 请求撤销个别清偿行为纠纷 ·················· ★★

■ 主要适用的法条及其相关度

| | | 主要适用的法条 | 相关度 |
|---|---|---|---|
| 0456 | 企业破产法 | 第32条【破产管理人对个别清偿的撤销权及其例外规定】 | ★★★★★ |
| | | 第2条【公司解散清算转破产;清算事务的移交】 | ★★★ |
| | | 第9条【破产申请的撤回】 | ★★★ |

---

① 说明:本案由尚无足够数量判决书可供法律大数据分析。

| | 主要适用的法条 | 相关度 | |
|---|---|---|---|
| 企业破产法 | 第34条【破产管理人对债务人财产的追回权】 | ★★ | 0456 |
| | 第1条【企业破产法的立法宗旨】 | ★ | |
| | 第16条【人民法院受理破产申请后破产债务人的个别清偿债务行为无效】 | ★ | |

## M8.23.274 请求确认债务人行为无效纠纷 ★★

M8.23.274

■ 主要适用的法条及其相关度

| | 主要适用的法条 | 相关度 | |
|---|---|---|---|
| 合同法 | 第52条【合同无效的情形】 | ★★★★★ | 0791 |
| | 第58条【合同无效或被撤销的法律后果】 | ★★★★★ | |
| 物权法 | 第186条【抵押权的禁止流押条款】 | ★★★★★ | 0834 |
| 担保法 | 第40条【流质契约的绝对禁止】 | ★★★★★ | 0823 |
| 企业破产法 | 第16条【人民法院受理破产申请后破产债务人的个别清偿债务行为无效】 | ★ | 0456 |

## M8.23.275 对外追收债权纠纷 ★★

M8.23.275

■ 主要适用的法条及其相关度

| | 主要适用的法条 | 相关度 | |
|---|---|---|---|
| 合同法 | 第107条【合同约束力:违约责任】 | ★★★★★ | 0791 |
| | 第109条【违约责任的承担:付款义务的继续履行】 | ★★★★ | |
| | 第159条【买受人应支付价款的数额认定】 | ★★★★ | |
| | 第60条【合同履行的原则】 | ★★★ | |
| | 第97条【合同解除的法律后果】 | ★★★ | |
| | 第161条【买受人支付价款的时间】 | ★★★ | |
| | 第8条【合同约束力】 | ★★ | |

| | | 主要适用的法条 | 相关度 |
|---|---|---|---|
| 0791 | 合同法 | 第130条【买卖合同的定义】 | ★★ |
| | | 第206条【借款期限的认定】 | ★★ |
| | | 第113条【违约责任的承担:损失赔偿】 | ★ |
| | | 第196条【借款合同定义】 | ★ |
| | | 第207条【借款合同违约责任承担:支付利息】 | ★ |
| | | 第235条【租赁期间届满承租人租赁物返还义务;返还的租赁物应当具有的状态】 | ★ |
| | | 第251条【承揽合同的定义】 | ★ |
| | | 第263条【定作人报酬支付的期限】 | ★ |
| 0456 | 企业破产法 | 第17条【破产开始后债务人的债务人或财产持有人的清偿债务、交付财产义务】 | ★★★★★ |
| | | 第25条【破产管理人的职责】 | ★★★★★ |
| | | 第18条【破产申请受理后尚未履行完毕合同的处理;管理人决定解除合同或继续履行的权利;管理人决定继续履行合同的法律后果:管理人提供担保的义务】 | ★★★ |
| | | 第21条【破产申请受理后有关债务人的民事诉讼的管辖规定】 | ★ |
| | | 第40条【债权人在破产程序中可主张抵销的债权和不可抵消的债权】 | ★ |
| | | 第58条【破产程序中债权表的核查和确认】 | ★ |
| 0812 | 民法通则 | 第108条【债务清偿:分期偿还、强制偿还】 | ★★★ |
| | | 第84条【债的界定】 | ★★ |
| | | 第106条【民事责任归责原则:违约责任,无过错责任原则;侵权责任,过错责任,无过错责任】 | ★ |
| | | 第135条【诉讼时效期间:两年】 | ★ |

|  | 主要适用的法条 | 相关度 | |
|---|---|---|---|
| 担保法 | 第31条【保证人的追偿权】 | ★★★ | 0823 |
|  | 第12条【多人保证责任的承担】 | ★ |  |
| 买卖合同司法解释 | 第8条【增值税专用发票及税款抵扣资料不能单独证明出卖人已履行交付标的物义务;普通发票可以作为付款凭证】 | ★ | 0937 |
|  | 第24条【买卖合同逾期付款违约金的适用规则】 | ★ |  |

## M8.23.276 追收未缴出资纠纷 ★

■ 常见适用的法条

|  | 常见适用的法条 |  |
|---|---|---|
| 公司法 | 第1条【公司法立法宗旨】 | 0085 |
|  | 第25条【有限责任公司章程应载明事项】 |  |
|  | 第28条【股东出资义务的履行及其违约责任】 |  |
| 民法通则 | 第106条【民事责任归责原则:违约责任、无过错责任原则;侵权责任、过错责任、无过错责任】 | 0812 |
|  | 第108条【债务清偿:分期偿还、强制偿还】 |  |
| 企业破产法 | 第21条【破产申请受理后有关债务人的民事诉讼的管辖规定】 | 0456 |
|  | 第25条【破产管理人的职责】 |  |
|  | 第35条【破产管理人对尚未完全履行出资义务的出资人的出资追缴权】 |  |
|  | 第46条【破产时的债权期限与利息;未到期视为到期;停止计息】 |  |
| 公司法司法解释三 | 第13条【未履行或未全面履行出资义务的股东对于公司债务承担补充责任;发起人的连带责任;董事、高级管理人员的不真正连带责任】 | 0915 |
|  | 第14条【抽逃出资的法律责任】 |  |
|  | 第21条【股东资格确认之诉的诉讼当事人的认定】 |  |

## M8.23.277　追收抽逃出资纠纷　★

■ 常见适用的法条

| | | 常见适用的法条 |
|---|---|---|
| 0085 | 公司法 | 第3条【公司法人制度】 |
| | | 第26条【有限责任公司注册资本认缴制；注册资本特别规定】 |
| | | 第28条【股东出资义务的履行及其违约责任】 |
| | | 第34条【股东红利分配规则；公司新增资本时股东的优先认购权】 |
| | | 第35条【股东不得抽逃出资的义务】 |
| | | 第36条【有限责任公司股东会的组成及法律地位】 |
| 0456 | 企业破产法 | 第35条【破产管理人对尚未完全履行出资义务的出资人的出资追缴权】 |
| | | 第46条【破产时的债权期限与利息；未到期视为到期；停止计息】 |
| 0915 | 公司法司法解释三 | 第12条【可以认定股东抽逃出资的情形】 |
| | | 第13条【未履行或未全面履行出资义务的股东对于公司债务承担补充责任；发起人的连带责任；董事、高级管理人员的不真正连带责任】 |
| | | 第14条【抽逃出资的法律责任】 |
| | | 第19条【股东未履行或未全面履行出资义务或抽逃出资时的出资义务或返还出资的义务不适用诉讼时效抗辩规则】 |

## M8.23.278　追收非正常收入纠纷　★

■ 常见适用的法条

| | | 常见适用的法条 |
|---|---|---|
| 0085 | 公司法 | 第166条【公司的法定公积金制度、任意公积金制度；公司利润分配的规定】 |

| | 常见适用的法条 | |
|---|---|---|
| 合同法 | 第 52 条【合同无效的情形】 | 0791 |
| | 第 58 条【合同无效或被撤销的法律后果】 | |
| 民法通则 | 第 134 条【侵权责任的主要承担方式】 | 0812 |
| 企业破产法 | 第 21 条【破产申请受理后有关债务人的民事诉讼的管辖规定】 | 0456 |
| | 第 25 条【破产管理人的职责】 | |
| | 第 30 条【破产程序中债务人财产范围的认定】 | |
| | 第 36 条【破产管理人对董事、监事或高级管理人员非正常收入和侵占财产的追回权】 | |
| | 第 46 条【破产时的债权期限与利息：未到期视为到期；停止计息】 | |

## M8.23.279　破产债权确认纠纷 ★★★

■ 主要适用的法条及其相关度

| | 主要适用的法条 | 相关度 | |
|---|---|---|---|
| 企业破产法 | 第 58 条【破产程序中债权表的核查和确认】 | ★★★★★ | 0456 |
| | 第 46 条【破产时的债权期限与利息：未到期视为到期；停止计息】 | ★★ | |
| | 第 25 条【破产管理人的职责】 | ★ | |
| | 第 48 条【管理人接受债权申报；债务人所欠职工的各项费用不必进行破产债权申报】 | ★ | |
| 合同法 | 第 60 条【合同履行的原则】 | ★★ | 0791 |
| | 第 107 条【合同约束力：违约责任】 | ★★ | |
| | 第 8 条【合同约束力】 | ★ | |
| | 第 109 条【违约责任的承担：付款义务的继续履行】 | ★ | |
| | 第 159 条【买受人应支付价款的数额认定】 | ★ | |
| | 第 206 条【借款期限的认定】 | ★ | |
| | 第 286 条【承包人的建设工程优先受偿权】 | ★ | |

| | | 主要适用的法条 | 相关度 |
|---|---|---|---|
| 0823 | 担保法 | 第18条【保证合同中连带责任的承担】 | ★ |
| | | 第21条【保证担保的范围;没有约定、约定不明时的担保范围】 | ★ |
| 0812 | 民法通则 | 第84条【债的界定】 | ★ |

## M8.23.279.1 职工破产债权确认纠纷 ★★

### 主要适用的法条及其相关度

| | | 主要适用的法条 | 相关度 |
|---|---|---|---|
| 0849 | 劳动合同法 | 第44条【劳动合同的终止】 | ★★★★★ |
| | | 第46条【经济补偿金的支付】 | ★★★★★ |
| | | 第47条【经济补偿金的支付标准】 | ★★★★★ |
| | | 第97条【劳动合同法的溯及力】 | ★★★★★ |
| 0456 | 企业破产法 | 第48条【管理人接受债权申报;债务人所欠职工的各项费用不必进行破产债权申报】 | ★★★★★ |
| | | 第58条【破产程序中债权表的核查和确认】 | ★★★ |
| | | 第113条【破产债权的法定清偿顺序】 | ★★★ |
| | | 第44条【对破产债务人享有债权的债权人依破产法行使权利】 | ★★ |
| | | 第56条【破产债权的补充申报】 | ★★ |
| | | 第21条【破产申请受理后有关债务人的民事诉讼的管辖规定】 | ★ |
| 0950 | 审理企业破产案件规定 | 第58条【债务人所欠企业职工集资款的清偿;职工投资不属于破产债权】 | ★ |

## M8.23.279.2 普通破产债权确认纠纷 ★★

■ 主要适用的法条及其相关度

| | 主要适用的法条 | 相关度 | |
|---|---|---|---|
| 企业破产法 | 第58条【破产程序中债权表的核查和确认】 | ★★★★★ | 0456 |
| | 第46条【破产时的债权期限与利息:未到期视为到期;停止计息】 | ★★ | |
| | 第25条【破产管理人的职责】 | ★ | |
| 合同法 | 第60条【合同履行的原则】 | ★★★ | 0791 |
| | 第107条【合同约束力:违约责任】 | ★★ | |
| | 第206条【借款期限的认定】 | ★★ | |
| | 第8条【合同约束力】 | ★ | |
| | 第44条【合同成立条件与时间】 | ★ | |
| | 第159条【买受人应支付价款的数额认定】 | ★ | |
| | 第207条【借款合同违约责任承担:支付利息】 | ★ | |
| | 第210条【自然人之间借款合同的生效:提供借款时】 | ★ | |
| | 第286条【承包人的建设工程优先受偿权】 | ★ | |
| 民法通则 | 第84条【债的界定】 | ★★ | 0812 |
| | 第85条【合同的定义】 | ★ | |
| | 第90条【借贷关系】 | ★ | |
| 担保法 | 第18条【保证合同中连带责任的承担】 | ★ | 0823 |

## M8.23.280 取回权纠纷 ★

■ 常见适用的法条

| | 常见适用的法条 | |
|---|---|---|
| 公司法 | 第152条【股东直接诉讼】 | 0085 |

| | | 常见适用的法条 |
|---|---|---|
| 0791 | 合同法 | 第2条【合同法的调整对象；合同的定义】 |
| | | 第8条【合同约束力】 |
| | | 第52条【合同无效的情形】 |
| | | 第60条【合同履行的原则】 |
| | | 第130条【买卖合同的定义】 |
| | | 第133条【标的物所有权转移：交付】 |
| | | 第134条【所有权保留】 |
| | | 第175条【互易合同参照买卖合同的规定】 |
| | | 第237条【融资租赁合同的定义】 |
| | | 第242条【承租人破产时租赁物不属于破产财产】 |
| | | 第248条【出租人的租金支付请求权以及合同解除权】 |
| | | 第249条【融资租赁合同中出租人收回租赁物的权利和承租人要求部分返还租赁物价值的权利】 |
| 0812 | 民法通则 | 第57条【民事法律行为的效力】 |
| 0882 | 国有资产法 | 第3条【国有资产的所有权归属】 |
| | | 第4条【国有资产的出资人代表：国务院、地方人民政府】 |
| 0456 | 企业破产法 | 第2条【公司解散清算转破产；清算事务的移交】 |
| | | 第26条【破产管理人实施对债权人利益有重大影响的行为时的报告义务】 |
| | | 第27条【破产管理人勤勉忠实的义务】 |
| | | 第38条【债务人占有不属于债务人的财产时财产权利人的取回权】 |
| | | 第59条【债权人会议的组成及债权人表决权的行使】 |
| | | 第61条【债权人会议的职权】 |
| | | 第134条【金融机构的破产启动规则】 |

| | 常见适用的法条 | |
|---|---|---|
| 物权法 | 第 23 条【动产物权设立和转让的公示与生效条件】 | 0834 |
| | 第 33 条【利害关系人的物权确认请求权】 | |
| | 第 34 条【权利人的返还原物请求权】 | |
| | 第 39 条【所有权的内容】 | |
| 买卖合同司法解释 | 第 35 条【所有权保留】 | 0937 |
| 审理企业破产案件规定 | 第 71 条【不属于破产财产的范围】 | 0950 |
| | 第 72 条【财产权利人有权取回的财产；财产权利人的债权申报；财产权利人要求等值赔偿的权利】 | |

## M8.23.280.1 一般取回权纠纷 ★

■ 常见适用的法条

| | 常见适用的法条 | |
|---|---|---|
| 合同法 | 第 248 条【出租人的租金支付请求权以及合同解除权】 | 0791 |
| 民法通则 | 第 84 条【债的界定】 | 0812 |
| 企业破产法 | 第 38 条【债务人占有不属于债务人的财产时财产权利人的取回权】 | 0456 |
| | 第 46 条【破产时的债权期限与利息：未到期视为到期；停止计息】 | |
| 道路运输条例 | 第 18 条【班线客运经营者连续提供运输服务的义务】 | 0907 |
| 融资租赁合同司法解释 | 第 21 条【出租人的租金支付请求权以及合同解除权】 | 0966 |
| 企业破产法司法解释二 | 第 2 条【不应认定为债务人财产的范围】 | 0956 |

## M8.23.280.2 出卖人取回权纠纷 ★

■ 常见适用的法条

| | | 常见适用的法条 |
|---|---|---|
| 0791 | 合同法 | 第134条【所有权保留】 |
| 0456 | 企业破产法 | 第38条【债务人占有不属于债务人的财产时财产权利人的取回权】 |
| 0937 | 买卖合同司法解释 | 第35条【所有权保留】<br>第36条【出卖人不能取回标的物的情形:买受人已经支付标的物总价款的百分之七十五以上、第三人善意取得】 |

## M8.23.281 破产抵销权纠纷 ★

■ 常见适用的法条

| | | 常见适用的法条 |
|---|---|---|
| 0791 | 合同法 | 第99条【法定的债务抵销】 |
| 0456 | 企业破产法 | 第40条【债权人在破产程序中可主张抵销的债权和不可抵消的债权】<br>第41条【破产费用的范围】<br>第42条【破产程序中共益债务的范围与种类】 |
| 0929 | 担保法司法解释 | 第85条【债务人或第三人将其金钱以特户、封金、保证金等形式特定化后的优先受偿】 |
| 0956 | 企业破产法司法解释二 | 第44条【破产申请受理前六个月内相关债务清偿的处理】 |

## M8.23.282  别除权纠纷 ★

■ 常见适用的法条

| | 常见适用的法条 | |
|---|---|---|
| 担保法 | 第5条【担保合同的界定及其与主债权合同的关系;担保合同无效的责任承担规则】 | 0823 |
| | 第41条【特殊财产的抵押物登记】 | |
| | 第42条【办理抵押物登记的部门】 | |
| 合同法 | 第52条【合同无效的情形】 | 0791 |
| | 第286条【承包人的建设工程优先受偿权】 | |
| 企业破产法 | 第58条【破产程序中债权表的核查和确认】 | 0456 |
| | 第109条【破产宣告后有担保的债权优先受偿的规定】 | |
| 物权法 | 第5条【物权法定原则:物权种类、物权内容由法律规定】 | 0834 |
| | 第106条【善意取得的构成条件】 | |
| | 第188条【动产抵押的登记对抗主义】 | |
| | 第208条【质权的概念与质权的实现;质押双方的概念】 | |
| | 第228条【以应收账款出质:书面合同的形式要求;登记设立主义;不得转让】 | |
| 建设工程价款优先受偿权问题的批复 | 第3条【建设工程价款的范围】 | 0964 |
| | 第4条【建设工程承包人行使优先权的期限】 | |
| 融资租赁合同司法解释 | 第9条【融资租赁中租赁物的善意取得及例外情形】 | 0966 |
| | 第21条【出租人的租金支付请求权以及合同解除权】 | |

## M8.23.283　破产撤销权纠纷 ★★

■ 主要适用的法条及其相关度

| | 主要适用的法条 | 相关度 |
|---|---|---|
| 企业破产法 | 第31条【破产管理人的撤销请求权；破产债务人的可撤销行为】 | ★★★★★ |
| | 第32条【破产管理人对个别清偿的撤销权及其例外规定】 | ★★★★ |
| | 第2条【公司解散清算转破产；清算事务的移交】 | ★★★ |
| | 第3条【破产案件的管辖法院】 | ★★★ |
| | 第1条【企业破产法的立法宗旨】 | ★ |
| | 第9条【破产申请的撤回】 | ★ |
| | 第12条【人民法院不受理破产申请的理由说明义务；驳回破产申请的规定情形及申请人的救济程序】 | ★ |
| | 第16条【人民法院受理破产申请后破产债务人的个别清偿债务行为无效】 | ★ |
| | 第17条【破产开始后债务人的债务人或财产持有人的清偿债务、交付财产义务】 | ★ |
| | 第34条【破产管理人对债务人财产的追回权】 | ★ |

## M8.23.284　损害债务人利益赔偿纠纷 ★

■ 常见适用的法条

| | 常见适用的法条 |
|---|---|
| 公司法 | 第20条【禁止股东权利滥用；滥用股东权利的法律责任】 |
| | 第147条【董事、监事、高级管理人员的忠实义务和勤勉义务】 |
| | 第149条【董事、监事、高级管理人员对于所造成的公司损害的赔偿责任】 |

| | 常见适用的法条 | |
|---|---|---|
| 合同法 | 第 406 条【因受托人过错致委托人损失的赔偿责任】 | 0791 |
| 企业破产法 | 第 18 条【破产申请受理后尚未履行完毕合同的处理；管理人决定解除合同或继续履行的权利；管理人决定继续履行合同的法律后果；管理人提供担保的义务】 | 0456 |
| | 第 125 条【破产人的董事、监事或高级管理人员的民事责任和任职资格限制】 | |
| | 第 128 条【债务人存在损害债权人利益的法定情形的破产债务人的法定代表人和其他直接责任人员的赔偿责任】 | |
| 侵权责任法 | 第 8 条【共同实施侵权行为人的连带责任】 | 0862 |

## M8.23.285　管理人责任纠纷　★

■ 常见适用的法条

| | 常见适用的法条 | |
|---|---|---|
| 劳动法 | 第 50 条【劳动者工资支付的法定形式】 | 0843 |
| 劳动合同法 | 第 50 条【解除或终止劳动合同后的附随义务：用人单位为劳动者办理档案和社会保险关系转移手续；劳动者按约办理工作交接；用人单位劳动合同保存被查制度】 | 0849 |
| 民法通则 | 第 1 条【民法通则的立法目的】 | 0812 |
| | 第 5 条【公民的合法权益受到保护】 | |
| 企业破产法 | 第 22 条【破产管理人的产生、更换和报酬规定】 | 0456 |
| | 第 25 条【破产管理人的职责】 | |
| | 第 27 条【破产管理人勤勉忠实的义务】 | |
| | 第 33 条【涉及破产债务人财产的无效行为】 | |
| | 第 42 条【破产程序中共益债务的范围与种类】 | |
| | 第 43 条【破产费用和共益债务的清偿规则】 | |

| | | 常见适用的法条 |
|---|---|---|
| 0456 | 企业破产法 | 第48条【管理人接受债权申报；债务人所欠职工的各项费用不必进行破产债权申报】 |
| | | 第57条【破产管理人债权表的编制义务以及利害关系人对债权表的查阅权】 |
| | | 第58条【破产程序中债权表的核查和确认】 |
| | | 第130条【破产管理人的忠实、勤勉义务和赔偿责任】 |
| 0862 | 侵权责任法 | 第1条【侵权责任法的立法目的】 |
| | | 第6条【过错责任原则；过错推定责任原则】 |
| | | 第16条【人身损害赔偿项目：一般人身损害赔偿项目、伤残赔偿项目、死亡赔偿项目】 |
| | | 第22条【侵害人身权益的精神损害赔偿】 |
| | | 第26条【过失相抵：被侵权人过错】 |
| | | 第37条【管理人或者组织者违反安全保障义务的侵权责任；补充责任】 |
| 0953 | 人身损害赔偿司法解释 | 第16条【所有人或管理人对于物件致害的过错推定责任：构筑物、堆放物、林木、果实坠落致害；设计、施工者的连带责任】 |
| | | 第17条【人身损害赔偿项目：一般人身损害赔偿项目、伤残赔偿项目、死亡赔偿项目】 |
| | | 第19条【医疗费计算标准】 |
| | | 第20条【误工费计算标准】 |
| | | 第21条【人身损害赔偿：护理费计算】 |
| | | 第22条【交通费计算标准】 |
| | | 第23条【伙食费、住宿费计算标准】 |
| | | 第24条【营养费计算标准】 |
| | | 第25条【人身损害赔偿项目：残疾赔偿金计算标准】 |
| | | 第28条【被扶养人生活费数额的确定】 |

# 第二编

## 核心法律条文主要适用案由及关联法条索引

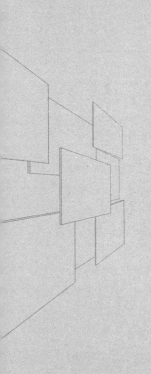

# 中华人民共和国公司法①

★★★★★

(1993年12月29日第八届全国人民代表大会常务委员会第五次会议通过,根据1999年12月25日第九届全国人民代表大会常务委员会第十三次会议《关于修改〈中华人民共和国公司法〉的决定》第一次修正,根据2004年8月28日第十届全国人民代表大会常务委员会第十一次会议《关于修改〈中华人民共和国公司法〉的决定》第二次修正,2005年10月27日第十届全国人民代表大会常务委员会第十八次会议修订,根据2013年12月28日第十二届全国人民代表大会常务委员会第六次会议《关于修改〈中华人民共和国海洋环境保护法〉等七部法律的决定》第三次修正)

## 第一章 总则

**第1条【公司法立法宗旨】** ★★

为了规范公司的组织和行为,保护公司、股东和债权人的合法权益,维护社会经济秩序,促进社会主义市场经济的发展,制定本法。

■ 主要适用的案由及其相关度

| 案由编号 | 主要适用的案由 | 相关度 |
| --- | --- | --- |
| M8.21.263 | 公司解散纠纷 | ★★★★★ |
| M4.10.89.4 | 民间借贷纠纷 | ★★★★ |
| M4.10 | 合同纠纷 | ★★★ |
| M4.10.74 | 买卖合同纠纷 | ★★★ |
| M8.21.245 | 股东出资纠纷 | ★★ |
| M8.21.242 | 股东资格确认纠纷 | ★★ |

---

① 简称:《公司法》。

0086 商事纠纷:公司、企业与破产

| 案由编号 | 主要适用的案由 | 相关度 |
| --- | --- | --- |
| M4.10.100 | 建设工程合同纠纷 | ★ |
| M4.10.100.3 | 建设工程施工合同纠纷 | ★★ |
| M8.21.254 | 公司盈余分配纠纷 | ★ |
| M8.21 | 与公司有关的纠纷 | ★ |

■ 同时适用的法条及其相关度

| | | 同时适用的法条 | 相关度 |
| --- | --- | --- | --- |
| 0791 | 合同法 | 第1条【合同法立法目的】 | ★★★★★ |
| | | 第52条【合同无效的情形】 | ★ |
| | | 第60条【合同履行的原则】 | ★ |
| | | 第107条【合同约束力:违约责任】 | ★ |
| 0085 | 公司法 | 第183条【公司的解散清算:清算组的人员组成,债权人请求法院指定有关人员成立清算组的权利】 | ★★★ |
| | | 第2条【公司类别】 | ★ |
| | | 第4条【公司股东权利】 | ★ |
| | | 第5条【公司的社会责任】 | ★ |
| | | 第14条【分公司的法律地位;子公司的法律地位】 | ★ |
| | | 第35条【股东不得抽逃出资的义务】 | ★ |
| | | 第166条【公司的法定公积金制度、任意公积金制度:公司利润分配的规定】 | ★ |
| | | 第181条【公司通过修改公司章程而存续的办法及其表决程序】 | ★ |
| | | 第182条【公司僵局时特定股东请求法院解散公司的权利】 | ★ |
| | | 第184条【清算组的职权】 | ★ |
| 0812 | 民法通则 | 第1条【民法通则的立法目的】 | ★★ |
| 0823 | 担保法 | 第1条【担保法的立法目的】 | ★ |

| | 同时适用的法条 | 相关度 | |
|---|---|---|---|
| 建设工程合同纠纷司法解释 | 第1条【建设工程施工合同无效的情形】 | ★ | 0947 |

## 第2条【公司类别】 ★

本法所称公司是指依照本法在中国境内设立的有限责任公司和股份有限公司。

■ 主要适用的案由及其相关度

| 案由编号 | 主要适用的案由 | 相关度 |
|---|---|---|
| M4.10.74 | 买卖合同纠纷 | |
| M4.10.74.1 | 分期付款买卖合同纠纷 | |
| M8.21.247 | 股东知情权纠纷 | |
| M4.10.89.4 | 民间借贷纠纷 | |
| M4.10.97 | 租赁合同纠纷 | |
| M4.10.97.2 | 房屋租赁合同纠纷 | |
| M6.17 | 劳动争议 | |
| M4.10.100.3 | 建设工程施工合同纠纷 | |
| M4.10.82 | 房屋买卖合同纠纷 | |
| M4.10 | 合同纠纷 | |
| M4.10.122 | 劳务合同纠纷 | |
| M8.21.245 | 股东出资纠纷 | |
| M8.21.263 | 公司解散纠纷 | |
| M4.10.100.7 | 装饰装修合同纠纷 | |
| M8.20.238 | 联营合同纠纷 | |
| M8.21.257 | 股东损害公司债权人利益责任纠纷 | |
| M8.21.242 | 股东资格确认纠纷 | |
| M8.21.249 | 股权转让纠纷 | |
| M4.10.100.5 | 建设工程分包合同纠纷 | |

| 案由编号 | 主要适用的案由 | 相关度 |
|---|---|---|
| M4.10.99 | 承揽合同纠纷 | |
| M4.10.99.2 | 定作合同纠纷 | |
| M3.5.33 | 返还原物纠纷 | |
| M8.21.250.1 | 公司决议效力确认纠纷 | |
| M4.10.120.4 | 法律服务合同纠纷 | |
| M8.21.256 | 损害公司利益责任纠纷 | |
| M8.21.246 | 新增资本认购纠纷 | |
| M8.23.275 | 对外追收债权纠纷 | |
| M4.10.70 | 债权转让合同纠纷 | |
| M8.21.250.2 | 公司决议撤销纠纷 | |

■ 同时适用的法条及其相关度

| | 同时适用的法条 | 相关度 |
|---|---|---|
| 会计法 | 第14条【会计凭证】 | ★★★★★ |
| | 第15条【会计帐簿登记】 | ★★★★★ |
| 公司法 | 第33条【股东的知情权；股东查阅公司会计账册的权利及司法救济】 | ★★★★ |
| | 第165条【财务会计报告的公开规则】 | ★★★★★ |
| | 第3条【公司法人制度】 | ★★★ |
| | 第1条【公司法立法宗旨】 | ★ |
| | 第4条【公司股东权利】 | ★ |
| | 第11条【公司的章程及其效力】 | ★ |
| | 第20条【禁止股东权利滥用；滥用股东权利的法律责任】 | ★ |
| | 第34条【股东红利分配规则；公司新增资本时股东的优先认购权】 | ★ |
| | 第63条【一人有限责任公司的法人人格否认制度】 | ★ |

| | 同时适用的法条 | 相关度 |
|---|---|---|
| 合同法 | 第60条【合同履行的原则】 | ★★★★ |
| | 第8条【合同约束力】 | ★★★ |
| | 第107条【合同约束力:违约责任】 | ★★★ |
| | 第52条【合同无效的情形】 | ★★ |
| | 第58条【合同无效或被撤销的法律后果】 | ★★ |
| | 第226条【租赁合同中承租人租金支付期限的确定规则】 | ★★ |
| | 第6条【诚实信用原则】 | ★ |
| | 第44条【合同成立条件与时间】 | ★ |
| | 第56条【合同无效或被撤销的溯及力;部分无效不影响其他独立部分的效力】 | ★ |
| | 第61条【合同内容约定不明确的处理规则;合同漏洞的填补】 | ★ |
| | 第80条【债权人转让债权的通知义务】 | ★ |
| | 第93条【合同的意定解除:协商一致;约定条件成就】 | ★ |
| | 第97条【合同解除的法律后果】 | ★ |
| | 第109条【违约责任的承担:付款义务的继续履行】 | ★ |
| | 第114条【违约金的数额及其调整】 | ★ |
| | 第159条【买受人应支付价款的数额认定】 | ★ |
| | 第161条【买受人支付价款的时间】 | ★ |
| | 第206条【借款期限的认定】 | ★ |
| | 第207条【借款合同违约责任承担:支付利息】 | ★ |
| | 第210条【自然人之间借款合同的生效:提供借款时】 | ★ |
| | 第212条【租赁合同的定义】 | ★ |

| | | 同时适用的法条 | 相关度 |
|---|---|---|---|
| 0791 | 合同法 | 第222条【租赁合同中承租人租赁物妥善保管义务及其违反义务的赔偿责任】 | ★ |
| | | 第227条【出租人的租金支付请求权以及合同解除权】 | ★ |
| 0871 | 房地产管理法 | 第25条【房地产开发的原则和总体规划】 | ★ |
| | | 第30条【设立房地产开发企业的条件】 | ★ |
| 0812 | 民法通则 | 第36条【法人的定义;法人民事权利能力和民事行为能力的存续期间】 | ★ |
| | | 第44条【公司合并后债权债务的承继】 | ★ |
| | | 第51条【法人型联营主体资格取得】 | ★ |
| | | 第52条【企业之间或者企业、事业单位之间联营的民事责任承担形式】 | ★ |
| | | 第53条【企业联营的权利义务和民事责任承担】 | ★ |
| | | 第108条【债务清偿:分期偿还、强制偿还】 | ★ |
| 0963 | 国有土地使用权合同纠纷司法解释 | 第14条【合作开发房地产合同的定义】 | ★ |
| | | 第15条【房地产开发应具备经营资质】 | ★ |
| | | 第25条【名为合作实为房屋买卖的认定:提供资金的当事人不承担经营风险只分配固定数量房屋的】 | ★ |
| 0927 | 商品房买卖合同纠纷司法解释 | 第2条【预售许可证是商品房预售合同的生效条件】 | ★ |
| 0947 | 建设工程合同纠纷司法解释 | 第1条【建设工程施工合同无效的情形】 | ★ |
| | | 第2条【建设工程施工合同无效时承包人的付款请求权】 | ★ |
| | | 第17条【拖欠工程价款利息的计付标准】 | ★ |

## 第3条【公司法人制度】 ★★★

公司是企业法人,有独立的法人财产,享有法人财产权。公司以其全部财产对公司的债务承担责任。

有限责任公司的股东以其认缴的出资额为限对公司承担责任;股份有限公司的股东以其认购的股份为限对公司承担责任。

■ 主要适用的案由及其相关度

| 案由编号 | 主要适用的案由 | 相关度 |
| --- | --- | --- |
| M4.10 | 合同纠纷 | ★★★★★ |
| M4.10.74 | 买卖合同纠纷 | ★★★★★ |
| M4.10.89.4 | 民间借贷纠纷 | ★★★ |
| M4.10.122 | 劳务合同纠纷 | ★ |
| M4.10.112 | 种植、养殖回收合同纠纷 | ★ |
| M6.17.169.5 | 追索劳动报酬纠纷 | ★ |

■ 同时适用的法条及其相关度

| | 同时适用的法条 | 相关度 |
| --- | --- | --- |
| 合同法 | 第60条【合同履行的原则】 | ★★★★★ |
| | 第107条【合同约束力:违约责任】 | ★★★★★ |
| | 第8条【合同约束力】 | ★★★★ |
| | 第94条【合同的法定解除;法定解除权】 | ★★★ |
| | 第108条【预期违约责任】 | ★★★ |
| | 第109条【违约责任的承担:付款义务的继续履行】 | ★★★ |
| | 第114条【违约金的数额及其调整】 | ★★★ |
| | 第159条【买受人应支付价款的数额认定】 | ★★★ |
| | 第6条【诚实信用原则】 | ★★ |
| | 第130条【买卖合同的定义】 | ★★ |
| | 第161条【买受人支付价款的时间】 | ★★ |
| | 第206条【借款期限的认定】 | ★★ |

| | | 同时适用的法条 | 相关度 |
|---|---|---|---|
| 0791 | 合同法 | 第207条【借款合同违约责任承担：支付利息】 | ★★ |
| | | 第44条【合同成立条件与时间】 | ★ |
| | | 第196条【借款合同定义】 | ★ |
| | | 第205条【借款合同的利息支付义务】 | ★ |
| 0085 | 公司法 | 第20条【禁止股东权利滥用；滥用股东权利的法律责任】 | ★★★ |
| | | 第63条【一人有限责任公司的法人人格否认制度】 | ★★★ |
| | | 第216条【高级管理人员、控股股东、实际控制人、关联关系的法定含义】 | ★★★ |
| | | 第14条【分公司的法律地位；子公司的法律地位】 | ★★ |
| 0812 | 民法通则 | 第108条【债务清偿：分期偿还、强制偿还】 | ★★★ |
| | | 第43条【企业法人对其机构的活动承担民事责任】 | ★★ |
| | | 第84条【债的界定】 | ★★ |
| | | 第36条【法人的定义；法人民事权利能力和民事行为能力的存续期间】 | ★ |
| | | 第63条【代理的界定及不得代理的情形】 | ★ |
| | | 第67条【代理人故意代理违法事项时的责任承担：被代理人和代理人承担连带责任】 | ★ |
| 0823 | 担保法 | 第18条【保证合同中连带责任的承担】 | ★ |
| 0925 | 合同法司法解释二 | 第29条【违约金的数额及其调整】 | ★★★ |
| | | 第26条【情势变更规则】 | ★ |
| 0927 | 商品房买卖合同纠纷司法解释 | 第22条【商品房买卖纠纷中包销人的诉讼地位】 | ★★★ |

## 第4条【公司股东权利】 ★★

公司股东依法享有资产收益、参与重大决策和选择管理者等权利。

■ 主要适用的案由及其相关度

| 案由编号 | 主要适用的案由 | 相关度 |
|---|---|---|
| M8.21.242 | 股东资格确认纠纷 | ★★★★★ |
| M8.24.297 | 证券返还纠纷 | ★★★★★ |
| M8.21.254 | 公司盈余分配纠纷 | ★★★★ |
| M8.21.247 | 股东知情权纠纷 | ★★★ |
| M8.21.249 | 股权转让纠纷 | ★★ |
| M8.21.255 | 损害股东利益责任纠纷 | ★ |
| M8.21 | 与公司有关的纠纷 | ★ |
| M8.21.243 | 股东名册记载纠纷 | ★ |
| M4.10 | 合同纠纷 | ★ |
| M3.5.33 | 返还原物纠纷 | ★ |
| M8.21.244 | 请求变更公司登记纠纷 | ★ |
| M4.10.89.4 | 民间借贷纠纷 | ★ |
| M8.21.250 | 公司决议纠纷 | ★ |
| M8.21.250.1 | 公司决议效力确认纠纷 | ★ |

■ 同时适用的法条及其相关度

| | 同时适用的法条 | 相关度 |
|---|---|---|
| 公司法 | 第3条【公司法人制度】 | ★★★★★ |
| | 第22条【股东会、股东大会、董事会决议的效力；股东对于会议决议的撤销之诉】 | ★★★★★ |
| | 第34条【股东红利分配规则；公司新增资本时股东的优先认购权】 | ★★★★★ |
| | 第33条【股东的知情权；股东查阅公司会计账册的权利及司法救济】 | ★★★★ |

| | 同时适用的法条 | 相关度 |
|---|---|---|
| 公司法 | 第35条【股东不得抽逃出资的义务】 | ★★★★ |
| | 第20条【禁止股东权利滥用;滥用股东权利的法律责任】 | ★★★ |
| | 第32条【股东名册的载明事项和效力;股东名册的登记管理】 | ★★★ |
| | 第36条【有限责任公司股东会的组成及法律地位】 | ★★★ |
| | 第37条【公司股东会职权】 | ★★★ |
| | 第38条【有限责任公司首次股东会会议的召集和主持】 | ★★★ |
| | 第43条【有限责任公司股东会的议事方式和表决程序】 | ★★★ |
| | 第72条【有限责任公司股权强制转让中的优先购买权】 | ★★★ |
| | 第11条【公司的章程及其效力】 | ★★ |
| | 第31条【股东出资证明书的签发与载明事项】 | ★★ |
| | 第39条【有限责任公司股东会会议的类型及召开制度】 | ★★ |
| | 第40条【有限责任公司股东会会议的召集与主持】 | ★★ |
| | 第42条【有限责任公司股东会表决权行使规则】 | ★★ |
| | 第44条【有限责任公司董事会的组成】 | ★★ |
| | 第1条【公司法立法宗旨】 | ★ |
| | 第2条【公司类别】 | ★ |
| | 第5条【公司的社会责任】 | ★ |
| | 第7条【公司营业执照的签发、记载事项以及换发】 | ★ |
| | 第13条【公司的法定代表人】 | ★ |
| | 第23条【有限责任公司的设立条件】 | ★ |
| | 第25条【有限责任公司章程应载明事项】 | ★ |

| | 同时适用的法条 | 相关度 | |
|---|---|---|---|
| 公司法 | 第27条【股东出资方式及其限制；非货币出资的评估作价规定】 | ★ | 0085 |
| | 第28条【股东出资义务的履行及其违约责任】 | ★ | |
| | 第41条【股东会会议的召集通知及会议记录】 | ★ | |
| | 第46条【有限责任公司董事会的职权】 | ★ | |
| | 第71条【有限责任公司的股权转让；股东的优先购买权】 | ★ | |
| | 第100条【股份有限公司股东大会的召开周期及临时股东大会召开的条件】 | ★ | |
| | 第166条【公司的法定公积金制度、任意公积金制度；公司利润分配的规定】 | ★ | |
| | 第167条【公司资本公积金的组成】 | ★ | |
| | 第180条【公司的法定解散事由】 | ★ | |
| | 第183条【公司的解散清算：清算组的人员组成，债权人请求法院指定有关人员成立清算组的权利】 | ★ | |
| | 第186条【清算方案的制定与确认；公司财产的分配顺序；清算期间公司的法律地位】 | ★ | |
| 合同法 | 第60条【合同履行的原则】 | ★★★ | 0791 |
| | 第107条【合同约束力；违约责任】 | ★★★ | |
| | 第52条【合同无效的情形】 | ★★ | |
| | 第6条【诚实信用原则】 | ★ | |
| | 第8条【合同约束力】 | ★ | |
| | 第44条【合同成立条件与时间】 | ★ | |
| | 第94条【合同的法定解除；法定解除权】 | ★ | |
| | 第109条【违约责任的承担：付款义务的继续履行】 | ★ | |
| | 第159条【买受人应支付价款的数额认定】 | ★ | |
| | 第161条【买受人支付价款的时间】 | ★ | |

| | | 同时适用的法条 | 相关度 |
|---|---|---|---|
| 0812 | 民法通则 | 第4条【民事活动的基本原则:自愿、公平、等价有偿、诚实信用】 | ★★★ |
| | | 第5条【公民的合法权益受到保护】 | ★★★ |
| | | 第71条【所有权的内容】 | ★★ |
| | | 第108条【债务清偿:分期偿还、强制偿还】 | ★★ |
| | | 第58条【民事行为无效的法定情形】 | ★ |
| | | 第63条【代理的界定及不得代理的情形】 | ★ |
| | | 第84条【债的界定】 | ★ |
| | | 第106条【民事责任归责原则:违约责任,无过错责任原则;侵权责任,过错责任、无过错责任】 | ★ |
| 0859 | 继承法 | 第10条【继承人范围及继承顺序】 | ★★ |
| 0862 | 侵权责任法 | 第2条【侵权责任一般条款;民事权益的范围】 | ★ |
| | | 第8条【共同实施侵权行为人的连带责任】 | ★ |
| | | 第15条【侵权责任的主要承担方式】 | ★ |
| 0854 | 会计法 | 第14条【会计凭证】 | ★ |
| | | 第15条【会计帐簿登记】 | ★ |
| 0915 | 公司法司法解释三 | 第22条【股权确认之诉中当事人应当证明的事项】 | ★★★★ |
| | | 第23条【股东名册的载明事项和效力;股东名册的登记管理】 | ★★★★ |
| | | 第24条【隐名股东与名义股东:投资权益归属、实际履行出资义务;变更登记】 | ★★★★ |
| | | 第21条【股东资格确认之诉的诉讼当事人的认定】 | ★★★ |
| | | 第25条【名义股东处分股权】 | ★ |
| 0945 | 公司法司法解释一 | 第2条【公司法对其实施前的法律纠纷可参照适用】 | ★★★ |

## 第5条【公司的社会责任】 ★

公司从事经营活动,必须遵守法律、行政法规,遵守社会公德、商业道德,诚实守信,接受政府和社会公众的监督,承担社会责任。

公司的合法权益受法律保护,不受侵犯。

■ 主要适用的案由及其相关度

| 案由编号 | 主要适用的案由 | 相关度 |
|---|---|---|
| M4.10 | 合同纠纷 | ★★★★★ |
| M8.21 | 与公司有关的纠纷 | ★★★ |
| M8.21.252 | 公司证照返还纠纷 | ★★ |
| M8.21.263 | 公司解散纠纷 | ★★ |
| M8.21.256 | 损害公司利益责任纠纷 | ★ |
| M8.21.249 | 股权转让纠纷 | ★ |
| M3.9.62 | 占有物返还纠纷 | ★ |
| M4.10.89 | 借款合同纠纷 | ★ |
| M4.10.89.4 | 民间借贷纠纷 | ★ |
| M4.10.100.3 | 建设工程施工合同纠纷 | ★ |
| M10.43.422 | 案外人执行异议之诉 | ★ |
| M3.5.33 | 返还原物纠纷 | ★ |
| M8.21.250.1 | 公司决议效力确认纠纷 | ★ |

■ 同时适用的法条及其相关度

| | 同时适用的法条 | 相关度 |
|---|---|---|
| 公司法 | 第3条【公司法人制度】 | ★★★★★ |
| | 第1条【公司法立法宗旨】 | ★★★★ |
| | 第20条【禁止股东权利滥用;滥用股东权利的法律责任】 | ★★★★ |
| | 第4条【公司股东权利】 | ★★★ |
| | 第35条【股东不得抽逃出资的义务】 | ★★★ |

| | | 同时适用的法条 | 相关度 |
|---|---|---|---|
| 公司法 | | 第166条【公司的法定公积金制度、任意公积金制度;公司利润分配的规定】 | ★★★ |
| | | 第6条【公司设立的登记、审批;公司对于登记事项的公开义务】 | ★ |
| | | 第16条【公司对外投资或为他人提供担保的条件和限制】 | ★ |
| | | 第22条【股东会、股东大会、董事会决议的效力;股东对于会议决议的撤销之诉】 | ★ |
| | | 第33条【股东的知情权;股东查阅公司会计账册的权利及司法救济】 | ★ |
| | | 第34条【股东红利分配规则;公司新增资本时股东的优先认购权】 | ★ |
| | | 第36条【有限责任公司股东会的组成及法律地位】 | ★ |
| | | 第42条【有限责任公司股东会表决权行使规则】 | ★ |
| | | 第43条【有限责任公司股东会的议事方式和表决程序】 | ★ |
| | | 第44条【有限责任公司董事会的组成】 | ★ |
| | | 第71条【有限责任公司的股权转让;股东的优先购买权】 | ★ |
| | | 第147条【董事、监事、高级管理人员的忠实义务和勤勉义务】 | ★ |
| | | 第180条【公司的法定解散事由】 | ★ |
| | | 第181条【公司通过修改公司章程而存续的办法及其表决程序】 | ★ |
| | | 第182条【公司僵局时特定股东请求法院解散公司的权利】 | ★ |
| | | 第183条【公司的解散清算:清算组的人员组成,债权人请求法院指定有关人员成立清算组的权利】 | ★ |

| | 同时适用的法条 | 相关度 | |
|---|---|---|---|
| 公司法 | 第186条【清算方案的制定与确认;公司财产的分配顺序;清算期间公司的法律地位】 | ★ | 0085 |
| | 第188条【公司清算报告的制作与报送;公司的注销】 | ★ | |
| 合同法 | 第52条【合同无效的情形】 | ★★★★★ | 0791 |
| | 第7条【公序良俗原则】 | ★★★ | |
| | 第58条【合同无效或被撤销的法律后果】 | ★★★ | |
| | 第8条【合同约束力】 | ★★ | |
| | 第44条【合同成立条件与时间】 | ★★ | |
| | 第60条【合同履行的原则】 | ★★ | |
| | 第6条【诚实信用原则】 | ★ | |
| | 第107条【合同约束力:违约责任】 | ★ | |
| | 第109条【违约责任的承担:付款义务的继续履行】 | ★ | |
| | 第269条【建设工程合同的定义】 | ★ | |
| 民法通则 | 第4条【民事活动的基本原则:自愿、公平、等价有偿、诚实信用】 | ★★ | 0812 |
| | 第5条【公民的合法权益受到保护】 | ★ | |
| | 第6条【民事活动应遵守国家政策】 | ★ | |
| | 第38条【法定代表人】 | ★ | |
| | 第57条【民事法律行为的效力】 | ★ | |
| | 第71条【所有权的内容】 | ★ | |
| | 第72条【财产所有权取得应符合法律规定;动产所有权自交付时转移】 | ★ | |
| | 第74条【集体所有的财产包括的内容】 | ★ | |
| | 第92条【不当得利返还请求权】 | ★ | |
| | 第106条【民事责任归责原则:违约责任,无过错责任原则;侵权责任,过错责任、无过错责任】 | ★ | |

| | | 同时适用的法条 | 相关度 |
|---|---|---|---|
| 0812 | 民法通则 | 第117条【侵害财产权的责任承担方式：返还财产、折价赔偿；恢复原状、折价赔偿；赔偿损失】 | ★ |
| 0823 | 担保法 | 第3条【从事担保活动的基本原则】 | ★ |
| 0834 | 物权法 | 第2条【物权法适用范围；物的概念；物权的概念】 | ★ |
| | | 第4条【国家、集体和私人物权的平等保护原则】 | ★ |
| | | 第34条【权利人的返还原物请求权】 | ★ |
| | | 第39条【所有权的内容】 | ★ |
| 0862 | 侵权责任法 | 第15条【侵权责任的主要承担方式】 | ★ |
| | | 第19条【侵害财产造成财产损失的计算方式】 | ★ |
| 0929 | 担保法司法解释 | 第7条【担保合同与主债权合同的关系；担保合同无效的责任承担规则】 | ★★ |
| | | 第9条【担保人对债务人或反担保人的权利】 | ★ |
| | | 第42条【保证人追偿权的行使与诉讼时效】 | ★ |
| 0947 | 建设工程合同纠纷司法解释 | 第13条【擅自使用未经竣工验收建设工程的法律后果；使用部分质量不符合约定、建设工程的合理使用寿命】 | ★ |
| | | 第16条【建设工程的计价；工程量变化、质量标准变化】 | ★ |
| | | 第17条【拖欠工程价款利息的计付标准】 | ★ |
| 0973 | 民事执行查封扣押冻结财产规定 | 第2条【查封、扣押、冻结财产范围】 | ★ |
| 0915 | 公司法司法解释三 | 第13条【未履行或未全面履行出资义务的股东对于公司债务承担补充责任；发起人的连带责任；董事、高级管理人员的不真正连带责任】 | ★ |
| 0920 | 公司法司法解释二 | 第18条【有限责任公司的股东、股份有限公司的董事、控股股东和实际控制人在清算中怠于履行义务的赔偿责任】 | ★ |

**第 6 条【公司设立的登记、审批;公司对于登记事项的公开义务】** ★

设立公司,应当依法向公司登记机关申请设立登记。符合本法规定的设立条件的,由公司登记机关分别登记为有限责任公司或者股份有限公司;不符合本法规定的设立条件的,不得登记为有限责任公司或者股份有限公司。

法律、行政法规规定设立公司必须报经批准的,应当在公司登记前依法办理批准手续。

公众可以向公司登记机关申请查询公司登记事项,公司登记机关应当提供查询服务。

■ 主要适用的案由及其相关度

| 案由编号 | 主要适用的案由 | 相关度 |
| --- | --- | --- |
| M4.10.74 | 买卖合同纠纷 | |
| M8.21.242 | 股东资格确认纠纷 | |
| M4.10 | 合同纠纷 | |
| M4.10.89.4 | 民间借贷纠纷 | |
| M4.10.97 | 租赁合同纠纷 | |
| M8.21.249 | 股权转让纠纷 | |
| M4.10.81.2 | 合资、合作开发房地产合同纠纷 | |
| M8.21.263 | 公司解散纠纷 | |
| M4.10.111 | 合伙协议纠纷 | |
| M8.22.268 | 退伙纠纷 | |
| M8.21.247 | 股东知情权纠纷 | |
| M3.5.32.1 | 所有权确认纠纷 | |
| M8.21.245 | 股东出资纠纷 | |
| M8.21 | 与公司有关的纠纷 | |
| M4.10.100.3 | 建设工程施工合同纠纷 | |

■ 同时适用的法条及其相关度

| | | 同时适用的法条 | 相关度 |
|---|---|---|---|
| 公司法 | | 第3条【公司法人制度】 | ★★★★★ |
| | | 第7条【公司营业执照的签发、记载事项以及换发】 | ★★★★★ |
| | | 第32条【股东名册的载明事项和效力;股东名册的登记管理】 | ★★★ |
| | | 第23条【有限责任公司的设立条件】 | ★★ |
| | | 第29条【有限责任公司的设立登记】 | ★★ |
| | | 第33条【股东的知情权;股东查阅公司会计账册的权利及司法救济】 | ★★ |
| | | 第1条【公司法立法宗旨】 | ★ |
| | | 第2条【公司类别】 | ★ |
| | | 第4条【公司股东权利】 | ★ |
| | | 第5条【公司的社会责任】 | ★ |
| | | 第8条【公司名称中特别标明公司类型的义务】 | ★ |
| | | 第10条【公司的住所】 | ★ |
| | | 第11条【公司的章程及其效力】 | ★ |
| | | 第14条【分公司的法律地位;子公司的法律地位】 | ★ |
| | | 第25条【有限责任公司章程应载明事项】 | ★ |
| | | 第26条【有限责任公司注册资本认缴制;注册资本特别规定】 | ★ |
| | | 第27条【股东出资方式及其限制;非货币出资的评估作价规定】 | ★ |
| | | 第28条【股东出资义务的履行及其违约责任】 | ★ |
| | | 第44条【有限责任公司董事会的组成】 | ★ |
| | | 第137条【股份的可转让性】 | ★ |
| | | 第138条【股份应在法定交易场所进行转让】 | ★ |

| | 同时适用的法条 | 相关度 | |
|---|---|---|---|
| 公司法 | 第183条【公司的解散清算:清算组的人员组成,债权人请求法院指定有关人员成立清算组的权利】 | ★ | 0085 |
| | 第199条【虚假出资的法律责任】 | ★ | |
| 合同法 | 第8条【合同约束力】 | ★★★★ | 0791 |
| | 第159条【买受人应支付价款的数额认定】 | ★★★ | |
| | 第161条【买受人支付价款的时间】 | ★★★ | |
| | 第207条【借款合同违约责任承担:支付利息】 | ★★★ | |
| | 第44条【合同成立条件与时间】 | ★★ | |
| | 第7条【公序良俗原则】 | ★ | |
| | 第10条【合同订立形式;合同的形式】 | ★ | |
| | 第14条【要约的界定及其构成】 | ★ | |
| | 第48条【无权代理人订立合同的法律后果】 | ★ | |
| | 第52条【合同无效的情形】 | ★ | |
| | 第58条【合同无效或被撤销的法律后果】 | ★ | |
| | 第60条【合同履行的原则】 | ★ | |
| | 第206条【借款期限的认定】 | ★ | |
| | 第210条【自然人之间借款合同的生效:提供借款时】 | ★ | |
| | 第211条【自然人之间借款合同利息的规制】 | ★ | |
| 民法通则 | 第14条【法定代表人】 | ★ | 0812 |
| | 第30条【个人合伙】 | ★ | |
| | 第35条【民事合伙的债务承担规则】 | ★ | |
| 担保法 | 第43条【抵押合同自签订起生效;登记对抗主义】 | ★ | 0823 |
| 买卖合同司法解释 | 第24条【买卖合同逾期付款违约金的适用规则】 | ★★★★ | 0937 |

|  | 同时适用的法条 | 相关度 |
|---|---|---|
| 0959 | 审理民间借贷案件规定 | 第26条【民间借贷年利率的限定】 | ★ |
| 0915 | 公司法司法解释三 | 第23条【股东名册的载明事项和效力；股东名册的登记管理】 | ★ |

第7条【公司营业执照的签发、记载事项以及换发】 ★★

依法设立的公司，由公司登记机关发给公司营业执照。公司营业执照签发日期为公司成立日期。

公司营业执照应当载明公司的名称、住所、注册资本、经营范围、法定代表人姓名等事项。

公司营业执照记载的事项发生变更的，公司应当依法办理变更登记，由公司登记机关换发营业执照。

■ 主要适用的案由及其相关度

| 案由编号 | 主要适用的案由 | 相关度 |
|---|---|---|
| M8.21.242 | 股东资格确认纠纷 | ★★★★★ |
| M4.10.74 | 买卖合同纠纷 | ★★★★★ |
| M8.21.244 | 请求变更公司登记纠纷 | ★★ |
| M4.10.89 | 借款合同纠纷 | ★★ |
| M4.10.89.4 | 民间借贷纠纷 | ★★ |
| M4.10 | 合同纠纷 | ★★ |
| M8.21.247 | 股东知情权纠纷 | ★ |
| M8.21.249 | 股权转让纠纷 | ★ |
| M4.10.122 | 劳务合同纠纷 | ★ |
| M4.10.82 | 房屋买卖合同纠纷 | ★ |
| M6.17 | 劳动争议 | ★ |
| M8.21.254 | 公司盈余分配纠纷 | ★ |
| M9.30.345 | 提供劳务者受害责任纠纷 | ★ |

■ 同时适用的法条及其相关度

| | 同时适用的法条 | 相关度 | |
|---|---|---|---|
| 公司法 | 第3条【公司法人制度】 | ★★★★★ | 0085 |
| | 第6条【公司设立的登记、审批;公司对于登记事项的公开义务】 | ★★★★★ | |
| | 第13条【公司的法定代表人】 | ★★★★★ | |
| | 第32条【股东名册的载明事项和效力;股东名册的登记管理】 | ★★★★★ | |
| | 第23条【有限责任公司的设立条件】 | ★★★ | |
| | 第33条【股东的知情权;股东查阅公司会计账册的权利及司法救济】 | ★★★ | |
| | 第4条【公司股东权利】 | ★★ | |
| | 第29条【有限责任公司的设立登记】 | ★★ | |
| | 第2条【公司类别】 | ★ | |
| | 第11条【公司的章程及其效力】 | ★ | |
| | 第14条【分公司的法律地位;子公司的法律地位】 | ★ | |
| | 第26条【有限责任公司注册资本认缴制;注册资本特别规定】 | ★ | |
| | 第28条【股东出资义务的履行及其违约责任】 | ★ | |
| | 第34条【股东红利分配规则;公司新增资本时股东的优先认购权】 | ★ | |
| | 第37条【公司股东会职权】 | ★ | |
| | 第38条【有限责任公司首次股东会会议的召集和主持】 | ★ | |
| | 第44条【有限责任公司董事会的组成】 | ★ | |
| | 第180条【公司的法定解散事由】 | ★ | |
| | 第183条【公司的解散清算:清算组的人员组成,债权人请求法院指定有关人员成立清算组的权利】 | ★ | |

| | | 同时适用的法条 | 相关度 |
|---|---|---|---|
| 0791 | 合同法 | 第8条【合同约束力】 | ★★★★★ |
| | | 第60条【合同履行的原则】 | ★★★★★ |
| | | 第107条【合同约束力：违约责任】 | ★★★★ |
| | | 第159条【买受人应支付价款的数额认定】 | ★★★★ |
| | | 第161条【买受人支付价款的时间】 | ★★★ |
| | | 第206条【借款期限的认定】 | ★★★ |
| | | 第207条【借款合同违约责任承担：支付利息】 | ★★★ |
| | | 第94条【合同的法定解除；法定解除权】 | ★★ |
| | | 第97条【合同解除的法律后果】 | ★★ |
| | | 第114条【违约金的数额及其调整】 | ★★ |
| | | 第44条【合同成立条件与时间】 | ★ |
| | | 第62条【合同内容约定不明确的处理规则；合同漏洞的填补】 | ★ |
| | | 第109条【违约责任的承担：付款义务的继续履行】 | ★ |
| 0812 | 民法通则 | 第36条【法人的定义；法人民事权利能力和民事行为能力的存续期间】 | ★★ |
| | | 第43条【企业法人对其机构的活动承担民事责任】 | ★★ |
| | | 第32条【合伙财产的归属、管理和使用】 | ★ |
| | | 第44条【公司合并后债权债务的承继】 | ★ |
| | | 第84条【债的界定】 | ★ |
| | | 第106条【民事责任归责原则：违约责任，无过错责任原则；侵权责任，过错责任，无过错责任】 | ★ |
| | | 第108条【债务清偿：分期偿还、强制偿还】 | ★ |
| 0834 | 物权法 | 第176条【混合担保规则】 | ★ |
| 0890 | 公司登记管理条例 | 第30条【公司变更法定代表人的变更登记】 | ★★ |
| | | 第38条【公司合并、分立的登记】 | ★★ |

| | 同时适用的法条 | 相关度 | |
|---|---|---|---|
| 买卖合同司法解释 | 第24条【买卖合同逾期付款违约金的适用规则】 | ★★★ | 0937 |
| 公司法司法解释三 | 第1条【公司发起人的认定】 | ★★ | 0915 |
| | 第13条【未履行或未全面履行出资义务的股东对于公司债务承担补充责任；发起人的连带责任；董事、高级管理人员的不真正连带责任】 | ★★ | |
| | 第17条【有限责任公司的股东未履行出资义务或抽逃全部出资后股东资格的解除程序】 | ★ | |

**第8条【公司名称中特别标明公司类型的义务】** ★★

依照本法设立的有限责任公司，必须在公司名称中标明有限责任公司或者有限公司字样。

依照本法设立的股份有限公司，必须在公司名称中标明股份有限公司或者股份公司字样。

■ 主要适用的案由及其相关度

| 案由编号 | 主要适用的案由 | 相关度 |
|---|---|---|
| M6.17 | 劳动争议 | |
| M4.10.74 | 买卖合同纠纷 | |
| M4.10 | 合同纠纷 | |
| M8.21 | 与公司有关的纠纷 | |
| M4.10.100.3 | 建设工程施工合同纠纷 | |

■ 同时适用的法条及其相关度

| | 同时适用的法条 | 相关度 | |
|---|---|---|---|
| 劳动法 | 第14条【残疾人、少数民族人员、退役军人就业的法律适用规则】 | | 0843 |

| | | 同时适用的法条 | 相关度 |
|---|---|---|---|
| 0085 | 公司法 | 第2条【公司类别】 | |
| | | 第3条【公司法人制度】 | |
| | | 第4条【公司股东权利】 | |
| | | 第6条【公司设立的登记、审批;公司对于登记事项的公开义务】 | |
| | | 第11条【公司的章程及其效力】 | |
| | | 第14条【分公司的法律地位;子公司的法律地位】 | |
| | | 第35条【股东不得抽逃出资的义务】 | |
| | | 第38条【有限责任公司首次股东会会议的召集和主持】 | |
| | | 第44条【有限责任公司董事会的组成】 | |
| | | 第60条【一人有限责任公司的公司章程制定】 | |
| | | 第63条【一人有限责任公司的法人人格否认制度】 | |
| | | 第69条【国有独资公司高管人员兼职的限制】 | |
| | | 第77条【股份有限公司的设立方式】 | |
| | | 第107条【股份有限公司股东大会会议记录的制作与保存】 | |
| | | 第109条【股份有限公司董事长、副董事长的选举及其职权】 | |
| | | 第114条【董事会成员兼任经理的规定】 | |
| | | 第149条【董事、监事、高级管理人员对于所造成的公司损害的赔偿责任】 | |
| | | 第150条【董事、监事、高级管理人员列席股东会议并接受质询的义务;董事、高级管理人员配合监事行使职权的义务】 | |
| | | 第159条【公司债券的转让价格约定和交易规则】 | |
| | | 第161条【可转换公司债券的发行与制作】 | |
| | | 第187条【公司解散清算转破产;清算事务的移交】 | |

|  | 同时适用的法条 | 相关度 | |
|---|---|---|---|
| 公司法 | 第189条【清算组成员的义务和责任】 | | 0085 |
| | 第3条【合同当事人法律地位平等】 | | |
| | 第14条【要约的界定及其构成】 | | |
| | 第107条【合同约束力:违约责任】 | | |
| | 第109条【违约责任的承担:付款义务的继续履行】 | | |
| 合同法 | 第130条【买卖合同的定义】 | | 0791 |
| | 第131条【买卖合同的内容】 | | |
| | 第134条【所有权保留】 | | |
| | 第136条【出卖人义务:交付单证、交付资料】 | | |
| | 第139条【标的物的交付期限的确定】 | | |
| | 第159条【买受人应支付价款的数额认定】 | | |
| | 第161条【买受人支付价款的时间】 | | |
| 民法通则 | 第43条【企业法人对其机构的活动承担民事责任】 | | 0812 |
| 工伤保险条例 | 第1条【工伤保险条例的立法宗旨】 | | 0895 |
| | 第64条【工资总额、本人工资的定义】 | | |
| 公司法司法解释三 | 第25条【名义股东处分股权】 | | 0915 |
| 婚姻法司法解释二 | 第24条【离婚时夫妻共同债务的清偿】 | | 0933 |

**第9条【公司组织形式的变更应当满足的条件及债权债务的承继】** ★★

有限责任公司变更为股份有限公司,应当符合本法规定的股份有限公司的条件。股份有限公司变更为有限责任公司,应当符合本法规定的有限责任公司的条件。

有限责任公司变更为股份有限公司的,或者股份有限公司变更为有限责任公司的,公司变更前的债权、债务由变更后的公司承继。

### ■ 主要适用的案由及其相关度

| 案由编号 | 主要适用的案由 | 相关度 |
|---|---|---|
| M4.10.89.1 | 金融借款合同纠纷 | ★★★★★ |
| M4.10.74 | 买卖合同纠纷 | ★ |

### ■ 同时适用的法条及其相关度

| | | 同时适用的法条 | 相关度 |
|---|---|---|---|
| 0791 | 合同法 | 第205条【借款合同的利息支付义务】 | ★★★★★ |
| | | 第206条【借款期限的认定】 | ★★★★★ |
| | | 第207条【借款合同违约责任承担:支付利息】 | ★★★★★ |
| | | 第107条【合同约束力:违约责任】 | ★★ |
| | | 第60条【合同履行的原则】 | ★ |
| 0823 | 担保法 | 第18条【保证合同中连带责任的承担】 | ★★★★★ |
| | | 第31条【保证人的追偿权】 | ★★★★ |
| | | 第21条【保证担保的范围;没有约定、约定不明时的担保范围】 | ★★★ |
| | | 第14条【保证合同的订立:分别订立;合并订立】 | ★ |
| | | 第26条【连带保证的保证期间】 | ★ |
| 0085 | 公司法 | 第14条【分公司的法律地位;子公司的法律地位】 | ★★ |
| 0812 | 民法通则 | 第84条【债的界定】 | ★ |
| | | 第108条【债务清偿:分期偿还、强制偿还】 | ★ |
| 0929 | 担保法司法解释 | 第42条【保证人追偿权的行使与诉讼时效】 | ★ |
| 0933 | 婚姻法司法解释二 | 第24条【离婚时夫妻共同债务的清偿】 | ★ |

**第10条【公司的住所】** ★

公司以其主要办事机构所在地为住所。

## ■ 主要适用的案由及其相关度

| 案由编号 | 主要适用的案由 | 相关度 |
|---|---|---|
| M4.10.74 | 买卖合同纠纷 | |
| M4.10.97 | 租赁合同纠纷 | |
| M4.10.100 | 建设工程合同纠纷 | |
| M4.10.100.3 | 建设工程施工合同纠纷 | |
| M4.10.126 | 追偿权纠纷 | |
| M4.10.89 | 借款合同纠纷 | |
| M4.10.89.1 | 金融借款合同纠纷 | |
| M4.10.89.4 | 民间借贷纠纷 | |
| M4.10.77.2 | 建设用地使用权转让合同纠纷 | |

## ■ 同时适用的法条及其相关度

| | 同时适用的法条 | 相关度 | |
|---|---|---|---|
| 物权法 | 第17条【不动产权属证书与不动产登记簿的关系】 | | 0834 |
| 物权法 | 第173条【担保物权担保的范围】 | | |
| 物权法 | 第176条【混合担保规则】 | | |
| 物权法 | 第185条【抵押合同的书面形式要件及其应包含的内容】 | | |
| 合同法 | 第7条【公序良俗原则】 | | 0791 |
| 合同法 | 第8条【合同约束力】 | | |
| 合同法 | 第54条【合同的变更和撤销】 | | |
| 合同法 | 第60条【合同履行的原则】 | | |
| 合同法 | 第91条【合同权利义务终止的法定情形】 | | |
| 合同法 | 第98条【结算条款、清理条款效力的独立性】 | | |
| 合同法 | 第107条【合同约束力:违约责任】 | | |
| 合同法 | 第109条【违约责任的承担:付款义务的继续履行】 | | |
| 合同法 | 第113条【违约责任的承担:损失赔偿】 | | |

| | | 同时适用的法条 | 相关度 |
|---|---|---|---|
| 0791 | 合同法 | 第130条【买卖合同的定义】 | |
| | | 第159条【买受人应支付价款的数额认定】 | |
| | | 第261条【承揽合同工作成果的交付和验收】 | |
| | | 第272条【第三人与总承包人或发包人的连带责任;禁止全部转包;禁止分包单位再分包;主体结构施工】 | |
| | | 第284条【发包人致使工程中途停建、缓建的法律责任】 | |
| 0085 | 公司法 | 第6条【公司设立的登记、审批;公司对于登记事项的公开义务】 | |
| | | 第7条【公司营业执照的签发、记载事项以及换发】 | |
| | | 第12条【公司经营范围的登记、变更和审批】 | |
| | | 第13条【公司的法定代表人】 | |
| | | 第19条【公司中的党组织活动】 | |
| | | 第23条【有限责任公司的设立条件】 | |
| | | 第185条【债权申报程序】 | |
| | | 第187条【公司解散清算转破产;清算事务的移交】 | |
| 0812 | 民法通则 | 第43条【企业法人对其机构的活动承担民事责任】 | |
| | | 第108条【债务清偿:分期偿还、强制偿还】 | |
| 0823 | 担保法 | 第31条【保证人的追偿权】 | |
| 0947 | 建设工程合同纠纷司法解释 | 第1条【建设工程施工合同无效的情形】 | |
| | | 第2条【建设工程施工合同无效时承包人的付款请求权】 | |

**第11条【公司的章程及其效力】** ★★

设立公司必须依法制定公司章程。公司章程对公司、股东、董事、监事、高级管理人员具有约束力。

## 第二编 核心法律条文主要适用案由及关联法条索引

■ 主要适用的案由及其相关度

| 案由编号 | 主要适用的案由 | 相关度 |
| --- | --- | --- |
| M8.21.242 | 股东资格确认纠纷 | ★★★★★ |
| M8.21.249 | 股权转让纠纷 | ★★★ |
| M8.21.244 | 请求变更公司登记纠纷 | ★★★ |
| M8.21.245 | 股东出资纠纷 | ★★ |
| M8.21.247 | 股东知情权纠纷 | ★★ |
| M8.21 | 与公司有关的纠纷 | ★★ |
| M8.21.254 | 公司盈余分配纠纷 | ★ |
| M8.21.255 | 损害股东利益责任纠纷 | ★ |
| M8.21.256 | 损害公司利益责任纠纷 | ★ |
| M4.10.74 | 买卖合同纠纷 | ★ |
| M4.10.89.4 | 民间借贷纠纷 | ★ |
| M4.10.100.3 | 建设工程施工合同纠纷 | ★ |
| M8.21.250 | 公司决议纠纷 | ★ |
| M8.21.250.2 | 公司决议撤销纠纷 | ★ |
| M8.21.248 | 请求公司收购股份纠纷 | ★ |

■ 同时适用的法条及其相关度

| | 同时适用的法条 | 相关度 |
| --- | --- | --- |
| 公司法 | 第20条【禁止股东权利滥用;滥用股东权利的法律责任】 | ★★★★★ |
| | 第22条【股东会、股东大会、董事会决议的效力;股东对于会议决议的撤销之诉】 | ★★★★★ |
| | 第71条【有限责任公司的股权转让;股东的优先购买权】 | ★★★★★ |
| | 第4条【公司股东权利】 | ★★★ |
| | 第13条【公司的法定代表人】 | ★★★ |

| | 同时适用的法条 | 相关度 |
|---|---|---|
| 公司法 | 第19条【公司中的党组织活动】 | ★★★ |
| | 第25条【有限责任公司章程应载明事项】 | ★★★ |
| | 第28条【股东出资义务的履行及其违约责任】 | ★★★ |
| | 第32条【股东名册的载明事项和效力；股东名册的登记管理】 | ★★★ |
| | 第33条【股东的知情权；股东查阅公司会计账册的权利及司法救济】 | ★★★ |
| | 第34条【股东红利分配规则；公司新增资本时股东的优先认购权】 | ★★★ |
| | 第35条【股东不得抽逃出资的义务】 | ★★★ |
| | 第36条【有限责任公司股东会的组成及法律地位】 | ★★★ |
| | 第37条【公司股东会职权】 | ★★★ |
| | 第43条【有限责任公司股东会的议事方式和表决程序】 | ★★★ |
| | 第44条【有限责任公司董事会的组成】 | ★★★ |
| | 第3条【公司法人制度】 | ★★ |
| | 第38条【有限责任公司首次股东会会议的召集和主持】 | ★★ |
| | 第41条【股东会会议的召集通知及会议记录】 | ★★ |
| | 第72条【有限责任公司股权强制转让中的优先购买权】 | ★★ |
| | 第185条【债权申报程序】 | ★★ |
| | 第1条【公司法立法宗旨】 | ★ |
| | 第2条【公司类别】 | ★ |
| | 第6条【公司设立的登记、审批；公司对于登记事项的公开义务】 | ★ |
| | 第7条【公司营业执照的签发、记载事项以及换发】 | ★ |

|  | 同时适用的法条 | 相关度 |
|---|---|---|
| 公司法 | 第12条【公司经营范围的登记、变更和审批】 | ★ |
| | 第16条【公司对外投资或为他人提供担保的条件和限制】 | ★ |
| | 第21条【关联交易的限制】 | ★ |
| | 第23条【有限责任公司的设立条件】 | ★ |
| | 第26条【有限责任公司注册资本认缴制;注册资本特别规定】 | ★ |
| | 第27条【股东出资方式及其限制;非货币出资的评估作价规定】 | ★ |
| | 第29条【有限责任公司的设立登记】 | ★ |
| | 第31条【股东出资证明书的签发与载明事项】 | ★ |
| | 第39条【有限责任公司股东会会议的类型及召开制度】 | ★ |
| | 第40条【有限责任公司股东会会议的召集与主持】 | ★ |
| | 第42条【有限责任公司股东会表决权行使规则】 | ★ |
| | 第46条【有限责任公司董事会的职权】 | ★ |
| | 第47条【有限责任公司董事会会议的召集与主持】 | ★ |
| | 第48条【有限责任公司董事会的议事方式和表决程序】 | ★ |
| | 第49条【有限责任公司经理的聘任及其职权】 | ★ |
| | 第53条【有限责任公司监事会的职权】 | ★ |
| | 第73条【有限责任公司股权转让后公司章程与股东名册的修改】 | ★ |
| | 第74条【异议股东的股权回购请求权;异议股东的股权回购之诉】 | ★ |
| | 第148条【禁止董事、高级管理人员实施的行为】 | ★ |
| | 第149条【董事、监事、高级管理人员对于所造成的公司损害的赔偿责任】 | ★ |

0085

| | | 同时适用的法条 | 相关度 |
|---|---|---|---|
| 0085 | 公司法 | 第150条【董事、监事、高级管理人员列席股东会议并接受质询的义务;董事、高级管理人员配合监事行使职权的义务】 | ★ |
| | | 第181条【公司通过修改公司章程而存续的办法及其表决程序】 | ★ |
| | | 第183条【公司的解散清算:清算组的人员组成,债权人请求法院指定有关人员成立清算组的权利】 | ★ |
| | | 第186条【清算方案的制定与确认;公司财产的分配顺序;清算期间公司的法律地位】 | ★ |
| | | 第189条【清算组成员的义务和责任】 | ★ |
| | | 第190条【公司破产及破产清算】 | ★ |
| 0791 | 合同法 | 第60条【合同履行的原则】 | ★★★★★ |
| | | 第52条【合同无效的情形】 | ★★★ |
| | | 第107条【合同约束力:违约责任】 | ★★★ |
| | | 第44条【合同成立条件与时间】 | ★★ |
| | | 第206条【借款期限的认定】 | ★★ |
| | | 第8条【合同约束力】 | ★ |
| | | 第32条【书面合同自双方当事人签字或盖章时成立】 | ★ |
| | | 第94条【合同的法定解除;法定解除权】 | ★ |
| | | 第114条【违约金的数额及其调整】 | ★ |
| | | 第125条【合同的解释;合同条款理解不一致的解释规则】 | ★ |
| | | 第159条【买受人应支付价款的数额认定】 | ★ |
| | | 第205条【借款合同的利息支付义务】 | ★ |
| | | 第207条【借款合同违约责任承担:支付利息】 | ★ |

| | 同时适用的法条 | 相关度 | |
|---|---|---|---|
| 民法通则 | 第4条【民事活动的基本原则：自愿、公平、等价有偿、诚实信用】 | ★ | 0812 |
| | 第51条【法人型联营主体资格取得】 | ★ | |
| | 第52条【企业之间或者企业、事业单位之间联营的民事责任承担形式】 | ★ | |
| | 第53条【企业联营的权利义务和民事责任承担】 | ★ | |
| 物权法 | 第34条【权利人的返还原物请求权】 | ★ | 0834 |
| 担保法 | 第6条【保证的定义】 | ★ | 0823 |
| | 第18条【保证合同中连带责任的承担】 | ★ | |
| | 第21条【保证担保的范围；没有约定、约定不明时的担保范围】 | ★ | |
| | 第31条【保证人的追偿权】 | ★ | |
| 公司法司法解释三 | 第12条【可以认定股东抽逃出资的情形】 | ★ | 0915 |
| | 第13条【未履行或未全面履行出资义务的股东对于公司债务承担补充责任；发起人的连带责任；董事、高级管理人员的不真正连带责任】 | ★ | |
| | 第14条【抽逃出资的法律责任】 | ★ | |
| | 第23条【股东名册的载明事项和效力；股东名册的登记管理】 | ★ | |
| 婚姻法司法解释二 | 第24条【离婚时夫妻共同债务的清偿】 | ★ | 0933 |

**第12条【公司经营范围的登记、变更和审批】** ★

公司的经营范围由公司章程规定，并依法登记。公司可以修改公司章程，改变经营范围，但是应当办理变更登记。

公司的经营范围中属于法律、行政法规规定须经批准的项目，应当依法经过批准。

## 主要适用的案由及其相关度

| 案由编号 | 主要适用的案由 | 相关度 |
|---|---|---|
| M4.10.74 | 买卖合同纠纷 | |
| M8.21.242 | 股东资格确认纠纷 | |
| M4.10.99 | 承揽合同纠纷 | |
| M4.10.99.1 | 加工合同纠纷 | |
| M4.10.99.2 | 定作合同纠纷 | |
| M5.13.137 | 特许经营合同纠纷 | |
| M4.10.89 | 借款合同纠纷 | |
| M4.10.89.1 | 金融借款合同纠纷 | |
| M4.10.89.4 | 民间借贷纠纷 | |
| M3.5.32.1 | 所有权确认纠纷 | |
| M4.10 | 合同纠纷 | |
| M4.10.100.1 | 建设工程勘察合同纠纷 | |
| M8.21.244 | 请求变更公司登记纠纷 | |
| M8.21.245 | 股东出资纠纷 | |
| M8.21.249 | 股权转让纠纷 | |
| M8.21.250 | 公司决议纠纷 | |
| M8.21.256 | 损害公司利益责任纠纷 | |

## 同时适用的法条及其相关度

| | 同时适用的法条 | 相关度 |
|---|---|---|
| 公司法 | 第3条【公司法人制度】 | |
| | 第4条【公司股东权利】 | |
| | 第7条【公司营业执照的签发、记载事项以及换发】 | |
| | 第10条【公司的住所】 | |

| | 同时适用的法条 | 相关度 |
|---|---|---|
| 公司法 | 第11条【公司的章程及其效力】 | |
| | 第13条【公司的法定代表人】 | |
| | 第14条【分公司的法律地位；子公司的法律地位】 | |
| | 第19条【公司中的党组织活动】 | |
| | 第20条【禁止股东权利滥用；滥用股东权利的法律责任】 | |
| | 第21条【关联交易的限制】 | |
| | 第25条【有限责任公司章程应载明事项】 | |
| | 第26条【有限责任公司注册资本认缴制；注册资本特别规定】 | |
| | 第27条【股东出资方式及其限制；非货币出资的评估作价规定】 | |
| | 第29条【有限责任公司的设立登记】 | |
| | 第33条【股东的知情权；股东查阅公司会计账册的权利及司法救济】 | |
| | 第35条【股东不得抽逃出资的义务】 | |
| | 第36条【有限责任公司股东会的组成及法律地位】 | |
| | 第38条【有限责任公司首次股东会会议的召集和主持】 | |
| | 第44条【有限责任公司董事会的组成】 | |
| | 第63条【一人有限责任公司的法人人格否认制度】 | |
| | 第64条【国有独资公司的定义及其设立和组织机构的法律适用】 | |

| | | 同时适用的法条 | 相关度 |
|---|---|---|---|
| 0791 | 合同法 | 第14条【要约的界定及其构成】 | |
| | | 第44条【合同成立条件与时间】 | |
| | | 第48条【无权代理人订立合同的法律后果】 | |
| | | 第49条【表见代理的构成及其效力】 | |
| | | 第51条【无权处分合同的效力:经追认或取得处分权的有效】 | |
| | | 第52条【合同无效的情形】 | |
| | | 第58条【合同无效或被撤销的法律后果】 | |
| | | 第60条【合同履行的原则】 | |
| | | 第61条【合同内容约定不明确的处理规则;合同漏洞的填补】 | |
| | | 第94条【合同的法定解除;法定解除权】 | |
| | | 第97条【合同解除的法律后果】 | |
| | | 第107条【合同约束力:违约责任】 | |
| | | 第109条【违约责任的承担:付款义务的继续履行】 | |
| | | 第113条【违约责任的承担:损失赔偿】 | |
| | | 第114条【违约金的数额及其调整】 | |
| | | 第130条【买卖合同的定义】 | |
| | | 第159条【买受人应支付价款的数额认定】 | |
| | | 第161条【买受人支付价款的时间】 | |
| | | 第205条【借款合同的利息支付义务】 | |
| | | 第206条【借款期限的认定】 | |
| | | 第207条【借款合同违约责任承担:支付利息】 | |
| | | 第211条【自然人之间借款合同利息的规制】 | |
| | | 第251条【承揽合同的定义】 | |
| | | 第263条【定作人报酬支付的期限】 | |

| | 同时适用的法条 | 相关度 | |
|---|---|---|---|
| 民法通则 | 第42条【公司经营范围的登记、变更和审批】 | | 0812 |
| | 第44条【公司合并后债权债务的承继】 | | |
| | 第90条【借贷关系】 | | |
| 证券投资基金法 | 第90条【"基金""基金管理"字样或者近似名称进行证券投资活动的限制】 | | 0887 |
| 担保法 | 第31条【保证人的追偿权】 | | 0823 |
| | 第33条【抵押、抵押权人、抵押人以及抵押物的概念】 | | |
| 物权法 | 第192条【抵押权的从属性】 | | 0834 |
| 继承法 | 第3条【遗产范围】 | | 0859 |
| | 第10条【继承人范围及继承顺序】 | | |
| 公司登记管理条例 | 第26条【公司变更登记】 | | 0890 |
| 公司法司法解释三 | 第23条【股东名册的载明事项和效力;股东名册的登记管理】 | | 0915 |
| | 第24条【隐名股东与名义股东:投资权益归属、实际履行出资义务;变更登记】 | | |

## 第13条【公司的法定代表人】 ★★

公司法定代表人依照公司章程的规定,由董事长、执行董事或者经理担任,并依法登记。公司法定代表人变更,应当办理变更登记。

■ 主要适用的案由及其相关度

| 案由编号 | 主要适用的案由 | 相关度 |
|---|---|---|
| M4.10.74 | 买卖合同纠纷 | ★★★★★ |
| M8.21.244 | 请求变更公司登记纠纷 | ★★★★★ |
| M4.10.89 | 借款合同纠纷 | ★★★ |
| M4.10.89.4 | 民间借贷纠纷 | ★★★★★ |

| 案由编号 | 主要适用的案由 | 相关度 |
|---|---|---|
| M4.10.100.3 | 建设工程施工合同纠纷 | ★★★ |
| M4.10 | 合同纠纷 | ★★ |
| M8.21.249 | 股权转让纠纷 | ★★ |
| M8.21.252 | 公司证照返还纠纷 | ★ |
| M4.10.100.5 | 建设工程分包合同纠纷 | ★ |
| M4.10.97 | 租赁合同纠纷 | ★ |
| M8.21 | 与公司有关的纠纷 | ★ |
| M8.21.245 | 股东出资纠纷 | ★ |
| M4.10.122 | 劳务合同纠纷 | ★ |
| M6.17 | 劳动争议 | ★ |

■ 同时适用的法条及其相关度

| | 同时适用的法条 | 相关度 |
|---|---|---|
| 合同法 | 第60条【合同履行的原则】 | ★★★★★ |
| | 第107条【合同约束力：违约责任】 | ★★★★★ |
| | 第206条【借款期限的认定】 | ★★★★ |
| | 第8条【合同约束力】 | ★★★ |
| | 第109条【违约责任的承担：付款义务的继续履行】 | ★★★ |
| | 第114条【违约金的数额及其调整】 | ★★★ |
| | 第159条【买受人应支付价款的数额认定】 | ★★★ |
| | 第196条【借款合同定义】 | ★★★ |
| | 第161条【买受人支付价款的时间】 | ★★ |
| | 第205条【借款合同的利息支付义务】 | ★★ |
| | 第6条【诚实信用原则】 | ★ |

|  | 同时适用的法条 | 相关度 |
|---|---|---|
| 合同法 | 第32条【书面合同自双方当事人签字或盖章时成立】 | ★ |
| | 第44条【合同成立条件与时间】 | ★ |
| | 第49条【表见代理的构成及其效力】 | ★ |
| | 第50条【因代表行为订立的合同效力:法定代表人超越权限订立合同的效力】 | ★ |
| | 第52条【合同无效的情形】 | ★ |
| | 第62条【合同内容约定不明确的处理规则;合同漏洞的填补】 | ★ |
| | 第113条【违约责任的承担:损失赔偿】 | ★ |
| | 第130条【买卖合同的定义】 | ★ |
| | 第197条【借款合同的形式和内容】 | ★ |
| | 第198条【借款合同中的担保及法律适用】 | ★ |
| | 第207条【借款合同违约责任承担:支付利息】 | ★ |
| | 第211条【自然人之间借款合同利息的规制】 | ★ |
| | 第269条【建设工程合同的定义】 | ★ |
| 民法通则 | 第108条【债务清偿:分期偿还、强制偿还】 | ★★★ |
| | 第43条【企业法人对其机构的活动承担民事责任】 | ★★ |
| | 第84条【债的界定】 | ★★ |
| | 第4条【民事活动的基本原则:自愿、公平、等价有偿、诚实信用】 | ★ |
| | 第38条【法定代表人】 | ★ |
| | 第106条【民事责任归责原则:违约责任,无过错责任原则;侵权责任,过错责任、无过错责任】 | ★ |
| | 第111条【不履行合同义务的后果:继续履行;补救;赔偿损失】 | ★ |

| | | 同时适用的法条 | 相关度 |
|---|---|---|---|
| 0085 | 公司法 | 第7条【公司营业执照的签发、记载事项以及换发】 | ★★★ |
| | | 第11条【公司的章程及其效力】 | ★★ |
| | | 第32条【股东名册的载明事项和效力;股东名册的登记管理】 | ★★ |
| | | 第3条【公司法人制度】 | ★ |
| | | 第4条【公司股东权利】 | ★ |
| | | 第22条【股东会、股东大会、董事会决议的效力;股东对于会议决议的撤销之诉】 | ★ |
| | | 第28条【股东出资义务的履行及其违约责任】 | ★ |
| | | 第33条【股东的知情权;股东查阅公司会计账册的权利及司法救济】 | ★ |
| | | 第38条【有限责任公司首次股东会会议的召集和主持】 | ★ |
| | | 第42条【有限责任公司股东会表决权行使规则】 | ★ |
| | | 第43条【有限责任公司股东会的议事方式和表决程序】 | ★ |
| | | 第44条【有限责任公司董事会的组成】 | ★ |
| | | 第71条【有限责任公司的股权转让;股东的优先购买权】 | ★ |
| 0834 | 物权法 | 第34条【权利人的返还原物请求权】 | ★ |
| 0890 | 公司登记管理条例 | 第26条【公司变更登记】 | ★ |
| | | 第30条【公司变更法定代表人的变更登记】 | ★ |
| | | 第38条【公司合并、分立的登记】 | ★ |
| 0937 | 买卖合同司法解释 | 第24条【买卖合同逾期付款违约金的适用规则】 | ★ |
| 0947 | 建设工程合同纠纷司法解释 | 第1条【建设工程施工合同无效的情形】 | ★ |

## 第14条【分公司的法律地位；子公司的法律地位】 ★★★★

公司可以设立分公司。设立分公司，应当向公司登记机关申请登记，领取营业执照。分公司不具有法人资格，其民事责任由公司承担。

公司可以设立子公司，子公司具有法人资格，依法独立承担民事责任。

■ 主要适用的案由及其相关度

| 案由编号 | 主要适用的案由 | 相关度 |
| --- | --- | --- |
| M4.10.74 | 买卖合同纠纷 | ★★★★★ |
| M4.10.89.4 | 民间借贷纠纷 | ★★★ |
| M4.10.100.3 | 建设工程施工合同纠纷 | ★★ |
| M4.10 | 合同纠纷 | ★★ |
| M4.10.97 | 租赁合同纠纷 | ★★ |
| M4.10.97.2 | 房屋租赁合同纠纷 | ★ |
| M4.10.89.1 | 金融借款合同纠纷 | ★★ |
| M6.17 | 劳动争议 | ★ |
| M4.10.122 | 劳务合同纠纷 | ★ |
| M4.10.82.3 | 商品房销售合同纠纷 | ★ |
| M4.10.82.2 | 商品房预售合同纠纷 | ★ |
| M4.10.99 | 承揽合同纠纷 | ★ |

■ 同时适用的法条及其相关度

| | 同时适用的法条 | 相关度 |
| --- | --- | --- |
| 合同法 | 第60条【合同履行的原则】 | ★★★★★ |
| | 第107条【合同约束力；违约责任】 | ★★★★★ |
| | 第8条【合同约束力】 | ★★★ |
| | 第109条【违约责任的承担；付款义务的继续履行】 | ★★★ |
| | 第114条【违约金的数额及其调整】 | ★★★ |
| | 第159条【买受人应支付价款的数额认定】 | ★★★ |
| | 第94条【合同的法定解除；法定解除权】 | ★★ |

|  | | 同时适用的法条 | 相关度 |
|---|---|---|---|
| 0791 | 合同法 | 第97条【合同解除的法律后果】 | ★★ |
| | | 第161条【买受人支付价款的时间】 | ★★ |
| | | 第205条【借款合同的利息支付义务】 | ★★ |
| | | 第206条【借款期限的认定】 | ★★ |
| | | 第207条【借款合同违约责任承担：支付利息】 | ★★ |
| | | 第44条【合同成立条件与时间】 | ★ |
| | | 第130条【买卖合同的定义】 | ★ |
| | | 第196条【借款合同定义】 | ★ |
| | | 第226条【租赁合同中承租人租金支付期限的确定规则】 | ★ |
| 0812 | 民法通则 | 第108条【债务清偿：分期偿还、强制偿还】 | ★★ |
| | | 第84条【债的界定】 | ★ |
| 0823 | 担保法 | 第18条【保证合同中连带责任的承担】 | ★ |
| | | 第21条【保证担保的范围；没有约定、约定不明时的担保范围】 | ★ |
| | | 第31条【保证人的追偿权】 | ★ |

**第15条【公司向其他企业投资的权利及其限制】** ★

公司可以向其他企业投资；但是，除法律另有规定外，不得成为对所投资企业的债务承担连带责任的出资人。

■ 主要适用的案由及其相关度

| 案由编号 | 主要适用的案由 | 相关度 |
|---|---|---|
| M4.10.74 | 买卖合同纠纷 | |
| M8.20.228 | 企业出资人权益确认纠纷 | |
| M8.21.251 | 公司设立纠纷 | |
| M6.17.169.5 | 追索劳动报酬纠纷 | |
| M4.10.100 | 建设工程合同纠纷 | |

| 案由编号 | 主要适用的案由 | 相关度 |
|---|---|---|
| M4.10.89 | 借款合同纠纷 | |
| M4.10.89.4 | 民间借贷纠纷 | |
| M4.10.107 | 居间合同纠纷 | |
| M4.10.111 | 合伙协议纠纷 | |
| M4.10.99 | 承揽合同纠纷 | |
| M8.21.245 | 股东出资纠纷 | |

■ 同时适用的法条及其相关度

| | 同时适用的法条 | 相关度 |
|---|---|---|
| 合同法 | 第2条【合同法的调整对象;合同的定义】 | |
| | 第5条【合同公平原则;合同权利义务确定的原则】 | |
| | 第6条【诚实信用原则】 | |
| | 第8条【合同约束力】 | |
| | 第36条【应当采用书面形式而未采用书面形式合同成立的条件】 | |
| | 第44条【合同成立条件与时间】 | |
| | 第48条【无权代理人订立合同的法律后果】 | |
| | 第52条【合同无效的情形】 | |
| | 第58条【合同无效或被撤销的法律后果】 | |
| | 第60条【合同履行的原则】 | |
| | 第61条【合同内容约定不明确的处理规则;合同漏洞的填补】 | |
| | 第93条【合同的意定解除:协商一致;约定条件成就】 | |
| | 第94条【合同的法定解除;法定解除权】 | |
| | 第107条【合同约束力;违约责任】 | |

| | | 同时适用的法条 | 相关度 |
|---|---|---|---|
| 0791 | 合同法 | 第109条【违约责任的承担：付款义务的继续履行】 | |
| | | 第159条【买受人应支付价款的数额认定】 | |
| | | 第205条【借款合同的利息支付义务】 | |
| | | 第206条【借款期限的认定】 | |
| | | 第207条【借款合同违约责任承担：支付利息】 | |
| | | 第251条【承揽合同的定义】 | |
| | | 第272条【第三人与总承包人或发包人的连带责任；禁止全部转包；禁止分包单位再分包；主体结构施工】 | |
| | | 第424条【居间合同的界定】 | |
| | | 第426条【居间人促成合同成立时的报酬请求权及居间费用负担义务】 | |
| 0834 | 物权法 | 第67条【企业出资人的权利】 | |
| 0085 | 公司法 | 第3条【公司法人制度】 | |
| | | 第4条【公司股东权利】 | |
| | | 第14条【分公司的法律地位；子公司的法律地位】 | |
| | | 第16条【公司对外投资或为他人提供担保的条件和限制】 | |
| | | 第175条【公司分立的程序】 | |
| 0812 | 民法通则 | 第84条【债的界定】 | |
| | | 第92条【不当得利返还请求权】 | |
| | | 第106条【民事责任归责原则：违约责任，无过错责任原则；侵权责任，过错责任、无过错责任】 | |
| 0888 | 票据法 | 第10条【票据行为应遵循诚实信用原则】 | |
| 0947 | 建设工程合同纠纷司法解释 | 第1条【建设工程施工合同无效的情形】 | |

|  | 同时适用的法条 | 相关度 |
|---|---|---|
| 买卖合同司法解释 | 第24条【买卖合同逾期付款违约金的适用规则】 | 0937 |
| 公司法司法解释三 | 第23条【股东名册的载明事项和效力；股东名册的登记管理】 | 0915 |
|  | 第25条【名义股东处分股权】 |  |

**第16条【公司对外投资或为他人提供担保的条件和限制】** ★★★

公司向其他企业投资或者为他人提供担保，依照公司章程的规定，由董事会或者股东会、股东大会决议；公司章程对投资或者担保的总额及单项投资或者担保的数额有限额规定的，不得超过规定的限额。

公司为公司股东或者实际控制人提供担保的，必须经股东会或者股东大会决议。

前款规定的股东或者受前款规定的实际控制人支配的股东，不得参加前款规定事项的表决。该项表决由出席会议的其他股东所持表决权的过半数通过。

■ 主要适用的案由及其相关度

| 案由编号 | 主要适用的案由 | 相关度 |
|---|---|---|
| M4.10.89 | 借款合同纠纷 | ★ |
| M4.10.89.1 | 金融借款合同纠纷 | ★★★ |
| M4.10.89.4 | 民间借贷纠纷 | ★★★★★ |
| M8.21.249 | 股权转让纠纷 | ★ |

■ 同时适用的法条及其相关度

|  | 同时适用的法条 | 相关度 |  |
|---|---|---|---|
| 合同法 | 第206条【借款期限的认定】 | ★★★★★ | 0791 |
|  | 第207条【借款合同违约责任承担：支付利息】 | ★★★★★ |  |
|  | 第60条【合同履行的原则】 | ★★★ |  |

| | | 同时适用的法条 | 相关度 |
|---|---|---|---|
| 0791 | 合同法 | 第107条【合同约束力:违约责任】 | ★★★ |
| | | 第205条【借款合同的利息支付义务】 | ★★★ |
| | | 第52条【合同无效的情形】 | ★★ |
| | | 第196条【借款合同定义】 | ★★ |
| | | 第211条【自然人之间借款合同利息的规制】 | ★★ |
| | | 第8条【合同约束力】 | ★ |
| | | 第114条【违约金的数额及其调整】 | ★ |
| | | 第210条【自然人之间借款合同的生效:提供借款时】 | ★ |
| 0823 | 担保法 | 第18条【保证合同中连带责任的承担】 | ★★★★ |
| | | 第21条【保证担保的范围;没有约定、约定不明时的担保范围】 | ★★★ |
| | | 第31条【保证人的追偿权】 | ★★ |
| | | 第5条【担保合同的界定及其与主债权合同的关系;担保合同无效的责任承担规则】 | ★ |
| | | 第6条【保证的定义】 | ★ |
| | | 第12条【多人保证责任的承担】 | ★ |
| | | 第19条【保证方式不明时:连带责任担保】 | ★ |
| | | 第26条【连带保证的保证期间】 | ★ |
| 0812 | 民法通则 | 第90条【借贷关系】 | ★ |
| | | 第108条【债务清偿:分期偿还、强制偿还】 | ★ |
| 0834 | 物权法 | 第176条【混合担保规则】 | ★ |
| 0929 | 担保法司法解释 | 第7条【担保合同与主债权合同的关系;担保合同无效的责任承担规则】 | ★★★ |
| | | 第4条【董事、经理的违法担保无效】 | ★ |
| 0933 | 婚姻法司法解释二 | 第24条【离婚时夫妻共同债务的清偿】 | ★ |

## 第17条【公司职工的权益保护】 ★

公司必须保护职工的合法权益,依法与职工签订劳动合同,参加社会保险,加强劳动保护,实现安全生产。

公司应当采用多种形式,加强公司职工的职业教育和岗位培训,提高职工素质。

■ 主要适用的案由及其相关度

| 案由编号 | 主要适用的案由 | 相关度 |
| --- | --- | --- |
| M4.10.100.3 | 建设工程施工合同纠纷 | |
| M9.30.350 | 机动车交通事故责任纠纷 | |
| M8.21.250.1 | 公司决议效力确认纠纷 | |
| M4.10 | 合同纠纷 | |

■ 同时适用的法条及其相关度

| | 同时适用的法条 | 相关度 |
| --- | --- | --- |
| 公司法 | 第2条【公司类别】 | |
| | 第16条【公司对外投资或为他人提供担保的条件和限制】 | |
| | 第18条【公司的工会制度】 | |
| | 第23条【有限责任公司的设立条件】 | |
| | 第28条【股东出资义务的履行及其违约责任】 | |
| | 第30条【出资人的出资财产有权利瑕疵时的股权认定与处置方式】 | |
| | 第35条【股东不得抽逃出资的义务】 | |
| | 第40条【有限责任公司股东会会议的召集与主持】 | |
| | 第41条【股东会会议的召集通知及会议记录】 | |
| | 第42条【有限责任公司股东会表决权行使规则】 | |
| | 第43条【有限责任公司股东会的议事方式和表决程序】 | |

| | | 同时适用的法条 | 相关度 |
|---|---|---|---|
| 0812 | 民法通则 | 第108条【债务清偿:分期偿还、强制偿还】 | |
| | | 第137条【诉讼时效期间的起算日和最长保护期限】 | |
| 0862 | 侵权责任法 | 第16条【人身损害赔偿项目:一般人身损害赔偿项目、伤残赔偿项目、死亡赔偿项目】 | |
| | | 第19条【侵害财产造成财产损失的计算方式】 | |
| | | 第22条【侵害人身权益的精神损害赔偿】 | |
| | | 第48条【机动车交通事故责任的法律适用】 | |
| 0791 | 合同法 | 第8条【合同约束力】 | |
| | | 第284条【发包人致使工程中途停建、缓建的法律责任】 | |
| 0947 | 建设工程合同纠纷司法解释 | 第1条【建设工程施工合同无效的情形】 | |
| | | 第10条【建设工程施工合同解除的法律后果:已经完成的建设工程质量合格、已经完成的建设工程质量不合格】 | |
| | | 第13条【擅自使用未经竣工验收建设工程的法律后果:使用部分质量不符合约定、建设工程的合理使用寿命】 | |
| | | 第14条【建设工程实际竣工日期有争议时的不同处理规则】 | |
| | | 第19条【建设工程工程量的确认:签证或其他】 | |
| 0974 | 精神损害赔偿司法解释 | 第8条【致人精神损害的责任方式】 | |
| | | 第10条【精神损害赔偿数额的确定标准】 | |

第18条【公司的工会制度】 ★

公司职工依照《中华人民共和国工会法》组织工会,开展工会活动,维护职工合法权益。公司应当为本公司工会提供必要的活动条件。公司工会代表职工就职工的劳动报酬、工作时间、福利、保险和劳动安全卫生等事项依法与公司签订集体合同。

公司依照宪法和有关法律的规定,通过职工代表大会或者其他形式,实行民主管理。

公司研究决定改制以及经营方面的重大问题、制定重要的规章制度时,应当听取公司工会的意见,并通过职工代表大会或者其他形式听取职工的意见和建议。

■ 主要适用的案由及其相关度

| 案由编号 | 主要适用的案由 | 相关度 |
| --- | --- | --- |
| M8.21.254 | 公司盈余分配纠纷 | ★★★★★ |
| M8.21.257 | 股东损害公司债权人利益责任纠纷 | ★★★ |
| M4.10.74 | 买卖合同纠纷 | ★★ |
| M8.21.265 | 清算责任纠纷 | ★★ |
| M4.10.100.3 | 建设工程施工合同纠纷 | ★ |
| M4.10.89 | 借款合同纠纷 | ★ |
| M4.10.89.4 | 民间借贷纠纷 | ★ |

■ 同时适用的法条及其相关度

| | 同时适用的法条 | 相关度 |
| --- | --- | --- |
| 公司法 | 第34条【股东红利分配规则;公司新增资本时股东的优先认购权】 | ★★★★★ |
| | 第37条【公司股东会职权】 | ★★★★★ |
| | 第20条【禁止股东权利滥用;滥用股东权利的法律责任】 | ★★ |
| | 第183条【公司的解散清算:清算组的人员组成,债权人请求法院指定有关人员成立清算组的权利】 | ★★ |
| | 第21条【关联交易的限制】 | ★ |
| | 第28条【股东出资义务的履行及其违约责任】 | ★ |
| | 第31条【股东出资证明书的签发与载明事项】 | ★ |

|  | | 同时适用的法条 | 相关度 |
|---|---|---|---|
| 0085 | 公司法 | 第44条【有限责任公司董事会的组成】 | ★ |
| | | 第180条【公司的法定解散事由】 | ★ |
| | | 第181条【公司通过修改公司章程而存续的办法及其表决程序】 | ★ |
| | | 第184条【清算组的职权】 | ★ |
| | | 第185条【债权申报程序】 | ★ |
| 0791 | 合同法 | 第60条【合同履行的原则】 | ★★★ |
| | | 第8条【合同约束力】 | ★ |
| | | 第44条【合同成立条件与时间】 | ★ |
| | | 第79条【债权人不得转让合同权利的情形】 | ★ |
| | | 第80条【债权人转让债权的通知义务】 | ★ |
| | | 第107条【合同约束力:违约责任】 | ★ |
| | | 第109条【违约责任的承担:付款义务的继续履行】 | ★ |
| | | 第205条【借款合同的利息支付义务】 | ★ |
| | | 第206条【借款期限的认定】 | ★ |
| | | 第207条【借款合同违约责任承担:支付利息】 | ★ |
| 0823 | 担保法 | 第18条【保证合同中连带责任的承担】 | ★ |
| | | 第21条【保证担保的范围;没有约定、约定不明时的担保范围】 | ★ |
| 0812 | 民法通则 | 第108条【债务清偿:分期偿还、强制偿还】 | ★ |

第19条【公司中的党组织活动】 ★

在公司中,根据中国共产党章程的规定,设立中国共产党的组织,开展党的活动。公司应当为党组织的活动提供必要条件。

■ 主要适用的案由及其相关度

| 案由编号 | 主要适用的案由 | 相关度 |
|---|---|---|
| M8.21.242 | 股东资格确认纠纷 | |

| 案由编号 | 主要适用的案由 | 相关度 |
|---|---|---|
| M8.21.257 | 股东损害公司债权人利益责任纠纷 | |
| M4.10.74 | 买卖合同纠纷 | |
| M4.10.89.4 | 民间借贷纠纷 | |
| M4.10.99 | 承揽合同纠纷 | |
| M4.10 | 合同纠纷 | |
| M8.21.262 | 公司增资纠纷 | |
| M4.10.100.3 | 建设工程施工合同纠纷 | |
| M4.10.126 | 追偿权纠纷 | |

■ 同时适用的法条及其相关度

| | 同时适用的法条 | 相关度 |
|---|---|---|
| 公司法 | 第3条【公司法人制度】 | |
| | 第10条【公司的住所】 | |
| | 第11条【公司的章程及其效力】 | |
| | 第12条【公司经营范围的登记、变更和审批】 | |
| | 第13条【公司的法定代表人】 | |
| | 第14条【分公司的法律地位;子公司的法律地位】 | |
| | 第20条【禁止股东权利滥用;滥用股东权利的法律责任】 | |
| | 第21条【关联交易的限制】 | |
| | 第22条【股东会、股东大会、董事会决议的效力;股东对于会议决议的撤销之诉】 | |
| | 第23条【有限责任公司的设立条件】 | |
| | 第24条【有限责任公司的股东人数】 | |
| | 第25条【有限责任公司章程应载明事项】 | |
| | 第26条【有限责任公司注册资本认缴制;注册资本特别规定】 | |

|  |  | 同时适用的法条 | 相关度 |
|---|---|---|---|
| 0085 | 公司法 | 第28条【股东出资义务的履行及其违约责任】 | |
| | | 第30条【出资人的出资财产有权利瑕疵时的股权认定与处置方式】 | |
| | | 第34条【股东红利分配规则;公司新增资本时股东的优先认购权】 | |
| | | 第35条【股东不得抽逃出资的义务】 | |
| | | 第38条【有限责任公司首次股东会会议的召集和主持】 | |
| | | 第177条【公司减少注册资本的程序】 | |
| | | 第184条【清算组的职权】 | |
| | | 第185条【债权申报程序】 | |
| | | 第186条【清算方案的制定与确认;公司财产的分配顺序;清算期间公司的法律地位】 | |
| | | 第187条【公司解散清算转破产;清算事务的移交】 | |
| | | 第190条【公司破产及破产清算】 | |
| 0791 | 合同法 | 第3条【合同当事人法律地位平等】 | |
| | | 第52条【合同无效的情形】 | |
| | | 第60条【合同履行的原则】 | |
| | | 第96条【合同解除权的行使规则】 | |
| | | 第107条【合同约束力:违约责任】 | |
| | | 第109条【违约责任的承担:付款义务的继续履行】 | |
| | | 第114条【违约金的数额及其调整】 | |
| | | 第130条【买卖合同的定义】 | |
| | | 第159条【买受人应支付价款的数额认定】 | |
| | | 第185条【赠与合同的概念】 | |
| | | 第190条【附义务的赠与合同】 | |

| | 同时适用的法条 | 相关度 | |
|---|---|---|---|
| 合同法 | 第196条【借款合同定义】 | | 0791 |
| | 第205条【借款合同的利息支付义务】 | | |
| | 第206条【借款期限的认定】 | | |
| | 第207条【借款合同违约责任承担:支付利息】 | | |
| | 第212条【租赁合同的定义】 | | |
| | 第226条【租赁合同中承租人租金支付期限的确定规则】 | | |
| | 第227条【出租人的租金支付请求权以及合同解除权】 | | |
| | 第235条【租赁期间届满承租人租赁物返还义务;返还的租赁物应当具有的状态】 | | |
| 担保法 | 第4条【担保物权的设立;反担保的设立】 | | 0823 |
| | 第18条【保证合同中连带责任的承担】 | | |
| | 第28条【混合担保规则】 | | |
| | 第31条【保证人的追偿权】 | | |
| 民法通则 | 第66条【无权代理的法律后果;代理人不履行职责、损害代理人利益的民事责任;代理人和第三人的连带责任】 | | 0812 |
| | 第84条【债的界定】 | | |
| | 第90条【借贷关系】 | | |
| | 第106条【民事责任归责原则:违约责任,无过错责任原则;侵权责任,过错责任、无过错责任】 | | |
| 物权法 | 第181条【动产浮动抵押规则】 | | 0834 |
| | 第189条【动产浮动抵押权设立的登记对抗主义】 | | |
| 公司法司法解释一 | 第1条【公司法对其实施前的法律纠纷没有溯及力】 | | 0945 |

| | | 同时适用的法条 | 相关度 |
|---|---|---|---|
| 0915 | 公司法司法解释三 | 第22条【股权确认之诉中当事人应当证明的事项】 | |
| | | 第23条【股东名册的载明事项和效力；股东名册的登记管理】 | |
| 0929 | 担保法司法解释 | 第20条【连带共同保证的责任承担】 | |

## 第20条【禁止股东权利滥用；滥用股东权利的法律责任】 ★★★

公司股东应当遵守法律、行政法规和公司章程，依法行使股东权利，不得滥用股东权利损害公司或者其他股东的利益；不得滥用公司法人独立地位和股东有限责任损害公司债权人的利益。

公司股东滥用股东权利给公司或者其他股东造成损失的，应当依法承担赔偿责任。

公司股东滥用公司法人独立地位和股东有限责任，逃避债务，严重损害公司债权人利益的，应当对公司债务承担连带责任。

■ 主要适用的案由及其相关度

| 案由编号 | 主要适用的案由 | 相关度 |
|---|---|---|
| M4.10.89.4 | 民间借贷纠纷 | ★★★★★ |
| M4.10.74 | 买卖合同纠纷 | ★★★ |
| M4.10.120 | 服务合同纠纷 | ★★ |
| M4.10 | 合同纠纷 | ★★ |
| M8.21.257 | 股东损害公司债权人利益责任纠纷 | ★ |
| M4.10.97.2 | 房屋租赁合同纠纷 | ★ |

■ 同时适用的法条及其相关度

| | | 同时适用的法条 | 相关度 |
|---|---|---|---|
| 0791 | 合同法 | 第60条【合同履行的原则】 | ★★★★★ |
| | | 第107条【合同约束力；违约责任】 | ★★★★★ |
| | | 第109条【违约责任的承担；付款义务的继续履行】 | ★★★ |

|  | 同时适用的法条 | 相关度 | |
|---|---|---|---|
| 合同法 | 第159条【买受人应支付价款的数额认定】 | ★★★ | 0791 |
| | 第196条【借款合同定义】 | ★★★ | |
| | 第206条【借款期限的认定】 | ★★★ | |
| | 第207条【借款合同违约责任承担:支付利息】 | ★★★ | |
| | 第8条【合同约束力】 | ★★ | |
| | 第52条【合同无效的情形】 | ★★ | |
| | 第97条【合同解除的法律后果】 | ★★ | |
| | 第114条【违约金的数额及其调整】 | ★★ | |
| | 第205条【借款合同的利息支付义务】 | ★★ | |
| | 第58条【合同无效或被撤销的法律后果】 | ★ | |
| | 第94条【合同的法定解除;法定解除权】 | ★ | |
| | 第130条【买卖合同的定义】 | ★ | |
| | 第161条【买受人支付价款的时间】 | ★ | |
| | 第226条【租赁合同中承租人租金支付期限的确定规则】 | ★ | |
| 公司法 | 第3条【公司法人制度】 | ★★★ | 0085 |
| | 第14条【分公司的法律地位;子公司的法律地位】 | ★★★ | |
| | 第28条【股东出资义务的履行及其违约责任】 | ★★ | |
| | 第163条【公司建立财务会计制度的法定义务】 | ★★ | |
| | 第171条【公司法定会计账簿制度;公司资产存储账户的限制规定】 | ★★ | |
| 民法通则 | 第108条【债务清偿:分期偿还、强制偿还】 | ★★ | 0812 |
| | 第4条【民事活动的基本原则:自愿、公平、等价有偿、诚实信用】 | ★ | |
| | 第43条【企业法人对其机构的活动承担民事责任】 | ★ | |

| | | 同时适用的法条 | 相关度 |
|---|---|---|---|
| 0812 | 民法通则 | 第66条【无权代理的法律后果；代理人不履行职责、损害代理人利益的民事责任；代理人和第三人的连带责任】 | ★ |
| | | 第84条【债的界定】 | ★ |
| | | 第136条【短期诉讼时效：一年】 | ★ |
| | | 第137条【诉讼时效期间的起算日和最长保护期限】 | ★ |
| 0915 | 公司法司法解释三 | 第20条【是否出资义务纠纷中原被告双方的举证责任】 | ★★★ |
| 0920 | 公司法司法解释二 | 第18条【有限责任公司的股东、股份有限公司的董事、控股股东和实际控制人在清算中怠于履行义务的赔偿责任】 | ★★ |

## 第21条【关联交易的限制】　　★★

公司的控股股东、实际控制人、董事、监事、高级管理人员不得利用其关联关系损害公司利益。

违反前款规定，给公司造成损失的，应当承担赔偿责任。

■ 主要适用的案由及其相关度

| 案由编号 | 主要适用的案由 | 相关度 |
|---|---|---|
| M8.21.256 | 损害公司利益责任纠纷 | ★★★★★ |
| M4.10.74 | 买卖合同纠纷 | ★★★ |
| M4.10 | 合同纠纷 | ★★ |
| M8.21.249 | 股权转让纠纷 | ★★ |
| M8.21.242 | 股东资格确认纠纷 | ★ |
| M8.21.258 | 公司关联交易损害责任纠纷 | ★ |
| M4.10.89 | 借款合同纠纷 | ★ |
| M4.10.89.3 | 企业借贷纠纷 | ★ |

| 案由编号 | 主要适用的案由 | 相关度 |
|---|---|---|
| M4.10.89.4 | 民间借贷纠纷 | ★★ |
| M8.21.248 | 请求公司收购股份纠纷 | ★ |
| M8.21.250.1 | 公司决议效力确认纠纷 | ★ |

■ 同时适用的法条及其相关度

| | 同时适用的法条 | 相关度 |
|---|---|---|
| 合同法 | 第107条【合同约束力;违约责任】 | ★★★★★ |
| | 第60条【合同履行的原则】 | ★★★★ |
| | 第8条【合同约束力】 | ★★★ |
| | 第52条【合同无效的情形】 | ★★★ |
| | 第196条【借款合同定义】 | ★★★ |
| | 第44条【合同成立条件与时间】 | ★★ |
| | 第94条【合同的法定解除;法定解除权】 | ★★ |
| | 第97条【合同解除的法律后果】 | ★★ |
| | 第109条【违约责任的承担:付款义务的继续履行】 | ★★ |
| | 第159条【买受人应支付价款的数额认定】 | ★★ |
| | 第207条【借款合同违约责任承担:支付利息】 | ★★ |
| | 第5条【合同公平原则;合同权利义务确定的原则】 | ★ |
| | 第6条【诚实信用原则】 | ★ |
| | 第7条【公序良俗原则】 | ★ |
| | 第14条【要约的界定及其构成】 | ★ |
| | 第48条【无权代理人订立合同的法律后果】 | ★ |
| | 第49条【表见代理的构成及其效力】 | ★ |
| | 第58条【合同无效或被撤销的法律后果】 | ★ |
| | 第113条【违约责任的承担:损失赔偿】 | ★ |
| | 第114条【违约金的数额及其调整】 | ★ |

| | | 同时适用的法条 | 相关度 |
|---|---|---|---|
| 0791 | 合同法 | 第161条【买受人支付价款的时间】 | ★ |
| | | 第205条【借款合同的利息支付义务】 | ★ |
| | | 第206条【借款期限的认定】 | ★ |
| | | 第237条【融资租赁合同的定义】 | ★ |
| | | 第248条【出租人的租金支付请求权以及合同解除权】 | ★ |
| | | 第263条【定作人报酬支付的期限】 | ★ |
| 0085 | 公司法 | 第20条【禁止股东权利滥用;滥用股东权利的法律责任】 | ★★★★★ |
| | | 第3条【公司法人制度】 | ★★★ |
| | | 第148条【禁止董事、高级管理人员实施的行为】 | ★★★ |
| | | 第149条【董事、监事、高级管理人员对于所造成的公司损害的赔偿责任】 | ★★★ |
| | | 第216条【高级管理人员、控股股东、实际控制人、关联关系的法定含义】 | ★★★ |
| | | 第12条【公司经营范围的登记、变更和审批】 | ★★ |
| | | 第22条【股东会、股东大会、董事会决议的效力;股东对于会议决议的撤销之诉】 | ★★ |
| | | 第35条【股东不得抽逃出资的义务】 | ★★ |
| | | 第147条【董事、监事、高级管理人员的忠实义务和勤勉义务】 | ★★ |
| | | 第152条【股东直接诉讼】 | ★★ |
| | | 第4条【公司股东权利】 | ★ |
| | | 第7条【公司营业执照的签发、记载事项以及换发】 | ★ |
| | | 第11条【公司的章程及其效力】 | ★ |
| | | 第14条【分公司的法律地位;子公司的法律地位】 | ★ |

|  | 同时适用的法条 | 相关度 | |
|---|---|---|---|
| 公司法 | 第16条【公司对外投资或为他人提供担保的条件和限制】 | ★ | 0085 |
| | 第18条【公司的工会制度】 | ★ | |
| | 第24条【有限责任公司的股东人数】 | ★ | |
| | 第26条【有限责任公司注册资本认缴制;注册资本特别规定】 | ★ | |
| | 第28条【股东出资义务的履行及其违约责任】 | ★ | |
| | 第29条【有限责任公司的设立登记】 | ★ | |
| | 第31条【股东出资证明书的签发与载明事项】 | ★ | |
| | 第74条【异议股东的股权回购请求权;异议股东的股权回购之诉】 | ★ | |
| | 第142条【公司收购本公司股份的原则禁止与例外许可;公司不得接受本公司股票作为质押标的】 | ★ | |
| | 第150条【董事、监事、高级管理人员列席股东会议并接受质询的义务;董事、高级管理人员配合监事行使职权的义务】 | ★ | |
| | 第151条【股东派生诉讼】 | ★ | |
| | 第217条【外商投资公司适用公司法的有关规定及例外】 | ★ | |
| 担保法 | 第14条【保证合同的订立:分别订立;合并订立】 | ★★ | 0823 |
| | 第18条【保证合同中连带责任的承担】 | ★★ | |
| | 第21条【保证担保的范围;没有约定、约定不明时的担保范围】 | ★★ | |
| | 第31条【保证人的追偿权】 | ★★ | |
| | 第6条【保证的定义】 | ★ | |
| | 第16条【保证的方式】 | ★ | |

| | | 同时适用的法条 | 相关度 |
|---|---|---|---|
| 0812 | 民法通则 | 第4条【民事活动的基本原则：自愿、公平、等价有偿、诚实信用】 | ★ |
| | | 第84条【债的界定】 | ★ |
| | | 第108条【债务清偿：分期偿还、强制偿还】 | ★ |
| 0862 | 侵权责任法 | 第8条【共同实施侵权行为人的连带责任】 | ★ |
| | | 第26条【过失相抵：被侵权人过错】 | ★ |
| 0929 | 担保法司法解释 | 第7条【担保合同与主债权合同的关系；担保合同无效的责任承担规则】 | ★ |
| | | 第19条【连带共同保证的认定】 | ★ |
| | | 第20条【连带共同保证的责任承担】 | ★ |
| | | 第23条【最高额保证合同的担保范围】 | ★ |
| 0915 | 公司法司法解释三 | 第13条【未履行或未全面履行出资义务的股东对于公司债务承担补充责任；发起人的连带责任；董事、高级管理人员的不真正连带责任】 | ★ |
| 0933 | 婚姻法司法解释二 | 第24条【离婚时夫妻共同债务的清偿】 | ★ |

**第22条【股东会、股东大会、董事会决议的效力；股东对于会议决议的撤销之诉】** ★★

公司股东会或者股东大会、董事会的决议内容违反法律、行政法规的无效。

股东会或者股东大会、董事会的会议召集程序、表决方式违反法律、行政法规或者公司章程，或者决议内容违反公司章程的，股东可以自决议作出之日起六十日内，请求人民法院撤销。

股东依照前款规定提起诉讼的，人民法院可以应公司的请求，要求股东提供相应担保。

公司根据股东会或者股东大会、董事会决议已办理变更登记的，人民法院宣告该决议无效或者撤销该决议后，公司应当向公司登记机关申请撤销变更登记。

### ■ 主要适用的案由及其相关度

| 案由编号 | 主要适用的案由 | 相关度 |
|---|---|---|
| M8.21.250 | 公司决议纠纷 | ★★★ |
| M8.21.250.1 | 公司决议效力确认纠纷 | ★★★★★ |
| M8.21.250.2 | 公司决议撤销纠纷 | ★★★★★ |
| M8.21.242 | 股东资格确认纠纷 | ★★ |
| M8.21.249 | 股权转让纠纷 | ★ |

### ■ 同时适用的法条及其相关度

| | 同时适用的法条 | 相关度 |
|---|---|---|
| 公司法 | 第41条【股东会会议的召集通知及会议记录】 | ★★★★★ |
| | 第42条【有限责任公司股东会表决权行使规则】 | ★★★★★ |
| | 第43条【有限责任公司股东会的议事方式和表决程序】 | ★★★★★ |
| | 第37条【公司股东会职权】 | ★★★★ |
| | 第40条【有限责任公司股东会会议的召集与主持】 | ★★★★ |
| | 第4条【公司股东权利】 | ★★★ |
| | 第11条【公司的章程及其效力】 | ★★★ |
| | 第20条【禁止股东权利滥用;滥用股东权利的法律责任】 | ★★★ |
| | 第39条【有限责任公司股东会会议的类型及召开制度】 | ★★★ |
| | 第44条【有限责任公司董事会的组成】 | ★★★ |
| | 第38条【有限责任公司首次股东会会议的召集和主持】 | ★★ |

| | | 同时适用的法条 | 相关度 |
|---|---|---|---|
| 0085 | 公司法 | 第72条【有限责任公司股权强制转让中的优先购买权】 | ★★ |
| | | 第13条【公司的法定代表人】 | ★ |
| | | 第16条【公司对外投资或为他人提供担保的条件和限制】 | ★ |
| | | 第19条【公司中的党组织活动】 | ★ |
| | | 第23条【有限责任公司的设立条件】 | ★ |
| | | 第28条【股东出资义务的履行及其违约责任】 | ★ |
| | | 第32条【股东名册的载明事项和效力;股东名册的登记管理】 | ★ |
| | | 第34条【股东红利分配规则;公司新增资本时股东的优先认购权】 | ★ |
| | | 第35条【股东不得抽逃出资的义务】 | ★ |
| | | 第36条【有限责任公司股东会的组成及法律地位】 | ★ |
| | | 第47条【有限责任公司董事会会议的召集与主持】 | ★ |
| | | 第48条【有限责任公司董事会的议事方式和表决程序】 | ★ |
| | | 第71条【有限责任公司的股权转让;股东的优先购买权】 | ★ |
| 0812 | 民法通则 | 第55条【民事法律行为的有效条件】 | ★★★★ |
| | | 第4条【民事活动的基本原则:自愿、公平、等价有偿、诚实信用】 | ★ |
| | | 第5条【公民的合法权益受到保护】 | ★ |
| | | 第58条【民事行为无效的法定情形】 | ★ |
| 0791 | 合同法 | 第52条【合同无效的情形】 | ★★★ |
| | | 第60条【合同履行的原则】 | ★★ |
| | | 第8条【合同约束力】 | ★ |
| | | 第44条【合同成立条件与时间】 | ★ |

| | 同时适用的法条 | 相关度 | |
|---|---|---|---|
| 物权法 | 第34条【权利人的返还原物请求权】 | ★ | 0834 |
| 公司法司法解释一 | 第2条【公司法对其实施前的法律纠纷可参照适用】 | ★ | 0945 |
| 公司法司法解释三 | 第17条【有限责任公司的股东未履行出资义务或抽逃全部出资后股东资格的解除程序】 | ★ | 0915 |
| 公司法司法解释三 | 第18条【未履行或未全面履行出资义务的有限责任公司股东转让股权后与受让人负有连带的出资义务】 | ★ | |
| 合同法司法解释二 | 第14条【合同无效的情形:强制性规定】 | ★ | 0925 |

## 第二章 有限责任公司的设立和组织机构

### 第一节 设立

**第23条【有限责任公司的设立条件】** ★

设立有限责任公司,应当具备下列条件:

(一)股东符合法定人数;

(二)有符合公司章程规定的全体股东认缴的出资额;

(三)股东共同制定公司章程;

(四)有公司名称,建立符合有限责任公司要求的组织机构;

(五)有公司住所。

■ 主要适用的案由及其相关度

| 案由编号 | 主要适用的案由 | 相关度 |
|---|---|---|
| M8.21.242 | 股东资格确认纠纷 | ★★★★★ |
| M4.10.89.4 | 民间借贷纠纷 | ★★ |
| M8.21 | 与公司有关的纠纷 | ★ |
| M4.10.100.3 | 建设工程施工合同纠纷 | ★ |

| 案由编号 | 主要适用的案由 | 相关度 |
|---|---|---|
| M8.21.249 | 股权转让纠纷 | ★ |
| M8.21.257 | 股东损害公司债权人利益责任纠纷 | ★ |

■ 同时适用的法条及其相关度

| | 同时适用的法条 | 相关度 |
|---|---|---|
| 公司法 | 第32条【股东名册的载明事项和效力；股东名册的登记管理】 | ★★★★★ |
| | 第28条【股东出资义务的履行及其违约责任】 | ★★★★ |
| | 第7条【公司营业执照的签发、记载事项以及换发】 | ★★★ |
| | 第25条【有限责任公司章程应载明事项】 | ★★★ |
| | 第26条【有限责任公司注册资本认缴制；注册资本特别规定】 | ★★★ |
| | 第27条【股东出资方式及其限制；非货币出资的评估作价规定】 | ★★★ |
| | 第33条【股东的知情权；股东查阅公司会计账册的权利及司法救济】 | ★★★ |
| | 第22条【股东会、股东大会、董事会决议的效力；股东对于会议决议的撤销之诉】 | ★★ |
| | 第24条【有限责任公司的股东人数】 | ★★ |
| | 第37条【公司股东会职权】 | ★★ |
| | 第4条【公司股东权利】 | ★ |
| | 第6条【公司设立的登记、审批；公司对于登记事项的公开义务】 | ★ |
| | 第11条【公司的章程及其效力】 | ★ |
| | 第19条【公司中的党组织活动】 | ★ |
| | 第29条【有限责任公司的设立登记】 | ★ |

| | 同时适用的法条 | 相关度 | |
|---|---|---|---|
| 公司法 | 第30条【出资人的出资财产有权利瑕疵时的股权认定与处置方式】 | ★ | 0085 |
| | 第31条【股东出资证明书的签发与载明事项】 | ★ | |
| | 第34条【股东红利分配规则;公司新增资本时股东的优先认购权】 | ★ | |
| | 第35条【股东不得抽逃出资的义务】 | ★ | |
| | 第38条【有限责任公司首次股东会会议的召集和主持】 | ★ | |
| | 第44条【有限责任公司董事会的组成】 | ★ | |
| | 第72条【有限责任公司股权强制转让中的优先购买权】 | ★ | |
| | 第74条【异议股东的股权回购请求权;异议股东的股权回购之诉】 | ★ | |
| 合同法 | 第107条【合同约束力:违约责任】 | ★★★ | 0791 |
| | 第206条【借款期限的认定】 | ★★★ | |
| | 第60条【合同履行的原则】 | ★★ | |
| | 第211条【自然人之间借款合同利息的规制】 | ★★ | |
| | 第109条【违约责任的承担:付款义务的继续履行】 | ★ | |
| | 第196条【借款合同定义】 | ★ | |
| | 第210条【自然人之间借款合同的生效:提供借款时】 | ★ | |
| 民法通则 | 第135条【诉讼时效期间:两年】 | ★ | 0812 |
| | 第137条【诉讼时效期间的起算日和最长保护期限】 | ★ | |
| 刑法 | 第12条【刑法的溯及力】 | ★ | 0857 |

| | | 同时适用的法条 | 相关度 |
|---|---|---|---|
| 0915 | 公司法司法解释三 | 第13条【未履行或未全面履行出资义务的股东对于公司债务承担补充责任;发起人的连带责任;董事、高级管理人员的不真正连带责任】 | ★★★ |
| | | 第17条【有限责任公司的股东未履行出资义务或抽逃全部出资后股东资格的解除程序】 | ★ |
| 0947 | 建设工程合同纠纷司法解释 | 第17条【拖欠工程价款利息的计付标准】 | ★ |
| 0974 | 审理离婚案件处理财产分割问题意见 | 第17条【夫妻共同债务的认定;不能认定为夫妻共同债务的情形】 | ★ |

**第24条【有限责任公司的股东人数】** ★

有限责任公司由五十个以下股东出资设立。

■ 主要适用的案由及其相关度

| 案由编号 | 主要适用的案由 | 相关度 |
|---|---|---|
| M8.21.242 | 股东资格确认纠纷 | |
| M8.21.249 | 股权转让纠纷 | |
| M4.10.74 | 买卖合同纠纷 | |
| M8.21 | 与公司有关的纠纷 | |
| M6.17.170.2 | 工伤保险待遇纠纷 | |
| M4.10.89 | 借款合同纠纷 | |
| M8.21.250.2 | 公司决议撤销纠纷 | |
| M3.5.32 | 物权确认纠纷 | |
| M8.21.245 | 股东出资纠纷 | |
| M4.11.128 | 不当得利纠纷 | |

| 案由编号 | 主要适用的案由 | 相关度 |
|---|---|---|
| M8.21.244 | 请求变更公司登记纠纷 | |
| M4.10 | 合同纠纷 | |
| M8.21.262 | 公司增资纠纷 | |
| M8.22.268 | 退伙纠纷 | |
| M8.20.241 | 中外合作经营企业合同纠纷 | |
| M4.10.99 | 承揽合同纠纷 | |

■ 同时适用的法条及其相关度

| | 同时适用的法条 | 相关度 |
|---|---|---|
| 合同法 | 第8条【合同约束力】 | |
| | 第14条【要约的界定及其构成】 | |
| | 第44条【合同成立条件与时间】 | |
| | 第52条【合同无效的情形】 | |
| | 第60条【合同履行的原则】 | |
| | 第77条【变更合同的条件与要求】 | |
| | 第91条【合同权利义务终止的法定情形】 | |
| | 第93条【合同的意定解除:协商一致;约定条件成就】 | |
| | 第94条【合同的法定解除;法定解除权】 | |
| | 第97条【合同解除的法律后果】 | |
| | 第107条【合同约束力:违约责任】 | |
| | 第109条【违约责任的承担:付款义务的继续履行】 | |
| | 第113条【违约责任的承担:损失赔偿】 | |
| | 第184条【供用水、供用气、供用热力合同参照适用供用电合同的规定】 | |
| | 第205条【借款合同的利息支付义务】 | |
| | 第206条【借款期限的认定】 | |

| | 同时适用的法条 | 相关度 |
|---|---|---|
| 0085 公 司 法 | 第2条【公司类别】 | |
| | 第3条【公司法人制度】 | |
| | 第4条【公司股东权利】 | |
| | 第7条【公司营业执照的签发、记载事项以及换发】 | |
| | 第11条【公司的章程及其效力】 | |
| | 第19条【公司中的党组织活动】 | |
| | 第21条【关联交易的限制】 | |
| | 第22条【股东会、股东大会、董事会决议的效力；股东对于会议决议的撤销之诉】 | |
| | 第23条【有限责任公司的设立条件】 | |
| | 第25条【有限责任公司章程应载明事项】 | |
| | 第26条【有限责任公司注册资本认缴制；注册资本特别规定】 | |
| | 第27条【股东出资方式及其限制；非货币出资的评估作价规定】 | |
| | 第28条【股东出资义务的履行及其违约责任】 | |
| | 第29条【有限责任公司的设立登记】 | |
| | 第30条【出资人的出资财产有权利瑕疵时的股权认定与处置方式】 | |
| | 第31条【股东出资证明书的签发与载明事项】 | |
| | 第32条【股东名册的载明事项和效力；股东名册的登记管理】 | |
| | 第33条【股东的知情权；股东查阅公司会计账册的权利及司法救济】 | |
| | 第34条【股东红利分配规则；公司新增资本时股东的优先认购权】 | |
| | 第37条【公司股东会职权】 | |

| | 同时适用的法条 | 相关度 | |
|---|---|---|---|
| 公司法 | 第38条【有限责任公司首次股东会会议的召集和主持】 | | 0085 |
| | 第43条【有限责任公司股东会的议事方式和表决程序】 | | |
| | 第44条【有限责任公司董事会的组成】 | | |
| | 第47条【有限责任公司董事会会议的召集与主持】 | | |
| | 第58条【一人有限责任公司设立的限制】 | | |
| | 第59条【一人有限责任公司登记中的特别载明事项】 | | |
| | 第60条【一人有限责任公司的公司章程制定】 | | |
| | 第71条【有限责任公司的股权转让;股东的优先购买权】 | | |
| | 第72条【有限责任公司股权强制转让中的优先购买权】 | | |
| | 第74条【异议股东的股权回购请求权;异议股东的股权回购之诉】 | | |
| 劳动争议调解仲裁法 | 第27条【劳动争议仲裁时效:劳动争议仲裁时效中断;劳动争议仲裁时效中止】 | | 0877 |
| 民法通则 | 第4条【民事活动的基本原则:自愿、公平、等价有偿、诚实信用】 | | 0812 |
| | 第6条【民事活动应遵守国家政策】 | | |
| | 第30条【个人合伙】 | | |
| | 第34条【合伙事务的执行】 | | |
| | 第43条【企业法人对其机构的活动承担民事责任】 | | |
| | 第84条【债的界定】 | | |
| | 第92条【不当得利返还请求权】 | | |
| | 第108条【债务清偿:分期偿还、强制偿还】 | | |

| | | 同时适用的法条 | 相关度 |
|---|---|---|---|
| 0834 | 物权法 | 第2条【物权法适用范围;物的概念;物权的概念】 | |
| | | 第5条【物权法定原则:物权种类、物权内容由法律规定】 | |
| 0895 | 工伤保险条例 | 第14条【应当认定为工伤的情形】 | |
| | | 第35条【一级至四级工伤伤残的待遇】 | |
| | | 第37条【七级至十级伤残的待遇】 | |
| 0915 | 公司法司法解释三 | 第13条【未履行或未全面履行出资义务的股东对于公司债务承担补充责任;发起人的连带责任;董事、高级管理人员的不真正连带责任】 | |
| | | 第19条【股东未履行或未全面履行出资义务或抽逃出资时的出资义务或返还出资的义务不适用诉讼时效抗辩规则】 | |
| | | 第22条【股权确认之诉中当事人应当证明的事项】 | |
| | | 第23条【股东名册的载明事项和效力;股东名册的登记管理】 | |
| | | 第24条【隐名股东与名义股东:投资权益归属、实际履行出资义务;变更登记】 | |
| | | 第25条【名义股东处分股权】 | |
| 0934 | 民通意见 | 第1条【公民的民事权利能力自出生时开始:户籍证明、医院出具的出生证明、其他证明】 | |
| 0945 | 公司法司法解释一 | 第1条【公司法对其实施前的法律纠纷没有溯及力】 | |
| 0937 | 买卖合同司法解释 | 第13条【合同成立前承运人运输在途标的物已经损毁、灭失的风险负担】 | |

**第25条【有限责任公司章程应载明事项】** ★

有限责任公司章程应当载明下列事项:

(一)公司名称和住所;

（二）公司经营范围；

（三）公司注册资本；

（四）股东的姓名或者名称；

（五）股东的出资方式、出资额和出资时间；

（六）公司的机构及其产生办法、职权、议事规则；

（七）公司法定代表人；

（八）股东会会议认为需要规定的其他事项。

股东应当在公司章程上签名、盖章。

■ 主要适用的案由及其相关度

| 案由编号 | 主要适用的案由 | 相关度 |
| --- | --- | --- |
| M8.21.242 | 股东资格确认纠纷 | ★★★★★ |
| M8.21.245 | 股东出资纠纷 | ★ |
| M4.10.89.4 | 民间借贷纠纷 | ★ |
| M8.21.249 | 股权转让纠纷 | ★ |
| M4.10.74 | 买卖合同纠纷 | ★ |

■ 同时适用的法条及其相关度

| | 同时适用的法条 | 相关度 |
| --- | --- | --- |
| 公司法 | 第32条【股东名册的载明事项和效力；股东名册的登记管理】 | ★★★★★ |
| | 第33条【股东的知情权；股东查阅公司会计账册的权利及司法救济】 | ★★★★★ |
| | 第28条【股东出资义务的履行及其违约责任】 | ★★★★ |
| | 第11条【公司的章程及其效力】 | ★★★ |
| | 第29条【有限责任公司的设立登记】 | ★★★ |
| | 第31条【股东出资证明书的签发与载明事项】 | ★★★ |
| | 第23条【有限责任公司的设立条件】 | ★★ |
| | 第26条【有限责任公司注册资本认缴制；注册资本特别规定】 | ★★ |

| | | 同时适用的法条 | 相关度 |
|---|---|---|---|
| 0085 | 公司法 | 第 4 条【公司股东权利】 | ★ |
| | | 第 24 条【有限责任公司的股东人数】 | ★ |
| | | 第 34 条【股东红利分配规则;公司新增资本时股东的优先认购权】 | ★ |
| | | 第 37 条【公司股东会职权】 | ★ |
| | | 第 44 条【有限责任公司董事会的组成】 | ★ |
| | | 第 72 条【有限责任公司股权强制转让中的优先购买权】 | ★ |
| 0791 | 合同法 | 第 60 条【合同履行的原则】 | ★★ |
| | | 第 206 条【借款期限的认定】 | ★★ |
| | | 第 52 条【合同无效的情形】 | ★ |
| | | 第 94 条【合同的法定解除;法定解除权】 | ★ |
| | | 第 107 条【合同约束力:违约责任】 | ★ |
| | | 第 196 条【借款合同定义】 | ★ |
| | | 第 205 条【借款合同的利息支付义务】 | ★ |
| 0915 | 公司法司法解释三 | 第 13 条【未履行或未全面履行出资义务的股东对于公司债务承担补充责任;发起人的连带责任;董事、高级管理人员的不真正连带责任】 | ★★★ |
| | | 第 23 条【股东名册的载明事项和效力;股东名册的登记管理】 | ★★★ |
| | | 第 21 条【股东资格确认之诉的诉讼当事人的认定】 | ★ |
| | | 第 22 条【股权确认之诉中当事人应当证明的事项】 | ★ |
| | | 第 25 条【名义股东处分股权】 | ★ |
| 0945 | 公司法司法解释一 | 第 1 条【公司法对其实施前的法律纠纷没有溯及力】 | ★ |
| | | 第 2 条【公司法对其实施前的法律纠纷可参照适用】 | ★ |

第 26 条【有限责任公司注册资本认缴制;注册资本特别规定】　　★★

　　有限责任公司的注册资本为在公司登记机关登记的全体股东认缴的

出资额。

法律、行政法规以及国务院决定对有限责任公司注册资本实缴、注册资本最低限额另有规定的,从其规定。

■ 主要适用的案由及其相关度

| 案由编号 | 主要适用的案由 | 相关度 |
| --- | --- | --- |
| M8.21.242 | 股东资格确认纠纷 | ★★★★★ |
| M8.21.245 | 股东出资纠纷 | ★★★ |
| M4.10.74 | 买卖合同纠纷 | ★★★ |
| M8.21.257 | 股东损害公司债权人利益责任纠纷 | ★★ |
| M4.10.100.3 | 建设工程施工合同纠纷 | ★★ |
| M8.21.249 | 股权转让纠纷 | ★ |
| M4.10.89 | 借款合同纠纷 | ★ |
| M4.10.89.1 | 金融借款合同纠纷 | ★★ |
| M4.10.89.4 | 民间借贷纠纷 | ★★★ |
| M4.10 | 合同纠纷 | ★ |

■ 同时适用的法条及其相关度

| | 同时适用的法条 | 相关度 |
| --- | --- | --- |
| 公司法 | 第28条【股东出资义务的履行及其违约责任】 | ★★★★★ |
| | 第3条【公司法人制度】 | ★★ |
| | 第23条【有限责任公司的设立条件】 | ★★ |
| | 第27条【股东出资方式及其限制;非货币出资的评估作价规定】 | ★★ |
| | 第11条【公司的章程及其效力】 | ★ |
| | 第20条【禁止股东权利滥用;滥用股东权利的法律责任】 | ★ |
| | 第25条【有限责任公司章程应载明事项】 | ★ |
| | 第29条【有限责任公司的设立登记】 | ★ |

| | | 同时适用的法条 | 相关度 |
|---|---|---|---|
| 0085 | 公司法 | 第31条【股东出资证明书的签发与载明事项】 | ★ |
| | | 第32条【股东名册的载明事项和效力;股东名册的登记管理】 | ★ |
| | | 第35条【股东不得抽逃出资的义务】 | ★ |
| | | 第71条【有限责任公司的股权转让;股东的优先购买权】 | ★ |
| | | 第177条【公司减少注册资本的程序】 | ★ |
| 0791 | 合同法 | 第107条【合同约束力:违约责任】 | ★★★ |
| | | 第60条【合同履行的原则】 | ★★ |
| | | 第206条【借款期限的认定】 | ★★ |
| | | 第8条【合同约束力】 | ★ |
| | | 第97条【合同解除的法律后果】 | ★ |
| | | 第159条【买受人应支付价款的数额认定】 | ★ |
| | | 第161条【买受人支付价款的时间】 | ★ |
| | | 第196条【借款合同定义】 | ★ |
| | | 第198条【借款合同中的担保及法律适用】 | ★ |
| | | 第205条【借款合同的利息支付义务】 | ★ |
| | | 第207条【借款合同违约责任承担:支付利息】 | ★ |
| | | 第211条【自然人之间借款合同利息的规制】 | ★ |
| 0823 | 担保法 | 第18条【保证合同中连带责任的承担】 | ★ |
| | | 第21条【保证担保的范围;没有约定、约定不明时的担保范围】 | ★ |
| 0812 | 民法通则 | 第84条【债的界定】 | ★ |
| | | 第108条【债务清偿:分期偿还、强制偿还】 | ★ |

| | 同时适用的法条 | 相关度 |
|---|---|---|
| 公司法司法解释三 | 第13条【未履行或未全面履行出资义务的股东对于公司债务承担补充责任;发起人的连带责任;董事、高级管理人员的不真正连带责任】 | ★★★ |
| | 第12条【可以认定股东抽逃出资的情形】 | ★ |
| | 第14条【抽逃出资的法律责任】 | ★ |
| | 第22条【股权确认之诉中当事人应当证明的事项】 | ★ |
| | 第23条【股东名册的载明事项和效力;股东名册的登记管理】 | ★ |
| | 第24条【隐名股东与名义股东;投资权益归属、实际履行出资义务;变更登记】 | ★ |

**第27条【股东出资方式及其限制;非货币出资的评估作价规定】** ★

股东可以用货币出资,也可以用实物、知识产权、土地使用权等可以用货币估价并可以依法转让的非货币财产作价出资;但是,法律、行政法规规定不得作为出资的财产除外。

对作为出资的非货币财产应当评估作价,核实财产,不得高估或者低估作价。法律、行政法规对评估作价有规定的,从其规定。

■ 主要适用的案由及其相关度

| 案由编号 | 主要适用的案由 | 相关度 |
|---|---|---|
| M8.21.242 | 股东资格确认纠纷 | ★★★★★ |
| M8.21.245 | 股东出资纠纷 | ★★★ |
| M4.10.89.4 | 民间借贷纠纷 | ★ |
| M8.21.249 | 股权转让纠纷 | ★ |
| M6.17 | 劳动争议 | ★ |

■ 同时适用的法条及其相关度

| | | 同时适用的法条 | 相关度 |
|---|---|---|---|
| 0085 | 公司法 | 第28条【股东出资义务的履行及其违约责任】 | ★★★★★ |
| | | 第32条【股东名册的载明事项和效力；股东名册的登记管理】 | ★★★ |
| | | 第26条【有限责任公司注册资本认缴制；注册资本特别规定】 | ★★ |
| | | 第34条【股东红利分配规则；公司新增资本时股东的优先认购权】 | ★★ |
| | | 第3条【公司法人制度】 | ★ |
| | | 第4条【公司股东权利】 | ★ |
| | | 第23条【有限责任公司的设立条件】 | ★ |
| | | 第29条【有限责任公司的设立登记】 | ★ |
| | | 第31条【股东出资证明书的签发与载明事项】 | ★ |
| | | 第33条【股东的知情权；股东查阅公司会计账册的权利及司法救济】 | ★ |
| | | 第37条【公司股东会职权】 | ★ |
| 0791 | 合同法 | 第60条【合同履行的原则】 | ★ |
| | | 第196条【借款合同定义】 | ★ |
| | | 第206条【借款期限的认定】 | ★ |
| | | 第210条【自然人之间借款合同的生效：提供借款时】 | ★ |
| | | 第211条【自然人之间借款合同利息的规制】 | ★ |
| 0915 | 公司法司法解释三 | 第13条【未履行或未全面履行出资义务的股东对于公司债务承担补充责任；发起人的连带责任；董事、高级管理人员的不真正连带责任】 | ★ |
| | | 第22条【股权确认之诉中当事人应当证明的事项】 | ★ |
| | | 第23条【股东名册的载明事项和效力；股东名册的登记管理】 | ★ |

## 第28条【股东出资义务的履行及其违约责任】 ★★

股东应当按期足额缴纳公司章程中规定的各自所认缴的出资额。股东以货币出资的,应当将货币出资足额存入有限责任公司在银行开设的账户;以非货币财产出资的,应当依法办理其财产权的转移手续。

股东不按照前款规定缴纳出资的,除应当向公司足额缴纳外,还应当向已按期足额缴纳出资的股东承担违约责任。

■ 主要适用的案由及其相关度

| 案由编号 | 主要适用的案由 | 相关度 |
|---|---|---|
| M4.10.120 | 服务合同纠纷 | ★★★★★ |
| M8.21.245 | 股东出资纠纷 | ★★★★★ |
| M8.21.242 | 股东资格确认纠纷 | ★★★★ |
| M8.21.257 | 股东损害公司债权人利益责任纠纷 | ★★★ |
| M4.10.74 | 买卖合同纠纷 | ★★ |
| M6.17.169.5 | 追索劳动报酬纠纷 | ★ |
| M4.10.89.4 | 民间借贷纠纷 | ★ |
| M8.21 | 与公司有关的纠纷 | ★ |
| M8.21.249 | 股权转让纠纷 | ★ |

■ 同时适用的法条及其相关度

| | 同时适用的法条 | 相关度 |
|---|---|---|
| 公司法 | 第20条【禁止股东权利滥用;滥用股东权利的法律责任】 | ★★★★★ |
| | 第163条【公司建立财务会计制度的法定义务】 | ★★★★ |
| | 第171条【公司法定会计账簿制度;公司资产存储账户的限制规定】 | ★★★★ |
| | 第32条【股东名册的载明事项和效力;股东名册的登记管理】 | ★★★ |
| | 第26条【有限责任公司注册资本认缴制;注册资本特别规定】 | ★★ |

| | | 同时适用的法条 | 相关度 |
|---|---|---|---|
| 0085 | 公司法 | 第27条【股东出资方式及其限制;非货币出资的评估作价规定】 | ★★ |
| | | 第3条【公司法人制度】 | ★ |
| | | 第25条【有限责任公司章程应载明事项】 | ★ |
| | | 第29条【有限责任公司的设立登记】 | ★ |
| | | 第33条【股东的知情权;股东查阅公司会计账册的权利及司法救济】 | ★ |
| | | 第35条【股东不得抽逃出资的义务】 | ★ |
| | | 第36条【有限责任公司股东会的组成及法律地位】 | ★ |
| | | 第71条【有限责任公司的股权转让;股东的优先购买权】 | ★ |
| 0791 | 合同法 | 第97条【合同解除的法律后果】 | ★★★★★ |
| | | 第107条【合同约束力:违约责任】 | ★★★ |
| | | 第60条【合同履行的原则】 | ★★ |
| | | 第8条【合同约束力】 | ★ |
| | | 第94条【合同的法定解除;法定解除权】 | ★ |
| | | 第159条【买受人应支付价款的数额认定】 | ★ |
| | | 第205条【借款合同的利息支付义务】 | ★ |
| | | 第206条【借款期限的认定】 | ★ |
| | | 第207条【借款合同违约责任承担:支付利息】 | ★ |
| 0849 | 劳动合同法 | 第30条【用人单位的劳动报酬支付义务;劳动者申请支付令的条件】 | ★ |
| 0915 | 公司法司法解释三 | 第13条【未履行或未全面履行出资义务的股东对于公司债务承担补充责任;发起人的连带责任;董事、高级管理人员的不真正连带责任】 | ★★★★★ |
| | | 第14条【抽逃出资的法律责任】 | ★★ |
| | | 第23条【股东名册的载明事项和效力;股东名册的登记管理】 | ★★ |

| | 同时适用的法条 | 相关度 | |
|---|---|---|---|
| 公司法司法解释三 | 第12条【可以认定股东抽逃出资的情形】 | ★ | 0915 |
| | 第20条【是否出资义务纠纷中原被告双方的举证责任】 | ★ | |
| 劳动争议案件司法解释二 | 第3条【视为拖欠劳动报酬争议的起诉】 | ★ | 0946 |
| 民通意见 | 第68条【欺诈行为】 | ★ | 0934 |

### 第29条【有限责任公司的设立登记】 ★

股东认足公司章程规定的出资后,由全体股东指定的代表或者共同委托的代理人向公司登记机关报送公司登记申请书、公司章程等文件,申请设立登记。

■ 主要适用的案由及其相关度

| 案由编号 | 主要适用的案由 | 相关度 |
|---|---|---|
| M8.21.242 | 股东资格确认纠纷 | ★★★★★ |
| M8.21.245 | 股东出资纠纷 | ★★ |
| M4.10.74 | 买卖合同纠纷 | ★ |
| M4.10.89 | 借款合同纠纷 | ★ |
| M4.10.89.4 | 民间借贷纠纷 | ★★★ |
| M8.21.254 | 公司盈余分配纠纷 | ★ |
| M8.21 | 与公司有关的纠纷 | ★ |
| M8.21.262 | 公司增资纠纷 | ★ |
| M4.10.104 | 委托合同纠纷 | ★ |

■ 同时适用的法条及其相关度

| | 同时适用的法条 | 相关度 | |
|---|---|---|---|
| 公司法 | 第28条【股东出资义务的履行及其违约责任】 | ★★★★★ | 0085 |

| | | 同时适用的法条 | 相关度 |
|---|---|---|---|
| 0085 | 公司法 | 第32条【股东名册的载明事项和效力;股东名册的登记管理】 | ★★★★★ |
| | | 第33条【股东的知情权;股东查阅公司会计账册的权利及司法救济】 | ★★★★★ |
| | | 第25条【有限责任公司章程应载明事项】 | ★★★ |
| | | 第26条【有限责任公司注册资本认缴制;注册资本特别规定】 | ★★★ |
| | | 第31条【股东出资证明书的签发与载明事项】 | ★★★ |
| | | 第3条【公司法人制度】 | ★★ |
| | | 第27条【股东出资方式及其限制;非货币出资的评估作价规定】 | ★★ |
| | | 第30条【出资人的出资财产有权利瑕疵时的股权认定与处置方式】 | ★★ |
| | | 第6条【公司设立的登记、审批;公司对于登记事项的公开义务】 | ★ |
| | | 第7条【公司营业执照的签发、记载事项以及换发】 | ★ |
| | | 第11条【公司的章程及其效力】 | ★ |
| | | 第12条【公司经营范围的登记、变更和审批】 | ★ |
| | | 第13条【公司的法定代表人】 | ★ |
| | | 第16条【公司对外投资或为他人提供担保的条件和限制】 | ★ |
| | | 第21条【关联交易的限制】 | ★ |
| | | 第23条【有限责任公司的设立条件】 | ★ |
| | | 第35条【股东不得抽逃出资的义务】 | ★ |
| | | 第44条【有限责任公司董事会的组成】 | ★ |
| | | 第63条【一人有限责任公司的法人人格否认制度】 | ★ |

|  | 同时适用的法条 | 相关度 | |
|---|---|---|---|
| 公司法 | 第72条【有限责任公司股权强制转让中的优先购买权】 | ★ | 0085 |
| | 第179条【公司变更的登记制度】 | ★ | |
| | 第180条【公司的法定解散事由】 | ★ | |
| 合同法 | 第107条【合同约束力:违约责任】 | ★★★ | 0791 |
| | 第60条【合同履行的原则】 | ★★ | |
| | 第8条【合同约束力】 | ★ | |
| | 第14条【要约的界定及其构成】 | ★ | |
| | 第44条【合同成立条件与时间】 | ★ | |
| | 第49条【表见代理的构成及其效力】 | ★ | |
| | 第94条【合同的法定解除;法定解除权】 | ★ | |
| | 第97条【合同解除的法律后果】 | ★ | |
| | 第114条【违约金的数额及其调整】 | ★ | |
| | 第159条【买受人应支付价款的数额认定】 | ★ | |
| | 第196条【借款合同定义】 | ★ | |
| | 第205条【借款合同的利息支付义务】 | ★ | |
| | 第206条【借款期限的认定】 | ★ | |
| | 第207条【借款合同违约责任承担:支付利息】 | ★ | |
| 民法通则 | 第4条【民事活动的基本原则:自愿、公平、等价有偿、诚实信用】 | ★ | 0812 |
| | 第6条【民事活动应遵守国家政策】 | ★ | |
| | 第84条【债的界定】 | ★ | |
| | 第90条【借贷关系】 | ★ | |
| | 第92条【不当得利返还请求权】 | ★ | |
| | 第106条【民事责任归责原则:违约责任,无过错责任原则;侵权责任,过错责任、无过错责任】 | ★ | |
| | 第108条【债务清偿:分期偿还、强制偿还】 | ★ | |

| | | 同时适用的法条 | 相关度 |
|---|---|---|---|
| 0812 | 民法通则 | 第137条【诉讼时效期间的起算日和最长保护期限】 | ★ |
| 0823 | 担保法 | 第18条【保证合同中连带责任的承担】 | ★ |
| | | 第21条【保证担保的范围;没有约定、约定不明时的担保范围】 | ★ |
| 0915 | 公司法司法解释三 | 第13条【未履行或未全面履行出资义务的股东对于公司债务承担补充责任;发起人的连带责任;董事、高级管理人员的不真正连带责任】 | ★ |
| | | 第22条【股权确认之诉中当事人应当证明的事项】 | ★ |
| | | 第23条【股东名册的载明事项和效力;股东名册的登记管理】 | ★ |

第30条【出资人的出资财产有权利瑕疵时的股权认定与处置方式】 ★

有限责任公司成立后,发现作为设立公司出资的非货币财产的实际价额显著低于公司章程所定价额的,应当由交付该出资的股东补足其差额;公司设立时的其他股东承担连带责任。

■ 主要适用的案由及其相关度

| 案由编号 | 主要适用的案由 | 相关度 |
|---|---|---|
| M8.21.245 | 股东出资纠纷 | |
| M4.10.111 | 合伙协议纠纷 | |
| M8.21.242 | 股东资格确认纠纷 | |
| M8.21.249 | 股权转让纠纷 | |
| M4.10 | 合同纠纷 | |
| M2.2.12 | 离婚后财产纠纷 | |
| M8.21.246 | 新增资本认购纠纷 | |
| M4.10.74 | 买卖合同纠纷 | |
| M4.10.89 | 借款合同纠纷 | |

| 案由编号 | 主要适用的案由 | 相关度 |
|---|---|---|
| M4.10.89.4 | 民间借贷纠纷 | |
| M4.10.97.2 | 房屋租赁合同纠纷 | |
| M6.17 | 劳动争议 | |
| M8.21.254 | 公司盈余分配纠纷 | |
| M8.21.257 | 股东损害公司债权人利益责任纠纷 | |
| M8.21.262 | 公司增资纠纷 | |

■ 同时适用的法条及其相关度

| | 同时适用的法条 | 相关度 |
|---|---|---|
| 公司法 | 第1条【公司法立法宗旨】 | |
| | 第2条【公司类别】 | |
| | 第3条【公司法人制度】 | |
| | 第4条【公司股东权利】 | |
| | 第17条【公司职工的权益保护】 | |
| | 第19条【公司中的党组织活动】 | |
| | 第20条【禁止股东权利滥用;滥用股东权利的法律责任】 | |
| | 第23条【有限责任公司的设立条件】 | |
| | 第24条【有限责任公司的股东人数】 | |
| | 第25条【有限责任公司章程应载明事项】 | |
| | 第26条【有限责任公司注册资本认缴制;注册资本特别规定】 | |
| | 第27条【股东出资方式及其限制;非货币出资的评估作价规定】 | |
| | 第28条【股东出资义务的履行及其违约责任】 | |
| | 第29条【有限责任公司的设立登记】 | |
| | 第31条【股东出资证明书的签发与载明事项】 | |

| | | 同时适用的法条 | 相关度 |
|---|---|---|---|
| 0085 | 公司法 | 第32条【股东名册的载明事项和效力；股东名册的登记管理】 | |
| | | 第33条【股东的知情权；股东查阅公司会计账册的权利及司法救济】 | |
| | | 第38条【有限责任公司首次股东会会议的召集和主持】 | |
| | | 第44条【有限责任公司董事会的组成】 | |
| | | 第46条【有限责任公司董事会的职权】 | |
| | | 第47条【有限责任公司董事会会议的召集与主持】 | |
| | | 第71条【有限责任公司的股权转让；股东的优先购买权】 | |
| | | 第72条【有限责任公司股权强制转让中的优先购买权】 | |
| | | 第73条【有限责任公司股权转让后公司章程与股东名册的修改】 | |
| | | 第178条【公司增加注册资本的执行规定】 | |
| 0791 | 合同法 | 第44条【合同成立条件与时间】 | |
| | | 第52条【合同无效的情形】 | |
| | | 第60条【合同履行的原则】 | |
| | | 第77条【变更合同的条件与要求】 | |
| | | 第93条【合同的意定解除：协商一致；约定条件成就】 | |
| | | 第94条【合同的法定解除；法定解除权】 | |
| | | 第97条【合同解除的法律后果】 | |
| | | 第107条【合同约束力；违约责任】 | |
| | | 第109条【违约责任的承担：付款义务的继续履行】 | |
| | | 第112条【违约责任的承担：损失赔偿与其他责任的并存】 | |

| | | 同时适用的法条 | 相关度 | |
|---|---|---|---|---|
| 合同法 | 第113条【违约责任的承担:损失赔偿】 | | | 0791 |
| | 第130条【买卖合同的定义】 | | | |
| | 第159条【买受人应支付价款的数额认定】 | | | |
| | 第196条【借款合同定义】 | | | |
| | 第205条【借款合同的利息支付义务】 | | | |
| | 第206条【借款期限的认定】 | | | |
| | 第207条【借款合同违约责任承担:支付利息】 | | | |
| | 第211条【自然人之间借款合同利息的规制】 | | | |
| | 第212条【租赁合同的定义】 | | | |
| 民法通则 | 第30条【个人合伙】 | | | 0812 |
| | 第32条【合伙财产的归属、管理和使用】 | | | |
| | 第43条【企业法人对其机构的活动承担民事责任】 | | | |
| | 第90条【借贷关系】 | | | |
| | 第108条【债务清偿:分期偿还、强制偿还】 | | | |
| | 第137条【诉讼时效期间的起算日和最长保护期限】 | | | |
| 劳动合同法 | 第63条【被派遣劳动者与用工单位的劳动者同工同酬的权利】 | | | 0849 |
| 社会保险法 | 第2条【社会保险制度的类型】 | | | 0881 |
| | 第6条【国家对社会保险基金监管机制】 | | | |
| 公司法司法解释三 | 第14条【抽逃出资的法律责任】 | | | 0915 |
| | 第22条【股权确认之诉中当事人应当证明的事项】 | | | |
| | 第23条【股东名册的载明事项和效力;股东名册的登记管理】 | | | |
| 公司法司法解释一 | 第1条【公司法对其实施前的法律纠纷没有溯及力】 | | | 0945 |

**第31条【股东出资证明书的签发与载明事项】** ★★

有限责任公司成立后,应当向股东签发出资证明书。

出资证明书应当载明下列事项:

(一)公司名称;

(二)公司成立日期;

(三)公司注册资本;

(四)股东的姓名或者名称、缴纳的出资额和出资日期;

(五)出资证明书的编号和核发日期。

出资证明书由公司盖章。

■ 主要适用的案由及其相关度

| 案由编号 | 主要适用的案由 | 相关度 |
|---|---|---|
| M8.21.242 | 股东资格确认纠纷 | ★★★★★ |
| M8.21.243 | 股东名册记载纠纷 | ★★★★ |
| M4.10.89.4 | 民间借贷纠纷 | ★ |
| M4.10 | 合同纠纷 | ★ |
| M5.13.137 | 特许经营合同纠纷 | ★ |
| M8.21.249 | 股权转让纠纷 | ★ |

■ 同时适用的法条及其相关度

| | 同时适用的法条 | 相关度 |
|---|---|---|
| 公司法 | 第32条【股东名册的载明事项和效力;股东名册的登记管理】 | ★★★★★ |
| | 第4条【公司股东权利】 | ★ |
| | 第20条【禁止股东权利滥用;滥用股东权利的法律责任】 | ★ |
| | 第25条【有限责任公司章程应载明事项】 | ★ |
| | 第27条【股东出资方式及其限制;非货币出资的评估作价规定】 | ★ |
| | 第28条【股东出资义务的履行及其违约责任】 | ★ |

|  | 同时适用的法条 | 相关度 |  |
|---|---|---|---|
| 公司法 | 第29条【有限责任公司的设立登记】 | ★ | 0085 |
|  | 第63条【一人有限责任公司的法人人格否认制度】 | ★ |  |
|  | 第71条【有限责任公司的股权转让；股东的优先购买权】 | ★ |  |
| 合同法 | 第60条【合同履行的原则】 | ★ | 0791 |
|  | 第94条【合同的法定解除；法定解除权】 | ★ |  |
|  | 第107条【合同约束力；违约责任】 | ★ |  |
|  | 第206条【借款期限的认定】 | ★ |  |
| 公司法司法解释三 | 第23条【股东名册的载明事项和效力；股东名册的登记管理】 | ★★★ | 0915 |
|  | 第22条【股权确认之诉中当事人应当证明的事项】 | ★ |  |

**第32条【股东名册的载明事项和效力；股东名册的登记管理】** ★★

有限责任公司应当置备股东名册，记载下列事项：

（一）股东的姓名或者名称及住所；

（二）股东的出资额；

（三）出资证明书编号。

记载于股东名册的股东，可以依股东名册主张行使股东权利。

公司应当将股东的姓名或者名称向公司登记机关登记；登记事项发生变更的，应当办理变更登记。未经登记或者变更登记的，不得对抗第三人。

■ 主要适用的案由及其相关度

| 案由编号 | 主要适用的案由 | 相关度 |
|---|---|---|
| M8.21.242 | 股东资格确认纠纷 | ★★★★★ |
| M8.21.249 | 股权转让纠纷 | ★★ |
| M8.21.244 | 请求变更公司登记纠纷 | ★ |
| M6.17.169.5 | 追索劳动报酬纠纷 | ★ |
| M8.21.243 | 股东名册记载纠纷 | ★ |

■ 同时适用的法条及其相关度

| | 同时适用的法条 | 相关度 |
|---|---|---|
| 公司法 | 第33条【股东的知情权;股东查阅公司会计账册的权利及司法救济】 | ★★★★★ |
| | 第71条【有限责任公司的股权转让;股东的优先购买权】 | ★★★★★ |
| | 第28条【股东出资义务的履行及其违约责任】 | ★★★★ |
| | 第31条【股东出资证明书的签发与载明事项】 | ★★★★ |
| | 第73条【有限责任公司股权转让后公司章程与股东名册的修改】 | ★★★ |
| | 第4条【公司股东权利】 | ★★ |
| | 第23条【有限责任公司的设立条件】 | ★★ |
| | 第25条【有限责任公司章程应载明事项】 | ★★ |
| | 第34条【股东红利分配规则;公司新增资本时股东的优先认购权】 | ★★ |
| | 第3条【公司法人制度】 | ★ |
| | 第7条【公司营业执照的签发、记载事项以及换发】 | ★ |
| | 第11条【公司的章程及其效力】 | ★ |
| | 第13条【公司的法定代表人】 | ★ |
| | 第27条【股东出资方式及其限制;非货币出资的评估作价规定】 | ★ |
| | 第29条【有限责任公司的设立登记】 | ★ |
| | 第35条【股东不得抽逃出资的义务】 | ★ |
| | 第37条【公司股东会职权】 | ★ |
| | 第43条【有限责任公司股东会的议事方式和表决程序】 | ★ |
| | 第75条【有限责任公司股东资格的继承】 | ★ |

| | 同时适用的法条 | 相关度 | |
|---|---|---|---|
| 合同法 | 第60条【合同履行的原则】 | ★★★ | 0791 |
| | 第107条【合同约束力：违约责任】 | ★★★ | |
| | 第8条【合同约束力】 | ★★ | |
| | 第5条【合同公平原则；合同权利义务确定的原则】 | ★ | |
| | 第44条【合同成立条件与时间】 | ★ | |
| | 第52条【合同无效的情形】 | ★ | |
| | 第94条【合同的法定解除；法定解除权】 | ★ | |
| | 第97条【合同解除的法律后果】 | ★ | |
| | 第205条【借款合同的利息支付义务】 | ★ | |
| | 第206条【借款期限的认定】 | ★ | |
| 劳动合同法 | 第30条【用人单位的劳动报酬支付义务；劳动者申请支付令的条件】 | ★★ | 0849 |
| 证券法 | 第1条【证券法立法宗旨】 | ★ | 0846 |
| 民法通则 | 第106条【民事责任归责原则：违约责任，无过错责任原则；侵权责任，过错责任、无过错责任】 | ★ | 0812 |
| 公司法司法解释三 | 第23条【股东名册的载明事项和效力；股东名册的登记管理】 | ★★★★★ | 0915 |
| | 第13条【未履行或未全面履行出资义务的股东对于公司债务承担补充责任；发起人的连带责任；董事、高级管理人员的不真正连带责任】 | ★★★ | |
| | 第22条【股权确认之诉中当事人应当证明的事项】 | ★★★ | |
| | 第24条【隐名股东与名义股东：投资权益归属、实际履行出资义务；变更登记】 | ★★★ | |
| | 第21条【股东资格确认之诉的诉讼当事人的认定】 | ★★ | |
| | 第25条【名义股东处分股权】 | ★★ | |

| | | 同时适用的法条 | 相关度 |
|---|---|---|---|
| 0946 | 劳动争议案件司法解释二 | 第3条【视为拖欠劳动报酬争议的起诉】 | ★★ |

第33条【股东的知情权;股东查阅公司会计账册的权利及司法救济】★★

股东有权查阅、复制公司章程、股东会会议记录、董事会会议决议、监事会会议决议和财务会计报告。

股东可以要求查阅公司会计账簿。股东要求查阅公司会计账簿的,应当向公司提出书面请求,说明目的。公司有合理根据认为股东查阅会计账簿有不正当目的,可能损害公司合法利益的,可以拒绝提供查阅,并应当自股东提出书面请求之日起十五日内书面答复股东并说明理由。公司拒绝提供查阅的,股东可以请求人民法院要求公司提供查阅。

■ 主要适用的案由及其相关度

| 案由编号 | 主要适用的案由 | 相关度 |
|---|---|---|
| M8.21.247 | 股东知情权纠纷 | ★★★★★ |
| M8.21.242 | 股东资格确认纠纷 | ★★★ |
| M8.21.249 | 股权转让纠纷 | ★ |
| M8.21.244 | 请求变更公司登记纠纷 | ★ |

■ 同时适用的法条及其相关度

| | | 同时适用的法条 | 相关度 |
|---|---|---|---|
| 0085 | 公司法 | 第32条【股东名册的载明事项和效力;股东名册的登记管理】 | ★★★★★ |
| | | 第72条【有限责任公司股权强制转让中的优先购买权】 | ★★★★ |
| | | 第2条【公司类别】 | ★★★ |
| | | 第165条【财务会计报告的公开规则】 | ★★★ |
| | | 第4条【公司股东权利】 | ★★ |

| | 同时适用的法条 | 相关度 | |
|---|---|---|---|
| 公司法 | 第25条【有限责任公司章程应载明事项】 | ★★ | 0085 |
| | 第28条【股东出资义务的履行及其违约责任】 | ★★ | |
| | 第74条【异议股东的股权回购请求权;异议股东的股权回购之诉】 | ★★ | |
| | 第3条【公司法人制度】 | ★ | |
| | 第7条【公司营业执照的签发、记载事项以及换发】 | ★ | |
| | 第11条【公司的章程及其效力】 | ★ | |
| | 第20条【禁止股东权利滥用;滥用股东权利的法律责任】 | ★ | |
| | 第23条【有限责任公司的设立条件】 | ★ | |
| | 第27条【股东出资方式及其限制;非货币出资的评估作价规定】 | ★ | |
| | 第29条【有限责任公司的设立登记】 | ★ | |
| | 第34条【股东红利分配规则;公司新增资本时股东的优先认购权】 | ★ | |
| | 第35条【股东不得抽逃出资的义务】 | ★ | |
| | 第37条【公司股东会职权】 | ★ | |
| | 第71条【有限责任公司的股权转让;股东的优先购买权】 | ★ | |
| | 第164条【公司财务会计报告的编制与审计】 | ★ | |
| 会计法 | 第14条【会计凭证】 | ★★★★ | 0854 |
| | 第15条【会计帐簿登记】 | ★★★★ | |
| | 第9条【会计核算的可靠性】 | ★ | |
| | 第20条【财务会计报告的编制;财务会计报告的组成】 | ★ | |

| | | 同时适用的法条 | 相关度 |
|---|---|---|---|
| 0791 | 合同法 | 第60条【合同履行的原则】 | ★★ |
| | | 第107条【合同约束力:违约责任】 | ★★ |
| | | 第8条【合同约束力】 | ★ |
| | | 第44条【合同成立条件与时间】 | ★ |
| | | 第52条【合同无效的情形】 | ★ |
| | | 第58条【合同无效或被撤销的法律后果】 | ★ |
| | | 第206条【借款期限的认定】 | ★ |
| 0812 | 民法通则 | 第84条【债的界定】 | ★ |
| | | 第108条【债务清偿:分期偿还、强制偿还】 | ★ |
| 0915 | 公司法司法解释三 | 第23条【股东名册的载明事项和效力;股东名册的登记管理】 | ★★★★★ |
| | | 第24条【隐名股东与名义股东:投资权益归属、实际履行出资义务;变更登记】 | ★★★ |
| | | 第25条【名义股东处分股权】 | ★★★ |
| | | 第22条【股权确认之诉中当事人应当证明的事项】 | ★★ |
| | | 第16条【股东未履行或未全面履行出资义务或抽逃出资时股东权利的合理限制】 | ★ |
| | | 第21条【股东资格确认之诉的诉讼当事人的认定】 | ★ |

第34条【股东红利分配规则;公司新增资本时股东的优先认购权】　★

股东按照实缴的出资比例分取红利;公司新增资本时,股东有权优先按照实缴的出资比例认缴出资。但是,全体股东约定不按照出资比例分取红利或者不按照出资比例优先认缴出资的除外。

■ 主要适用的案由及其相关度

| 案由编号 | 主要适用的案由 | 相关度 |
|---|---|---|
| M8.21.247 | 股东知情权纠纷 | ★★★★★ |
| M8.21.254 | 公司盈余分配纠纷 | ★ |
| M8.21.242 | 股东资格确认纠纷 | ★ |

■ 同时适用的法条及其相关度

| | 同时适用的法条 | 相关度 |
|---|---|---|
| 公司法 | 第4条【公司股东权利】 | ★★★★★ |
| | 第37条【公司股东会职权】 | ★★★★★ |
| | 第166条【公司的法定公积金制度、任意公积金制度;公司利润分配的规定】 | ★★★★★ |
| | 第18条【公司的工会制度】 | ★★★★ |
| | 第32条【股东名册的载明事项和效力;股东名册的登记管理】 | ★★★★ |
| | 第3条【公司法人制度】 | ★★★ |
| | 第27条【股东出资方式及其限制;非货币出资的评估作价规定】 | ★★★ |
| | 第28条【股东出资义务的履行及其违约责任】 | ★★★ |
| | 第33条【股东的知情权;股东查阅公司会计账册的权利及司法救济】 | ★★★ |
| | 第11条【公司的章程及其效力】 | ★★ |
| | 第20条【禁止股东权利滥用;滥用股东权利的法律责任】 | ★★ |
| | 第22条【股东会、股东大会、董事会决议的效力;股东对于会议决议的撤销之诉】 | ★★ |
| | 第71条【有限责任公司的股权转让;股东的优先购买权】 | ★★ |
| | 第98条【股份有限公司股东大会的组成及其法律地位】 | ★★ |
| | 第14条【分公司的法律地位;子公司的法律地位】 | ★ |
| | 第19条【公司中的党组织活动】 | ★ |
| | 第23条【有限责任公司的设立条件】 | ★ |

|  | | 同时适用的法条 | 相关度 |
|---|---|---|---|
| 0085 | 公司法 | 第35条【股东不得抽逃出资的义务】 | ★ |
| | | 第36条【有限责任公司股东会的组成及法律地位】 | ★ |
| | | 第43条【有限责任公司股东会的议事方式和表决程序】 | ★ |
| | | 第97条【股东的查阅权、建议权和质询权】 | ★ |
| | | 第164条【公司财务会计报告的编制与审计】 | ★ |
| | | 第165条【财务会计报告的公开规则】 | ★ |
| 0854 | 会计法 | 第15条【会计帐簿登记】 | ★★★ |
| | | 第13条【会计资料应符合规定】 | ★ |
| | | 第14条【会计凭证】 | ★ |
| | | 第20条【财务会计报告的编制;财务会计报告的组成】 | ★ |
| 0812 | 民法通则 | 第5条【公民的合法权益受到保护】 | ★★★ |
| | | 第63条【代理的界定及不得代理的情形】 | ★ |
| 0791 | 合同法 | 第52条【合同无效的情形】 | ★★ |
| | | 第44条【合同成立条件与时间】 | ★ |
| | | 第60条【合同履行的原则】 | ★ |
| | | 第107条【合同约束力:违约责任】 | ★ |

## 第35条【股东不得抽逃出资的义务】 ★★

公司成立后,股东不得抽逃出资。

■ 主要适用的案由及其相关度

| 案由编号 | 主要适用的案由 | 相关度 |
|---|---|---|
| M8.21.254 | 公司盈余分配纠纷 | ★★★★★ |
| M8.21.245 | 股东出资纠纷 | ★★★★★ |
| M4.10.74 | 买卖合同纠纷 | ★★★ |
| M4.10 | 合同纠纷 | ★★★ |

| 案由编号 | 主要适用的案由 | 相关度 |
|---|---|---|
| M8.21.249 | 股权转让纠纷 | ★★★ |
| M8.21 | 与公司有关的纠纷 | ★★★ |
| M8.21.242 | 股东资格确认纠纷 | ★★ |
| M4.10.126 | 追偿权纠纷 | ★ |
| M8.21.256 | 损害公司利益责任纠纷 | ★ |
| M8.21.257 | 股东损害公司债权人利益责任纠纷 | ★ |
| M4.10.99 | 承揽合同纠纷 | ★ |
| M4.10.89 | 借款合同纠纷 | ★ |
| M4.10.89.4 | 民间借贷纠纷 | ★★★★ |

■ 同时适用的法条及其相关度

| | 同时适用的法条 | 相关度 |
|---|---|---|
| 合同法 | 第60条【合同履行的原则】 | ★★★ |
| | 第107条【合同约束力：违约责任】 | ★★★ |
| | 第206条【借款期限的认定】 | ★★ |
| | 第207条【借款合同违约责任承担：支付利息】 | ★★ |
| | 第8条【合同约束力】 | ★ |
| | 第52条【合同无效的情形】 | ★ |
| | 第109条【违约责任的承担：付款义务的继续履行】 | ★ |
| | 第114条【违约金的数额及其调整】 | ★ |
| | 第159条【买受人应支付价款的数额认定】 | ★ |
| | 第161条【买受人支付价款的时间】 | ★ |
| | 第196条【借款合同定义】 | ★ |
| | 第205条【借款合同的利息支付义务】 | ★ |
| | 第210条【自然人之间借款合同的生效：提供借款时】 | ★ |
| | 第211条【自然人之间借款合同利息的规制】 | ★ |

| | | 同时适用的法条 | 相关度 |
|---|---|---|---|
| 0085 | 公司法 | 第 3 条【公司法人制度】 | ★★★ |
| | | 第 4 条【公司股东权利】 | ★★★ |
| | | 第 20 条【禁止股东权利滥用;滥用股东权利的法律责任】 | ★★ |
| | | 第 28 条【股东出资义务的履行及其违约责任】 | ★★ |
| | | 第 1 条【公司法立法宗旨】 | ★ |
| | | 第 5 条【公司的社会责任】 | ★ |
| | | 第 11 条【公司的章程及其效力】 | ★ |
| | | 第 22 条【股东会、股东大会、董事会决议的效力;股东对于会议决议的撤销之诉】 | ★ |
| | | 第 32 条【股东名册的载明事项和效力;股东名册的登记管理】 | ★ |
| | | 第 33 条【股东的知情权;股东查阅公司会计账册的权利及司法救济】 | ★ |
| | | 第 34 条【股东红利分配规则;公司新增资本时股东的优先认购权】 | ★ |
| | | 第 37 条【公司股东会职权】 | ★ |
| | | 第 38 条【有限责任公司首次股东会会议的召集和主持】 | ★ |
| | | 第 71 条【有限责任公司的股权转让;股东的优先购买权】 | ★ |
| | | 第 166 条【公司的法定公积金制度、任意公积金制度;公司利润分配的规定】 | ★ |
| | | 第 167 条【公司资本公积金的组成】 | ★ |
| 0823 | 担保法 | 第 18 条【保证合同中连带责任的承担】 | ★ |
| | | 第 31 条【保证人的追偿权】 | ★ |
| 0812 | 民法通则 | 第 90 条【借贷关系】 | ★ |
| | | 第 108 条【债务清偿:分期偿还、强制偿还】 | ★ |

| | 同时适用的法条 | 相关度 |
|---|---|---|
| 公司法司法解释三 | 第12条【可以认定股东抽逃出资的情形】 | ★★★★★ |
| | 第14条【抽逃出资的法律责任】 | ★★★★★ |
| | 第13条【未履行或未全面履行出资义务的股东对于公司债务承担补充责任；发起人的连带责任；董事、高级管理人员的不真正连带责任】 | ★★ |
| | 第18条【未履行或未全面履行出资义务的有限责任公司股东转让股权后与受让人负有连带的出资义务】 | ★ |

0915

## 第二节 组织机构

**第36条【有限责任公司股东会的组成及法律地位】** ★★

有限责任公司股东会由全体股东组成。股东会是公司的权力机构，依照本法行使职权。

■ 主要适用的案由及其相关度

| 案由编号 | 主要适用的案由 | 相关度 |
|---|---|---|
| M4.10.74 | 买卖合同纠纷 | ★★★★★ |
| M8.21.245 | 股东出资纠纷 | ★★★★★ |
| M4.10 | 合同纠纷 | ★★★ |
| M8.21.257 | 股东损害公司债权人利益责任纠纷 | ★★★ |
| M8.21.249 | 股权转让纠纷 | ★★★ |
| M8.21 | 与公司有关的纠纷 | ★★ |
| M8.21.250.1 | 公司决议效力确认纠纷 | ★★ |
| M8.21.242 | 股东资格确认纠纷 | ★★ |
| M4.10.89 | 借款合同纠纷 | ★★ |
| M4.10.89.1 | 金融借款合同纠纷 | ★★ |
| M4.10.89.4 | 民间借贷纠纷 | ★★★★★ |
| M8.21.254 | 公司盈余分配纠纷 | ★ |
| M3.5.33 | 返还原物纠纷 | ★ |

0182 商事纠纷:公司、企业与破产

| 案由编号 | 主要适用的案由 | 相关度 |
|---|---|---|
| M4.10.99 | 承揽合同纠纷 | ★ |
| M4.10.99.1 | 加工合同纠纷 | ★ |
| M4.10.126 | 追偿权纠纷 | ★ |
| M4.10.100.3 | 建设工程施工合同纠纷 | ★ |
| M4.10.111 | 合伙协议纠纷 | ★ |
| M8.21.252 | 公司证照返还纠纷 | ★ |

■ 同时适用的法条及其相关度

| | 同时适用的法条 | 相关度 |
|---|---|---|
| 合同法 | 第107条【合同约束力:违约责任】 | ★★★★ |
| | 第60条【合同履行的原则】 | ★★★ |
| | 第206条【借款期限的认定】 | ★★★ |
| | 第159条【买受人应支付价款的数额认定】 | ★★ |
| | 第196条【借款合同定义】 | ★★ |
| | 第205条【借款合同的利息支付义务】 | ★★ |
| | 第207条【借款合同违约责任承担:支付利息】 | ★★ |
| | 第8条【合同约束力】 | ★ |
| | 第44条【合同成立条件与时间】 | ★ |
| | 第52条【合同无效的情形】 | ★ |
| | 第109条【违约责任的承担:付款义务的继续履行】 | ★ |
| | 第114条【违约金的数额及其调整】 | ★ |
| | 第161条【买受人支付价款的时间】 | ★ |
| | 第263条【定作人报酬支付的期限】 | ★ |
| 公司法 | 第3条【公司法人制度】 | ★★★ |
| | 第20条【禁止股东权利滥用;滥用股东权利的法律责任】 | ★★★ |

| | 同时适用的法条 | 相关度 | |
|---|---|---|---|
| 公司法 | 第37条【公司股东会职权】 | ★★★ | 0085 |
| | 第28条【股东出资义务的履行及其违约责任】 | ★★ | |
| | 第4条【公司股东权利】 | ★ | |
| | 第11条【公司的章程及其效力】 | ★ | |
| | 第14条【分公司的法律地位;子公司的法律地位】 | ★ | |
| | 第22条【股东会、股东大会、董事会决议的效力;股东对于会议决议的撤销之诉】 | ★ | |
| | 第41条【股东会会议的召集通知及会议记录】 | ★ | |
| | 第42条【有限责任公司股东会表决权行使规则】 | ★ | |
| | 第43条【有限责任公司股东会的议事方式和表决程序】 | ★ | |
| | 第75条【有限责任公司股东资格的继承】 | ★ | |
| 民法通则 | 第108条【债务清偿:分期偿还、强制偿还】 | ★★ | 0812 |
| | 第84条【债的界定】 | ★ | |
| | 第90条【借贷关系】 | ★ | |
| 担保法 | 第18条【保证合同中连带责任的承担】 | ★ | 0823 |
| | 第19条【保证方式不明时:连带责任担保】 | ★ | |
| | 第21条【保证担保的范围;没有约定、约定不明时的担保范围】 | ★ | |
| | 第31条【保证人的追偿权】 | ★ | |
| 公司法司法解释三 | 第12条【可以认定股东抽逃出资的情形】 | ★★★★★ | 0915 |
| | 第14条【抽逃出资的法律责任】 | ★★★★★ | |
| | 第13条【未履行或未全面履行出资义务的股东对于公司债务承担补充责任;发起人的连带责任;董事、高级管理人员的不真正连带责任】 | ★★ | |
| | 第19条【股东未履行或未全面履行出资义务或抽逃出资时的出资义务或返还出资的义务不适用诉讼时效抗辩规则】 | ★ | |

第37条【公司股东会职权】 ★

股东会行使下列职权:

(一)决定公司的经营方针和投资计划;

(二)选举和更换非由职工代表担任的董事、监事,决定有关董事、监事的报酬事项;

(三)审议批准董事会的报告;

(四)审议批准监事会或者监事的报告;

(五)审议批准公司的年度财务预算方案、决算方案;

(六)审议批准公司的利润分配方案和弥补亏损方案;

(七)对公司增加或者减少注册资本作出决议;

(八)对发行公司债券作出决议;

(九)对公司合并、分立、解散、清算或者变更公司形式作出决议;

(十)修改公司章程;

(十一)公司章程规定的其他职权。

对前款所列事项股东以书面形式一致表示同意的,可以不召开股东会会议,直接作出决定,并由全体股东在决定文件上签名、盖章。

■ 主要适用的案由及其相关度

| 案由编号 | 主要适用的案由 | 相关度 |
| --- | --- | --- |
| M8.21.254 | 公司盈余分配纠纷 | ★★★★★ |
| M8.21.249 | 股权转让纠纷 | ★★ |
| M8.21.245 | 股东出资纠纷 | ★★ |
| M8.21 | 与公司有关的纠纷 | ★★ |
| M4.10 | 合同纠纷 | ★ |
| M8.21.242 | 股东资格确认纠纷 | ★ |
| M4.10.89.4 | 民间借贷纠纷 | ★ |
| M3.5.33 | 返还原物纠纷 | ★ |
| M8.21.255 | 损害股东利益责任纠纷 | ★ |
| M8.21.250 | 公司决议纠纷 | ★ |
| M8.21.250.1 | 公司决议效力确认纠纷 | ★★★ |

| 案由编号 | 主要适用的案由 | 相关度 |
|---|---|---|
| M8.21.250.2 | 公司决议撤销纠纷 | ★ |
| M8.21.252 | 公司证照返还纠纷 | ★ |
| M8.21.244 | 请求变更公司登记纠纷 | ★ |

■ 同时适用的法条及其相关度

| | 同时适用的法条 | 相关度 |
|---|---|---|
| 公司法 | 第22条【股东会、股东大会、董事会决议的效力;股东对于会议决议的撤销之诉】 | ★★★★★ |
| | 第34条【股东红利分配规则;公司新增资本时股东的优先认购权】 | ★★★★★ |
| | 第36条【有限责任公司股东会的组成及法律地位】 | ★★★★★ |
| | 第38条【有限责任公司首次股东会会议的召集和主持】 | ★★★★★ |
| | 第4条【公司股东权利】 | ★★★★ |
| | 第18条【公司的工会制度】 | ★★★★ |
| | 第43条【有限责任公司股东会的议事方式和表决程序】 | ★★★★ |
| | 第32条【股东名册的载明事项和效力;股东名册的登记管理】 | ★★★ |
| | 第41条【股东会会议的召集通知及会议记录】 | ★★★ |
| | 第42条【有限责任公司股东会表决权行使规则】 | ★★★ |
| | 第44条【有限责任公司董事会的组成】 | ★★★ |
| | 第46条【有限责任公司董事会的职权】 | ★★★ |
| | 第71条【有限责任公司的股权转让;股东的优先购买权】 | ★★★ |
| | 第166条【公司的法定公积金制度、任意公积金制度:公司利润分配的规定】 | ★★★ |
| | 第3条【公司法人制度】 | ★★ |

| | | 同时适用的法条 | 相关度 |
|---|---|---|---|
| 0085 | 公司法 | 第11条【公司的章程及其效力】 | ★★ |
| | | 第20条【禁止股东权利滥用;滥用股东权利的法律责任】 | ★★ |
| | | 第33条【股东的知情权;股东查阅公司会计账册的权利及司法救济】 | ★★ |
| | | 第35条【股东不得抽逃出资的义务】 | ★★ |
| | | 第40条【有限责任公司股东会会议的召集与主持】 | ★★ |
| | | 第13条【公司的法定代表人】 | ★ |
| | | 第23条【有限责任公司的设立条件】 | ★ |
| | | 第25条【有限责任公司章程应载明事项】 | ★ |
| | | 第27条【股东出资方式及其限制;非货币出资的评估作价规定】 | ★ |
| | | 第28条【股东出资义务的履行及其违约责任】 | ★ |
| | | 第39条【有限责任公司股东会会议的类型及召开制度】 | ★ |
| | | 第47条【有限责任公司董事会会议的召集与主持】 | ★ |
| | | 第72条【有限责任公司股权强制转让中的优先购买权】 | ★ |
| | | 第75条【有限责任公司股东资格的继承】 | ★ |
| | | 第179条【公司变更的登记制度】 | ★ |
| 0791 | 合同法 | 第107条【合同约束力:违约责任】 | ★★★ |
| | | 第52条【合同无效的情形】 | ★★ |
| | | 第60条【合同履行的原则】 | ★★ |
| | | 第9条【合同当事人资格:民事权利能力、民事行为能力;可委托代理人订立合同的规定】 | ★ |
| | | 第56条【合同无效或被撤销的溯及力;部分无效不影响其他独立部分的效力】 | ★ |
| | | 第58条【合同无效或被撤销的法律后果】 | ★ |

| | 同时适用的法条 | 相关度 | |
|---|---|---|---|
| 合同法 | 第94条【合同的法定解除;法定解除权】 | ★ | 0791 |
| | 第196条【借款合同定义】 | ★ | |
| | 第206条【借款期限的认定】 | ★ | |
| | 第210条【自然人之间借款合同的生效:提供借款时】 | ★ | |
| | 第211条【自然人之间借款合同利息的规制】 | ★ | |
| 民法通则 | 第36条【法人的定义;法人民事权利能力和民事行为能力的存续期间】 | ★ | 0812 |
| | 第55条【民事法律行为的有效条件】 | ★ | |
| | 第58条【民事行为无效的法定情形】 | ★ | |
| | 第84条【债的界定】 | ★ | |
| | 第106条【民事责任归责原则:违约责任,无过错责任原则;侵权责任,过错责任、无过错责任】 | ★ | |
| | 第108条【债务清偿:分期偿还、强制偿还】 | ★ | |
| 劳动合同法 | 第44条【劳动合同的终止】 | ★ | 0849 |
| 公司法司法解释三 | 第19条【股东未履行或未全面履行出资义务或抽逃出资时的出资义务或返还出资的义务不适用诉讼时效抗辩规则】 | ★ | 0915 |

**第38条【有限责任公司首次股东会会议的召集和主持】** ★

首次股东会会议由出资最多的股东召集和主持,依照本法规定行使职权。

■ 主要适用的案由及其相关度

| 案由编号 | 主要适用的案由 | 相关度 |
|---|---|---|
| M8.21.254 | 公司盈余分配纠纷 | ★★★★★ |
| M8.21.249 | 股权转让纠纷 | ★★★★★ |
| M8.21 | 与公司有关的纠纷 | ★★★ |

0188 商事纠纷：公司、企业与破产

| 案由编号 | 主要适用的案由 | 相关度 |
|---|---|---|
| M4.10 | 合同纠纷 | ★★★ |
| M8.21.242 | 股东资格确认纠纷 | ★★ |
| M4.10.89.4 | 民间借贷纠纷 | ★★ |
| M8.21.244 | 请求变更公司登记纠纷 | ★★ |
| M8.21.245 | 股东出资纠纷 | ★★ |
| M8.21.252 | 公司证照返还纠纷 | ★ |
| M8.21.263 | 公司解散纠纷 | ★ |
| M8.21.250 | 公司决议纠纷 | ★ |
| M8.21.250.1 | 公司决议效力确认纠纷 | ★★★★★ |
| M8.21.250.2 | 公司决议撤销纠纷 | ★ |
| M8.20.235 | 企业出售合同纠纷 | ★ |
| M4.10.67.1 | 确认合同有效纠纷 | ★ |
| M4.10.111 | 合伙协议纠纷 | ★ |
| M4.10.89.1 | 金融借款合同纠纷 | ★ |
| M8.20.239 | 企业承包经营合同纠纷 | ★ |
| M8.21.246 | 新增资本认购纠纷 | ★ |
| M8.20.229 | 侵害企业出资人权益纠纷 | ★ |
| M8.21.255 | 损害股东利益责任纠纷 | ★ |

■ 同时适用的法条及其相关度

| | 同时适用的法条 | 相关度 |
|---|---|---|
| 公司法 | 第37条【公司股东会职权】 | ★★★★★ |
| | 第44条【有限责任公司董事会的组成】 | ★★★★ |
| | 第4条【公司股东权利】 | ★★★ |
| | 第22条【股东会、股东大会、董事会决议的效力；股东对于会议决议的撤销之诉】 | ★★★ |

| | 同时适用的法条 | 相关度 | |
|---|---|---|---|
| 公司法 | 第42条【有限责任公司股东会表决权行使规则】 | ★★★ | 0085 |
| | 第43条【有限责任公司股东会的议事方式和表决程序】 | ★★★ | |
| | 第72条【有限责任公司股权强制转让中的优先购买权】 | ★★★ | |
| | 第35条【股东不得抽逃出资的义务】 | ★★ | |
| | 第11条【公司的章程及其效力】 | ★ | |
| | 第13条【公司的法定代表人】 | ★ | |
| | 第20条【禁止股东权利滥用;滥用股东权利的法律责任】 | ★ | |
| | 第32条【股东名册的载明事项和效力;股东名册的登记管理】 | ★ | |
| | 第33条【股东的知情权;股东查阅公司会计账册的权利及司法救济】 | ★ | |
| | 第36条【有限责任公司股东会的组成及法律地位】 | ★ | |
| | 第40条【有限责任公司股东会会议的召集与主持】 | ★ | |
| | 第41条【股东会会议的召集通知及会议记录】 | ★ | |
| | 第47条【有限责任公司董事会会议的召集与主持】 | ★ | |
| | 第100条【股份有限公司股东大会的召开周期及临时股东大会召开的条件】 | ★ | |
| | 第104条【对公司转让、受让重大资产或对外提供担保等事项的特殊决议程序】 | ★ | |
| | 第167条【公司资本公积金的组成】 | ★ | |
| 合同法 | 第60条【合同履行的原则】 | ★★ | 0791 |
| | 第107条【合同约束力:违约责任】 | ★★ | |
| | 第8条【合同约束力】 | ★ | |
| | 第44条【合同成立条件与时间】 | ★ | |
| | 第94条【合同的法定解除;法定解除权】 | ★ | |

| | | 同时适用的法条 | 相关度 |
|---|---|---|---|
| 0791 | 合同法 | 第196条【借款合同定义】 | ★ |
| | | 第206条【借款期限的认定】 | ★ |
| 0812 | 民法通则 | 第36条【法人的定义;法人民事权利能力和民事行为能力的存续期间】 | ★ |
| | | 第55条【民事法律行为的有效条件】 | ★ |
| | | 第57条【民事法律行为的效力】 | ★ |
| | | 第106条【民事责任归责原则:违约责任,无过错责任原则;侵权责任、过错责任、无过错责任】 | ★ |
| 0890 | 公司登记管理条例 | 第30条【公司变更法定代表人的变更登记】 | ★ |
| | | 第38条【公司合并、分立的登记】 | ★ |

第39条【有限责任公司股东会会议的类型及召开制度】 ★

股东会会议分为定期会议和临时会议。

定期会议应当依照公司章程的规定按时召开。代表十分之一以上表决权的股东,三分之一以上的董事,监事会或者不设监事会的公司的监事提议召开临时会议的,应当召开临时会议。

■ 主要适用的案由及其相关度

| 案由编号 | 主要适用的案由 | 相关度 |
|---|---|---|
| M8.21.242 | 股东资格确认纠纷 | |
| M8.21.263 | 公司解散纠纷 | |
| M8.21.244 | 请求变更公司登记纠纷 | |
| M8.21.247 | 股东知情权纠纷 | |
| M8.21 | 与公司有关的纠纷 | |
| M8.21.252 | 公司证照返还纠纷 | |
| M8.21.254 | 公司盈余分配纠纷 | |
| M8.21.265 | 清算责任纠纷 | |
| M8.21.250 | 公司决议纠纷 | |

| 案由编号 | 主要适用的案由 | 相关度 |
|---|---|---|
| M8.21.250.1 | 公司决议效力确认纠纷 | |
| M8.21.250.2 | 公司决议撤销纠纷 | |
| M4.10.111 | 合伙协议纠纷 | |
| M4.10.89.4 | 民间借贷纠纷 | |
| M6.17 | 劳动争议 | |
| M6.17.169 | 劳动合同纠纷 | |

■ 同时适用的法条及其相关度

| | 同时适用的法条 | 相关度 | |
|---|---|---|---|
| 公司法 | 第22条【股东会、股东大会、董事会决议的效力;股东对于会议决议的撤销之诉】 | ★★★★★ | 0085 |
| | 第40条【有限责任公司股东会会议的召集与主持】 | ★★★★★ | |
| | 第41条【股东会会议的召集通知及会议记录】 | ★★★★ | |
| | 第4条【公司股东权利】 | ★★★ | |
| | 第43条【有限责任公司股东会的议事方式和表决程序】 | ★★★ | |
| | 第42条【有限责任公司股东会表决权行使规则】 | ★★ | |
| | 第36条【有限责任公司股东会的组成及法律地位】 | ★ | |
| | 第37条【公司股东会职权】 | ★ | |
| 公司登记管理条例 | 第26条【公司变更登记】 | ★ | 0890 |
| | 第27条【公司申请变更登记应提交的文件】 | ★ | |
| 公司法司法解释一 | 第2条【公司法对其实施前的法律纠纷可参照适用】 | ★★ | 0945 |

**第40条【有限责任公司股东会会议的召集与主持】** ★

有限责任公司设立董事会的,股东会会议由董事会召集,董事长主持;董事长不能履行职务或者不履行职务的,由副董事长主持;副董事长不能履行职务或者不履行职务的,由半数以上董事共同推举一名董事主持。

有限责任公司不设董事会的,股东会会议由执行董事召集和主持。

董事会或者执行董事不能履行或者不履行召集股东会会议职责的,由监事会或者不设监事会的公司的监事召集和主持;监事会或者监事不召集和主持的,代表十分之一以上表决权的股东可以自行召集和主持。

■ 主要适用的案由及其相关度

| 案由编号 | 主要适用的案由 | 相关度 |
| --- | --- | --- |
| M8.21.242 | 股东资格确认纠纷 | ★★★ |
| M8.21.244 | 请求变更公司登记纠纷 | ★ |
| M8.21.250 | 公司决议纠纷 | ★ |
| M8.21.250.1 | 公司决议效力确认纠纷 | ★★ |
| M8.21.250.2 | 公司决议撤销纠纷 | ★★★★★ |
| M8.21 | 与公司有关的纠纷 | ★ |
| M8.21.252 | 公司证照返还纠纷 | ★ |
| M8.21.254 | 公司盈余分配纠纷 | ★ |

■ 同时适用的法条及其相关度

| | 同时适用的法条 | 相关度 |
| --- | --- | --- |
| 公司法 | 第22条【股东会、股东大会、董事会决议的效力;股东对于会议决议的撤销之诉】 | ★★★★★ |
| | 第39条【有限责任公司股东会会议的类型及召开制度】 | ★★★★ |
| | 第41条【股东会会议的召集通知及会议记录】 | ★★★★ |
| | 第42条【有限责任公司股东会表决权行使规则】 | ★★★ |
| | 第43条【有限责任公司股东会的议事方式和表决程序】 | ★★★ |
| | 第4条【公司股东权利】 | ★★ |
| | 第37条【公司股东会职权】 | ★★ |

|  | 同时适用的法条 | 相关度 | |
|---|---|---|---|
| 公司法 | 第38条【有限责任公司首次股东会会议的召集和主持】 | ★ | 0085 |
| | 第44条【有限责任公司董事会的组成】 | ★ | |
| 公司法司法解释一 | 第2条【公司法对其实施前的法律纠纷可参照适用】 | ★ | 0945 |

**第41条【股东会会议的召集通知及会议记录】** ★

召开股东会会议,应当于会议召开十五日前通知全体股东;但是,公司章程另有规定或者全体股东另有约定的除外。

股东会应当对所议事项的决定作成会议记录,出席会议的股东应当在会议记录上签名。

■ 主要适用的案由及其相关度

| 案由编号 | 主要适用的案由 | 相关度 |
|---|---|---|
| M8.21.250 | 公司决议纠纷 | ★★ |
| M8.21.250.1 | 公司决议效力确认纠纷 | ★★★ |
| M8.21.250.2 | 公司决议撤销纠纷 | ★★★★★ |
| M8.21.249 | 股权转让纠纷 | ★ |
| M8.21.252 | 公司证照返还纠纷 | ★ |
| M8.21 | 与公司有关的纠纷 | ★ |
| M8.21.244 | 请求变更公司登记纠纷 | ★ |

■ 同时适用的法条及其相关度

|  | 同时适用的法条 | 相关度 | |
|---|---|---|---|
| 公司法 | 第22条【股东会、股东大会、董事会决议的效力;股东对于会议决议的撤销之诉】 | ★★★★★ | 0085 |
| | 第43条【有限责任公司股东会的议事方式和表决程序】 | ★★★★★ | |

| | 同时适用的法条 | 相关度 |
|---|---|---|
| 公司法 | 第42条【有限责任公司股东会表决权行使规则】 | ★★★★ |
| | 第39条【有限责任公司股东会会议的类型及召开制度】 | ★★★ |
| | 第40条【有限责任公司股东会会议的召集与主持】 | ★★★ |
| | 第37条【公司股东会职权】 | ★★ |
| | 第44条【有限责任公司董事会的组成】 | ★★ |
| | 第11条【公司的章程及其效力】 | ★ |
| | 第36条【有限责任公司股东会的组成及法律地位】 | ★ |
| | 第38条【有限责任公司首次股东会会议的召集和主持】 | ★ |

**第42条【有限责任公司股东会表决权行使规则】** ★

股东会会议由股东按照出资比例行使表决权;但是,公司章程另有规定的除外。

■ 主要适用的案由及其相关度

| 案由编号 | 主要适用的案由 | 相关度 |
|---|---|---|
| M8.21.250 | 公司决议纠纷 | ★ |
| M8.21.250.1 | 公司决议效力确认纠纷 | ★★★ |
| M8.21.250.2 | 公司决议撤销纠纷 | ★★★★★ |
| M8.21.252 | 公司证照返还纠纷 | ★ |
| M8.21.255 | 损害股东利益责任纠纷 | ★ |
| M8.21.249 | 股权转让纠纷 | ★ |
| M8.21 | 与公司有关的纠纷 | ★ |
| M8.21.242 | 股东资格确认纠纷 | ★ |
| M8.21.244 | 请求变更公司登记纠纷 | ★ |
| M4.10 | 合同纠纷 | ★ |

## 同时适用的法条及其相关度

| | 同时适用的法条 | 相关度 |
|---|---|---|
| 公司法 | 第22条【股东会、股东大会、董事会决议的效力；股东对于会议决议的撤销之诉】 | ★★★★★ |
| | 第43条【有限责任公司股东会的议事方式和表决程序】 | ★★★★★ |
| | 第41条【股东会会议的召集通知及会议记录】 | ★★★★ |
| | 第37条【公司股东会职权】 | ★★★ |
| | 第40条【有限责任公司股东会会议的召集与主持】 | ★★★ |
| | 第44条【有限责任公司董事会的组成】 | ★★★ |
| | 第38条【有限责任公司首次股东会会议的召集和主持】 | ★★ |
| | 第4条【公司股东权利】 | ★ |
| | 第36条【有限责任公司股东会的组成及法律地位】 | ★ |
| | 第39条【有限责任公司股东会会议的类型及召开制度】 | ★ |
| | 第72条【有限责任公司股权强制转让中的优先购买权】 | ★ |
| 合同法 | 第60条【合同履行的原则】 | ★ |

**第43条【有限责任公司股东会的议事方式和表决程序】** ★

股东会的议事方式和表决程序，除本法有规定的外，由公司章程规定。

股东会会议作出修改公司章程、增加或者减少注册资本的决议，以及公司合并、分立、解散或者变更公司形式的决议，必须经代表三分之二以上表决权的股东通过。

■ 主要适用的案由及其相关度

| 案由编号 | 主要适用的案由 | 相关度 |
|---|---|---|
| M8.21.244 | 请求变更公司登记纠纷 | ★★ |
| M8.21.250 | 公司决议纠纷 | ★★ |

| 案由编号 | 主要适用的案由 | 相关度 |
|---|---|---|
| M8.21.250.1 | 公司决议效力确认纠纷 | ★★★★★ |
| M8.21.250.2 | 公司决议撤销纠纷 | ★★★★★ |
| M8.21.242 | 股东资格确认纠纷 | ★★ |
| M8.21.252 | 公司证照返还纠纷 | ★★ |
| M8.21 | 与公司有关的纠纷 | ★ |
| M8.21.245 | 股东出资纠纷 | ★ |
| M4.10.67.1 | 确认合同有效纠纷 | ★ |
| M8.21.249 | 股权转让纠纷 | ★ |
| M8.21.262 | 公司增资纠纷 | ★ |
| M4.10.89.2 | 民间借贷纠纷 | ★ |
| M4.10 | 合同纠纷 | ★ |
| M8.21.254 | 公司盈余分配纠纷 | ★ |
| M8.21.255 | 损害股东利益责任纠纷 | ★ |

■ 同时适用的法条及其相关度

| | 同时适用的法条 | 相关度 |
|---|---|---|
| 公司法 | 第22条【股东会、股东大会、董事会决议的效力；股东对于会议决议的撤销之诉】 | ★★★★★ |
| | 第41条【股东会会议的召集通知及会议记录】 | ★★★★★ |
| | 第42条【有限责任公司股东会表决权行使规则】 | ★★★★★ |
| | 第37条【公司股东会职权】 | ★★★ |
| | 第40条【有限责任公司股东会会议的召集与主持】 | ★★★ |
| | 第44条【有限责任公司董事会的组成】 | ★★★ |
| | 第4条【公司股东权利】 | ★★ |
| | 第38条【有限责任公司首次股东会会议的召集和主持】 | ★★ |
| | 第11条【公司的章程及其效力】 | ★ |

| | 同时适用的法条 | 相关度 | |
|---|---|---|---|
| 公司法 | 第13条【公司的法定代表人】 | ★ | 0085 |
| | 第32条【股东名册的载明事项和效力;股东名册的登记管理】 | ★ | |
| | 第34条【股东红利分配规则;公司新增资本时股东的优先认购权】 | ★ | |
| | 第36条【有限责任公司股东会的组成及法律地位】 | ★ | |
| | 第39条【有限责任公司股东会会议的类型及召开制度】 | ★ | |
| | 第71条【有限责任公司的股权转让;股东的优先购买权】 | ★ | |
| 合同法 | 第60条【合同履行的原则】 | ★ | 0791 |

## 第44条【有限责任公司董事会的组成】 ★

有限责任公司设董事会,其成员为三人至十三人;但是,本法第五十条另有规定的除外。

两个以上的国有企业或者两个以上的其他国有投资主体投资设立的有限责任公司,其董事会成员中应当有公司职工代表;其他有限责任公司董事会成员中可以有公司职工代表。董事会中的职工代表由公司职工通过职工代表大会、职工大会或者其他形式民主选举产生。

董事会设董事长一人,可以设副董事长。董事长、副董事长的产生办法由公司章程规定。

■ 主要适用的案由及其相关度

| 案由编号 | 主要适用的案由 | 相关度 |
|---|---|---|
| M8.21 | 与公司有关的纠纷 | |
| M8.21.244 | 请求变更公司登记纠纷 | |
| M8.21.255 | 损害股东利益责任纠纷 | |
| M8.21.249 | 股权转让纠纷 | |
| M8.21.250 | 公司决议纠纷 | |

| 案由编号 | 主要适用的案由 | 相关度 |
|---|---|---|
| M8.21.250.1 | 公司决议效力确认纠纷 | |
| M8.21.250.2 | 公司决议撤销纠纷 | |
| M8.21.262 | 公司增资纠纷 | |
| M8.21.242 | 股东资格确认纠纷 | |
| M8.21.246 | 新增资本认购纠纷 | |
| M8.21.245 | 股东出资纠纷 | |
| M4.10 | 合同纠纷 | |
| M8.21.252 | 公司证照返还纠纷 | |
| M4.10.111 | 合伙协议纠纷 | |
| M4.10.89.4 | 民间借贷纠纷 | |
| M4.10.74 | 买卖合同纠纷 | |
| M8.21.256 | 损害公司利益责任纠纷 | |
| M8.21.257 | 股东损害公司债权人利益责任纠纷 | |
| M4.10.100.3 | 建设工程施工合同纠纷 | |
| M4.10.67 | 确认合同效力纠纷 | |
| M4.10.67.1 | 确认合同有效纠纷 | |
| M10.43.422 | 案外人执行异议之诉 | |
| M8.20.229 | 侵害企业出资人权益纠纷 | |
| M3.6 | 所有权纠纷 | |

■ 同时适用的法条及其相关度

| | 同时适用的法条 | 相关度 |
|---|---|---|
| 公司法 | 第42条【有限责任公司股东会表决权行使规则】 | ★★★★★ |
| | 第43条【有限责任公司股东会的议事方式和表决程序】 | ★★★★★ |
| | 第22条【股东会、股东大会、董事会决议的效力;股东对于会议决议的撤销之诉】 | ★★★★ |

| | 同时适用的法条 | 相关度 |
|---|---|---|
| 公司法 | 第38条【有限责任公司首次股东会会议的召集和主持】 | ★★★★ |
| | 第37条【公司股东会职权】 | ★★★ |
| | 第41条【股东会会议的召集通知及会议记录】 | ★★★ |
| | 第4条【公司股东权利】 | ★★ |
| | 第11条【公司的章程及其效力】 | ★★ |
| | 第13条【公司的法定代表人】 | ★★ |
| | 第40条【有限责任公司股东会会议的召集与主持】 | ★★ |
| | 第72条【有限责任公司股权强制转让中的优先购买权】 | ★★ |
| | 第7条【公司营业执照的签发、记载事项以及换发】 | ★ |
| | 第25条【有限责任公司章程应载明事项】 | ★ |
| | 第28条【股东出资义务的履行及其违约责任】 | ★ |
| | 第29条【有限责任公司的设立登记】 | ★ |
| | 第32条【股东名册的载明事项和效力；股东名册的登记管理】 | ★ |
| | 第35条【股东不得抽逃出资的义务】 | ★ |
| | 第45条【有限责任公司董事的任期】 | ★ |
| | 第47条【有限责任公司董事会会议的召集与主持】 | ★ |
| | 第48条【有限责任公司董事会的议事方式和表决程序】 | ★ |
| | 第49条【有限责任公司经理的聘任及其职权】 | ★ |
| | 第60条【一人有限责任公司的公司章程制定】 | ★ |
| | 第147条【董事、监事、高级管理人员的忠实义务和勤勉义务】 | ★ |
| | 第148条【禁止董事、高级管理人员实施的行为】 | ★ |
| | 第179条【公司变更的登记制度】 | ★ |
| | 第180条【公司的法定解散事由】 | ★ |

| | | 同时适用的法条 | 相关度 |
|---|---|---|---|
| 0791 | 合同法 | 第60条【合同履行的原则】 | ★★ |
| | | 第8条【合同约束力】 | ★ |
| | | 第107条【合同约束力:违约责任】 | ★ |
| 0890 | 公司登记管理条例 | 第30条【公司变更法定代表人的变更登记】 | ★ |
| | | 第38条【公司合并、分立的登记】 | ★ |

第45条【有限责任公司董事的任期】　　　　　　　　　　★

　　董事任期由公司章程规定,但每届任期不得超过三年。董事任期届满,连选可以连任。

　　董事任期届满未及时改选,或者董事在任期内辞职导致董事会成员低于法定人数的,在改选出的董事就任前,原董事仍应当依照法律、行政法规和公司章程的规定,履行董事职务。

■ 主要适用的案由及其相关度

| 案由编号 | 主要适用的案由 | 相关度 |
|---|---|---|
| M8.21.244 | 请求变更公司登记纠纷 | |
| M8.21.256 | 损害公司利益责任纠纷 | |
| M9.30 | 侵权责任纠纷 | |
| M8.21.252 | 公司证照返还纠纷 | |
| M8.21.249 | 股权转让纠纷 | |
| M8.21.250 | 公司决议纠纷 | |
| M8.21.250.2 | 公司决议撤销纠纷 | |

■ 同时适用的法条及其相关度

| | | 同时适用的法条 | 相关度 |
|---|---|---|---|
| 0085 | 公司法 | 第11条【公司的章程及其效力】 | |
| | | 第13条【公司的法定代表人】 | |

|  | 同时适用的法条 | 相关度 | |
|---|---|---|---|
| 公司法 | 第22条【股东会、股东大会、董事会决议的效力；股东对于会议决议的撤销之诉】 | | 0085 |
| | 第23条【有限责任公司的设立条件】 | | |
| | 第33条【股东的知情权；股东查阅公司会计账册的权利及司法救济】 | | |
| | 第37条【公司股东会职权】 | | |
| | 第41条【股东会会议的召集通知及会议记录】 | | |
| | 第42条【有限责任公司股东会表决权行使规则】 | | |
| | 第43条【有限责任公司股东会的议事方式和表决程序】 | | |
| | 第44条【有限责任公司董事会的组成】 | | |
| | 第46条【有限责任公司董事会的职权】 | | |
| | 第48条【有限责任公司董事会的议事方式和表决程序】 | | |
| | 第49条【有限责任公司经理的聘任及其职权】 | | |
| | 第72条【有限责任公司股权强制转让中的优先购买权】 | | |
| | 第74条【异议股东的股权回购请求权；异议股东的股权回购之诉】 | | |
| | 第147条【董事、监事、高级管理人员的忠实义务和勤勉义务】 | | |
| | 第148条【禁止董事、高级管理人员实施的行为】 | | |
| 合同法 | 第60条【合同履行的原则】 | | 0791 |
| | 第107条【合同约束力；违约责任】 | | |
| 物权法 | 第34条【权利人的返还原物请求权】 | | 0834 |
| 公司登记管理条例 | 第34条【有限公司股东变更登记的申请期限；有限公司的股东或股份公司的发起人改变姓名或名称的变更登记期限】 | | 0890 |

**第46条【有限责任公司董事会的职权】** ★

董事会对股东会负责,行使下列职权:

(一)召集股东会会议,并向股东会报告工作;
(二)执行股东会的决议;
(三)决定公司的经营计划和投资方案;
(四)制订公司的年度财务预算方案、决算方案;
(五)制订公司的利润分配方案和弥补亏损方案;
(六)制订公司增加或者减少注册资本以及发行公司债券的方案;
(七)制订公司合并、分立、解散或者变更公司形式的方案;
(八)决定公司内部管理机构的设置;
(九)决定聘任或者解聘公司经理及其报酬事项,并根据经理的提名决定聘任或者解聘公司副经理、财务负责人及其报酬事项;
(十)制定公司的基本管理制度;
(十一)公司章程规定的其他职权。

■ 主要适用的案由及其相关度

| 案由编号 | 主要适用的案由 | 相关度 |
| --- | --- | --- |
| M8.21.254 | 公司盈余分配纠纷 | |
| M8.21.244 | 请求变更公司登记纠纷 | |
| M8.21.249 | 股权转让纠纷 | |
| M8.21.250.1 | 公司决议效力确认纠纷 | |
| M4.10.97.2 | 房屋租赁合同纠纷 | |
| M8.21.252 | 公司证照返还纠纷 | |
| M8.21.256 | 损害公司利益责任纠纷 | |
| M8.21.255 | 损害股东利益责任纠纷 | |
| M6.17 | 劳动争议 | |
| M4.10 | 合同纠纷 | |
| M4.10.67 | 确认合同效力纠纷 | |
| M4.10.74.1 | 分期付款买卖合同纠纷 | |
| M8.21.250.2 | 公司决议撤销纠纷 | |

■ 同时适用的法条及其相关度

| | 同时适用的法条 | 相关度 |
|---|---|---|
| 公司法 | 第37条【公司股东会职权】 | ★★★★★ |
| | 第166条【公司的法定公积金制度、任意公积金制度;公司利润分配的规定】 | ★★★ |
| | 第4条【公司股东权利】 | ★★ |
| | 第11条【公司的章程及其效力】 | ★★ |
| | 第13条【公司的法定代表人】 | ★★ |
| | 第47条【有限责任公司董事会会议的召集与主持】 | ★★ |
| | 第149条【董事、监事、高级管理人员对于所造成的公司损害的赔偿责任】 | ★★ |
| | 第22条【股东会、股东大会、董事会决议的效力;股东对于会议决议的撤销之诉】 | ★ |
| | 第33条【股东的知情权;股东查阅公司会计账册的权利及司法救济】 | ★ |
| | 第34条【股东红利分配规则;公司新增资本时股东的优先认购权】 | ★ |
| | 第36条【有限责任公司股东会的组成及法律地位】 | ★ |
| | 第38条【有限责任公司首次股东会会议的召集和主持】 | ★ |
| | 第40条【有限责任公司股东会会议的召集与主持】 | ★ |
| | 第42条【有限责任公司股东会表决权行使规则】 | ★ |
| | 第44条【有限责任公司董事会的组成】 | ★ |
| | 第48条【有限责任公司董事会的议事方式和表决程序】 | ★ |
| | 第50条【小型有限责任公司执行董事的设立】 | ★ |
| | 第74条【异议股东的股权回购请求权;异议股东的股权回购之诉】 | ★ |
| | 第148条【禁止董事、高级管理人员实施的行为】 | ★ |

0085

| | 同时适用的法条 | 相关度 |
|---|---|---|
| 0791 合同法 | 第60条【合同履行的原则】 | ★ |

### 第47条【有限责任公司董事会会议的召集与主持】 ★

董事会会议由董事长召集和主持;董事长不能履行职务或者不履行职务的,由副董事长召集和主持;副董事长不能履行职务或者不履行职务的,由半数以上董事共同推举一名董事召集和主持。

■ 主要适用的案由及其相关度

| 案由编号 | 主要适用的案由 | 相关度 |
|---|---|---|
| M8.21.250.2 | 公司决议撤销纠纷 | |
| M4.10.97.2 | 房屋租赁合同纠纷 | |
| M6.17 | 劳动争议 | |
| M8.21.252 | 公司证照返还纠纷 | |
| M8.21 | 与公司有关的纠纷 | |
| M8.21.244 | 请求变更公司登记纠纷 | |
| M8.21.249 | 股权转让纠纷 | |
| M8.21.250.1 | 公司决议效力确认纠纷 | |
| M8.21.255 | 损害股东利益责任纠纷 | |
| M8.21.256 | 损害公司利益责任纠纷 | |
| M8.20.229 | 侵害企业出资人权益纠纷 | |
| M4.10.89.4 | 民间借贷纠纷 | |

■ 同时适用的法条及其相关度

| | | 同时适用的法条 | 相关度 |
|---|---|---|---|
| 0085 | 公司法 | 第4条【公司股东权利】 | |
| | | 第7条【公司营业执照的签发、记载事项以及换发】 | |
| | | 第11条【公司的章程及其效力】 | |

| | 同时适用的法条 | 相关度 |
|---|---|---|
| 公司法 | 第20条【禁止股东权利滥用;滥用股东权利的法律责任】 | |
| | 第22条【股东会、股东大会、董事会决议的效力;股东对于会议决议的撤销之诉】 | |
| | 第23条【有限责任公司的设立条件】 | |
| | 第24条【有限责任公司的股东人数】 | |
| | 第29条【有限责任公司的设立登记】 | |
| | 第30条【出资人的出资财产有权利瑕疵时的股权认定与处置方式】 | |
| | 第32条【股东名册的载明事项和效力;股东名册的登记管理】 | |
| | 第34条【股东红利分配规则;公司新增资本时股东的优先认购权】 | |
| | 第35条【股东不得抽逃出资的义务】 | |
| | 第36条【有限责任公司股东会的组成及法律地位】 | |
| | 第37条【公司股东会职权】 | |
| | 第38条【有限责任公司首次股东会会议的召集和主持】 | |
| | 第39条【有限责任公司股东会会议的类型及召开制度】 | |
| | 第40条【有限责任公司股东会会议的召集与主持】 | |
| | 第41条【股东会会议的召集通知及会议记录】 | |
| | 第42条【有限责任公司股东会表决权行使规则】 | |
| | 第43条【有限责任公司股东会的议事方式和表决程序】 | |
| | 第44条【有限责任公司董事会的组成】 | |
| | 第46条【有限责任公司董事会的职权】 | |

0085

| | | 同时适用的法条 | 相关度 |
|---|---|---|---|
| 0085 | 公司法 | 第48条【有限责任公司董事会的议事方式和表决程序】 | |
| | | 第49条【有限责任公司经理的聘任及其职权】 | |
| | | 第50条【小型有限责任公司执行董事的设立】 | |
| | | 第147条【董事、监事、高级管理人员的忠实义务和勤勉义务】 | |
| | | 第153条【公司债券的定义及其发行条件】 | |
| | | 第167条【公司资本公积金的组成】 | |
| | | 第179条【公司变更的登记制度】 | |
| | | 第180条【公司的法定解散事由】 | |
| 0791 | 合同法 | 第8条【合同约束力】 | |
| | | 第60条【合同履行的原则】 | |
| | | 第61条【合同内容约定不明确的处理规则;合同漏洞的填补】 | |
| | | 第94条【合同的法定解除;法定解除权】 | |
| | | 第107条【合同约束力:违约责任】 | |
| | | 第196条【借款合同定义】 | |
| | | 第206条【借款期限的认定】 | |
| | | 第215条【租赁合同的书面形式要求】 | |
| | | 第232条【不定期租赁】 | |
| 0843 | 劳动法 | 第1条【劳动法立法目的】 | |
| 0849 | 劳动合同法 | 第7条【劳动关系的建立时间和职工名册】 | |
| | | 第10条【书面劳动合同的订立:劳动关系的建立】 | |
| | | 第13条【固定期限劳动合同】 | |
| | | 第29条【单位与劳动者对劳动合同义务的履行:全面履行】 | |
| | | 第46条【经济补偿金的支付】 | |

| | 同时适用的法条 | 相关度 | |
|---|---|---|---|
| 劳动合同法 | 第47条【经济补偿金的支付标准】 | | 0849 |
| | 第63条【被派遣劳动者与用工单位的劳动者同工同酬的权利】 | | |
| | 第82条【用人单位应当向劳动者每月支付二倍工资的责任】 | | |
| 民法通则 | 第92条【不当得利返还请求权】 | | 0812 |
| 社会保险法 | 第2条【社会保险制度的类型】 | | 0881 |
| | 第6条【国家对社会保险基金监管机制】 | | |
| 劳动合同法实施条例 | 第6条【用人单位自用工之日起超过一个月不满一年未与劳动者订立书面劳动合同的责任：支付两倍工资、支付经济补偿】 | | 0901 |

**第48条【有限责任公司董事会的议事方式和表决程序】** ★

董事会的议事方式和表决程序，除本法有规定的外，由公司章程规定。

董事会应当对所议事项的决定作成会议记录，出席会议的董事应当在会议记录上签名。

董事会决议的表决，实行一人一票。

■ 主要适用的案由及其相关度

| 案由编号 | 主要适用的案由 | 相关度 |
|---|---|---|
| M8.21 | 与公司有关的纠纷 | |
| M8.21.250 | 公司决议纠纷 | |
| M8.21.250.1 | 公司决议效力确认纠纷 | |
| M8.21.250.2 | 公司决议撤销纠纷 | |
| M8.21.252 | 公司证照返还纠纷 | |

## ■ 同时适用的法条及其相关度

| | | 同时适用的法条 | 相关度 |
|---|---|---|---|
| 0085 | 公司法 | 第4条【公司股东权利】 | |
| | | 第11条【公司的章程及其效力】 | |
| | | 第13条【公司的法定代表人】 | |
| | | 第22条【股东会、股东大会、董事会决议的效力;股东对于会议决议的撤销之诉】 | |
| | | 第35条【股东不得抽逃出资的义务】 | |
| | | 第36条【有限责任公司股东会的组成及法律地位】 | |
| | | 第37条【公司股东会职权】 | |
| | | 第41条【股东会会议的召集通知及会议记录】 | |
| | | 第42条【有限责任公司股东会表决权行使规则】 | |
| | | 第43条【有限责任公司股东会的议事方式和表决程序】 | |
| | | 第44条【有限责任公司董事会的组成】 | |
| | | 第45条【有限责任公司董事的任期】 | |
| | | 第46条【有限责任公司董事会的职权】 | |
| | | 第47条【有限责任公司董事会会议的召集与主持】 | |
| | | 第49条【有限责任公司经理的聘任及其职权】 | |
| | | 第148条【禁止董事、高级管理人员实施的行为】 | |
| | | 第177条【公司减少注册资本的程序】 | |
| | | 第179条【公司变更的登记制度】 | |
| 0834 | 物权法 | 第34条【权利人的返还原物请求权】 | |
| 0812 | 民法通则 | 第57条【民事法律行为的效力】 | |
| 0915 | 公司法司法解释三 | 第17条【有限责任公司的股东未履行出资义务或抽逃全部出资后股东资格的解除程序】 | |

**第49条【有限责任公司经理的聘任及其职权】** ★

有限责任公司可以设经理,由董事会决定聘任或者解聘。经理对董事

会负责,行使下列职权:

(一)主持公司的生产经营管理工作,组织实施董事会决议;

(二)组织实施公司年度经营计划和投资方案;

(三)拟订公司内部管理机构设置方案;

(四)拟订公司的基本管理制度;

(五)制定公司的具体规章;

(六)提请聘任或者解聘公司副经理、财务负责人;

(七)决定聘任或者解聘除应由董事会决定聘任或者解聘以外的负责管理人员;

(八)董事会授予的其他职权。

公司章程对经理职权另有规定的,从其规定。

经理列席董事会会议。

■ 主要适用的案由及其相关度

| 案由编号 | 主要适用的案由 | 相关度 |
| --- | --- | --- |
| M8.21.256 | 损害公司利益责任纠纷 | |
| M6.17.169 | 劳动合同纠纷 | |
| M6.17.169.1 | 确认劳动关系纠纷 | |
| M8.21 | 与公司有关的纠纷 | |
| M8.21.250 | 公司决议纠纷 | |
| M8.21.250.1 | 公司决议效力确认纠纷 | |
| M8.21.250.2 | 公司决议撤销纠纷 | |
| M8.21.244 | 请求变更公司登记纠纷 | |
| M8.21.247 | 股东知情权纠纷 | |
| M3.5.34 | 排除妨害纠纷 | |
| M4.10.97 | 租赁合同纠纷 | |
| M8.21.252 | 公司证照返还纠纷 | |

■ 同时适用的法条及其相关度

| | 同时适用的法条 | 相关度 |
|---|---|---|
| 公司法 | 第6条【公司设立的登记、审批;公司对于登记事项的公开义务】 | |
| | 第11条【公司的章程及其效力】 | |
| | 第13条【公司的法定代表人】 | |
| | 第14条【分公司的法律地位;子公司的法律地位】 | |
| | 第22条【股东会、股东大会、董事会决议的效力;股东对于会议决议的撤销之诉】 | |
| | 第34条【股东红利分配规则;公司新增资本时股东的优先认购权】 | |
| | 第36条【有限责任公司股东会的组成及法律地位】 | |
| | 第37条【公司股东会职权】 | |
| | 第38条【有限责任公司首次股东会会议的召集和主持】 | |
| | 第41条【股东会会议的召集通知及会议记录】 | |
| | 第42条【有限责任公司股东会表决权行使规则】 | |
| | 第43条【有限责任公司股东会的议事方式和表决程序】 | |
| | 第44条【有限责任公司董事会的组成】 | |
| | 第45条【有限责任公司董事的任期】 | |
| | 第46条【有限责任公司董事会的职权】 | |
| | 第47条【有限责任公司董事会会议的召集与主持】 | |
| | 第48条【有限责任公司董事会的议事方式和表决程序】 | |
| | 第50条【小型有限责任公司执行董事的设立】 | |
| | 第53条【有限责任公司监事会的职权】 | |
| | 第72条【有限责任公司股权强制转让中的优先购买权】 | |

| | 同时适用的法条 | 相关度 | |
|---|---|---|---|
| 公司法 | 第147条【董事、监事、高级管理人员的忠实义务和勤勉义务】 | | 0085 |
| | 第148条【禁止董事、高级管理人员实施的行为】 | | |
| | 第149条【董事、监事、高级管理人员对于所造成的公司损害的赔偿责任】 | | |
| | 第216条【高级管理人员、控股股东、实际控制人、关联关系的法定含义】 | | |
| 劳动法 | 第3条【劳动者的权利和义务】 | | 0843 |
| | 第78条【劳动争议处理原则】 | | |
| 合同法 | 第14条【要约的界定及其构成】 | | 0791 |
| 物权法 | 第34条【权利人的返还原物请求权】 | | 0834 |
| | 第35条【权利人享有的排除妨害请求权与消除危险请求权】 | | |
| | 第38条【物权保护方式的单用和并用；民事责任与行政责任和刑事责任的关系】 | | |
| 劳动合同法 | 第3条【劳动合同订立原则；依法订立的劳动合同具有法律约束力】 | | 0849 |
| 劳动争议调解仲裁法 | 第6条【劳动争议案件的举证责任】 | | 0877 |
| 民法通则 | 第43条【企业法人对其机构的活动承担民事责任】 | | 0812 |
| | 第57条【民事法律行为的效力】 | | |
| 劳动争议案件司法解释一 | 第13条【用人单位负举证责任的劳动争议】 | | 0965 |

**第50条【小型有限责任公司执行董事的设立】** ★

股东人数较少或者规模较小的有限责任公司，可以设一名执行董事，不设董事会。执行董事可以兼任公司经理。

执行董事的职权由公司章程规定。

### 主要适用的案由及其相关度

| 案由编号 | 主要适用的案由 | 相关度 |
|---|---|---|
| M6.17 | 劳动争议 | |
| M4.10.89.4 | 民间借贷纠纷 | |
| M4.10 | 合同纠纷 | |
| M6.17.169.5 | 追索劳动报酬纠纷 | |
| M8.21.244 | 请求变更公司登记纠纷 | |
| M8.21.249 | 股权转让纠纷 | |
| M8.21.250 | 公司决议纠纷 | |
| M8.21.250.1 | 公司决议效力确认纠纷 | |
| M8.21.252 | 公司证照返还纠纷 | |
| M8.21.254 | 公司盈余分配纠纷 | |
| M8.21.256 | 损害公司利益责任纠纷 | |
| M4.10.89.1 | 金融借款合同纠纷 | |

### 同时适用的法条及其相关度

| | 同时适用的法条 | 相关度 |
|---|---|---|
| 公司法 | 第3条【公司法人制度】 | |
| | 第4条【公司股东权利】 | |
| | 第11条【公司的章程及其效力】 | |
| | 第22条【股东会、股东大会、董事会决议的效力;股东对于会议决议的撤销之诉】 | |
| | 第33条【股东的知情权;股东查阅公司会计账册的权利及司法救济】 | |
| | 第34条【股东红利分配规则;公司新增资本时股东的优先认购权】 | |
| | 第35条【股东不得抽逃出资的义务】 | |

| | 同时适用的法条 | 相关度 |
|---|---|---|
| 公司法 | 第36条【有限责任公司股东会的组成及法律地位】 | |
| | 第37条【公司股东会职权】 | |
| | 第38条【有限责任公司首次股东会会议的召集和主持】 | |
| | 第39条【有限责任公司股东会会议的类型及召开制度】 | |
| | 第40条【有限责任公司股东会会议的召集与主持】 | |
| | 第41条【股东会会议的召集通知及会议记录】 | |
| | 第43条【有限责任公司股东会的议事方式和表决程序】 | |
| | 第46条【有限责任公司董事会的职权】 | |
| | 第47条【有限责任公司董事会会议的召集与主持】 | |
| | 第49条【有限责任公司经理的聘任及其职权】 | |
| | 第51条【有限责任公司的监事会组成】 | |
| | 第54条【有限责任公司监事的建议权、质询权和调查权】 | |
| | 第147条【董事、监事、高级管理人员的忠实义务和勤勉义务】 | |
| | 第148条【禁止董事、高级管理人员实施的行为】 | |
| | 第149条【董事、监事、高级管理人员对于所造成的公司损害的赔偿责任】 | |
| | 第166条【公司的法定公积金制度、任意公积金制度;公司利润分配的规定】 | |
| | 第216条【高级管理人员、控股股东、实际控制人、关联关系的法定含义】 | |
| | 第217条【外商投资公司适用公司法的有关规定及例外】 | |

|  |  | 同时适用的法条 | 相关度 |
|---|---|---|---|
| 0812 | 民法通则 | 第108条【债务清偿:分期偿还、强制偿还】 |  |
|  |  | 第117条【侵害财产权的责任承担方式:返还财产、折价赔偿;恢复原状、折价赔偿;赔偿损失】 |  |
|  |  | 第145条【涉外合同的法律适用】 |  |
| 0791 | 合同法 | 第6条【诚实信用原则】 |  |
|  |  | 第8条【合同约束力】 |  |
|  |  | 第44条【合同成立条件与时间】 |  |
|  |  | 第51条【无权处分合同的效力:经追认或取得处分权的有效】 |  |
|  |  | 第52条【合同无效的情形】 |  |
|  |  | 第58条【合同无效或被撤销的法律后果】 |  |
|  |  | 第60条【合同履行的原则】 |  |
|  |  | 第94条【合同的法定解除;法定解除权】 |  |
|  |  | 第97条【合同解除的法律后果】 |  |
|  |  | 第107条【合同约束力:违约责任】 |  |
|  |  | 第112条【违约责任的承担:损失赔偿与其他责任的并存】 |  |
|  |  | 第200条【借款利息不得预先扣除;预先扣除后按实际数额计算借款额度】 |  |
|  |  | 第206条【借款期限的认定】 |  |
|  |  | 第207条【借款合同违约责任承担:支付利息】 |  |
|  |  | 第410条【委托合同可随时解除及解除后的赔偿责任】 |  |
| 0823 | 担保法 | 第18条【保证合同中连带责任的承担】 |  |
|  |  | 第21条【保证担保的范围;没有约定、约定不明时的担保范围】 |  |
|  |  | 第31条【保证人的追偿权】 |  |

|  | 同时适用的法条 | 相关度 | |
|---|---|---|---|
| 劳动合同法 | 第13条【固定期限劳动合同】 |  | 0849 |
|  | 第29条【单位与劳动者对劳动合同义务的履行:全面履行】 |  |  |
| 社会保险法 | 第4条【用人单位和个人的缴费义务及其权利】 |  | 0881 |
| 企业破产法 | 第16条【人民法院受理破产申请后破产债务人的个别清偿债务行为无效】 |  | 0456 |
|  | 第25条【破产管理人的职责】 |  |  |
|  | 第46条【破产时的债权期限与利息:未到期视为到期;停止计息】 |  |  |
|  | 第113条【破产债权的法定清偿顺序】 |  |  |
| 劳动法 | 第79条【劳动争议处理程序:自愿调解、仲裁前置、提起诉讼】 |  | 0843 |
| 公司法司法解释三 | 第28条【冒名出资人的法律责任、被冒名股东不承担补充出资的责任和赔偿责任】 |  | 0915 |
| 担保法司法解释 | 第42条【保证人追偿权的行使与诉讼时效】 |  | 0929 |
| 劳动争议案件司法解释一 | 第13条【用人单位负举证责任的劳动争议】 |  | 0965 |
| 合同法司法解释二 | 第15条【出卖人一物多卖的责任承担:违约责任】 |  | 0925 |

**第51条【有限责任公司的监事会组成】** ★

有限责任公司设监事会,其成员不得少于三人。股东人数较少或者规模较小的有限责任公司,可以设一至二名监事,不设监事会。

监事会应当包括股东代表和适当比例的公司职工代表,其中职工代表的比例不得低于三分之一,具体比例由公司章程规定。监事会中的职工代表由公司职工通过职工代表大会、职工大会或者其他形式民主选举产生。

监事会设主席一人,由全体监事过半数选举产生。监事会主席召集和主持监事会会议;监事会主席不能履行职务或者不履行职务的,由半数以上监事共同推举一名监事召集和主持监事会会议。

董事、高级管理人员不得兼任监事。

■ 主要适用的案由及其相关度

| 案由编号 | 主要适用的案由 | 相关度 |
| --- | --- | --- |
| M8.21.247 | 股东知情权纠纷 | |
| M8.21.252 | 公司证照返还纠纷 | |
| M8.21.255 | 损害股东利益责任纠纷 | |
| M8.21.250.1 | 公司决议效力确认纠纷 | |
| M3.5.38 | 财产损害赔偿纠纷 | |
| M4.10.120.4 | 法律服务合同纠纷 | |
| M6.17.169.5 | 追索劳动报酬纠纷 | |
| M8.21.244 | 请求变更公司登记纠纷 | |

■ 同时适用的法条及其相关度

| | 同时适用的法条 | 相关度 |
| --- | --- | --- |
| 公司法 | 第13条【公司的法定代表人】 | |
| | 第16条【公司对外投资或为他人提供担保的条件和限制】 | |
| | 第22条【股东会、股东大会、董事会决议的效力;股东对于会议决议的撤销之诉】 | |
| | 第33条【股东的知情权;股东查阅公司会计账册的权利及司法救济】 | |
| | 第34条【股东红利分配规则;公司新增资本时股东的优先认购权】 | |
| | 第37条【公司股东会职权】 | |
| | 第42条【有限责任公司股东会表决权行使规则】 | |
| | 第46条【有限责任公司董事会的职权】 | |

| | 同时适用的法条 | 相关度 | |
|---|---|---|---|
| 公司法 | 第50条【小型有限责任公司执行董事的设立】 | | 0085 |
| | 第52条【有限责任公司监事的任期】 | | |
| | 第53条【有限责任公司监事会的职权】 | | |
| | 第54条【有限责任公司监事的建议权、质询权和调查权】 | | |
| | 第55条【有限责任公司监事会会议制度】 | | |
| | 第57条【一人有限责任公司的法律适用；一人有限责任公司的定义】 | | |
| | 第148条【禁止董事、高级管理人员实施的行为】 | | |
| | 第149条【董事、监事、高级管理人员对于所造成的公司损害的赔偿责任】 | | |
| | 第150条【董事、监事、高级管理人员列席股东会议并接受质询的义务；董事、高级管理人员配合监事行使职权的义务】 | | |
| | 第153条【公司债券的定义及其发行条件】 | | |
| | 第216条【高级管理人员、控股股东、实际控制人、关联关系的法定含义】 | | |
| 合同法 | 第50条【因代表行为订立的合同效力：法定代表人超越权限订立合同的效力】 | | 0791 |
| | 第52条【合同无效的情形】 | | |
| 物权法 | 第34条【权利人的返还原物请求权】 | | 0834 |
| | 第94条【按份共有人对共有物的权利】 | | |
| | 第96条【共有人对共有财产的管理权利与义务】 | | |
| | 第97条【共有人对于共有财产重大事项的表决权规则】 | | |
| 民法通则 | 第38条【法定代表人】 | | 0812 |
| 侵权责任法 | 第6条【过错责任原则；过错推定责任原则】 | | 0862 |
| | 第15条【侵权责任的主要承担方式】 | | |

| | | 同时适用的法条 | 相关度 |
|---|---|---|---|
| 0925 | 合同法司法解释二 | 第15条【出卖人一物多卖的责任承担:违约责任】 | |
| 0915 | 公司法司法解释三 | 第28条【冒名出资人的法律责任、被冒名股东不承担补充出资的责任和赔偿责任】 | |

## 第52条【有限责任公司监事的任期】 ★

监事的任期每届为三年。监事任期届满,连选可以连任。

监事任期届满未及时改选,或者监事在任期内辞职导致监事会成员低于法定人数的,在改选出的监事就任前,原监事仍应当依照法律、行政法规和公司章程的规定,履行监事职务。

■ 主要适用的案由及其相关度

| 案由编号 | 主要适用的案由 | 相关度 |
|---|---|---|
| M8.21.247 | 股东知情权纠纷 | |
| M4.10.74 | 买卖合同纠纷 | |
| M3.5.38 | 财产损害赔偿纠纷 | |
| M8.21.243 | 股东名册记载纠纷 | |
| M4.10.67.2 | 确认合同无效纠纷 | |
| M8.21.250.2 | 公司决议撤销纠纷 | |
| M8.21.263 | 公司解散纠纷 | |
| M8.21.256 | 损害公司利益责任纠纷 | |

■ 同时适用的法条及其相关度

| | | 同时适用的法条 | 相关度 |
|---|---|---|---|
| 0085 | 公司法 | 第4条【公司股东权利】 | |
| | | 第16条【公司对外投资或为他人提供担保的条件和限制】 | |

| | 同时适用的法条 | 相关度 |
|---|---|---|
| 公司法 | 第20条【禁止股东权利滥用;滥用股东权利的法律责任】 | 0085 |
| | 第22条【股东会、股东大会、董事会决议的效力;股东对于会议决议的撤销之诉】 | |
| | 第34条【股东红利分配规则;公司新增资本时股东的优先认购权】 | |
| | 第37条【公司股东会职权】 | |
| | 第38条【有限责任公司首次股东会会议的召集和主持】 | |
| | 第51条【有限责任公司的监事会组成】 | |
| | 第53条【有限责任公司监事会的职权】 | |
| | 第54条【有限责任公司监事的建议权、质询权和调查权】 | |
| | 第55条【有限责任公司监事会会议制度】 | |
| | 第57条【一人有限责任公司的法律适用;一人有限责任公司的定义】 | |
| | 第64条【国有独资公司的定义及其设立和组织机构的法律适用】 | |
| | 第72条【有限责任公司股权强制转让中的优先购买权】 | |
| | 第100条【股份有限公司股东大会的召开周期及临时股东大会召开的条件】 | |
| | 第104条【对公司转让、受让重大资产或对外提供担保等事项的特殊决议程序】 | |
| | 第149条【董事、监事、高级管理人员对于所造成的公司损害的赔偿责任】 | |
| | 第151条【股东派生诉讼】 | |
| | 第172条【公司合并的方式】 | |

| | | 同时适用的法条 | 相关度 |
|---|---|---|---|
| 0085 | 公司法 | 第182条【公司僵局时特定股东请求法院解散公司的权利】 | |
| 0791 | 合同法 | 第9条【合同当事人资格:民事权利能力、民事行为能力;可委托代理人订立合同的规定】 | |
| | | 第60条【合同履行的原则】 | |
| | | 第107条【合同约束力:违约责任】 | |
| | | 第114条【违约金的数额及其调整】 | |
| | | 第157条【买受人的及时检验义务】 | |
| | | 第158条【买受人的检验、通知义务】 | |
| | | 第159条【买受人应支付价款的数额认定】 | |
| 0862 | 侵权责任法 | 第6条【过错责任原则;过错推定责任原则】 | |
| | | 第15条【侵权责任的主要承担方式】 | |
| 0834 | 物权法 | 第94条【按份共有人对共有物的权利】 | |
| | | 第96条【共有人对共有财产的管理权利与义务】 | |
| | | 第97条【共有人对于共有财产重大事项的表决权规则】 | |
| 0874 | 商业银行法 | 第48条【企业事业单位自主选择银行开立一个基本账户;不得将单位的资金以个人名义开立帐户】 | |
| 0920 | 公司法司法解释二 | 第1条【公司僵局时特定股东请求法院解散公司的权利】 | |
| | | 第5条【解散公司诉讼中的法院调解】 | |

**第53条【有限责任公司监事会的职权】** ★★

监事会、不设监事会的公司的监事行使下列职权:

(一)检查公司财务;

(二)对董事、高级管理人员执行公司职务的行为进行监督,对违反法律、行政法规、公司章程或者股东会决议的董事、高级管理人员提出罢免的建议;

(三)当董事、高级管理人员的行为损害公司的利益时,要求董事、高级管理人员予以纠正；

（四）提议召开临时股东会会议，在董事会不履行本法规定的召集和主持股东会会议职责时召集和主持股东会会议；

（五）向股东会会议提出提案；

（六）依照本法第一百五十一条的规定，对董事、高级管理人员提起诉讼；

（七）公司章程规定的其他职权。

■ 主要适用的案由及其相关度

| 案由编号 | 主要适用的案由 | 相关度 |
| --- | --- | --- |
| M5.14.144.1 | 专利申请权权属纠纷 | ★★★★★ |
| M8.21.250.2 | 公司决议撤销纠纷 | ★ |
| M8.21 | 与公司有关的纠纷 | ★ |
| M8.21.247 | 股东知情权纠纷 | ★ |

■ 同时适用的法条及其相关度

| | 同时适用的法条 | 相关度 | |
| --- | --- | --- | --- |
| 公司法 | 第151条【股东派生诉讼】 | ★★★★★ | 0085 |
| | 第22条【股东会、股东大会、董事会决议的效力；股东对于会议决议的撤销之诉】 | ★ | |
| 专利法 | 第6条【职务发明】 | ★★★★★ | 0856 |
| 专利法实施细则 | 第12条【专利法第六条所称执行本单位的任务所完成的职务发明创造的范围；专利法第六条所称本单位的范围】 | ★★★★★ | 0894 |

第54条【有限责任公司监事的建议权、质询权和调查权】　★

监事可以列席董事会会议，并对董事会决议事项提出质询或者建议。

监事会、不设监事会的公司的监事发现公司经营情况异常，可以进行调查；必要时，可以聘请会计师事务所等协助其工作，费用由公司承担。

■ 主要适用的案由及其相关度

| 案由编号 | 主要适用的案由 | 相关度 |
|---|---|---|
| M8.21.256 | 损害公司利益责任纠纷 | |
| M4.10.120.5 | 旅游合同纠纷 | |
| M8.21 | 与公司有关的纠纷 | |
| M8.21.247 | 股东知情权纠纷 | |
| M3.5.38 | 财产损害赔偿纠纷 | |

■ 同时适用的法条及其相关度

| | 同时适用的法条 | 相关度 |
|---|---|---|
| 公司法 | 第3条【公司法人制度】 | |
| | 第11条【公司的章程及其效力】 | |
| | 第13条【公司的法定代表人】 | |
| | 第20条【禁止股东权利滥用;滥用股东权利的法律责任】 | |
| | 第33条【股东的知情权;股东查阅公司会计账册的权利及司法救济】 | |
| | 第34条【股东红利分配规则;公司新增资本时股东的优先认购权】 | |
| | 第46条【有限责任公司董事会的职权】 | |
| | 第50条【小型有限责任公司执行董事的设立】 | |
| | 第51条【有限责任公司的监事会组成】 | |
| | 第52条【有限责任公司监事的任期】 | |
| | 第53条【有限责任公司监事会的职权】 | |
| | 第55条【有限责任公司监事会会议制度】 | |
| | 第57条【一人有限责任公司的法律适用;一人有限责任公司的定义】 | |
| | 第96条【股份有限公司重要文件的置备义务】 | |

|  | 同时适用的法条 | 相关度 | |
|---|---|---|---|
| 公司法 | 第97条【股东的查阅权、建议权和质询权】 | | 0085 |
| | 第148条【禁止董事、高级管理人员实施的行为】 | | |
| | 第149条【董事、监事、高级管理人员对于所造成的公司损害的赔偿责任】 | | |
| | 第150条【董事、监事、高级管理人员列席股东会议并接受质询的义务；董事、高级管理人员配合监事行使职权的义务】 | | |
| | 第152条【股东直接诉讼】 | | |
| | 第165条【财务会计报告的公开规则】 | | |
| | 第217条【外商投资公司适用公司法的有关规定及例外】 | | |
| 消保法 | 第10条【消费者的公平交易权】 | | 0876 |
| | 第11条【消费者因消费活动遭受的损害有依法获得赔偿的权利】 | | |
| 侵权责任法 | 第6条【过错责任原则；过错推定责任原则】 | | 0862 |
| | 第15条【侵权责任的主要承担方式】 | | |
| 民法通则 | 第43条【企业法人对其机构的活动承担民事责任】 | | 0812 |
| | 第108条【债务清偿：分期偿还、强制偿还】 | | |
| 合同法 | 第50条【因代表行为订立的合同效力：法定代表人超越权限订立合同的效力】 | | 0791 |
| | 第52条【合同无效的情形】 | | |
| | 第196条【借款合同定义】 | | |
| | 第205条【借款合同的利息支付义务】 | | |
| | 第206条【借款期限的认定】 | | |
| | 第207条【借款合同违约责任承担：支付利息】 | | |
| 专利法 | 第6条【职务发明】 | | 0856 |

|  | | 同时适用的法条 | 相关度 |
|---|---|---|---|
| 0834 | 物权法 | 第94条【按份共有人对共有物的权利】 | |
| | | 第96条【共有人对共有财产的管理权利与义务】 | |
| | | 第97条【共有人对于共有财产重大事项的表决权规则】 | |
| 0894 | 专利法实施细则 | 第12条【专利法第六条所称执行本单位的任务所完成的职务发明创造的范围；专利法第六条所称本单位的范围】 | |
| 0978 | 旅游纠纷司法解释 | 第14条【旅游辅助服务者致使旅游者人身损害、财产损失的责任承担；旅游经营者未尽谨慎选择义务的补充责任】 | |
| 0925 | 合同法司法解释二 | 第15条【出卖人一物多卖的责任承担：违约责任】 | |
| 0915 | 公司法司法解释三 | 第28条【冒名出资人的法律责任、被冒名股东不承担补充出资的责任和赔偿责任】 | |

**第55条【有限责任公司监事会会议制度】** ★

监事会每年度至少召开一次会议，监事可以提议召开临时监事会会议。

监事会的议事方式和表决程序，除本法有规定的外，由公司章程规定。

监事会决议应当经半数以上监事通过。

监事会应当对所议事项的决定作成会议记录，出席会议的监事应当在会议记录上签名。

■ 主要适用的案由及其相关度

| 案由编号 | 主要适用的案由 | 相关度 |
|---|---|---|
| M3.5.38 | 财产损害赔偿纠纷 | |

■ 同时适用的法条及其相关度

| | 同时适用的法条 | 相关度 |
|---|---|---|
| 侵权责任法 | 第6条【过错责任原则;过错推定责任原则】 | 0862 |
| | 第15条【侵权责任的主要承担方式】 | |
| 公司法 | 第51条【有限责任公司的监事会组成】 | 0085 |
| | 第52条【有限责任公司监事的任期】 | |
| | 第53条【有限责任公司监事会的职权】 | |
| | 第54条【有限责任公司监事的建议权、质询权和调查权】 | |
| | 第57条【一人有限责任公司的法律适用;一人有限责任公司的定义】 | |
| 物权法 | 第94条【按份共有人对共有物的权利】 | 0834 |
| | 第96条【共有人对共有财产的管理权利与义务】 | |
| | 第97条【共有人对于共有财产重大事项的表决权规则】 | |

**第56条【有限责任公司监事会行使职权的费用由公司承担】** ★

监事会、不设监事会的公司的监事行使职权所必需的费用,由公司承担。

■ 主要适用的案由及其相关度

| 案由编号 | 主要适用的案由 | 相关度 |
|---|---|---|
| M4.10.122 | 劳务合同纠纷 | |
| M4.10.126 | 追偿权纠纷 | |
| M8.21.250.1 | 公司决议效力确认纠纷 | |

■ 同时适用的法条及其相关度

| | 同时适用的法条 | 相关度 |
|---|---|---|
| 公司法 | 第22条【股东会、股东大会、董事会决议的效力;股东对于会议决议的撤销之诉】 | 0085 |

| | | 同时适用的法条 | 相关度 |
|---|---|---|---|
| 0085 | 公司法 | 第39条【有限责任公司股东会会议的类型及召开制度】 | |
| | | 第40条【有限责任公司股东会会议的召集与主持】 | |
| | | 第41条【股东会会议的召集通知及会议记录】 | |
| | | 第53条【有限责任公司监事会的职权】 | |
| | | 第130条【股东名册应当记载的内容】 | |
| | | 第144条【股票上市交易规则】 | |
| 0812 | 民法通则 | 第55条【民事法律行为的有效条件】 | |
| | | 第84条【债的界定】 | |

## 第三节 一人有限责任公司的特别规定

**第57条【一人有限责任公司的法律适用；一人有限责任公司的定义】**★★

一人有限责任公司的设立和组织机构，适用本节规定；本节没有规定的，适用本章第一节、第二节的规定。

本法所称一人有限责任公司，是指只有一个自然人股东或者一个法人股东的有限责任公司。

■ 主要适用的案由及其相关度

| 案由编号 | 主要适用的案由 | 相关度 |
|---|---|---|
| M4.10.74 | 买卖合同纠纷 | ★★★★★ |
| M4.10.120.14 | 教育培训合同纠纷 | ★★★ |
| M4.10.89.4 | 民间借贷纠纷 | ★★ |
| M4.10.99.1 | 加工合同纠纷 | ★ |

■ 同时适用的法条及其相关度

| | | 同时适用的法条 | 相关度 |
|---|---|---|---|
| 0085 | 公司法 | 第63条【一人有限责任公司的法人人格否认制度】 | ★★★★★ |
| | | 第3条【公司法人制度】 | ★ |

| | 同时适用的法条 | 相关度 | |
|---|---|---|---|
| 合同法 | 第60条【合同履行的原则】 | ★★★ | 0791 |
| | 第107条【合同约束力；违约责任】 | ★★★ | |
| | 第159条【买受人应支付价款的数额认定】 | ★★ | |
| | 第109条【违约责任的承担：付款义务的继续履行】 | ★ | |
| | 第130条【买卖合同的定义】 | ★ | |
| | 第161条【买受人支付价款的时间】 | ★ | |
| 适用简易程序民事案件规定 | 第30条【拒不到庭或中途退庭的处理：原告撤诉；被告缺席判决；文书送达】 | ★ | 0961 |

## 58条【一人有限责任公司设立的限制】　★★

一个自然人只能投资设立一个一人有限责任公司。该一人有限责任公司不能投资设立新的一人有限责任公司。

■ 主要适用的案由及其相关度

| 案由编号 | 主要适用的案由 | 相关度 |
|---|---|---|
| M4.10.74 | 买卖合同纠纷 | ★★★★★ |
| M4.10.89 | 借款合同纠纷 | ★★ |
| M4.10.89.1 | 金融借款合同纠纷 | ★ |
| M4.10.89.4 | 民间借贷纠纷 | ★★★ |
| M4.10.97 | 租赁合同纠纷 | ★ |
| M4.10.126 | 追偿权纠纷 | ★ |
| M4.10.99.1 | 加工合同纠纷 | ★ |
| M8.21.242 | 股东资格确认纠纷 | ★ |
| M8.21.249 | 股权转让纠纷 | ★ |
| M4.10.100.3 | 建设工程施工合同纠纷 | ★ |

0228 商事纠纷:公司、企业与破产

■ 同时适用的法条及其相关度

| | | 同时适用的法条 | 相关度 |
|---|---|---|---|
| 0085 | 公司法 | 第64条【国有独资公司的定义及其设立和组织机构的法律适用】 | ★★★★★ |
| | | 第63条【一人有限责任公司的法人人格否认制度】 | ★ |
| 0791 | 合同法 | 第107条【合同约束力:违约责任】 | ★★★★ |
| | | 第60条【合同履行的原则】 | ★★★ |
| | | 第109条【违约责任的承担:付款义务的继续履行】 | ★★★ |
| | | 第130条【买卖合同的定义】 | ★★ |
| | | 第159条【买受人应支付价款的数额认定】 | ★★ |
| | | 第161条【买受人支付价款的时间】 | ★★ |
| | | 第206条【借款期限的认定】 | ★★ |
| | | 第8条【合同约束力】 | ★ |
| | | 第61条【合同内容约定不明确的处理规则;合同漏洞的填补】 | ★ |
| | | 第94条【合同的法定解除;法定解除权】 | ★ |
| | | 第97条【合同解除的法律后果】 | ★ |
| | | 第112条【违约责任的承担:损失赔偿与其他责任的并存】 | ★ |
| | | 第196条【借款合同定义】 | ★ |
| | | 第205条【借款合同的利息支付义务】 | ★ |
| | | 第207条【借款合同违约责任承担:支付利息】 | ★ |
| 0812 | 民法通则 | 第84条【债的界定】 | ★ |
| | | 第108条【债务清偿:分期偿还、强制偿还】 | ★ |

第59条【一人有限责任公司登记中的特别载明事项】　★

一人有限责任公司应当在公司登记中注明自然人独资或者法人独资,并在公司营业执照中载明。

■ 主要适用的案由及其相关度

| 案由编号 | 主要适用的案由 | 相关度 |
|---|---|---|
| M4.10.89.4 | 民间借贷纠纷 | |
| M4.10.74 | 买卖合同纠纷 | |
| M8.21.242 | 股东资格确认纠纷 | |
| M8.21.249 | 股权转让纠纷 | |
| M4.10.120.14 | 教育培训合同纠纷 | |
| M4.10.89.1 | 金融借款合同纠纷 | |
| M2.2.12 | 离婚后财产纠纷 | |
| M4.10.100.4 | 建设工程价款优先受偿权纠纷 | |
| M4.10.107 | 居间合同纠纷 | |
| M4.10.97 | 租赁合同纠纷 | |
| M4.10.97.2 | 房屋租赁合同纠纷 | |
| M4.10.99 | 承揽合同纠纷 | |
| M5.13.136.1 | 技术委托开发合同纠纷 | |

■ 同时适用的法条及其相关度

| | 同时适用的法条 | 相关度 |
|---|---|---|
| 公司法 | 第11条【公司的章程及其效力】 | |
| | 第20条【禁止股东权利滥用;滥用股东权利的法律责任】 | |
| | 第22条【股东会、股东大会、董事会决议的效力;股东对于会议决议的撤销之诉】 | |
| | 第23条【有限责任公司的设立条件】 | |
| | 第24条【有限责任公司的股东人数】 | |
| | 第25条【有限责任公司章程应载明事项】 | |
| | 第28条【股东出资义务的履行及其违约责任】 | |
| | 第29条【有限责任公司的设立登记】 | |

| | 同时适用的法条 | 相关度 |
|---|---|---|
| 0085 公司法 | 第57条【一人有限责任公司的法律适用；一人有限责任公司的定义】 | |
| | 第58条【一人有限责任公司设立的限制】 | |
| | 第60条【一人有限责任公司的公司章程制定】 | |
| | 第63条【一人有限责任公司的法人人格否认制度】 | |
| | 第64条【国有独资公司的定义及其设立和组织机构的法律适用】 | |
| | 第71条【有限责任公司的股权转让；股东的优先购买权】 | |
| | 第72条【有限责任公司股权强制转让中的优先购买权】 | |
| | 第181条【公司通过修改公司章程而存续的办法及其表决程序】 | |
| | 第184条【清算组的职权】 | |
| | 第186条【清算方案的制定与确认；公司财产的分配顺序；清算期间公司的法律地位】 | |
| | 第189条【清算组成员的义务和责任】 | |
| | 第190条【公司破产及破产清算】 | |
| 0791 合同法 | 第2条【合同法的调整对象；合同的定义】 | |
| | 第4条【合同自愿原则】 | |
| | 第5条【合同公平原则；合同权利义务确定的原则】 | |
| | 第8条【合同约束力】 | |
| | 第44条【合同成立条件与时间】 | |
| | 第49条【表见代理的构成及其效力】 | |
| | 第50条【因代表行为订立的合同效力；法定代表人超越权限订立合同的效力】 | |
| | 第52条【合同无效的情形】 | |

| | | 同时适用的法条 | 相关度 |
|---|---|---|---|
| 合同法 | | 第57条【争议解决条款的独立性；合同中有关解决争议方法的条款的效力不受合同无效或撤销、终止的影响】 | |
| | | 第60条【合同履行的原则】 | |
| | | 第61条【合同内容约定不明确的处理规则；合同漏洞的填补】 | |
| | | 第93条【合同的意定解除：协商一致；约定条件成就】 | |
| | | 第94条【合同的法定解除；法定解除权】 | |
| | | 第97条【合同解除的法律后果】 | |
| | | 第107条【合同约束力：违约责任】 | |
| | | 第108条【预期违约责任】 | |
| | | 第109条【违约责任的承担：付款义务的继续履行】 | |
| | | 第113条【违约责任的承担：损失赔偿】 | |
| | | 第114条【违约金的数额及其调整】 | |
| | | 第130条【买卖合同的定义】 | |
| | | 第159条【买受人应支付价款的数额认定】 | |
| | | 第161条【买受人支付价款的时间】 | |
| | | 第196条【借款合同定义】 | |
| | | 第205条【借款合同的利息支付义务】 | |
| | | 第206条【借款期限的认定】 | |
| | | 第207条【借款合同违约责任承担：支付利息】 | |
| | | 第211条【自然人之间借款合同利息的规制】 | |
| | | 第212条【租赁合同的定义】 | |
| | | 第226条【租赁合同中承租人租金支付期限的确定规则】 | |
| | | 第228条【出租人的权利瑕疵担保责任；承租人的及时通知义务】 | |

|  | | 同时适用的法条 | 相关度 |
|---|---|---|---|
| 0791 | 合同法 | 第269条【建设工程合同的定义】 | |
| | | 第286条【承包人的建设工程优先受偿权】 | |
| | | 第424条【居间合同的界定】 | |
| | | 第426条【居间人促成合同成立时的报酬请求权及居间费用负担义务】 | |
| 0823 | 担保法 | 第18条【保证合同中连带责任的承担】 | |
| | | 第19条【保证方式不明时:连带责任担保】 | |
| | | 第21条【保证担保的范围;没有约定、约定不明时的担保范围】 | |
| | | 第31条【保证人的追偿权】 | |
| 0812 | 民法通则 | 第4条【民事活动的基本原则:自愿、公平、等价有偿、诚实信用】 | |
| | | 第57条【民事法律行为的效力】 | |
| | | 第66条【无权代理的法律后果;代理人不履行职责、损害代理人利益的民事责任;代理人和第三人的连带责任】 | |
| | | 第108条【债务清偿:分期偿还、强制偿还】 | |
| 0834 | 物权法 | 第33条【利害关系人的物权确认请求权】 | |
| | | 第179条【抵押权的界定】 | |
| | | 第187条【不动产抵押的登记要件主义】 | |
| 0830 | 著作权法 | 第11条【著作权的一般归属:作者】 | |
| | | 第47条【侵犯著作权的民事责任】 | |
| | | 第49条【侵犯著作权的赔偿责任标准】 | |
| 0866 | 商标法 | 第32条【保护在先权利、禁止恶意抢注商标】 | |
| | | 第56条【注册商标的适用范围】 | |
| | | 第57条【侵犯注册商标专用权的行为类型】 | |
| | | 第63条【侵犯商标专用权的赔偿数额的计算方式】 | |

| | 同时适用的法条 | 相关度 | |
|---|---|---|---|
| 侵权责任法 | 第8条【共同实施侵权行为人的连带责任】 | | 0862 |
| | 第15条【侵权责任的主要承担方式】 | | |
| 婚姻法 | 第17条【夫妻共有财产的范围】 | | 0865 |
| 企业法人登记管理条例 | 第33条【企业法人被吊销营业执照后的处理】 | | 0911 |
| 公司法司法解释二 | 第19条【有限责任公司的股东、股份有限公司的董事和控股股东以及公司实际控制人恶意处置公司财产损害债权人利益或未经清算骗取办理注销登记的赔偿责任】 | | 0920 |
| | 第20条【未经清算即办理注销登记的法律责任】 | | |
| 公司法司法解释三 | 第13条【未履行或未全面履行出资义务的股东对于公司债务承担补充责任;发起人的连带责任;董事、高级管理人员的不真正连带责任】 | | 0915 |
| | 第20条【是否出资义务纠纷中原被告双方的举证责任】 | | |
| | 第21条【股东资格确认之诉的诉讼当事人的认定】 | | |
| | 第22条【股权确认之诉中当事人应当证明的事项】 | | |
| | 第23条【股东名册的载明事项和效力;股东名册的登记管理】 | | |
| | 第24条【隐名股东与名义股东:投资权益归属、实际履行出资义务;变更登记】 | | |
| 买卖合同司法解释 | 第1条【买卖合同是否成立:书面合同、送货单、收货单、结算单、发票、对账确认函、债权确认书】 | | 0937 |
| | 第24条【买卖合同逾期付款违约金的适用规则】 | | |

| | | 同时适用的法条 | 相关度 |
|---|---|---|---|
| 0981 | 商标案件管辖和法律适用司法解释 | 第9条【商标法修改决定施行后商标案件法律适用问题：施行前发生的行为适用修改前商标法的规定、施行前发生持续到该决定施行后的行为适用修改后商标法的规定】 | |
| 0970 | 商标纠纷司法解释 | 第9条【商标相同和商标近似的界定】<br>第16条【侵犯商标专用权的赔偿数额的计算方式】<br>第21条【侵犯商标专用权的责任承担】 | |
| 0947 | 建设工程合同纠纷司法解释 | 第17条【拖欠工程价款利息的计付标准】<br>第18条【建设工程应付款时间】 | |
| 0980 | 审理调解协议案件规定 | 第1条【民事调解协议的法律效力】 | |
| 0980 | 注册商标企业名称在先权纠纷司法解释 | 第1条【以他人注册商标使用的文字、图形等侵犯其著作权、外观设计专利权、企业名称权等在先权利为由提起诉讼的受理】 | |
| 0924 | 著作权纠纷司法解释 | 第25条【侵犯著作权的赔偿责任标准】 | |
| 0925 | 合同法司法解释二 | 第29条【违约金的数额及其调整】 | |

**第60条【一人有限责任公司的公司章程制定】** ★

一人有限责任公司章程由股东制定。

■ 主要适用的案由及其相关度

| 案由编号 | 主要适用的案由 | 相关度 |
|---|---|---|
| M4.10.82.2 | 商品房预售合同纠纷 | |

| 案由编号 | 主要适用的案由 | 相关度 |
|---|---|---|
| M4.10.74 | 买卖合同纠纷 | |
| M4.10.120.15 | 物业服务合同纠纷 | |
| M4.10.100.3 | 建设工程施工合同纠纷 | |
| M4.10.89 | 借款合同纠纷 | |
| M4.10.89.4 | 民间借贷纠纷 | |
| M8.21.249 | 股权转让纠纷 | |
| M4.10.99 | 承揽合同纠纷 | |
| M4.10.99.1 | 加工合同纠纷 | |
| M4.10 | 合同纠纷 | |
| M4.10.122 | 劳务合同纠纷 | |
| M8.21 | 与公司有关的纠纷 | |
| M4.10.97 | 租赁合同纠纷 | |
| M4.10.97.2 | 房屋租赁合同纠纷 | |
| M3.6.47.6 | 相邻污染侵害纠纷 | |
| M4.10.100.4 | 建设工程价款优先受偿权纠纷 | |
| M8.20.234 | 企业租赁经营合同纠纷 | |
| M4.10.126 | 追偿权纠纷 | |
| M8.20.235 | 企业出售合同纠纷 | |
| M4.10.67 | 确认合同效力纠纷 | |
| M4.10.105 | 委托理财合同纠纷 | |
| M8.21.257 | 股东损害公司债权人利益责任纠纷 | |
| M8.21.242 | 股东资格确认纠纷 | |

■ 同时适用的法条及其相关度

| | 同时适用的法条 | 相关度 |
|---|---|---|
| 公司法 | 第64条【国有独资公司的定义及其设立和组织机构的法律适用】 | ★★★★★ |

| | | 同时适用的法条 | 相关度 |
|---|---|---|---|
| 0085 | 公司法 | 第114条【董事会成员兼任经理的规定】 | ★★★★ |
| | | 第107条【股份有限公司股东大会会议记录的制作与保存】 | ★★★ |
| | | 第58条【一人有限责任公司设立的限制】 | ★★ |
| | | 第14条【分公司的法律地位;子公司的法律地位】 | ★ |
| | | 第44条【有限责任公司董事会的组成】 | ★ |
| | | 第63条【一人有限责任公司的法人人格否认制度】 | ★ |
| | | 第109条【股份有限公司董事长、副董事长的选举及其职权】 | ★ |
| 0791 | 合同法 | 第107条【合同约束力:违约责任】 | ★★★★ |
| | | 第206条【借款期限的认定】 | ★★★★ |
| | | 第109条【违约责任的承担:付款义务的继续履行】 | ★★★ |
| | | 第196条【借款合同定义】 | ★★★ |
| | | 第205条【借款合同的利息支付义务】 | ★★★ |
| | | 第207条【借款合同违约责任承担:支付利息】 | ★★★ |
| | | 第60条【合同履行的原则】 | ★★ |
| | | 第8条【合同约束力】 | ★ |
| | | 第14条【要约的界定及其构成】 | ★ |
| | | 第94条【合同的法定解除;法定解除权】 | ★ |
| | | 第97条【合同解除的法律后果】 | ★ |
| | | 第130条【买卖合同的定义】 | ★ |
| 0865 | 婚姻法 | 第19条【夫妻财产约定制】 | ★★ |
| 0823 | 担保法 | 第18条【保证合同中连带责任的承担】 | ★★ |
| | | 第31条【保证人的追偿权】 | ★★ |
| | | 第12条【多人保证责任的承担】 | ★ |
| | | 第21条【保证担保的范围;没有约定、约定不明时的担保范围】 | ★ |

| | 同时适用的法条 | 相关度 | |
|---|---|---|---|
| 担保法 | 第46条【抵押担保的范围】 | ★ | 0823 |
| | 第53条【抵押权的实现】 | ★ | |
| 婚姻法司法解释二 | 第24条【离婚时夫妻共同债务的清偿】 | ★★ | 0933 |
| 担保法司法解释 | 第4条【董事、经理的违法担保无效】 | ★ | 0929 |
| | 第7条【担保合同与主债权合同的关系;担保合同无效的责任承担规则】 | ★ | |
| 合同法司法解释二 | 第28条【违约金的数额及其调整】 | ★ | 0925 |
| 物业服务纠纷司法解释 | 第1条【物业服务合同的约束力】 | ★ | 0962 |
| | 第6条【未交纳物业费的处理规则】 | ★ | |
| 公司法司法解释三 | 第2条【发起人为设立公司的目的以自己的名义对外签订合同的责任承担规则】 | ★ | 0915 |

**第61条【一人有限责任公司股东决定的形成机制】** ★

一人有限责任公司不设股东会。股东作出本法第三十七条第一款所列决定时,应当采用书面形式,并由股东签名后置备于公司。

■ 主要适用的案由及其相关度

| 案由编号 | 主要适用的案由 | 相关度 |
|---|---|---|
| M4.10.101.2 | 公路货物运输合同纠纷 | |
| M8.21.249 | 股权转让纠纷 | |
| M4.10.126 | 追偿权纠纷 | |
| M8.21.242 | 股东资格确认纠纷 | |
| M4.10.74 | 买卖合同纠纷 | |
| M4.10 | 合同纠纷 | |
| M5.14.143.2 | 侵害商标权纠纷 | |
| M4.10.89.1 | 金融借款合同纠纷 | |

## 同时适用的法条及其相关度

| | | 同时适用的法条 | 相关度 |
|---|---|---|---|
| 0791 | 合同法 | 第 8 条【合同约束力】 | |
| | | 第 60 条【合同履行的原则】 | |
| | | 第 107 条【合同约束力：违约责任】 | |
| | | 第 109 条【违约责任的承担：付款义务的继续履行】 | |
| | | 第 114 条【违约金的数额及其调整】 | |
| | | 第 136 条【出卖人义务：交付单证、交付资料】 | |
| | | 第 159 条【买受人应支付价款的数额认定】 | |
| | | 第 161 条【买受人支付价款的时间】 | |
| | | 第 196 条【借款合同定义】 | |
| | | 第 198 条【借款合同中的担保及法律适用】 | |
| | | 第 288 条【运输合同的定义】 | |
| 0823 | 担保法 | 第 4 条【担保物权的设立；反担保的设立】 | |
| | | 第 6 条【保证的定义】 | |
| | | 第 12 条【多人保证责任的承担】 | |
| | | 第 14 条【保证合同的订立：分别订立；合并订立】 | |
| | | 第 18 条【保证合同中连带责任的承担】 | |
| | | 第 19 条【保证方式不明时：连带责任担保】 | |
| | | 第 21 条【保证担保的范围；没有约定、约定不明时的担保范围】 | |
| | | 第 31 条【保证人的追偿权】 | |
| 0085 | 公司法 | 第 16 条【公司对外投资或为他人提供担保的条件和限制】 | |
| | | 第 37 条【公司股东会职权】 | |
| | | 第 57 条【一人有限责任公司的法律适用；一人有限责任公司的定义】 | |
| | | 第 58 条【一人有限责任公司设立的限制】 | |

| | 同时适用的法条 | 相关度 | |
|---|---|---|---|
| 公司法 | 第71条【有限责任公司的股权转让；股东的优先购买权】 | | 0085 |
| | 第73条【有限责任公司股权转让后公司章程与股东名册的修改】 | | |
| | 第74条【异议股东的股权回购请求权；异议股东的股权回购之诉】 | | |
| 民法通则 | 第4条【民事活动的基本原则：自愿、公平、等价有偿、诚实信用】 | | 0812 |
| | 第55条【民事法律行为的有效条件】 | | |
| | 第58条【民事行为无效的法定情形】 | | |
| | 第61条【民事行为被确认为无效或者被撤销后的法律后果】 | | |
| 商标法 | 第3条【注册商标及其分类】 | | 0866 |
| 增值税条例 | 第1条【增值税暂行条例的适用范围】 | | 0904 |
| | 第2条【增值税税率】 | | |
| | 第4条【销售货物或者应税劳务的应纳税额】 | | |
| 公司法司法解释三 | 第1条【公司发起人的认定】 | | 0915 |
| | 第2条【发起人为设立公司的目的以自己的名义对外签订合同的责任承担规则】 | | |
| | 第22条【股权确认之诉中当事人应当证明的事项】 | | |
| | 第23条【股东名册的载明事项和效力；股东名册的登记管理】 | | |
| 合同法司法解释二 | 第29条【违约金的数额及其调整】 | | 0925 |
| 担保法司法解释 | 第11条【超越权限订立的担保合同】 | | 0929 |
| | 第19条【连带共同保证的认定】 | | |
| | 第20条【连带共同保证的责任承担】 | | |
| | 第23条【最高额保证合同的担保范围】 | | |

| | 同时适用的法条 | 相关度 |
|---|---|---|
| 0929 担保法司法解释 | 第31条【保证期间不可中断、中止、延长】 | |
| | 第32条【保证合同约定的保证期间有瑕疵时保证期间的确定规则】 | |

## 第62条【一人有限责任公司的会计制度】 ★★

一人有限责任公司应当在每一会计年度终了时编制财务会计报告,并经会计师事务所审计。

■ 主要适用的案由及其相关度

| 案由编号 | 主要适用的案由 | 相关度 |
|---|---|---|
| M4.10.82.2 | 商品房预售合同纠纷 | ★★★★★ |
| M4.10.74 | 买卖合同纠纷 | ★★★★ |
| M8.21.257 | 股东损害公司债权人利益责任纠纷 | ★ |
| M4.10.99 | 承揽合同纠纷 | ★ |

■ 同时适用的法条及其相关度

| | | 同时适用的法条 | 相关度 |
|---|---|---|---|
| 0085 0791 | 公司法 | 第63条【一人有限责任公司的法人人格否认制度】 | ★★★★★ |
| | 合同法 | 第107条【合同约束力:违约责任】 | ★★★★ |
| | | 第60条【合同履行的原则】 | ★★★ |
| | | 第112条【违约责任的承担:损失赔偿与其他责任的并存】 | ★★★ |
| | | 第114条【违约金的数额及其调整】 | ★★★ |
| | | 第109条【违约责任的承担:付款义务的继续履行】 | ★★ |
| | | 第159条【买受人应支付价款的数额认定】 | ★★ |
| | | 第8条【合同约束力】 | ★ |
| | | 第93条【合同的意定解除:协商一致;约定条件成就】 | ★ |
| | | 第161条【买受人支付价款的时间】 | ★ |

| | 同时适用的法条 | 相关度 | |
|---|---|---|---|
| 合同法司法解释二 | 第29条【违约金的数额及其调整】 | ★★★ | 0925 |
| 商品房买卖合同纠纷司法解释 | 第16条【商品房买卖合同违约金的调整】 | ★★★ | 0927 |
| | 第18条【在法定期限内商品房买受人未取得房屋权属证书的出卖人应承担违约责任】 | ★★★ | |

## 第63条【一人有限责任公司的法人人格否认制度】　★★★

一人有限责任公司的股东不能证明公司财产独立于股东自己的财产的,应当对公司债务承担连带责任。

■ 主要适用的案由及其相关度

| 案由编号 | 主要适用的案由 | 相关度 |
|---|---|---|
| M4.10.74 | 买卖合同纠纷 | ★★★★★ |
| M4.10 | 合同纠纷 | ★★★ |
| M4.10.89.4 | 民间借贷纠纷 | ★★ |
| M6.17.169.5 | 追索劳动报酬纠纷 | ★★ |
| M4.10.82 | 房屋买卖合同纠纷 | ★ |

■ 同时适用的法条及其相关度

| | 同时适用的法条 | 相关度 | |
|---|---|---|---|
| 合同法 | 第60条【合同履行的原则】 | ★★★★★ | 0791 |
| | 第107条【合同约束力:违约责任】 | ★★★★★ | |
| | 第8条【合同约束力】 | ★★★★ | |
| | 第94条【合同的法定解除;法定解除权】 | ★★★ | |
| | 第108条【预期违约责任】 | ★★★ | |
| | 第109条【违约责任的承担:付款义务的继续履行】 | ★★★ | |
| | 第114条【违约金的数额及其调整】 | ★★★ | |
| | 第159条【买受人应支付价款的数额认定】 | ★★★ | |

| | | 同时适用的法条 | 相关度 |
|---|---|---|---|
| 0791 | 合同法 | 第161条【买受人支付价款的时间】 | ★★★ |
| | | 第206条【借款期限的认定】 | ★★★ |
| | | 第207条【借款合同违约责任承担:支付利息】 | ★★★ |
| | | 第44条【合同成立条件与时间】 | ★★ |
| | | 第130条【买卖合同的定义】 | ★★ |
| | | 第205条【借款合同的利息支付义务】 | ★★ |
| | | 第97条【合同解除的法律后果】 | ★ |
| | | 第113条【违约责任的承担:损失赔偿】 | ★ |
| | | 第196条【借款合同定义】 | ★ |
| | | 第263条【定作人报酬支付的期限】 | ★ |
| 0843 | 劳动法 | 第50条【劳动者工资支付的法定形式】 | ★★★★★ |
| 0085 | 公司法 | 第3条【公司法人制度】 | ★★★ |
| | | 第216条【高级管理人员、控股股东、实际控制人、关联关系的法定含义】 | ★★★ |
| | | 第57条【一人有限责任公司的法律适用;一人有限责任公司的定义】 | ★★ |
| 0812 | 民法通则 | 第108条【债务清偿:分期偿还、强制偿还】 | ★★ |
| | | 第84条【债的界定】 | ★ |
| 0823 | 担保法 | 第18条【保证合同中连带责任的承担】 | ★ |
| | | 第21条【保证担保的范围;没有约定、约定不明时的担保范围】 | ★ |
| | | 第31条【保证人的追偿权】 | ★ |
| 0925 | 合同法司法解释二 | 第29条【违约金的数额及其调整】 | ★★★ |
| 0927 | 商品房买卖合同纠纷司法解释 | 第22条【商品房买卖纠纷中包销人的诉讼地位】 | ★★★ |

| | 同时适用的法条 | 相关度 | |
|---|---|---|---|
| 婚姻法司法解释二 | 第24条【离婚时夫妻共同债务的清偿】 | ★★ | 0933 |
| 买卖合同司法解释 | 第24条【买卖合同逾期付款违约金的适用规则】 | ★ | 0937 |

## 第四节 国有独资公司的特别规定

**第64条【国有独资公司的定义及其设立和组织机构的法律适用】** ★★★

国有独资公司的设立和组织机构,适用本节规定;本节没有规定的,适用本章第一节、第二节的规定。

本法所称国有独资公司,是指国家单独出资、由国务院或者地方人民政府授权本级人民政府国有资产监督管理机构履行出资人职责的有限责任公司。

■ 主要适用的案由及其相关度

| 案由编号 | 主要适用的案由 | 相关度 |
|---|---|---|
| M4.10.74 | 买卖合同纠纷 | ★★★★★ |
| M4.10.97.2 | 房屋租赁合同纠纷 | ★ |
| M4.10.89 | 借款合同纠纷 | ★ |
| M4.10.89.4 | 民间借贷纠纷 | ★★★ |
| M4.10.120.14 | 教育培训合同纠纷 | ★ |

■ 同时适用的法条及其相关度

| | 同时适用的法条 | 相关度 | |
|---|---|---|---|
| 合同法 | 第107条【合同约束力:违约责任】 | ★★★★★ | 0791 |
| | 第60条【合同履行的原则】 | ★★★★ | |
| | 第109条【违约责任的承担:付款义务的继续履行】 | ★★★ | |
| | 第159条【买受人应支付价款的数额认定】 | ★★★ | |
| | 第206条【借款期限的认定】 | ★★★ | |

| | | 同时适用的法条 | 相关度 |
|---|---|---|---|
| 0791 | 合同法 | 第8条【合同约束力】 | ★★ |
| | | 第97条【合同解除的法律后果】 | ★★ |
| | | 第161条【买受人支付价款的时间】 | ★★ |
| | | 第207条【借款合同违约责任承担:支付利息】 | ★★ |
| | | 第44条【合同成立条件与时间】 | ★ |
| | | 第58条【合同无效或被撤销的法律后果】 | ★ |
| | | 第93条【合同的意定解除:协商一致;约定条件成就】 | ★ |
| | | 第94条【合同的法定解除;法定解除权】 | ★ |
| | | 第96条【合同解除权的行使规则】 | ★ |
| | | 第114条【违约金的数额及其调整】 | ★ |
| | | 第130条【买卖合同的定义】 | ★ |
| | | 第196条【借款合同定义】 | ★ |
| | | 第205条【借款合同的利息支付义务】 | ★ |
| | | 第211条【自然人之间借款合同利息的规制】 | ★ |
| 0812 | 民法通则 | 第108条【债务清偿:分期偿还、强制偿还】 | ★★ |
| | | 第84条【债的界定】 | ★ |
| | | 第90条【借贷关系】 | ★ |
| 0085 | 公司法 | 第58条【一人有限责任公司设立的限制】 | ★ |
| 0823 | 担保法 | 第18条【保证合同中连带责任的承担】 | ★ |
| | | 第21条【保证担保的范围;没有约定、约定不明时的担保范围】 | ★ |
| | | 第31条【保证人的追偿权】 | ★ |

第65条【国有独资公司章程的制定与批准】　　　　　　　　　　★

  国有独资公司章程由国有资产监督管理机构制定,或者由董事会制订报国有资产监督管理机构批准。

## ■ 主要适用的案由及其相关度

| 案由编号 | 主要适用的案由 | 相关度 |
|---|---|---|
| M4.10 | 合同纠纷 | |
| M9.30.350 | 机动车交通事故责任纠纷 | |

## ■ 同时适用的法条及其相关度

| | 同时适用的法条 | 相关度 | |
|---|---|---|---|
| 合同法 | 第52条【合同无效的情形】 | | 0791 |
| | 第60条【合同履行的原则】 | | |
| 侵权责任法 | 第17条【同命同价:因同一侵权行为造成多人死亡的等额赔偿制度】 | | 0862 |
| | 第18条【被侵权人死亡、单位分立合并的请求权继受;支付被侵权人医疗费、丧葬费等合理费用的人】 | | |
| | 第20条【侵害人身造成财产损失的计算方式】 | | |
| | 第21条【民事权益保全请求权:停止侵害、排除妨碍、消除危险】 | | |
| | 第24条【公平责任:公平补偿责任的一般规定】 | | |
| | 第25条【损害赔偿金的支付方式:一次性支付、分期支付】 | | |
| 民法通则 | 第106条【民事责任归责原则:违约责任,无过错责任原则;侵权责任,过错责任,无过错责任】 | | 0812 |
| | 第119条【人身损害赔偿项目:一般人身损害赔偿项目、伤残赔偿项目、死亡赔偿项目】 | | |
| | 第130条【共同实施侵权行为人的连带责任】 | | |
| 保险法 | 第6条【保险业务的专营原则】 | | 0868 |
| | 第16条【投保人在合同订立时的告知义务;投保人抗辩条款的适用;保险事故范围】 | | |

| | 同时适用的法条 | 相关度 |
|---|---|---|
| 0880 道路交通安全法 | 第14条【机动车强制报废制度】 | |
| | 第76条【交通事故赔偿责任一般条款】 | |
| 0953 人身损害赔偿司法解释 | 第36条【人身损害赔偿司法解释的施行日期及其溯及力】 | |

**第66条【国有独资公司股东权的行使】** ★

国有独资公司不设股东会,由国有资产监督管理机构行使股东会职权。国有资产监督管理机构可以授权公司董事会行使股东会的部分职权,决定公司的重大事项,但公司的合并、分立、解散、增加或者减少注册资本和发行公司债券,必须由国有资产监督管理机构决定;其中,重要的国有独资公司合并、分立、解散、申请破产的,应当由国有资产监督管理机构审核后,报本级人民政府批准。

前款所称重要的国有独资公司,按照国务院的规定确定。

■ 主要适用的案由及其相关度

| 案由编号 | 主要适用的案由 | 相关度 |
|---|---|---|
| M4.10.89.4 | 民间借贷纠纷 | |
| M8.21 | 与公司有关的纠纷 | |
| M8.21.245 | 股东出资纠纷 | |
| M8.21.249 | 股权转让纠纷 | |

■ 同时适用的法条及其相关度

| | 同时适用的法条 | 相关度 |
|---|---|---|
| 0085 公司法 | 第27条【股东出资方式及其限制;非货币出资的评估作价规定】 | |
| | 第60条【一人有限责任公司的公司章程制定】 | |
| | 第64条【国有独资公司的定义及其设立和组织机构的法律适用】 | |

| | 同时适用的法条 | 相关度 | |
|---|---|---|---|
| 公司法 | 第71条【有限责任公司的股权转让;股东的优先购买权】 | | 0085 |
| | 第183条【公司的解散清算:清算组的人员组成,债权人请求法院指定有关人员成立清算组的权利】 | | |
| | 第184条【清算组的职权】 | | |
| | 第185条【债权申报程序】 | | |
| | 第206条【违法报送清算报告的法律责任;清算组成员违法行为的法律责任】 | | |
| | 第207条【承担资产评估、验资或者验证的中介机构的法律责任:提供虚假材料、提供有重大遗漏的报告;因报告不实造成损失】 | | |
| 国有资产法 | 第35条【国家出资企业发现债券、投资等事项在法律、法规有规定的情况下应当报批或备案】 | | 0882 |
| | 第38条【国有独资企业、国有独资公司、国有资本控股公司对其出资企业的重大事项履行出资人职责】 | | |
| 合同法 | 第136条【出卖人义务:交付单证、交付资料】 | | 0791 |
| 国有土地使用权出让转让条例 | 第18条【土地使用权用途的变更程序】 | | 0910 |
| | 第19条【土地使用权转让的含义及土地使用权不得转让的情形】 | | |
| | 第27条【土地使用权用途的变更程序】 | | |
| 公司法司法解释二 | 第11条【债权申报程序】 | | 0920 |
| 合同法司法解释一 | 第9条【未办批准、登记手续的合同效力】 | | 0968 |

## 第67条【国有独资公司的董事会制度】

国有独资公司设董事会,依照本法第四十六条、第六十六条的规定行使职权。董事每届任期不得超过三年。董事会成员中应当有公司职工代表。

董事会成员由国有资产监督管理机构委派;但是,董事会成员中的职工代表由公司职工代表大会选举产生。

董事会设董事长一人,可以设副董事长。董事长、副董事长由国有资产监督管理机构从董事会成员中指定。

■ 主要适用的案由及其相关度

| 案由编号 | 主要适用的案由 | 相关度 |
|---|---|---|
| M3.5.33 | 返还原物纠纷 | |

■ 同时适用的法条及其相关度

| | 同时适用的法条 | 相关度 |
|---|---|---|
| 公司法 | 第20条【禁止股东权利滥用;滥用股东权利的法律责任】 | |
| | 第181条【公司通过修改公司章程而存续的办法及其表决程序】 | |

**第68条【国有独资公司经理的聘任与解聘】**

国有独资公司设经理,由董事会聘任或者解聘。经理依照本法第四十九条规定行使职权。

经国有资产监督管理机构同意,董事会成员可以兼任经理。①

**第69条【国有独资公司高管人员兼职的限制】** ★

国有独资公司的董事长、副董事长、董事、高级管理人员,未经国有资产监督管理机构同意,不得在其他有限责任公司、股份有限公司或者其他经济组织兼职。

■ 主要适用的案由及其相关度

| 案由编号 | 主要适用的案由 | 相关度 |
|---|---|---|
| M4.10 | 合同纠纷 | |

---

① 说明:本法条尚无足够数量判决书可供法律大数据分析。

### 同时适用的法条及其相关度

| | 同时适用的法条 | 相关度 | |
|---|---|---|---|
| 公司法 | 第 8 条【公司名称中特别标明公司类型的义务】 | | 0085 |
| 公司法 | 第 77 条【股份有限公司的设立方式】 | | |
| 民法通则 | 第 43 条【企业法人对其机构的活动承担民事责任】 | | 0812 |
| 合同法 | 第 3 条【合同当事人法律地位平等】 | | 0791 |

### 第 70 条【国有独资公司监事会的组成及职权】 ★

国有独资公司监事会成员不得少于五人,其中职工代表的比例不得低于三分之一,具体比例由公司章程规定。

监事会成员由国有资产监督管理机构委派;但是,监事会成员中的职工代表由公司职工代表大会选举产生。监事会主席由国有资产监督管理机构从监事会成员中指定。

监事会行使本法第五十三条第(一)项至第(三)项规定的职权和国务院规定的其他职权。

### 主要适用的案由及其相关度

| 案由编号 | 主要适用的案由 | 相关度 |
|---|---|---|
| M8.21.249 | 股权转让纠纷 | |
| M4.10.70 | 债权转让合同纠纷 | |

### 同时适用的法条及其相关度

| | 同时适用的法条 | 相关度 | |
|---|---|---|---|
| 合同法 | 第 8 条【合同约束力】 | | 0791 |
| 合同法 | 第 44 条【合同成立条件与时间】 | | |
| 合同法 | 第 52 条【合同无效的情形】 | | |
| 合同法 | 第 56 条【合同无效或被撤销的溯及力;部分无效不影响其他独立部分的效力】 | | |
| 合同法 | 第 60 条【合同履行的原则】 | | |

| | | 同时适用的法条 | 相关度 |
|---|---|---|---|
| 0791 | 合同法 | 第107条【合同约束力:违约责任】 | |
| | | 第114条【违约金的数额及其调整】 | |
| 0085 | 公司法 | 第16条【公司对外投资或为他人提供担保的条件和限制】 | |
| 0823 | 担保法 | 第19条【保证方式不明时:连带责任担保】 | |
| | | 第31条【保证人的追偿权】 | |
| 0812 | 民法通则 | 第4条【民事活动的基本原则:自愿、公平、等价有偿、诚实信用】 | |
| 0929 | 担保法司法解释 | 第7条【担保合同与主债权合同的关系;担保合同无效的责任承担规则】 | |

## 第三章 有限责任公司的股权转让

第71条【有限责任公司的股权转让;股东的优先购买权】 ★★★

有限责任公司的股东之间可以相互转让其全部或者部分股权。

股东向股东以外的人转让股权,应当经其他股东过半数同意。股东应就其股权转让事项书面通知其他股东征求同意,其他股东自接到书面通知之日起满三十日未答复的,视为同意转让。其他股东半数以上不同意转让的,不同意的股东应当购买该转让的股权;不购买的,视为同意转让。

经股东同意转让的股权,在同等条件下,其他股东有优先购买权。两个以上股东主张行使优先购买权的,协商确定各自的购买比例;协商不成的,按照转让时各自的出资比例行使优先购买权。

公司章程对股权转让另有规定的,从其规定。

■ 主要适用的案由及其相关度

| 案由编号 | 主要适用的案由 | 相关度 |
|---|---|---|
| M8.21.249 | 股权转让纠纷 | ★★★★★ |

■ 同时适用的法条及其相关度

| | 同时适用的法条 | 相关度 | |
|---|---|---|---|
| 合同法 | 第60条【合同履行的原则】 | ★★★★★ | 0791 |
| | 第107条【合同约束力:违约责任】 | ★★★★★ | |
| | 第8条【合同约束力】 | ★★★ | |
| | 第44条【合同成立条件与时间】 | ★★★ | |
| | 第52条【合同无效的情形】 | ★★ | |
| | 第109条【违约责任的承担:付款义务的继续履行】 | ★★ | |
| | 第114条【违约金的数额及其调整】 | ★★ | |
| | 第94条【合同的法定解除;法定解除权】 | ★ | |
| | 第113条【违约责任的承担:损失赔偿】 | ★ | |
| 公司法 | 第32条【股东名册的载明事项和效力;股东名册的登记管理】 | ★★ | 0085 |
| | 第73条【有限责任公司股权转让后公司章程与股东名册的修改】 | ★★ | |
| 民法通则 | 第135条【诉讼时效期间:两年】 | ★★ | 0812 |
| | 第140条【诉讼时效期间的中断】 | ★★ | |
| 担保法 | 第18条【保证合同中连带责任的承担】 | ★ | 0823 |
| | 第19条【保证方式不明时:连带责任担保】 | ★ | |
| | 第21条【保证担保的范围;没有约定、约定不明时的担保范围】 | ★ | |
| 企业改制纠纷司法解释 | 第30条【企业兼并协议效力的认定】 | ★★ | 0944 |
| 公司法司法解释三 | 第23条【股东名册的载明事项和效力;股东名册的登记管理】 | ★ | 0915 |

第72条【有限责任公司股权强制转让中的优先购买权】 ★★★
人民法院依照法律规定的强制执行程序转让股东的股权时,应当通知公司及全体股东,其他股东在同等条件下有优先购买权。其他股东自人民

法院通知之日起满二十日不行使优先购买权的,视为放弃优先购买权。

■ 主要适用的案由及其相关度

| 案由编号 | 主要适用的案由 | 相关度 |
|---|---|---|
| M8.21.249 | 股权转让纠纷 | ★★★★★ |
| M8.21.242 | 股东资格确认纠纷 | ★ |

■ 同时适用的法条及其相关度

| | | 同时适用的法条 | 相关度 |
|---|---|---|---|
| 0791 | 合同法 | 第60条【合同履行的原则】 | ★★★★★ |
| | | 第107条【合同约束力:违约责任】 | ★★★★★ |
| | | 第8条【合同约束力】 | ★★★ |
| | | 第44条【合同成立条件与时间】 | ★★★ |
| | | 第109条【违约责任的承担:付款义务的继续履行】 | ★★ |
| | | 第114条【违约金的数额及其调整】 | ★★ |
| | | 第6条【诚实信用原则】 | ★ |
| | | 第52条【合同无效的情形】 | ★ |
| 0085 | 公司法 | 第33条【股东的知情权;股东查阅公司会计账册的权利及司法救济】 | ★ |
| | | 第74条【异议股东的股权回购请求权;异议股东的股权回购之诉】 | ★ |
| 0823 | 担保法 | 第18条【保证合同中连带责任的承担】 | ★ |
| | | 第19条【保证方式不明时:连带责任担保】 | ★ |
| | | 第21条【保证担保的范围;没有约定、约定不明时的担保范围】 | ★ |
| 0812 | 民法通则 | 第84条【债的界定】 | ★ |
| | | 第108条【债务清偿:分期偿还、强制偿还】 | ★ |
| 0915 | 公司法司法解释三 | 第23条【股东名册的载明事项和效力;股东名册的登记管理】 | ★ |

**第73条【有限责任公司股权转让后公司章程与股东名册的修改】** ★★

依照本法第七十一条、第七十二条转让股权后,公司应当注销原股东的出资证明书,向新股东签发出资证明书,并相应修改公司章程和股东名册中有关股东及其出资额的记载。对公司章程的该项修改不需再由股东会表决。

■ 主要适用的案由及其相关度

| 案由编号 | 主要适用的案由 | 相关度 |
| --- | --- | --- |
| M8.21.249 | 股权转让纠纷 | ★★★★★ |
| M8.21.244 | 请求变更公司登记纠纷 | ★★★★★ |
| M8.21.242 | 股东资格确认纠纷 | ★★★ |
| M8.21 | 与公司有关的纠纷 | ★★ |

■ 同时适用的法条及其相关度

| | 同时适用的法条 | 相关度 | |
| --- | --- | --- | --- |
| 公司法 | 第71条【有限责任公司的股权转让;股东的优先购买权】 | ★★★★★ | 0085 |
| | 第32条【股东名册的载明事项和效力;股东名册的登记管理】 | ★★★ | |
| | 第72条【有限责任公司股权强制转让中的优先购买权】 | ★ | |
| 合同法 | 第60条【合同履行的原则】 | ★★ | 0791 |
| | 第8条【合同约束力】 | ★ | |
| | 第44条【合同成立条件与时间】 | ★ | |
| | 第107条【合同约束力:违约责任】 | ★ | |
| 公司登记管理条例 | 第26条【公司变更登记】 | ★★ | 0890 |
| 公司法司法解释三 | 第23条【股东名册的载明事项和效力;股东名册的登记管理】 | ★★ | 0915 |

第74条【异议股东的股权回购请求权;异议股东的股权回购之诉】 ★★

有下列情形之一的,对股东会该项决议投反对票的股东可以请求公司按照合理的价格收购其股权:

（一）公司连续五年不向股东分配利润,而公司该五年连续盈利,并且符合本法规定的分配利润条件的;

（二）公司合并、分立、转让主要财产的;

（三）公司章程规定的营业期限届满或者章程规定的其他解散事由出现,股东会会议通过决议修改章程使公司存续的。

自股东会会议决议通过之日起六十日内,股东与公司不能达成股权收购协议的,股东可以自股东会会议决议通过之日起九十日内向人民法院提起诉讼。

■ 主要适用的案由及其相关度

| 案由编号 | 主要适用的案由 | 相关度 |
| --- | --- | --- |
| M8.21.249 | 股权转让纠纷 | ★★★★★ |
| M8.21.242 | 股东资格确认纠纷 | ★★★ |
| M8.21.248 | 请求公司收购股份纠纷 | ★★ |
| M4.10 | 合同纠纷 | ★★ |
| M8.21 | 与公司有关的纠纷 | ★ |
| M8.21.244 | 请求变更公司登记纠纷 | ★ |

■ 同时适用的法条及其相关度

| | 同时适用的法条 | 相关度 |
| --- | --- | --- |
| 公司法 | 第72条【有限责任公司股权强制转让中的优先购买权】 | ★★★★★ |
| | 第33条【股东的知情权;股东查阅公司会计账册的权利及司法救济】 | ★★★ |
| | 第71条【有限责任公司的股权转让;股东的优先购买权】 | ★★ |
| | 第32条【股东名册的载明事项和效力;股东名册的登记管理】 | ★ |

| | 同时适用的法条 | 相关度 | |
|---|---|---|---|
| 合同法 | 第 44 条【合同成立条件与时间】 | ★★★ | 0791 |
| | 第 60 条【合同履行的原则】 | ★★★ | |
| | 第 107 条【合同约束力:违约责任】 | ★★ | |
| | 第 8 条【合同约束力】 | ★ | |
| | 第 52 条【合同无效的情形】 | ★ | |
| | 第 94 条【合同的法定解除;法定解除权】 | ★ | |
| 公司登记管理条例 | 第 35 条【公司登记事项变更涉及分公司登记事项变更的登记】 | ★ | 0890 |
| 公司法司法解释三 | 第 22 条【股权确认之诉中当事人应当证明的事项】 | ★ | 0915 |

## 第 75 条【有限责任公司股东资格的继承】　★★

自然人股东死亡后,其合法继承人可以继承股东资格;但是,公司章程另有规定的除外。

■ 主要适用的案由及其相关度

| 案由编号 | 主要适用的案由 | 相关度 |
|---|---|---|
| M8.21.242 | 股东资格确认纠纷 | ★★★★★ |
| M8.21.249 | 股权转让纠纷 | ★★★ |
| M8.21.248 | 请求公司收购股份纠纷 | ★★ |
| M2.3 | 继承纠纷 | ★ |
| M8.21.244 | 请求变更公司登记纠纷 | ★ |
| M4.10 | 合同纠纷 | ★ |
| M2.3.25 | 法定继承纠纷 | ★ |
| M8.21 | 与公司有关的纠纷 | ★ |
| M8.21.250.1 | 公司决议效力确认纠纷 | ★ |

■ 同时适用的法条及其相关度

| | | 同时适用的法条 | 相关度 |
|---|---|---|---|
| 0085 | 公司法 | 第72条【有限责任公司股权强制转让中的优先购买权】 | ★★★★★ |
| | | 第32条【股东名册的载明事项和效力;股东名册的登记管理】 | ★★★ |
| | | 第36条【有限责任公司股东会的组成及法律地位】 | ★★★ |
| | | 第71条【有限责任公司的股权转让;股东的优先购买权】 | ★★★ |
| | | 第16条【公司对外投资或为他人提供担保的条件和限制】 | ★ |
| | | 第33条【股东的知情权;股东查阅公司会计账册的权利及司法救济】 | ★ |
| | | 第37条【公司股东会职权】 | ★ |
| | | 第43条【有限责任公司股东会的议事方式和表决程序】 | ★ |
| | | 第143条【记名股票被盗、遗失、或灭失后的补救措施】 | ★ |
| 0859 | 继承法 | 第10条【继承人范围及继承顺序】 | ★★★★★ |
| | | 第3条【遗产范围】 | ★★★ |
| | | 第13条【遗产分配】 | ★★★ |
| | | 第2条【继承开始】 | ★★ |
| | | 第5条【继承方式】 | ★★ |
| | | 第26条【遗产的认定】 | ★★ |
| | | 第16条【遗嘱与遗赠的一般规定】 | ★ |
| | | 第33条【继承遗产与清偿债务】 | ★ |

| | 同时适用的法条 | 相关度 | |
|---|---|---|---|
| 合同法 | 第8条【合同约束力】 | ★★ | 0791 |
| | 第52条【合同无效的情形】 | ★ | |
| | 第60条【合同履行的原则】 | ★ | |
| | 第107条【合同约束力:违约责任】 | ★ | |
| 婚姻法 | 第17条【夫妻共有财产的范围】 | ★ | 0865 |
| 民法通则 | 第84条【债的界定】 | ★ | 0812 |
| 公司登记管理条例 | 第34条【有限公司股东变更登记的申请期限;有限公司的股东或股份公司的发起人改变姓名或名称的变更登记期限】 | ★ | 0890 |
| 公司法司法解释三 | 第22条【股权确认之诉中当事人应当证明的事项】 | ★ | 0915 |
| | 第23条【股东名册的载明事项和效力;股东名册的登记管理】 | ★ | |
| 继承法问题的意见 | 第1条【继承开始时间】 | ★ | 0972 |
| | 第52条【继承开始后遗产分割前继承人死亡的处理】 | ★ | |

# 第四章 股份有限公司的设立和组织机构

## 第一节 设立

**第76条【股份有限公司的设立条件】** ★★

设立股份有限公司,应当具备下列条件:

(一)发起人符合法定人数;

(二)有符合公司章程规定的全体发起人认购的股本总额或者募集的实收股本总额;

(三)股份发行、筹办事项符合法律规定;

(四)发起人制订公司章程,采用募集方式设立的经创立大会通过;

(五)有公司名称,建立符合股份有限公司要求的组织机构;

(六)有公司住所。

0258 商事纠纷：公司、企业与破产

■ 主要适用的案由及其相关度

| 案由编号 | 主要适用的案由 | 相关度 |
|---|---|---|
| M8.21.242 | 股东资格确认纠纷 | ★★★★★ |
| M2.3 | 继承纠纷 | ★★★ |
| M2.3.25 | 法定继承纠纷 | ★★ |
| M8.21.249 | 股权转让纠纷 | ★ |
| M8.20.228 | 企业出资人权益确认纠纷 | ★ |
| M4.10.89.4 | 民间借贷纠纷 | ★ |
| M2.3.26 | 遗嘱继承纠纷 | ★ |
| M4.10 | 合同纠纷 | ★ |
| M4.10.74 | 买卖合同纠纷 | ★ |
| M8.21.244 | 请求变更公司登记纠纷 | ★ |
| M8.21 | 与公司有关的纠纷 | ★ |

■ 同时适用的法条及其相关度

| | 同时适用的法条 | 相关度 |
|---|---|---|
| 继承法 | 第3条【遗产范围】 | ★★★★★ |
| | 第10条【继承人范围及继承顺序】 | ★★★★★ |
| | 第2条【继承开始】 | ★★★ |
| | 第5条【继承方式】 | ★★★ |
| | 第13条【遗产分配】 | ★★★ |
| | 第25条【继承和遗赠的接受与放弃】 | ★★ |
| | 第26条【遗产的认定】 | ★★ |
| | 第16条【遗嘱与遗赠的一般规定】 | ★ |
| | 第17条【遗嘱的形式】 | ★ |
| | 第33条【继承遗产与清偿债务】 | ★ |

第二编 核心法律条文主要适用案由及关联法条索引 0259

| | 同时适用的法条 | 相关度 | |
|---|---|---|---|
| 公司法 | 第33条【股东的知情权;股东查阅公司会计账册的权利及司法救济】 | ★★★ | 0085 |
| | 第4条【公司股东权利】 | ★ | |
| | 第22条【股东会、股东大会、董事会决议的效力;股东对于会议决议的撤销之诉】 | ★ | |
| | 第72条【有限责任公司股权强制转让中的优先购买权】 | ★ | |
| 婚姻法 | 第17条【夫妻共有财产的范围】 | ★★ | 0865 |
| 合同法 | 第60条【合同履行的原则】 | ★ | 0791 |
| | 第108条【预期违约责任】 | ★ | |
| 民法通则 | 第14条【法定代表人】 | ★ | 0812 |
| 公司登记管理条例 | 第35条【公司登记事项变更涉及分公司登记事项变更的登记】 | ★ | 0890 |
| 公司法司法解释三 | 第22条【股权确认之诉中当事人应当证明的事项】 | ★ | 0915 |
| | 第23条【股东名册的载明事项和效力;股东名册的登记管理】 | ★ | |
| 买卖合同司法解释 | 第24条【买卖合同逾期付款违约金的适用规则】 | ★ | 0937 |

**第77条【股份有限公司的设立方式】** ★

股份有限公司的设立,可以采取发起设立或者募集设立的方式。

发起设立,是指由发起人认购公司应发行的全部股份而设立公司。

募集设立,是指由发起人认购公司应发行股份的一部分,其余股份向社会公开募集或者向特定对象募集而设立公司。

■ 主要适用的案由及其相关度

| 案由编号 | 主要适用的案由 | 相关度 |
|---|---|---|
| M4.10.89.4 | 民间借贷纠纷 | |
| M8.21.242 | 股东资格确认纠纷 | |

0260 商事纠纷:公司、企业与破产

| 案由编号 | 主要适用的案由 | 相关度 |
|---|---|---|
| M8.21.245 | 股东出资纠纷 | |
| M8.21.254 | 公司盈余分配纠纷 | |
| M4.10 | 合同纠纷 | |

■ 同时适用的法条及其相关度

| | | 同时适用的法条 | 相关度 |
|---|---|---|---|
| 0085 | 公司法 | 第1条【公司法立法宗旨】 | |
| | | 第8条【公司名称中特别标明公司类型的义务】 | |
| | | 第23条【有限责任公司的设立条件】 | |
| | | 第25条【有限责任公司章程应载明事项】 | |
| | | 第69条【国有独资公司高管人员兼职的限制】 | |
| | | 第76条【股份有限公司的设立条件】 | |
| | | 第78条【股份有限公司发起人的人数及限制】 | |
| | | 第79条【股份有限公司发起人的责任和发起人协议】 | |
| | | 第80条【股份有限公司的注册资本及其限制】 | |
| | | 第81条【股份有限公司章程应载明事项】 | |
| | | 第141条【发起人以及公司董事、监事、高级管理人员股份转让的限制性规定】 | |
| 0791 | 合同法 | 第3条【合同当事人法律地位平等】 | |
| | | 第206条【借款期限的认定】 | |
| | | 第207条【借款合同违约责任承担:支付利息】 | |
| | | 第211条【自然人之间借款合同利息的规制】 | |
| | | 第311条【承运人的责任承担以及抗辩事由】 | |
| 0812 | 民法通则 | 第5条【公民的合法权益受到保护】 | |
| | | 第43条【企业法人对其机构的活动承担民事责任】 | |
| | | 第55条【民事法律行为的有效条件】 | |

| | 同时适用的法条 | 相关度 | |
|---|---|---|---|
| 公司法司法解释三 | 第13条【未履行或未全面履行出资义务的股东对于公司债务承担补充责任；发起人的连带责任；董事、高级管理人员的不真正连带责任】 | | 0915 |
| | 第22条【股权确认之诉中当事人应当证明的事项】 | | |

## 第78条【股份有限公司发起人的人数及限制】 ★

设立股份有限公司，应当有二人以上二百人以下为发起人，其中须有半数以上的发起人在中国境内有住所。

■ 主要适用的案由及其相关度

| 案由编号 | 主要适用的案由 | 相关度 |
|---|---|---|
| M8.21.242 | 股东资格确认纠纷 | |
| M8.21.243 | 股东名册记载纠纷 | |

■ 同时适用的法条及其相关度

| | 同时适用的法条 | 相关度 | |
|---|---|---|---|
| 公司法 | 第76条【股份有限公司的设立条件】 | | 0085 |
| | 第77条【股份有限公司的设立方式】 | | |
| | 第79条【股份有限公司发起人的责任和发起人协议】 | | |
| | 第80条【股份有限公司的注册资本及其限制】 | | |
| | 第81条【股份有限公司章程应载明事项】 | | |
| | 第84条【募集设立的股份有限公司发起人认购股份的最低比例】 | | |
| | 第95条【有限责任公司变更为股份有限公司的股本折合与增加资本的规定】 | | |
| | 第137条【股份的可转让性】 | | |
| | 第179条【公司变更的登记制度】 | | |
| 合同法 | 第8条【合同约束力】 | | 0791 |

| | 同时适用的法条 | 相关度 |
|---|---|---|
| 0915 公司法司法解释三 | 第22条【股权确认之诉中当事人应当证明的事项】 | |
| | 第23条【股东名册的载明事项和效力;股东名册的登记管理】 | |

**第79条【股份有限公司发起人的责任和发起人协议】** ★

股份有限公司发起人承担公司筹办事务。

发起人应当签订发起人协议,明确各自在公司设立过程中的权利和义务。

■ 主要适用的案由及其相关度

| 案由编号 | 主要适用的案由 | 相关度 |
|---|---|---|
| M8.21.242 | 股东资格确认纠纷 | |
| M4.10.82.1 | 商品房预约合同纠纷 | |

■ 同时适用的法条及其相关度

| | | 同时适用的法条 | 相关度 |
|---|---|---|---|
| 0085 | 公司法 | 第76条【股份有限公司的设立条件】 | |
| | | 第77条【股份有限公司的设立方式】 | |
| | | 第78条【股份有限公司发起人的人数及限制】 | |
| | | 第80条【股份有限公司的注册资本及其限制】 | |
| | | 第81条【股份有限公司章程应载明事项】 | |
| | | 第131条【发行公司法规定之外的其他种类股份由国务院另行规定】 | |
| 0791 | 合同法 | 第14条【要约的界定及其构成】 | |
| | | 第79条【债权人不得转让合同权利的情形】 | |
| | | 第80条【债权人转让债权的通知义务】 | |
| | | 第81条【债权转让从权利一并转让】 | |
| | | 第107条【合同约束力:违约责任】 | |

|  | 同时适用的法条 | 相关度 |  |
|---|---|---|---|
| 民法通则 | 第108条【债务清偿：分期偿还、强制偿还】 |  | 0812 |
| 公司法司法解释三 | 第22条【股权确认之诉中当事人应当证明的事项】 |  | 0915 |

## 第80条【股份有限公司的注册资本及其限制】 ★

股份有限公司采取发起设立方式设立的，注册资本为在公司登记机关登记的全体发起人认购的股本总额。在发起人认购的股份缴足前，不得向他人募集股份。

股份有限公司采取募集方式设立的，注册资本为在公司登记机关登记的实收股本总额。

法律、行政法规以及国务院决定对股份有限公司注册资本实缴、注册资本最低限额另有规定的，从其规定。

### ■ 主要适用的案由及其相关度

| 案由编号 | 主要适用的案由 | 相关度 |
|---|---|---|
| M4.10.89.4 | 民间借贷纠纷 |  |
| M8.21.245 | 股东出资纠纷 |  |
| M8.21.242 | 股东资格确认纠纷 |  |
| M4.10.104 | 委托合同纠纷 |  |
| M4.10.82.1 | 商品房预约合同纠纷 |  |

### ■ 同时适用的法条及其相关度

|  | 同时适用的法条 | 相关度 |  |
|---|---|---|---|
| 公司法 | 第3条【公司法人制度】 |  | 0085 |
|  | 第20条【禁止股东权利滥用；滥用股东权利的法律责任】 |  |  |
|  | 第77条【股份有限公司的设立方式】 |  |  |
|  | 第78条【股份有限公司发起人的人数及限制】 |  |  |

| | | 同时适用的法条 | 相关度 |
|---|---|---|---|
| 0085 | 公司法 | 第79条【股份有限公司发起人的责任和发起人协议】 | |
| | | 第81条【股份有限公司章程应载明事项】 | |
| | | 第84条【募集设立的股份有限公司发起人认购股份的最低比例】 | |
| | | 第141条【发起人以及公司董事、监事、高级管理人员股份转让的限制性规定】 | |
| 0791 | 合同法 | 第14条【要约的界定及其构成】 | |
| | | 第79条【债权人不得转让合同权利的情形】 | |
| | | 第80条【债权人转让债权的通知义务】 | |
| | | 第81条【债权转让从权利一并转让】 | |
| | | 第94条【合同的法定解除;法定解除权】 | |
| | | 第107条【合同约束力:违约责任】 | |
| | | 第109条【违约责任的承担:付款义务的继续履行】 | |
| | | 第396条【委托合同的界定】 | |
| | | 第405条【有偿委托合同的报酬支付】 | |
| 0812 | 民法通则 | 第66条【无权代理的法律后果;代理人不履行职责、损害代理人利益的民事责任;代理人和第三人的连带责任】 | |
| | | 第108条【债务清偿:分期偿还、强制偿还】 | |
| 0823 | 担保法 | 第18条【保证合同中连带责任的承担】 | |
| | | 第31条【保证人的追偿权】 | |
| 0915 | 公司法司法解释三 | 第1条【公司发起人的认定】 | |
| | | 第13条【未履行或未全面履行出资义务的股东对于公司债务承担补充责任;发起人的连带责任;董事、高级管理人员的不真正连带责任】 | |
| | | 第23条【股东名册的载明事项和效力;股东名册的登记管理】 | |

| | 同时适用的法条 | 相关度 | |
|---|---|---|---|
| 合同法司法解释二 | 第21条【债务人的给付不足以清偿全部债务时的给付抵充顺序】 | | 0925 |
| 公司法司法解释二 | 第22条【股东尚未缴纳的出资在公司解散时应作为清算财产参与清算并用以清偿债务】 | | 0920 |

## 第81条【股份有限公司章程应载明事项】 ★

股份有限公司章程应当载明下列事项：

（一）公司名称和住所；

（二）公司经营范围；

（三）公司设立方式；

（四）公司股份总数、每股金额和注册资本；

（五）发起人的姓名或者名称、认购的股份数、出资方式和出资时间；

（六）董事会的组成、职权和议事规则；

（七）公司法定代表人；

（八）监事会的组成、职权和议事规则；

（九）公司利润分配办法；

（十）公司的解散事由与清算办法；

（十一）公司的通知和公告办法；

（十二）股东大会会议认为需要规定的其他事项。

■ 主要适用的案由及其相关度

| 案由编号 | 主要适用的案由 | 相关度 |
|---|---|---|
| M8.21.242 | 股东资格确认纠纷 | |
| M8.21.250 | 公司决议纠纷 | |
| M4.10.104 | 委托合同纠纷 | |
| M8.21.244 | 请求变更公司登记纠纷 | |

■ 同时适用的法条及其相关度

| | | 同时适用的法条 | 相关度 |
|---|---|---|---|
| 0085 | 公司法 | 第22条【股东会、股东大会、董事会决议的效力;股东对于会议决议的撤销之诉】 | |
| | | 第76条【股份有限公司的设立条件】 | |
| | | 第77条【股份有限公司的设立方式】 | |
| | | 第78条【股份有限公司发起人的人数及限制】 | |
| | | 第79条【股份有限公司发起人的责任和发起人协议】 | |
| | | 第80条【股份有限公司的注册资本及其限制】 | |
| | | 第84条【募集设立的股份有限公司发起人认购股份的最低比例】 | |
| | | 第137条【股份的可转让性】 | |
| | | 第179条【公司变更的登记制度】 | |
| | | 第180条【公司的法定解散事由】 | |
| 0791 | 合同法 | 第8条【合同约束力】 | |
| | | 第32条【书面合同自双方当事人签字或盖章时成立】 | |
| | | 第66条【同时履行抗辩权】 | |
| | | 第107条【合同约束力:违约责任】 | |
| | | 第109条【违约责任的承担:付款义务的继续履行】 | |
| | | 第405条【有偿委托合同的报酬支付】 | |
| 0823 | 担保法 | 第18条【保证合同中连带责任的承担】 | |
| | | 第31条【保证人的追偿权】 | |
| 0812 | 民法通则 | 第106条【民事责任归责原则:违约责任,无过错责任原则;侵权责任、过错责任、无过错责任】 | |
| 0915 | 公司法司法解释三 | 第22条【股权确认之诉中当事人应当证明的事项】 | |

| | 同时适用的法条 | 相关度 | |
|---|---|---|---|
| 公司法司法解释二 | 第22条【股东尚未缴纳的出资在公司解散时应作为清算财产参与清算并用以清偿债务】 | | 0920 |

## 第82条【股份有限公司发起人出资方式的法条适用】 ★

发起人的出资方式,适用本法第二十七条的规定。

■ 主要适用的案由及其相关度

| 案由编号 | 主要适用的案由 | 相关度 |
|---|---|---|
| M4.10.104 | 委托合同纠纷 | |
| M8.21.263 | 公司解散纠纷 | |

■ 同时适用的法条及其相关度

| | 同时适用的法条 | 相关度 | |
|---|---|---|---|
| 公司法 | 第25条【有限责任公司章程应载明事项】 | | 0085 |
| 民法通则 | 第42条【公司经营范围的登记、变更和审批】 | | 0812 |
| 合同法 | 第52条【合同无效的情形】 | | 0791 |

## 第83条【股份有限公司发起人的出资方式及违约责任;股份有限公司的设立登记】 ★

以发起设立方式设立股份有限公司的,发起人应当书面认足公司章程规定其认购的股份,并按照公司章程规定缴纳出资。以非货币财产出资的,应当依法办理其财产权的转移手续。

发起人不依照前款规定缴纳出资的,应当按照发起人协议承担违约责任。

发起人认足公司章程规定的出资后,应当选举董事会和监事会,由董事会向公司登记机关报送公司章程以及法律、行政法规规定的其他文件,申请设立登记。

■ 主要适用的案由及其相关度

| 案由编号 | 主要适用的案由 | 相关度 |
|---|---|---|
| M8.21.245 | 股东出资纠纷 | |
| M8.21.242 | 股东资格确认纠纷 | |

■ 同时适用的法条及其相关度

| | | 同时适用的法条 | 相关度 |
|---|---|---|---|
| 0085 | 公司法 | 第93条【出资人的出资财产有权利瑕疵时的股权认定与处置方式】 | |
| | | 第94条【公司设立阶段及设立不成功时股份有限公司发起人的法定责任】 | |
| 0791 | 合同法 | 第60条【合同履行的原则】 | |
| 0874 | 商业银行法 | 第13条【商业银行注册资本的最低限额】 | |

**第84条【募集设立的股份有限公司发起人认购股份的最低比例】** ★

以募集设立方式设立股份有限公司的,发起人认购的股份不得少于公司股份总数的百分之三十五;但是,法律、行政法规另有规定的,从其规定。

■ 主要适用的案由及其相关度

| 案由编号 | 主要适用的案由 | 相关度 |
|---|---|---|
| M8.21.242 | 股东资格确认纠纷 | |
| M8.21.249 | 股权转让纠纷 | |
| M8.21.245 | 股东出资纠纷 | |
| M4.10.89.3 | 企业借贷纠纷 | |
| M4.10.89.4 | 民间借贷纠纷 | |

## 同时适用的法条及其相关度

| | 同时适用的法条 | 相关度 | |
|---|---|---|---|
| 公司法 | 第1条【公司法立法宗旨】 | | 0085 |
| | 第3条【公司法人制度】 | | |
| | 第4条【公司股东权利】 | | |
| | 第14条【分公司的法律地位;子公司的法律地位】 | | |
| | 第20条【禁止股东权利滥用;滥用股东权利的法律责任】 | | |
| | 第78条【股份有限公司发起人的人数及限制】 | | |
| | 第80条【股份有限公司的注册资本及其限制】 | | |
| | 第81条【股份有限公司章程应载明事项】 | | |
| | 第90条【创立大会的召集及其职权和表决方式】 | | |
| | 第108条【股份有限公司董事会的人数、职权及董事任期的一般规定】 | | |
| | 第137条【股份的可转让性】 | | |
| 物权法 | 第106条【善意取得的构成条件】 | | 0834 |
| 合同法 | 第8条【合同约束力】 | | 0791 |
| | 第14条【要约的界定及其构成】 | | |
| | 第20条【要约失效的情形】 | | |
| | 第107条【合同约束力;违约责任】 | | |
| | 第113条【违约责任的承担:损失赔偿】 | | |
| 民法通则 | 第60条【民事行为部分无效】 | | 0812 |
| | 第72条【财产所有权取得应符合法律规定;动产所有权自交付时转移】 | | |
| 审理民间借贷案件规定 | 第27条【民间借贷案件审理中本金的认定】 | | 0959 |
| 公司法司法解释三 | 第23条【股东名册的载明事项和效力;股东名册的登记管理】 | | 0915 |

第85条【招股说明书的公告及认股书的制作】 ★

发起人向社会公开募集股份,必须公告招股说明书,并制作认股书。认股书应当载明本法第八十六条所列事项,由认股人填写认购股数、金额、住所,并签名、盖章。认股人按照所认购股数缴纳股款。

■ 主要适用的案由及其相关度

| 案由编号 | 主要适用的案由 | 相关度 |
| --- | --- | --- |
| M8.21.242 | 股东资格确认纠纷 | |

■ 同时适用的法条及其相关度

| | | 同时适用的法条 | 相关度 |
| --- | --- | --- | --- |
| 0085 | 公司法 | 第33条【股东的知情权;股东查阅公司会计账册的权利及司法救济】 | |
| | | 第71条【有限责任公司的股权转让;股东的优先购买权】 | |
| 0812 | 民法通则 | 第58条【民事行为无效的法定情形】 | |
| | | 第61条【民事行为被确认为无效或者被撤销后的法律后果】 | |

第86条【招股说明书的内容】

招股说明书应当附有发起人制订的公司章程,并载明下列事项:

(一)发起人认购的股份数;

(二)每股的票面金额和发行价格;

(三)无记名股票的发行总数;

(四)募集资金的用途;

(五)认股人的权利、义务;

(六)本次募股的起止期限及逾期未募足时认股人可以撤回所认股份的说明。

■ 主要适用的案由及其相关度

| 案由编号 | 主要适用的案由 | 相关度 |
| --- | --- | --- |
| M8.21.265 | 清算责任纠纷 | |

■ 同时适用的法条及其相关度

|  | 同时适用的法条 | 相关度 |  |
|---|---|---|---|
| 公司法 | 第190条【公司破产及破产清算】 |  | 0085 |

## 第87条【公开募股的承销方式】 ★

发起人向社会公开募集股份,应当由依法设立的证券公司承销,签订承销协议。

■ 主要适用的案由及其相关度

| 案由编号 | 主要适用的案由 | 相关度 |
|---|---|---|
| M4.10.89.4 | 民间借贷纠纷 |  |
| M6.17.170.2 | 工伤保险待遇纠纷 |  |

■ 同时适用的法条及其相关度

|  |  | 同时适用的法条 | 相关度 |  |
|---|---|---|---|---|
| 民法通则 | 第20条【宣告失踪的条件】 |  |  | 0812 |
| | 第87条【连带债权与连带债务】 |  |  |  |
| 公司法 | 第43条【有限责任公司股东会的议事方式和表决程序】 |  |  | 0085 |
| | 第64条【国有独资公司的定义及其设立和组织机构的法律适用】 |  |  |  |
| | 第196条【外国公司分支机构的活动原则】 |  |  |  |
| | 第205条【清算期间开展与清算无关的经营活动的法律责任】 |  |  |  |
| | 第206条【违法报送清算报告的法律责任;清算组成员违法行为的法律责任】 |  |  |  |
| 合同法 | 第20条【要约失效的情形】 |  |  | 0791 |
| 工伤保险条例 | 第26条【再次鉴定申请以及最终鉴定结论】 |  |  | 0895 |
| | 第29条【劳动能力鉴定委员会进行再次鉴定和复查鉴定的期限的规定】 |  |  |  |

| | 同时适用的法条 | 相关度 |
|---|---|---|
| 工伤保险条例 | 第33条【停工留薪期间的待遇】 | |
| | 第36条【五级、六级伤残的待遇】 | |
| | 第41条【职工因工外出期间或者抢险救灾中下落不明的处理】 | |
| | 第62条【用人单位未参加工伤保险的法律责任】 | |

第88条【代收股款协议及代收股款银行的义务】

发起人向社会公开募集股份,应当同银行签订代收股款协议。

代收股款的银行应当按照协议代收和保存股款,向缴纳股款的认股人出具收款单据,并负有向有关部门出具收款证明的义务。①

第89条【验资及公司创立大会;创立大会未按时召开时认股人的返还请求权】

发行股份的股款缴足后,必须经依法设立的验资机构验资并出具证明。发起人应当自股款缴足之日起三十日内主持召开公司创立大会。创立大会由发起人、认股人组成。

发行的股份超过招股说明书规定的截止期限尚未募足的,或者发行股份的股款缴足后,发起人在三十日内未召开创立大会的,认股人可以按照所缴股款并加算银行同期存款利息,要求发起人返还。②

第90条【创立大会的召集及其职权和表决方式】　　　　　★

发起人应当在创立大会召开十五日前将会议日期通知各认股人或者予以公告。创立大会应有代表股份总数过半数的发起人、认股人出席,方可举行。

创立大会行使下列职权:

(一)审议发起人关于公司筹办情况的报告;

(二)通过公司章程;

(三)选举董事会成员;

---

① 说明:本法条尚无足够数量判决书可供法律大数据分析。
② 说明:本法条尚无足够数量判决书可供法律大数据分析。

(四)选举监事会成员;

(五)对公司的设立费用进行审核;

(六)对发起人用于抵作股款的财产的作价进行审核;

(七)发生不可抗力或者经营条件发生重大变化直接影响公司设立的,可以作出不设立公司的决议。

创立大会对前款所列事项作出决议,必须经出席会议的认股人所持表决权过半数通过。

■ 主要适用的案由及其相关度

| 案由编号 | 主要适用的案由 | 相关度 |
|---|---|---|
| M4.10.89.3 | 企业借贷纠纷 | |
| M4.10.89.4 | 民间借贷纠纷 | |

■ 同时适用的法条及其相关度

| | 同时适用的法条 | 相关度 | |
|---|---|---|---|
| 公司法 | 第1条【公司法立法宗旨】 | | 0085 |
| | 第14条【分公司的法律地位;子公司的法律地位】 | | |
| | 第84条【募集设立的股份有限公司发起人认购股份的最低比例】 | | |
| | 第108条【股份有限公司董事会的人数、职权及董事任期的一般规定】 | | |
| 合同法 | 第14条【要约的界定及其构成】 | | 0791 |
| 民法通则 | 第72条【财产所有权取得应符合法律规定;动产所有权自交付时转移】 | | 0812 |
| 审理民间借贷案件规定 | 第27条【民间借贷案件审理中本金的认定】 | | 0959 |

**第91条【抽回股本的原则禁止及其例外】**

发起人、认股人缴纳股款或者交付抵作股款的出资后,除未按期募足股份、发起人未按期召开创立大会或者创立大会决议不设立公司的情形外,不得抽回其股本。①

**第 92 条【股份有限公司的设立登记】** ★

董事会应于创立大会结束后三十日内,向公司登记机关报送下列文件,申请设立登记:

(一)公司登记申请书;

(二)创立大会的会议记录;

(三)公司章程;

(四)验资证明;

(五)法定代表人、董事、监事的任职文件及其身份证明;

(六)发起人的法人资格证明或者自然人身份证明;

(七)公司住所证明。

以募集方式设立股份有限公司公开发行股票的,还应当向公司登记机关报送国务院证券监督管理机构的核准文件。

■ 主要适用的案由及其相关度

| 案由编号 | 主要适用的案由 | 相关度 |
|---|---|---|
| M4.10 | 合同纠纷 | |
| M8.21.245 | 股东出资纠纷 | |
| M4.10.89.4 | 民间借贷纠纷 | |
| M4.10.97.3 | 车辆租赁合同纠纷 | |

■ 同时适用的法条及其相关度

| | 同时适用的法条 | 相关度 |
|---|---|---|
| 民法通则 | 第90条【借贷关系】 | |
| | 第108条【债务清偿:分期偿还、强制偿还】 | |
| 公司法 | 第36条【有限责任公司股东会的组成及法律地位】 | |
| | 第64条【国有独资公司的定义及其设立和组织机构的法律适用】 | |

---

① 说明:本法条尚无足够数量判决书可供法律大数据分析。

| | 同时适用的法条 | 相关度 | |
|---|---|---|---|
| 公司法 | 第95条【有限责任公司变更为股份有限公司的股本折合与增加资本的规定】 | | 0085 |
| | 第144条【股票上市交易规则】 | | |
| 合同法 | 第107条【合同约束力:违约责任】 | | 0791 |
| | 第113条【违约责任的承担:损失赔偿】 | | |
| | 第114条【违约金的数额及其调整】 | | |
| | 第196条【借款合同定义】 | | |
| | 第206条【借款期限的认定】 | | |
| | 第207条【借款合同违约责任承担:支付利息】 | | |
| 公司法司法解释三 | 第12条【可以认定股东抽逃出资的情形】 | | 0915 |
| | 第13条【未履行或未全面履行出资义务的股东对于公司债务承担补充责任;发起人的连带责任;董事、高级管理人员的不真正连带责任】 | | |
| | 第14条【抽逃出资的法律责任】 | | |
| | 第20条【是否出资义务纠纷中原被告双方的举证责任】 | | |
| | 第21条【股东资格确认之诉的诉讼当事人的认定】 | | |

第93条【出资人的出资财产有权利瑕疵时的股权认定与处置方式】　★

　　股份有限公司成立后,发起人未按照公司章程的规定缴足出资的,应当补缴;其他发起人承担连带责任。

　　股份有限公司成立后,发现作为设立公司出资的非货币财产的实际价额显著低于公司章程所定价额的,应当由交付该出资的发起人补足其差额;其他发起人承担连带责任。

■ 主要适用的案由及其相关度

| 案由编号 | 主要适用的案由 | 相关度 |
|---|---|---|
| M8.21.245 | 股东出资纠纷 | |
| M8.21.257 | 股东损害公司债权人利益责任纠纷 | |

| 案由编号 | 主要适用的案由 | 相关度 |
|---|---|---|
| M4.10 | 合同纠纷 | |
| M4.10.89 | 借款合同纠纷 | |

■ 同时适用的法条及其相关度

| | | 同时适用的法条 | 相关度 |
|---|---|---|---|
| 0085 | 公司法 | 第83条【股份有限公司发起人的出资方式及违约责任；股份有限公司的设立登记】 | |
| | | 第96条【股份有限公司重要文件的置备义务】 | |
| | | 第97条【股东的查阅权、建议权和质询权】 | |
| | | 第177条【公司减少注册资本的程序】 | |
| 0791 | 合同法 | 第60条【合同履行的原则】 | |
| | | 第206条【借款期限的认定】 | |
| | | 第211条【自然人之间借款合同利息的规制】 | |
| 0823 | 担保法 | 第18条【保证合同中连带责任的承担】 | |
| | | 第21条【保证担保的范围；没有约定、约定不明时的担保范围】 | |
| 0915 | 公司法司法解释三 | 第13条【未履行或未全面履行出资义务的股东对于公司债务承担补充责任；发起人的连带责任；董事、高级管理人员的不真正连带责任】 | |
| | | 第18条【未履行或未全面履行出资义务的有限责任公司股东转让股权后与受让人负有连带的出资义务】 | |
| | | 第19条【股东未履行或未全面履行出资义务或抽逃出资时的出资义务或返还出资的义务不适用诉讼时效抗辩规则】 | |
| | | 第20条【是否出资义务纠纷中原被告双方的举证责任】 | |

|  | 同时适用的法条 | 相关度 |
|---|---|---|
| 公司法司法解释一 | 第1条【公司法对其实施前的法律纠纷没有溯及力】 |  |
|  | 第2条【公司法对其实施前的法律纠纷可参照适用】 |  |

0945

**第94条【公司设立阶段及设立不成功时股份有限公司发起人的法定责任】** ★

股份有限公司的发起人应当承担下列责任：

（一）公司不能成立时，对设立行为所产生的债务和费用负连带责任；

（二）公司不能成立时，对认股人已缴纳的股款，负返还股款并加算银行同期存款利息的连带责任；

（三）在公司设立过程中，由于发起人的过失致使公司利益受到损害的，应当对公司承担赔偿责任。

▓ 主要适用的案由及其相关度

| 案由编号 | 主要适用的案由 | 相关度 |
|---|---|---|
| M8.20.236 | 挂靠经营合同纠纷 |  |
| M4.10.97.2 | 房屋租赁合同纠纷 |  |
| M4.10.99.2 | 定作合同纠纷 |  |
| M6.17.169.5 | 追索劳动报酬纠纷 |  |
| M8.21.242 | 股东资格确认纠纷 |  |
| M8.21.245 | 股东出资纠纷 |  |
| M8.21.251 | 公司设立纠纷 |  |
| M2.3.27 | 被继承人债务清偿纠纷 |  |
| M4.10 | 合同纠纷 |  |
| M4.10.74 | 买卖合同纠纷 |  |
| M4.10.89 | 借款合同纠纷 |  |
| M4.10.89.4 | 民间借贷纠纷 |  |

### ■ 同时适用的法条及其相关度

| | | 同时适用的法条 | 相关度 |
|---|---|---|---|
| 0791 | 合同法 | 第8条【合同约束力】 | |
| | | 第44条【合同成立条件与时间】 | |
| | | 第60条【合同履行的原则】 | |
| | | 第91条【合同权利义务终止的法定情形】 | |
| | | 第94条【合同的法定解除;法定解除权】 | |
| | | 第97条【合同解除的法律后果】 | |
| | | 第107条【合同约束力:违约责任】 | |
| | | 第114条【违约金的数额及其调整】 | |
| | | 第196条【借款合同定义】 | |
| | | 第207条【借款合同违约责任承担:支付利息】 | |
| | | 第251条【承揽合同的定义】 | |
| 0085 | 公司法 | 第7条【公司营业执照的签发、记载事项以及换发】 | |
| | | 第14条【分公司的法律地位;子公司的法律地位】 | |
| | | 第20条【禁止股东权利滥用;滥用股东权利的法律责任】 | |
| | | 第31条【股东出资证明书的签发与载明事项】 | |
| | | 第60条【一人有限责任公司的公司章程制定】 | |
| | | 第83条【股份有限公司发起人的出资方式及违约责任;股份有限公司的设立登记】 | |
| | | 第97条【股东的查阅权、建议权和质询权】 | |
| | | 第111条【股份有限公司董事会的议事规则】 | |
| | | 第148条【禁止董事、高级管理人员实施的行为】 | |
| | | 第216条【高级管理人员、控股股东、实际控制人、关联关系的法定含义】 | |
| 0874 | 商业银行法 | 第13条【商业银行注册资本的最低限额】 | |

| | 同时适用的法条 | 相关度 | |
|---|---|---|---|
| 民法通则 | 第35条【民事合伙的债务承担规则】 | | 0812 |
| | 第84条【债的界定】 | | |
| | 第108条【债务清偿：分期偿还、强制偿还】 | | |
| 担保法 | 第18条【保证合同中连带责任的承担】 | | 0823 |
| | 第46条【抵押担保的范围】 | | |
| | 第53条【抵押权的实现】 | | |
| | 第59条【最高额抵押的定义】 | | |
| 继承法 | 第33条【继承遗产与清偿债务】 | | 0859 |
| 公司法司法解释三 | 第4条【公司设立阶段及设立不成功时股份有限公司发起人的法定责任】 | | 0915 |
| 劳动争议案件司法解释三 | 第4条【劳动者与未办理营业执照、营业执照被吊销或营业期限届满仍继续经营的用人单位发生争议的用人单位或出资人作为当事人】 | | 0962 |
| 劳动争议案件司法解释二 | 第3条【视为拖欠劳动报酬争议的起诉】 | | 0946 |

**第95条【有限责任公司变更为股份有限公司的股本折合与增加资本的规定】** ★

有限责任公司变更为股份有限公司时，折合的实收股本总额不得高于公司净资产额。有限责任公司变更为股份有限公司，为增加资本公开发行股份时，应当依法办理。

■ 主要适用的案由及其相关度

| 案由编号 | 主要适用的案由 | 相关度 |
|---|---|---|
| M4.10 | 合同纠纷 | |
| M4.10.89.5 | 小额借款合同纠纷 | |
| M8.21.253 | 发起人责任纠纷 | |
| M4.10.97.2 | 房屋租赁合同纠纷 | |

| 案由编号 | 主要适用的案由 | 相关度 |
|---|---|---|
| M8.21.245 | 股东出资纠纷 | |
| M8.21.251 | 公司设立纠纷 | |

■ 同时适用的法条及其相关度

| | | 同时适用的法条 | 相关度 |
|---|---|---|---|
| 0085 | 公司法 | 第78条【股份有限公司发起人的人数及限制】 | |
| | | 第92条【股份有限公司的设立登记】 | |
| | | 第179条【公司变更的登记制度】 | |
| 0791 | 合同法 | 第80条【债权人转让债权的通知义务】 | |
| | | 第107条【合同约束力:违约责任】 | |
| 0812 | 民法通则 | 第4条【民事活动的基本原则:自愿、公平、等价有偿、诚实信用】 | |
| | | 第135条【诉讼时效期间:两年】 | |
| | | 第140条【诉讼时效期间的中断】 | |
| 0915 | 公司法司法解释三 | 第4条【公司设立阶段及设立不成功时股份有限公司发起人的法定责任】 | |

**第96条【股份有限公司重要文件的置备义务】** ★

股份有限公司应当将公司章程、股东名册、公司债券存根、股东大会会议记录、董事会会议记录、监事会会议记录、财务会计报告置备于本公司。

■ 主要适用的案由及其相关度

| 案由编号 | 主要适用的案由 | 相关度 |
|---|---|---|
| M8.21.247 | 股东知情权纠纷 | |
| M8.21 | 与公司有关的纠纷 | |
| M8.21.244 | 请求变更公司登记纠纷 | |
| M8.21.246 | 新增资本认购纠纷 | |
| M4.10 | 合同纠纷 | |

■ 同时适用的法条及其相关度

| | 同时适用的法条 | 相关度 | |
|---|---|---|---|
| 公司法 | 第33条【股东的知情权;股东查阅公司会计账册的权利及司法救济】 | | 0085 |
| | 第54条【有限责任公司监事的建议权、质询权和调查权】 | | |
| | 第93条【出资人的出资财产有权利瑕疵时的股权认定与处置方式】 | | |
| | 第97条【股东的查阅权、建议权和质询权】 | | |
| | 第116条【股份有限公司高层人员报酬的披露】 | | |
| | 第125条【股份及其形式:股票】 | | |
| | 第136条【新股股款募足后的变更登记和公告】 | | |
| | 第165条【财务会计报告的公开规则】 | | |
| | 第179条【公司变更的登记制度】 | | |
| 合同法 | 第94条【合同的法定解除;法定解除权】 | | 0791 |
| | 第97条【合同解除的法律后果】 | | |

**第97条【股东的查阅权、建议权和质询权】** ★

股东有权查阅公司章程、股东名册、公司债券存根、股东大会会议记录、董事会会议决议、监事会会议决议、财务会计报告,对公司的经营提出建议或者质询。

■ 主要适用的案由及其相关度

| 案由编号 | 主要适用的案由 | 相关度 |
|---|---|---|
| M8.21.247 | 股东知情权纠纷 | ★★★★★ |

■ 同时适用的法条及其相关度

| | 同时适用的法条 | 相关度 | |
|---|---|---|---|
| 公司法 | 第33条【股东的知情权;股东查阅公司会计账册的权利及司法救济】 | | 0085 |

| | | 同时适用的法条 | 相关度 |
|---|---|---|---|
| 0085 | 公司法 | 第34条【股东红利分配规则;公司新增资本时股东的优先认购权】 | |
| | | 第54条【有限责任公司监事的建议权、质询权和调查权】 | |
| | | 第60条【一人有限责任公司的公司章程制定】 | |
| | | 第93条【出资人的出资财产有权利瑕疵时的股权认定与处置方式】 | |
| | | 第94条【公司设立阶段及设立不成功时股份有限公司发起人的法定责任】 | |
| | | 第96条【股份有限公司重要文件的置备义务】 | |
| | | 第98条【股份有限公司股东大会的组成及其法律地位】 | |
| | | 第116条【股份有限公司高层人员报酬的披露】 | |
| | | 第117条【股份有限公司监事会的组成及监事的任期】 | |
| | | 第132条【向股东交付股票的时间】 | |
| | | 第141条【发起人以及公司董事、监事、高级管理人员股份转让的限制性规定】 | |
| | | 第165条【财务会计报告的公开规则】 | |
| | | 第166条【公司的法定公积金制度、任意公积金制度;公司利润分配的规定】 | |
| | | 第216条【高级管理人员、控股股东、实际控制人、关联关系的法定含义】 | |
| 0854 | 会计法 | 第9条【会计核算的可靠性】 | |
| | | 第20条【财务会计报告的编制;财务会计报告的组成】 | |
| 0913 | 企业财务会计报告条例 | 第7条【年度、半年度财务会计报告的内容;会计报表的范围】 | |

## 第二节 股东大会

**第98条【股份有限公司股东大会的组成及其法律地位】** ★

股份有限公司股东大会由全体股东组成。股东大会是公司的权力机构,依照本法行使职权。

■ 主要适用的案由及其相关度

| 案由编号 | 主要适用的案由 | 相关度 |
|---|---|---|
| M8.21.247 | 股东知情权纠纷 | ★★★★★ |
| M8.21 | 与公司有关的纠纷 | ★ |

■ 同时适用的法条及其相关度

| | 同时适用的法条 | 相关度 |
|---|---|---|
| 公司法 | 第4条【公司股东权利】 | |
| | 第11条【公司的章程及其效力】 | |
| | 第33条【股东的知情权;股东查阅公司会计账册的权利及司法救济】 | |
| | 第34条【股东红利分配规则;公司新增资本时股东的优先认购权】 | |
| | 第37条【公司股东会职权】 | |
| | 第46条【有限责任公司董事会的职权】 | |
| | 第97条【股东的查阅权、建议权和质询权】 | |
| | 第99条【股份有限公司股东大会的职权】 | |
| | 第100条【股份有限公司股东大会的召开周期及临时股东大会召开的条件】 | |
| | 第108条【股份有限公司董事会的人数、职权及董事任期的一般规定】 | |
| | 第117条【股份有限公司监事会的组成及监事的任期】 | |

| | | 同时适用的法条 | 相关度 |
|---|---|---|---|
| 0085 | 公司法 | 第141条【发起人以及公司董事、监事、高级管理人员股份转让的限制性规定】 | |
| | | 第151条【股东派生诉讼】 | |
| | | 第164条【公司财务会计报告的编制与审计】 | |
| | | 第165条【财务会计报告的公开规则】 | |
| | | 第166条【公司的法定公积金制度、任意公积金制度:公司利润分配的规定】 | |
| 0854 | 会计法 | 第20条【财务会计报告的编制;财务会计报告的组成】 | |
| 0913 | 企业财务会计报告条例 | 第7条【年度、半年度财务会计报告的内容;会计报表的范围】 | |

**第99条【股份有限公司股东大会的职权】** ★

本法第三十七条第一款关于有限责任公司股东会职权的规定,适用于股份有限公司股东大会。

■ 主要适用的案由及其相关度

| 案由编号 | 主要适用的案由 | 相关度 |
|---|---|---|
| M8.21.246 | 新增资本认购纠纷 | |
| M8.21.249 | 股权转让纠纷 | |
| M8.21.250 | 公司决议纠纷 | |
| M8.21.254 | 公司盈余分配纠纷 | |
| M8.21.262 | 公司增资纠纷 | |
| M8.23.273 | 请求撤销个别清偿行为纠纷 | |
| M4.10.89 | 借款合同纠纷 | |
| M4.10.89.5 | 小额借款合同纠纷 | |

■ 同时适用的法条及其相关度

| | 同时适用的法条 | 相关度 |
|---|---|---|
| 公司法 | 第103条【股份有限公司股东的表决权】 | ★★★★★ |
| | 第136条【新股股款募足后的变更登记和公告】 | ★★★★★ |
| | 第37条【公司股东会职权】 | ★ |
| | 第38条【有限责任公司首次股东会会议的召集和主持】 | ★ |
| | 第100条【股份有限公司股东大会的召开周期及临时股东大会召开的条件】 | ★ |

**第100条【股份有限公司股东大会的召开周期及临时股东大会召开的条件】** 股东大会应当每年召开一次年会。有下列情形之一的，应当在两个月内召开临时股东大会：

（一）董事人数不足本法规定人数或者公司章程所定人数的三分之二时；

（二）公司未弥补的亏损达实收股本总额三分之一时；

（三）单独或者合计持有公司百分之十以上股份的股东请求时；

（四）董事会认为必要时；

（五）监事会提议召开时；

（六）公司章程规定的其他情形。

■ 主要适用的案由及其相关度

| 案由编号 | 主要适用的案由 | 相关度 |
|---|---|---|
| M4.10.89 | 借款合同纠纷 | |
| M8.21.250 | 公司决议纠纷 | |
| M8.21.250.2 | 公司决议撤销纠纷 | |
| M8.21.254 | 公司盈余分配纠纷 | |

■ 同时适用的法条及其相关度

| | 同时适用的法条 | 相关度 |
|---|---|---|
| 公司法 | 第4条【公司股东权利】 | |
| | 第22条【股东会、股东大会、董事会决议的效力;股东对于会议决议的撤销之诉】 | |
| | 第33条【股东的知情权;股东查阅公司会计账册的权利及司法救济】 | |
| | 第37条【公司股东会职权】 | |
| | 第38条【有限责任公司首次股东会会议的召集和主持】 | |
| | 第46条【有限责任公司董事会的职权】 | |
| | 第52条【有限责任公司监事的任期】 | |
| | 第98条【股份有限公司股东大会的组成及其法律地位】 | |
| | 第99条【股份有限公司股东大会的职权】 | |
| | 第101条【股份有限公司股东大会的召集和主持】 | |
| | 第102条【股份有限公司股东大会的召开程序;股东的提案权】 | |
| | 第103条【股份有限公司股东的表决权】 | |
| | 第104条【对公司转让、受让重大资产或对外提供担保等事项的特殊决议程序】 | |
| | 第107条【股份有限公司股东大会会议记录的制作与保存】 | |
| | 第108条【股份有限公司董事会的人数、职权及董事任期的一般规定】 | |
| | 第148条【禁止董事、高级管理人员实施的行为】 | |
| | 第149条【董事、监事、高级管理人员对于所造成的公司损害的赔偿责任】 | |
| | 第166条【公司的法定公积金制度、任意公积金制度;公司利润分配的规定】 | |

## 第101条【股份有限公司股东大会的召集和主持】

股东大会会议由董事会召集,董事长主持;董事长不能履行职务或者不履行职务的,由副董事长主持;副董事长不能履行职务或者不履行职务的,由半数以上董事共同推举一名董事主持。

董事会不能履行或者不履行召集股东大会会议职责的,监事会应当及时召集和主持;监事会不召集和主持的,连续九十日以上单独或者合计持有公司百分之十以上股份的股东可以自行召集和主持。

■ 主要适用的案由及其相关度

| 案由编号 | 主要适用的案由 | 相关度 |
|---|---|---|
| M8.21.250.2 | 公司决议撤销纠纷 | |
| M8.21.263 | 公司解散纠纷 | |

■ 同时适用的法条及其相关度

| | 同时适用的法条 | 相关度 |
|---|---|---|
| 公司法 | 第22条【股东会、股东大会、董事会决议的效力;股东对于会议决议的撤销之诉】 | |
| | 第38条【有限责任公司首次股东会会议的召集和主持】 | |
| | 第99条【股份有限公司股东大会的职权】 | |
| | 第100条【股份有限公司股东大会的召开周期及临时股东大会召开的条件】 | |
| | 第102条【股份有限公司股东大会的召开程序;股东的提案权】 | |
| | 第103条【股份有限公司股东的表决权】 | |

## 第102条【股份有限公司股东大会的召开程序;股东的提案权】

召开股东大会会议,应当将会议召开的时间、地点和审议的事项于会议召开二十日前通知各股东;临时股东大会应当于会议召开十五日前通知各股东;发行无记名股票的,应当于会议召开三十日前公告会议召开的时间、地点和审议事项。

单独或者合计持有公司百分之三以上股份的股东,可以在股东大会召开十日前提出临时提案并书面提交董事会;董事会应当在收到提案后二日内通知其他股东,并将该临时提案提交股东大会审议。临时提案的内容应当属于股东大会职权范围,并有明确议题和具体决议事项。

股东大会不得对前两款通知中未列明的事项作出决议。

无记名股票持有人出席股东大会会议的,应当于会议召开五日前至股东大会闭会时将股票交存于公司。

■ 主要适用的案由及其相关度

| 案由编号 | 主要适用的案由 | 相关度 |
| --- | --- | --- |
| M8.21.250 | 公司决议纠纷 | |
| M8.21.250.2 | 公司决议撤销纠纷 | |
| M8.21.244 | 请求变更公司登记纠纷 | |

■ 同时适用的法条及其相关度

| | 同时适用的法条 | 相关度 |
| --- | --- | --- |
| 公司法 | 第11条【公司的章程及其效力】 | |
| | 第20条【禁止股东权利滥用;滥用股东权利的法律责任】 | |
| | 第22条【股东会、股东大会、董事会决议的效力;股东对于会议决议的撤销之诉】 | |
| | 第38条【有限责任公司首次股东会会议的召集和主持】 | |
| | 第41条【股东会会议的召集通知及会议记录】 | |
| | 第99条【股份有限公司股东大会的职权】 | |
| | 第100条【股份有限公司股东大会的召开周期及临时股东大会召开的条件】 | |
| | 第101条【股份有限公司股东大会的召集和主持】 | |
| | 第103条【股份有限公司股东的表决权】 | |

### 第103条【股份有限公司股东的表决权】 ★

股东出席股东大会会议，所持每一股份有一表决权。但是，公司持有的本公司股份没有表决权。

股东大会作出决议，必须经出席会议的股东所持表决权过半数通过。但是，股东大会作出修改公司章程、增加或者减少注册资本的决议，以及公司合并、分立、解散或者变更公司形式的决议，必须经出席会议的股东所持表决权的三分之二以上通过。

■ 主要适用的案由及其相关度

| 案由编号 | 主要适用的案由 | 相关度 |
|---|---|---|
| M8.21.246 | 新增资本认购纠纷 | |
| M8.21.250 | 公司决议纠纷 | |
| M8.21.250.1 | 公司决议效力确认纠纷 | |
| M8.21.250.2 | 公司决议撤销纠纷 | |
| M4.10.90 | 保证合同纠纷 | |
| M8.21.254 | 公司盈余分配纠纷 | |
| M4.10.89 | 借款合同纠纷 | |
| M8.21.244 | 请求变更公司登记纠纷 | |

■ 同时适用的法条及其相关度

| | 同时适用的法条 | 相关度 |
|---|---|---|
| 公司法 | 第99条【股份有限公司股东大会的职权】 | ★★★★★ |
| | 第136条【新股股款募足后的变更登记和公告】 | ★★★★★ |
| | 第22条【股东会、股东大会、董事会决议的效力；股东对于会议决议的撤销之诉】 | ★ |
| | 第38条【有限责任公司首次股东会会议的召集和主持】 | ★ |
| | 第71条【有限责任公司的股权转让；股东的优先购买权】 | ★ |
| | 第100条【股份有限公司股东大会的召开周期及临时股东大会召开的条件】 | ★ |

|  | | 同时适用的法条 | 相关度 |
|---|---|---|---|
| 0085 | 公司法 | 第101条【股份有限公司股东大会的召集和主持】 | ★ |
|  |  | 第102条【股份有限公司股东大会的召开程序;股东的提案权】 | ★ |
|  |  | 第104条【对公司转让、受让重大资产或对外提供担保等事项的特殊决议程序】 | ★ |
|  |  | 第107条【股份有限公司股东大会会议记录的制作与保存】 | ★ |
| 0791 | 合同法 | 第52条【合同无效的情形】 | ★ |

第104条【对公司转让、受让重大资产或对外提供担保等事项的特殊决议程序】 ★

本法和公司章程规定公司转让、受让重大资产或者对外提供担保等事项必须经股东大会作出决议的,董事会应当及时召集股东大会会议,由股东大会就上述事项进行表决。

■ 主要适用的案由及其相关度

| 案由编号 | 主要适用的案由 | 相关度 |
|---|---|---|
| M4.10.89 | 借款合同纠纷 |  |
| M4.10.89.1 | 金融借款合同纠纷 |  |
| M4.10.89.4 | 民间借贷纠纷 |  |
| M8.21.256 | 损害公司利益责任纠纷 |  |
| M4.10.96.2 | 信用卡纠纷 |  |
| M8.21.250 | 公司决议纠纷 |  |
| M8.21.250.1 | 公司决议效力确认纠纷 |  |
| M8.21.250.2 | 公司决议撤销纠纷 |  |
| M8.21 | 与公司有关的纠纷 |  |
| M4.10 | 合同纠纷 |  |
| M4.10.90 | 保证合同纠纷 |  |
| M8.21.259 | 公司合并纠纷 |  |

## ■ 同时适用的法条及其相关度

| | 同时适用的法条 | 相关度 | |
|---|---|---|---|
| 合同法 | 第60条【合同履行的原则】 | ★★★★★ | 0791 |
| | 第93条【合同的意定解除：协商一致；约定条件成就】 | ★★★★★ | |
| | 第107条【合同约束力：违约责任】 | ★★★★★ | |
| | 第205条【借款合同的利息支付义务】 | ★★★★★ | |
| | 第206条【借款期限的认定】 | ★★★★★ | |
| | 第207条【借款合同违约责任承担：支付利息】 | ★★★★★ | |
| | 第196条【借款合同定义】 | ★ | |
| 公司法 | 第16条【公司对外投资或为他人提供担保的条件和限制】 | ★★★★★ | 0085 |
| | 第38条【有限责任公司首次股东会会议的召集和主持】 | ★★ | |
| | 第100条【股份有限公司股东大会的召开周期及临时股东大会召开的条件】 | ★★ | |
| | 第4条【公司股东权利】 | ★ | |
| | 第52条【有限责任公司监事的任期】 | ★ | |
| | 第103条【股份有限公司股东的表决权】 | ★ | |
| | 第179条【公司变更的登记制度】 | ★ | |
| 担保法 | 第14条【保证合同的订立：分别订立；合并订立】 | ★★★★★ | 0823 |
| | 第18条【保证合同中连带责任的承担】 | ★★★★★ | |
| | 第26条【连带保证的保证期间】 | ★★★★★ | |
| | 第75条【可质押的权利的范围】 | ★★★★★ | |
| | 第76条【票据出质的范围、形式以及生效条件】 | ★★★★★ | |
| 婚姻法司法解释二 | 第24条【离婚时夫妻共同债务的清偿】 | ★★★ | 0933 |
| 民通意见 | 第58条【企业法人的替代责任：工作人员以法人名义从事经营活动致人损失的法人承担赔偿责任】 | ★ | 0934 |

## 第105条【累积投票制】 ★

股东大会选举董事、监事,可以依照公司章程的规定或者股东大会的决议,实行累积投票制。

本法所称累积投票制,是指股东大会选举董事或者监事时,每一股份拥有与应选董事或者监事人数相同的表决权,股东拥有的表决权可以集中使用。

■ 主要适用的案由及其相关度

| 案由编号 | 主要适用的案由 | 相关度 |
|---|---|---|
| M8.21.249 | 股权转让纠纷 | |
| M8.21.250 | 公司决议纠纷 | |
| M4.10.89 | 借款合同纠纷 | |
| M4.10.89.1 | 金融借款合同纠纷 | |
| M4.10.89.4 | 民间借贷纠纷 | |
| M8.21.259 | 公司合并纠纷 | |

■ 同时适用的法条及其相关度

| | 同时适用的法条 | 相关度 |
|---|---|---|
| 合同法 | 第18条【要约的撤销】 | |
| | 第52条【合同无效的情形】 | |
| | 第58条【合同无效或被撤销的法律后果】 | |
| | 第60条【合同履行的原则】 | |
| | 第61条【合同内容约定不明确的处理规则;合同漏洞的填补】 | |
| | 第80条【债权人转让债权的通知义务】 | |
| | 第107条【合同约束力:违约责任】 | |
| | 第196条【借款合同定义】 | |
| | 第200条【借款利息不得预先扣除;预先扣除后按实际数额计算借款额度】 | |

| | 同时适用的法条 | 相关度 | |
|---|---|---|---|
| 合同法 | 第205条【借款合同的利息支付义务】 | | 0791 |
| | 第206条【借款期限的认定】 | | |
| | 第207条【借款合同违约责任承担:支付利息】 | | |
| | 第210条【自然人之间借款合同的生效:提供借款时】 | | |
| | 第211条【自然人之间借款合同利息的规制】 | | |
| 担保法 | 第6条【保证的定义】 | | 0823 |
| | 第13条【保证合同的形式:书面形式】 | | |
| | 第16条【保证的方式】 | | |
| | 第18条【保证合同中连带责任的承担】 | | |
| | 第19条【保证方式不明时:连带责任担保】 | | |
| | 第52条【抵押权的从属性】 | | |
| | 第75条【可质押的权利的范围】 | | |
| 公司法 | 第22条【股东会、股东大会、董事会决议的效力;股东对于会议决议的撤销之诉】 | | 0085 |
| | 第41条【股东会会议的召集通知及会议记录】 | | |
| | 第44条【有限责任公司董事会的组成】 | | |
| | 第72条【有限责任公司股权强制转让中的优先购买权】 | | |
| | 第99条【股份有限公司股东大会的职权】 | | |
| | 第103条【股份有限公司股东的表决权】 | | |
| | 第104条【对公司转让、受让重大资产或对外提供担保等事项的特殊决议程序】 | | |
| | 第108条【股份有限公司董事会的人数、职权及董事任期的一般规定】 | | |
| | 第138条【股份应在法定交易场所进行转让】 | | |
| | 第173条【公司合并的程序】 | | |

| | | 同时适用的法条 | 相关度 |
|---|---|---|---|
| 0812 | 民法通则 | 第58条【民事行为无效的法定情形】 | |
| | | 第90条【借贷关系】 | |
| | | 第106条【民事责任归责原则:违约责任,无过错责任原则;侵权责任,过错责任、无过错责任】 | |
| 0834 | 物权法 | 第226条【基金份额、股权出质的权利质权设立;出质人处分基金份额、股权的限制】 | |
| 0933 | 婚姻法司法解释二 | 第24条【离婚时夫妻共同债务的清偿】 | |
| 0929 | 担保法司法解释 | 第7条【担保合同与主债权合同的关系;担保合同无效的责任承担规则】 | |

### 第106条【股东表决权的代理行使】

股东可以委托代理人出席股东大会会议,代理人应当向公司提交股东授权委托书,并在授权范围内行使表决权。

■ 主要适用的案由及其相关度

| 案由编号 | 主要适用的案由 | 相关度 |
|---|---|---|
| M8.21.250.2 | 公司决议撤销纠纷 | |

■ 同时适用的法条及其相关度

| | | 同时适用的法条 | 相关度 |
|---|---|---|---|
| 0085 | 公司法 | 第22条【股东会、股东大会、董事会决议的效力;股东对于会议决议的撤销之诉】 | |
| | | 第32条【股东名册的载明事项和效力;股东名册的登记管理】 | |
| | | 第73条【有限责任公司股权转让后公司章程与股东名册的修改】 | |

### 第107条【股份有限公司股东大会会议记录的制作与保存】 ★

股东大会应当对所议事项的决定作成会议记录,主持人、出席会议的董事应当在会议记录上签名。会议记录应当与出席股东的签名册及代理出席的委托书一并保存。

■ 主要适用的案由及其相关度

| 案由编号 | 主要适用的案由 | 相关度 |
|---|---|---|
| M4.10.74 | 买卖合同纠纷 | |
| M4.10.120.15 | 物业服务合同纠纷 | |
| M8.21.249 | 股权转让纠纷 | |
| M4.10.99 | 承揽合同纠纷 | |
| M4.10.99.2 | 定作合同纠纷 | |
| M4.10.101.2 | 公路货物运输合同纠纷 | |
| M4.10 | 合同纠纷 | |
| M4.10.97 | 租赁合同纠纷 | |
| M8.21.250.1 | 公司决议效力确认纠纷 | |
| M4.10.100.3 | 建设工程施工合同纠纷 | |
| M4.10.89 | 借款合同纠纷 | |
| M4.10.89.4 | 民间借贷纠纷 | |
| M8.21.257 | 股东损害公司债权人利益责任纠纷 | |
| M8.21.242 | 股东资格确认纠纷 | |

■ 同时适用的法条及其相关度

| | 同时适用的法条 | 相关度 |
|---|---|---|
| 公司法 | 第8条【公司名称中特别标明公司类型的义务】 | |
| | 第13条【公司的法定代表人】 | |
| | 第14条【分公司的法律地位；子公司的法律地位】 | |
| | 第38条【有限责任公司首次股东会会议的召集和主持】 | |
| | 第44条【有限责任公司董事会的组成】 | |
| | 第60条【一人有限责任公司的公司章程制定】 | |

| | | 同时适用的法条 | 相关度 |
|---|---|---|---|
| 0085 | 公司法 | 第63条【一人有限责任公司的法人人格否认制度】 | |
| | | 第64条【国有独资公司的定义及其设立和组织机构的法律适用】 | |
| | | 第71条【有限责任公司的股权转让;股东的优先购买权】 | |
| | | 第99条【股份有限公司股东大会的职权】 | |
| | | 第100条【股份有限公司股东大会的召开周期及临时股东大会召开的条件】 | |
| | | 第103条【股份有限公司股东的表决权】 | |
| | | 第104条【对公司转让、受让重大资产或对外提供担保等事项的特殊决议程序】 | |
| | | 第109条【股份有限公司董事长、副董事长的选举及其职权】 | |
| | | 第113条【股份有限公司经理的聘任或解聘及其职权】 | |
| | | 第114条【董事会成员兼任经理的规定】 | |
| | | 第130条【股东名册应当记载的内容】 | |
| | | 第159条【公司债券的转让价格约定和交易规则】 | |
| | | 第161条【可转换公司债券的发行与制作】 | |
| | | 第185条【债权申报程序】 | |
| | | 第189条【清算组成员的义务和责任】 | |
| | | 第205条【清算期间开展与清算无关的经营活动的法律责任】 | |
| | | 第206条【违法报送清算报告的法律责任;清算组成员违法行为的法律责任】 | |
| | | 第207条【承担资产评估、验资或者验证的中介机构的法律责任:提供虚假材料、提供有重大遗漏的报告;因报告不实造成损失】 | |
| | | 第211条【逾期开业、违法停业的法律责任】 | |

| | 同时适用的法条 | 相关度 |
|---|---|---|
| 担保法 | 第1条【担保法的立法目的】 | 0823 |
| | 第18条【保证合同中连带责任的承担】 | |
| 合同法 | 第14条【要约的界定及其构成】 | 0791 |
| | 第18条【要约的撤销】 | |
| | 第24条【承诺期限的起算】 | |
| | 第52条【合同无效的情形】 | |
| | 第63条【合同价格的确定】 | |
| | 第64条【向第三人履行】 | |
| | 第93条【合同的意定解除：协商一致；约定条件成就】 | |
| | 第102条【标的物提存后债务人的通知义务】 | |
| 民法通则 | 第111条【不履行合同义务的后果：继续履行；补救；赔偿损失】 | 0812 |
| 物权法 | 第14条【不动产物权变动的生效时间】 | 0834 |
| 物业服务纠纷司法解释 | 第1条【物业服务合同的约束力】 | 0962 |
| | 第6条【未交纳物业费的处理规则】 | |
| 买卖合同司法解释 | 第14条【标的物为种类物出卖人未以可识别的方式清楚地将标的物特定于买卖合同的风险负担】 | 0937 |
| 民通意见 | 第1条【公民的民事权利能力自出生时开始：户籍证明、医院出具的出生证明、其他证明】 | 0934 |
| 公司法司法解释三 | 第13条【未履行或未全面履行出资义务的股东对于公司债务承担补充责任；发起人的连带责任；董事、高级管理人员的不真正连带责任】 | 0915 |
| 公司法司法解释二 | 第11条【债权申报程序】 | 0920 |
| 婚姻法司法解释二 | 第24条【离婚时夫妻共同债务的清偿】 | 0933 |

## 第三节 董事会、经理

**第108条【股份有限公司董事会的人数、职权及董事任期的一般规定】** ★

股份有限公司设董事会,其成员为五人至十九人。

董事会成员中可以有公司职工代表。董事会中的职工代表由公司职工通过职工代表大会、职工大会或者其他形式民主选举产生。

本法第四十五条关于有限责任公司董事任期的规定,适用于股份有限公司董事。

本法第四十六条关于有限责任公司董事会职权的规定,适用于股份有限公司董事会。

■ 主要适用的案由及其相关度

| 案由编号 | 主要适用的案由 | 相关度 |
| --- | --- | --- |
| M4.10.122 | 劳务合同纠纷 | |
| M4.10.90 | 保证合同纠纷 | |
| M4.10.89.3 | 企业借贷纠纷 | |
| M8.21.254 | 公司盈余分配纠纷 | |
| M8.21.249 | 股权转让纠纷 | |

■ 同时适用的法条及其相关度

| | 同时适用的法条 | 相关度 |
| --- | --- | --- |
| 公司法 | 第1条【公司法立法宗旨】 | |
| | 第4条【公司股东权利】 | |
| | 第14条【分公司的法律地位;子公司的法律地位】 | |
| | 第33条【股东的知情权;股东查阅公司会计账册的权利及司法救济】 | |
| | 第37条【公司股东会职权】 | |
| | 第41条【股东会会议的召集通知及会议记录】 | |
| | 第43条【有限责任公司股东会的议事方式和表决程序】 | |
| | 第44条【有限责任公司董事会的组成】 | |

| | 同时适用的法条 | 相关度 | |
|---|---|---|---|
| 公司法 | 第46条【有限责任公司董事会的职权】 | | 0085 |
| | 第72条【有限责任公司股权强制转让中的优先购买权】 | | |
| | 第84条【募集设立的股份有限公司发起人认购股份的最低比例】 | | |
| | 第90条【创立大会的召集及其职权和表决方式】 | | |
| | 第98条【股份有限公司股东大会的组成及其法律地位】 | | |
| | 第99条【股份有限公司股东大会的职权】 | | |
| | 第100条【股份有限公司股东大会的召开周期及临时股东大会召开的条件】 | | |
| | 第105条【累积投票制】 | | |
| | 第166条【公司的法定公积金制度、任意公积金制度；公司利润分配的规定】 | | |
| 合同法 | 第60条【合同履行的原则】 | | 0791 |
| | 第64条【向第三人履行】 | | |
| | 第80条【债权人转让债权的通知义务】 | | |
| | 第144条【在途标的物买卖合同的风险转移】 | | |
| 民法通则 | 第14条【法定代表人】 | | 0812 |
| | 第72条【财产所有权取得应符合法律规定；动产所有权自交付时转移】 | | |
| | 第84条【债的界定】 | | |
| | 第108条【债务清偿：分期偿还、强制偿还】 | | |
| | 第114条【合同相对方的减损义务：防止损失扩大】 | | |
| 物权法 | 第226条【基金份额、股权出质的权利质权设立；出质人处分基金份额、股权的限制】 | | 0834 |
| 担保法 | 第75条【可质押的权利的范围】 | | 0823 |

第109条【股份有限公司董事长、副董事长的选举及其职权】　★

董事会设董事长一人，可以设副董事长。董事长和副董事长由董事会以全体董事的过半数选举产生。

董事长召集和主持董事会会议，检查董事会决议的实施情况。副董事长协助董事长工作，董事长不能履行职务或者不履行职务的，由副董事长履行职务；副董事长不能履行职务或者不履行职务的，由半数以上董事共同推举一名董事履行职务。

■ 主要适用的案由及其相关度

| 案由编号 | 主要适用的案由 | 相关度 |
| --- | --- | --- |
| M4.10.100.3 | 建设工程施工合同纠纷 | |
| M8.21.250.2 | 公司决议撤销纠纷 | |
| M8.20.239 | 企业承包经营合同纠纷 | |
| M6.17.169 | 劳动合同纠纷 | |
| M6.17.169.7 | 竞业限制纠纷 | |
| M8.21.249 | 股权转让纠纷 | |
| M4.10.122 | 劳务合同纠纷 | |
| M4.10.74 | 买卖合同纠纷 | |
| M4.10.99 | 承揽合同纠纷 | |

■ 同时适用的法条及其相关度

| | 同时适用的法条 | 相关度 |
| --- | --- | --- |
| 公司法 | 第6条【公司设立的登记、审批；公司对于登记事项的公开义务】 | |
| | 第8条【公司名称中特别标明公司类型的义务】 | |
| | 第14条【分公司的法律地位；子公司的法律地位】 | |
| | 第22条【股东会、股东大会、董事会决议的效力；股东对于会议决议的撤销之诉】 | |
| | 第44条【有限责任公司董事会的组成】 | |

| | 同时适用的法条 | 相关度 | |
|---|---|---|---|
| 公司法 | 第60条【一人有限责任公司的公司章程制定】 | | 0085 |
| | 第63条【一人有限责任公司的法人人格否认制度】 | | |
| | 第107条【股份有限公司股东大会会议记录的制作与保存】 | | |
| | 第110条【股份有限公司董事会的召开制度】 | | |
| | 第114条【董事会成员兼任经理的规定】 | | |
| 合同法 | 第14条【要约的界定及其构成】 | | 0791 |
| | 第63条【合同价格的确定】 | | |
| 劳动争议调解仲裁法 | 第5条【劳动争议处理的基本程序】 | | 0877 |
| 劳动法 | 第3条【劳动者的权利和义务】 | | 0843 |
| 民法通则 | 第108条【债务清偿:分期偿还、强制偿还】 | | 0812 |
| 劳动合同法 | 第23条【劳动者的保密义务;竞业限制】 | | 0849 |

**第110条【股份有限公司董事会的召开制度】** ★

董事会每年度至少召开两次会议,每次会议应当于会议召开十日前通知全体董事和监事。

代表十分之一以上表决权的股东、三分之一以上董事或者监事会,可以提议召开董事会临时会议。董事长应当自接到提议后十日内,召集和主持董事会会议。

董事会召开临时会议,可以另定召集董事会的通知方式和通知时限。

■ 主要适用的案由及其相关度

| 案由编号 | 主要适用的案由 | 相关度 |
|---|---|---|
| M8.21.250.2 | 公司决议撤销纠纷 | |
| M8.21.247 | 股东知情权纠纷 | |
| M8.21.250.1 | 公司决议效力确认纠纷 | |

## 同时适用的法条及其相关度

| | | 同时适用的法条 | 相关度 |
|---|---|---|---|
| 公司法 | | 第 22 条【股东会、股东大会、董事会决议的效力;股东对于会议决议的撤销之诉】 | |
| | | 第 32 条【股东名册的载明事项和效力;股东名册的登记管理】 | |
| | | 第 53 条【有限责任公司监事会的职权】 | |
| | | 第 72 条【有限责任公司股权强制转让中的优先购买权】 | |
| | | 第 76 条【股份有限公司的设立条件】 | |
| | | 第 109 条【股份有限公司董事长、副董事长的选举及其职权】 | |
| | | 第 111 条【股份有限公司董事会的议事规则】 | |
| | | 第 112 条【股份有限公司董事会的董事出席制度、会议记录制度以及董事对董事会决议的责任承担】 | |
| | | 第 119 条【股份有限公司监事会的会议制度】 | |
| | | 第 151 条【股东派生诉讼】 | |
| | | 第 165 条【财务会计报告的公开规则】 | |
| 侵权责任法 | | 第 3 条【侵权责任的当事人主义】 | |
| | | 第 6 条【过错责任原则;过错推定责任原则】 | |
| | | 第 15 条【侵权责任的主要承担方式】 | |

### 第 111 条【股份有限公司董事会的议事规则】

董事会会议应有过半数的董事出席方可举行。董事会作出决议,必须经全体董事的过半数通过。

董事会决议的表决,实行一人一票。

## 主要适用的案由及其相关度

| 案由编号 | 主要适用的案由 | 相关度 |
|---|---|---|
| M8.21.242 | 股东资格确认纠纷 | |

| 案由编号 | 主要适用的案由 | 相关度 |
|---|---|---|
| M8.21.247 | 股东知情权纠纷 | |
| M4.10.74 | 买卖合同纠纷 | |

■ 同时适用的法条及其相关度

| | 同时适用的法条 | 相关度 |
|---|---|---|
| 公司法 | 第22条【股东会、股东大会、董事会决议的效力；股东对于会议决议的撤销之诉】 | |
| | 第32条【股东名册的载明事项和效力；股东名册的登记管理】 | |
| | 第44条【有限责任公司董事会的组成】 | |
| | 第94条【公司设立阶段及设立不成功时股份有限公司发起人的法定责任】 | |
| | 第110条【股份有限公司董事会的召开制度】 | |
| | 第112条【股份有限公司董事会的董事出席制度、会议记录制度以及董事对董事会决议的责任承担】 | |
| | 第119条【股份有限公司监事会的会议制度】 | |
| | 第148条【禁止董事、高级管理人员实施的行为】 | |
| | 第165条【财务会计报告的公开规则】 | |

**第112条【股份有限公司董事会的董事出席制度、会议记录制度以及董事对董事会决议的责任承担】**

董事会会议,应由董事本人出席;董事因故不能出席,可以书面委托其他董事代为出席,委托书中应载明授权范围。

董事会应当对会议所议事项的决定作成会议记录,出席会议的董事应当在会议记录上签名。

董事应当对董事会的决议承担责任。董事会的决议违反法律、行政法规或者公司章程、股东大会决议,致使公司遭受严重损失的,参与决议的董事对公司负赔偿责任。但经证明在表决时曾表明异议并记载于会议记录的,该董事可以免除责任。

■ 主要适用的案由及其相关度

| 案由编号 | 主要适用的案由 | 相关度 |
|---|---|---|
| M8.21.247 | 股东知情权纠纷 | |
| M8.21.250.2 | 公司决议撤销纠纷 | |
| M8.21.256 | 损害公司利益责任纠纷 | |

■ 同时适用的法条及其相关度

| | 同时适用的法条 | 相关度 |
|---|---|---|
| 公司法 | 第22条【股东会、股东大会、董事会决议的效力；股东对于会议决议的撤销之诉】 | |
| | 第32条【股东名册的载明事项和效力；股东名册的登记管理】 | |
| | 第53条【有限责任公司监事会的职权】 | |
| | 第110条【股份有限公司董事会的召开制度】 | |
| | 第111条【股份有限公司董事会的议事规则】 | |
| | 第119条【股份有限公司监事会的会议制度】 | |
| | 第147条【董事、监事、高级管理人员的忠实义务和勤勉义务】 | |
| | 第149条【董事、监事、高级管理人员对于所造成的公司损害的赔偿责任】 | |
| | 第151条【股东派生诉讼】 | |
| | 第165条【财务会计报告的公开规则】 | |

第113条【股份有限公司经理的聘任或解聘及其职权】

股份有限公司设经理,由董事会决定聘任或者解聘。

本法第四十九条关于有限责任公司经理职权的规定,适用于股份有限公司经理。

### ■ 主要适用的案由及其相关度

| 案由编号 | 主要适用的案由 | 相关度 |
|---|---|---|
| M4.10.101.2 | 公路货物运输合同纠纷 | |

### ■ 同时适用的法条及其相关度

| | 同时适用的法条 | 相关度 |
|---|---|---|
| 公司法 | 第107条【股份有限公司股东大会会议记录的制作与保存】 | |

## 第114条【董事会成员兼任经理的规定】 ★

公司董事会可以决定由董事会成员兼任经理。

### ■ 主要适用的案由及其相关度

| 案由编号 | 主要适用的案由 | 相关度 |
|---|---|---|
| M4.10.82.2 | 商品房预售合同纠纷 | |
| M4.10.120.15 | 物业服务合同纠纷 | |
| M8.21.249 | 股权转让纠纷 | |
| M3.6.47.6 | 相邻污染侵害纠纷 | |
| M4.10.100.3 | 建设工程施工合同纠纷 | |
| M4.10.74 | 买卖合同纠纷 | |
| M4.10.89.4 | 民间借贷纠纷 | |

### ■ 同时适用的法条及其相关度

| | 同时适用的法条 | 相关度 |
|---|---|---|
| 公司法 | 第60条【一人有限责任公司的公司章程制定】 | ★★★★★ |
| | 第107条【股份有限公司股东大会会议记录的制作与保存】 | ★★ |
| | 第109条【股份有限公司董事长、副董事长的选举及其职权】 | ★★ |

|  | 同时适用的法条 | 相关度 |
|---|---|---|
| 0925 合同法司法解释二 | 第28条【违约金的数额及其调整】 | ★ |
| 0962 物业服务纠纷司法解释 | 第1条【物业服务合同的约束力】 | ★ |
|  | 第6条【未交纳物业费的处理规则】 | ★ |

**第115条【禁止公司向董事、监事以及高级管理人员提供借款】** ★

公司不得直接或者通过子公司向董事、监事、高级管理人员提供借款。

■ 主要适用的案由及其相关度

| 案由编号 | 主要适用的案由 | 相关度 |
|---|---|---|
| M4.10.89.4 | 民间借贷纠纷 |  |

■ 同时适用的法条及其相关度

|  |  | 同时适用的法条 | 相关度 |
|---|---|---|---|
| 0791 | 合同法 | 第52条【合同无效的情形】 |  |
|  |  | 第58条【合同无效或被撤销的法律后果】 |  |
|  |  | 第206条【借款期限的认定】 |  |
|  |  | 第210条【自然人之间借款合同的生效：提供借款时】 |  |
| 0085 | 公司法 | 第4条【公司股东权利】 |  |
|  |  | 第20条【禁止股东权利滥用；滥用股东权利的法律责任】 |  |

**第116条【股份有限公司高层人员报酬的披露】** ★

公司应当定期向股东披露董事、监事、高级管理人员从公司获得报酬的情况。

■ 主要适用的案由及其相关度

| 案由编号 | 主要适用的案由 | 相关度 |
|---|---|---|
| M8.21 | 与公司有关的纠纷 | |
| M8.21.247 | 股东知情权纠纷 | |
| M4.10.89.4 | 民间借贷纠纷 | |

■ 同时适用的法条及其相关度

| | 同时适用的法条 | 相关度 | |
|---|---|---|---|
| 公司法 | 第96条【股份有限公司重要文件的置备义务】 | | 0085 |
| | 第97条【股东的查阅权、建议权和质询权】 | | |
| 合同法 | 第14条【要约的界定及其构成】 | | 0791 |
| | 第52条【合同无效的情形】 | | |
| | 第58条【合同无效或被撤销的法律后果】 | | |

### 第四节 监事会

**第117条【股份有限公司监事会的组成及监事的任期】** ★

股份有限公司设监事会,其成员不得少于三人。

监事会应当包括股东代表和适当比例的公司职工代表,其中职工代表的比例不得低于三分之一,具体比例由公司章程规定。监事会中的职工代表由公司职工通过职工代表大会、职工大会或者其他形式民主选举产生。

监事会设主席一人,可以设副主席。监事会主席和副主席由全体监事过半数选举产生。监事会主席召集和主持监事会会议;监事会主席不能履行职务或者不履行职务的,由监事会副主席召集和主持监事会会议;监事会副主席不能履行职务或者不履行职务的,由半数以上监事共同推举一名监事召集和主持监事会会议。

董事、高级管理人员不得兼任监事。

本法第五十二条关于有限责任公司监事任期的规定,适用于股份有限公司监事。

## 主要适用的案由及其相关度

| 案由编号 | 主要适用的案由 | 相关度 |
|---|---|---|
| M8.21.247 | 股东知情权纠纷 | |
| M8.21.249 | 股权转让纠纷 | |

## 同时适用的法条及其相关度

| | 同时适用的法条 | 相关度 |
|---|---|---|
| 民法通则 | 第13条【精神病人的民事行为能力】 | |
| 公司法 | 第72条【有限责任公司股权强制转让中的优先购买权】 | |
| | 第97条【股东的查阅权、建议权和质询权】 | |
| | 第98条【股份有限公司股东大会的组成及其法律地位】 | |
| | 第134条【公开发行新股的条件】 | |
| | 第141条【发起人以及公司董事、监事、高级管理人员股份转让的限制性规定】 | |

0812
0085

### 第118条【股份有限公司监事会的职权及其所需费用的承担】

本法第五十三条、第五十四条关于有限责任公司监事会职权的规定，适用于股份有限公司监事会。

监事会行使职权所必需的费用，由公司承担。①

### 第119条【股份有限公司监事会的会议制度】

监事会每六个月至少召开一次会议。监事可以提议召开临时监事会会议。

监事会的议事方式和表决程序，除本法有规定的外，由公司章程规定。
监事会决议应当经半数以上监事通过。

监事会应当对所议事项的决定作成会议记录，出席会议的监事应当在会议记录上签名。

---

① 说明：本法条尚无足够数量判决书可供法律大数据分析。

■ 主要适用的案由及其相关度

| 案由编号 | 主要适用的案由 | 相关度 |
| --- | --- | --- |
| M8.21.247 | 股东知情权纠纷 | |

■ 同时适用的法条及其相关度

| | 同时适用的法条 | 相关度 |
| --- | --- | --- |
| 公司法 | 第32条【股东名册的载明事项和效力；股东名册的登记管理】 | |
| | 第110条【股份有限公司董事会的召开制度】 | |
| | 第111条【股份有限公司董事会的议事规则】 | |
| | 第112条【股份有限公司董事会的董事出席制度、会议记录制度以及董事对董事会决议的责任承担】 | |
| | 第165条【财务会计报告的公开规则】 | |

### 第五节 上市公司组织机构的特别规定

**第120条【上市公司的定义】**

本法所称上市公司，是指其股票在证券交易所上市交易的股份有限公司。①

**第121条【上市公司重大事项决策的特别程序】** ★

上市公司在一年内购买、出售重大资产或者担保金额超过公司资产总额百分之三十的，应当由股东大会作出决议，并经出席会议的股东所持表决权的三分之二以上通过。

■ 主要适用的案由及其相关度

| 案由编号 | 主要适用的案由 | 相关度 |
| --- | --- | --- |
| M8.21.249 | 股权转让纠纷 | |

---

① 说明：本法条尚无足够数量判决书可供法律大数据分析。

■ 同时适用的法条及其相关度

| | | 同时适用的法条 | 相关度 |
|---|---|---|---|
| 0085 | 公司法 | 第126条【股份发行的公平公正原则以及同股同权原则】 | |
| | | 第131条【发行公司法规定之外的其他种类股份由国务院另行规定】 | |
| | | 第133条【发行新股时股东大会应当决议的事项】 | |
| | | 第138条【股份应在法定交易场所进行转让】 | |
| | | 第142条【公司收购本公司股份的原则禁止与例外许可;公司不得接受本公司股票作为质押标的】 | |
| 0890 | 公司登记管理条例 | 第9条【公司的登记事项】 | |
| | | 第37条【公司董事、监事、经理变动的备案】 | |
| 0915 | 公司法司法解释三 | 第22条【股权确认之诉中当事人应当证明的事项】 | |

**第122条【上市公司独立董事制度】**

上市公司设独立董事,具体办法由国务院规定。①

**第123条【上市公司董事会秘书制度】**

上市公司设董事会秘书,负责公司股东大会和董事会会议的筹备、文件保管以及公司股东资料的管理,办理信息披露事务等事宜。②

**第124条【上市公司关联董事回避制度】**

上市公司董事与董事会会议决议事项所涉及的企业有关联关系的,不得对该项决议行使表决权,也不得代理其他董事行使表决权。该董事会会议由过半数的无关联关系董事出席即可举行,董事会会议所作决议须经无关联关系董事过半数通过。出席董事会的无关联关系董事人数不足三人的,应将该事项提交上市公司股东大会审议。

---

① 说明:本法条尚无足够数量判决书可供法律大数据分析。
② 说明:本法条尚无足够数量判决书可供法律大数据分析。

■ 主要适用的案由及其相关度

| 案由编号 | 主要适用的案由 | 相关度 |
|---|---|---|
| M8.21.250.2 | 公司决议撤销纠纷 | |

■ 同时适用的法条及其相关度

| | 同时适用的法条 | 相关度 |
|---|---|---|
| 公司法 | 第22条【股东会、股东大会、董事会决议的效力;股东对于会议决议的撤销之诉】 | 0085 |

# 第五章 股份有限公司的股份发行和转让

## 第一节 股份发行

**第125条【股份及其形式:股票】** ★

股份有限公司的资本划分为股份,每一股的金额相等。

公司的股份采取股票的形式。股票是公司签发的证明股东所持股份的凭证。

■ 主要适用的案由及其相关度

| 案由编号 | 主要适用的案由 | 相关度 |
|---|---|---|
| M4.10.97 | 租赁合同纠纷 | |
| M8.21.244 | 请求变更公司登记纠纷 | |
| M8.21.249 | 股权转让纠纷 | |
| M8.24.286.1 | 股票权利确认纠纷 | |
| M8.24.287.1 | 股票交易纠纷 | |

■ 同时适用的法条及其相关度

| | 同时适用的法条 | 相关度 |
|---|---|---|
| 合同法 | 第20条【要约失效的情形】 | 0791 |
| | 第44条【合同成立条件与时间】 | |

| | | 同时适用的法条 | 相关度 |
|---|---|---|---|
| 0791 | 合同法 | 第48条【无权代理人订立合同的法律后果】 | |
| | | 第51条【无权处分合同的效力:经追认或取得处分权的有效】 | |
| | | 第52条【合同无效的情形】 | |
| | | 第56条【合同无效或被撤销的溯及力;部分无效不影响其他独立部分的效力】 | |
| | | 第58条【合同无效或被撤销的法律后果】 | |
| | | 第94条【合同的法定解除;法定解除权】 | |
| | | 第97条【合同解除的法律后果】 | |
| 0085 | 公司法 | 第22条【股东会、股东大会、董事会决议的效力;股东对于会议决议的撤销之诉】 | |
| | | 第96条【股份有限公司重要文件的置备义务】 | |
| | | 第128条【股票形式;股票载明事项】 | |
| | | 第129条【股票种类;记名股票;不记名股票】 | |
| | | 第130条【股东名册应当记载的内容】 | |
| | | 第137条【股份的可转让性】 | |
| | | 第139条【记名股票的转让方式;股东名册变更登记的限制】 | |
| | | 第144条【股票上市交易规则】 | |
| 0846 | 证券法 | 第58条【申请公司债券上市交易应当向证券交易所报送的文件】 | |
| 0812 | 民法通则 | 第71条【所有权的内容】 | |
| | | 第75条【个人财产:合法财产受法律保护】 | |
| | | 第84条【债的界定】 | |

**第126条【股份发行的公平公正原则以及同股同权原则】** ★

股份的发行,实行公平、公正的原则,同种类的每一股份应当具有同等权利。

同次发行的同种类股票,每股的发行条件和价格应当相同;任何单位或者个人所认购的股份,每股应当支付相同价额。

■ 主要适用的案由及其相关度

| 案由编号 | 主要适用的案由 | 相关度 |
|---|---|---|
| M10.43.422 | 案外人执行异议之诉 | |
| M8.21.242 | 股东资格确认纠纷 | |
| M8.24.286.1 | 股票权利确认纠纷 | |
| M8.21.249 | 股权转让纠纷 | |
| M8.21.250.1 | 公司决议效力确认纠纷 | |
| M4.10.89.4 | 民间借贷纠纷 | |

■ 同时适用的法条及其相关度

| | 同时适用的法条 | 相关度 | |
|---|---|---|---|
| 公司法 | 第14条【分公司的法律地位;子公司的法律地位】 | | 0085 |
| | 第22条【股东会、股东大会、董事会决议的效力;股东对于会议决议的撤销之诉】 | | |
| | 第121条【上市公司重大事项决策的特别程序】 | | |
| | 第131条【发行公司法规定之外的其他种类股份由国务院另行规定】 | | |
| | 第133条【发行新股时股东大会应当决议的事项】 | | |
| | 第134条【公开发行新股的条件】 | | |
| | 第138条【股份应在法定交易场所进行转让】 | | |
| | 第142条【公司收购本公司股份的原则禁止与例外许可;公司不得接受本公司股票作为质押标的】 | | |
| 合同法 | 第60条【合同履行的原则】 | | 0791 |
| | 第107条【合同约束力;违约责任】 | | |
| 民法通则 | 第74条【集体所有的财产包括的内容】 | | 0812 |
| 公司登记管理条例 | 第9条【公司的登记事项】 | | 0890 |
| | 第37条【公司董事、监事、经理变动的备案】 | | |

| | 同时适用的法条 | 相关度 |
|---|---|---|
| 公司法司法解释三 | 第22条【股权确认之诉中当事人应当证明的事项】 | |

### 第127条【股票发行价格应当等于或超过票面金额】

股票发行价格可以按票面金额，也可以超过票面金额，但不得低于票面金额。①

### 第128条【股票形式；股票载明事项】 ★

股票采用纸面形式或者国务院证券监督管理机构规定的其他形式。

股票应当载明下列主要事项：

（一）公司名称；

（二）公司成立日期；

（三）股票种类、票面金额及代表的股份数；

（四）股票的编号。

股票由法定代表人签名，公司盖章。

发起人的股票，应当标明发起人股票字样。

■ 主要适用的案由及其相关度

| 案由编号 | 主要适用的案由 | 相关度 |
|---|---|---|
| M8.21.249 | 股权转让纠纷 | |

■ 同时适用的法条及其相关度

| | 同时适用的法条 | 相关度 |
|---|---|---|
| 公司法 | 第22条【股东会、股东大会、董事会决议的效力；股东对于会议决议的撤销之诉】 | |
| | 第125条【股份及其形式：股票】 | |
| | 第129条【股票种类：记名股票；不记名股票】 | |
| | 第130条【股东名册应当记载的内容】 | |

---

① 说明：本法条尚无足够数量判决书可供法律大数据分析。

|  | 同时适用的法条 | 相关度 |  |
|---|---|---|---|
| 公司法 | 第137条【股份的可转让性】 |  | 0085 |
|  | 第139条【记名股票的转让方式；股东名册变更登记的限制】 |  |  |
| 合同法 | 第52条【合同无效的情形】 |  | 0791 |

**第129条【股票种类：记名股票；不记名股票】** ★

公司发行的股票，可以为记名股票，也可以为无记名股票。

公司向发起人、法人发行的股票，应当为记名股票，并应当记载该发起人、法人的名称或者姓名，不得另立户名或者以代表人姓名记名。

■ 主要适用的案由及其相关度

| 案由编号 | 主要适用的案由 | 相关度 |
|---|---|---|
| M8.21.254 | 公司盈余分配纠纷 |  |
| M8.24.286.1 | 股票权利确认纠纷 |  |
| M8.21.249 | 股权转让纠纷 |  |

■ 同时适用的法条及其相关度

|  | 同时适用的法条 | 相关度 |  |
|---|---|---|---|
| 公司法 | 第22条【股东会、股东大会、董事会决议的效力；股东对于会议决议的撤销之诉】 |  | 0085 |
|  | 第103条【股份有限公司股东的表决权】 |  |  |
|  | 第125条【股份及其形式：股票】 |  |  |
|  | 第128条【股票形式；股票载明事项】 |  |  |
|  | 第130条【股东名册应当记载的内容】 |  |  |
|  | 第131条【发行公司法规定之外的其他种类股份由国务院另行规定】 |  |  |
|  | 第137条【股份的可转让性】 |  |  |
|  | 第139条【记名股票的转让方式；股东名册变更登记的限制】 |  |  |

|  |  | 同时适用的法条 | 相关度 |
|---|---|---|---|
| 0085 | 公司法 | 第145条【上市公司信息公开制度及财务会计报告公布制度】 |  |
|  |  | 第167条【公司资本公积金的组成】 |  |
| 0791 | 合同法 | 第52条【合同无效的情形】 |  |
| 0915 | 公司法司法解释三 | 第17条【有限责任公司的股东未履行出资义务或抽逃全部出资后股东资格的解除程序】 |  |
|  |  | 第23条【股东名册的载明事项和效力；股东名册的登记管理】 |  |

第130条【股东名册应当记载的内容】 ★

公司发行记名股票的，应当置备股东名册，记载下列事项：

（一）股东的姓名或者名称及住所；

（二）各股东所持股份数；

（三）各股东所持股票的编号；

（四）各股东取得股份的日期。

发行无记名股票的，公司应当记载其股票数量、编号及发行日期。

■ 主要适用的案由及其相关度

| 案由编号 | 主要适用的案由 | 相关度 |
|---|---|---|
| M8.21 | 与公司有关的纠纷 |  |
| M8.21.242 | 股东资格确认纠纷 |  |
| M8.21.249 | 股权转让纠纷 |  |
| M8.21.243 | 股东名册记载纠纷 |  |
| M4.10.74 | 买卖合同纠纷 |  |
| M8.21.245 | 股东出资纠纷 |  |
| M8.21.250.1 | 公司决议效力确认纠纷 |  |

■ 同时适用的法条及其相关度

| | 同时适用的法条 | 相关度 |
|---|---|---|
| 公司法 | 第20条【禁止股东权利滥用;滥用股东权利的法律责任】 | 0085 |
| | 第22条【股东会、股东大会、董事会决议的效力;股东对于会议决议的撤销之诉】 | |
| | 第27条【股东出资方式及其限制;非货币出资的评估作价规定】 | |
| | 第28条【股东出资义务的履行及其违约责任】 | |
| | 第39条【有限责任公司股东会会议的类型及召开制度】 | |
| | 第40条【有限责任公司股东会会议的召集与主持】 | |
| | 第41条【股东会会议的召集通知及会议记录】 | |
| | 第56条【有限责任公司监事会行使职权的费用由公司承担】 | |
| | 第60条【一人有限责任公司的公司章程制定】 | |
| | 第107条【股份有限公司股东大会会议记录的制作与保存】 | |
| | 第125条【股份及其形式:股票】 | |
| | 第128条【股票形式;股票载明事项】 | |
| | 第129条【股票种类:记名股票;不记名股票】 | |
| | 第131条【发行公司法规定之外的其他种类股份由国务院另行规定】 | |
| | 第132条【向股东交付股票的时间】 | |
| | 第137条【股份的可转让性】 | |
| | 第138条【股份应在法定交易场所进行转让】 | |
| | 第139条【记名股票的转让方式;股东名册变更登记的限制】 | |
| | 第140条【无记名股票的转让方式】 | |

| | | 同时适用的法条 | 相关度 |
|---|---|---|---|
| 0085 | 公司法 | 第144条【股票上市交易规则】 | |
| | | 第159条【公司债券的转让价格约定和交易规则】 | |
| | | 第187条【公司解散清算转破产;清算事务的移交】 | |
| 0812 | 民法通则 | 第4条【民事活动的基本原则:自愿、公平、等价有偿、诚实信用】 | |
| | | 第55条【民事法律行为的有效条件】 | |
| | | 第63条【代理的界定及不得代理的情形】 | |
| | | 第71条【所有权的内容】 | |
| | | 第72条【财产所有权取得应符合法律规定;动产所有权自交付时转移】 | |
| | | 第106条【民事责任归责原则:违约责任,无过错责任原则;侵权责任,过错责任、无过错责任】 | |
| 0791 | 合同法 | 第18条【要约的撤销】 | |
| | | 第44条【合同成立条件与时间】 | |
| | | 第48条【无权代理人订立合同的法律后果】 | |
| | | 第49条【表见代理的构成及其效力】 | |
| | | 第51条【无权处分合同的效力:经追认或取得处分权的有效】 | |
| | | 第52条【合同无效的情形】 | |
| | | 第58条【合同无效或被撤销的法律后果】 | |
| | | 第64条【向第三人履行】 | |
| | | 第94条【合同的法定解除;法定解除权】 | |
| | | 第97条【合同解除的法律后果】 | |
| 0823 | 担保法 | 第1条【担保法的立法目的】 | |
| | | 第18条【保证合同中连带责任的承担】 | |
| 0859 | 继承法 | 第10条【继承人范围及继承顺序】 | |

| | 同时适用的法条 | 相关度 | |
|---|---|---|---|
| 公司法司法解释三 | 第23条【股东名册的载明事项和效力;股东名册的登记管理】 | | 0915 |
| 买卖合同司法解释 | 第14条【标的物为种类物出卖人未以可识别的方式清楚地将标的物特定于买卖合同的风险负担】 | | 0937 |

## 第131条【发行公司法规定之外的其他种类股份由国务院另行规定】 ★

国务院可以对公司发行本法规定以外的其他种类的股份,另行作出规定。

■ 主要适用的案由及其相关度

| 案由编号 | 主要适用的案由 | 相关度 |
|---|---|---|
| M8.21.242 | 股东资格确认纠纷 | |
| M8.24.286.1 | 股票权利确认纠纷 | |
| M8.21 | 与公司有关的纠纷 | |
| M8.21.249 | 股权转让纠纷 | |

■ 同时适用的法条及其相关度

| | 同时适用的法条 | 相关度 | |
|---|---|---|---|
| 公司法 | 第4条【公司股东权利】 | | 0085 |
| | 第79条【股份有限公司发起人的责任和发起人协议】 | | |
| | 第121条【上市公司重大事项决策的特别程序】 | | |
| | 第126条【股份发行的公平公正原则以及同股同权原则】 | | |
| | 第129条【股票种类:记名股票;不记名股票】 | | |
| | 第130条【股东名册应当记载的内容】 | | |
| | 第133条【发行新股时股东大会应当决议的事项】 | | |
| | 第134条【公开发行新股的条件】 | | |

|  |  | 同时适用的法条 | 相关度 |
|---|---|---|---|
| 0085 | 公司法 | 第138条【股份应在法定交易场所进行转让】 | |
| | | 第142条【公司收购本公司股份的原则禁止与例外许可；公司不得接受本公司股票作为质押标的】 | |
| | | 第145条【上市公司信息公开制度及财务会计报告公布制度】 | |
| 0890 | 公司登记管理条例 | 第9条【公司的登记事项】 | |
| | | 第37条【公司董事、监事、经理变动的备案】 | |
| 0915 | 公司法司法解释三 | 第22条【股权确认之诉中当事人应当证明的事项】 | |
| | | 第23条【股东名册的载明事项和效力；股东名册的登记管理】 | |

### 第132条【向股东交付股票的时间】

股份有限公司成立后，即向股东正式交付股票。公司成立前不得向股东交付股票。

■ 主要适用的案由及其相关度

| 案由编号 | 主要适用的案由 | 相关度 |
|---|---|---|
| M8.21.243 | 股东名册记载纠纷 | |
| M8.21.247 | 股东知情权纠纷 | |

■ 同时适用的法条及其相关度

|  |  | 同时适用的法条 | 相关度 |
|---|---|---|---|
| 0085 | 公司法 | 第33条【股东的知情权；股东查阅公司会计账册的权利及司法救济】 | |
| | | 第97条【股东的查阅权、建议权和质询权】 | |
| | | 第130条【股东名册应当记载的内容】 | |

### 第133条【发行新股时股东大会应当决议的事项】 ★

公司发行新股，股东大会应当对下列事项作出决议：

（一）新股种类及数额；

(二)新股发行价格;

(三)新股发行的起止日期;

(四)向原有股东发行新股的种类及数额。

■ 主要适用的案由及其相关度

| 案由编号 | 主要适用的案由 | 相关度 |
|---|---|---|
| M8.21.242 | 股东资格确认纠纷 | |
| M8.21.246 | 新增资本认购纠纷 | |
| M8.21.249 | 股权转让纠纷 | |
| M4.10.89.4 | 民间借贷纠纷 | |

■ 同时适用的法条及其相关度

| | 同时适用的法条 | 相关度 | |
|---|---|---|---|
| 公司法 | 第14条【分公司的法律地位;子公司的法律地位】 | | 0085 |
| | 第44条【有限责任公司董事会的组成】 | | |
| | 第121条【上市公司重大事项决策的特别程序】 | | |
| | 第126条【股份发行的公平公正原则以及同股同权原则】 | | |
| | 第131条【发行公司法规定之外的其他种类股份由国务院另行规定】 | | |
| | 第134条【公开发行新股的条件】 | | |
| | 第137条【股份的可转让性】 | | |
| | 第138条【股份应在法定交易场所进行转让】 | | |
| | 第142条【公司收购本公司股份的原则禁止与例外许可;公司不得接受本公司股票作为质押标的】 | | |
| 合同法 | 第60条【合同履行的原则】 | | 0791 |
| | 第107条【合同约束力:违约责任】 | | |
| 民法通则 | 第108条【债务清偿:分期偿还、强制偿还】 | | 0812 |

0322　商事纠纷：公司、企业与破产

| | | 同时适用的法条 | 相关度 |
|---|---|---|---|
| 0890 | 公司登记管理条例 | 第9条【公司的登记事项】 | |
| | | 第37条【公司董事、监事、经理变动的备案】 | |
| 0915 | 公司法司法解释三 | 第22条【股权确认之诉中当事人应当证明的事项】 | |

### 第134条【公开发行新股的条件】　★

公司经国务院证券监督管理机构核准公开发行新股时，必须公告新股招股说明书和财务会计报告，并制作认股书。

本法第八十七条、第八十八条的规定适用于公司公开发行新股。

■ 主要适用的案由及其相关度

| 案由编号 | 主要适用的案由 | 相关度 |
|---|---|---|
| M4.10.89.4 | 民间借贷纠纷 | |
| M8.21.242 | 股东资格确认纠纷 | |
| M8.21.249 | 股权转让纠纷 | |

■ 同时适用的法条及其相关度

| | | 同时适用的法条 | 相关度 |
|---|---|---|---|
| 0085 | 公司法 | 第14条【分公司的法律地位；子公司的法律地位】 | |
| | | 第72条【有限责任公司股权强制转让中的优先购买权】 | |
| | | 第117条【股份有限公司监事会的组成及监事的任期】 | |
| | | 第126条【股份发行的公平公正原则以及同股同权原则】 | |
| | | 第131条【发行公司法规定之外的其他种类股份由国务院另行规定】 | |
| | | 第133条【发行新股时股东大会应当决议的事项】 | |
| | | 第142条【公司收购本公司股份的原则禁止与例外许可；公司不得接受本公司股票作为质押标的】 | |

|  | 同时适用的法条 | 相关度 |  |
|---|---|---|---|
| 民法通则 | 第13条【精神病人的民事行为能力】 |  | 0812 |
| 合同法 | 第60条【合同履行的原则】 |  | 0791 |
|  | 第107条【合同约束力;违约责任】 |  |  |

## 第135条【新股作价方案确定的依据】　★

公司发行新股,可以根据公司经营情况和财务状况,确定其作价方案。

■ 主要适用的案由及其相关度

| 案由编号 | 主要适用的案由 | 相关度 |
|---|---|---|
| M4.10 | 合同纠纷 |  |
| M4.10.100.3 | 建设工程施工合同纠纷 |  |
| M8.21 | 与公司有关的纠纷 |  |

■ 同时适用的法条及其相关度

|  | 同时适用的法条 | 相关度 |  |
|---|---|---|---|
| 公司法 | 第14条【分公司的法律地位;子公司的法律地位】 |  | 0085 |
|  | 第175条【公司分立的程序】 |  |  |
| 证券法 | 第14条【公司公开发行新股需报送的文件类别】 |  | 0846 |
| 合同法 | 第14条【要约的界定及其构成】 |  | 0791 |
|  | 第175条【互易合同参照买卖合同的规定】 |  |  |
| 民法通则 | 第8条【民法通则的适用范围】 |  | 0812 |
|  | 第84条【债的界定】 |  |  |
|  | 第108条【债务清偿:分期偿还、强制偿还】 |  |  |
|  | 第113条【双方违约应分别承担各自的民事责任】 |  |  |

## 第136条【新股股款募足后的变更登记和公告】　★

公司发行新股募足股款后,必须向公司登记机关办理变更登记,并公告。

### ■ 主要适用的案由及其相关度

| 案由编号 | 主要适用的案由 | 相关度 |
|---|---|---|
| M8.21.246 | 新增资本认购纠纷 | |
| M8.21.254 | 公司盈余分配纠纷 | |

### ■ 同时适用的法条及其相关度

| | 同时适用的法条 | 相关度 |
|---|---|---|
| 公司法 | 第99条【股份有限公司股东大会的职权】 | ★★★★★ |
| | 第103条【股份有限公司股东的表决权】 | ★★★★★ |

## 第二节 股份转让

### 第137条【股份的可转让性】 ★

股东持有的股份可以依法转让。

### ■ 主要适用的案由及其相关度

| 案由编号 | 主要适用的案由 | 相关度 |
|---|---|---|
| M8.21.249 | 股权转让纠纷 | ★★★★★ |
| M8.21 | 与公司有关的纠纷 | ★★ |
| M8.21.242 | 股东资格确认纠纷 | ★★ |
| M4.10 | 合同纠纷 | ★ |

### ■ 同时适用的法条及其相关度

| | 同时适用的法条 | 相关度 |
|---|---|---|
| 合同法 | 第6条【诚实信用原则】 | |
| | 第8条【合同约束力】 | |
| | 第44条【合同成立条件与时间】 | |
| | 第45条【附条件的合同】 | |
| | 第48条【无权代理人订立合同的法律后果】 | |

|  | 同时适用的法条 | 相关度 |
|---|---|---|
| 合同法 | 第51条【无权处分合同的效力：经追认或取得处分权的有效】 | 0791 |
|  | 第52条【合同无效的情形】 |  |
|  | 第58条【合同无效或被撤销的法律后果】 |  |
|  | 第60条【合同履行的原则】 |  |
|  | 第93条【合同的意定解除：协商一致；约定条件成就】 |  |
|  | 第94条【合同的法定解除；法定解除权】 |  |
|  | 第97条【合同解除的法律后果】 |  |
|  | 第107条【合同约束力：违约责任】 |  |
|  | 第108条【预期违约责任】 |  |
|  | 第109条【违约责任的承担：付款义务的继续履行】 |  |
|  | 第114条【违约金的数额及其调整】 |  |
| 公司法 | 第3条【公司法人制度】 | 0085 |
|  | 第6条【公司设立的登记、审批；公司对于登记事项的公开义务】 |  |
|  | 第11条【公司的章程及其效力】 |  |
|  | 第22条【股东会、股东大会、董事会决议的效力；股东对于会议决议的撤销之诉】 |  |
|  | 第27条【股东出资方式及其限制；非货币出资的评估作价规定】 |  |
|  | 第28条【股东出资义务的履行及其违约责任】 |  |
|  | 第32条【股东名册的载明事项和效力；股东名册的登记管理】 |  |
|  | 第44条【有限责任公司董事会的组成】 |  |
|  | 第71条【有限责任公司的股权转让；股东的优先购买权】 |  |
|  | 第78条【股份有限公司发起人的人数及限制】 |  |

|  |  | 同时适用的法条 | 相关度 |
|---|---|---|---|
| 0085 | 公司法 | 第81条【股份有限公司章程应载明事项】 |  |
|  |  | 第84条【募集设立的股份有限公司发起人认购股份的最低比例】 |  |
|  |  | 第125条【股份及其形式：股票】 |  |
|  |  | 第128条【股票形式；股票载明事项】 |  |
|  |  | 第129条【股票种类：记名股票；不记名股票】 |  |
|  |  | 第130条【股东名册应当记载的内容】 |  |
|  |  | 第133条【发行新股时股东大会应当决议的事项】 |  |
|  |  | 第138条【股份应在法定交易场所进行转让】 |  |
|  |  | 第139条【记名股票的转让方式；股东名册变更登记的限制】 |  |
|  |  | 第141条【发起人以及公司董事、监事、高级管理人员股份转让的限制性规定】 |  |
|  |  | 第142条【公司收购本公司股份的原则禁止与例外许可；公司不得接受本公司股票作为质押标的】 |  |
| 0879 | 涉外民事关系法律适用法 | 第3条【涉外法律的选择适用】 |  |
|  |  | 第8条【涉外民事关系的定性的法律适用】 |  |
| 0812 | 民法通则 | 第4条【民事活动的基本原则：自愿、公平、等价有偿、诚实信用】 |  |
|  |  | 第43条【企业法人对其机构的活动承担民事责任】 |  |
|  |  | 第84条【债的界定】 |  |
|  |  | 第108条【债务清偿：分期偿还、强制偿还】 |  |
|  |  | 第134条【侵权责任的主要承担方式】 |  |
| 0456 | 企业破产法 | 第77条【重整期间对债务人的出资人及董事、监事、高级管理人员的权利限制】 |  |

| | 同时适用的法条 | 相关度 | |
|---|---|---|---|
| 担保法 | 第16条【保证的方式】 | | 0823 |
| | 第19条【保证方式不明时:连带责任担保】 | | |
| | 第21条【保证担保的范围;没有约定、约定不明时的担保范围】 | | |
| | 第26条【连带保证的保证期间】 | | |
| | 第31条【保证人的追偿权】 | | |
| | 第66条【流质契约的绝对禁止】 | | |
| | 第75条【可质押的权利的范围】 | | |
| | 第78条【股权出质的权利质权设立;出质人处分股权的限制】 | | |
| 继承法 | 第31条【遗赠扶养协议】 | | 0859 |
| | 第33条【继承遗产与清偿债务】 | | |
| 物权法 | 第29条【以继承或者遗赠方式取得物权的生效时间确定】 | | 0834 |
| | 第35条【权利人享有的排除妨害请求权与消除危险请求权】 | | |
| | 第37条【侵害物权的民事责任竞合】 | | |
| | 第211条【流质契约的绝对禁止】 | | |
| | 第223条【可出质的权利的范围】 | | |
| | 第226条【基金份额、股权出质的权利质权设立;出质人处分基金份额、股权的限制】 | | |
| 侵权责任法 | 第2条【侵权责任一般条款;民事权益的范围】 | | 0862 |
| | 第15条【侵权责任的主要承担方式】 | | |
| 婚姻法 | 第17条【夫妻共有财产的范围】 | | 0865 |
| 公司法司法解释三 | 第22条【股权确认之诉中当事人应当证明的事项】 | | 0915 |
| | 第23条【股东名册的载明事项和效力;股东名册的登记管理】 | | |

|  | | 同时适用的法条 | 相关度 |
|---|---|---|---|
| 0968 | 合同法司法解释一 | 第10条【超越经营范围订立合同有效】 | |
| | | 第14条【代位权诉讼的管辖】 | |
| 0934 | 民通意见 | 第1条【公民的民事权利能力自出生时开始：户籍证明、医院出具的出生证明、其他证明】 | |
| 0937 | 买卖合同司法解释 | 第24条【买卖合同逾期付款违约金的适用规则】 | |
| | | 第45条【债权转让、股权转让等权利转让合同参照适用买卖合同的规定】 | |

### 第138条【股份应在法定交易场所进行转让】 ★★

股东转让其股份，应当在依法设立的证券交易场所进行或者按照国务院规定的其他方式进行。

■ 主要适用的案由及其相关度

| 案由编号 | 主要适用的案由 | 相关度 |
|---|---|---|
| M8.21.249 | 股权转让纠纷 | ★★★★★ |
| M8.24.286.1 | 股票权利确认纠纷 | ★★★★★ |
| M8.21 | 与公司有关的纠纷 | ★ |

■ 同时适用的法条及其相关度

| | | 同时适用的法条 | 相关度 |
|---|---|---|---|
| 0085 | 公司法 | 第139条【记名股票的转让方式；股东名册变更登记的限制】 | ★★★★★ |
| | | 第140条【无记名股票的转让方式】 | ★★★ |
| | | 第72条【有限责任公司股权强制转让中的优先购买权】 | ★★ |
| | | 第130条【股东名册应当记载的内容】 | ★ |
| | | 第137条【股份的可转让性】 | ★ |

| | 同时适用的法条 | 相关度 | |
|---|---|---|---|
| 证券法 | 第155条【证券登记机构的定义和设立程序】 | ★★★★★ | 0846 |
| | 第160条【证券登记结算机构向证券发行人提供证券持有人名册及相关资料的义务】 | ★★★★★ | |
| 合同法 | 第8条【合同约束力】 | ★★★ | 0791 |
| | 第52条【合同无效的情形】 | ★★★ | |
| | 第58条【合同无效或被撤销的法律后果】 | ★★★ | |
| | 第60条【合同履行的原则】 | ★★★ | |
| | 第107条【合同约束力:违约责任】 | ★★★ | |
| | 第44条【合同成立条件与时间】 | ★★ | |
| | 第114条【违约金的数额及其调整】 | ★★ | |
| | 第109条【违约责任的承担:付款义务的继续履行】 | ★ | |
| 民法通则 | 第67条【代理人故意代理违法事项时的责任承担:被代理人和代理人承担连带责任】 | ★★★ | 0812 |
| | 第71条【所有权的内容】 | ★ | |
| | 第72条【财产所有权取得应符合法律规定;动产所有权自交付时转移】 | ★ | |
| | 第108条【债务清偿:分期偿还、强制偿还】 | ★ | |
| 公司法司法解释三 | 第24条【隐名股东与名义股东:投资权益归属、实际履行出资义务;变更登记】 | ★★★★★ | 0915 |
| | 第25条【名义股东处分股权】 | ★★★★★ | |

**第139条【记名股票的转让方式;股东名册变更登记的限制】** ★★

记名股票,由股东以背书方式或者法律、行政法规规定的其他方式转让;转让后由公司将受让人的姓名或者名称及住所记载于股东名册。

股东大会召开前二十日内或者公司决定分配股利的基准日前五日内,不得进行前款规定的股东名册的变更登记。但是,法律对上市公司股东名册变更登记另有规定的,从其规定。

### ■ 主要适用的案由及其相关度

| 案由编号 | 主要适用的案由 | 相关度 |
| --- | --- | --- |
| M8.24.286.1 | 股票权利确认纠纷 | ★★★★★ |
| M8.21.249 | 股权转让纠纷 | ★ |
| M8.21 | 与公司有关的纠纷 | ★ |

### ■ 同时适用的法条及其相关度

| | | 同时适用的法条 | 相关度 |
| --- | --- | --- | --- |
| 0085 | 公司法 | 第138条【股份应在法定交易场所进行转让】 | ★★★★★ |
| | | 第137条【股份的可转让性】 | ★ |
| 0846 | 证券法 | 第155条【证券登记机构的定义和设立程序】 | ★★★★★ |
| | | 第160条【证券登记结算机构向证券发行人提供证券持有人名册及相关资料的义务】 | ★★★★★ |
| 0915 | 公司法司法解释三 | 第24条【隐名股东与名义股东：投资权益归属、实际履行出资义务；变更登记】 | ★★★★★ |
| | | 第25条【名义股东处分股权】 | ★★★★★ |

## 第140条【无记名股票的转让方式】 ★

无记名股票的转让，由股东将该股票交付给受让人后即发生转让的效力。

### ■ 主要适用的案由及其相关度

| 案由编号 | 主要适用的案由 | 相关度 |
| --- | --- | --- |
| M8.21.249 | 股权转让纠纷 | |
| M8.21 | 与公司有关的纠纷 | |
| M4.10.74 | 买卖合同纠纷 | |
| M4.10 | 合同纠纷 | |
| M8.21.243 | 股东名册记载纠纷 | |

## 同时适用的法条及其相关度

| | 同时适用的法条 | 相关度 |
|---|---|---|
| 公司法 | 第33条【股东的知情权;股东查阅公司会计账册的权利及司法救济】 | 0085 |
| | 第72条【有限责任公司股权强制转让中的优先购买权】 | |
| | 第74条【异议股东的股权回购请求权;异议股东的股权回购之诉】 | |
| | 第130条【股东名册应当记载的内容】 | |
| | 第138条【股份应在法定交易场所进行转让】 | |
| | 第139条【记名股票的转让方式;股东名册变更登记的限制】 | |
| | 第141条【发起人以及公司董事、监事、高级管理人员股份转让的限制性规定】 | |
| 民法通则 | 第63条【代理的界定及不得代理的情形】 | 0812 |
| | 第71条【所有权的内容】 | |
| | 第72条【财产所有权取得应符合法律规定;动产所有权自交付时转移】 | |
| 合同法 | 第8条【合同约束力】 | 0791 |
| | 第44条【合同成立条件与时间】 | |
| | 第49条【表见代理的构成及其效力】 | |
| | 第58条【合同无效或被撤销的法律后果】 | |
| | 第60条【合同履行的原则】 | |
| | 第94条【合同的法定解除;法定解除权】 | |
| | 第97条【合同解除的法律后果】 | |
| | 第107条【合同约束力;违约责任】 | |
| | 第159条【买受人应支付价款的数额认定】 | |
| | 第402条【受托人以自己名义从事受托事务的法律效果】 | |

|  | | 同时适用的法条 | 相关度 |
|---|---|---|---|
| 0834 | 物权法 | 第226条【基金份额、股权出质的权利质权设立；出质人处分基金份额、股权的限制】 | |
| 0823 | 担保法 | 第18条【保证合同中连带责任的承担】 | |
| | | 第19条【保证方式不明时：连带责任担保】 | |
| | | 第21条【保证担保的范围；没有约定、约定不明时的担保范围】 | |
| | | 第78条【股权出质的权利质权设立；出质人处分股权的限制】 | |
| 0925 | 合同法司法解释二 | 第14条【合同无效的情形：强制性规定】 | |
| 0915 | 公司法司法解释三 | 第24条【隐名股东与名义股东：投资权益归属、实际履行出资义务；变更登记】 | |
| 0977 | 人民法院执行工作规定 | 第52条【对被执行人在其他股份有限公司中持有的股份凭证(股票)的处理】 | |

**第141条【发起人以及公司董事、监事、高级管理人员股份转让的限制性规定】** ★

发起人持有的本公司股份，自公司成立之日起一年内不得转让。公司公开发行股份前已发行的股份，自公司股票在证券交易所上市交易之日起一年内不得转让。

公司董事、监事、高级管理人员应当向公司申报所持有的本公司的股份及其变动情况，在任职期间每年转让的股份不得超过其所持有本公司股份总数的百分之二十五；所持本公司股份自公司股票上市交易之日起一年内不得转让。上述人员离职后半年内，不得转让其所持有的本公司股份。公司章程可以对公司董事、监事、高级管理人员转让其所持有的本公司股份作出其他限制性规定。

### ■ 主要适用的案由及其相关度

| 案由编号 | 主要适用的案由 | 相关度 |
|---|---|---|
| M8.21.249 | 股权转让纠纷 | |
| M4.10 | 合同纠纷 | |
| M8.21.245 | 股东出资纠纷 | |
| M8.21.247 | 股东知情权纠纷 | |

### ■ 同时适用的法条及其相关度

| | 同时适用的法条 | 相关度 | |
|---|---|---|---|
| 公司法 | 第77条【股份有限公司的设立方式】 | | 0085 |
| | 第80条【股份有限公司的注册资本及其限制】 | | |
| | 第97条【股东的查阅权、建议权和质询权】 | | |
| | 第98条【股份有限公司股东大会的组成及其法律地位】 | | |
| | 第117条【股份有限公司监事会的组成及监事的任期】 | | |
| | 第137条【股份的可转让性】 | | |
| | 第138条【股份应在法定交易场所进行转让】 | | |
| | 第139条【记名股票的转让方式;股东名册变更登记的限制】 | | |
| | 第140条【无记名股票的转让方式】 | | |
| 合同法 | 第8条【合同约束力】 | | 0791 |
| | 第44条【合同成立条件与时间】 | | |
| | 第52条【合同无效的情形】 | | |
| | 第58条【合同无效或被撤销的法律后果】 | | |
| | 第94条【合同的法定解除;法定解除权】 | | |
| | 第97条【合同解除的法律后果】 | | |
| | 第107条【合同约束力;违约责任】 | | |
| | 第110条【继续履行及其例外;债权人不得要求对方继续履行的情形】 | | |

| | | 同时适用的法条 | 相关度 |
|---|---|---|---|
| 0862 | 侵权责任法 | 第6条【过错责任原则;过错推定责任原则】 | |
| | | 第15条【侵权责任的主要承担方式】 | |
| 0859 | 继承法 | 第33条【继承遗产与清偿债务】 | |
| 0915 | 公司法司法解释三 | 第13条【未履行或未全面履行出资义务的股东对于公司债务承担补充责任;发起人的连带责任;董事、高级管理人员的不真正连带责任】 | |

第142条【公司收购本公司股份的原则禁止与例外许可;公司不得接受本公司股票作为质押标的】　　★

公司不得收购本公司股份。但是,有下列情形之一的除外:

（一）减少公司注册资本;

（二）与持有本公司股份的其他公司合并;

（三）将股份奖励给本公司职工;

（四）股东因对股东大会作出的公司合并、分立决议持异议,要求公司收购其股份的。

公司因前款第（一）项至第（三）项的原因收购本公司股份的,应当经股东大会决议。公司依照前款规定收购本公司股份后,属于第（一）项情形的,应当自收购之日起十日内注销;属于第（二）项、第（四）项情形的,应当在六个月内转让或者注销。

公司依照第一款第（三）项规定收购的本公司股份,不得超过本公司已发行股份总额的百分之五;用于收购的资金应当从公司的税后利润中支出;所收购的股份应当在一年内转让给职工。

公司不得接受本公司的股票作为质押权的标的。

■ 主要适用的案由及其相关度

| 案由编号 | 主要适用的案由 | 相关度 |
|---|---|---|
| M8.21.249 | 股权转让纠纷 | |
| M8.21 | 与公司有关的纠纷 | |
| M8.21.245 | 股东出资纠纷 | |
| M8.21.250.1 | 公司决议效力确认纠纷 | |

| 案由编号 | 主要适用的案由 | 相关度 |
|---|---|---|
| M10.43.422 | 案外人执行异议之诉 | |
| M8.21.244 | 请求变更公司登记纠纷 | |
| M4.10.89.4 | 民间借贷纠纷 | |
| M8.21.248 | 请求公司收购股份纠纷 | |
| M4.10.97 | 租赁合同纠纷 | |
| M4.10.67.2 | 确认合同无效纠纷 | |
| M4.10.89.1 | 金融借款合同纠纷 | |
| M4.10.104 | 委托合同纠纷 | |
| M2.2.12 | 离婚后财产纠纷 | |
| M4.10.100.3 | 建设工程施工合同纠纷 | |

■ **同时适用的法条及其相关度**

| | 同时适用的法条 | 相关度 |
|---|---|---|
| 合同法 | 第3条【合同当事人法律地位平等】 | |
| | 第8条【合同约束力】 | |
| | 第10条【合同订立形式;合同的形式】 | |
| | 第44条【合同成立条件与时间】 | |
| | 第52条【合同无效的情形】 | |
| | 第60条【合同履行的原则】 | |
| | 第63条【合同价格的确定】 | |
| | 第93条【合同的意定解除:协商一致;约定条件成就】 | |
| | 第97条【合同解除的法律后果】 | |
| | 第107条【合同约束力:违约责任】 | |
| | 第108条【预期违约责任】 | |
| | 第109条【违约责任的承担:付款义务的继续履行】 | |
| | 第114条【违约金的数额及其调整】 | |

| | | 同时适用的法条 | 相关度 |
|---|---|---|---|
| 0791 | 合同法 | 第196条【借款合同定义】 | |
| | | 第198条【借款合同中的担保及法律适用】 | |
| | | 第205条【借款合同的利息支付义务】 | |
| | | 第206条【借款期限的认定】 | |
| | | 第207条【借款合同违约责任承担：支付利息】 | |
| | | 第224条【承租人转租租赁物的前提条件及效力】 | |
| | | 第227条【出租人的租金支付请求权以及合同解除权】 | |
| | | 第410条【委托合同可随时解除及解除后的赔偿责任】 | |
| 0085 | 公司法 | 第11条【公司的章程及其效力】 | |
| | | 第14条【分公司的法律地位；子公司的法律地位】 | |
| | | 第20条【禁止股东权利滥用；滥用股东权利的法律责任】 | |
| | | 第21条【关联交易的限制】 | |
| | | 第22条【股东会、股东大会、董事会决议的效力；股东对于会议决议的撤销之诉】 | |
| | | 第32条【股东名册的载明事项和效力；股东名册的登记管理】 | |
| | | 第35条【股东不得抽逃出资的义务】 | |
| | | 第36条【有限责任公司股东会的组成及法律地位】 | |
| | | 第64条【国有独资公司的定义及其设立和组织机构的法律适用】 | |
| | | 第71条【有限责任公司的股权转让；股东的优先购买权】 | |
| | | 第74条【异议股东的股权回购请求权；异议股东的股权回购之诉】 | |
| | | 第121条【上市公司重大事项决策的特别程序】 | |

| | 同时适用的法条 | 相关度 | |
|---|---|---|---|
| 公司法 | 第126条【股份发行的公平公正原则以及同股同权原则】 | | 0085 |
| | 第131条【发行公司法规定之外的其他种类股份由国务院另行规定】 | | |
| | 第133条【发行新股时股东大会应当决议的事项】 | | |
| | 第134条【公开发行新股的条件】 | | |
| | 第137条【股份的可转让性】 | | |
| | 第138条【股份应在法定交易场所进行转让】 | | |
| | 第144条【股票上市交易规则】 | | |
| | 第178条【公司增加注册资本的执行规定】 | | |
| 担保法 | 第16条【保证的方式】 | | 0823 |
| | 第18条【保证合同中连带责任的承担】 | | |
| | 第19条【保证方式不明时:连带责任担保】 | | |
| | 第21条【保证担保的范围;没有约定、约定不明时的担保范围】 | | |
| | 第26条【连带保证的保证期间】 | | |
| 商业银行法 | 第17条【商业银行的组织形式、组织机构的法律适用规定】 | | 0874 |
| 招标投标法 | 第14条【招标代理机构的独立性】 | | 0889 |
| 物权法 | 第15条【设立、变更、转让、消灭不动产物权的合同的效力:合同成立时生效】 | | 0834 |
| | 第172条【担保合同的界定及其与主债权合同的关系;担保合同无效的责任承担规则】 | | |
| | 第208条【质权的概念与质权的实现;质押双方的概念】 | | |
| | 第211条【流质契约的绝对禁止】 | | |

|  | | 同时适用的法条 | 相关度 |
|---|---|---|---|
| 0834 | 物权法 | 第226条【基金份额、股权出质的权利质权设立;出质人处分基金份额、股权的限制】 | |
| 0865 | 婚姻法 | 第17条【夫妻共有财产的范围】 | |
| 0890 | 公司登记管理条例 | 第9条【公司的登记事项】 | |
| | | 第37条【公司董事、监事、经理变动的备案】 | |
| 0915 | 公司法司法解释三 | 第12条【可以认定股东抽逃出资的情形】 | |
| | | 第22条【股权确认之诉中当事人应当证明的事项】 | |
| 0947 | 建设工程合同纠纷司法解释 | 第3条【建设工程施工合同无效且建设工程经竣工验收不合格时的处理规则】 | |
| 0973 | 民事执行查封扣押冻结财产规定 | 第17条【被执行人将其所有的需要办理过户登记的财产出卖给第三人时查封、扣押、冻结的执行】 | |
| 0933 | 婚姻法司法解释二 | 第11条【夫妻共有财产的认定】 | |
| 0982 | 婚姻法司法解释三 | 第18条【离婚后发现夫妻共同财产的分割】 | |

**第143条【记名股票被盗、遗失、或灭失后的补救措施】** ★

记名股票被盗、遗失或者灭失,股东可以依照《中华人民共和国民事诉讼法》规定的公示催告程序,请求人民法院宣告该股票失效。人民法院宣告该股票失效后,股东可以向公司申请补发股票。

■ 主要适用的案由及其相关度

| 案由编号 | 主要适用的案由 | 相关度 |
|---|---|---|
| M10.37.389 | 申请公示催告 | ★★★★★ |

## 同时适用的法条及其相关度

| | 同时适用的法条 | 相关度 | |
|---|---|---|---|
| 合同法 | 第6条【诚实信用原则】 | | 0791 |
| | 第8条【合同约束力】 | | |
| | 第13条【订立合同的方式:要约、承诺】 | | |
| | 第14条【要约的界定及其构成】 | | |
| | 第21条【承诺的概念】 | | |
| | 第22条【承诺的方式:通知、行为】 | | |
| | 第25条【合同成立时间:承诺生效】 | | |
| | 第44条【合同成立条件与时间】 | | |
| | 第52条【合同无效的情形】 | | |
| | 第56条【合同无效或被撤销的溯及力;部分无效不影响其他独立部分的效力】 | | |
| | 第60条【合同履行的原则】 | | |
| | 第62条【合同内容约定不明确的处理规则;合同漏洞的填补】 | | |
| | 第107条【合同约束力:违约责任】 | | |
| | 第109条【违约责任的承担:付款义务的继续履行】 | | |
| | 第113条【违约责任的承担:损失赔偿】 | | |
| | 第114条【违约金的数额及其调整】 | | |
| | 第205条【借款合同的利息支付义务】 | | |
| | 第206条【借款期限的认定】 | | |
| 公司法 | 第3条【公司法人制度】 | | 0085 |
| | 第11条【公司的章程及其效力】 | | |
| | 第72条【有限责任公司股权强制转让中的优先购买权】 | | |
| | 第75条【有限责任公司股东资格的继承】 | | |

| | | 同时适用的法条 | 相关度 |
|---|---|---|---|
| 0085 | 公司法 | 第104条【对公司转让、受让重大资产或对外提供担保等事项的特殊决议程序】 | |
| | | 第144条【股票上市交易规则】 | |
| | | 第167条【公司资本公积金的组成】 | |
| 0812 | 民法通则 | 第43条【企业法人对其机构的活动承担民事责任】 | |
| | | 第44条【公司合并后债权债务的承继】 | |
| | | 第145条【涉外合同的法律适用】 | |
| 0834 | 物权法 | 第226条【基金份额、股权出质的权利质权设立；出质人处分基金份额、股权的限制】 | |
| 0947 | 建设工程合同纠纷司法解释 | 第17条【拖欠工程价款利息的计付标准】 | |
| | | 第18条【建设工程应付款时间】 | |
| | | 第26条【建设施工纠纷实际施工人起诉被告的认定】 | |
| 0933 | 婚姻法司法解释二 | 第24条【离婚时夫妻共同债务的清偿】 | |

## 第144条【股票上市交易规则】 ★

上市公司的股票，依照有关法律、行政法规及证券交易所交易规则上市交易。

■ 主要适用的案由及其相关度

| 案由编号 | 主要适用的案由 | 相关度 |
|---|---|---|
| M10.37.389 | 申请公示催告 | ★★★★★ |
| M4.10.97 | 租赁合同纠纷 | ★★ |
| M4.10.74 | 买卖合同纠纷 | ★★ |
| M4.10.89.4 | 民间借贷纠纷 | ★★ |
| M4.10.99 | 承揽合同纠纷 | ★ |
| M8.21.250.1 | 公司决议效力确认纠纷 | ★ |

### ■ 同时适用的法条及其相关度

| | 同时适用的法条 | 相关度 |
|---|---|---|
| 合同法 | 第 3 条【合同当事人法律地位平等】 | |
| | 第 6 条【诚实信用原则】 | |
| | 第 8 条【合同约束力】 | |
| | 第 14 条【要约的界定及其构成】 | |
| | 第 18 条【要约的撤销】 | |
| | 第 20 条【要约失效的情形】 | |
| | 第 31 条【承诺对要约内容的非实质性变更】 | |
| | 第 41 条【格式条款的解释方法】 | |
| | 第 44 条【合同成立条件与时间】 | |
| | 第 53 条【合同中免责条款无效情形】 | |
| | 第 60 条【合同履行的原则】 | |
| | 第 63 条【合同价格的确定】 | |
| | 第 64 条【向第三人履行】 | |
| | 第 94 条【合同的法定解除;法定解除权】 | |
| | 第 97 条【合同解除的法律后果】 | |
| | 第 107 条【合同约束力:违约责任】 | |
| | 第 109 条【违约责任的承担:付款义务的继续履行】 | |
| | 第 113 条【违约责任的承担:损失赔偿】 | |
| | 第 114 条【违约金的数额及其调整】 | |
| | 第 138 条【出卖人义务:交付期间】 | |
| | 第 161 条【买受人支付价款的时间】 | |
| | 第 205 条【借款合同的利息支付义务】 | |
| | 第 206 条【借款期限的认定】 | |
| | 第 207 条【借款合同违约责任承担:支付利息】 | |
| | 第 210 条【自然人之间借款合同的生效:提供借款时】 | |
| | 第 263 条【定作人报酬支付的期限】 | |

| | | 同时适用的法条 | 相关度 |
|---|---|---|---|
| 0085 | 公司法 | 第3条【公司法人制度】 | |
| | | 第14条【分公司的法律地位；子公司的法律地位】 | |
| | | 第20条【禁止股东权利滥用；滥用股东权利的法律责任】 | |
| | | 第22条【股东会、股东大会、董事会决议的效力；股东对于会议决议的撤销之诉】 | |
| | | 第28条【股东出资义务的履行及其违约责任】 | |
| | | 第39条【有限责任公司股东会会议的类型及召开制度】 | |
| | | 第40条【有限责任公司股东会会议的召集与主持】 | |
| | | 第41条【股东会会议的召集通知及会议记录】 | |
| | | 第56条【有限责任公司监事会行使职权的费用由公司承担】 | |
| | | 第64条【国有独资公司的定义及其设立和组织机构的法律适用】 | |
| | | 第92条【股份有限公司的设立登记】 | |
| | | 第125条【股份及其形式：股票】 | |
| | | 第130条【股东名册应当记载的内容】 | |
| | | 第142条【公司收购本公司股份的原则禁止与例外许可；公司不得接受本公司股票作为质押标的】 | |
| | | 第143条【记名股票被盗、遗失、或灭失后的补救措施】 | |
| | | 第180条【公司的法定解散事由】 | |
| | | 第183条【公司的解散清算：清算组的人员组成，债权人请求法院指定有关人员成立清算组的权利】 | |
| | | 第184条【清算组的职权】 | |
| 0812 | 民法通则 | 第14条【法定代表人】 | |
| | | 第43条【企业法人对其机构的活动承担民事责任】 | |

| | 同时适用的法条 | 相关度 | |
|---|---|---|---|
| 民法通则 | 第44条【公司合并后债权债务的承继】 | | 0812 |
| | 第55条【民事法律行为的有效条件】 | | |
| | 第84条【债的界定】 | | |
| | 第90条【借贷关系】 | | |
| | 第94条【公民、法人的著作权】 | | |
| | 第108条【债务清偿：分期偿还、强制偿还】 | | |
| | 第140条【诉讼时效期间的中断】 | | |
| 担保法 | 第16条【保证的方式】 | | 0823 |
| | 第18条【保证合同中连带责任的承担】 | | |
| | 第21条【保证担保的范围；没有约定、约定不明时的担保范围】 | | |
| | 第84条【留置的适用范围】 | | |
| | 第90条【定金的形式要求；生效时间】 | | |
| 担保法司法解释 | 第14条【不具有完全代偿能力的保证人要求免除保证责任的处理】 | | 0929 |
| 建设工程合同纠纷司法解释 | 第17条【拖欠工程价款利息的计付标准】 | | 0947 |
| | 第18条【建设工程应付款时间】 | | |
| | 第26条【建设施工纠纷实际施工人起诉被告的认定】 | | |
| 商品房买卖合同纠纷司法解释 | 第1条【商品房买卖合同的定义】 | | 0927 |
| 民通意见 | 第24条【申请宣告失踪的利害关系人】 | | 0934 |
| 买卖合同司法解释 | 第18条【确定检验期间或质量保证期间】 | | 0937 |

### 第145条【上市公司信息公开制度及财务会计报告公布制度】 ★

上市公司必须依照法律、行政法规的规定,公开其财务状况、经营情况及重大诉讼,在每会计年度内半年公布一次财务会计报告。

■ 主要适用的案由及其相关度

| 案由编号 | 主要适用的案由 | 相关度 |
|---|---|---|
| M8.24.286.1 | 股票权利确认纠纷 | |

■ 同时适用的法条及其相关度

| | 同时适用的法条 | 相关度 |
|---|---|---|
| 公司法 | 第129条【股票种类:记名股票;不记名股票】 | |
| | 第131条【发行公司法规定之外的其他种类股份由国务院另行规定】 | |
| 公司法司法解释三 | 第23条【股东名册的载明事项和效力;股东名册的登记管理】 | |

## 第六章 公司董事、监事、高级管理人员的资格和义务

### 第146条【公司董事、监事、高级管理人员的任职资格限制】 ★

有下列情形之一的,不得担任公司的董事、监事、高级管理人员:

(一)无民事行为能力或者限制民事行为能力;

(二)因贪污、贿赂、侵占财产、挪用财产或者破坏社会主义市场经济秩序,被判处刑罚,执行期满未逾五年,或者因犯罪被剥夺政治权利,执行期满未逾五年;

(三)担任破产清算的公司、企业的董事或者厂长、经理,对该公司、企业的破产负有个人责任的,自该公司、企业破产清算完结之日起未逾三年;

(四)担任因违法被吊销营业执照、责令关闭的公司、企业的法定代表人,并负有个人责任的,自该公司、企业被吊销营业执照之日起未逾三年;

(五)个人所负数额较大的债务到期未清偿。

公司违反前款规定选举、委派董事、监事或者聘任高级管理人员的,该选举、委派或者聘任无效。

董事、监事、高级管理人员在任职期间出现本条第一款所列情形的,公

司应当解除其职务。

■ 主要适用的案由及其相关度

| 案由编号 | 主要适用的案由 | 相关度 |
|---|---|---|
| M8.21.250 | 公司决议纠纷 | |
| M8.21.250.1 | 公司决议效力确认纠纷 | |
| M8.21.252 | 公司证照返还纠纷 | |

■ 同时适用的法条及其相关度

| | 同时适用的法条 | 相关度 | |
|---|---|---|---|
| 公司法 | 第1条【公司法立法宗旨】 | | 0085 |
| | 第22条【股东会、股东大会、董事会决议的效力;股东对于会议决议的撤销之诉】 | | |
| 民法通则 | 第117条【侵害财产权的责任承担方式:返还财产、折价赔偿;恢复原状、折价赔偿;赔偿损失】 | | 0812 |

**第147条【董事、监事、高级管理人员的忠实义务和勤勉义务】** ★

董事、监事、高级管理人员应当遵守法律、行政法规和公司章程,对公司负有忠实义务和勤勉义务。

董事、监事、高级管理人员不得利用职权收受贿赂或者其他非法收入,不得侵占公司的财产。

■ 主要适用的案由及其相关度

| 案由编号 | 主要适用的案由 | 相关度 |
|---|---|---|
| M8.21.256 | 损害公司利益责任纠纷 | ★★★★★ |
| M8.21.252 | 公司证照返还纠纷 | ★★ |
| M8.21 | 与公司有关的纠纷 | ★ |

■ 同时适用的法条及其相关度

| | | 同时适用的法条 | 相关度 |
|---|---|---|---|
| 0085 | 公司法 | 第148条【禁止董事、高级管理人员实施的行为】 | ★★★★★ |
| | | 第149条【董事、监事、高级管理人员对于所造成的公司损害的赔偿责任】 | ★★★★★ |
| | | 第20条【禁止股东权利滥用；滥用股东权利的法律责任】 | ★★★ |
| | | 第151条【股东派生诉讼】 | ★★ |
| | | 第21条【关联交易的限制】 | ★ |
| | | 第216条【高级管理人员、控股股东、实际控制人、关联关系的法定含义】 | ★ |
| 0834 | 物权法 | 第34条【权利人的返还原物请求权】 | ★★ |
| 0812 | 民法通则 | 第117条【侵害财产权的责任承担方式：返还财产、折价赔偿；恢复原状、折价赔偿；赔偿损失】 | ★ |
| 0791 | 合同法 | 第107条【合同约束力：违约责任】 | ★ |

**第148条【禁止董事、高级管理人员实施的行为】** ★

董事、高级管理人员不得有下列行为：

（一）挪用公司资金；

（二）将公司资金以其个人名义或者以其他个人名义开立账户存储；

（三）违反公司章程的规定，未经股东会、股东大会或者董事会同意，将公司资金借贷给他人或者以公司财产为他人提供担保；

（四）违反公司章程的规定或者未经股东会、股东大会同意，与本公司订立合同或者进行交易；

（五）未经股东会或者股东大会同意，利用职务便利为自己或者他人谋取属于公司的商业机会，自营或者为他人经营与所任职公司同类的业务；

（六）接受他人与公司交易的佣金归为己有；

（七）擅自披露公司秘密；

（八）违反对公司忠实义务的其他行为。

董事、高级管理人员违反前款规定所得的收入应当归公司所有。

■ 主要适用的案由及其相关度

| 案由编号 | 主要适用的案由 | 相关度 |
|---|---|---|
| M8.21.256 | 损害公司利益责任纠纷 | ★★★★★ |
| M8.21.252 | 公司证照返还纠纷 | ★ |
| M4.10.89.4 | 民间借贷纠纷 | ★ |
| M4.10.74 | 买卖合同纠纷 | ★ |

■ 同时适用的法条及其相关度

| | 同时适用的法条 | 相关度 |
|---|---|---|
| 公司法 | 第149条【董事、监事、高级管理人员对于所造成的公司损害的赔偿责任】 | ★★★★★ |
| | 第147条【董事、监事、高级管理人员的忠实义务和勤勉义务】 | ★★★★ |
| | 第150条【董事、监事、高级管理人员列席股东会议并接受质询的义务;董事、高级管理人员配合监事行使职权的义务】 | ★★★★ |
| | 第20条【禁止股东权利滥用;滥用股东权利的法律责任】 | ★★★ |
| | 第152条【股东直接诉讼】 | ★★ |
| | 第3条【公司法人制度】 | ★ |
| | 第11条【公司的章程及其效力】 | ★ |
| | 第16条【公司对外投资或为他人提供担保的条件和限制】 | ★ |
| | 第21条【关联交易的限制】 | ★ |
| | 第28条【股东出资义务的履行及其违约责任】 | ★ |
| | 第54条【有限责任公司监事的建议权、质询权和调查权】 | ★ |
| | 第151条【股东派生诉讼】 | ★ |

|  |  | 同时适用的法条 | 相关度 |
|---|---|---|---|
| 0085 | 公司法 | 第216条【高级管理人员、控股股东、实际控制人、关联关系的法定含义】 | ★ |
|  |  | 第217条【外商投资公司适用公司法的有关规定及例外】 | ★ |
| 0834 | 物权法 | 第34条【权利人的返还原物请求权】 | ★★ |
| 0791 | 合同法 | 第60条【合同履行的原则】 | ★★ |
|  |  | 第107条【合同约束力:违约责任】 | ★★ |
|  |  | 第6条【诚实信用原则】 | ★ |
|  |  | 第8条【合同约束力】 | ★ |
|  |  | 第52条【合同无效的情形】 | ★ |
|  |  | 第206条【借款期限的认定】 | ★ |
|  |  | 第207条【借款合同违约责任承担:支付利息】 | ★ |
| 0812 | 民法通则 | 第117条【侵害财产权的责任承担方式:返还财产、折价赔偿;恢复原状、折价赔偿;赔偿损失】 | ★★ |
|  |  | 第55条【民事法律行为的有效条件】 | ★ |
|  |  | 第135条【诉讼时效期间:两年】 | ★ |
|  |  | 第140条【诉讼时效期间的中断】 | ★ |
| 0915 | 公司法司法解释三 | 第13条【未履行或未全面履行出资义务的股东对于公司债务承担补充责任;发起人的连带责任;董事、高级管理人员的不真正连带责任】 | ★ |

第149条【董事、监事、高级管理人员对于所造成的公司损害的赔偿责任】

★★

董事、监事、高级管理人员执行公司职务时违反法律、行政法规或者公司章程的规定,给公司造成损失的,应当承担赔偿责任。

■ 主要适用的案由及其相关度

| 案由编号 | 主要适用的案由 | 相关度 |
|---|---|---|
| M8.21.256 | 损害公司利益责任纠纷 | ★★★★★ |

| 案由编号 | 主要适用的案由 | 相关度 |
|---|---|---|
| M4.10.89.4 | 民间借贷纠纷 | ★★ |

■ 同时适用的法条及其相关度

| | 同时适用的法条 | 相关度 | |
|---|---|---|---|
| 公司法 | 第147条【董事、监事、高级管理人员的忠实义务和勤勉义务】 | ★★★★★ | 0085 |
| | 第148条【禁止董事、高级管理人员实施的行为】 | ★★★★★ | |
| | 第16条【公司对外投资或为他人提供担保的条件和限制】 | ★★★ | |
| | 第20条【禁止股东权利滥用;滥用股东权利的法律责任】 | ★★★ | |
| | 第150条【董事、监事、高级管理人员列席股东会议并接受质询的义务;董事、高级管理人员配合监事行使职权的义务】 | ★★★ | |
| | 第151条【股东派生诉讼】 | ★★★ | |
| | 第21条【关联交易的限制】 | ★ | |
| | 第152条【股东直接诉讼】 | ★ | |
| | 第216条【高级管理人员、控股股东、实际控制人、关联关系的法定含义】 | ★ | |
| | 第217条【外商投资公司适用公司法的有关规定及例外】 | ★ | |
| 合同法 | 第52条【合同无效的情形】 | ★★★★ | 0791 |
| | 第206条【借款期限的认定】 | ★★★ | |
| | 第56条【合同无效或被撤销的溯及力;部分无效不影响其他独立部分的效力】 | ★ | |
| | 第58条【合同无效或被撤销的法律后果】 | ★ | |
| | 第60条【合同履行的原则】 | ★ | |
| | 第107条【合同约束力;违约责任】 | ★ | |
| | 第207条【借款合同违约责任承担:支付利息】 | ★ | |

|  |  | 同时适用的法条 | 相关度 |
|---|---|---|---|
| 0823 | 担保法 | 第5条【担保合同的界定及其与主债权合同的关系;担保合同无效的责任承担规则】 | ★★ |
| 0812 | 民法通则 | 第117条【侵害财产权的责任承担方式:返还财产、折价赔偿;恢复原状、折价赔偿;赔偿损失】 | ★ |
| 0929 | 担保法司法解释 | 第4条【董事、经理的违法担保无效】 | ★★ |
|  |  | 第7条【担保合同与主债权合同的关系;担保合同无效的责任承担规则】 | ★★ |

**第150条【董事、监事、高级管理人员列席股东会议并接受质询的义务;董事、高级管理人员配合监事行使职权的义务】** ★

股东会或者股东大会要求董事、监事、高级管理人员列席会议的,董事、监事、高级管理人员应当列席并接受股东的质询。

董事、高级管理人员应当如实向监事会或者不设监事会的有限责任公司的监事提供有关情况和资料,不得妨碍监事会或者监事行使职权。

■ 主要适用的案由及其相关度

| 案由编号 | 主要适用的案由 | 相关度 |
|---|---|---|
| M8.21.256 | 损害公司利益责任纠纷 | ★★★★★ |

■ 同时适用的法条及其相关度

|  |  | 同时适用的法条 | 相关度 |
|---|---|---|---|
| 0085 | 公司法 | 第148条【禁止董事、高级管理人员实施的行为】 | ★★★★★ |
|  |  | 第149条【董事、监事、高级管理人员对于所造成的公司损害的赔偿责任】 | ★★★★ |
|  |  | 第152条【股东直接诉讼】 | ★★★★ |
|  |  | 第11条【公司的章程及其效力】 | ★ |
|  |  | 第20条【禁止股东权利滥用;滥用股东权利的法律责任】 | ★ |
|  |  | 第21条【关联交易的限制】 | ★ |
|  |  | 第54条【有限责任公司监事的建议权、质询权和调查权】 | ★ |

|  | 同时适用的法条 | 相关度 | |
|---|---|---|---|
| 物权法 | 第34条【权利人的返还原物请求权】 | ★ | 0834 |
| 民法通则 | 第117条【侵害财产权的责任承担方式：返还财产、折价赔偿；恢复原状、折价赔偿；赔偿损失】 | ★ | 0812 |

#### 第151条【股东派生诉讼】 ★★

董事、高级管理人员有本法第一百四十九条规定的情形的，有限责任公司的股东、股份有限公司连续一百八十日以上单独或者合计持有公司百分之一以上股份的股东，可以书面请求监事会或者不设监事会的有限责任公司的监事向人民法院提起诉讼；监事有本法第一百四十九条规定的情形的，前述股东可以书面请求董事会或者不设董事会的有限责任公司的执行董事向人民法院提起诉讼。

监事会、不设监事会的有限责任公司的监事，或者董事会、执行董事收到前款规定的股东书面请求后拒绝提起诉讼，或者自收到请求之日起三十日内未提起诉讼，或者情况紧急、不立即提起诉讼将会使公司利益受到难以弥补的损害的，前款规定的股东有权为了公司的利益以自己的名义直接向人民法院提起诉讼。

他人侵犯公司合法权益，给公司造成损失的，本条第一款规定的股东可以依照前两款的规定向人民法院提起诉讼。

■ 主要适用的案由及其相关度

| 案由编号 | 主要适用的案由 | 相关度 |
|---|---|---|
| M8.21.256 | 损害公司利益责任纠纷 | ★★★★★ |
| M5.14.144.1 | 专利申请权权属纠纷 | ★★★★ |
| M8.21 | 与公司有关的纠纷 | ★ |

■ 同时适用的法条及其相关度

|  | 同时适用的法条 | 相关度 | |
|---|---|---|---|
| 公司法 | 第53条【有限责任公司监事会的职权】 | ★★★★★ | 0085 |
| | 第149条【董事、监事、高级管理人员对于所造成的公司损害的赔偿责任】 | ★★★★ | |

| | | 同时适用的法条 | 相关度 |
|---|---|---|---|
| 0085 | 公司法 | 第147条【董事、监事、高级管理人员的忠实义务和勤勉义务】 | ★★ |
| | | 第20条【禁止股东权利滥用;滥用股东权利的法律责任】 | ★ |
| | | 第148条【禁止董事、高级管理人员实施的行为】 | ★ |
| | | 第152条【股东直接诉讼】 | ★ |
| 0856 | 专利法 | 第6条【职务发明】 | ★★★★★ |
| 0791 | 合同法 | 第52条【合同无效的情形】 | ★ |
| 0894 | 专利法实施细则 | 第12条【专利法第六条所称执行本单位的任务所完成的职务发明创造的范围;专利法第六条所称本单位的范围】 | ★★★★★ |

## 第152条【股东直接诉讼】 ★

董事、高级管理人员违反法律、行政法规或者公司章程的规定,损害股东利益的,股东可以向人民法院提起诉讼。

■ 主要适用的案由及其相关度

| 案由编号 | 主要适用的案由 | 相关度 |
|---|---|---|
| M8.21.256 | 损害公司利益责任纠纷 | ★★★★★ |
| M8.21.255 | 损害股东利益责任纠纷 | ★★★ |
| M3.5.38 | 财产损害赔偿纠纷 | ★ |
| M8.21 | 与公司有关的纠纷 | ★ |
| M8.21.252 | 公司证照返还纠纷 | ★ |

■ 同时适用的法条及其相关度

| | | 同时适用的法条 | 相关度 |
|---|---|---|---|
| 0085 | 公司法 | 第20条【禁止股东权利滥用;滥用股东权利的法律责任】 | ★★★★★ |

| | 同时适用的法条 | 相关度 | |
|---|---|---|---|
| 公司法 | 第150条【董事、监事、高级管理人员列席股东会议并接受质询的义务；董事、高级管理人员配合监事行使职权的义务】 | ★★★★★ | 0085 |
| | 第54条【有限责任公司监事的建议权、质询权和调查权】 | ★★★ | |
| | 第148条【禁止董事、高级管理人员实施的行为】 | ★★★ | |
| | 第149条【董事、监事、高级管理人员对于所造成的公司损害的赔偿责任】 | ★★★ | |
| | 第151条【股东派生诉讼】 | ★★★ | |
| | 第3条【公司法人制度】 | ★★ | |
| | 第21条【关联交易的限制】 | ★★ | |
| | 第71条【有限责任公司的股权转让；股东的优先购买权】 | ★★ | |
| | 第11条【公司的章程及其效力】 | ★ | |
| | 第57条【一人有限责任公司的法律适用；一人有限责任公司的定义】 | ★ | |
| | 第147条【董事、监事、高级管理人员的忠实义务和勤勉义务】 | ★ | |
| | 第153条【公司债券的定义及其发行条件】 | ★ | |
| | 第186条【清算方案的制定与确认；公司财产的分配顺序；清算期间公司的法律地位】 | ★ | |
| 合同法 | 第52条【合同无效的情形】 | ★★ | 0791 |
| | 第8条【合同约束力】 | ★ | |
| | 第44条【合同成立条件与时间】 | ★ | |
| | 第60条【合同履行的原则】 | ★ | |
| | 第114条【违约金的数额及其调整】 | ★ | |
| 民法通则 | 第36条【法人的定义；法人民事权利能力和民事行为能力的存续期间】 | ★ | 0812 |

| | | 同时适用的法条 | 相关度 |
|---|---|---|---|
| 0812 | 民法通则 | 第45条【企业法人终止的法定事由】 | ★ |
| | | 第47条【企业法人解散、被撤销或宣告破产后的清算义务】 | ★ |
| | | 第108条【债务清偿：分期偿还、强制偿还】 | ★ |
| | | 第134条【侵权责任的主要承担方式】 | ★ |
| 0862 | 侵权责任法 | 第6条【过错责任原则；过错推定责任原则】 | ★ |
| | | 第19条【侵害财产造成财产损失的计算方式】 | ★ |
| 0866 | 商标法 | 第52条【以不当方式使用未注册商标的法律责任】 | ★ |
| 0915 | 公司法司法解释三 | 第13条【未履行或未全面履行出资义务的股东对于公司债务承担补充责任；发起人的连带责任；董事、高级管理人员的不真正连带责任】 | ★ |
| 0920 | 公司法司法解释二 | 第18条【有限责任公司的股东、股份有限公司的董事、控股股东和实际控制人在清算中怠于履行义务的赔偿责任】 | ★ |

# 第七章 公司债券

**第153条【公司债券的定义及其发行条件】** ★

本法所称公司债券,是指公司依照法定程序发行、约定在一定期限还本付息的有价证券。

公司发行公司债券应当符合《中华人民共和国证券法》规定的发行条件。

■ 主要适用的案由及其相关度

| 案由编号 | 主要适用的案由 | 相关度 |
|---|---|---|
| M8.21.255 | 损害股东利益责任纠纷 | |
| M4.10.67.2 | 确认合同无效纠纷 | |
| M4.10.74 | 买卖合同纠纷 | |
| M8.21.252 | 公司证照返还纠纷 | |
| M8.21.256 | 损害公司利益责任纠纷 | |

## 同时适用的法条及其相关度

| | 同时适用的法条 | 相关度 | |
|---|---|---|---|
| 公司法 | 第3条【公司法人制度】 | | 0085 |
| | 第14条【分公司的法律地位；子公司的法律地位】 | | |
| | 第16条【公司对外投资或为他人提供担保的条件和限制】 | | |
| | 第20条【禁止股东权利滥用；滥用股东权利的法律责任】 | | |
| | 第22条【股东会、股东大会、董事会决议的效力；股东对于会议决议的撤销之诉】 | | |
| | 第35条【股东不得抽逃出资的义务】 | | |
| | 第38条【有限责任公司首次股东会会议的召集和主持】 | | |
| | 第40条【有限责任公司股东会会议的召集与主持】 | | |
| | 第42条【有限责任公司股东会表决权行使规则】 | | |
| | 第46条【有限责任公司董事会的职权】 | | |
| | 第47条【有限责任公司董事会会议的召集与主持】 | | |
| | 第51条【有限责任公司的监事会组成】 | | |
| | 第148条【禁止董事、高级管理人员实施的行为】 | | |
| | 第149条【董事、监事、高级管理人员对于所造成的公司损害的赔偿责任】 | | |
| | 第150条【董事、监事、高级管理人员列席股东会议并接受质询的义务；董事、高级管理人员配合监事行使职权的义务】 | | |
| | 第152条【股东直接诉讼】 | | |
| 合同法 | 第51条【无权处分合同的效力：经追认或取得处分权的有效】 | | 0791 |
| | 第52条【合同无效的情形】 | | |
| | 第58条【合同无效或被撤销的法律后果】 | | |

|  | | 同时适用的法条 | 相关度 |
|---|---|---|---|
| 0791 | 合同法 | 第107条【合同约束力;违约责任】 | |
| | | 第114条【违约金的数额及其调整】 | |
| 0834 | 物权法 | 第106条【善意取得的构成条件】 | |
| 0862 | 侵权责任法 | 第3条【侵权责任的当事人主义】 | |
| | | 第6条【过错责任原则;过错推定责任原则】 | |
| 0812 | 民法通则 | 第108条【债务清偿:分期偿还、强制偿还】 | |

第154条【公司债券的发行程序;公司债券募集办法载明的主要事项】

发行公司债券的申请经国务院授权的部门核准后,应当公告公司债券募集办法。

公司债券募集办法中应当载明下列主要事项:

(一)公司名称;

(二)债券募集资金的用途;

(三)债券总额和债券的票面金额;

(四)债券利率的确定方式;

(五)还本付息的期限和方式;

(六)债券担保情况;

(七)债券的发行价格、发行的起止日期;

(八)公司净资产额;

(九)已发行的尚未到期的公司债券总额;

(十)公司债券的承销机构。①

第155条【公司债券的制作】

公司以实物券方式发行公司债券的,必须在债券上载明公司名称、债券票面金额、利率、偿还期限等事项,并由法定代表人签名,公司盖章。②

第156条【公司债券的分类】

公司债券,可以为记名债券,也可以为无记名债券。③

---

① 说明:本法条尚无足够数量判决书可供法律大数据分析。
② 说明:本法条尚无足够数量判决书可供法律大数据分析。
③ 说明:本法条尚无足够数量判决书可供法律大数据分析。

### 第157条【公司债券存根簿的置备及其应载明事项】 ★

公司发行公司债券应当置备公司债券存根簿。

发行记名公司债券的,应当在公司债券存根簿上载明下列事项:

（一）债券持有人的姓名或者名称及住所;

（二）债券持有人取得债券的日期及债券的编号;

（三）债券总额,债券的票面金额、利率、还本付息的期限和方式;

（四）债券的发行日期。

发行无记名公司债券的,应当在公司债券存根簿上载明债券总额、利率、偿还期限和方式、发行日期及债券的编号。

■ 主要适用的案由及其相关度

| 案由编号 | 主要适用的案由 | 相关度 |
|---|---|---|
| M4.10.89.3 | 企业借贷纠纷 | |

■ 同时适用的法条及其相关度

| | 同时适用的法条 | 相关度 | |
|---|---|---|---|
| 合同法 | 第84条【合同义务转移;债务转移;债务承担】 | | 0791 |
| 企业改制纠纷司法解释 | 第31条【企业吸收合并后被兼并企业的债务的承担方式】 | | 0944 |

### 第158条【记名公司债券的登记结算制度】 ★

记名公司债券的登记结算机构应当建立债券登记、存管、付息、兑付等相关制度。

■ 主要适用的案由及其相关度

| 案由编号 | 主要适用的案由 | 相关度 |
|---|---|---|
| X3.3.158 | 虚报注册资本 | |

### 同时适用的法条及其相关度

| | | 同时适用的法条 | 相关度 |
|---|---|---|---|
| 0857 | 刑法 | 第12条【刑法的溯及力】 | |
| | | 第26条【主犯；犯罪集团】 | |
| | | 第158条【虚报注册资本罪】 | |
| 0085 | 公司法 | 第159条【公司债券的转让价格约定和交易规则】 | |

### 第159条【公司债券的转让价格约定和交易规则】 ★

公司债券可以转让，转让价格由转让人与受让人约定。

公司债券在证券交易所上市交易的，按照证券交易所的交易规则转让。

### 主要适用的案由及其相关度

| 案由编号 | 主要适用的案由 | 相关度 |
|---|---|---|
| M4.10.74 | 买卖合同纠纷 | |
| M4.10.99.2 | 定作合同纠纷 | |
| M8.21.242 | 股东资格确认纠纷 | |
| X3.3.158 | 虚报注册资本 | |

### 同时适用的法条及其相关度

| | | 同时适用的法条 | 相关度 |
|---|---|---|---|
| 0085 | 公司法 | 第8条【公司名称中特别标明公司类型的义务】 | |
| | | 第14条【分公司的法律地位；子公司的法律地位】 | |
| | | 第60条【一人有限责任公司的公司章程制定】 | |
| | | 第107条【股份有限公司股东大会会议记录的制作与保存】 | |
| | | 第130条【股东名册应当记载的内容】 | |
| | | 第158条【记名公司债券的登记结算制度】 | |
| | | 第161条【可转换公司债券的发行与制作】 | |

| | 同时适用的法条 | 相关度 | |
|---|---|---|---|
| 担保法 | 第1条【担保法的立法目的】 | | 0823 |
| | 第18条【保证合同中连带责任的承担】 | | |
| 合同法 | 第14条【要约的界定及其构成】 | | 0791 |
| | 第18条【要约的撤销】 | | |
| | 第24条【承诺期限的起算】 | | |
| | 第93条【合同的意定解除：协商一致；约定条件成就】 | | |
| 刑法 | 第12条【刑法的溯及力】 | | 0857 |
| | 第26条【主犯；犯罪集团】 | | |
| | 第158条【虚报注册资本罪】 | | |
| 买卖合同司法解释 | 第1条【买卖合同是否成立：书面合同、送货单、收货单、结算单、发票、对账确认函、债权确认书】 | | 0937 |
| | 第14条【标的物为种类物出卖人未以可识别的方式清楚地将标的物特定于买卖合同的风险负担】 | | |
| 公司法司法解释三 | 第13条【未履行或未全面履行出资义务的股东对于公司债务承担补充责任；发起人的连带责任；董事、高级管理人员的不真正连带责任】 | | 0915 |

## 第160条【公司债券的转让方式】

记名公司债券，由债券持有人以背书方式或者法律、行政法规规定的其他方式转让；转让后由公司将受让人的姓名或者名称及住所记载于公司债券存根簿。

无记名公司债券的转让，由债券持有人将该债券交付给受让人后即发生转让的效力。

■ 主要适用的案由及其相关度

| 案由编号 | 主要适用的案由 | 相关度 |
|---|---|---|
| M8.21.254 | 公司盈余分配纠纷 | |

■ 同时适用的法条及其相关度

| | | 同时适用的法条 | 相关度 |
|---|---|---|---|
| 0085 | 公司法 | 第34条【股东红利分配规则;公司新增资本时股东的优先认购权】 | |
| | | 第37条【公司股东会职权】 | |

**第161条【可转换公司债券的发行与制作】** ★

上市公司经股东大会决议可以发行可转换为股票的公司债券,并在公司债券募集办法中规定具体的转换办法。上市公司发行可转换为股票的公司债券,应当报国务院证券监督管理机构核准。

发行可转换为股票的公司债券,应当在债券上标明可转换公司债券字样,并在公司债券存根簿上载明可转换公司债券的数额。

■ 主要适用的案由及其相关度

| 案由编号 | 主要适用的案由 | 相关度 |
|---|---|---|
| M4.10.74 | 买卖合同纠纷 | |
| M8.21.242 | 股东资格确认纠纷 | |

■ 同时适用的法条及其相关度

| | | 同时适用的法条 | 相关度 |
|---|---|---|---|
| 0085 | 公司法 | 第8条【公司名称中特别标明公司类型的义务】 | |
| | | 第14条【分公司的法律地位;子公司的法律地位】 | |
| | | 第60条【一人有限责任公司的公司章程制定】 | |
| | | 第107条【股份有限公司股东大会会议记录的制作与保存】 | |
| | | 第159条【公司债券的转让价格约定和交易规则】 | |
| 0791 | 合同法 | 第24条【承诺期限的起算】 | |
| 0937 | 买卖合同司法解释 | 第14条【标的物为种类物出卖人未以可识别的方式清楚地将标的物特定于买卖合同的风险负担】 | |

**第 162 条【可转换公司债券的转换办法及债券持有人的转换选择权】**

发行可转换为股票的公司债券的,公司应当按照其转换办法向债券持有人换发股票,但债券持有人对转换股票或者不转换股票有选择权。①

## 第八章 公司财务、会计

**第 163 条【公司建立财务会计制度的法定义务】** ★★

公司应当依照法律、行政法规和国务院财政部门的规定建立本公司的财务、会计制度。

■ 主要适用的案由及其相关度

| 案由编号 | 主要适用的案由 | 相关度 |
|---|---|---|
| M4.10.120 | 服务合同纠纷 | ★★★★★ |

■ 同时适用的法条及其相关度

| | 同时适用的法条 | 相关度 | |
|---|---|---|---|
| 公司法 | 第 20 条【禁止股东权利滥用;滥用股东权利的法律责任】 | ★★★★★ | 0085 |
| | 第 28 条【股东出资义务的履行及其违约责任】 | ★★★★★ | |
| | 第 171 条【公司法定会计账簿制度;公司资产存储账户的限制规定】 | ★★★★★ | |
| 合同法 | 第 97 条【合同解除的法律后果】 | ★★★★★ | 0791 |
| | 第 8 条【合同约束力】 | ★ | |
| | 第 94 条【合同的法定解除;法定解除权】 | ★ | |
| 民通意见 | 第 68 条【欺诈行为】 | ★ | 0934 |

**第 164 条【公司财务会计报告的编制与审计】** ★

公司应当在每一会计年度终了时编制财务会计报告,并依法经会计师事务所审计。

财务会计报告应当依照法律、行政法规和国务院财政部门的规定

---

① 说明:本法条尚无足够数量判决书可供法律大数据分析。

制作。

### 主要适用的案由及其相关度

| 案由编号 | 主要适用的案由 | 相关度 |
|---|---|---|
| M8.21.247 | 股东知情权纠纷 | |
| M8.21.250.1 | 公司决议效力确认纠纷 | |
| M8.21.254 | 公司盈余分配纠纷 | |
| M8.21.256 | 损害公司利益责任纠纷 | |
| M8.21.257 | 股东损害公司债权人利益责任纠纷 | |
| M4.10 | 合同纠纷 | |
| M4.10.120.14 | 教育培训合同纠纷 | |
| M4.10.89 | 借款合同纠纷 | |
| M4.10.99 | 承揽合同纠纷 | |
| M4.11.128 | 不当得利纠纷 | |
| M8.21.249 | 股权转让纠纷 | |

### 同时适用的法条及其相关度

| | 同时适用的法条 | 相关度 |
|---|---|---|
| 公司法 | 第3条【公司法人制度】 | |
| | 第5条【公司的社会责任】 | |
| | 第11条【公司的章程及其效力】 | |
| | 第20条【禁止股东权利滥用;滥用股东权利的法律责任】 | |
| | 第22条【股东会、股东大会、董事会决议的效力;股东对于会议决议的撤销之诉】 | |
| | 第32条【股东名册的载明事项和效力;股东名册的登记管理】 | |
| | 第33条【股东的知情权;股东查阅公司会计账册的权利及司法救济】 | |

| | 同时适用的法条 | 相关度 |
|---|---|---|
| 公司法 | 第34条【股东红利分配规则;公司新增资本时股东的优先认购权】 | 0085 |
| | 第37条【公司股东会职权】 | |
| | 第46条【有限责任公司董事会的职权】 | |
| | 第58条【一人有限责任公司设立的限制】 | |
| | 第62条【一人有限责任公司的会计制度】 | |
| | 第63条【一人有限责任公司的法人人格否认制度】 | |
| | 第98条【股份有限公司股东大会的组成及其法律地位】 | |
| | 第163条【公司建立财务会计制度的法定义务】 | |
| | 第165条【财务会计报告的公开规则】 | |
| | 第166条【公司的法定公积金制度、任意公积金制度:公司利润分配的规定】 | |
| | 第167条【公司资本公积金的组成】 | |
| 会计法 | 第3条【各单位设置账簿的义务】 | 0854 |
| | 第4条【单位负责人对会计工作和资料负责】 | |
| | 第9条【会计核算的可靠性】 | |
| | 第10条【办理会计手续、进行会计核算的事项】 | |
| | 第14条【会计凭证】 | |
| | 第15条【会计帐簿登记】 | |
| | 第20条【财务会计报告的编制;财务会计报告的组成】 | |
| | 第23条【会计档案的建立、保管】 | |
| 民法通则 | 第4条【民事活动的基本原则:自愿、公平、等价有偿、诚实信用】 | 0812 |
| | 第92条【不当得利返还请求权】 | |
| | 第135条【诉讼时效期间:两年】 | |

| | | 同时适用的法条 | 相关度 |
|---|---|---|---|
| 0812 | 民法通则 | 第137条【诉讼时效期间的起算日和最长保护期限】 | |
| | | 第140条【诉讼时效期间的中断】 | |
| 0791 | 合同法 | 第7条【公序良俗原则】 | |
| | | 第52条【合同无效的情形】 | |
| | | 第107条【合同约束力:违约责任】 | |
| | | 第111条【违约责任的承担:质量不符合约定的违约责任】 | |
| | | 第210条【自然人之间借款合同的生效:提供借款时】 | |

**第165条【财务会计报告的公开规则】** ★★

有限责任公司应当依照公司章程规定的期限将财务会计报告送交各股东。

股份有限公司的财务会计报告应当在召开股东大会年会的二十日前置备于本公司,供股东查阅;公开发行股票的股份有限公司必须公告其财务会计报告。

■ 主要适用的案由及其相关度

| 案由编号 | 主要适用的案由 | 相关度 |
|---|---|---|
| M8.21.247 | 股东知情权纠纷 | ★★★★★ |

■ 同时适用的法条及其相关度

| | | 同时适用的法条 | 相关度 |
|---|---|---|---|
| 0085 | 公司法 | 第2条【公司类别】 | ★★★★★ |
| | | 第33条【股东的知情权;股东查阅公司会计账册的权利及司法救济】 | ★★★★★ |
| | | 第34条【股东红利分配规则;公司新增资本时股东的优先认购权】 | ★ |
| | | 第164条【公司财务会计报告的编制与审计】 | ★ |

|  | 同时适用的法条 | 相关度 |
|---|---|---|
| 会计法 | 第14条【会计凭证】 | ★★★★★ |
|  | 第15条【会计帐簿登记】 | ★★★★★ |

0854

**第166条【公司的法定公积金制度、任意公积金制度：公司利润分配的规定】** ★

公司分配当年税后利润时，应当提取利润的百分之十列入公司法定公积金。公司法定公积金累计额为公司注册资本的百分之五十以上的，可以不再提取。

公司的法定公积金不足以弥补以前年度亏损的，在依照前款规定提取法定公积金之前，应当先用当年利润弥补亏损。

公司从税后利润中提取法定公积金后，经股东会或者股东大会决议，还可以从税后利润中提取任意公积金。

公司弥补亏损和提取公积金后所余税后利润，有限责任公司依照本法第三十四条的规定分配；股份有限公司按照股东持有的股份比例分配，但股份有限公司章程规定不按持股比例分配的除外。

股东会、股东大会或者董事会违反前款规定，在公司弥补亏损和提取法定公积金之前向股东分配利润的，股东必须将违反规定分配的利润退还公司。

公司持有的本公司股份不得分配利润。

▓ 主要适用的案由及其相关度

| 案由编号 | 主要适用的案由 | 相关度 |
|---|---|---|
| M8.21.254 | 公司盈余分配纠纷 | ★★★★★ |
| M8.21.247 | 股东知情权纠纷 | ★★★★★ |
| M4.10 | 合同纠纷 | ★★★ |
| M8.21.256 | 损害公司利益责任纠纷 | ★ |
| M8.23.278 | 追收非正常收入纠纷 | ★ |
| M8.21.249 | 股权转让纠纷 | ★ |
| M8.21.250.1 | 公司决议效力确认纠纷 | ★ |

| 案由编号 | 主要适用的案由 | 相关度 |
| --- | --- | --- |
| M4.11.128 | 不当得利纠纷 | ★ |
| M8.20.228 | 企业出资人权益确认纠纷 | ★ |

### ■ 同时适用的法条及其相关度

| | 同时适用的法条 | 相关度 |
| --- | --- | --- |
| 公司法 | 第34条【股东红利分配规则;公司新增资本时股东的优先认购权】 | ★★★★★ |
| | 第37条【公司股东会职权】 | ★★★ |
| | 第35条【股东不得抽逃出资的义务】 | ★★ |
| | 第1条【公司法立法宗旨】 | ★ |
| | 第3条【公司法人制度】 | ★ |
| | 第4条【公司股东权利】 | ★ |
| | 第5条【公司的社会责任】 | ★ |
| | 第20条【禁止股东权利滥用;滥用股东权利的法律责任】 | ★ |
| | 第22条【股东会、股东大会、董事会决议的效力;股东对于会议决议的撤销之诉】 | ★ |
| | 第40条【有限责任公司股东会会议的召集与主持】 | ★ |
| | 第46条【有限责任公司董事会的职权】 | ★ |
| | 第98条【股份有限公司股东大会的组成及其法律地位】 | ★ |
| | 第164条【公司财务会计报告的编制与审计】 | ★ |
| | 第165条【财务会计报告的公开规则】 | ★ |
| 企业破产法 | 第36条【破产管理人对董事、监事或高级管理人员非正常收入和侵占财产的追回权】 | ★ |
| | 第46条【破产时的债权期限与利息:未到期视为到期;停止计息】 | ★ |

## 第167条【公司资本公积金的组成】 ★

股份有限公司以超过股票票面金额的发行价格发行股份所得的溢价款以及国务院财政部门规定列入资本公积金的其他收入,应当列为公司资本公积金。

■ 主要适用的案由及其相关度

| 案由编号 | 主要适用的案由 | 相关度 |
| --- | --- | --- |
| M8.21.254 | 公司盈余分配纠纷 | ★★★★★ |
| M8.21.250.1 | 公司决议效力确认纠纷 | ★ |
| M8.20.229 | 侵害企业出资人权益纠纷 | ★ |

■ 同时适用的法条及其相关度

| | 同时适用的法条 | 相关度 |
| --- | --- | --- |
| 公司法 | 第4条【公司股东权利】 | |
| | 第20条【禁止股东权利滥用;滥用股东权利的法律责任】 | |
| | 第22条【股东会、股东大会、董事会决议的效力;股东对于会议决议的撤销之诉】 | |
| | 第34条【股东红利分配规则;公司新增资本时股东的优先认购权】 | |
| | 第35条【股东不得抽逃出资的义务】 | |
| | 第36条【有限责任公司股东会的组成及法律地位】 | |
| | 第37条【公司股东会职权】 | |
| | 第38条【有限责任公司首次股东会会议的召集和主持】 | |
| | 第41条【股东会会议的召集通知及会议记录】 | |
| | 第42条【有限责任公司股东会表决权行使规则】 | |
| | 第43条【有限责任公司股东会的议事方式和表决程序】 | |
| | 第47条【有限责任公司董事会会议的召集与主持】 | |

| | | 同时适用的法条 | 相关度 |
|---|---|---|---|
| 0085 | 公司法 | 第64条【国有独资公司的定义及其设立和组织机构的法律适用】 | |
| | | 第103条【股份有限公司股东的表决权】 | |
| | | 第104条【对公司转让、受让重大资产或对外提供担保等事项的特殊决议程序】 | |
| | | 第129条【股票种类:记名股票;不记名股票】 | |
| | | 第143条【记名股票被盗、遗失、或灭失后的补救措施】 | |
| | | 第164条【公司财务会计报告的编制与审计】 | |
| 0791 | 合同法 | 第7条【公序良俗原则】 | |
| | | 第52条【合同无效的情形】 | |
| | | 第56条【合同无效或被撤销的溯及力;部分无效不影响其他独立部分的效力】 | |
| | | 第58条【合同无效或被撤销的法律后果】 | |
| | | 第60条【合同履行的原则】 | |
| | | 第107条【合同约束力:违约责任】 | |
| 0812 | 民法通则 | 第4条【民事活动的基本原则:自愿、公平、等价有偿、诚实信用】 | |
| 0823 | 担保法 | 第31条【保证人的追偿权】 | |
| 0915 | 公司法司法解释三 | 第17条【有限责任公司的股东未履行出资义务或抽逃全部出资后股东资格的解除程序】 | |

**第168条【公积金的用途及转为资本时应当留存的最低限额】** ★

公司的公积金用于弥补公司的亏损、扩大公司生产经营或者转为增加公司资本。但是,资本公积金不得用于弥补公司的亏损。

法定公积金转为资本时,所留存的该项公积金不得少于转增前公司注册资本的百分之二十五。

■ 主要适用的案由及其相关度

| 案由编号 | 主要适用的案由 | 相关度 |
|---|---|---|
| M4.10 | 合同纠纷 | |

■ 同时适用的法条及其相关度

| | 同时适用的法条 | 相关度 | |
|---|---|---|---|
| 公司法 | 第3条【公司法人制度】 | | 0085 |
| | 第4条【公司股东权利】 | | |
| | 第5条【公司的社会责任】 | | |
| | 第20条【禁止股东权利滥用;滥用股东权利的法律责任】 | | |
| | 第36条【有限责任公司股东会的组成及法律地位】 | | |
| | 第166条【公司的法定公积金制度、任意公积金制度;公司利润分配的规定】 | | |
| 合同法 | 第52条【合同无效的情形】 | | 0791 |

**第169条【会计师事务所的聘用和解聘】** ★

公司聘用、解聘承办公司审计业务的会计师事务所,依照公司章程的规定,由股东会、股东大会或者董事会决定。

公司股东会、股东大会或者董事会就解聘会计师事务所进行表决时,应当允许会计师事务所陈述意见。

■ 主要适用的案由及其相关度

| 案由编号 | 主要适用的案由 | 相关度 |
|---|---|---|
| M8.21.249 | 股权转让纠纷 | |

■ 同时适用的法条及其相关度

| | 同时适用的法条 | 相关度 | |
|---|---|---|---|
| 合同法 | 第52条【合同无效的情形】 | | 0791 |

## 第170条【公司对于会计师事务所的会计资料如实提供义务】 ★

公司应当向聘用的会计师事务所提供真实、完整的会计凭证、会计账簿、财务会计报告及其他会计资料,不得拒绝、隐匿、谎报。

■ 主要适用的案由及其相关度

| 案由编号 | 主要适用的案由 | 相关度 |
|---|---|---|
| M8.21.249 | 股权转让纠纷 | |
| M8.21.247 | 股东知情权纠纷 | |

■ 同时适用的法条及其相关度

| | | 同时适用的法条 | 相关度 |
|---|---|---|---|
| 0854 | 会计法 | 第9条【会计核算的可靠性】 | |
| | | 第13条【会计资料应符合规定】 | |
| | | 第14条【会计凭证】 | |
| | | 第15条【会计帐簿登记】 | |
| 0085 | 公司法 | 第33条【股东的知情权;股东查阅公司会计账册的权利及司法救济】 | |

## 第171条【公司法定会计账簿制度;公司资产存储账户的限制规定】 ★★

公司除法定的会计账簿外,不得另立会计账簿。

对公司资产,不得以任何个人名义开立账户存储。

■ 主要适用的案由及其相关度

| 案由编号 | 主要适用的案由 | 相关度 |
|---|---|---|
| M4.10.120 | 服务合同纠纷 | ★★★★★ |

■ 同时适用的法条及其相关度

| | | 同时适用的法条 | 相关度 |
|---|---|---|---|
| 0085 | 公司法 | 第20条【禁止股东权利滥用;滥用股东权利的法律责任】 | ★★★★★ |
| | | 第28条【股东出资义务的履行及其违约责任】 | ★★★★★ |

| | 同时适用的法条 | 相关度 | |
|---|---|---|---|
| 公司法 | 第163条【公司建立财务会计制度的法定义务】 | ★★★★★ | 0085 |
| 合同法 | 第97条【合同解除的法律后果】 | ★★★★ | 0791 |
| | 第8条【合同约束力】 | ★ | |
| | 第94条【合同的法定解除;法定解除权】 | ★ | |
| 民通意见 | 第68条【欺诈行为】 | ★ | 0934 |

## 第九章  公司合并、分立、增资、减资

### 第172条【公司合并的方式】 ★★

公司合并可以采取吸收合并或者新设合并。

一个公司吸收其他公司为吸收合并,被吸收的公司解散。两个以上公司合并设立一个新的公司为新设合并,合并各方解散。

■ 主要适用的案由及其相关度

| 案由编号 | 主要适用的案由 | 相关度 |
|---|---|---|
| M4.10.120 | 服务合同纠纷 | ★★★★★ |
| M4.10.97.2 | 房屋租赁合同纠纷 | ★★ |
| M4.10.74 | 买卖合同纠纷 | ★★ |
| M4.10.89.4 | 民间借贷纠纷 | ★ |

■ 同时适用的法条及其相关度

| | 同时适用的法条 | 相关度 | |
|---|---|---|---|
| 合同法 | 第107条【合同约束力;违约责任】 | ★★★★★ | 0791 |
| | 第60条【合同履行的原则】 | ★★★★ | |
| | 第396条【委托合同的界定】 | ★★★★ | |
| | 第402条【受托人以自己名义从事受托事务的法律效果】 | ★★★★ | |
| | 第94条【合同的法定解除;法定解除权】 | ★★ | |

| | | 同时适用的法条 | 相关度 |
|---|---|---|---|
| 0791 | 合同法 | 第226条【租赁合同中承租人租金支付期限的确定规则】 | ★★ |
| 0085 | 公司法 | 第20条【禁止股东权利滥用;滥用股东权利的法律责任】 | ★★★★ |
| | | 第174条【公司合并后债权债务的承继】 | ★★★ |
| 0823 | 担保法 | 第18条【保证合同中连带责任的承担】 | ★★ |
| | | 第19条【保证方式不明时:连带责任担保】 | ★★ |
| | | 第26条【连带保证的保证期间】 | ★★ |

**第173条【公司合并的程序】** ★

公司合并,应当由合并各方签订合并协议,并编制资产负债表及财产清单。公司应当自作出合并决议之日起十日内通知债权人,并于三十日内在报纸上公告。债权人自接到通知书之日起三十日内,未接到通知书的自公告之日起四十五日内,可以要求公司清偿债务或者提供相应的担保。

■ 主要适用的案由及其相关度

| 案由编号 | 主要适用的案由 | 相关度 |
|---|---|---|
| M4.10.82 | 房屋买卖合同纠纷 | |
| M4.10.89 | 借款合同纠纷 | |
| M4.10.89.1 | 金融借款合同纠纷 | |
| M4.10.89.4 | 民间借贷纠纷 | |
| M4.10.122 | 劳务合同纠纷 | |
| M4.10.74 | 买卖合同纠纷 | |
| M4.10.126 | 追偿权纠纷 | |
| M4.10.104 | 委托合同纠纷 | |
| M4.10 | 合同纠纷 | |
| M4.10.97 | 租赁合同纠纷 | |
| M4.10.97.2 | 房屋租赁合同纠纷 | |

| 案由编号 | 主要适用的案由 | 相关度 |
|---|---|---|
| M8.21.259 | 公司合并纠纷 | |
| M8.21.245 | 股东出资纠纷 | |
| M8.21.254 | 公司盈余分配纠纷 | |
| M8.21.257 | 股东损害公司债权人利益责任纠纷 | |
| M6.17 | 劳动争议 | |
| M6.17.169.5 | 追索劳动报酬纠纷 | |
| M4.10.100 | 建设工程合同纠纷 | |
| M4.10.100.3 | 建设工程施工合同纠纷 | |

■ 同时适用的法条及其相关度

| | 同时适用的法条 | 相关度 | |
|---|---|---|---|
| 公司法 | 第175条【公司分立的程序】 | ★★★★★ | 0085 |
| | 第174条【公司合并后债权债务的承继】 | ★★ | |
| | 第34条【股东红利分配规则;公司新增资本时股东的优先认购权】 | ★ | |
| | 第166条【公司的法定公积金制度、任意公积金制度;公司利润分配的规定】 | ★ | |
| | 第172条【公司合并的方式】 | ★ | |
| 合同法 | 第60条【合同履行的原则】 | ★★★★ | 0791 |
| | 第107条【合同约束力:违约责任】 | ★★★★ | |
| | 第114条【违约金的数额及其调整】 | ★★★★ | |
| | 第206条【借款期限的认定】 | ★★★ | |
| | 第404条【受托人转移委托事务所得利益的义务】 | ★★★ | |
| | 第109条【违约责任的承担:付款义务的继续履行】 | ★★ | |
| | 第196条【借款合同定义】 | ★★ | |
| | 第207条【借款合同违约责任承担:支付利息】 | ★★ | |
| | 第205条【借款合同的利息支付义务】 | ★ | |

|  |  | 同时适用的法条 | 相关度 |
|---|---|---|---|
| 0823 | 担保法 | 第18条【保证合同中连带责任的承担】 | ★★★ |
|  |  | 第31条【保证人的追偿权】 | ★★ |
|  |  | 第21条【保证担保的范围;没有约定、约定不明时的担保范围】 | ★ |
| 0812 | 民法通则 | 第44条【公司合并后债权债务的承继】 | ★★★ |
|  |  | 第63条【代理的界定及不得代理的情形】 | ★ |
|  |  | 第108条【债务清偿:分期偿还、强制偿还】 | ★ |
|  |  | 第140条【诉讼时效期间的中断】 | ★ |
| 0849 | 劳动合同法 | 第94条【发包组织与个人承包经营者承担连带的赔偿责任】 | ★ |
| 0944 | 企业改制纠纷司法解释 | 第31条【企业吸收合并后被兼并企业的债务的承担方式】 | ★ |

### 第174条【公司合并后债权债务的承继】 ★★

公司合并时,合并各方的债权、债务,应当由合并后存续的公司或者新设的公司承继。

■ 主要适用的案由及其相关度

| 案由编号 | 主要适用的案由 | 相关度 |
|---|---|---|
| M4.10.89.1 | 金融借款合同纠纷 | ★★★★★ |
| M4.10.74 | 买卖合同纠纷 | ★★★ |
| M4.10.97.2 | 房屋租赁合同纠纷 | ★ |

■ 同时适用的法条及其相关度

|  |  | 同时适用的法条 | 相关度 |
|---|---|---|---|
| 0791 | 合同法 | 第205条【借款合同的利息支付义务】 | ★★★★★ |
|  |  | 第206条【借款期限的认定】 | ★★★★★ |

| | 同时适用的法条 | 相关度 | |
|---|---|---|---|
| 合同法 | 第207条【借款合同违约责任承担:支付利息】 | ★★★★★ | 0791 |
| | 第107条【合同约束力:违约责任】 | ★★★★ | |
| | 第60条【合同履行的原则】 | ★★★ | |
| | 第109条【违约责任的承担:付款义务的继续履行】 | ★★ | |
| | 第226条【租赁合同中承租人租金支付期限的确定规则】 | ★★ | |
| | 第44条【合同成立条件与时间】 | ★ | |
| | 第94条【合同的法定解除;法定解除权】 | ★ | |
| | 第130条【买卖合同的定义】 | ★ | |
| | 第159条【买受人应支付价款的数额认定】 | ★ | |
| | 第161条【买受人支付价款的时间】 | ★ | |
| | 第263条【定作人报酬支付的期限】 | ★ | |
| 公司法 | 第172条【公司合并的方式】 | ★★ | 0085 |
| | 第14条【分公司的法律地位;子公司的法律地位】 | ★ | |
| | 第175条【公司分立的程序】 | ★ | |
| 担保法 | 第18条【保证合同中连带责任的承担】 | ★★ | 0823 |
| | 第19条【保证方式不明时:连带责任担保】 | ★ | |
| | 第26条【连带保证的保证期间】 | ★ | |
| 民法通则 | 第44条【公司合并后债权债务的承继】 | ★ | 0812 |
| | 第108条【债务清偿:分期偿还、强制偿还】 | ★ | |
| 买卖合同司法解释 | 第24条【买卖合同逾期付款违约金的适用规则】 | ★★ | 0937 |
| 企业改制纠纷司法解释 | 第31条【企业吸收合并后被兼并企业的债务的承担方式】 | ★ | 0944 |

**第175条【公司分立的程序】** ★★

公司分立,其财产作相应的分割。

公司分立,应当编制资产负债表及财产清单。公司应当自作出分立决议之日起十日内通知债权人,并于三十日内在报纸上公告。

■ 主要适用的案由及其相关度

| 案由编号 | 主要适用的案由 | 相关度 |
| --- | --- | --- |
| M4.10.97 | 租赁合同纠纷 | ★★ |
| M4.10.74 | 买卖合同纠纷 | ★ |
| M4.10.122 | 劳务合同纠纷 | ★ |
| M4.10.82.3 | 商品房销售合同纠纷 | ★ |
| M4.10.89 | 借款合同纠纷 | ★ |
| M4.10.89.1 | 金融借款合同纠纷 | ★★★★★ |
| M4.10.89.4 | 民间借贷纠纷 | ★ |
| M4.10.99 | 承揽合同纠纷 | ★ |

■ 同时适用的法条及其相关度

| | 同时适用的法条 | 相关度 |
| --- | --- | --- |
| 合同法 | 第205条【借款合同的利息支付义务】 | ★★★★★ |
| | 第206条【借款期限的认定】 | ★★★★★ |
| | 第207条【借款合同违约责任承担:支付利息】 | ★★★★★ |
| | 第107条【合同约束力:违约责任】 | ★★★ |
| | 第60条【合同履行的原则】 | ★★ |
| | 第114条【违约金的数额及其调整】 | ★★ |
| | 第4条【合同自愿原则】 | ★ |
| | 第8条【合同约束力】 | ★ |
| | 第109条【违约责任的承担:付款义务的继续履行】 | ★ |
| | 第229条【买卖不破租赁:租赁物发生所有权变动时不影响租赁合同效力】 | ★ |
| | 第235条【租赁期间届满承租人租赁物返还义务;返还的租赁物应当具有的状态】 | ★ |

| | 同时适用的法条 | 相关度 | |
|---|---|---|---|
| 担保法 | 第18条【保证合同中连带责任的承担】 | ★★★★★ | 0823 |
| | 第31条【保证人的追偿权】 | ★★★★★ | |
| | 第12条【多人保证责任的承担】 | ★★★ | |
| | 第14条【保证合同的订立：分别订立；合并订立】 | ★★★ | |
| | 第21条【保证担保的范围；没有约定、约定不明时的担保范围】 | ★★★ | |
| 民法通则 | 第108条【债务清偿：分期偿还、强制偿还】 | ★★★★★ | 0812 |
| | 第44条【公司合并后债权债务的承继】 | ★ | |
| 公司法 | 第180条【公司的法定解散事由】 | ★★★★★ | 0085 |
| | 第173条【公司合并的程序】 | ★ | |
| 物权法 | 第39条【所有权的内容】 | ★ | 0834 |
| 商品房买卖合同纠纷司法解释 | 第18条【在法定期限内商品房买受人未取得房屋权属证书的出卖人应承担违约责任】 | ★ | 0927 |

## 第176条【公司分立后的债务承担】　　★★

公司分立前的债务由分立后的公司承担连带责任。但是，公司在分立前与债权人就债务清偿达成的书面协议另有约定的除外。

■ 主要适用的案由及其相关度

| 案由编号 | 主要适用的案由 | 相关度 |
|---|---|---|
| M4.10.74 | 买卖合同纠纷 | ★★★★★ |
| M8.21.262 | 公司增资纠纷 | ★ |
| M4.10.82 | 房屋买卖合同纠纷 | ★ |
| M4.10.100.3 | 建设工程施工合同纠纷 | ★ |
| M4.10.89.4 | 民间借贷纠纷 | ★ |

## 同时适用的法条及其相关度

| | 同时适用的法条 | 相关度 |
|---|---|---|
| 0791 合同法 | 第 107 条【合同约束力：违约责任】 | ★★★★★ |
| | 第 60 条【合同履行的原则】 | ★★★ |
| | 第 109 条【违约责任的承担：付款义务的继续履行】 | ★★★ |
| | 第 8 条【合同约束力】 | ★ |
| | 第 52 条【合同无效的情形】 | ★ |
| | 第 135 条【出卖人义务：交付、移转所有权】 | ★ |
| | 第 161 条【买受人支付价款的时间】 | ★ |
| 0812 民法通则 | 第 108 条【债务清偿：分期偿还、强制偿还】 | ★★★★ |
| 0085 公司法 | 第 20 条【禁止股东权利滥用；滥用股东权利的法律责任】 | ★ |
| 0947 建设工程合同纠纷司法解释 | 第 17 条【拖欠工程价款利息的计付标准】 | ★ |
| | 第 18 条【建设工程应付款时间】 | ★ |

### 第 177 条【公司减少注册资本的程序】 ★★

公司需要减少注册资本时，必须编制资产负债表及财产清单。

公司应当自作出减少注册资本决议之日起十日内通知债权人，并于三十日内在报纸上公告。债权人自接到通知书之日起三十日内，未接到通知书的自公告之日起四十五日内，有权要求公司清偿债务或者提供相应的担保。

## 主要适用的案由及其相关度

| 案由编号 | 主要适用的案由 | 相关度 |
|---|---|---|
| M4.10.74 | 买卖合同纠纷 | ★★★★★ |
| M4.10.100.3 | 建设工程施工合同纠纷 | ★ |
| M8.21.261 | 公司减资纠纷 | ★ |
| M8.21.257 | 股东损害公司债权人利益责任纠纷 | ★ |
| M4.10.89 | 借款合同纠纷 | ★ |

| 案由编号 | 主要适用的案由 | 相关度 |
|---|---|---|
| M4.10.89.4 | 民间借贷纠纷 | ★ |
| M4.10.122 | 劳务合同纠纷 | ★ |
| M4.10 | 合同纠纷 | ★ |

### 同时适用的法条及其相关度

| | 同时适用的法条 | 相关度 |
|---|---|---|
| 合同法 | 第107条【合同约束力:违约责任】 | ★★★★★ |
| | 第109条【违约责任的承担:付款义务的继续履行】 | ★★★★ |
| | 第159条【买受人应支付价款的数额认定】 | ★★★★ |
| | 第161条【买受人支付价款的时间】 | ★★★★ |
| | 第60条【合同履行的原则】 | ★★★ |
| | 第90条【法人合并以及分立后合同权利义务的承担】 | ★★★ |
| | 第206条【借款期限的认定】 | ★★★ |
| | 第8条【合同约束力】 | ★★ |
| | 第113条【违约责任的承担:损失赔偿】 | ★★ |
| | 第205条【借款合同的利息支付义务】 | ★★ |
| | 第207条【借款合同违约责任承担:支付利息】 | ★★ |
| | 第40条【格式条款无效情形】 | ★ |
| | 第130条【买卖合同的定义】 | ★ |
| 公司法 | 第3条【公司法人制度】 | ★★★ |
| | 第28条【股东出资义务的履行及其违约责任】 | ★★★ |
| | 第175条【公司分立的程序】 | ★★★ |
| | 第26条【有限责任公司注册资本认缴制;注册资本特别规定】 | ★★ |
| | 第181条【公司通过修改公司章程而存续的办法及其表决程序】 | ★ |

| | | 同时适用的法条 | 相关度 |
|---|---|---|---|
| 0085 | 公司法 | 第184条【清算组的职权】 | ★ |
| | | 第189条【清算组成员的义务和责任】 | ★ |
| 0812 | 民法通则 | 第44条【公司合并后债权债务的承继】 | ★★ |
| | | 第108条【债务清偿：分期偿还、强制偿还】 | ★★ |
| | | 第36条【法人的定义；法人民事权利能力和民事行为能力的存续期间】 | ★ |
| | | 第45条【企业法人终止的法定事由】 | ★ |
| | | 第46条【企业法人终止的注销登记制度】 | ★ |
| | | 第87条【连带债权与连带债务】 | ★ |
| 0823 | 担保法 | 第18条【保证合同中连带责任的承担】 | ★★ |
| | | 第21条【保证担保的范围；没有约定、约定不明时的担保范围】 | ★★ |
| | | 第19条【保证方式不明时：连带责任担保】 | ★ |
| | | 第31条【保证人的追偿权】 | ★ |
| 0915 | 公司法司法解释三 | 第13条【未履行或未全面履行出资义务的股东对于公司债务承担补充责任；发起人的连带责任；董事、高级管理人员的不真正连带责任】 | ★★★ |
| | | 第14条【抽逃出资的法律责任】 | ★★★ |
| 0937 | 买卖合同司法解释 | 第24条【买卖合同逾期付款违约金的适用规则】 | ★ |

**第178条【公司增加注册资本的执行规定】** ★

有限责任公司增加注册资本时，股东认缴新增资本的出资，依照本法设立有限责任公司缴纳出资的有关规定执行。

股份有限公司为增加注册资本发行新股时，股东认购新股，依照本法设立股份有限公司缴纳股款的有关规定执行。

■ 主要适用的案由及其相关度

| 案由编号 | 主要适用的案由 | 相关度 |
|---|---|---|
| M8.21.245 | 股东出资纠纷 |  |
| M4.10.100.3 | 建设工程施工合同纠纷 |  |
| M8.21.242 | 股东资格确认纠纷 |  |
| M8.21.261 | 公司减资纠纷 |  |
| M4.10 | 合同纠纷 |  |
| M4.10.126 | 追偿权纠纷 |  |
| M4.10.74 | 买卖合同纠纷 |  |
| M4.10.74.1 | 分期付款买卖合同纠纷 |  |
| M8.21.262 | 公司增资纠纷 |  |
| M8.21.246 | 新增资本认购纠纷 |  |
| M8.21.249 | 股权转让纠纷 |  |
| M8.21.244 | 请求变更公司登记纠纷 |  |
| M8.20.228 | 企业出资人权益确认纠纷 |  |
| M8.21 | 与公司有关的纠纷 |  |
| M4.10.89 | 借款合同纠纷 |  |
| M4.10.89.1 | 金融借款合同纠纷 |  |
| M4.10.89.4 | 民间借贷纠纷 |  |
| M4.10.124 | 广告合同纠纷 |  |

■ 同时适用的法条及其相关度

| | 同时适用的法条 | 相关度 |
|---|---|---|
| 公司法 | 第4条【公司股东权利】 | |
| | 第11条【公司的章程及其效力】 | |
| | 第20条【禁止股东权利滥用;滥用股东权利的法律责任】 | |

| | | 同时适用的法条 | 相关度 |
|---|---|---|---|
| 0085 | 公司法 | 第22条【股东会、股东大会、董事会决议的效力；股东对于会议决议的撤销之诉】 | |
| | | 第23条【有限责任公司的设立条件】 | |
| | | 第26条【有限责任公司注册资本认缴制；注册资本特别规定】 | |
| | | 第27条【股东出资方式及其限制；非货币出资的评估作价规定】 | |
| | | 第28条【股东出资义务的履行及其违约责任】 | |
| | | 第30条【出资人的出资财产有权利瑕疵时的股权认定与处置方式】 | |
| | | 第31条【股东出资证明书的签发与载明事项】 | |
| | | 第32条【股东名册的载明事项和效力；股东名册的登记管理】 | |
| | | 第34条【股东红利分配规则；公司新增资本时股东的优先认购权】 | |
| | | 第35条【股东不得抽逃出资的义务】 | |
| | | 第36条【有限责任公司股东会的组成及法律地位】 | |
| | | 第37条【公司股东会职权】 | |
| | | 第64条【国有独资公司的定义及其设立和组织机构的法律适用】 | |
| | | 第72条【有限责任公司股权强制转让中的优先购买权】 | |
| | | 第142条【公司收购本公司股份的原则禁止与例外许可；公司不得接受本公司股票作为质押标的】 | |
| | | 第148条【禁止董事、高级管理人员实施的行为】 | |
| | | 第177条【公司减少注册资本的程序】 | |
| | | 第179条【公司变更的登记制度】 | |

| | 同时适用的法条 | 相关度 | |
|---|---|---|---|
| 合同法 | 第 6 条【诚实信用原则】 | | 0791 |
| | 第 8 条【合同约束力】 | | |
| | 第 10 条【合同订立形式;合同的形式】 | | |
| | 第 44 条【合同成立条件与时间】 | | |
| | 第 52 条【合同无效的情形】 | | |
| | 第 58 条【合同无效或被撤销的法律后果】 | | |
| | 第 60 条【合同履行的原则】 | | |
| | 第 79 条【债权人不得转让合同权利的情形】 | | |
| | 第 80 条【债权人转让债权的通知义务】 | | |
| | 第 81 条【债权转让从权利一并转让】 | | |
| | 第 93 条【合同的意定解除:协商一致;约定条件成就】 | | |
| | 第 94 条【合同的法定解除;法定解除权】 | | |
| | 第 97 条【合同解除的法律后果】 | | |
| | 第 107 条【合同约束力:违约责任】 | | |
| | 第 109 条【违约责任的承担:付款义务的继续履行】 | | |
| | 第 114 条【违约金的数额及其调整】 | | |
| | 第 130 条【买卖合同的定义】 | | |
| | 第 159 条【买受人应支付价款的数额认定】 | | |
| | 第 196 条【借款合同定义】 | | |
| | 第 205 条【借款合同的利息支付义务】 | | |
| | 第 206 条【借款期限的认定】 | | |
| | 第 207 条【借款合同违约责任承担:支付利息】 | | |
| | 第 269 条【建设工程合同的定义】 | | |
| 民法通则 | 第 106 条【民事责任归责原则:违约责任、无过错责任原则;侵权责任、过错责任、无过错责任】 | | 0812 |
| | 第 140 条【诉讼时效期间的中断】 | | |

| | | 同时适用的法条 | 相关度 |
|---|---|---|---|
| 0823 | 担保法 | 第6条【保证的定义】 | |
| | | 第12条【多人保证责任的承担】 | |
| | | 第18条【保证合同中连带责任的承担】 | |
| | | 第19条【保证方式不明时:连带责任担保】 | |
| | | 第21条【保证担保的范围;没有约定、约定不明时的担保范围】 | |
| | | 第26条【连带保证的保证期间】 | |
| | | 第31条【保证人的追偿权】 | |
| | | 第33条【抵押、抵押权人、抵押人以及抵押物的概念】 | |
| | | 第38条【抵押合同的书面形式要件】 | |
| | | 第41条【特殊财产的抵押物登记】 | |
| | | 第42条【办理抵押物登记的部门】 | |
| | | 第53条【抵押权的实现】 | |
| | | 第59条【最高额抵押的定义】 | |
| 0875 | 建筑法 | 第26条【承包建筑工程的单位应具备的资格】 | |
| | | 第28条【禁止承包单位全部转包其承包的工程及肢解后分包给他人】 | |
| | | 第29条【建筑工程分包的条件、责任承担和禁止规定】 | |
| 0865 | 婚姻法 | 第17条【夫妻共有财产的范围】 | |
| 0456 | 企业破产法 | 第35条【破产管理人对尚未完全履行出资义务的出资人的出资追缴权】 | |
| 0890 | 公司登记管理条例 | 第4条【公司登记机关;上下级公司登记机关的工作开展;公司登记机关依法履行职责】 | |
| | | 第9条【公司的登记事项】 | |
| | | 第10条【公司的登记事项应合法合规】 | |

| | 同时适用的法条 | 相关度 | |
|---|---|---|---|
| 公司登记管理条例 | 第31条【公司增加注册资本的变更登记；公司减少注册资本的变更登记】 | | 0890 |
| | 第35条【公司登记事项变更涉及分公司登记事项变更的登记】 | | |
| | 第51条【公司登记机关作出是否受理决定的情况】 | | |
| | 第53条【公司登记机关作出是否准予登记决定的情况】 | | |
| 公司法司法解释三 | 第10条【出资人以房屋、土地使用权或需要办理权属登记的知识产权等财产出资但未办理权属变更手续时出资人出资义务履行情况的认定标准】 | | 0915 |
| | 第12条【可以认定股东抽逃出资的情形】 | | |
| | 第13条【未履行或未全面履行出资义务的股东对于公司债务承担补充责任；发起人的连带责任；董事、高级管理人员的不真正连带责任】 | | |
| | 第14条【抽逃出资的法律责任】 | | |
| | 第19条【股东未履行或未全面履行出资义务或抽逃出资时的出资义务或返还出资的义务不适用诉讼时效抗辩规则】 | | |
| | 第20条【是否出资义务纠纷中原被告双方的举证责任】 | | |
| | 第23条【股东名册的载明事项和效力；股东名册的登记管理】 | | |
| 合同法司法解释二 | 第29条【违约金的数额及其调整】 | | 0925 |
| 公司法司法解释二 | 第21条【有限责任公司的股东、股份有限公司的董事、控股股东和实际控制人在清算中怠于履行义务的赔偿责任】 | | 0920 |

| | | 同时适用的法条 | 相关度 |
|---|---|---|---|
| 0947 | 建设工程合同纠纷司法解释 | 第1条【建设工程施工合同无效的情形】 | |
| | | 第2条【建设工程施工合同无效时承包人的付款请求权】 | |
| | | 第18条【建设工程应付款时间】 | |
| | | 第20条【视为认可建设工程合同竣工结算的情形】 | |
| | | 第26条【建设施工纠纷实际施工人起诉被告的认定】 | |
| 0929 | 担保法司法解释 | 第19条【连带共同保证的认定】 | |
| | | 第21条【按份共同保证人对于债务人的追偿权】 | |
| | | 第38条【混合担保的责任承担规则;债权人怠于行使担保物权的后果】 | |
| | | 第42条【保证人追偿权的行使与诉讼时效】 | |
| | | 第83条【最高额抵押抵押限额的确定】 | |
| 0945 | 公司法司法解释一 | 第1条【公司法对其实施前的法律纠纷没有溯及力】 | |
| 0944 | 企业改制纠纷司法解释 | 第7条【企业以其优质财产与他人组建新公司而将债务留在原企业的债务承担】 | |

## 第179条【公司变更的登记制度】 ★

公司合并或者分立,登记事项发生变更的,应当依法向公司登记机关办理变更登记;公司解散的,应当依法办理公司注销登记;设立新公司的,应当依法办理公司设立登记。

公司增加或者减少注册资本,应当依法向公司登记机关办理变更登记。

■ 主要适用的案由及其相关度

| 案由编号 | 主要适用的案由 | 相关度 |
|---|---|---|
| M4.10 | 合同纠纷 | |

| 案由编号 | 主要适用的案由 | 相关度 |
|---|---|---|
| M8.21.249 | 股权转让纠纷 | |
| M8.21.242 | 股东资格确认纠纷 | |
| M8.21.245 | 股东出资纠纷 | |
| M8.21.262 | 公司增资纠纷 | |
| M8.21 | 与公司有关的纠纷 | |
| M4.10.89 | 借款合同纠纷 | |
| M4.10.89.4 | 民间借贷纠纷 | |
| M4.10.89.5 | 小额借款合同纠纷 | |
| M8.21.244 | 请求变更公司登记纠纷 | |
| M8.21.246 | 新增资本认购纠纷 | |
| M8.21.250.1 | 公司决议效力确认纠纷 | |
| M8.21.259 | 公司合并纠纷 | |
| M8.21.243 | 股东名册记载纠纷 | |
| M4.10.99.1 | 加工合同纠纷 | |
| M8.20.228 | 企业出资人权益确认纠纷 | |
| M4.10.111 | 合伙协议纠纷 | |
| M10.43.422 | 案外人执行异议之诉 | |
| M3.8.60.9 | 股权质权纠纷 | |
| M8.21.264 | 申请公司清算 | |

■ 同时适用的法条及其相关度

| | 同时适用的法条 | 相关度 |
|---|---|---|
| 合同法 | 第8条【合同约束力】 | |
| | 第32条【书面合同自双方当事人签字或盖章时成立】 | |
| | 第42条【缔约过失责任;合同订立过程中承担损害赔偿责任的情形】 | |

| | | 同时适用的法条 | 相关度 |
|---|---|---|---|
| 0791 | 合同法 | 第44条【合同成立条件与时间】 | |
| | | 第52条【合同无效的情形】 | |
| | | 第58条【合同无效或被撤销的法律后果】 | |
| | | 第60条【合同履行的原则】 | |
| | | 第66条【同时履行抗辩权】 | |
| | | 第91条【合同权利义务终止的法定情形】 | |
| | | 第94条【合同的法定解除;法定解除权】 | |
| | | 第97条【合同解除的法律后果】 | |
| | | 第107条【合同约束力:违约责任】 | |
| | | 第109条【违约责任的承担:付款义务的继续履行】 | |
| | | 第112条【违约责任的承担:损失赔偿与其他责任的并存】 | |
| | | 第113条【违约责任的承担:损失赔偿】 | |
| | | 第196条【借款合同定义】 | |
| | | 第205条【借款合同的利息支付义务】 | |
| | | 第206条【借款期限的认定】 | |
| | | 第211条【自然人之间借款合同利息的规制】 | |
| 0085 | 公司法 | 第4条【公司股东权利】 | |
| | | 第5条【公司的社会责任】 | |
| | | 第11条【公司的章程及其效力】 | |
| | | 第22条【股东会、股东大会、董事会决议的效力;股东对于会议决议的撤销之诉】 | |
| | | 第23条【有限责任公司的设立条件】 | |
| | | 第25条【有限责任公司章程应载明事项】 | |
| | | 第26条【有限责任公司注册资本认缴制;注册资本特别规定】 | |
| | | 第27条【股东出资方式及其限制;非货币出资的评估作价规定】 | |

| | 同时适用的法条 | 相关度 |
|---|---|---|
| 公司法 | 第28条【股东出资义务的履行及其违约责任】 | 0085 |
| | 第29条【有限责任公司的设立登记】 | |
| | 第31条【股东出资证明书的签发与载明事项】 | |
| | 第32条【股东名册的载明事项和效力；股东名册的登记管理】 | |
| | 第33条【股东的知情权；股东查阅公司会计账册的权利及司法救济】 | |
| | 第34条【股东红利分配规则；公司新增资本时股东的优先认购权】 | |
| | 第35条【股东不得抽逃出资的义务】 | |
| | 第36条【有限责任公司股东会的组成及法律地位】 | |
| | 第37条【公司股东会职权】 | |
| | 第38条【有限责任公司首次股东会会议的召集和主持】 | |
| | 第41条【股东会会议的召集通知及会议记录】 | |
| | 第42条【有限责任公司股东会表决权行使规则】 | |
| | 第43条【有限责任公司股东会的议事方式和表决程序】 | |
| | 第44条【有限责任公司董事会的组成】 | |
| | 第47条【有限责任公司董事会会议的召集与主持】 | |
| | 第48条【有限责任公司董事会的议事方式和表决程序】 | |
| | 第71条【有限责任公司的股权转让；股东的优先购买权】 | |
| | 第72条【有限责任公司股权强制转让中的优先购买权】 | |
| | 第74条【异议股东的股权回购请求权；异议股东的股权回购之诉】 | |
| | 第75条【有限责任公司股东资格的继承】 | |

| | 同时适用的法条 | 相关度 |
|---|---|---|
| 0085 公司法 | 第78条【股份有限公司发起人的人数及限制】 | |
| | 第81条【股份有限公司章程应载明事项】 | |
| | 第95条【有限责任公司变更为股份有限公司的股本折合与增加资本的规定】 | |
| | 第96条【股份有限公司重要文件的置备义务】 | |
| | 第104条【对公司转让、受让重大资产或对外提供担保等事项的特殊决议程序】 | |
| | 第136条【新股股款募足后的变更登记和公告】 | |
| | 第148条【禁止董事、高级管理人员实施的行为】 | |
| | 第149条【董事、监事、高级管理人员对于所造成的公司损害的赔偿责任】 | |
| | 第166条【公司的法定公积金制度、任意公积金制度:公司利润分配的规定】 | |
| | 第172条【公司合并的方式】 | |
| | 第173条【公司合并的程序】 | |
| | 第174条【公司合并后债权债务的承继】 | |
| | 第177条【公司减少注册资本的程序】 | |
| | 第178条【公司增加注册资本的执行规定】 | |
| | 第180条【公司的法定解散事由】 | |
| | 第182条【公司僵局时特定股东请求法院解散公司的权利】 | |
| | 第183条【公司的解散清算:清算组的人员组成,债权人请求法院指定有关人员成立清算组的权利】 | |
| | 第204条【公司在合并、分立,减少注册资本或者进行清算时未履行通知或公告债权人义务的法律责任;公司清算时违法行为的法律责任】 | |
| | 第210条【未登记而冒用公司名义的法律责任】 | |

| | 同时适用的法条 | 相关度 | |
|---|---|---|---|
| 民法通则 | 第30条【个人合伙】 | | 0812 |
| | 第35条【民事合伙的债务承担规则】 | | |
| | 第44条【公司合并后债权债务的承继】 | | |
| | 第63条【代理的界定及不得代理的情形】 | | |
| | 第64条【代理的种类及代理权限】 | | |
| | 第66条【无权代理的法律后果；代理人不履行职责、损害代理人利益的民事责任；代理人和第三人的连带责任】 | | |
| | 第84条【债的界定】 | | |
| | 第87条【连带债权与连带债务】 | | |
| | 第90条【借贷关系】 | | |
| | 第92条【不当得利返还请求权】 | | |
| | 第106条【民事责任归责原则：违约责任，无过错责任原则；侵权责任，过错责任、无过错责任】 | | |
| | 第108条【债务清偿：分期偿还、强制偿还】 | | |
| | 第111条【不履行合同义务的后果：继续履行；补救；赔偿损失】 | | |
| | 第140条【诉讼时效期间的中断】 | | |
| 婚姻法 | 第17条【夫妻共有财产的范围】 | | 0865 |
| 建筑法 | 第26条【承包建筑工程的单位应具备的资格】 | | 0875 |
| | 第29条【建筑工程分包的条件、责任承担和禁止规定】 | | |
| 公司登记管理条例 | 第31条【公司增加注册资本的变更登记；公司减少注册资本的变更登记】 | | 0890 |
| | 第35条【公司登记事项变更涉及分公司登记事项变更的登记】 | | |

| | | 同时适用的法条 | 相关度 |
|---|---|---|---|
| 0915 | 公司法司法解释三 | 第1条【公司发起人的认定】 | |
| | | 第13条【未履行或未全面履行出资义务的股东对于公司债务承担补充责任；发起人的连带责任；董事、高级管理人员的不真正连带责任】 | |
| | | 第17条【有限责任公司的股东未履行出资义务或抽逃全部出资后股东资格的解除程序】 | |
| | | 第23条【股东名册的载明事项和效力；股东名册的登记管理】 | |
| | | 第24条【隐名股东与名义股东：投资权益归属、实际履行出资义务；变更登记】 | |
| 0934 | 民通意见 | 第58条【企业法人的替代责任：工作人员以法人名义从事经营活动致人损失的法人承担赔偿责任】 | |
| 0977 | 人民法院办理执行异议和复议案件的规定 | 第25条【判断案外人是否系权利人的方法】 | |
| 0947 | 建设工程合同纠纷司法解释 | 第26条【建设施工纠纷实际施工人起诉被告的认定】 | |

# 第十章 公司解散和清算

**第180条【公司的法定解散事由】** ★★

公司因下列原因解散：

（一）公司章程规定的营业期限届满或者公司章程规定的其他解散事由出现；

（二）股东会或者股东大会决议解散；

（三）因公司合并或者分立需要解散；

（四）依法被吊销营业执照、责令关闭或者被撤销；

（五）人民法院依照本法第一百八十二条的规定予以解散。

■ 主要适用的案由及其相关度

| 案由编号 | 主要适用的案由 | 相关度 |
|---|---|---|
| M4.10.89.1 | 金融借款合同纠纷 | ★★★★★ |
| M8.21.263 | 公司解散纠纷 | ★★★★ |
| M8.21.257 | 股东损害公司债权人利益责任纠纷 | ★★★ |
| M4.10.74 | 买卖合同纠纷 | ★★★ |
| M4.10.89.4 | 民间借贷纠纷 | ★ |
| M8.21.265 | 清算责任纠纷 | ★ |
| M4.10.99 | 承揽合同纠纷 | ★ |

■ 同时适用的法条及其相关度

| | 同时适用的法条 | 相关度 | |
|---|---|---|---|
| 公司法 | 第175条【公司分立的程序】 | ★★★★★ | 0085 |
| | 第183条【公司的解散清算：清算组的人员组成，债权人请求法院指定有关人员成立清算组的权利】 | ★★★★★ | |
| | 第182条【公司僵局时特定股东请求法院解散公司的权利】 | ★★★ | |
| | 第20条【禁止股东权利滥用；滥用股东权利的法律责任】 | ★★ | |
| | 第186条【清算方案的制定与确认；公司财产的分配顺序；清算期间公司的法律地位】 | ★★ | |
| | 第184条【清算组的职权】 | ★ | |
| 合同法 | 第205条【借款合同的利息支付义务】 | ★★★★★ | 0791 |
| | 第206条【借款期限的认定】 | ★★★★★ | |
| | 第207条【借款合同违约责任承担：支付利息】 | ★★★★★ | |
| | 第107条【合同约束力：违约责任】 | ★★ | |
| | 第60条【合同履行的原则】 | ★ | |

| | | 同时适用的法条 | 相关度 |
|---|---|---|---|
| 0791 | 合同法 | 第109条【违约责任的承担:付款义务的继续履行】 | ★ |
| 0823 | 担保法 | 第18条【保证合同中连带责任的承担】 | ★★★★★ |
| | | 第31条【保证人的追偿权】 | ★★★★★ |
| | | 第14条【保证合同的订立:分别订立;合并订立】 | ★★★ |
| | | 第21条【保证担保的范围;没有约定、约定不明时的担保范围】 | ★★★ |
| | | 第12条【多人保证责任的承担】 | ★★ |
| 0812 | 民法通则 | 第108条【债务清偿:分期偿还、强制偿还】 | ★★★★★ |
| 0920 | 公司法司法解释二 | 第18条【有限责任公司的股东、股份有限公司的董事、控股股东和实际控制人在清算中怠于履行义务的赔偿责任】 | ★★★ |
| | | 第1条【公司僵局时特定股东请求法院解散公司的权利】 | ★★ |
| | | 第5条【解散公司诉讼中的法院调解】 | ★ |

**第181条【公司通过修改公司章程而存续的办法及其表决程序】** ★★

公司有本法第一百八十条第(一)项情形的,可以通过修改公司章程而存续。

依照前款规定修改公司章程,有限责任公司须经持有三分之二以上表决权的股东通过,股份有限公司须经出席股东大会会议的股东所持表决权的三分之二以上通过。

■ 主要适用的案由及其相关度

| 案由编号 | 主要适用的案由 | 相关度 |
|---|---|---|
| M8.21.263 | 公司解散纠纷 | ★★★★★ |
| M4.10.74 | 买卖合同纠纷 | ★★★★ |
| M8.21.257 | 股东损害公司债权人利益责任纠纷 | ★★★★ |
| M8.21.265 | 清算责任纠纷 | ★★★ |
| M4.10.89.4 | 民间借贷纠纷 | ★★ |

| 案由编号 | 主要适用的案由 | 相关度 |
|---|---|---|
| M4.10.97 | 租赁合同纠纷 | ★ |
| M4.10.99.1 | 加工合同纠纷 | ★ |
| M6.17.169.5 | 追索劳动报酬纠纷 | ★ |
| M4.10 | 合同纠纷 | ★ |
| M8.21 | 与公司有关的纠纷 | ★ |
| M4.10.100.3 | 建设工程施工合同纠纷 | ★ |

■ 同时适用的法条及其相关度

| | 同时适用的法条 | 相关度 | |
|---|---|---|---|
| 公司法 | 第184条【清算组的职权】 | ★★★★★ | 0085 |
| | 第183条【公司的解散清算:清算组的人员组成,债权人请求法院指定有关人员成立清算组的权利】 | ★★★ | |
| | 第20条【禁止股东权利滥用;滥用股东权利的法律责任】 | ★ | |
| | 第185条【债权申报程序】 | ★ | |
| | 第186条【清算方案的制定与确认;公司财产的分配顺序;清算期间公司的法律地位】 | ★ | |
| | 第190条【公司破产及破产清算】 | ★ | |
| 合同法 | 第60条【合同履行的原则】 | ★ | 0791 |
| | 第107条【合同约束力:违约责任】 | ★ | |
| | 第109条【违约责任的承担:付款义务的继续履行】 | ★ | |
| | 第159条【买受人应支付价款的数额认定】 | ★ | |
| 公司法司法解释二 | 第18条【有限责任公司的股东、股份有限公司的董事、控股股东和实际控制人在清算中怠于履行义务的赔偿责任】 | ★★★ | 0920 |
| | 第1条【公司僵局时特定股东请求法院解散公司的权利】 | ★ | |
| | 第11条【债权申报程序】 | ★ | |

## 第182条【公司僵局时特定股东请求法院解散公司的权利】 ★★★

公司经营管理发生严重困难,继续存续会使股东利益受到重大损失,通过其他途径不能解决的,持有公司全部股东表决权百分之十以上的股东,可以请求人民法院解散公司。

■ 主要适用的案由及其相关度

| 案由编号 | 主要适用的案由 | 相关度 |
|---|---|---|
| M8.21.263 | 公司解散纠纷 | ★★★★★ |

■ 同时适用的法条及其相关度

| | 同时适用的法条 | 相关度 |
|---|---|---|
| 公司法 | 第180条【公司的法定解散事由】 | ★★★ |
| | 第183条【公司的解散清算:清算组的人员组成,债权人请求法院指定有关人员成立清算组的权利】 | ★ |
| 公司法司法解释二 | 第1条【公司僵局时特定股东请求法院解散公司的权利】 | ★★★★★ |
| | 第5条【解散公司诉讼中的法院调解】 | ★★ |
| | 第4条【股东解散公司之诉的诉讼当事人】 | ★ |

## 第183条【公司的解散清算:清算组的人员组成,债权人请求法院指定有关人员成立清算组的权利】 ★★

公司因本法第一百八十条第(一)项、第(二)项、第(四)项、第(五)项规定而解散的,应当在解散事由出现之日起十五日内成立清算组,开始清算。有限责任公司的清算组由股东组成,股份有限公司的清算组由董事或者股东大会确定的人员组成。逾期不成立清算组进行清算的,债权人可以申请人民法院指定有关人员组成清算组进行清算。人民法院应当受理该申请,并及时组织清算组进行清算。

■ 主要适用的案由及其相关度

| 案由编号 | 主要适用的案由 | 相关度 |
|---|---|---|
| M8.21.263 | 公司解散纠纷 | ★★★★★ |

| 案由编号 | 主要适用的案由 | 相关度 |
|---|---|---|
| M8.21.257 | 股东损害公司债权人利益责任纠纷 | ★★ |
| M4.10.74 | 买卖合同纠纷 | ★★ |

### 同时适用的法条及其相关度

| | 同时适用的法条 | 相关度 | |
|---|---|---|---|
| 公司法 | 第180条【公司的法定解散事由】 | ★★★★★ | 0085 |
| | 第181条【公司通过修改公司章程而存续的办法及其表决程序】 | ★★★ | |
| | 第20条【禁止股东权利滥用；滥用股东权利的法律责任】 | ★★ | |
| | 第186条【清算方案的制定与确认；公司财产的分配顺序；清算期间公司的法律地位】 | ★★ | |
| | 第1条【公司法立法宗旨】 | ★ | |
| | 第182条【公司僵局时特定股东请求法院解散公司的权利】 | ★ | |
| | 第184条【清算组的职权】 | ★ | |
| | 第185条【债权申报程序】 | ★ | |
| 合同法 | 第107条【合同约束力；违约责任】 | ★★ | 0791 |
| | 第60条【合同履行的原则】 | ★ | |
| | 第109条【违约责任的承担：付款义务的继续履行】 | ★ | |
| | 第159条【买受人应支付价款的数额认定】 | ★ | |
| | 第206条【借款期限的认定】 | ★ | |
| 公司法司法解释二 | 第1条【公司僵局时特定股东请求法院解散公司的权利】 | ★★★★★ | 0920 |
| | 第18条【有限责任公司的股东、股份有限公司的董事、控股股东和实际控制人在清算中怠于履行义务的赔偿责任】 | ★★★★ | |
| | 第4条【股东解散公司之诉的诉讼当事人】 | ★ | |
| | 第5条【解散公司诉讼中的法院调解】 | ★ | |

## 第184条【清算组的职权】 ★★

清算组在清算期间行使下列职权：
（一）清理公司财产，分别编制资产负债表和财产清单；
（二）通知、公告债权人；
（三）处理与清算有关的公司未了结的业务；
（四）清缴所欠税款以及清算过程中产生的税款；
（五）清理债权、债务；
（六）处理公司清偿债务后的剩余财产；
（七）代表公司参与民事诉讼活动。

■ 主要适用的案由及其相关度

| 案由编号 | 主要适用的案由 | 相关度 |
|---|---|---|
| M4.10.74 | 买卖合同纠纷 | ★★★★★ |
| M8.21.257 | 股东损害公司债权人利益责任纠纷 | ★★★★ |
| M4.10.89.4 | 民间借贷纠纷 | ★★★ |
| M8.21.265 | 清算责任纠纷 | ★★★ |
| M8.21.263 | 公司解散纠纷 | ★ |
| M6.17 | 劳动争议 | ★ |
| M4.10 | 合同纠纷 | ★ |
| M4.10.97 | 租赁合同纠纷 | ★ |
| M4.10.100.3 | 建设工程施工合同纠纷 | ★ |
| M8.21 | 与公司有关的纠纷 | ★ |
| M4.10.99 | 承揽合同纠纷 | ★ |
| M4.10.99.1 | 加工合同纠纷 | ★ |
| M4.10.126 | 追偿权纠纷 | ★ |

■ 同时适用的法条及其相关度

| | 同时适用的法条 | 相关度 |
|---|---|---|
| 公司法 | 第181条【公司通过修改公司章程而存续的办法及其表决程序】 | ★★★★★ |

| | 同时适用的法条 | 相关度 | |
|---|---|---|---|
| 公司法 | 第20条【禁止股东权利滥用;滥用股东权利的法律责任】 | ★★ | 0085 |
| | 第185条【债权申报程序】 | ★★ | |
| | 第186条【清算方案的制定与确认;公司财产的分配顺序;清算期间公司的法律地位】 | ★★ | |
| | 第3条【公司法人制度】 | ★ | |
| | 第180条【公司的法定解散事由】 | ★ | |
| | 第183条【公司的解散清算:清算组的人员组成,债权人请求法院指定有关人员成立清算组的权利】 | ★ | |
| | 第189条【清算组成员的义务和责任】 | ★ | |
| | 第190条【公司破产及破产清算】 | ★ | |
| 合同法 | 第107条【合同约束力:违约责任】 | ★★★ | 0791 |
| | 第60条【合同履行的原则】 | ★★ | |
| | 第159条【买受人应支付价款的数额认定】 | ★★ | |
| | 第109条【违约责任的承担:付款义务的继续履行】 | ★ | |
| | 第114条【违约金的数额及其调整】 | ★ | |
| | 第161条【买受人支付价款的时间】 | ★ | |
| | 第205条【借款合同的利息支付义务】 | ★ | |
| | 第206条【借款期限的认定】 | ★ | |
| 民法通则 | 第108条【债务清偿:分期偿还、强制偿还】 | ★ | 0812 |
| 公司法司法解释二 | 第18条【有限责任公司的股东、股份有限公司的董事、控股股东和实际控制人在清算中怠于履行义务的赔偿责任】 | ★★★★★ | 0920 |
| | 第11条【债权申报程序】 | ★ | |
| | 第19条【有限责任公司的股东、股份有限公司的董事和控股股东以及公司实际控制人恶意处置公司财产损害债权人利益或未经清算骗取办理注销登记的赔偿责任】 | ★ | |

|  | | 同时适用的法条 | 相关度 |
|---|---|---|---|
| 0920 | 公司法司法解释二 | 第20条【未经清算即办理注销登记的法律责任】 | ★ |

### 第185条【债权申报程序】 ★★

清算组应当自成立之日起十日内通知债权人,并于六十日内在报纸上公告。债权人应当自接到通知书之日起三十日内,未接到通知书的自公告之日起四十五日内,向清算组申报其债权。

债权人申报债权,应当说明债权的有关事项,并提供证明材料。清算组应当对债权进行登记。

在申报债权期间,清算组不得对债权人进行清偿。

■ 主要适用的案由及其相关度

| 案由编号 | 主要适用的案由 | 相关度 |
|---|---|---|
| M8.21.265 | 清算责任纠纷 | ★★★★★ |
| M4.10.74 | 买卖合同纠纷 | ★★★★★ |
| M8.21.257 | 股东损害公司债权人利益责任纠纷 | ★★★ |
| M4.10.89.4 | 民间借贷纠纷 | ★★ |
| M4.10.120.15 | 物业服务合同纠纷 | ★★ |
| M8.21 | 与公司有关的纠纷 | ★ |
| M4.10.100.3 | 建设工程施工合同纠纷 | ★ |
| M4.10 | 合同纠纷 | ★ |
| M4.10.89.1 | 金融借款合同纠纷 | ★ |
| M4.10.97 | 租赁合同纠纷 | ★ |
| M4.10.99 | 承揽合同纠纷 | ★ |
| M4.10.99.2 | 定作合同纠纷 | ★ |
| M4.10.126 | 追偿权纠纷 | ★ |

## 同时适用的法条及其相关度

| | 同时适用的法条 | 相关度 | |
|---|---|---|---|
| 公司法 | 第184条【清算组的职权】 | ★★★ | 0085 |
| | 第186条【清算方案的制定与确认；公司财产的分配顺序；清算期间公司的法律地位】 | ★★★ | |
| | 第189条【清算组成员的义务和责任】 | ★★★ | |
| | 第183条【公司的解散清算：清算组的人员组成，债权人请求法院指定有关人员成立清算组的权利】 | ★★ | |
| | 第190条【公司破产及破产清算】 | ★★ | |
| | 第20条【禁止股东权利滥用；滥用股东权利的法律责任】 | ★ | |
| | 第180条【公司的法定解散事由】 | ★ | |
| | 第181条【公司通过修改公司章程而存续的办法及其表决程序】 | ★ | |
| | 第187条【公司解散清算转破产；清算事务的移交】 | ★ | |
| 合同法 | 第60条【合同履行的原则】 | ★★★ | 0791 |
| | 第107条【合同约束力；违约责任】 | ★★★ | |
| | 第8条【合同约束力】 | ★★ | |
| | 第109条【违约责任的承担：付款义务的继续履行】 | ★ | |
| | 第159条【买受人应支付价款的数额认定】 | ★ | |
| | 第161条【买受人支付价款的时间】 | ★ | |
| | 第205条【借款合同的利息支付义务】 | ★ | |
| | 第206条【借款期限的认定】 | ★ | |
| | 第207条【借款合同违约责任承担：支付利息】 | ★ | |
| 担保法 | 第18条【保证合同中连带责任的承担】 | ★ | 0823 |
| | 第31条【保证人的追偿权】 | ★ | |

| | 同时适用的法条 | 相关度 |
|---|---|---|
| 公司法司法解释二 | 第11条【债权申报程序】 | ★★★★★ |
| | 第19条【有限责任公司的股东、股份有限公司的董事和控股股东以及公司实际控制人恶意处置公司财产损害债权人利益或未经清算骗取办理注销登记的赔偿责任】 | ★★★ |
| | 第20条【未经清算即办理注销登记的法律责任】 | ★★ |

第186条【清算方案的制定与确认;公司财产的分配顺序;清算期间公司的法律地位】 ★★

清算组在清理公司财产、编制资产负债表和财产清单后,应当制定清算方案,并报股东会、股东大会或者人民法院确认。

公司财产在分别支付清算费用、职工的工资、社会保险费用和法定补偿金,缴纳所欠税款,清偿公司债务后的剩余财产,有限责任公司按照股东的出资比例分配,股份有限公司按照股东持有的股份比例分配。

清算期间,公司存续,但不得开展与清算无关的经营活动。公司财产在未依照前款规定清偿前,不得分配给股东。

■ 主要适用的案由及其相关度

| 案由编号 | 主要适用的案由 | 相关度 |
|---|---|---|
| M4.10.74 | 买卖合同纠纷 | ★★★★★ |
| M8.21.265 | 清算责任纠纷 | ★★★★ |
| M4.10.89.4 | 民间借贷纠纷 | ★★ |
| M6.17 | 劳动争议 | ★ |
| M6.17.169.5 | 追索劳动报酬纠纷 | ★ |
| M8.21.255 | 损害股东利益责任纠纷 | ★ |
| M8.21.257 | 股东损害公司债权人利益责任纠纷 | ★ |
| M8.21 | 与公司有关的纠纷 | ★ |
| M4.10.97 | 租赁合同纠纷 | ★ |
| M4.10 | 合同纠纷 | ★ |

## 同时适用的法条及其相关度

| | 同时适用的法条 | 相关度 | |
|---|---|---|---|
| 公司法 | 第180条【公司的法定解散事由】 | ★★★ | 0085 |
| | 第181条【公司通过修改公司章程而存续的办法及其表决程序】 | ★★★ | |
| | 第183条【公司的解散清算:清算组的人员组成,债权人请求法院指定有关人员成立清算组的权利】 | ★★★ | |
| | 第184条【清算组的职权】 | ★★★ | |
| | 第185条【债权申报程序】 | ★★★ | |
| | 第190条【公司破产及破产清算】 | ★★★ | |
| | 第20条【禁止股东权利滥用;滥用股东权利的法律责任】 | ★★ | |
| | 第189条【清算组成员的义务和责任】 | ★★ | |
| | 第4条【公司股东权利】 | ★ | |
| | 第187条【公司解散清算转破产;清算事务的移交】 | ★ | |
| | 第188条【公司清算报告的制作与报送;公司的注销】 | ★ | |
| 合同法 | 第107条【合同约束力:违约责任】 | ★★★ | 0791 |
| | 第109条【违约责任的承担:付款义务的继续履行】 | ★★★ | |
| | 第60条【合同履行的原则】 | ★★ | |
| | 第52条【合同无效的情形】 | ★ | |
| | 第94条【合同的法定解除;法定解除权】 | ★ | |
| | 第114条【违约金的数额及其调整】 | ★ | |
| | 第159条【买受人应支付价款的数额认定】 | ★ | |
| | 第161条【买受人支付价款的时间】 | ★ | |
| | 第205条【借款合同的利息支付义务】 | ★ | |
| | 第206条【借款期限的认定】 | ★ | |
| | 第207条【借款合同违约责任承担:支付利息】 | ★ | |

| | | 同时适用的法条 | 相关度 |
|---|---|---|---|
| 0812 | 民法通则 | 第84条【债的界定】 | ★ |
| | | 第108条【债务清偿:分期偿还、强制偿还】 | ★ |
| 0823 | 担保法 | 第21条【保证担保的范围;没有约定、约定不明时的担保范围】 | ★ |
| 0920 | 公司法司法解释二 | 第11条【债权申报程序】 | ★★★★★ |
| | | 第19条【有限责任公司的股东、股份有限公司的董事和控股股东以及公司实际控制人恶意处置公司财产损害债权人利益或未经清算骗取办理注销登记的赔偿责任】 | ★★★ |
| | | 第20条【未经清算即办理注销登记的法律责任】 | ★★★ |
| | | 第23条【股东派生诉讼】 | ★ |

**第187条【公司解散清算转破产;清算事务的移交】** ★

清算组在清理公司财产、编制资产负债表和财产清单后,发现公司财产不足清偿债务的,应当依法向人民法院申请宣告破产。

公司经人民法院裁定宣告破产后,清算组应当将清算事务移交给人民法院。

■ 主要适用的案由及其相关度

| 案由编号 | 主要适用的案由 | 相关度 |
|---|---|---|
| M4.10.74 | 买卖合同纠纷 | |
| M6.17 | 劳动争议 | |
| M8.21 | 与公司有关的纠纷 | |
| M4.10 | 合同纠纷 | |
| M8.21.263 | 公司解散纠纷 | |
| M8.21.265 | 清算责任纠纷 | |
| M4.10.97 | 租赁合同纠纷 | |
| M4.10.97.2 | 房屋租赁合同纠纷 | |
| M4.10.99 | 承揽合同纠纷 | |

| 案由编号 | 主要适用的案由 | 相关度 |
|---|---|---|
| M4.10.99.1 | 加工合同纠纷 | |
| M4.10.99.2 | 定作合同纠纷 | |
| M8.21.245 | 股东出资纠纷 | |
| M4.10.89 | 借款合同纠纷 | |
| M4.10.89.1 | 金融借款合同纠纷 | |
| M4.10.89.4 | 民间借贷纠纷 | |
| M4.10.81.2 | 合资、合作开发房地产合同纠纷 | |
| M8.21.255 | 损害股东利益责任纠纷 | |
| M8.21.257 | 股东损害公司债权人利益责任纠纷 | |
| M4.10.82 | 房屋买卖合同纠纷 | |
| M4.10.82.3 | 商品房销售合同纠纷 | |
| M3.5.32 | 物权确认纠纷 | |
| M3.5.34 | 排除妨害纠纷 | |
| M3.6.47.7 | 相邻损害防免关系纠纷 | |
| M3.7.56 | 建设用地使用权纠纷 | |
| M4.10.100 | 建设工程合同纠纷 | |
| M4.10.100.3 | 建设工程施工合同纠纷 | |
| M4.10.100.7 | 装饰装修合同纠纷 | |
| M4.10.111 | 合伙协议纠纷 | |
| M4.10.120.10 | 餐饮服务合同纠纷 | |
| M4.10.120.15 | 物业服务合同纠纷 | |
| M4.10.126 | 追偿权纠纷 | |
| M4.10.66 | 缔约过失责任纠纷 | |
| M4.10.67.2 | 确认合同无效纠纷 | |
| M8.21.249 | 股权转让纠纷 | |
| M8.21.250.1 | 公司决议效力确认纠纷 | |

| 案由编号 | 主要适用的案由 | 相关度 |
|---|---|---|
| M8.21.254 | 公司盈余分配纠纷 | |
| M8.22.268 | 退伙纠纷 | |
| M8.27.317 | 财产保险合同纠纷 | |
| M9.30 | 侵权责任纠纷 | |
| M9.30.350 | 机动车交通事故责任纠纷 | |
| M6.17.169.5 | 追索劳动报酬纠纷 | |
| M6.17.170.2 | 工伤保险待遇纠纷 | |
| M7.19.203 | 海上、通海水域货运代理合同纠纷 | |

■ 同时适用的法条及其相关度

| | 同时适用的法条 | 相关度 |
|---|---|---|
| 公司法 | 第3条【公司法人制度】 | |
| | 第4条【公司股东权利】 | |
| | 第5条【公司的社会责任】 | |
| | 第8条【公司名称中特别标明公司类型的义务】 | |
| | 第10条【公司的住所】 | |
| | 第11条【公司的章程及其效力】 | |
| | 第19条【公司中的党组织活动】 | |
| | 第20条【禁止股东权利滥用;滥用股东权利的法律责任】 | |
| | 第21条【关联交易的限制】 | |
| | 第22条【股东会、股东大会、董事会决议的效力;股东对于会议决议的撤销之诉】 | |
| | 第23条【有限责任公司的设立条件】 | |
| | 第25条【有限责任公司章程应载明事项】 | |
| | 第28条【股东出资义务的履行及其违约责任】 | |
| | 第35条【股东不得抽逃出资的义务】 | |

| | 同时适用的法条 | 相关度 | |
|---|---|---|---|
| 公司法 | 第36条【有限责任公司股东会的组成及法律地位】 | | 0085 |
| | 第38条【有限责任公司首次股东会会议的召集和主持】 | | |
| | 第72条【有限责任公司股权强制转让中的优先购买权】 | | |
| | 第130条【股东名册应当记载的内容】 | | |
| | 第139条【记名股票的转让方式;股东名册变更登记的限制】 | | |
| | 第181条【公司通过修改公司章程而存续的办法及其表决程序】 | | |
| | 第183条【公司的解散清算:清算组的人员组成,债权人请求法院指定有关人员成立清算组的权利】 | | |
| | 第184条【清算组的职权】 | | |
| | 第185条【债权申报程序】 | | |
| | 第186条【清算方案的制定与确认;公司财产的分配顺序;清算期间公司的法律地位】 | | |
| | 第188条【公司清算报告的制作与报送;公司的注销】 | | |
| | 第189条【清算组成员的义务和责任】 | | |
| | 第190条【公司破产及破产清算】 | | |
| | 第206条【违法报送清算报告的法律责任;清算组成员违法行为的法律责任】 | | |
| 合同法 | 第6条【诚实信用原则】 | | 0791 |
| | 第9条【合同当事人资格:民事权利能力、民事行为能力;可委托代理人订立合同的规定】 | | |
| | 第39条【格式条款的订立要求;说明义务】 | | |
| | 第42条【缔约过失责任;合同订立过程中承担损害赔偿责任的情形】 | | |

| | 同时适用的法条 | 相关度 |
|---|---|---|
| 合同法 | 第44条【合同成立条件与时间】 | |
| | 第51条【无权处分合同的效力:经追认或取得处分权的有效】 | |
| | 第52条【合同无效的情形】 | |
| | 第58条【合同无效或被撤销的法律后果】 | |
| | 第60条【合同履行的原则】 | |
| | 第62条【合同内容约定不明确的处理规则;合同漏洞的填补】 | |
| | 第77条【变更合同的条件与要求】 | |
| | 第78条【合同变更的内容约定不明确推定为未变更】 | |
| | 第84条【合同义务转移;债务转移;债务承担】 | |
| | 第93条【合同的意定解除:协商一致;约定条件成就】 | |
| | 第97条【合同解除的法律后果】 | |
| | 第107条【合同约束力:违约责任】 | |
| | 第109条【违约责任的承担:付款义务的继续履行】 | |
| | 第113条【违约责任的承担:损失赔偿】 | |
| | 第114条【违约金的数额及其调整】 | |
| | 第130条【买卖合同的定义】 | |
| | 第144条【在途标的物买卖合同的风险转移】 | |
| | 第159条【买受人应支付价款的数额认定】 | |
| | 第161条【买受人支付价款的时间】 | |
| | 第196条【借款合同定义】 | |
| | 第205条【借款合同的利息支付义务】 | |
| | 第206条【借款期限的认定】 | |
| | 第207条【借款合同违约责任承担:支付利息】 | |

| | 同时适用的法条 | 相关度 | |
|---|---|---|---|
| 合同法 | 第211条【自然人之间借款合同利息的规制】 | | 0791 |
| | 第219条【承租人没有按约定方式或租赁物使用性质使用租赁物致损的法律后果】 | | |
| | 第226条【租赁合同中承租人租金支付期限的确定规则】 | | |
| | 第235条【租赁期间届满承租人租赁物返还义务；返还的租赁物应当具有的状态】 | | |
| | 第251条【承揽合同的定义】 | | |
| | 第263条【定作人报酬支付的期限】 | | |
| | 第286条【承包人的建设工程优先受偿权】 | | |
| | 第365条【保管合同的定义】 | | |
| | 第373条【第三人主张权利时保管人对寄存人的返还义务和通知义务】 | | |
| | 第402条【受托人以自己名义从事受托事务的法律效果】 | | |
| 民法通则 | 第30条【个人合伙】 | | 0812 |
| | 第31条【合伙协议】 | | |
| | 第35条【民事合伙的债务承担规则】 | | |
| | 第44条【公司合并后债权债务的承继】 | | |
| | 第58条【民事行为无效的法定情形】 | | |
| | 第61条【民事行为被确认为无效或者被撤销后的法律后果】 | | |
| | 第84条【债的界定】 | | |
| | 第106条【民事责任归责原则：违约责任，无过错责任原则；侵权责任，过错责任、无过错责任】 | | |
| | 第108条【债务清偿：分期偿还、强制偿还】 | | |
| | 第119条【人身损害赔偿项目：一般人身损害赔偿项目、伤残赔偿项目、死亡赔偿项目】 | | |

| | | 同时适用的法条 | 相关度 |
|---|---|---|---|
| 0812 | 民法通则 | 第134条【侵权责任的主要承担方式】 | |
| | | 第135条【诉讼时效期间:两年】 | |
| | | 第137条【诉讼时效期间的起算日和最长保护期限】 | |
| 0823 | 担保法 | 第4条【担保物权的设立;反担保的设立】 | |
| | | 第5条【担保合同的界定及其与主债权合同的关系;担保合同无效的责任承担规则】 | |
| | | 第18条【保证合同中连带责任的承担】 | |
| | | 第21条【保证担保的范围;没有约定、约定不明时的担保范围】 | |
| | | 第30条【保证人不承担民事责任的法定情形】 | |
| | | 第31条【保证人的追偿权】 | |
| | | 第37条【不得设定抵押的财产】 | |
| 0849 | 劳动合同法 | 第2条【劳动合同法的适用范围】 | |
| | | 第7条【劳动关系的建立时间和职工名册】 | |
| | | 第10条【书面劳动合同的订立:劳动关系的建立】 | |
| | | 第38条【劳动者单方解除劳动合同】 | |
| | | 第44条【劳动合同的终止】 | |
| | | 第46条【经济补偿金的支付】 | |
| | | 第47条【经济补偿金的支付标准】 | |
| | | 第82条【用人单位应当向劳动者每月支付二倍工资的责任】 | |
| 0843 | 劳动法 | 第16条【劳动合同的定义】 | |
| | | 第17条【劳动合同订立原则;依法订立的劳动合同具有法律约束力】 | |
| | | 第100条【用人单位无故不缴纳社会保险费的处理:责令限期缴纳、加收滞纳金】 | |

| | 同时适用的法条 | 相关度 | |
|---|---|---|---|
| 物权法 | 第6条【物权公示原则：不动产登记、动产交付】 | | 0834 |
| | 第187条【不动产抵押的登记要件主义】 | | |
| 继承法 | 第10条【继承人范围及继承顺序】 | | 0859 |
| 土地管理法 | 第12条【改变土地权属和用途的程序：办理土地变更登记手续】 | | 0881 |
| 房地产管理法 | 第36条【房地产转让、抵押的权属登记】 | | 0871 |
| | 第61条【房地产权属的申请登记】 | | |
| 保险法 | 第23条【保险人赔付义务的履行及程序】 | | 0868 |
| | 第30条【格式条款争议解释规则】 | | |
| | 第60条【保险人代位权的行使规则】 | | |
| 合伙企业法 | 第21条【清算前合伙企业财产禁止分割；私自转移或处分合伙企业财产不得对抗善意第三人】 | | 0606 |
| 社保费征缴条例 | 第4条【缴费单位和个人按时足额缴纳社会保险费；社会保险费纳入社会保险基金禁止挪用】 | | 0903 |
| | 第13条【对缴费单位未按规定缴纳和代扣代缴社会保险费的处理规则】 | | |
| 建设工程质量管理条例 | 第40条【正常使用条件下建设工程的最低保修期限】 | | 0912 |
| 工伤保险条例 | 第2条【工伤保险条例适用范围】 | | 0895 |
| | 第9条【调整行业差别费率及档次】 | | |
| | 第18条【工伤认定申请应提交的材料；工伤认定申请表的内容；劳动保障行政部门书面告知工伤认定申请人需要补正材料的义务】 | | |
| | 第29条【劳动能力鉴定委员会进行再次鉴定和复查鉴定的期限的规定】 | | |
| | 第30条【工伤医疗待遇】 | | |
| | 第33条【停工留薪期间的待遇】 | | |

| | | 同时适用的法条 | 相关度 |
|---|---|---|---|
| 0895 | 工伤保险条例 | 第37条【七级至十级伤残的待遇】 | |
| | | 第62条【用人单位未参加工伤保险的法律责任】 | |
| | | 第64条【工资总额、本人工资的定义】 | |
| 0920 | 公司法司法解释二 | 第7条【公司的解散清算:清算组的人员组成,债权人请求法院指定有关人员成立清算组的权利】 | |
| | | 第11条【债权申报程序】 | |
| | | 第12条【债权人对清算组核定的债权的异议权和债权核定确认之诉】 | |
| | | 第15条【清算方案的制定与确认;清算期间公司的法律地位】 | |
| | | 第18条【有限责任公司的股东、股份有限公司的董事、控股股东和实际控制人在清算中怠于履行义务的赔偿责任】 | |
| | | 第19条【有限责任公司的股东、股份有限公司的董事和控股股东以及公司实际控制人恶意处置公司财产损害债权人利益或未经清算骗取办理注销登记的赔偿责任】 | |
| | | 第20条【未经清算即办理注销登记的法律责任】 | |
| | | 第23条【股东派生诉讼】 | |
| 0959 | 审理民间借贷案件规定 | 第26条【民间借贷年利率的限定】 | |
| | | 第29条【逾期利率的确定规则】 | |
| 0929 | 担保法司法解释 | 第7条【担保合同与主债权合同的关系;担保合同无效的责任承担规则】 | |
| | | 第20条【连带共同保证的责任承担】 | |
| | | 第40条【债权人知道或者应当知道主合同债务人采取欺诈、胁迫手段使保证人提供保证的处理】 | |
| 0933 | 婚姻法司法解释二 | 第24条【离婚时夫妻共同债务的清偿】 | |

| | 同时适用的法条 | 相关度 | |
|---|---|---|---|
| 精神损害赔偿司法解释 | 第10条【精神损害赔偿数额的确定标准】 | | 0974 |
| 合同法司法解释二 | 第1条【认定合同成立的标准:能够确定当事人名称或者姓名、标的和数量】 | | 0925 |
| 建设工程合同纠纷司法解释 | 第17条【拖欠工程价款利息的计付标准】 | | 0947 |
| | 第18条【建设工程应付款时间】 | | |
| 人身损害赔偿司法解释 | 第17条【人身损害赔偿项目:一般人身损害赔偿项目、伤残赔偿项目、死亡赔偿项目】 | | 0953 |
| | 第19条【医疗费计算标准】 | | |
| | 第20条【误工费计算标准】 | | |
| | 第21条【人身损害赔偿:护理费计算】 | | |
| | 第22条【交通费计算标准】 | | |
| | 第23条【伙食费、住宿费计算标准】 | | |
| | 第25条【人身损害赔偿项目:残疾赔偿金计算标准】 | | |
| 公司法司法解释三 | 第13条【未履行或未全面履行出资义务的股东对于公司债务承担补充责任;发起人的连带责任;董事、高级管理人员的不真正连带责任】 | | 0915 |
| | 第19条【股东未履行或未全面履行出资义务或抽逃出资时的出资义务或返还出资的义务不适用诉讼时效抗辩规则】 | | |
| | 第23条【股东名册的载明事项和效力;股东名册的登记管理】 | | |
| 买卖合同司法解释 | 第24条【买卖合同逾期付款违约金的适用规则】 | | 0937 |
| 民通意见 | 第50条【认定合伙关系:无合伙协议且未登记时的认定方式】 | | 0934 |
| | 第60条【清算组的职权】 | | |

**第188条【公司清算报告的制作与报送;公司的注销】** ★

公司清算结束后,清算组应当制作清算报告,报股东会、股东大会或者人民法院确认,并报送公司登记机关,申请注销公司登记,公告公司终止。

■ 主要适用的案由及其相关度

| 案由编号 | 主要适用的案由 | 相关度 |
| --- | --- | --- |
| M4.10.99.1 | 加工合同纠纷 | |
| M8.21 | 与公司有关的纠纷 | |
| M4.10.74 | 买卖合同纠纷 | |
| M8.21.257 | 股东损害公司债权人利益责任纠纷 | |
| M8.21.265 | 清算责任纠纷 | |
| M4.10.89 | 借款合同纠纷 | |
| M4.10.89.1 | 金融借款合同纠纷 | |
| M4.10.89.4 | 民间借贷纠纷 | |
| M4.10.68 | 债权人代位权纠纷 | |
| M1.1.1 | 生命权、健康权、身体权纠纷 | |
| M3.5.38 | 财产损害赔偿纠纷 | |
| M8.21.254 | 公司盈余分配纠纷 | |
| M8.21.255 | 损害股东利益责任纠纷 | |
| M4.10.97.2 | 房屋租赁合同纠纷 | |
| M6.17 | 劳动争议 | |
| M8.21.245 | 股东出资纠纷 | |
| M4.10.100 | 建设工程合同纠纷 | |
| M4.10.100.3 | 建设工程施工合同纠纷 | |
| M3.5.34 | 排除妨害纠纷 | |

■ 同时适用的法条及其相关度

| | 同时适用的法条 | 相关度 |
|---|---|---|
| 公司法 | 第1条【公司法立法宗旨】 | |
| | 第3条【公司法人制度】 | |
| | 第4条【公司股东权利】 | |
| | 第5条【公司的社会责任】 | |
| | 第14条【分公司的法律地位;子公司的法律地位】 | |
| | 第20条【禁止股东权利滥用;滥用股东权利的法律责任】 | |
| | 第22条【股东会、股东大会、董事会决议的效力;股东对于会议决议的撤销之诉】 | |
| | 第36条【有限责任公司股东会的组成及法律地位】 | |
| | 第37条【公司股东会职权】 | |
| | 第39条【有限责任公司股东会会议的类型及召开制度】 | |
| | 第41条【股东会会议的召集通知及会议记录】 | |
| | 第151条【股东派生诉讼】 | |
| | 第180条【公司的法定解散事由】 | |
| | 第181条【公司通过修改公司章程而存续的办法及其表决程序】 | |
| | 第182条【公司僵局时特定股东请求法院解散公司的权利】 | |
| | 第183条【公司的解散清算;清算组的人员组成,债权人请求法院指定有关人员成立清算组的权利】 | |
| | 第184条【清算组的职权】 | |
| | 第185条【债权申报程序】 | |
| | 第186条【清算方案的制定与确认;公司财产的分配顺序;清算期间公司的法律地位】 | |
| | 第187条【公司解散清算转破产;清算事务的移交】 | |

0085

| | | 同时适用的法条 | 相关度 |
|---|---|---|---|
| 0085 | 公司法 | 第189条【清算组成员的义务和责任】 | |
| | | 第190条【公司破产及破产清算】 | |
| 0791 | 合同法 | 第8条【合同约束力】 | |
| | | 第44条【合同成立条件与时间】 | |
| | | 第60条【合同履行的原则】 | |
| | | 第73条【债权人代位权】 | |
| | | 第79条【债权人不得转让合同权利的情形】 | |
| | | 第107条【合同约束力:违约责任】 | |
| | | 第109条【违约责任的承担:付款义务的继续履行】 | |
| | | 第112条【违约责任的承担:损失赔偿与其他责任的并存】 | |
| | | 第130条【买卖合同的定义】 | |
| | | 第159条【买受人应支付价款的数额认定】 | |
| | | 第161条【买受人支付价款的时间】 | |
| | | 第196条【借款合同定义】 | |
| | | 第205条【借款合同的利息支付义务】 | |
| | | 第206条【借款期限的认定】 | |
| | | 第207条【借款合同违约责任承担:支付利息】 | |
| | | 第211条【自然人之间借款合同利息的规制】 | |
| | | 第286条【承包人的建设工程优先受偿权】 | |
| | | 第396条【委托合同的界定】 | |
| 0834 | 物权法 | 第34条【权利人的返还原物请求权】 | |
| | | 第35条【权利人享有的排除妨害请求权与消除危险请求权】 | |
| | | 第39条【所有权的内容】 | |
| | | 第173条【担保物权担保的范围】 | |

| | 同时适用的法条 | 相关度 |
|---|---|---|
| 民法通则 | 第4条【民事活动的基本原则：自愿、公平、等价有偿、诚实信用】 | 0812 |
| | 第5条【公民的合法权益受到保护】 | |
| | 第45条【企业法人终止的法定事由】 | |
| | 第58条【民事行为无效的法定情形】 | |
| | 第84条【债的界定】 | |
| | 第108条【债务清偿：分期偿还、强制偿还】 | |
| | 第117条【侵害财产权的责任承担方式：返还财产、折价赔偿、恢复原状、折价赔偿；赔偿损失】 | |
| | 第134条【侵权责任的主要承担方式】 | |
| | 第140条【诉讼时效期间的中断】 | |
| 侵权责任法 | 第2条【侵权责任一般条款；民事权益的范围】 | 0862 |
| | 第15条【侵权责任的主要承担方式】 | |
| | 第19条【侵害财产造成财产损失的计算方式】 | |
| 担保法 | 第5条【担保合同的界定及其与主债权合同的关系；担保合同无效的责任承担规则】 | 0823 |
| | 第31条【保证人的追偿权】 | |
| | 第33条【抵押、抵押权人、抵押人以及抵押物的概念】 | |
| | 第37条【不得设定抵押的财产】 | |
| 劳动争议调解仲裁法 | 第6条【劳动争议案件的举证责任】 | 0877 |
| | 第27条【劳动争议仲裁时效；劳动争议仲裁时效中断；劳动争议仲裁时效中止】 | |
| 劳动合同法 | 第7条【劳动关系的建立时间和职工名册】 | 0849 |

|  | | 同时适用的法条 | 相关度 |
|---|---|---|---|
| 0920 | 公司法司法解释二 | 第11条【债权申报程序】 | |
| | | 第15条【清算方案的制定与确认;清算期间公司的法律地位】 | |
| | | 第18条【有限责任公司的股东、股份有限公司的董事、控股股东和实际控制人在清算中怠于履行义务的赔偿责任】 | |
| | | 第19条【有限责任公司的股东、股份有限公司的董事和控股股东以及公司实际控制人恶意处置公司财产损害债权人利益或未经清算骗取办理注销登记的赔偿责任】 | |
| | | 第20条【未经清算即办理注销登记的法律责任】 | |
| | | 第22条【股东尚未缴纳的出资在公司解散时应作为清算财产参与清算并用以清偿债务】 | |
| | | 第23条【股东派生诉讼】 | |
| 0947 | 建设工程合同纠纷司法解释 | 第17条【拖欠工程价款利息的计付标准】 | |
| | | 第18条【建设工程应付款时间】 | |
| 0968 | 合同法司法解释一 | 第11条【债权人代位权】 | |
| 0937 | 买卖合同司法解释 | 第24条【买卖合同逾期付款违约金的适用规则】 | |
| 0929 | 担保法司法解释 | 第7条【担保合同与主债权合同的关系;担保合同无效的责任承担规则】 | |

**第189条【清算组成员的义务和责任】** ★★

清算组成员应当忠于职守,依法履行清算义务。

清算组成员不得利用职权收受贿赂或者其他非法收入,不得侵占公司财产。

清算组成员因故意或者重大过失给公司或者债权人造成损失的,应当承担赔偿责任。

## 主要适用的案由及其相关度

| 案由编号 | 主要适用的案由 | 相关度 |
| --- | --- | --- |
| M8.21.265 | 清算责任纠纷 | ★★★★★ |
| M4.10.89.4 | 民间借贷纠纷 | ★★★ |
| M4.10.74 | 买卖合同纠纷 | ★★★ |
| M6.17 | 劳动争议 | ★★★ |
| M4.10 | 合同纠纷 | ★ |
| M8.21.257 | 股东损害公司债权人利益责任纠纷 | ★ |
| M4.10.89.1 | 金融借款合同纠纷 | ★ |
| M8.21 | 与公司有关的纠纷 | ★ |
| M6.17.170.2 | 工伤保险待遇纠纷 | ★ |
| M4.10.100.3 | 建设工程施工合同纠纷 | ★ |

## 同时适用的法条及其相关度

| | 同时适用的法条 | 相关度 |
| --- | --- | --- |
| 公司法 | 第185条【债权申报程序】 | ★★★★★ |
| | 第184条【清算组的职权】 | ★★★★ |
| | 第181条【公司通过修改公司章程而存续的办法及其表决程序】 | ★★★ |
| | 第186条【清算方案的制定与确认；公司财产的分配顺序；清算期间公司的法律地位】 | ★★★ |
| | 第190条【公司破产及破产清算】 | ★★★ |
| | 第20条【禁止股东权利滥用；滥用股东权利的法律责任】 | ★★ |
| | 第183条【公司的解散清算；清算组的人员组成，债权人请求法院指定有关人员成立清算组的权利】 | ★★ |
| | 第3条【公司法人制度】 | ★ |

| | | 同时适用的法条 | 相关度 |
|---|---|---|---|
| 0085 | 公司法 | 第59条【一人有限责任公司登记中的特别载明事项】 | ★ |
| | | 第64条【国有独资公司的定义及其设立和组织机构的法律适用】 | ★ |
| | | 第180条【公司的法定解散事由】 | ★ |
| | | 第187条【公司解散清算转破产；清算事务的移交】 | ★ |
| | | 第188条【公司清算报告的制作与报送；公司的注销】 | ★ |
| 0791 | 合同法 | 第60条【合同履行的原则】 | ★★★ |
| | | 第107条【合同约束力：违约责任】 | ★★★ |
| | | 第206条【借款期限的认定】 | ★★★ |
| | | 第159条【买受人应支付价款的数额认定】 | ★★ |
| | | 第161条【买受人支付价款的时间】 | ★★ |
| | | 第205条【借款合同的利息支付义务】 | ★★ |
| | | 第207条【借款合同违约责任承担：支付利息】 | ★★ |
| | | 第44条【合同成立条件与时间】 | ★ |
| | | 第52条【合同无效的情形】 | ★ |
| | | 第58条【合同无效或被撤销的法律后果】 | ★ |
| | | 第94条【合同的法定解除；法定解除权】 | ★ |
| | | 第113条【违约责任的承担：损失赔偿】 | ★ |
| | | 第251条【承揽合同的定义】 | ★ |
| | | 第263条【定作人报酬支付的期限】 | ★ |
| 0849 | 劳动合同法 | 第44条【劳动合同的终止】 | ★ |
| | | 第46条【经济补偿金的支付】 | ★ |
| | | 第47条【经济补偿金的支付标准】 | ★ |
| | | 第97条【劳动合同法的溯及力】 | ★ |

| | 同时适用的法条 | 相关度 | |
|---|---|---|---|
| 劳动法 | 第73条【社会保险的类型】 | ★ | 0843 |
| 民法通则 | 第43条【企业法人对其机构的活动承担民事责任】 | ★ | 0812 |
| 工伤保险条例 | 第30条【工伤医疗待遇】 | ★ | 0895 |
| | 第33条【停工留薪期间的待遇】 | ★ | |
| 公司法司法解释二 | 第11条【债权申报程序】 | ★★★★★ | 0920 |
| | 第19条【有限责任公司的股东、股份有限公司的董事和控股股东以及公司实际控制人恶意处置公司财产损害债权人利益或未经清算骗取办理注销登记的赔偿责任】 | ★★★★ | |
| | 第23条【股东派生诉讼】 | ★★★ | |
| | 第20条【未经清算即办理注销登记的法律责任】 | ★★ | |

**第190条【公司破产及破产清算】** ★★

公司被依法宣告破产的,依照有关企业破产的法律实施破产清算。

■ 主要适用的案由及其相关度

| 案由编号 | 主要适用的案由 | 相关度 |
|---|---|---|
| M8.21.265 | 清算责任纠纷 | ★★★★★ |
| M4.10.74 | 买卖合同纠纷 | ★★★★★ |
| M4.10.89.4 | 民间借贷纠纷 | ★★★ |
| M3.5.33 | 返还原物纠纷 | ★★ |
| M8.21.257 | 股东损害公司债权人利益责任纠纷 | ★ |
| M6.17 | 劳动争议 | ★ |

■ 同时适用的法条及其相关度

| | | 同时适用的法条 | 相关度 |
|---|---|---|---|
| 0085 | 公司法 | 第186条【清算方案的制定与确认;公司财产的分配顺序;清算期间公司的法律地位】 | ★★★★★ |
| | | 第184条【清算组的职权】 | ★★★★ |
| | | 第181条【公司通过修改公司章程而存续的办法及其表决程序】 | ★★★ |
| | | 第185条【债权申报程序】 | ★★★ |
| | | 第3条【公司法人制度】 | ★★ |
| | | 第189条【清算组成员的义务和责任】 | ★★ |
| | | 第20条【禁止股东权利滥用;滥用股东权利的法律责任】 | ★ |
| | | 第64条【国有独资公司的定义及其设立和组织机构的法律适用】 | ★ |
| | | 第187条【公司解散清算转破产;清算事务的移交】 | ★ |
| 0791 | 合同法 | 第107条【合同约束力;违约责任】 | ★★★ |
| | | 第159条【买受人应支付价款的数额认定】 | ★★★ |
| | | 第60条【合同履行的原则】 | ★★ |
| | | 第206条【借款期限的认定】 | ★★ |
| | | 第94条【合同的法定解除;法定解除权】 | ★ |
| | | 第161条【买受人支付价款的时间】 | ★ |
| | | 第205条【借款合同的利息支付义务】 | ★ |
| | | 第207条【借款合同违约责任承担:支付利息】 | ★ |
| 0456 | 企业破产法 | 第25条【破产管理人的职责】 | ★ |
| 0834 | 物权法 | 第9条【不动产物权变动的登记原则;国家的自然资源所有权登记的特殊规定】 | ★ |
| | | 第10条【不动产登记机构的确定;国家实行统一登记制度】 | ★ |

|  | 同时适用的法条 | 相关度 | |
|---|---|---|---|
| 物权法 | 第17条【不动产权属证书与不动产登记簿的关系】 | ★ | 0834 |
| | 第34条【权利人的返还原物请求权】 | ★ | |
| 民法通则 | 第84条【债的界定】 | ★ | 0812 |
| 工伤保险条例 | 第33条【停工留薪期间的待遇】 | ★ | 0895 |
| 公司法司法解释二 | 第11条【债权申报程序】 | ★★★★★ | 0920 |
| | 第19条【有限责任公司的股东、股份有限公司的董事和控股股东以及公司实际控制人恶意处置公司财产损害债权人利益或未经清算骗取办理注销登记的赔偿责任】 | ★★★ | |
| | 第20条【未经清算即办理注销登记的法律责任】 | ★★ | |
| | 第23条【股东派生诉讼】 | ★ | |

## 第十一章 外国公司的分支机构

### 第191条【外国公司的定义】 ★

本法所称外国公司是指依照外国法律在中国境外设立的公司。

■ 主要适用的案由及其相关度

| 案由编号 | 主要适用的案由 | 相关度 |
|---|---|---|
| M4.10.89 | 借款合同纠纷 | |
| M4.10.89.1 | 金融借款合同纠纷 | |
| M4.10.103 | 仓储合同纠纷 | |
| M4.10.74 | 买卖合同纠纷 | |

■ 同时适用的法条及其相关度

|  | 同时适用的法条 | 相关度 | |
|---|---|---|---|
| 合同法 | 第8条【合同约束力】 | | 0791 |

| | | 同时适用的法条 | 相关度 |
|---|---|---|---|
| 0791 | 合同法 | 第60条【合同履行的原则】 | |
| | | 第94条【合同的法定解除;法定解除权】 | |
| | | 第107条【合同约束力:违约责任】 | |
| | | 第108条【预期违约责任】 | |
| | | 第114条【违约金的数额及其调整】 | |
| | | 第119条【防止违约损失扩大的措施;防损义务;不真正义务】 | |
| | | 第205条【借款合同的利息支付义务】 | |
| | | 第206条【借款期限的认定】 | |
| | | 第207条【借款合同违约责任承担:支付利息】 | |
| | | 第381条【仓储合同的定义】 | |
| | | 第391条【仓储物的提取】 | |
| 0085 | 公司法 | 第1条【公司法立法宗旨】 | |
| | | 第186条【清算方案的制定与确认;公司财产的分配顺序;清算期间公司的法律地位】 | |
| | | 第192条【外国公司分支机构的设立程序】 | |
| | | 第198条【虚报注册资本的法律责任】 | |
| 0834 | 物权法 | 第202条【抵押权的行使期间】 | |
| 0823 | 担保法 | 第33条【抵押、抵押权人、抵押人以及抵押物的概念】 | |
| | | 第34条【可抵押财产的范围】 | |
| | | 第58条【抵押物灭失及物上代位权】 | |
| 0812 | 民法通则 | 第40条【法人终止的法律效果】 | |
| | | 第106条【民事责任归责原则;违约责任,无过错责任原则;侵权责任,过错责任、无过错责任】 | |
| 0945 | 公司法司法解释一 | 第1条【公司法对其实施前的法律纠纷没有溯及力】 | |

|  | 同时适用的法条 | 相关度 | |
|---|---|---|---|
| 公司法司法解释二 | 第11条【债权申报程序】 |  | 0920 |

## 第192条【外国公司分支机构的设立程序】 ★

外国公司在中国境内设立分支机构,必须向中国主管机关提出申请,并提交其公司章程、所属国的公司登记证书等有关文件,经批准后,向公司登记机关依法办理登记,领取营业执照。

外国公司分支机构的审批办法由国务院另行规定。

■ 主要适用的案由及其相关度

| 案由编号 | 主要适用的案由 | 相关度 |
|---|---|---|
| M4.10.89 | 借款合同纠纷 |  |
| M4.10.97 | 租赁合同纠纷 |  |

■ 同时适用的法条及其相关度

|  | 同时适用的法条 | 相关度 |  |
|---|---|---|---|
| 合同法 | 第5条【合同公平原则;合同权利义务确定的原则】 |  | 0791 |
|  | 第8条【合同约束力】 |  |  |
|  | 第67条【后履行抗辩权】 |  |  |
|  | 第107条【合同约束力;违约责任】 |  |  |
|  | 第114条【违约金的数额及其调整】 |  |  |
|  | 第205条【借款合同的利息支付义务】 |  |  |
|  | 第206条【借款期限的认定】 |  |  |
|  | 第207条【借款合同违约责任承担:支付利息】 |  |  |
| 公司法 | 第3条【公司法人制度】 |  | 0085 |
|  | 第191条【外国公司的定义】 |  |  |
| 民法通则 | 第106条【民事责任归责原则:违约责任,无过错责任原则;侵权责任,过错责任、无过错责任】 |  | 0812 |

| | 同时适用的法条 | 相关度 |
|---|---|---|
| 公司法司法解释一 | 第1条【公司法对其实施前的法律纠纷没有溯及力】 | |

0945

### 第193条【外国公司设立分支机构的条件】

外国公司在中国境内设立分支机构,必须在中国境内指定负责该分支机构的代表人或者代理人,并向该分支机构拨付与其所从事的经营活动相适应的资金。

对外国公司分支机构的经营资金需要规定最低限额的,由国务院另行规定。①

### 第194条【外国公司分支机构的名称;外国公司分支机构的公司章程置备义务】　★

外国公司的分支机构应当在其名称中标明该外国公司的国籍及责任形式。

外国公司的分支机构应当在本机构中置备该外国公司章程。

■ 主要适用的案由及其相关度

| 案由编号 | 主要适用的案由 | 相关度 |
|---|---|---|
| M4.10.74 | 买卖合同纠纷 | |
| M4.10.74.5 | 国际货物买卖合同纠纷 | |

■ 同时适用的法条及其相关度

| | 同时适用的法条 | 相关度 |
|---|---|---|
| 合同法 | 第44条【合同成立条件与时间】 | |
| | 第49条【表见代理的构成及其效力】 | |
| | 第60条【合同履行的原则】 | |
| | 第62条【合同内容约定不明确的处理规则;合同漏洞的填补】 | |

0791

---

① 说明:本法条尚无足够数量判决书可供法律大数据分析。

| | 同时适用的法条 | 相关度 | |
|---|---|---|---|
| 合同法 | 第107条【合同约束力:违约责任】 | | 0791 |
| | 第112条【违约责任的承担:损失赔偿与其他责任的并存】 | | |
| | 第130条【买卖合同的定义】 | | |
| | 第159条【买受人应支付价款的数额认定】 | | |
| | 第161条【买受人支付价款的时间】 | | |
| 公司法 | 第196条【外国公司分支机构的活动原则】 | | 0085 |
| | 第198条【虚报注册资本的法律责任】 | | |
| 民法通则 | 第84条【债的界定】 | | 0812 |
| | 第87条【连带债权与连带债务】 | | |
| | 第135条【诉讼时效期间:两年】 | | |
| 公司法司法解释二 | 第19条【有限责任公司的股东、股份有限公司的董事和控股股东以及公司实际控制人恶意处置公司财产损害债权人利益或未经清算骗取办理注销登记的赔偿责任】 | | 0920 |

## 第195条【外国公司分支机构的法律地位】 ★

外国公司在中国境内设立的分支机构不具有中国法人资格。

外国公司对其分支机构在中国境内进行经营活动承担民事责任。

■ 主要适用的案由及其相关度

| 案由编号 | 主要适用的案由 | 相关度 |
|---|---|---|
| M3.5.33 | 返还原物纠纷 | |
| M4.10.74 | 买卖合同纠纷 | |

■ 同时适用的法条及其相关度

| | 同时适用的法条 | 相关度 | |
|---|---|---|---|
| 合同法 | 第52条【合同无效的情形】 | | 0791 |

| | 同时适用的法条 | 相关度 |
|---|---|---|
| 0791 合同法 | 第60条【合同履行的原则】 | |
| | 第107条【合同约束力:违约责任】 | |
| | 第109条【违约责任的承担:付款义务的继续履行】 | |
| | 第159条【买受人应支付价款的数额认定】 | |
| 0085 公司法 | 第181条【公司通过修改公司章程而存续的办法及其表决程序】 | |

## 第196条【外国公司分支机构的活动原则】 ★

经批准设立的外国公司分支机构,在中国境内从事业务活动,必须遵守中国的法律,不得损害中国的社会公共利益,其合法权益受中国法律保护。

■ 主要适用的案由及其相关度

| 案由编号 | 主要适用的案由 | 相关度 |
|---|---|---|
| M4.10.89.4 | 民间借贷纠纷 | |
| M4.10.74 | 买卖合同纠纷 | |
| M4.10.74.5 | 国际货物买卖合同纠纷 | |

■ 同时适用的法条及其相关度

| | 同时适用的法条 | 相关度 |
|---|---|---|
| 0085 公司法 | 第3条【公司法人制度】 | |
| | 第21条【关联交易的限制】 | |
| | 第43条【有限责任公司股东会的议事方式和表决程序】 | |
| | 第63条【一人有限责任公司的法人人格否认制度】 | |
| | 第64条【国有独资公司的定义及其设立和组织机构的法律适用】 | |
| | 第87条【公开募股的承销方式】 | |

| | 同时适用的法条 | 相关度 | |
|---|---|---|---|
| 公司法 | 第194条【外国公司分支机构的名称;外国公司分支机构的公司章程置备义务】 | | 0085 |
| | 第198条【虚报注册资本的法律责任】 | | |
| | 第205条【清算期间开展与清算无关的经营活动的法律责任】 | | |
| | 第206条【违法报送清算报告的法律责任;清算组成员违法行为的法律责任】 | | |
| | 第207条【承担资产评估、验资或者验证的中介机构的法律责任:提供虚假材料、提供有重大遗漏的报告;因报告不实造成损失】 | | |
| | 第208条【登记机关违法登记的法律责任】 | | |
| | 第210条【未登记而冒用公司名义的法律责任】 | | |
| 合同法 | 第8条【合同约束力】 | | 0791 |
| | 第20条【要约失效的情形】 | | |
| | 第44条【合同成立条件与时间】 | | |
| | 第49条【表见代理的构成及其效力】 | | |
| | 第60条【合同履行的原则】 | | |
| | 第62条【合同内容约定不明确的处理规则;合同漏洞的填补】 | | |
| | 第64条【向第三人履行】 | | |
| | 第107条【合同约束力:违约责任】 | | |
| | 第112条【违约责任的承担:损失赔偿与其他责任的并存】 | | |
| | 第130条【买卖合同的定义】 | | |
| | 第159条【买受人应支付价款的数额认定】 | | |
| | 第161条【买受人支付价款的时间】 | | |

|  |  | 同时适用的法条 | 相关度 |
|---|---|---|---|
| 0812 | 民法通则 | 第20条【宣告失踪的条件】 | |
| | | 第84条【债的界定】 | |
| | | 第87条【连带债权与连带债务】 | |
| | | 第135条【诉讼时效期间:两年】 | |
| 0823 | 担保法 | 第18条【保证合同中连带责任的承担】 | |
| | | 第21条【保证担保的范围;没有约定、约定不明时的担保范围】 | |
| 0879 | 涉外民事关系法律适用法 | 第41条【合同的法律适用】 | |
| 0937 | 买卖合同司法解释 | 第24条【买卖合同逾期付款违约金的适用规则】 | |
| 0920 | 公司法司法解释二 | 第19条【有限责任公司的股东、股份有限公司的董事和控股股东以及公司实际控制人恶意处置公司财产损害债权人利益或未经清算骗取办理注销登记的赔偿责任】 | |

**第197条【外国公司分支机构的撤销程序】**

外国公司撤销其在中国境内的分支机构时,必须依法清偿债务,依照本法有关公司清算程序的规定进行清算。未清偿债务之前,不得将其分支机构的财产移至中国境外。①

# 第十二章 法律责任

**第198条【虚报注册资本的法律责任】** ★

违反本法规定,虚报注册资本、提交虚假材料或者采取其他欺诈手段隐瞒重要事实取得公司登记的,由公司登记机关责令改正,对虚报注册资本的公司,处以虚报注册资本金额百分之五以上百分之十五以下的罚款;对提交虚假材料或者采取其他欺诈手段隐瞒重要事实的公司,处以五万元

---

① 说明:本法条尚无足够数量判决书可供法律大数据分析。

以上五十万元以下的罚款;情节严重的,撤销公司登记或者吊销营业执照。

■ 主要适用的案由及其相关度

| 案由编号 | 主要适用的案由 | 相关度 |
|---|---|---|
| M4.10.74 | 买卖合同纠纷 | |
| M4.10.89.1 | 金融借款合同纠纷 | |
| M7.19.203 | 海上、通海水域货运代理合同纠纷 | |
| M8.21.242 | 股东资格确认纠纷 | |
| X3.3.158 | 虚报注册资本 | |

■ 同时适用的法条及其相关度

| | 同时适用的法条 | 相关度 | |
|---|---|---|---|
| 合同法 | 第49条【表见代理的构成及其效力】 | | 0791 |
| | 第107条【合同约束力:违约责任】 | | |
| | 第130条【买卖合同的定义】 | | |
| | 第159条【买受人应支付价款的数额认定】 | | |
| | 第161条【买受人支付价款的时间】 | | |
| | 第205条【借款合同的利息支付义务】 | | |
| | 第206条【借款期限的认定】 | | |
| | 第207条【借款合同违约责任承担:支付利息】 | | |
| | 第398条【处理委托事务的费用】 | | |
| 民法通则 | 第84条【债的界定】 | | 0812 |
| | 第87条【连带债权与连带债务】 | | |
| | 第135条【诉讼时效期间:两年】 | | |
| 刑法 | 第25条【共同犯罪的概念】 | | 0857 |
| | 第64条【犯罪所得之物、所用之物的处理】 | | |
| | 第67条【自首;坦白】 | | |
| | 第72条【缓刑的条件、禁止令与附加刑的执行】 | | |

| | | 同时适用的法条 | 相关度 |
|---|---|---|---|
| 0857 | 刑法 | 第73条【缓刑考验期限】 | |
| | | 第158条【虚报注册资本罪】 | |
| 0085 | 公司法 | 第3条【公司法人制度】 | |
| | | 第58条【一人有限责任公司设立的限制】 | |
| | | 第191条【外国公司的定义】 | |
| | | 第194条【外国公司分支机构的名称；外国公司分支机构的公司章程置备义务】 | |
| | | 第196条【外国公司分支机构的活动原则】 | |
| | | 第199条【虚假出资的法律责任】 | |
| | | 第216条【高级管理人员、控股股东、实际控制人、关联关系的法定含义】 | |
| 0834 | 物权法 | 第202条【抵押权的行使期间】 | |
| 0823 | 担保法 | 第19条【保证方式不明时：连带责任担保】 | |
| | | 第33条【抵押、抵押权人、抵押人以及抵押物的概念】 | |
| | | 第34条【可抵押财产的范围】 | |
| | | 第58条【抵押物灭失及物上代位权】 | |
| 0920 | 公司法司法解释二 | 第18条【有限责任公司的股东、股份有限公司的董事、控股股东和实际控制人在清算中怠于履行义务的赔偿责任】 | |
| | | 第19条【有限责任公司的股东、股份有限公司的董事和控股股东以及公司实际控制人恶意处置公司财产损害债权人利益或未经清算骗取办理注销登记的赔偿责任】 | |
| | | 第20条【未经清算即办理注销登记的法律责任】 | |

**第199条【虚假出资的法律责任】** ★

公司的发起人、股东虚假出资，未交付或者未按期交付作为出资的货币或者非货币财产的，由公司登记机关责令改正，处以虚假出资金额百分之五以上百分之十五以下的罚款。

■ 主要适用的案由及其相关度

| 案由编号 | 主要适用的案由 | 相关度 |
|---|---|---|
| M3.5.32.1 | 所有权确认纠纷 | |
| X3.3.158 | 虚报注册资本 | |
| Z5.1.0 | 工商行政处罚 | |

■ 同时适用的法条及其相关度

| | 同时适用的法条 | 相关度 | |
|---|---|---|---|
| 公司法 | 第6条【公司设立的登记、审批；公司对于登记事项的公开义务】 | | 0085 |
| 公司法 | 第198条【虚报注册资本的法律责任】 | | |
| 刑法 | 第25条【共同犯罪的概念】 | | 0857 |
| 刑法 | 第64条【犯罪所得之物、所用之物的处理】 | | |
| 刑法 | 第67条【自首；坦白】 | | |
| 刑法 | 第72条【缓刑的条件、禁止令与附加刑的执行】 | | |
| 刑法 | 第73条【缓刑考验期限】 | | |
| 刑法 | 第158条【虚报注册资本罪】 | | |

**第200条【抽逃出资的法律责任】** ★

公司的发起人、股东在公司成立后，抽逃其出资的，由公司登记机关责令改正，处以所抽逃出资金额百分之五以上百分之十五以下的罚款。

■ 主要适用的案由及其相关度

| 案由编号 | 主要适用的案由 | 相关度 |
|---|---|---|
| M4.10.89.4 | 民间借贷纠纷 | |
| M8.21.242 | 股东资格确认纠纷 | |

### ■ 同时适用的法条及其相关度

| | | 同时适用的法条 | 相关度 |
|---|---|---|---|
| 0791 | 合同法 | 第206条【借款期限的认定】 | |
| | | 第207条【借款合同违约责任承担:支付利息】 | |
| 0085 | 公司法 | 第3条【公司法人制度】 | |
| | | 第11条【公司的章程及其效力】 | |
| | | 第20条【禁止股东权利滥用;滥用股东权利的法律责任】 | |
| | | 第23条【有限责任公司的设立条件】 | |
| | | 第25条【有限责任公司章程应载明事项】 | |
| | | 第29条【有限责任公司的设立登记】 | |
| | | 第32条【股东名册的载明事项和效力;股东名册的登记管理】 | |
| | | 第33条【股东的知情权;股东查阅公司会计账册的权利及司法救济】 | |
| | | 第35条【股东不得抽逃出资的义务】 | |
| | | 第114条【董事会成员兼任经理的规定】 | |
| 0823 | 担保法 | 第18条【保证合同中连带责任的承担】 | |
| | | 第19条【保证方式不明时:连带责任担保】 | |
| | | 第21条【保证担保的范围;没有约定、约定不明时的担保范围】 | |
| 0812 | 民法通则 | 第90条【借贷关系】 | |
| | | 第108条【债务清偿:分期偿还、强制偿还】 | |
| 0890 | 公司登记管理条例 | 第9条【公司的登记事项】 | |

**第201条【公司在法定账簿以外另立会计账簿的法律责任】** ★

公司违反本法规定,在法定的会计账簿以外另立会计账簿的,由县级以上人民政府财政部门责令改正,处以五万元以上五十万元以下的罚款。

■ 主要适用的案由及其相关度

| 案由编号 | 主要适用的案由 | 相关度 |
|---|---|---|
| M8.21.242 | 股东资格确认纠纷 | |

■ 同时适用的法条及其相关度

| | 同时适用的法条 | 相关度 | |
|---|---|---|---|
| 公司法 | 第22条【股东会、股东大会、董事会决议的效力;股东对于会议决议的撤销之诉】 | | 0085 |
| 公司法司法解释三 | 第18条【未履行或未全面履行出资义务的有限责任公司股东转让股权后与受让人负有连带的出资义务】 | | 0915 |

### 第202条【公司提供虚假财务会计报告等材料的法律责任】 ★

公司在依法向有关主管部门提供的财务会计报告等材料上作虚假记载或者隐瞒重要事实的,由有关主管部门对直接负责的主管人员和其他直接责任人员处以三万元以上三十万元以下的罚款。

■ 主要适用的案由及其相关度

| 案由编号 | 主要适用的案由 | 相关度 |
|---|---|---|
| M4.10.89 | 借款合同纠纷 | |

■ 同时适用的法条及其相关度

| | 同时适用的法条 | 相关度 | |
|---|---|---|---|
| 合同法 | 第8条【合同约束力】 | | 0791 |
| 合同法 | 第62条【合同内容约定不明确的处理规则;合同漏洞的填补】 | | |
| 合同法 | 第205条【借款合同的利息支付义务】 | | |
| 合同法 | 第211条【自然人之间借款合同利息的规制】 | | |
| 公司法 | 第149条【董事、监事、高级管理人员对于所造成的公司损害的赔偿责任】 | | 0085 |

第203条【公司未提取法定公积金的法律责任】
　　公司不依照本法规定提取法定公积金的,由县级以上人民政府财政部门责令如数补足应当提取的金额,可以对公司处以二十万元以下的罚款。①

第204条【公司在合并、分立、减少注册资本或者进行清算时未履行通知或公告债权人义务的法律责任;公司清算时违法行为的法律责任】　★
　　公司在合并、分立、减少注册资本或者进行清算时,不依照本法规定通知或者公告债权人的,由公司登记机关责令改正,对公司处以一万元以上十万元以下的罚款。
　　公司在进行清算时,隐匿财产,对资产负债表或者财产清单作虚假记载或者在未清偿债务前分配公司财产的,由公司登记机关责令改正,对公司处以隐匿财产或者未清偿债务前分配公司财产金额百分之五以上百分之十以下的罚款;对直接负责的主管人员和其他直接责任人员处以一万元以上十万元以下的罚款。

▇ 主要适用的案由及其相关度

| 案由编号 | 主要适用的案由 | 相关度 |
|---|---|---|
| M8.21 | 与公司有关的纠纷 | |

▇ 同时适用的法条及其相关度

| | 同时适用的法条 | 相关度 |
|---|---|---|
| 公司法 | 第35条【股东不得抽逃出资的义务】 | |
| | 第179条【公司变更的登记制度】 | |
| 合同法 | 第60条【合同履行的原则】 | |
| | 第91条【合同权利义务终止的法定情形】 | |

第205条【清算期间开展与清算无关的经营活动的法律责任】　★
　　公司在清算期间开展与清算无关的经营活动的,由公司登记机关予以警告,没收违法所得。

---

　　① 说明:本法条尚无足够数量判决书可供法律大数据分析。

## 主要适用的案由及其相关度

| 案由编号 | 主要适用的案由 | 相关度 |
|---|---|---|
| M4.10.89.4 | 民间借贷纠纷 | |
| M4.10.89.1 | 金融借款合同纠纷 | |

## 同时适用的法条及其相关度

| | 同时适用的法条 | 相关度 |
|---|---|---|
| 公司法 | 第3条【公司法人制度】 | |
| | 第21条【关联交易的限制】 | |
| | 第43条【有限责任公司股东会的议事方式和表决程序】 | |
| | 第64条【国有独资公司的定义及其设立和组织机构的法律适用】 | |
| | 第87条【公开募股的承销方式】 | |
| | 第107条【股份有限公司股东大会会议记录的制作与保存】 | |
| | 第196条【外国公司分支机构的活动原则】 | |
| | 第206条【违法报送清算报告的法律责任;清算组成员违法行为的法律责任】 | |
| | 第207条【承担资产评估、验资或者验证的中介机构的法律责任:提供虚假材料、提供有重大遗漏的报告;因报告不实造成损失】 | |
| | 第208条【登记机关违法登记的法律责任】 | |
| | 第210条【未登记而冒用公司名义的法律责任】 | |

| | | 同时适用的法条 | 相关度 |
|---|---|---|---|
| 0823 | 担保法 | 第12条【多人保证责任的承担】 | |
| | | 第19条【保证方式不明时:连带责任担保】 | |
| | | 第21条【保证担保的范围;没有约定、约定不明时的担保范围】 | |
| | | 第31条【保证人的追偿权】 | |
| 0791 | 合同法 | 第20条【要约失效的情形】 | |
| | | 第64条【向第三人履行】 | |
| 0812 | 民法通则 | 第20条【宣告失踪的条件】 | |
| | | 第87条【连带债权与连带债务】 | |
| 0834 | 物权法 | 第187条【不动产抵押的登记要件主义】 | |
| 0929 | 担保法司法解释 | 第126条【连带保证债权人的诉权】 | |

**第206条【违法报送清算报告的法律责任;清算组成员违法行为的法律责任】** ★

清算组不依照本法规定向公司登记机关报送清算报告,或者报送清算报告隐瞒重要事实或者有重大遗漏的,由公司登记机关责令改正。

清算组成员利用职权徇私舞弊、谋取非法收入或者侵占公司财产的,由公司登记机关责令退还公司财产,没收违法所得,并可以处以违法所得一倍以上五倍以下的罚款。

■ 主要适用的案由及其相关度

| 案由编号 | 主要适用的案由 | 相关度 |
|---|---|---|
| M4.10.89.4 | 民间借贷纠纷 | |
| M4.10.74 | 买卖合同纠纷 | |
| M4.10.89.1 | 金融借款合同纠纷 | |

■ 同时适用的法条及其相关度

| | 同时适用的法条 | 相关度 |
|---|---|---|
| 公司法 | 第3条【公司法人制度】 | 0085 |
| | 第21条【关联交易的限制】 | |
| | 第43条【有限责任公司股东会的议事方式和表决程序】 | |
| | 第64条【国有独资公司的定义及其设立和组织机构的法律适用】 | |
| | 第66条【国有独资公司股东权的行使】 | |
| | 第87条【公开募股的承销方式】 | |
| | 第107条【股份有限公司股东大会会议记录的制作与保存】 | |
| | 第181条【公司通过修改公司章程而存续的办法及其表决程序】 | |
| | 第183条【公司的解散清算：清算组的人员组成，债权人请求法院指定有关人员成立清算组的权利】 | |
| | 第184条【清算组的职权】 | |
| | 第185条【债权申报程序】 | |
| | 第187条【公司解散清算转破产；清算事务的移交】 | |
| | 第196条【外国公司分支机构的活动原则】 | |
| | 第205条【清算期间开展与清算无关的经营活动的法律责任】 | |
| | 第207条【承担资产评估、验资或者验证的中介机构的法律责任：提供虚假材料、提供有重大遗漏的报告；因报告不实造成损失】 | |
| | 第208条【登记机关违法登记的法律责任】 | |
| | 第210条【未登记而冒用公司名义的法律责任】 | |

| | | 同时适用的法条 | 相关度 |
|---|---|---|---|
| 0823 | 担保法 | 第12条【多人保证责任的承担】 | |
| | | 第19条【保证方式不明时:连带责任担保】 | |
| | | 第21条【保证担保的范围;没有约定、约定不明时的担保范围】 | |
| | | 第26条【连带保证的保证期间】 | |
| | | 第31条【保证人的追偿权】 | |
| 0791 | 合同法 | 第7条【公序良俗原则】 | |
| | | 第20条【要约失效的情形】 | |
| | | 第56条【合同无效或被撤销的溯及力;部分无效不影响其他独立部分的效力】 | |
| | | 第58条【合同无效或被撤销的法律后果】 | |
| | | 第60条【合同履行的原则】 | |
| | | 第62条【合同内容约定不明确的处理规则;合同漏洞的填补】 | |
| | | 第64条【向第三人履行】 | |
| | | 第107条【合同约束力:违约责任】 | |
| | | 第161条【买受人支付价款的时间】 | |
| | | 第205条【借款合同的利息支付义务】 | |
| | | 第206条【借款期限的认定】 | |
| | | 第207条【借款合同违约责任承担:支付利息】 | |
| 0812 | 民法通则 | 第20条【宣告失踪的条件】 | |
| | | 第87条【连带债权与连带债务】 | |
| 0834 | 物权法 | 第187条【不动产抵押的登记要件主义】 | |
| 0920 | 公司法司法解释二 | 第11条【债权申报程序】 | |
| 0929 | 担保法司法解释 | 第126条【连带保证债权人的诉权】 | |

第207条【承担资产评估、验资或者验证的中介机构的法律责任：提供虚假材料、提供有重大遗漏的报告；因报告不实造成损失】 ★

承担资产评估、验资或者验证的机构提供虚假材料的，由公司登记机关没收违法所得，处以违法所得一倍以上五倍以下的罚款，并可以由有关主管部门依法责令该机构停业、吊销直接责任人员的资格证书，吊销营业执照。

承担资产评估、验资或者验证的机构因过失提供有重大遗漏的报告的，由公司登记机关责令改正，情节较重的，处以所得收入一倍以上五倍以下的罚款，并可以由有关主管部门依法责令该机构停业、吊销直接责任人员的资格证书，吊销营业执照。

承担资产评估、验资或者验证的机构因其出具的评估结果、验资或者验证证明不实，给公司债权人造成损失的，除能够证明自己没有过错外，在其评估或者证明不实的金额范围内承担赔偿责任。

■ 主要适用的案由及其相关度

| 案由编号 | 主要适用的案由 | 相关度 |
|---|---|---|
| M4.10.89 | 借款合同纠纷 | |
| M4.10.89.4 | 民间借贷纠纷 | |

■ 同时适用的法条及其相关度

| | 同时适用的法条 | 相关度 |
|---|---|---|
| 公司法 | 第3条【公司法人制度】 | |
| | 第21条【关联交易的限制】 | |
| | 第63条【一人有限责任公司的法人人格否认制度】 | |
| | 第64条【国有独资公司的定义及其设立和组织机构的法律适用】 | |
| | 第66条【国有独资公司股东权的行使】 | |
| | 第107条【股份有限公司股东大会会议记录的制作与保存】 | |

| | | 同时适用的法条 | 相关度 |
|---|---|---|---|
| 0085 | 公司法 | 第183条【公司的解散清算:清算组的人员组成,债权人请求法院指定有关人员成立清算组的权利】 | |
| | | 第184条【清算组的职权】 | |
| | | 第185条【债权申报程序】 | |
| | | 第196条【外国公司分支机构的活动原则】 | |
| | | 第205条【清算期间开展与清算无关的经营活动的法律责任】 | |
| | | 第206条【违法报送清算报告的法律责任;清算组成员违法行为的法律责任】 | |
| | | 第208条【登记机关违法登记的法律责任】 | |
| | | 第210条【未登记而冒用公司名义的法律责任】 | |
| | | 第211条【逾期开业、违法停业的法律责任】 | |
| 0791 | 合同法 | 第8条【合同约束力】 | |
| | | 第20条【要约失效的情形】 | |
| | | 第60条【合同履行的原则】 | |
| | | 第63条【合同价格的确定】 | |
| | | 第64条【向第三人履行】 | |
| | | 第206条【借款期限的认定】 | |
| | | 第207条【借款合同违约责任承担:支付利息】 | |
| 0823 | 担保法 | 第12条【多人保证责任的承担】 | |
| | | 第19条【保证方式不明时:连带责任担保】 | |
| | | 第21条【保证担保的范围;没有约定、约定不明时的担保范围】 | |
| | | 第26条【连带保证的保证期间】 | |
| | | 第31条【保证人的追偿权】 | |
| 0834 | 物权法 | 第187条【不动产抵押的登记要件主义】 | |

| | 同时适用的法条 | 相关度 | |
|---|---|---|---|
| 公司法司法解释二 | 第11条【债权申报程序】 | | 0920 |
| 审计活动侵权赔偿规定 | 第1条【法院受理注册会计师出具不实报告致人损失的民事侵权赔偿诉讼】 | | 0979 |
| | 第2条【注册会计师法规定的利害关系人:因合理信赖或使用会计师事务所的不实报告进行交易而遭受损失的自然人、法人或其他组织;不实报告的认定】 | | |
| 公司法司法解释三 | 第13条【未履行或未全面履行出资义务的股东对于公司债务承担补充责任;发起人的连带责任;董事、高级管理人员的不真正连带责任】 | | 0915 |
| 担保法司法解释 | 第126条【连带保证债权人的诉权】 | | 0929 |

### 第208条【登记机关违法登记的法律责任】 ★

公司登记机关对不符合本法规定条件的登记申请予以登记,或者对符合本法规定条件的登记申请不予登记的,对直接负责的主管人员和其他直接责任人员,依法给予行政处分。

■ 主要适用的案由及其相关度

| 案由编号 | 主要适用的案由 | 相关度 |
|---|---|---|
| M4.10.70 | 债权转让合同纠纷 | |
| M4.10.74 | 买卖合同纠纷 | |
| M4.10.89.4 | 民间借贷纠纷 | |

■ 同时适用的法条及其相关度

| | 同时适用的法条 | 相关度 | |
|---|---|---|---|
| 公司法 | 第3条【公司法人制度】 | | 0085 |
| | 第21条【关联交易的限制】 | | |

|  |  | 同时适用的法条 | 相关度 |
|---|---|---|---|
| 0085 | 公司法 | 第28条【股东出资义务的履行及其违约责任】 |  |
|  |  | 第196条【外国公司分支机构的活动原则】 |  |
|  |  | 第205条【清算期间开展与清算无关的经营活动的法律责任】 |  |
|  |  | 第206条【违法报送清算报告的法律责任;清算组成员违法行为的法律责任】 |  |
|  |  | 第207条【承担资产评估、验资或者验证的中介机构的法律责任:提供虚假材料、提供有重大遗漏的报告;因报告不实造成损失】 |  |
|  |  | 第210条【未登记而冒用公司名义的法律责任】 |  |
| 0791 | 合同法 | 第20条【要约失效的情形】 |  |
|  |  | 第60条【合同履行的原则】 |  |
|  |  | 第79条【债权人不得转让合同权利的情形】 |  |
|  |  | 第80条【债权人转让债权的通知义务】 |  |
|  |  | 第159条【买受人应支付价款的数额认定】 |  |
|  |  | 第161条【买受人支付价款的时间】 |  |
| 0812 | 民法通则 | 第108条【债务清偿:分期偿还、强制偿还】 |  |
| 0937 | 买卖合同司法解释 | 第24条【买卖合同逾期付款违约金的适用规则】 |  |

**第209条【登记机关的上级部门违法登记的法律责任】** ★

公司登记机关的上级部门强令公司登记机关对不符合本法规定条件的登记申请予以登记,或者对符合本法规定条件的登记申请不予登记的,或者对违法登记进行包庇的,对直接负责的主管人员和其他直接责任人员依法给予行政处分。

■ 主要适用的案由及其相关度

| 案由编号 | 主要适用的案由 | 相关度 |
|---|---|---|
| M4.10.74 | 买卖合同纠纷 |  |

| 案由编号 | 主要适用的案由 | 相关度 |
|---|---|---|
| M4.10.82.2 | 商品房预售合同纠纷 | |

■ 同时适用的法条及其相关度

| | 同时适用的法条 | 相关度 | |
|---|---|---|---|
| 公司法 | 第18条【公司的工会制度】 | | 0085 |
| | 第34条【股东红利分配规则;公司新增资本时股东的优先认购权】 | | |
| 合同法 | 第8条【合同约束力】 | | 0791 |
| | 第113条【违约责任的承担:损失赔偿】 | | |
| | 第159条【买受人应支付价款的数额认定】 | | |
| | 第161条【买受人支付价款的时间】 | | |

**第210条【未登记而冒用公司名义的法律责任】** ★

未依法登记为有限责任公司或者股份有限公司,而冒用有限责任公司或者股份有限公司名义的,或者未依法登记为有限责任公司或者股份有限公司的分公司,而冒用有限责任公司或者股份有限公司的分公司名义的,由公司登记机关责令改正或者予以取缔,可以并处十万元以下的罚款。

■ 主要适用的案由及其相关度

| 案由编号 | 主要适用的案由 | 相关度 |
|---|---|---|
| M4.10 | 合同纠纷 | |
| M8.21 | 与公司有关的纠纷 | |
| M4.10.89.4 | 民间借贷纠纷 | |

■ 同时适用的法条及其相关度

| | 同时适用的法条 | 相关度 | |
|---|---|---|---|
| 合同法 | 第20条【要约失效的情形】 | | 0791 |
| | 第52条【合同无效的情形】 | | |
| | 第58条【合同无效或被撤销的法律后果】 | | |

| | | 同时适用的法条 | 相关度 |
|---|---|---|---|
| 0812 | 民法通则 | 第30条【个人合伙】 | |
| | | 第35条【民事合伙的债务承担规则】 | |
| 0085 | 公司法 | 第3条【公司法人制度】 | |
| | | 第21条【关联交易的限制】 | |
| | | 第179条【公司变更的登记制度】 | |
| | | 第196条【外国公司分支机构的活动原则】 | |
| | | 第205条【清算期间开展与清算无关的经营活动的法律责任】 | |
| | | 第206条【违法报送清算报告的法律责任;清算组成员违法行为的法律责任】 | |
| | | 第207条【承担资产评估、验资或者验证的中介机构的法律责任:提供虚假材料、提供有重大遗漏的报告;因报告不实造成损失】 | |
| | | 第208条【登记机关违法登记的法律责任】 | |
| 0915 | 公司法司法解释三 | 第1条【公司发起人的认定】 | |

**第211条【逾期开业、违法停业的法律责任】** ★

公司成立后无正当理由超过六个月未开业的,或者开业后自行停业连续六个月以上的,可以由公司登记机关吊销营业执照。

公司登记事项发生变更时,未依照本法规定办理有关变更登记的,由公司登记机关责令限期登记;逾期不登记的,处以一万元以上十万元以下的罚款。

■ 主要适用的案由及其相关度

| 案由编号 | 主要适用的案由 | 相关度 |
|---|---|---|
| M4.10.100.7 | 装饰装修合同纠纷 | |
| M4.10.89.4 | 民间借贷纠纷 | |

## 同时适用的法条及其相关度

| | 同时适用的法条 | 相关度 | |
|---|---|---|---|
| 合同法 | 第64条【向第三人履行】 | | 0791 |
| | 第113条【违约责任的承担:损失赔偿】 | | |
| | 第123条【其他法律对合同有规定依照其规定;特别法优先适用】 | | |
| 民法通则 | 第41条【全民所有制企业、集体所有制企业取得法人资格的条件;中外合资经营企业、中外合作经营企业和外资企业取得中国法人资格的条件】 | | 0812 |
| | 第55条【民事法律行为的有效条件】 | | |
| 公司法 | 第64条【国有独资公司的定义及其设立和组织机构的法律适用】 | | 0085 |
| | 第107条【股份有限公司股东大会会议记录的制作与保存】 | | |
| | 第207条【承担资产评估、验资或者验证的中介机构的法律责任:提供虚假材料、提供有重大遗漏的报告;因报告不实造成损失】 | | |
| 消保法 | 第21条【经营者义务:标明真实名称和标记】 | | 0876 |
| | 第55条【经营者的惩罚性赔偿责任】 | | |
| 民通意见 | 第68条【欺诈行为】 | | 0934 |

**第212条【外国公司违法设立分支机构的法律责任】**

外国公司违反本法规定,擅自在中国境内设立分支机构的,由公司登记机关责令改正或者关闭,可以并处五万元以上二十万元以下的罚款。①

**第213条【利用公司名义从事危害国家安全、社会公共利益的严重违法行为的法律责任】**

利用公司名义从事危害国家安全、社会公共利益的严重违法行为的,

---

① 说明:本法条尚无足够数量判决书可供法律大数据分析。

吊销营业执照。①

**第214条【企业民事赔偿责任优先原则】**
公司违反本法规定,应当承担民事赔偿责任和缴纳罚款、罚金的,其财产不足以支付时,先承担民事赔偿责任。②

**第215条【违反公司法规定构成犯罪的刑事责任追究】** ★
违反本法规定,构成犯罪的,依法追究刑事责任。

■ 主要适用的案由及其相关度

| 案由编号 | 主要适用的案由 | 相关度 |
|---|---|---|
| M4.10.74 | 买卖合同纠纷 | |
| M8.21.256 | 损害公司利益责任纠纷 | |

■ 同时适用的法条及其相关度

| | | 同时适用的法条 | 相关度 |
|---|---|---|---|
| 0085 | 公司法 | 第184条【清算组的职权】 | |
| 0920 | 公司法司法解释一 | 第19条【有限责任公司的股东、股份有限公司的董事和控股股东以及公司实际控制人恶意处置公司财产损害债权人利益或未经清算骗取办理注销登记的赔偿责任】 | |
| | | 第20条【未经清算即办理注销登记的法律责任】 | |

## 第十三章 附则

**第216条【高级管理人员、控股股东、实际控制人、关联关系的法定含义】**
★★★

本法下列用语的含义:
(一)高级管理人员,是指公司的经理、副经理、财务负责人,上市公司

---

① 说明:本法条尚无足够数量判决书可供法律大数据分析。
② 说明:本法条尚无足够数量判决书可供法律大数据分析。

董事会秘书和公司章程规定的其他人员。

（二）控股股东，是指其出资额占有限责任公司资本总额百分之五十以上或者其持有的股份占股份有限公司股本总额百分之五十以上的股东；出资额或者持有股份的比例虽然不足百分之五十，但依其出资额或者持有的股份所享有的表决权已足以对股东会、股东大会的决议产生重大影响的股东。

（三）实际控制人，是指虽不是公司的股东，但通过投资关系、协议或者其他安排，能够实际支配公司行为的人。

（四）关联关系，是指公司控股股东、实际控制人、董事、监事、高级管理人员与其直接或者间接控制的企业之间的关系，以及可能导致公司利益转移的其他关系。但是，国家控股的企业之间不仅因为同受国家控股而具有关联关系。

■ 主要适用的案由及其相关度

| 案由编号 | 主要适用的案由 | 相关度 |
|---|---|---|
| M4.10 | 合同纠纷 | ★★★★★ |

■ 同时适用的法条及其相关度

| | 同时适用的法条 | 相关度 | |
|---|---|---|---|
| 公司法 | 第3条【公司法人制度】 | ★★★★★ | 0085 |
| | 第63条【一人有限责任公司的法人人格否认制度】 | ★★★★★ | |
| 合同法 | 第8条【合同约束力】 | ★★★★★ | 0791 |
| | 第60条【合同履行的原则】 | ★★★★★ | |
| | 第94条【合同的法定解除；法定解除权】 | ★★★★★ | |
| | 第108条【预期违约责任】 | ★★★★★ | |
| | 第114条【违约金的数额及其调整】 | ★★★★★ | |
| 合同法司法解释二 | 第29条【违约金的数额及其调整】 | ★★★★★ | 0925 |
| 商品房买卖合同纠纷司法解释 | 第22条【商品房买卖纠纷中包销人的诉讼地位】 | ★★★★★ | 0927 |

# 第217条【外商投资公司适用公司法的有关规定及例外】 ★★

外商投资的有限责任公司和股份有限公司适用本法;有关外商投资的法律另有规定的,适用其规定。

■ 主要适用的案由及其相关度

| 案由编号 | 主要适用的案由 | 相关度 |
| --- | --- | --- |
| M8.24.298.3 | 证券虚假陈述责任纠纷 | ★★★★★ |
| M6.17 | 劳动争议 | ★★★ |
| M8.21.256 | 损害公司利益责任纠纷 | ★★ |
| M4.10.89.4 | 民间借贷纠纷 | ★ |
| M4.10.74 | 买卖合同纠纷 | ★ |
| M8.21.245 | 股东出资纠纷 | ★ |

■ 同时适用的法条及其相关度

| | | 同时适用的法条 | 相关度 |
| --- | --- | --- | --- |
| 0812 | 民法通则 | 第106条【民事责任归责原则:违约责任,无过错责任原则;侵权责任,过错责任、无过错责任】 | ★★★★★ |
| | | 第117条【侵害财产权的责任承担方式:返还财产、折价赔偿;恢复原状、折价赔偿;赔偿损失】 | ★ |
| 0846 | 证券法 | 第63条【发行人和上市公司的信息真实、准确、完整披露的义务】 | ★★★★★ |
| | | 第69条【违反信息披露义务的法律责任】 | ★★★★★ |
| 0791 | 合同法 | 第60条【合同履行的原则】 | ★★★ |
| | | 第107条【合同约束力:违约责任】 | ★★ |
| | | 第8条【合同约束力】 | ★ |
| | | 第44条【合同成立条件与时间】 | ★ |
| | | 第52条【合同无效的情形】 | ★ |
| | | 第93条【合同的意定解除:协商一致;约定条件成就】 | ★ |

| | 同时适用的法条 | 相关度 | |
|---|---|---|---|
| 合同法 | 第94条【合同的法定解除；法定解除权】 | ★ | 0791 |
| | 第96条【合同解除权的行使规则】 | ★ | |
| | 第114条【违约金的数额及其调整】 | ★ | |
| | 第159条【买受人应支付价款的数额认定】 | ★ | |
| | 第161条【买受人支付价款的时间】 | ★ | |
| | 第206条【借款期限的认定】 | ★ | |
| | 第207条【借款合同违约责任承担：支付利息】 | ★ | |
| | 第211条【自然人之间借款合同利息的规制】 | ★ | |
| 公司法 | 第148条【禁止董事、高级管理人员实施的行为】 | ★★ | 0085 |
| | 第149条【董事、监事、高级管理人员对于所造成的公司损害的赔偿责任】 | ★★ | |
| | 第181条【公司通过修改公司章程而存续的办法及其表决程序】 | ★★ | |
| | 第184条【清算组的职权】 | ★★ | |
| | 第16条【公司对外投资或为他人提供担保的条件和限制】 | ★ | |
| | 第20条【禁止股东权利滥用；滥用股东权利的法律责任】 | ★ | |
| | 第21条【关联交易的限制】 | ★ | |
| | 第33条【股东的知情权；股东查阅公司会计账册的权利及司法救济】 | ★ | |
| | 第50条【小型有限责任公司执行董事的设立】 | ★ | |
| 劳动合同法 | 第46条【经济补偿金的支付】 | ★★ | 0849 |
| | 第47条【经济补偿金的支付标准】 | ★★ | |
| | 第38条【劳动者单方解除劳动合同】 | ★ | |
| | 第87条【用人单位违法解除或终止劳动合同的赔偿金与经济补偿金的关系】 | ★ | |

| | | 同时适用的法条 | 相关度 |
|---|---|---|---|
| 0823 | 担保法 | 第18条【保证合同中连带责任的承担】 | ★ |
| | | 第31条【保证人的追偿权】 | ★ |
| 0901 | 劳动合同法实施条例 | 第27条【经济补偿月工资的计算】 | ★ |
| | 证券虚假陈述案件规定 | 第2条【投资人的定义;证券市场的定义】 | ★★★★★ |
| | | 第17条【证券市场虚假陈述、重大事件、虚假记载、误导性陈述、重大遗漏、不正当披露的定义】 | ★★★★★ |
| | | 第18条【法院应当认定虚假陈述与损害结果之间存在因果关系的情形】 | ★★★★★ |
| | | 第19条【法院认定虚假陈述与损害结果之间不存在因果关系的情形】 | ★★★★★ |
| | | 第20条【虚假陈述实施日的定义;虚假陈述揭露日的定义;虚假陈述更正日的定义】 | ★★★★★ |
| | | 第21条【发起人、发行人或上市公司虚假陈述给投资人造成损失的赔偿责任;发行人、上市公司负有责任的董监高承担连带责任及责任免除】 | ★★★★★ |
| | | 第30条【虚假陈述行为人在证券交易市场承担民事赔偿责任的范围以投资人实际损失为限;投资人实际损失资金利息】 | ★★★★★ |
| | | 第31条【投资人在基准日及以前卖出证券的投资差额损失的计算方式】 | ★★★★★ |
| | | 第32条【投资人在基准日之后卖出或仍持有证券的其投资差额损失的计算方式】 | ★★★★★ |
| | | 第33条【投资差额损失计算的基准日的定义及确定】 | ★★★★★ |
| 0920 | 公司法司法解释二 | 第18条【有限责任公司的股东、股份有限公司的董事、控股股东和实际控制人在清算中怠于履行义务的赔偿责任】 | ★★ |

| | 同时适用的法条 | 相关度 | |
|---|---|---|---|
| 公司法司法解释三 | 第14条【抽逃出资的法律责任】 | ★ | 0915 |
| 担保法司法解释 | 第42条【保证人追偿权的行使与诉讼时效】 | ★ | 0929 |

## 第218条【公司法的施行日期】 ★

本法自2006年1月1日起施行。

■ 主要适用的案由及其相关度

| 案由编号 | 主要适用的案由 | 相关度 |
|---|---|---|
| M8.21 | 与公司有关的纠纷 | |
| M8.21.255 | 损害股东利益责任纠纷 | |
| M8.21.257 | 股东损害公司债权人利益责任纠纷 | |
| M8.21.262 | 公司增资纠纷 | |
| M2.2.12 | 离婚后财产纠纷 | |
| M4.10 | 合同纠纷 | |
| M8.21.245 | 股东出资纠纷 | |
| M8.21.249 | 股权转让纠纷 | |
| M8.21.254 | 公司盈余分配纠纷 | |

■ 同时适用的法条及其相关度

| | 同时适用的法条 | 相关度 | |
|---|---|---|---|
| 合同法 | 第6条【诚实信用原则】 | | 0791 |
| | 第44条【合同成立条件与时间】 | | |
| | 第51条【无权处分合同的效力:经追认或取得处分权的有效】 | | |
| | 第60条【合同履行的原则】 | | |
| | 第94条【合同的法定解除;法定解除权】 | | |

|  | | 同时适用的法条 | 相关度 |
|---|---|---|---|
| 0085 | 公司法 | 第13条【公司的法定代表人】 | |
| | | 第22条【股东会、股东大会、董事会决议的效力;股东对于会议决议的撤销之诉】 | |
| | | 第26条【有限责任公司注册资本认缴制;注册资本特别规定】 | |
| | | 第28条【股东出资义务的履行及其违约责任】 | |
| | | 第33条【股东的知情权;股东查阅公司会计账册的权利及司法救济】 | |
| | | 第35条【股东不得抽逃出资的义务】 | |
| | | 第38条【有限责任公司首次股东会会议的召集和主持】 | |
| | | 第40条【有限责任公司股东会会议的召集与主持】 | |
| | | 第41条【股东会会议的召集通知及会议记录】 | |
| | | 第64条【国有独资公司的定义及其设立和组织机构的法律适用】 | |
| | | 第72条【有限责任公司股权强制转让中的优先购买权】 | |
| | | 第181条【公司通过修改公司章程而存续的办法及其表决程序】 | |
| | | 第184条【清算组的职权】 | |
| 0878 | 中外合资经营企业法 | 第2条【中国政府保护外国合营者的合法权益;合营企业应遵守中国法的规定;禁止对合营企业实行国有化;对合营企业实行征收的限制】 | |
| | | 第4条【合营企业的组织形式;外国合营者投资比例的限制;合营者的利润分配规则和注册资本转让的限制】 | |
| | | 第8条【合营企业的利润分配规则;合营企业的纳税义务及税收优惠;外国合营者将净利润在中国境内再投资时的税收优惠】 | |

| | 同时适用的法条 | 相关度 | |
|---|---|---|---|
| 企业所得税法 | 第3条【企业所得税的缴纳范围】 | | 0884 |
| | 第37条【源泉扣缴】 | | |
| 担保法 | 第90条【定金的形式要求;生效时间】 | | 0823 |
| 民法通则 | 第55条【民事法律行为的有效条件】 | | 0812 |
| 涉外民事关系法律适用法 | 第3条【涉外法律的选择适用】 | | 0879 |
| 婚姻法 | 第17条【夫妻共有财产的范围】 | | 0865 |
| 公司登记管理条例 | 第26条【公司变更登记】 | | 0890 |
| | 第30条【公司变更法定代表人的变更登记】 | | |
| | 第38条【公司合并、分立的登记】 | | |
| 中外合资经营企业法实施条例 | 第91条【合营企业的清算】 | | 0909 |
| 公司法司法解释二 | 第18条【有限责任公司的股东、股份有限公司的董事、控股股东和实际控制人在清算中怠于履行义务的赔偿责任】 | | 0920 |
| 第二次涉外商事海事审判纪要 | 第1条【因追加当事人而使得案件具有涉外因素的属于涉外商事纠纷案件】 | | 0983 |
| 公司法司法解释三 | 第24条【隐名股东与名义股东:投资权益归属、实际履行出资义务;变更登记】 | | 0915 |

# 中华人民共和国企业破产法①

★★★★★

(2006年8月27日由中华人民共和国第十届全国人民代表大会常务委员会第二十三次会议通过,自2007年6月1日起施行)

## 第一章　总则

**第1条【企业破产法的立法宗旨】**　　　　　　　　　　　　★★

为规范企业破产程序,公平清理债权债务,保护债权人和债务人的合法权益,维护社会主义市场经济秩序,制定本法。

■ 主要适用的案由及其相关度

| 案由编号 | 主要适用的案由 | 相关度 |
|---|---|---|
| M6.17.169 | 劳动合同纠纷 | ★★★★★ |
| M8.23.273 | 请求撤销个别清偿行为纠纷 | ★★★ |
| M8.23.283 | 破产撤销权纠纷 | ★★ |
| M8.23.279 | 破产债权确认纠纷 | ★ |

■ 同时适用的法条及其相关度

| | | 同时适用的法条 | 相关度 |
|---|---|---|---|
| 0849 | 劳动合同法 | 第1条【劳动合同法的立法目的】 | ★★★★★ |
| 0843 | 劳动法 | 第1条【劳动法立法目的】 | ★★★ |

---

①　简称《企业破产法》。

|  | 同时适用的法条 | 相关度 | |
|---|---|---|---|
| 企业破产法 | 第2条【公司解散清算转破产；清算事务的移交】 | ★★★ | 0456 |
| | 第32条【破产管理人对个别清偿的撤销权及其例外规定】 | ★★★ | |
| 担保法 | 第18条【保证合同中连带责任的承担】 | ★ | 0823 |
| | 第31条【保证人的追偿权】 | ★ | |
| 劳动合同法实施条例 | 第1条【劳动合同法实施条例的立法目的】 | ★★★ | 0901 |

**第2条【公司解散清算转破产；清算事务的移交】** ★

企业法人不能清偿到期债务，并且资产不足以清偿全部债务或者明显缺乏清偿能力的，依照本法规定清理债务。

企业法人有前款规定情形，或者有明显丧失清偿能力可能的，可以依照本法规定进行重整。

■ 主要适用的案由及其相关度

| 案由编号 | 主要适用的案由 | 相关度 |
|---|---|---|
| M8.23.273 | 请求撤销个别清偿行为纠纷 | ★★★★★ |
| M8.23.283 | 破产撤销权纠纷 | ★★★ |

■ 同时适用的法条及其相关度

|  | 同时适用的法条 | 相关度 | |
|---|---|---|---|
| 企业破产法 | 第32条【破产管理人对个别清偿的撤销权及其例外规定】 | ★★★★★ | 0456 |
| | 第9条【破产申请的撤回】 | ★★★ | |
| | 第3条【破产案件的管辖法院】 | ★★ | |
| | 第34条【破产管理人对债务人财产的追回权】 | ★★ | |
| | 第1条【企业破产法的立法宗旨】 | ★ | |
| | 第12条【人民法院不受理破产申请的理由说明义务；驳回破产申请的规定情形及申请人的救济程序】 | ★ | |

| | 同时适用的法条 | 相关度 |
|---|---|---|
| 企业破产法 | 第17条【破产开始后债务人的债务人或财产持有人的清偿债务、交付财产义务】 | ★ |
| | 第25条【破产管理人的职责】 | ★ |
| | 第40条【债权人在破产程序中可主张抵销的债权和不可抵消的债权】 | ★ |

0456

**第3条【破产案件的管辖法院】**
破产案件由债务人住所地人民法院管辖。

■ 主要适用的案由及其相关度

| 案由编号 | 主要适用的案由 | 相关度 |
|---|---|---|
| M8.23.283 | 破产撤销权纠纷 | |

■ 同时适用的法条及其相关度

| | 同时适用的法条 | 相关度 |
|---|---|---|
| 企业破产法 | 第2条【公司解散清算转破产；清算事务的移交】 | ★★★★★ |
| | 第12条【人民法院不受理破产申请的理由说明义务；驳回破产申请的规定情形及申请人的救济程序】 | ★★★★★ |
| | 第17条【破产开始后债务人的债务人或财产持有人的清偿债务、交付财产义务】 | ★★★★★ |
| | 第32条【破产管理人对个别清偿的撤销权及其例外规定】 | ★★★★★ |
| | 第9条【破产申请的撤回】 | ★★ |
| | 第40条【债权人在破产程序中可主张抵销的债权和不可抵消的债权】 | ★ |

0456

**第4条【破产案件审理程序的适用法律：破产法、民事诉讼法】**　★
破产案件审理程序,本法没有规定的,适用民事诉讼法的有关规定。

## 第二编 核心法律条文主要适用案由及关联法条索引 0459

■ 主要适用的案由及其相关度

| 案由编号 | 主要适用的案由 | 相关度 |
|---|---|---|
| M4.10.89.4 | 民间借贷纠纷 | |
| M4.10.89.5 | 小额借款合同纠纷 | |
| M8.23.283 | 破产撤销权纠纷 | |

■ 同时适用的法条及其相关度

| | 同时适用的法条 | 相关度 | |
|---|---|---|---|
| 企业破产法 | 第21条【破产申请受理后有关债务人的民事诉讼的管辖规定】 | | 0456 |
| | 第25条【破产管理人的职责】 | | |
| | 第31条【破产管理人的撤销请求权;破产债务人的可撤销行为】 | | |
| | 第32条【破产管理人对个别清偿的撤销权及其例外规定】 | | |
| | 第33条【涉及破产债务人财产的无效行为】 | | |
| | 第46条【破产时的债权期限与利息:未到期视为到期;停止计息】 | | |
| 合同法 | 第60条【合同履行的原则】 | | 0791 |
| | 第74条【债权人撤销权】 | | |
| 民法通则 | 第108条【债务清偿:分期偿还、强制偿还】 | | 0812 |
| 担保法 | 第12条【多人保证责任的承担】 | | 0823 |
| | 第18条【保证合同中连带责任的承担】 | | |
| 审理民间借贷案件规定 | 第6条【与民间借贷纠纷案件虽有关联但不是同一事实的涉嫌非法集资等犯罪的线索、材料的移送】 | | 0959 |
| | 第26条【民间借贷年利率的限定】 | | |
| | 第29条【逾期利率的确定规则】 | | |

| | 同时适用的法条 | 相关度 |
|---|---|---|
| 合同法司法解释二 | 第19条【明显不合理的低价的确认;视为明显不合理的低价的情形;视为明显不合理的高价的情形;债务人以明显不合理的高价收购他人财产的撤销】 | |

第5条【企业破产法的域外效力】

依照本法开始的破产程序,对债务人在中华人民共和国领域外的财产发生效力。

对外国法院作出的发生法律效力的破产案件的判决、裁定,涉及债务人在中华人民共和国领域内的财产,申请或者请求人民法院承认和执行的,人民法院依照中华人民共和国缔结或者参加的国际条约,或者按照互惠原则进行审查,认为不违反中华人民共和国法律的基本原则,不损害国家主权、安全和社会公共利益,不损害中华人民共和国领域内债权人的合法权益的,裁定承认和执行。①

第6条【破产企业职工合法权益的保障以及破产企业经营管理人员的法律责任追究】

人民法院审理破产案件,应当依法保障企业职工的合法权益,依法追究破产企业经营管理人员的法律责任。②

## 第二章 申请和受理

### 第一节 申请

第7条【破产程序的启动:破产债权人申请主义】

债务人有本法第二条规定的情形,可以向人民法院提出重整、和解或者破产清算申请。

债务人不能清偿到期债务,债权人可以向人民法院提出对债务人进行重整或者破产清算的申请。

企业法人已解散但未清算或者未清算完毕,资产不足以清偿债务的,依法负有清算责任的人应当向人民法院申请破产清算。

---

① 说明:本法条尚无足够数量判决书可供法律大数据分析。
② 说明:本法条尚无足够数量判决书可供法律大数据分析。

### 主要适用的案由及其相关度

| 案由编号 | 主要适用的案由 | 相关度 |
|---|---|---|
| M8.23.283 | 破产撤销权纠纷 | |

### 同时适用的法条及其相关度

| | 同时适用的法条 | 相关度 |
|---|---|---|
| 企业破产法 | 第31条【破产管理人的撤销请求权;破产债务人的可撤销行为】 | 0456 |

**第8条【破产申请的形式要件;破产申请书的载明事项】**

向人民法院提出破产申请,应当提交破产申请书和有关证据。

破产申请书应当载明下列事项:

(一)申请人、被申请人的基本情况;

(二)申请目的;

(三)申请的事实和理由;

(四)人民法院认为应当载明的其他事项。

债务人提出申请的,还应当向人民法院提交财产状况说明、债务清册、债权清册、有关财务会计报告、职工安置预案以及职工工资的支付和社会保险费用的缴纳情况。①

**第9条【破产申请的撤回】** ★

人民法院受理破产申请前,申请人可以请求撤回申请。

### 主要适用的案由及其相关度

| 案由编号 | 主要适用的案由 | 相关度 |
|---|---|---|
| M8.23.273 | 请求撤销个别清偿行为纠纷 | ★★★★★ |
| M8.23.283 | 破产撤销权纠纷 | ★★★ |

---

① 说明:本法条尚无足够数量判决书可供法律大数据分析。

■ 同时适用的法条及其相关度

| | 同时适用的法条 | 相关度 |
|---|---|---|
| 企业破产法 | 第 2 条【公司解散清算转破产；清算事务的移交】 | ★★★★★ |
| | 第 32 条【破产管理人对个别清偿的撤销权及其例外规定】 | ★★★★★ |
| | 第 34 条【破产管理人对债务人财产的追回权】 | ★★★ |
| | 第 16 条【人民法院受理破产申请后破产债务人的个别清偿债务行为无效】 | ★ |
| | 第 25 条【破产管理人的职责】 | ★ |
| | 第 31 条【破产管理人的撤销请求权；破产债务人的可撤销行为】 | ★ |

## 第二节 受理

**第 10 条【破产申请的受理期限】**

债权人提出破产申请的,人民法院应当自收到申请之日起五日内通知债务人。债务人对申请有异议的,应当自收到人民法院的通知之日起七日内向人民法院提出。人民法院应当自异议期满之日起十日内裁定是否受理。

除前款规定的情形外,人民法院应当自收到破产申请之日起十五日内裁定是否受理。

有特殊情况需要延长前两款规定的裁定受理期限的,经上一级人民法院批准,可以延长十五日。①

**第 11 条【受理破产申请裁定的送达；受理破产申请的裁定送达后债务人应向法院提交的有关文件及其期限】** ★

人民法院受理破产申请的,应当自裁定作出之日起五日内送达申请人。

债权人提出申请的,人民法院应当自裁定作出之日起五日内送达债务人。债务人应当自裁定送达之日起十五日内,向人民法院提交财产状况说明、债务清册、债权清册、有关财务会计报告以及职工工资的支付和社会保险费用的缴纳情况。

---

① 说明:本法条尚无足够数量判决书可供法律大数据分析。

■ 主要适用的案由及其相关度

| 案由编号 | 主要适用的案由 | 相关度 |
|---|---|---|
| M8.21.257 | 股东损害公司债权人利益责任纠纷 | |
| M4.11.128 | 不当得利纠纷 | |

■ 同时适用的法条及其相关度

| | 同时适用的法条 | 相关度 | |
|---|---|---|---|
| 公司法 | 第20条【禁止股东权利滥用;滥用股东权利的法律责任】 | | 0085 |
| | 第180条【公司的法定解散事由】 | | |
| | 第183条【公司的解散清算;清算组的人员组成,债权人请求法院指定有关人员成立清算组的权利】 | | |
| 企业破产法 | 第46条【破产时的债权期限与利息;未到期视为到期;停止计息】 | | 0456 |
| 公司法司法解释二 | 第18条【有限责任公司的股东、股份有限公司的董事、控股股东和实际控制人在清算中怠于履行义务的赔偿责任】 | | 0920 |

第12条【人民法院不受理破产申请的理由说明义务;驳回破产申请的规定情形及申请人的救济程序】　　★

　　人民法院裁定不受理破产申请的,应当自裁定作出之日起五日内送达申请人并说明理由。申请人对裁定不服的,可以自裁定送达之日起十日内向上一级人民法院提起上诉。

　　人民法院受理破产申请后至破产宣告前,经审查发现债务人不符合本法第二条规定情形的,可以裁定驳回申请。申请人对裁定不服的,可以自裁定送达之日起十日内向上一级人民法院提起上诉。

■ 主要适用的案由及其相关度

| 案由编号 | 主要适用的案由 | 相关度 |
|---|---|---|
| M8.23.283 | 破产撤销权纠纷 | |

| 案由编号 | 主要适用的案由 | 相关度 |
|---|---|---|
| M8.23.273 | 请求撤销个别清偿行为纠纷 | |
| M4.10.74 | 买卖合同纠纷 | |

■ 同时适用的法条及其相关度

| | 同时适用的法条 | 相关度 |
|---|---|---|
| 企业破产法 | 第 3 条【破产案件的管辖法院】 | ★★★★★ |
| | 第 32 条【破产管理人对个别清偿的撤销权及其例外规定】 | ★★★★ |
| | 第 2 条【公司解散清算转破产；清算事务的移交】 | ★★★ |
| | 第 17 条【破产开始后债务人的债务人或财产持有人的清偿债务、交付财产义务】 | ★★★ |
| | 第 31 条【破产管理人的撤销请求权；破产债务人的可撤销行为】 | ★ |

**第 13 条【破产管理人的指定】** ★

人民法院裁定受理破产申请的，应当同时指定管理人。

■ 主要适用的案由及其相关度

| 案由编号 | 主要适用的案由 | 相关度 |
|---|---|---|
| M4.10.82 | 房屋买卖合同纠纷 | |
| M8.23.275 | 对外追收债权纠纷 | |
| M8.23.283 | 破产撤销权纠纷 | |
| M4.10.74 | 买卖合同纠纷 | |

■ 同时适用的法条及其相关度

| | 同时适用的法条 | 相关度 |
|---|---|---|
| 企业破产法 | 第 2 条【公司解散清算转破产；清算事务的移交】 | |
| | 第 9 条【破产申请的撤回】 | |

| | 同时适用的法条 | 相关度 | |
|---|---|---|---|
| 企业破产法 | 第19条【破产申请受理后保全措施的解除和执行程序的中止】 | | 0456 |
| | 第20条【破产申请受理后有关债务人的民事诉讼或仲裁的处理规定:受理后中止、管理人接管后继续】 | | |
| | 第25条【破产管理人的职责】 | | |
| | 第31条【破产管理人的撤销请求权;破产债务人的可撤销行为】 | | |
| | 第32条【破产管理人对个别清偿的撤销权及其例外规定】 | | |
| | 第46条【破产时的债权期限与利息:未到期视为到期;停止计息】 | | |
| 合同法 | 第10条【合同订立形式;合同的形式】 | | 0791 |
| | 第60条【合同履行的原则】 | | |
| | 第61条【合同内容约定不明确的处理规则;合同漏洞的填补】 | | |
| | 第77条【变更合同的条件与要求】 | | |
| | 第196条【借款合同定义】 | | |
| 民法通则 | 第84条【债的界定】 | | 0812 |
| | 第108条【债务清偿:分期偿还、强制偿还】 | | |
| | 第137条【诉讼时效期间的起算日和最长保护期限】 | | |
| 买卖合同司法解释 | 第24条【买卖合同逾期付款违约金的适用规则】 | | 0937 |

**第14条【人民法院裁定受理破产申请后的通知与公告及其载明事项】** ★

人民法院应当自裁定受理破产申请之日起二十五日内通知已知债权人,并予以公告。

通知和公告应当载明下列事项:

（一）申请人、被申请人的名称或者姓名；
（二）人民法院受理破产申请的时间；
（三）申报债权的期限、地点和注意事项；
（四）管理人的名称或者姓名及其处理事务的地址；
（五）债务人的债务人或者财产持有人应当向管理人清偿债务或者交付财产的要求；
（六）第一次债权人会议召开的时间和地点；
（七）人民法院认为应当通知和公告的其他事项。

■ 主要适用的案由及其相关度

| 案由编号 | 主要适用的案由 | 相关度 |
| --- | --- | --- |
| M8.23.273 | 请求撤销个别清偿行为纠纷 | |
| M8.23.283 | 破产撤销权纠纷 | |
| M8.23.279.2 | 普通破产债权确认纠纷 | |
| M4.10.74 | 买卖合同纠纷 | |
| M4.10.89.1 | 金融借款合同纠纷 | |

■ 同时适用的法条及其相关度

| | 同时适用的法条 | 相关度 |
| --- | --- | --- |
| 企业破产法 | 第12条【人民法院不受理破产申请的理由说明义务；驳回破产申请的规定情形及申请人的救济程序】 | |
| | 第15条【破产程序开始后债务人有关人员的协助义务】 | |
| | 第16条【人民法院受理破产申请后破产债务人的个别清偿债务行为无效】 | |
| | 第20条【破产申请受理后有关债务人的民事诉讼或仲裁的处理规定：受理后中止、管理人接管后继续】 | |

| | 同时适用的法条 | 相关度 | |
|---|---|---|---|
| 企业破产法 | 第31条【破产管理人的撤销请求权;破产债务人的可撤销行为】 | | 0456 |
| | 第32条【破产管理人对个别清偿的撤销权及其例外规定】 | | |
| | 第46条【破产时的债权期限与利息:未到期视为到期;停止计息】 | | |
| 担保法 | 第18条【保证合同中连带责任的承担】 | | 0823 |
| | 第64条【质押合同的订立形式与质权生效时间】 | | |
| 合同法 | 第107条【合同约束力:违约责任】 | | 0791 |
| | 第109条【违约责任的承担:付款义务的继续履行】 | | |
| | 第205条【借款合同的利息支付义务】 | | |
| | 第206条【借款期限的认定】 | | |
| | 第207条【借款合同违约责任承担:支付利息】 | | |

**第15条【破产程序开始后债务人的有关人员的协助义务】** ★

自人民法院受理破产申请的裁定送达债务人之日起至破产程序终结之日,债务人的有关人员承担下列义务:

(一)妥善保管其占有和管理的财产、印章和账簿、文书等资料;

(二)根据人民法院、管理人的要求进行工作,并如实回答询问;

(三)列席债权人会议并如实回答债权人的询问;

(四)未经人民法院许可,不得离开住所地;

(五)不得新任其他企业的董事、监事、高级管理人员。

前款所称有关人员,是指企业的法定代表人;经人民法院决定,可以包括企业的财务管理人员和其他经营管理人员。

■ 主要适用的案由及其相关度

| 案由编号 | 主要适用的案由 | 相关度 |
|---|---|---|
| M4.10.67.2 | 确认合同无效纠纷 | |
| M8.23.273 | 请求撤销个别清偿行为纠纷 | |

| 案由编号 | 主要适用的案由 | 相关度 |
|---|---|---|
| M8.23.279 | 破产债权确认纠纷 | |
| M8.23.283 | 破产撤销权纠纷 | |
| M4.10.74 | 买卖合同纠纷 | |
| M4.10.100.3 | 建设工程施工合同纠纷 | |

■ 同时适用的法条及其相关度

| | 同时适用的法条 | 相关度 |
|---|---|---|
| 企业破产法 | 第2条【公司解散清算转破产;清算事务的移交】 | |
| | 第9条【破产申请的撤回】 | |
| | 第12条【人民法院不受理破产申请的理由说明义务;驳回破产申请的规定情形及申请人的救济程序】 | |
| | 第14条【人民法院裁定受理破产申请后的通知与公告及其载明事项】 | |
| | 第16条【人民法院受理破产申请后破产债务人的个别清偿债务行为无效】 | |
| | 第17条【破产开始后债务人的债务人或财产持有人的清偿债务、交付财产义务】 | |
| | 第18条【破产申请受理后尚未履行完毕合同的处理;管理人决定解除合同或继续履行的权利;管理人决定继续履行合同的法律后果:管理人提供担保的义务】 | |
| | 第25条【破产管理人的职责】 | |
| | 第30条【破产程序中债务人财产范围的认定】 | |
| | 第31条【破产管理人的撤销请求权;破产债务人的可撤销行为】 | |
| | 第32条【破产管理人对个别清偿的撤销权及其例外规定】 | |

| | 同时适用的法条 | 相关度 | |
|---|---|---|---|
| 企业破产法 | 第34条【破产管理人对债务人财产的追回权】 | | 0456 |
| | 第75条【重整期间担保权的行使；重整期间借款担保的设立】 | | |
| 合同法 | 第52条【合同无效的情形】 | | 0791 |
| | 第60条【合同履行的原则】 | | |
| | 第94条【合同的法定解除；法定解除权】 | | |
| | 第97条【合同解除的法律后果】 | | |
| | 第98条【结算条款、清理条款效力的独立性】 | | |
| | 第107条【合同约束力：违约责任】 | | |
| | 第269条【建设工程合同的定义】 | | |
| | 第284条【发包人致使工程中途停建、缓建的法律责任】 | | |
| | 第286条【承包人的建设工程优先受偿权】 | | |
| 民法通则 | 第48条【企业承担责任的财产范围：全民所有制企业以国家授予经营管理的财产承担；集体所有企业和三资企业以企业所有财产承担】 | | 0812 |
| 民通意见 | 第59条【企业法人解散、被撤销或宣告破产后的清算义务】 | | 0934 |
| 企业破产法司法解释二 | 第35条【出卖人破产管理人决定继续履行所有权保留买卖合同的处理】 | | 0956 |
| | 第36条【出卖人破产管理人决定解除所有权保留合同的处理】 | | |
| 审理企业破产案件提供司法保障意见 | 第16条【人民法院在审理债务人人员下落不明或财产状况不清的破产案件时的处理角度与原则】 | | 0983 |

## 第16条【人民法院受理破产申请后破产债务人的个别清偿债务行为无效】 ★★

人民法院受理破产申请后,债务人对个别债权人的债务清偿无效。

■ 主要适用的案由及其相关度

| 案由编号 | 主要适用的案由 | 相关度 |
| --- | --- | --- |
| M8.23.273 | 请求撤销个别清偿行为纠纷 | ★★★ |
| M8.23.283 | 破产撤销权纠纷 | ★★★ |
| M4.10.90 | 保证合同纠纷 | ★★★ |
| M8.23.274 | 请求确认债务人行为无效纠纷 | ★★ |
| M4.10.89 | 借款合同纠纷 | ★★ |
| M4.10.89.1 | 金融借款合同纠纷 | ★★★★★ |
| M4.10.89.4 | 民间借贷纠纷 | ★★★★ |
| M4.10.126 | 追偿权纠纷 | ★★ |
| M4.10 | 合同纠纷 | ★ |
| M4.10.74 | 买卖合同纠纷 | ★ |

■ 同时适用的法条及其相关度

| | 同时适用的法条 | 相关度 |
| --- | --- | --- |
| 企业破产法 | 第46条【破产时的债权期限与利息:未到期视为到期;停止计息】 | ★★★★★ |
| | 第32条【破产管理人对个别清偿的撤销权及其例外规定】 | ★★ |
| | 第2条【公司解散清算转破产;清算事务的移交】 | ★ |
| | 第9条【破产申请的撤回】 | ★ |
| | 第20条【破产申请受理后有关债务人的民事诉讼或仲裁的处理规定:受理后中止、管理人接管后继续】 | ★ |
| | 第34条【破产管理人对债务人财产的追回权】 | ★ |

| | 同时适用的法条 | 相关度 | |
|---|---|---|---|
| 企业破产法 | 第44条【对破产债务人享有债权的债权人依破产法行使权利】 | ★ | 0456 |
| | 第124条【破程序终结后破产人的保证人和连带债务人的继续清偿责任】 | ★ | |
| 担保法 | 第18条【保证合同中连带责任的承担】 | ★★★★★ | 0823 |
| | 第21条【保证担保的范围;没有约定、约定不明时的担保范围】 | ★★★ | |
| | 第12条【多人保证责任的承担】 | ★★ | |
| | 第31条【保证人的追偿权】 | ★★ | |
| 合同法 | 第206条【借款期限的认定】 | ★★★★ | 0791 |
| | 第60条【合同履行的原则】 | ★★★ | |
| | 第107条【合同约束力:违约责任】 | ★★★ | |
| | 第205条【借款合同的利息支付义务】 | ★★★ | |
| | 第207条【借款合同违约责任承担:支付利息】 | ★★★ | |
| | 第8条【合同约束力】 | ★ | |
| | 第44条【合同成立条件与时间】 | ★ | |
| | 第196条【借款合同定义】 | ★ | |
| 物权法 | 第176条【混合担保规则】 | ★ | 0834 |
| | 第179条【抵押权的界定】 | ★ | |
| | 第180条【可抵押财产的范围】 | ★ | |
| | 第187条【不动产抵押的登记要件主义】 | ★ | |
| | 第203条【最高额抵押规则】 | ★ | |

**第17条【破产开始后债务人的债务人或财产持有人的清偿债务、交付财产义务】** ★★

人民法院受理破产申请后,债务人的债务人或者财产持有人应当向管理人清偿债务或者交付财产。

债务人的债务人或者财产持有人故意违反前款规定向债务人清偿债

务或者交付财产,使债权人受到损失的,不免除其清偿债务或者交付财产的义务。

■ 主要适用的案由及其相关度

| 案由编号 | 主要适用的案由 | 相关度 |
| --- | --- | --- |
| M8.23.275 | 对外追收债权纠纷 | ★★★★★ |
| M3.5.33 | 返还原物纠纷 | ★★★ |
| M8.23.283 | 破产撤销权纠纷 | ★ |

■ 同时适用的法条及其相关度

| | | 同时适用的法条 | 相关度 |
| --- | --- | --- | --- |
| 企业破产法 | | 第25条【破产管理人的职责】 | ★★★★★ |
| | | 第3条【破产案件的管辖法院】 | ★★★ |
| | | 第2条【公司解散清算转破产;清算事务的移交】 | ★★ |
| | | 第12条【人民法院不受理破产申请的理由说明义务;驳回破产申请的规定情形及申请人的救济程序】 | ★★ |
| | | 第32条【破产管理人对个别清偿的撤销权及其例外规定】 | ★★ |
| | | 第21条【破产申请受理后有关债务人的民事诉讼的管辖规定】 | ★ |
| | | 第40条【债权人在破产程序中可主张抵销的债权和不可抵消的债权】 | ★ |
| 合同法 | | 第107条【合同约束力:违约责任】 | ★★★★ |
| | | 第109条【违约责任的承担:付款义务的继续履行】 | ★★★ |
| | | 第159条【买受人应支付价款的数额认定】 | ★★★ |
| | | 第212条【租赁合同的定义】 | ★★★ |
| | | 第206条【借款期限的认定】 | ★★ |
| | | 第235条【租赁期间届满承租人租赁物返还义务;返还的租赁物应当具有的状态】 | ★★ |

| | 同时适用的法条 | 相关度 | |
|---|---|---|---|
| 合同法 | 第60条【合同履行的原则】 | ★ | 0791 |
| | 第97条【合同解除的法律后果】 | ★ | |
| | 第130条【买卖合同的定义】 | ★ | |
| | 第161条【买受人支付价款的时间】 | ★ | |
| | 第207条【借款合同违约责任承担:支付利息】 | ★ | |
| | 第236条【不定期租赁:租赁期满继续使用租赁物、出租人没有提出异议】 | ★ | |
| 物权法 | 第34条【权利人的返还原物请求权】 | ★★★ | 0834 |
| | 第37条【侵害物权的民事责任竞合】 | ★★★ | |
| 民法通则 | 第84条【债的界定】 | ★ | 0812 |
| | 第106条【民事责任归责原则:违约责任,无过错责任原则;侵权责任,过错责任、无过错责任】 | ★ | |
| | 第108条【债务清偿:分期偿还、强制偿还】 | ★ | |
| 买卖合同司法解释 | 第24条【买卖合同逾期付款违约金的适用规则】 | ★ | 0937 |

**第18条【破产申请受理后尚未履行完毕合同的处理;管理人决定解除合同或继续履行的权利;管理人决定继续履行合同的法律后果:管理人提供担保的义务】** ★★

人民法院受理破产申请后,管理人对破产申请受理前成立而债务人和对方当事人均未履行完毕的合同有权决定解除或者继续履行,并通知对方当事人。管理人自破产申请受理之日起二个月内未通知对方当事人,或者自收到对方当事人催告之日起三十日内未答复的,视为解除合同。

管理人决定继续履行合同的,对方当事人应当履行;但是,对方当事人有权要求管理人提供担保。管理人不提供担保的,视为解除合同。

■ 主要适用的案由及其相关度

| 案由编号 | 主要适用的案由 | 相关度 |
|---|---|---|
| M4.10.97 | 租赁合同纠纷 | ★★★ |

0474 商事纠纷:公司、企业与破产

| 案由编号 | 主要适用的案由 | 相关度 |
|---|---|---|
| M4.10.97.2 | 房屋租赁合同纠纷 | ★★★★ |
| M8.23.275 | 对外追收债权纠纷 | ★★★ |
| M4.10.82 | 房屋买卖合同纠纷 | ★ |
| M4.10.82.2 | 商品房预售合同纠纷 | ★ |
| M4.10.82.3 | 商品房销售合同纠纷 | ★★★★★ |
| M4.10.74 | 买卖合同纠纷 | ★ |
| M8.23.279 | 破产债权确认纠纷 | ★ |
| M4.10.71 | 债务转移合同纠纷 | ★ |

■ 同时适用的法条及其相关度

| | 同时适用的法条 | 相关度 |
|---|---|---|
| 合同法 | 第94条【合同的法定解除;法定解除权】 | ★★★★★ |
| | 第97条【合同解除的法律后果】 | ★★★★★ |
| | 第110条【继续履行及其例外;债权人不得要求对方继续履行的情形】 | ★★★★ |
| | 第212条【租赁合同的定义】 | ★★★ |
| | 第8条【合同约束力】 | ★★ |
| | 第60条【合同履行的原则】 | ★★ |
| | 第44条【合同成立条件与时间】 | ★ |
| | 第45条【附条件的合同】 | ★ |
| | 第96条【合同解除权的行使规则】 | ★ |
| | 第107条【合同约束力:违约责任】 | ★ |
| | 第226条【租赁合同中承租人租金支付期限的确定规则】 | ★ |
| | 第235条【租赁期间届满承租人租赁物返还义务;返还的租赁物应当具有的状态】 | ★ |
| | 第286条【承包人的建设工程优先受偿权】 | ★ |

| | 同时适用的法条 | 相关度 | |
|---|---|---|---|
| 企业破产法 | 第53条【破产管理人或债务人依法解除合同时合同对方当事人的债权申报：以损害赔偿请求权申报】 | ★★ | 0456 |
| | 第20条【破产申请受理后有关债务人的民事诉讼或仲裁的处理规定：受理后中止、管理人接管后继续】 | ★ | |
| | 第25条【破产管理人的职责】 | ★ | |
| | 第40条【债权人在破产程序中可主张抵销的债权和不可抵消的债权】 | ★ | |
| | 第46条【破产时的债权期限与利息：未到期视为到期；停止计息】 | ★ | |
| | 第58条【破产程序中债权表的核查和确认】 | ★ | |
| 物权法 | 第15条【设立、变更、转让、消灭不动产物权的合同的效力：合同成立时生效】 | ★ | 0834 |
| | 第33条【利害关系人的物权确认请求权】 | ★ | |
| | 第39条【所有权的内容】 | ★ | |
| 商品房买卖合同纠纷司法解释 | 第5条【商品房买卖合同的认定】 | ★ | 0927 |

**第19条【破产申请受理后保全措施的解除和执行程序的中止】** ★

人民法院受理破产申请后，有关债务人财产的保全措施应当解除，执行程序应当中止。

■ 主要适用的案由及其相关度

| 案由编号 | 主要适用的案由 | 相关度 |
|---|---|---|
| M4.10.74 | 买卖合同纠纷 | |
| M8.23.275 | 对外追收债权纠纷 | |

| 案由编号 | 主要适用的案由 | 相关度 |
|---|---|---|
| M8.23.279.2 | 普通破产债权确认纠纷 | |
| M4.10.99.1 | 加工合同纠纷 | |
| M4.10.89.1 | 金融借款合同纠纷 | |
| M4.10.100.3 | 建设工程施工合同纠纷 | |
| M4.10.67 | 确认合同效力纠纷 | |
| M4.10.89.4 | 民间借贷纠纷 | |
| M8.21.256 | 损害公司利益责任纠纷 | |

■ 同时适用的法条及其相关度

| | | 同时适用的法条 | 相关度 |
|---|---|---|---|
| 0812 | 民法通则 | 第17条【精神病人的监护人】 | |
| | | 第84条【债的界定】 | |
| | | 第108条【债务清偿:分期偿还、强制偿还】 | |
| | | 第135条【诉讼时效期间:两年】 | |
| | | 第137条【诉讼时效期间的起算日和最长保护期限】 | |
| | | 第139条【诉讼时效期间的中止】 | |
| | | 第140条【诉讼时效期间的中断】 | |
| | | 第141条【法律对诉讼时效另有规定的依照法律规定】 | |
| 0791 | 合同法 | 第52条【合同无效的情形】 | |
| | | 第60条【合同履行的原则】 | |
| | | 第91条【合同权利义务终止的法定情形】 | |
| | | 第94条【合同的法定解除;法定解除权】 | |
| | | 第107条【合同约束力:违约责任】 | |
| | | 第113条【违约责任的承担:损失赔偿】 | |
| | | 第114条【违约金的数额及其调整】 | |

| | 同时适用的法条 | 相关度 | |
|---|---|---|---|
| 合同法 | 第130条【买卖合同的定义】 | | 0791 |
| | 第135条【出卖人义务：交付、移转所有权】 | | |
| | 第159条【买受人应支付价款的数额认定】 | | |
| | 第161条【买受人支付价款的时间】 | | |
| | 第205条【借款合同的利息支付义务】 | | |
| | 第206条【借款期限的认定】 | | |
| | 第207条【借款合同违约责任承担：支付利息】 | | |
| | 第251条【承揽合同的定义】 | | |
| | 第263条【定作人报酬支付的期限】 | | |
| 企业破产法 | 第2条【公司解散清算转破产；清算事务的移交】 | | 0456 |
| | 第13条【破产管理人的指定】 | | |
| | 第16条【人民法院受理破产申请后破产债务人的个别清偿债务行为无效】 | | |
| | 第20条【破产申请受理后有关债务人的民事诉讼或仲裁的处理规定：受理后中止、管理人接管后继续】 | | |
| | 第21条【破产申请受理后有关债务人的民事诉讼的管辖规定】 | | |
| | 第25条【破产管理人的职责】 | | |
| | 第29条【破产管理人辞职的一般规定：无正当理由不得辞职、须经法院许可】 | | |
| | 第46条【破产时的债权期限与利息：未到期视为到期；停止计息】 | | |
| | 第58条【破产程序中债权表的核查和确认】 | | |
| | 第113条【破产债权的法定清偿顺序】 | | |
| | 第124条【破程序终结后破产人的保证人和连带债务人的继续清偿责任】 | | |

| | | 同时适用的法条 | 相关度 |
|---|---|---|---|
| 0823 | 担保法 | 第14条【保证合同的订立:分别订立;合并订立】 | |
| | | 第18条【保证合同中连带责任的承担】 | |
| | | 第19条【保证方式不明时:连带责任担保】 | |
| | | 第26条【连带保证的保证期间】 | |
| | | 第31条【保证人的追偿权】 | |
| 0085 | 公司法 | 第20条【禁止股东权利滥用;滥用股东权利的法律责任】 | |
| 0834 | 物权法 | 第176条【混合担保规则】 | |
| | | 第179条【抵押权的界定】 | |
| | | 第195条【抵押权实现的方式和程序】 | |
| | | 第203条【最高额抵押规则】 | |
| 0927 | 商品房买卖合同纠纷司法解释 | 第8条【导致商品房买卖合同目的不能实现买受人不能取得房屋的情形:未告知买受人又将房屋抵押给第三人、一房二卖;商品房买卖合同目的不能实现买受人无法取得房屋的出卖人的赔偿责任】 | |
| 0976 | 公司强制清算案件座谈会纪要 | 第1条【公司强制清算案件的审理原则】 | |
| 0937 | 买卖合同司法解释 | 第24条【买卖合同逾期付款违约金的适用规则】 | |
| 0950 | 审理企业破产案件规定 | 第55条【破产债权的范围】 | |
| | | 第61条【破产债权的范围】 | |
| 0929 | 担保法司法解释 | 第20条【连带共同保证的责任承担】 | |

**第20条【破产申请受理后有关债务人的民事诉讼或仲裁的处理规定：受理后中止、管理人接管后继续】** ★★

人民法院受理破产申请后，已经开始而尚未终结的有关债务人的民事诉讼或者仲裁应当中止；在管理人接管债务人的财产后，该诉讼或者仲裁继续进行。

■ 主要适用的案由及其相关度

| 案由编号 | 主要适用的案由 | 相关度 |
| --- | --- | --- |
| M4.10.74 | 买卖合同纠纷 | ★★★ |
| M4.10.74.1 | 分期付款买卖合同纠纷 | ★ |
| M4.10.89 | 借款合同纠纷 | ★★★ |
| M4.10.89.1 | 金融借款合同纠纷 | ★★★ |
| M4.10.89.4 | 民间借贷纠纷 | ★★★★★ |
| M4.10.82.3 | 商品房销售合同纠纷 | ★ |
| M4.10.100.5 | 建设工程分包合同纠纷 | ★ |
| M4.10.90 | 保证合同纠纷 | ★ |

■ 同时适用的法条及其相关度

| | 同时适用的法条 | 相关度 | |
| --- | --- | --- | --- |
| 担保法 | 第18条【保证合同中连带责任的承担】 | ★★★★★ | 0823 |
| | 第21条【保证担保的范围；没有约定、约定不明时的担保范围】 | ★★★★ | |
| | 第31条【保证人的追偿权】 | ★★ | |
| | 第12条【多人保证责任的承担】 | ★ | |
| | 第26条【连带保证的保证期间】 | ★ | |
| 企业破产法 | 第46条【破产时的债权期限与利息：未到期视为到期；停止计息】 | ★★★★★ | 0456 |
| | 第25条【破产管理人的职责】 | ★★ | |
| | 第16条【人民法院受理破产申请后破产债务人的个别清偿债务行为无效】 | ★ | |

| | | 同时适用的法条 | 相关度 |
|---|---|---|---|
| 0456 | 企业破产法 | 第18条【破产申请受理后尚未履行完毕合同的处理;管理人决定解除合同或继续履行的权利;管理人决定继续履行合同的法律后果:管理人提供担保的义务】 | ★ |
| | | 第44条【对破产债务人享有债权的债权人依破产法行使权利】 | ★ |
| | | 第124条【破程序终结后破产人的保证人和连带债务人的继续清偿责任】 | ★ |
| 0791 | 合同法 | 第107条【合同约束力:违约责任】 | ★★★★★ |
| | | 第60条【合同履行的原则】 | ★★★ |
| | | 第205条【借款合同的利息支付义务】 | ★★★ |
| | | 第206条【借款期限的认定】 | ★★★ |
| | | 第207条【借款合同违约责任承担:支付利息】 | ★★★ |
| | | 第210条【自然人之间借款合同的生效:提供借款时】 | ★★★ |
| | | 第211条【自然人之间借款合同利息的规制】 | ★★★ |
| | | 第8条【合同约束力】 | ★★ |
| | | 第109条【违约责任的承担:付款义务的继续履行】 | ★ |
| | | 第114条【违约金的数额及其调整】 | ★ |
| | | 第159条【买受人应支付价款的数额认定】 | ★ |
| | | 第161条【买受人支付价款的时间】 | ★ |
| | | 第196条【借款合同定义】 | ★ |
| 0834 | 物权法 | 第15条【设立、变更、转让、消灭不动产物权的合同的效力:合同成立时生效】 | ★ |
| | | 第33条【利害关系人的物权确认请求权】 | ★ |
| | | 第39条【所有权的内容】 | ★ |
| | | 第176条【混合担保规则】 | ★ |
| 0812 | 民法通则 | 第108条【债务清偿:分期偿还、强制偿还】 | ★ |

| | 同时适用的法条 | 相关度 | |
|---|---|---|---|
| 担保法司法解释 | 第44条【人民法院受理债务人破产案件时债权人的权利;保证人对债权人申报债权后未受清偿的部分承担保证责任】 | ★★★ | 0929 |
| 企业破产法司法解释二 | 第21条【因破产申请应当中止审理的案件】 | ★★★ | 0956 |
| 婚姻法司法解释二 | 第24条【离婚时夫妻共同债务的清偿】 | ★ | 0933 |

## 第21条【破产申请受理后有关债务人的民事诉讼的管辖规定】 ★

人民法院受理破产申请后,有关债务人的民事诉讼,只能向受理破产申请的人民法院提起。

### ■ 主要适用的案由及其相关度

| 案由编号 | 主要适用的案由 | 相关度 |
|---|---|---|
| M6.17 | 劳动争议 | |
| M8.23.275 | 对外追收债权纠纷 | |
| M4.10.74 | 买卖合同纠纷 | |
| M4.10.97.2 | 房屋租赁合同纠纷 | |
| M8.23.278 | 追收非正常收入纠纷 | |
| M4.10.100.3 | 建设工程施工合同纠纷 | |
| M4.10.99.1 | 加工合同纠纷 | |
| M4.10.120.15 | 物业服务合同纠纷 | |
| M4.10.122 | 劳务合同纠纷 | |
| M1.1.1 | 生命权、健康权、身体权纠纷 | |
| M3.5.33 | 返还原物纠纷 | |
| M4.10 | 合同纠纷 | |
| M4.10.90 | 保证合同纠纷 | |
| M8.23.279 | 破产债权确认纠纷 | |

| 案由编号 | 主要适用的案由 | 相关度 |
|---|---|---|
| M8.23.279.1 | 职工破产债权确认纠纷 | |
| M8.23.279.2 | 普通破产债权确认纠纷 | |
| M8.23.276 | 追收未缴出资纠纷 | |
| M4.10.98 | 融资租赁合同纠纷 | |
| M4.10.82.4 | 商品房委托代理销售合同纠纷 | |
| M4.10.89 | 借款合同纠纷 | |
| M4.10.89.1 | 金融借款合同纠纷 | |
| M4.10.89.4 | 民间借贷纠纷 | |
| M4.10.89.5 | 小额借款合同纠纷 | |

■ 同时适用的法条及其相关度

| | 同时适用的法条 | 相关度 |
|---|---|---|
| 企业破产法 | 第25条【破产管理人的职责】 | ★★★★★ |
| | 第17条【破产开始后债务人的债务人或财产持有人的清偿债务、交付财产义务】 | ★★★ |
| | 第20条【破产申请受理后有关债务人的民事诉讼或仲裁的处理规定:受理后中止、管理人接管后继续】 | ★★ |
| | 第44条【对破产债务人享有债权的债权人依破产法行使权利】 | ★★ |
| | 第46条【破产时的债权期限与利息:未到期视为到期;停止计息】 | ★★ |
| | 第58条【破产程序中债权表的核查和确认】 | ★★ |
| | 第18条【破产申请受理后尚未履行完毕合同的处理;管理人决定解除合同或继续履行的权利;管理人决定继续履行合同的法律后果;管理人提供担保的义务】 | ★ |

| | 同时适用的法条 | 相关度 | |
|---|---|---|---|
| 企业破产法 | 第19条【破产申请受理后保全措施的解除和执行程序的中止】 | ★ | 0456 |
| | 第48条【管理人接受债权申报；债务人所欠职工的各项费用不必进行破产债权申报】 | ★ | |
| 合同法 | 第107条【合同约束力：违约责任】 | ★★★★ | 0791 |
| | 第60条【合同履行的原则】 | ★★★ | |
| | 第206条【借款期限的认定】 | ★★★ | |
| | 第207条【借款合同违约责任承担：支付利息】 | ★★★ | |
| | 第159条【买受人应支付价款的数额认定】 | ★★ | |
| | 第205条【借款合同的利息支付义务】 | ★★ | |
| | 第8条【合同约束力】 | ★ | |
| | 第44条【合同成立条件与时间】 | ★ | |
| | 第97条【合同解除的法律后果】 | ★ | |
| | 第109条【违约责任的承担：付款义务的继续履行】 | ★ | |
| | 第161条【买受人支付价款的时间】 | ★ | |
| | 第210条【自然人之间借款合同的生效：提供借款时】 | ★ | |
| | 第251条【承揽合同的定义】 | ★ | |
| | 第263条【定作人报酬支付的期限】 | ★ | |
| 劳动合同法 | 第44条【劳动合同的终止】 | ★★★ | 0849 |
| | 第47条【经济补偿金的支付标准】 | ★★ | |
| | 第7条【劳动关系的建立时间和职工名册】 | ★ | |
| | 第14条【无固定期限劳动合同的定义；应当订立无固定期限劳动合同的情形】 | ★ | |
| | 第30条【用人单位的劳动报酬支付义务；劳动者申请支付令的条件】 | ★ | |

| | | 同时适用的法条 | 相关度 |
|---|---|---|---|
| 0823 | 担保法 | 第18条【保证合同中连带责任的承担】 | ★★ |
| | | 第21条【保证担保的范围;没有约定、约定不明时的担保范围】 | ★ |
| 0812 | 民法通则 | 第108条【债务清偿:分期偿还、强制偿还】 | ★★ |
| | | 第84条【债的界定】 | ★ |
| | | 第90条【借贷关系】 | ★ |
| 0843 | 劳动法 | 第46条【工资分配的原则:同工同酬;按劳分配】 | ★ |
| | | 第47条【用人单位的工资分配方式和工资水平的自主确定权】 | ★ |
| 0834 | 物权法 | 第176条【混合担保规则】 | ★ |
| 0905 | 国企富余职工安置规定 | 第8条【职工有限期的放假;孕期或者哺乳期的女职工的假期】 | ★★★ |
| 0962 | 劳动争议案件司法解释三 | 第1条【法院受理用人单位未办社保且社保机构不能补办而导致劳动者社保待遇损失的赔偿请求】 | ★★ |
| | | 第9条【劳动者主张加班费时的举证责任】 | ★ |
| 0959 | 审理民间借贷案件规定 | 第23条【企业法定代表人或负责人以企业名义、个人名义签订民间借贷合同时各方的诉讼地位与责任承担】 | ★ |
| | | 第29条【逾期利率的确定规则】 | ★ |
| 0937 | 买卖合同司法解释 | 第24条【买卖合同逾期付款违约金的适用规则】 | ★ |

# 第三章 管理人

**第22条【破产管理人的产生、更换和报酬规定】** ★

管理人由人民法院指定。

债权人会议认为管理人不能依法、公正执行职务或者有其他不能胜任职务情形的,可以申请人民法院予以更换。

指定管理人和确定管理人报酬的办法,由最高人民法院规定。

■ 主要适用的案由及其相关度

| 案由编号 | 主要适用的案由 | 相关度 |
|---|---|---|
| M4.10.71 | 债务转移合同纠纷 | |
| M4.10.74 | 买卖合同纠纷 | |
| M4.10.90 | 保证合同纠纷 | |
| M4.10.97 | 租赁合同纠纷 | |
| M8.23.275 | 对外追收债权纠纷 | |
| M8.23.285 | 管理人责任纠纷 | |

■ 同时适用的法条及其相关度

| | 同时适用的法条 | 相关度 |
|---|---|---|
| 合同法 | 第4条【合同自愿原则】 | |
| | 第8条【合同约束力】 | |
| | 第44条【合同成立条件与时间】 | |
| | 第45条【附条件的合同】 | |
| | 第60条【合同履行的原则】 | |
| | 第88条【合同权利义务的概括转移;概括承受】 | |
| | 第94条【合同的法定解除;法定解除权】 | |
| | 第107条【合同约束力:违约责任】 | |
| | 第109条【违约责任的承担:付款义务的继续履行】 | |
| | 第130条【买卖合同的定义】 | |
| | 第205条【借款合同的利息支付义务】 | |
| | 第206条【借款期限的认定】 | |
| | 第207条【借款合同违约责任承担:支付利息】 | |
| | 第229条【买卖不破租赁:租赁物发生所有权变动时不影响租赁合同效力】 | |
| | 第237条【融资租赁合同的定义】 | |

| | | 同时适用的法条 | 相关度 |
|---|---|---|---|
| 0456 | 企业破产法 | 第18条【破产申请受理后尚未履行完毕合同的处理；管理人决定解除合同或继续履行的权利；管理人决定继续履行合同的法律后果；管理人提供担保的义务】 | |
| | | 第25条【破产管理人的职责】 | |
| | | 第27条【破产管理人勤勉忠实的义务】 | |
| | | 第30条【破产程序中债务人财产范围的认定】 | |
| | | 第57条【破产管理人债权表的编制义务以及利害关系人对债权表的查阅权】 | |
| | | 第58条【破产程序中债权表的核查和确认】 | |
| | | 第112条【破产财产变价出售的方式】 | |
| | | 第130条【破产管理人的忠实、勤勉义务和赔偿责任】 | |
| 0812 | 民法通则 | 第5条【公民的合法权益受到保护】 | |
| | | 第84条【债的界定】 | |
| | | 第108条【债务清偿：分期偿还、强制偿还】 | |
| 0823 | 担保法 | 第18条【保证合同中连带责任的承担】 | |
| 0981 | 审理企业破产案件确定管理人报酬的规定 | 第13条【企业破产程序中管理人的报酬计算标准及支付方式】 | |
| 0950 | 审理企业破产案件规定 | 第64条【破产财产的范围】 | |

**第23条【破产管理人的基本义务】** ★

管理人依照本法规定执行职务,向人民法院报告工作,并接受债权人会议和债权人委员会的监督。

管理人应当列席债权人会议,向债权人会议报告职务执行情况,并回答询问。

■ 主要适用的案由及其相关度

| 案由编号 | 主要适用的案由 | 相关度 |
|---|---|---|
| M8.23.283 | 破产撤销权纠纷 | |

■ 同时适用的法条及其相关度

| | 同时适用的法条 | 相关度 | |
|---|---|---|---|
| 企业破产法 | 第2条【公司解散清算转破产;清算事务的移交】 | | 0456 |
| 民法通则 | 第106条【民事责任归责原则:违约责任,无过错责任原则;侵权责任,过错责任、无过错责任】 | | 0812 |

**第24条【破产管理人的任职条件与资格禁止】** ★

管理人可以由有关部门、机构的人员组成的清算组或者依法设立的律师事务所、会计师事务所、破产清算事务所等社会中介机构担任。

人民法院根据债务人的实际情况,可以在征询有关社会中介机构的意见后,指定该机构具备相关专业知识并取得执业资格的人员担任管理人。

有下列情形之一的,不得担任管理人:

(一)因故意犯罪受过刑事处罚;

(二)曾被吊销相关专业执业证书;

(三)与本案有利害关系;

(四)人民法院认为不宜担任管理人的其他情形。

个人担任管理人的,应当参加执业责任保险。

■ 主要适用的案由及其相关度

| 案由编号 | 主要适用的案由 | 相关度 |
|---|---|---|
| M6.17 | 劳动争议 | |
| M8.23.279.1 | 职工破产债权确认纠纷 | |
| M8.23.283 | 破产撤销权纠纷 | |

| 案由编号 | 主要适用的案由 | 相关度 |
|---|---|---|
| M4.10.89.1 | 金融借款合同纠纷 | |

■ 同时适用的法条及其相关度

| | 同时适用的法条 | 相关度 |
|---|---|---|
| 0849 劳动合同法 | 第2条【劳动合同法的适用范围】 | |
| | 第30条【用人单位的劳动报酬支付义务;劳动者申请支付令的条件】 | |
| | 第36条【协商解除劳动合同】 | |
| | 第38条【劳动者单方解除劳动合同】 | |
| | 第44条【劳动合同的终止】 | |
| | 第46条【经济补偿金的支付】 | |
| | 第47条【经济补偿金的支付标准】 | |
| 0456 企业破产法 | 第9条【破产申请的撤回】 | |
| | 第20条【破产申请受理后有关债务人的民事诉讼或仲裁的处理规定:受理后中止、管理人接管后继续】 | |
| | 第25条【破产管理人的职责】 | |
| | 第31条【破产管理人的撤销请求权;破产债务人的可撤销行为】 | |
| | 第36条【破产管理人对董事、监事或高级管理人员非正常收入和侵占财产的追回权】 | |
| | 第41条【破产费用的范围】 | |
| | 第43条【破产费用和共益债务的清偿规则】 | |
| | 第48条【管理人接受债权申报;债务人所欠职工的各项费用不必进行破产债权申报】 | |
| | 第113条【破产债权的法定清偿顺序】 | |
| | 第132条【破产法公布前的职工劳动债权可以优先于担保债权受偿的规定】 | |

| | 同时适用的法条 | 相关度 | |
|---|---|---|---|
| 合同法 | 第93条【合同的意定解除：协商一致；约定条件成就】 | | 0791 |
| | 第201条【贷款人未按照约定提供借款的违约责任、借款人未按照约定收取借款的违约责任】 | | |
| 担保法 | 第18条【保证合同中连带责任的承担】 | | 0823 |
| | 第28条【混合担保规则】 | | |
| 劳动合同法实施条例 | 第27条【经济补偿月工资的计算】 | | 0901 |
| 劳动争议案件司法解释一 | 第5条【当事人不服劳动争议仲裁委员会为纠正原裁决错误重新作出裁决起诉的，人民法院应当受理】 | | 0965 |
| | 第13条【用人单位负举证责任的劳动争议】 | | |
| 审理劳动争议案件司法解释四 | 第5条【劳动者非因本人原因从原用人单位被安排到新用人单位工作计算支付经济补偿或赔偿金的工作年限；劳动者非因本人原因从原用人单位被安排到新用人单位的情形】 | | 0971 |

## 第25条【破产管理人的职责】 ★★★

管理人履行下列职责：

（一）接管债务人的财产、印章和账簿、文书等资料；

（二）调查债务人财产状况，制作财产状况报告；

（三）决定债务人的内部管理事务；

（四）决定债务人的日常开支和其他必要开支；

（五）在第一次债权人会议召开之前，决定继续或者停止债务人的营业；

（六）管理和处分债务人的财产；

（七）代表债务人参加诉讼、仲裁或者其他法律程序；

（八）提议召开债权人会议；

（九）人民法院认为管理人应当履行的其他职责。

本法对管理人的职责另有规定的,适用其规定。

### 主要适用的案由及其相关度

| 案由编号 | 主要适用的案由 | 相关度 |
| --- | --- | --- |
| M4.10.89.1 | 金融借款合同纠纷 | ★★★★★ |
| M8.23.275 | 对外追收债权纠纷 | ★★ |
| M3.5.33 | 返还原物纠纷 | ★ |
| M8.23.279 | 破产债权确认纠纷 | ★ |
| M4.10.74 | 买卖合同纠纷 | ★ |

### 同时适用的法条及其相关度

| | | 同时适用的法条 | 相关度 |
| --- | --- | --- | --- |
| 0791 | 合同法 | 第60条【合同履行的原则】 | ★★★★★ |
| | | 第107条【合同约束力:违约责任】 | ★★★ |
| | | 第8条【合同约束力】 | ★ |
| | | 第109条【违约责任的承担:付款义务的继续履行】 | ★ |
| | | 第159条【买受人应支付价款的数额认定】 | ★ |
| | | 第205条【借款合同的利息支付义务】 | ★ |
| | | 第206条【借款期限的认定】 | ★ |
| | | 第207条【借款合同违约责任承担:支付利息】 | ★ |
| | | 第212条【租赁合同的定义】 | ★ |
| 0812 | 民法通则 | 第84条【债的界定】 | ★★★★★ |
| | | 第135条【诉讼时效期间:两年】 | ★★★ |
| 0456 | 企业破产法 | 第17条【破产开始后债务人的债务人或财产持有人的清偿债务、交付财产义务】 | ★★ |
| | | 第46条【破产时的债权期限与利息:未到期视为到期;停止计息】 | ★★ |

|  | 同时适用的法条 | 相关度 |  |
|---|---|---|---|
| 企业破产法 | 第20条【破产申请受理后有关债务人的民事诉讼或仲裁的处理规定:受理后中止、管理人接管后继续】 | ★ | 0456 |
|  | 第21条【破产申请受理后有关债务人的民事诉讼的管辖规定】 | ★ |  |
| 担保法 | 第18条【保证合同中连带责任的承担】 | ★ | 0823 |
|  | 第21条【保证担保的范围;没有约定、约定不明时的担保范围】 | ★ |  |
|  | 第31条【保证人的追偿权】 | ★ |  |
| 物权法 | 第34条【权利人的返还原物请求权】 | ★ | 0834 |
|  | 第37条【侵害物权的民事责任竞合】 | ★ |  |

**第26条【破产管理人实施对债权人利益有重大影响的行为时的报告义务】**

在第一次债权人会议召开之前,管理人决定继续或者停止债务人的营业或者有本法第六十九条规定行为之一的,应当经人民法院许可。

■ 主要适用的案由及其相关度

| 案由编号 | 主要适用的案由 | 相关度 |
|---|---|---|
| M8.23.280 | 取回权纠纷 |  |

■ 同时适用的法条及其相关度

|  | 同时适用的法条 | 相关度 |  |
|---|---|---|---|
| 企业破产法 | 第2条【公司解散清算转破产;清算事务的移交】 |  | 0456 |
|  | 第27条【破产管理人勤勉忠实的义务】 |  |  |

**第27条【破产管理人勤勉忠实的义务】** ★

管理人应当勤勉尽责,忠实执行职务。

■ 主要适用的案由及其相关度

| 案由编号 | 主要适用的案由 | 相关度 |
|---|---|---|
| M8.23.280 | 取回权纠纷 | |
| M8.23.285 | 管理人责任纠纷 | |
| M4.10.74 | 买卖合同纠纷 | |
| M8.21.259 | 公司合并纠纷 | |

■ 同时适用的法条及其相关度

| | 同时适用的法条 | 相关度 |
|---|---|---|
| 企业破产法 | 第2条【公司解散清算转破产;清算事务的移交】 | |
| | 第22条【破产管理人的产生、更换和报酬规定】 | |
| | 第25条【破产管理人的职责】 | |
| | 第26条【破产管理人实施对债权人利益有重大影响的行为时的报告义务】 | |
| | 第37条【破产管理人通过债务清偿或替代担保收回质物、留置物的规定】 | |
| | 第38条【债务人占有不属于债务人的财产时财产权利人的取回权】 | |
| | 第44条【对破产债务人享有债权的债权人依破产法行使权利】 | |
| | 第48条【管理人接受债权申报;债务人所欠职工的各项费用不必进行破产债权申报】 | |
| | 第57条【破产管理人债权表的编制义务以及利害关系人对债权表的查阅权】 | |
| | 第58条【破产程序中债权表的核查和确认】 | |
| | 第59条【债权人会议的组成及债权人表决权的行使】 | |
| | 第130条【破产管理人的忠实、勤勉义务和赔偿责任】 | |

|  | 同时适用的法条 | 相关度 | |
|---|---|---|---|
| 合同法 | 第44条【合同成立条件与时间】 |  | 0791 |
|  | 第60条【合同履行的原则】 |  |  |
|  | 第130条【买卖合同的定义】 |  |  |
|  | 第134条【所有权保留】 |  |  |
| 民法通则 | 第5条【公民的合法权益受到保护】 |  | 0812 |
| 买卖合同司法解释 | 第35条【所有权保留】 |  | 0937 |
|  | 第36条【出卖人不能取回标的物的情形：买受人已经支付标的物总价款的百分之七十五以上、第三人善意取得】 |  |  |

**第28条【破产管理人聘用工作人员的规定；破产管理人报酬的确定】**

管理人经人民法院许可，可以聘用必要的工作人员。

管理人的报酬由人民法院确定。债权人会议对管理人的报酬有异议的，有权向人民法院提出。①

**第29条【破产管理人辞职的一般规定：无正当理由不得辞职、须经法院许可】** ★

管理人没有正当理由不得辞去职务。管理人辞去职务应当经人民法院许可。

■ 主要适用的案由及其相关度

| 案由编号 | 主要适用的案由 | 相关度 |
|---|---|---|
| M8.23.275 | 对外追收债权纠纷 |  |

■ 同时适用的法条及其相关度

|  | 同时适用的法条 | 相关度 | |
|---|---|---|---|
| 民法通则 | 第17条【精神病人的监护人】 |  | 0812 |

---

① 说明：本法条尚无足够数量判决书可供法律大数据分析。

| | | 同时适用的法条 | 相关度 |
|---|---|---|---|
| 0456 | 企业破产法 | 第19条【破产申请受理后保全措施的解除和执行程序的中止】 | |
| 0791 | 合同法 | 第107条【合同约束力:违约责任】 | |
| | | 第114条【违约金的数额及其调整】 | |
| | | 第135条【出卖人义务:交付、移转所有权】 | |
| | | 第159条【买受人应支付价款的数额认定】 | |

## 第四章 债务人财产

第30条【破产程序中债务人财产范围的认定】 ★

破产申请受理时属于债务人的全部财产,以及破产申请受理后至破产程序终结前债务人取得的财产,为债务人财产。

■ 主要适用的案由及其相关度

| 案由编号 | 主要适用的案由 | 相关度 |
|---|---|---|
| M8.23.273 | 请求撤销个别清偿行为纠纷 | |
| M8.23.275 | 对外追收债权纠纷 | |
| M4.10.90 | 保证合同纠纷 | |
| M3.5.32 | 物权确认纠纷 | |
| M3.5.33 | 返还原物纠纷 | |
| M3.5.34 | 排除妨害纠纷 | |
| M4.10.67.2 | 确认合同无效纠纷 | |
| M4.10.82.3 | 商品房销售合同纠纷 | |
| M8.23.278 | 追收非正常收入纠纷 | |
| M8.23.279 | 破产债权确认纠纷 | |
| M8.23.279.2 | 普通破产债权确认纠纷 | |
| M8.23.283 | 破产撤销权纠纷 | |

### 同时适用的法条及其相关度

| | 同时适用的法条 | 相关度 | |
|---|---|---|---|
| 担保法 | 第4条【担保物权的设立;反担保的设立】 | | 0823 |
| | 第6条【保证的定义】 | | |
| | 第12条【多人保证责任的承担】 | | |
| | 第14条【保证合同的订立:分别订立;合并订立】 | | |
| | 第18条【保证合同中连带责任的承担】 | | |
| | 第20条【保证人的抗辩权】 | | |
| | 第21条【保证担保的范围;没有约定、约定不明时的担保范围】 | | |
| | 第28条【混合担保规则】 | | |
| | 第31条【保证人的追偿权】 | | |
| 合同法 | 第8条【合同约束力】 | | 0791 |
| | 第44条【合同成立条件与时间】 | | |
| | 第52条【合同无效的情形】 | | |
| | 第60条【合同履行的原则】 | | |
| | 第61条【合同内容约定不明确的处理规则;合同漏洞的填补】 | | |
| | 第67条【后履行抗辩权】 | | |
| | 第79条【债权人不得转让合同权利的情形】 | | |
| | 第80条【债权人转让债权的通知义务】 | | |
| | 第107条【合同约束力:违约责任】 | | |
| | 第130条【买卖合同的定义】 | | |
| | 第161条【买受人支付价款的时间】 | | |
| | 第196条【借款合同定义】 | | |
| | 第205条【借款合同的利息支付义务】 | | |
| | 第206条【借款期限的认定】 | | |
| | 第207条【借款合同违约责任承担:支付利息】 | | |

| | | 同时适用的法条 | 相关度 |
|---|---|---|---|
| 0456 | 企业破产法 | 第1条【企业破产法的立法宗旨】 | |
| | | 第2条【公司解散清算转破产;清算事务的移交】 | |
| | | 第15条【破产程序开始后债务人的有关人员的协助义务】 | |
| | | 第16条【人民法院受理破产申请后破产债务人的个别清偿债务行为无效】 | |
| | | 第17条【破产开始后债务人的债务人或财产持有人的清偿债务、交付财产义务】 | |
| | | 第18条【破产申请受理后尚未履行完毕合同的处理;管理人决定解除合同或继续履行的权利;管理人决定继续履行合同的法律后果:管理人提供担保的义务】 | |
| | | 第22条【破产管理人的产生、更换和报酬规定】 | |
| | | 第25条【破产管理人的职责】 | |
| | | 第32条【破产管理人对个别清偿的撤销权及其例外规定】 | |
| | | 第33条【涉及破产债务人财产的无效行为】 | |
| | | 第34条【破产管理人对债务人财产的追回权】 | |
| | | 第36条【破产管理人对董事、监事或高级管理人员非正常收入和侵占财产的追回权】 | |
| | | 第38条【债务人占有不属于债务人的财产时财产权利人的取回权】 | |
| | | 第45条【对破产债权申报期限的一般规定】 | |
| | | 第46条【破产时的债权期限与利息:未到期视为到期;停止计息】 | |
| | | 第51条【债务人的保证人或其他连带债务人的债权申报规定:以求偿权或将来求偿权申报】 | |

| | 同时适用的法条 | 相关度 | |
|---|---|---|---|
| 企业破产法 | 第53条【破产管理人或债务人依法解除合同时合同对方当事人的债权申报:以损害赔偿请求权申报】 | | 0456 |
| | 第69条【破产管理人实施对债权人利益有重大影响的行为时的报告义务】 | | |
| | 第109条【破产宣告后有担保的债权优先受偿的规定】 | | |
| | 第113条【破产债权的法定清偿顺序】 | | |
| | 第135条【其他组织破产清算参照适用企业破产法的规定】 | | |
| 民法通则 | 第43条【企业法人对其机构的活动承担民事责任】 | | 0812 |
| | 第44条【公司合并后债权债务的承继】 | | |
| | 第58条【民事行为无效的法定情形】 | | |
| | 第71条【所有权的内容】 | | |
| | 第72条【财产所有权取得应符合法律规定;动产所有权自交付时转移】 | | |
| | 第84条【债的界定】 | | |
| | 第108条【债务清偿:分期偿还、强制偿还】 | | |
| | 第134条【侵权责任的主要承担方式】 | | |
| 物权法 | 第6条【物权公示原则:不动产登记、动产交付】 | | 0834 |
| | 第9条【不动产物权变动的登记原则;国家的自然资源所有权登记的特殊规定】 | | |
| | 第14条【不动产物权变动的生效时间】 | | |
| | 第16条【不动产登记簿的法律效力】 | | |
| | 第17条【不动产权属证书与不动产登记簿的关系】 | | |
| | 第34条【权利人的返还原物请求权】 | | |
| | 第39条【所有权的内容】 | | |
| | 第68条【企业法人财产权的内容】 | | |

| | | 同时适用的法条 | 相关度 |
|---|---|---|---|
| 0834 | 物权法 | 第 174 条【担保物权的物上代位性】 | |
| | | 第 195 条【抵押权实现的方式和程序】 | |
| 0862 | 侵权责任法 | 第 15 条【侵权责任的主要承担方式】 | |
| | | 第 32 条【监护人责任;无民事行为能力人、限制民事行为能力人致害的侵权责任】 | |
| 0929 | 担保法司法解释 | 第 23 条【最高额保证合同的担保范围】 | |
| | | 第 44 条【人民法院受理债务人破产案件时债权人的权利;保证人对债权人申报债权后未受清偿的部分承担保证责任】 | |
| 0950 | 审理企业破产案件规定 | 第 64 条【破产财产的范围】 | |
| 0956 | 企业破产法司法解释二 | 第 35 条【出卖人破产管理人决定继续履行所有权保留买卖合同的处理】 | |
| | | 第 36 条【出卖人破产管理人决定解除所有权保留合同的处理】 | |

**第 31 条【破产管理人的撤销请求权;破产债务人的可撤销行为】** ★

人民法院受理破产申请前一年内,涉及债务人财产的下列行为,管理人有权请求人民法院予以撤销:

(一)无偿转让财产的;

(二)以明显不合理的价格进行交易的;

(三)对没有财产担保的债务提供财产担保的;

(四)对未到期的债务提前清偿的;

(五)放弃债权的。

■ 主要适用的案由及其相关度

| 案由编号 | 主要适用的案由 | 相关度 |
|---|---|---|
| M8.23.283 | 破产撤销权纠纷 | ★★★★★ |
| M4.10.77.2 | 建设用地使用权转让合同纠纷 | ★ |

■ 同时适用的法条及其相关度

| | 同时适用的法条 | 相关度 |
|---|---|---|
| 企业破产法 | 第1条【企业破产法的立法宗旨】 | |
| | 第2条【公司解散清算转破产;清算事务的移交】 | |
| | 第4条【破产案件审理程序的适用法律:破产法、民事诉讼法】 | |
| | 第7条【破产程序的启动:破产债权人申请主义】 | |
| | 第9条【破产申请的撤回】 | |
| | 第12条【人民法院不受理破产申请的理由说明义务;驳回破产申请的规定情形及申请人的救济程序】 | |
| | 第13条【破产管理人的指定】 | |
| | 第14条【人民法院裁定受理破产申请后的通知与公告及其载明事项】 | |
| | 第15条【破产程序开始后债务人的有关人员的协助义务】 | |
| | 第16条【人民法院受理破产申请后破产债务人的个别清偿债务行为无效】 | |
| | 第21条【破产申请受理后有关债务人的民事诉讼的管辖规定】 | |
| | 第24条【破产管理人的任职条件与资格禁止】 | |
| | 第25条【破产管理人的职责】 | |
| | 第32条【破产管理人对个别清偿的撤销权及其例外规定】 | |
| | 第33条【涉及破产债务人财产的无效行为】 | |
| | 第34条【破产管理人对债务人财产的追回权】 | |
| | 第38条【债务人占有不属于债务人的财产时财产权利人的取回权】 | |

0456

| | | 同时适用的法条 | 相关度 |
|---|---|---|---|
| 0456 | 企业破产法 | 第44条【对破产债务人享有债权的债权人依破产法行使权利】 | |
| | | 第46条【破产时的债权期限与利息：未到期视为到期；停止计息】 | |
| | | 第58条【破产程序中债权表的核查和确认】 | |
| | | 第75条【重整期间担保权的行使；重整期间借款担保的设立】 | |
| | | 第113条【破产债权的法定清偿顺序】 | |
| 0812 | 民法通则 | 第66条【无权代理的法律后果；代理人不履行职责、损害代理人利益的民事责任；代理人和第三人的连带责任】 | |
| | | 第67条【代理人故意代理违法事项时的责任承担：被代理人和代理人承担连带责任】 | |
| | | 第84条【债的界定】 | |
| | | 第90条【借贷关系】 | |
| | | 第108条【债务清偿：分期偿还、强制偿还】 | |
| | | 第135条【诉讼时效期间：两年】 | |
| 0791 | 合同法 | 第5条【合同公平原则；合同权利义务确定的原则】 | |
| | | 第8条【合同约束力】 | |
| | | 第44条【合同成立条件与时间】 | |
| | | 第52条【合同无效的情形】 | |
| | | 第54条【合同的变更和撤销】 | |
| | | 第55条【撤销权消灭的法定情形】 | |
| | | 第56条【合同无效或被撤销的溯及力；部分无效不影响其他独立部分的效力】 | |
| | | 第58条【合同无效或被撤销的法律后果】 | |
| | | 第60条【合同履行的原则】 | |

| | 同时适用的法条 | 相关度 | |
|---|---|---|---|
| 合同法 | 第61条【合同内容约定不明确的处理规则；合同漏洞的填补】 | | 0791 |
| | 第79条【债权人不得转让合同权利的情形】 | | |
| | 第107条【合同约束力；违约责任】 | | |
| | 第114条【违约金的数额及其调整】 | | |
| | 第133条【标的物所有权转移：交付】 | | |
| | 第159条【买受人应支付价款的数额认定】 | | |
| | 第161条【买受人支付价款的时间】 | | |
| | 第174条【买卖合同准用于有偿合同；有偿合同参照买卖合同】 | | |
| | 第196条【借款合同定义】 | | |
| | 第205条【借款合同的利息支付义务】 | | |
| | 第206条【借款期限的认定】 | | |
| | 第207条【借款合同违约责任承担：支付利息】 | | |
| | 第211条【自然人之间借款合同利息的规制】 | | |
| 物权法 | 第9条【不动产物权变动的登记原则；国家的自然资源所有权登记的特殊规定】 | | 0834 |
| | 第10条【不动产登记机构的确定；国家实行统一登记制度】 | | |
| | 第23条【动产物权设立和转让的公示与生效条件】 | | |
| | 第27条【动产物权变动方式之占有改定】 | | |
| | 第180条【可抵押财产的范围】 | | |
| | 第187条【不动产抵押的登记要件主义】 | | |
| | 第188条【动产抵押的登记对抗主义】 | | |
| | 第203条【最高额抵押规则】 | | |
| | 第206条【最高额抵押所担保债权的确定事由】 | | |

| | | 同时适用的法条 | 相关度 |
|---|---|---|---|
| 0823 | 担保法 | 第4条【担保物权的设立;反担保的设立】 | |
| | | 第7条【保证人的资格:具有代为清偿债务能力】 | |
| | | 第12条【多人保证责任的承担】 | |
| | | 第18条【保证合同中连带责任的承担】 | |
| | | 第19条【保证方式不明时:连带责任担保】 | |
| | | 第21条【保证担保的范围;没有约定、约定不明时的担保范围】 | |
| | | 第33条【抵押、抵押权人、抵押人以及抵押物的概念】 | |
| | | 第34条【可抵押财产的范围】 | |
| | | 第41条【特殊财产的抵押物登记】 | |
| | | 第42条【办理抵押物登记的部门】 | |
| | | 第64条【质押合同的订立形式与质权生效时间】 | |
| 0085 | 公司法 | 第14条【分公司的法律地位;子公司的法律地位】 | |
| | | 第16条【公司对外投资或为他人提供担保的条件和限制】 | |
| | | 第20条【禁止股东权利滥用;滥用股东权利的法律责任】 | |
| 0742 | 个人独资企业法 | 第2条【个人独资企业的定义】 | |
| | | 第28条【个人独资企业解散后原投资人的债务偿还责任及其期限】 | |
| | | 第31条【个人独资企业投资人的无限责任】 | |
| 0925 | 合同法司法解释二 | 第19条【明显不合理的低价的确认;视为明显不合理的低价的情形;视为明显不合理的高价的情形;债务人以明显不合理的高价收购他人财产的撤销】 | |

## 第二编 核心法律条文主要适用案由及关联法条索引 0503

| | 同时适用的法条 | 相关度 | |
|---|---|---|---|
| 企业破产法司法解释二 | 第9条【管理人依据企业破产法第三十一条和第三十二条的规定提起诉讼的处理】 | | 0956 |
| | 第12条【破产申请受理前一年内债务的清偿】 | | |
| 担保法司法解释 | 第2条【反担保的方式;第三人的反担保】 | | 0929 |
| | 第4条【董事、经理的违法担保无效】 | | |
| | 第11条【超越权限订立的担保合同】 | | |
| 审理民间借贷案件规定 | 第6条【与民间借贷纠纷案件虽有关联但不是同一事实的涉嫌非法集资等犯罪的线索、材料的移送】 | | 0959 |
| | 第26条【民间借贷年利率的限定】 | | |
| | 第29条【逾期利率的确定规则】 | | |
| 婚姻法司法解释二 | 第24条【离婚时夫妻共同债务的清偿】 | | 0933 |

**第32条【破产管理人对个别清偿的撤销权及其例外规定】** ★

人民法院受理破产申请前六个月内,债务人有本法第二条第一款规定的情形,仍对个别债权人进行清偿的,管理人有权请求人民法院予以撤销。但是,个别清偿使债务人财产受益的除外。

■ 主要适用的案由及其相关度

| 案由编号 | 主要适用的案由 | 相关度 |
|---|---|---|
| M8.23.273 | 请求撤销个别清偿行为纠纷 | ★★★★★ |
| M8.23.283 | 破产撤销权纠纷 | ★★★ |

■ 同时适用的法条及其相关度

| | 同时适用的法条 | 相关度 | |
|---|---|---|---|
| 企业破产法 | 第2条【公司解散清算转破产;清算事务的移交】 | ★★★★★ | 0456 |
| | 第9条【破产申请的撤回】 | ★★★ | |
| | 第34条【破产管理人对债务人财产的追回权】 | ★★★ | |

| | 同时适用的法条 | 相关度 |
|---|---|---|
| 0456 企业破产法 | 第3条【破产案件的管辖法院】 | ★★ |
| | 第1条【企业破产法的立法宗旨】 | ★ |
| | 第12条【人民法院不受理破产申请的理由说明义务;驳回破产申请的规定情形及申请人的救济程序】 | ★ |
| | 第16条【人民法院受理破产申请后破产债务人的个别清偿债务行为无效】 | ★ |
| | 第17条【破产开始后债务人的债务人或财产持有人的清偿债务、交付财产义务】 | ★ |
| | 第25条【破产管理人的职责】 | ★ |
| | 第31条【破产管理人的撤销请求权;破产债务人的可撤销行为】 | ★ |

**第33条【涉及破产债务人财产的无效行为】** ★

涉及债务人财产的下列行为无效:

(一)为逃避债务而隐匿、转移财产的;

(二)虚构债务或者承认不真实的债务的。

■ 主要适用的案由及其相关度

| 案由编号 | 主要适用的案由 | 相关度 |
|---|---|---|
| M8.23.279 | 破产债权确认纠纷 | |
| M8.23.279.2 | 普通破产债权确认纠纷 | |
| M8.23.274 | 请求确认债务人行为无效纠纷 | |
| M4.10.89.4 | 民间借贷纠纷 | |
| M8.23.273 | 请求撤销个别清偿行为纠纷 | |
| M4.10.69 | 债权人撤销权纠纷 | |
| M4.10.74 | 买卖合同纠纷 | |
| M8.23.283 | 破产撤销权纠纷 | |
| M8.23.285 | 管理人责任纠纷 | |

## 同时适用的法条及其相关度

| | 同时适用的法条 | 相关度 |
|---|---|---|
| 企业破产法 | 第1条【企业破产法的立法宗旨】 | |
| | 第4条【破产案件审理程序的适用法律：破产法、民事诉讼法】 | |
| | 第21条【破产申请受理后有关债务人的民事诉讼的管辖规定】 | |
| | 第30条【破产程序中债务人财产范围的认定】 | |
| | 第31条【破产管理人的撤销请求权；破产债务人的可撤销行为】 | |
| | 第32条【破产管理人对个别清偿的撤销权及其例外规定】 | |
| | 第34条【破产管理人对债务人财产的追回权】 | |
| | 第36条【破产管理人对董事、监事或高级管理人员非正常收入和侵占财产的追回权】 | |
| | 第42条【破产程序中共益债务的范围与种类】 | |
| | 第43条【破产费用和共益债务的清偿规则】 | |
| | 第44条【对破产债务人享有债权的债权人依破产法行使权利】 | |
| | 第46条【破产时的债权期限与利息：未到期视为到期；停止计息】 | |
| | 第49条【债权申报的形式要求和债权说明义务】 | |
| | 第57条【破产管理人债权表的编制义务以及利害关系人对债权表的查阅权】 | |
| | 第58条【破产程序中债权表的核查和确认】 | |
| | 第128条【债务人存在损害债权人利益的法定情形的破产债务人的法定代表人和其他直接责任人员的赔偿责任】 | |

0506 商事纠纷:公司、企业与破产

| | | 同时适用的法条 | 相关度 |
|---|---|---|---|
| 0791 | 合同法 | 第52条【合同无效的情形】 | |
| | | 第58条【合同无效或被撤销的法律后果】 | |
| | | 第60条【合同履行的原则】 | |
| | | 第206条【借款期限的认定】 | |
| | | 第207条【借款合同违约责任承担:支付利息】 | |
| | | 第211条【自然人之间借款合同利息的规制】 | |
| | | 第221条【租赁物的维修和维修费负担】 | |
| 0812 | 民法通则 | 第58条【民事行为无效的法定情形】 | |
| | | 第108条【债务清偿:分期偿还、强制偿还】 | |
| 0823 | 担保法 | 第7条【保证人的资格:具有代为清偿债务能力】 | |
| | | 第12条【多人保证责任的承担】 | |
| | | 第18条【保证合同中连带责任的承担】 | |
| | | 第19条【保证方式不明时:连带责任担保】 | |
| 0862 | 侵权责任法 | 第8条【共同实施侵权行为人的连带责任】 | |
| 0085 | 公司法 | 第16条【公司对外投资或为他人提供担保的条件和限制】 | |
| 0956 | 企业破产法司法解释二 | 第17条【管理人依据企业破产法第三十三条的规定提起诉讼的处理】 | |
| | | 第18条【管理人代表债务人依据企业破产法第一百二十八条的规定提起诉讼的处理】 | |
| 0933 | 婚姻法司法解释二 | 第24条【离婚时夫妻共同债务的清偿】 | |
| 0947 | 建设工程合同纠纷司法解释 | 第1条【建设工程施工合同无效的情形】 | |
| | | 第4条【建设工程非法转包、违法分包的处理:合同无效、收缴非法所得】 | |
| | | 第26条【建设施工纠纷实际施工人起诉被告的认定】 | |

| | 同时适用的法条 | 相关度 | |
|---|---|---|---|
| 审理民间借贷案件规定 | 第6条【与民间借贷纠纷案件虽有关联但不是同一事实的涉嫌非法集资等犯罪的线索、材料的移送】 | | 0959 |
| | 第26条【民间借贷年利率的限定】 | | |
| | 第29条【逾期利率的确定规则】 | | |
| 担保法司法解释 | 第4条【董事、经理的违法担保无效】 | | 0929 |
| | 第11条【超越权限订立的担保合同】 | | |

## 第34条【破产管理人对债务人财产的追回权】 ★

因本法第三十一条、第三十二条或者第三十三条规定的行为而取得的债务人的财产,管理人有权追回。

■ 主要适用的案由及其相关度

| 案由编号 | 主要适用的案由 | 相关度 |
|---|---|---|
| M8.23.273 | 请求撤销个别清偿行为纠纷 | ★★★★★ |
| M8.23.283 | 破产撤销权纠纷 | ★★★ |
| M8.23.274 | 请求确认债务人行为无效纠纷 | ★ |
| M8.23.271 | 申请破产重整 | ★ |
| M3.9.62 | 占有物返还纠纷 | ★ |
| M4.10.69 | 债权人撤销权纠纷 | ★ |

■ 同时适用的法条及其相关度

| | 同时适用的法条 | 相关度 | |
|---|---|---|---|
| 企业破产法 | 第32条【破产管理人对个别清偿的撤销权及其例外规定】 | ★★★★★ | 0456 |
| | 第2条【公司解散清算转破产;清算事务的移交】 | ★★★★ | |
| | 第9条【破产申请的撤回】 | ★★★ | |
| | 第31条【破产管理人的撤销请求权;破产债务人的可撤销行为】 | ★★ | |

| | | 同时适用的法条 | 相关度 |
|---|---|---|---|
| 0456 | 企业破产法 | 第16条【人民法院受理破产申请后破产债务人的个别清偿债务行为无效】 | ★ |
| | | 第33条【涉及破产债务人财产的无效行为】 | ★ |

**第35条【破产管理人对尚未完全履行出资义务的出资人的出资追缴权】** ★

人民法院受理破产申请后,债务人的出资人尚未完全履行出资义务的,管理人应当要求该出资人缴纳所认缴的出资,而不受出资期限的限制。

■ 主要适用的案由及其相关度

| 案由编号 | 主要适用的案由 | 相关度 |
|---|---|---|
| M8.23.277 | 追收抽逃出资纠纷 | |
| M8.21.245 | 股东出资纠纷 | |
| M8.23.276 | 追收未缴出资纠纷 | |
| M8.21 | 与公司有关的纠纷 | |

■ 同时适用的法条及其相关度

| | | 同时适用的法条 | 相关度 |
|---|---|---|---|
| 0085 | 公司法 | 第3条【公司法人制度】 | |
| | | 第26条【有限责任公司注册资本认缴制;注册资本特别规定】 | |
| | | 第28条【股东出资义务的履行及其违约责任】 | |
| | | 第34条【股东红利分配规则;公司新增资本时股东的优先认购权】 | |
| | | 第35条【股东不得抽逃出资的义务】 | |
| | | 第178条【公司增加注册资本的执行规定】 | |
| 0456 | 企业破产法 | 第21条【破产申请受理后有关债务人的民事诉讼的管辖规定】 | |
| | | 第25条【破产管理人的职责】 | |

| | 同时适用的法条 | 相关度 | |
|---|---|---|---|
| 企业破产法 | 第46条【破产时的债权期限与利息:未到期视为到期;停止计息】 | | 0456 |
| 公司法司法解释三 | 第12条【可以认定股东抽逃出资的情形】 | | 0915 |
| | 第13条【未履行或未全面履行出资义务的股东对于公司债务承担补充责任;发起人的连带责任;董事、高级管理人员的不真正连带责任】 | | |
| | 第14条【抽逃出资的法律责任】 | | |
| 企业改制纠纷司法解释 | 第7条【企业以其优质财产与他人组建新公司而将债务留在原企业的债务承担】 | | 0944 |

## 第36条【破产管理人对董事、监事或高级管理人员非正常收入和侵占财产的追回权】 ★

债务人的董事、监事和高级管理人员利用职权从企业获取的非正常收入和侵占的企业财产,管理人应当追回。

■ 主要适用的案由及其相关度

| 案由编号 | 主要适用的案由 | 相关度 |
|---|---|---|
| M8.23.278 | 追收非正常收入纠纷 | |
| M6.17 | 劳动争议 | |
| M4.10.89.4 | 民间借贷纠纷 | |
| M8.23.275 | 对外追收债权纠纷 | |
| M8.23.274 | 请求确认债务人行为无效纠纷 | |

■ 同时适用的法条及其相关度

| | 同时适用的法条 | 相关度 | |
|---|---|---|---|
| 企业破产法 | 第21条【破产申请受理后有关债务人的民事诉讼的管辖规定】 | | 0456 |
| | 第24条【破产管理人的任职条件与资格禁止】 | | |

| | | 同时适用的法条 | 相关度 |
|---|---|---|---|
| 0456 | 企业破产法 | 第25条【破产管理人的职责】 | |
| | | 第30条【破产程序中债务人财产范围的认定】 | |
| | | 第33条【涉及破产债务人财产的无效行为】 | |
| | | 第34条【破产管理人对债务人财产的追回权】 | |
| | | 第40条【债权人在破产程序中可主张抵销的债权和不可抵消的债权】 | |
| | | 第46条【破产时的债权期限与利息：未到期视为到期；停止计息】 | |
| 0849 | 劳动合同法 | 第30条【用人单位的劳动报酬支付义务；劳动者申请支付令的条件】 | |
| | | 第36条【协商解除劳动合同】 | |
| | | 第46条【经济补偿金的支付】 | |
| | | 第47条【经济补偿金的支付标准】 | |
| 0085 | 公司法 | 第166条【公司的法定公积金制度、任意公积金制度；公司利润分配的规定】 | |
| 0812 | 民法通则 | 第90条【借贷关系】 | |
| | | 第134条【侵权责任的主要承担方式】 | |
| 0862 | 侵权责任法 | 第8条【共同实施侵权行为人的连带责任】 | |
| 0791 | 合同法 | 第58条【合同无效或被撤销的法律后果】 | |
| 0901 | 劳动合同法实施条例 | 第27条【经济补偿月工资的计算】 | |
| 0965 | 劳动争议案件司法解释一 | 第5条【当事人不服劳动争议仲裁委员会为纠正原裁决错误重新作出裁决起诉的，人民法院应当受理】 | |
| | | 第13条【用人单位负举证责任的劳动争议】 | |

## 第37条【破产管理人通过债务清偿或替代担保收回质物、留置物的规定】 ★

人民法院受理破产申请后,管理人可以通过清偿债务或者提供为债权人接受的担保,取回质物、留置物。

前款规定的债务清偿或者替代担保,在质物或者留置物的价值低于被担保的债权额时,以该质物或者留置物当时的市场价值为限。

■ 主要适用的案由及其相关度

| 案由编号 | 主要适用的案由 | 相关度 |
|---|---|---|
| M4.10.99 | 承揽合同纠纷 | |
| M4.10.74 | 买卖合同纠纷 | |

■ 同时适用的法条及其相关度

| | 同时适用的法条 | 相关度 | |
|---|---|---|---|
| 合同法 | 第44条【合同成立条件与时间】 | | 0791 |
| | 第60条【合同履行的原则】 | | |
| | 第130条【买卖合同的定义】 | | |
| | 第134条【所有权保留】 | | |
| 企业破产法 | 第25条【破产管理人的职责】 | | 0456 |
| | 第27条【破产管理人勤勉忠实的义务】 | | |
| 物权法 | 第231条【留置财产与债权应基于同一法律关系但企业间留置例外】 | | 0834 |
| | 第233条【留置可分物时可留置财产的数额】 | | |
| 买卖合同司法解释 | 第35条【所有权保留】 | | 0937 |
| | 第36条【出卖人不能取回标的物的情形:买受人已经支付标的物总价款的百分之七十五以上、第三人善意取得】 | | |
| 企业破产法司法解释二 | 第3条【设定担保物权的特定财产为债务人财产】 | | 0956 |

## 第38条【债务人占有不属于债务人的财产时财产权利人的取回权】 ★

人民法院受理破产申请后,债务人占有的不属于债务人的财产,该财产的权利人可以通过管理人取回。但是,本法另有规定的除外。

▨ 主要适用的案由及其相关度

| 案由编号 | 主要适用的案由 | 相关度 |
| --- | --- | --- |
| M8.23.280 | 取回权纠纷 | |
| M8.23.280.1 | 一般取回权纠纷 | |
| M8.23.280.2 | 出卖人取回权纠纷 | |
| M4.10.74 | 买卖合同纠纷 | |
| M4.10.74.1 | 分期付款买卖合同纠纷 | |
| M8.23.275 | 对外追收债权纠纷 | |
| M3.5.32.1 | 所有权确认纠纷 | |
| M4.10.98 | 融资租赁合同纠纷 | |
| M4.11.128 | 不当得利纠纷 | |
| M4.10.97 | 租赁合同纠纷 | |
| M8.24.302 | 客户交易结算资金纠纷 | |
| M8.23.279 | 破产债权确认纠纷 | |

▨ 同时适用的法条及其相关度

| | 同时适用的法条 | 相关度 |
| --- | --- | --- |
| 企业破产法 | 第2条【公司解散清算转破产;清算事务的移交】 | |
| | 第18条【破产申请受理后尚未履行完毕合同的处理;管理人决定解除合同或继续履行的权利;管理人决定继续履行合同的法律后果:管理人提供担保的义务】 | |
| | 第25条【破产管理人的职责】 | |
| | 第27条【破产管理人勤勉忠实的义务】 | |
| | 第30条【破产程序中债务人财产范围的认定】 | |

|  | 同时适用的法条 | 相关度 |
|---|---|---|
| 企业破产法 | 第31条【破产管理人的撤销请求权；破产债务人的可撤销行为】 | 0456 |
|  | 第42条【破产程序中共益债务的范围与种类】 |  |
|  | 第58条【破产程序中债权表的核查和确认】 |  |
|  | 第59条【债权人会议的组成及债权人表决权的行使】 |  |
|  | 第61条【债权人会议的职权】 |  |
|  | 第71条【重整的法院审查制度】 |  |
|  | 第113条【破产债权的法定清偿顺序】 |  |
|  | 第134条【金融机构的破产启动规则】 |  |
|  | 第135条【其他组织破产清算参照适用企业破产法的规定】 |  |
| 合同法 | 第2条【合同法的调整对象；合同的定义】 | 0791 |
|  | 第8条【合同约束力】 |  |
|  | 第52条【合同无效的情形】 |  |
|  | 第60条【合同履行的原则】 |  |
|  | 第61条【合同内容约定不明确的处理规则；合同漏洞的填补】 |  |
|  | 第93条【合同的意定解除：协商一致；约定条件成就】 |  |
|  | 第97条【合同解除的法律后果】 |  |
|  | 第107条【合同约束力：违约责任】 |  |
|  | 第133条【标的物所有权转移：交付】 |  |
|  | 第134条【所有权保留】 |  |
|  | 第174条【买卖合同准用于有偿合同；有偿合同参照买卖合同】 |  |
|  | 第237条【融资租赁合同的定义】 |  |
|  | 第242条【承租人破产时租赁物不属于破产财产】 |  |

| | | 同时适用的法条 | 相关度 |
|---|---|---|---|
| 0834 | 物权法 | 第23条【动产物权设立和转让的公示与生效条件】 | |
| | | 第27条【动产物权变动方式之占有改定】 | |
| | | 第30条【因事实行为设立或者消灭物权的生效时间确定】 | |
| | | 第33条【利害关系人的物权确认请求权】 | |
| | | 第34条【权利人的返还原物请求权】 | |
| | | 第36条【物权损害的救济方式】 | |
| | | 第39条【所有权的内容】 | |
| 0812 | 民法通则 | 第5条【公民的合法权益受到保护】 | |
| | | 第84条【债的界定】 | |
| | | 第92条【不当得利返还请求权】 | |
| | | 第108条【债务清偿：分期偿还、强制偿还】 | |
| 0823 | 担保法 | 第4条【担保物权的设立；反担保的设立】 | |
| | | 第33条【抵押、抵押权人、抵押人以及抵押物的概念】 | |
| 0882 | 国有资产法 | 第3条【国有资产的所有权归属】 | |
| | | 第4条【国有资产的出资人代表：国务院、地方人民政府】 | |
| 0937 | 买卖合同司法解释 | 第35条【所有权保留】 | |
| | | 第36条【出卖人不能取回标的物的情形：买受人已经支付标的物总价款的百分之七十五以上、第三人善意取得】 | |
| | | 第37条【买受人在回赎期间内消除出卖人取回标的物的事由的可以回赎标的物；回赎期间内没有回赎标的物可以另行出卖；出卖人另行出卖标的物所得价款的处理】 | |

| | 同时适用的法条 | 相关度 | |
|---|---|---|---|
| 审理企业破产案件规定 | 第2条【破产案件的管辖】 | | 0950 |
| | 第48条【破产清算组成员的产生】 | | |
| | 第71条【不属于破产财产的范围】 | | |
| | 第72条【财产权利人有权取回的财产；财产权利人的债权申报；财产权利人要求等值赔偿的权利】 | | |
| 担保法司法解释 | 第2条【反担保的方式；第三人的反担保】 | | 0929 |
| 企业破产法司法解释二 | 第2条【不应认定为债务人财产的范围】 | | 0956 |

**第39条【破产程序中尚在运输途中的买卖标的物的处理】**

人民法院受理破产申请时，出卖人已将买卖标的物向作为买受人的债务人发运，债务人尚未收到且未付清全部价款的，出卖人可以取回在运途中的标的物。但是，管理人可以支付全部价款，请求出卖人交付标的物。①

**第40条【债权人在破产程序中可主张抵销的债权和不可抵销的债权】** ★

债权人在破产申请受理前对债务人负有债务的，可以向管理人主张抵销。但是，有下列情形之一的，不得抵销：

（一）债务人的债务人在破产申请受理后取得他人对债务人的债权的；

（二）债权人已知债务人有不能清偿到期债务或者破产申请的事实，对债务人负担债务的；但是，债权人因为法律规定或者有破产申请一年前所发生的原因而负担债务的除外；

（三）债务人的债务人已知债务人有不能清偿到期债务或者破产申请的事实，对债务人取得债权的；但是，债务人的债务人因为法律规定或者有破产申请一年前所发生的原因而取得债权的除外。

---

① 说明：本法条尚无足够数量判决书可供法律大数据分析。

## ■ 主要适用的案由及其相关度

| 案由编号 | 主要适用的案由 | 相关度 |
|---|---|---|
| M8.23.275 | 对外追收债权纠纷 | |
| M8.23.281 | 破产抵销权纠纷 | |
| M8.23.273 | 请求撤销个别清偿行为纠纷 | |
| M8.23.283 | 破产撤销权纠纷 | |
| M4.10.74 | 买卖合同纠纷 | |
| M4.10.97 | 租赁合同纠纷 | |
| M4.10.97.2 | 房屋租赁合同纠纷 | |
| M8.23.274 | 请求确认债务人行为无效纠纷 | |
| M8.23.279 | 破产债权确认纠纷 | |
| M8.23.279.2 | 普通破产债权确认纠纷 | |
| M4.10.98 | 融资租赁合同纠纷 | |
| M4.10.89 | 借款合同纠纷 | |
| M4.10.89.4 | 民间借贷纠纷 | |
| M3.5.33 | 返还原物纠纷 | |
| M4.10 | 合同纠纷 | |
| M4.10.120 | 服务合同纠纷 | |
| M4.10.126 | 追偿权纠纷 | |

## ■ 同时适用的法条及其相关度

| | 同时适用的法条 | 相关度 |
|---|---|---|
| 企业破产法 | 第2条【公司解散清算转破产；清算事务的移交】 | |
| | 第3条【破产案件的管辖法院】 | |
| | 第9条【破产申请的撤回】 | |
| | 第16条【人民法院受理破产申请后破产债务人的个别清偿债务行为无效】 | |

| | 同时适用的法条 | 相关度 |
|---|---|---|
| 企业破产法 | 第17条【破产开始后债务人的债务人或财产持有人的清偿债务、交付财产义务】 | |
| | 第18条【破产申请受理后尚未履行完毕合同的处理；管理人决定解除合同或继续履行的权利；管理人决定继续履行合同的法律后果：管理人提供担保的义务】 | |
| | 第21条【破产申请受理后有关债务人的民事诉讼的管辖规定】 | |
| | 第25条【破产管理人的职责】 | |
| | 第32条【破产管理人对个别清偿的撤销权及其例外规定】 | |
| | 第34条【破产管理人对债务人财产的追回权】 | |
| | 第36条【破产管理人对董事、监事或高级管理人员非正常收入和侵占财产的追回权】 | |
| | 第41条【破产费用的范围】 | |
| | 第42条【破产程序中共益债务的范围与种类】 | |
| | 第44条【对破产债务人享有债权的债权人依破产法行使权利】 | |
| | 第46条【破产时的债权期限与利息：未到期视为到期；停止计息】 | |
| | 第48条【管理人接受债权申报；债务人所欠职工的各项费用不必进行破产债权申报】 | |
| | 第53条【破产管理人或债务人依法解除合同时合同对方当事人的债权申报：以损害赔偿请求权申报】 | |
| | 第56条【破产债权的补充申报】 | |
| | 第58条【破产程序中债权表的核查和确认】 | |
| | 第124条【破程序终结后破产人的保证人和连带债务人的继续清偿责任】 | |

| | 同时适用的法条 | 相关度 |
|---|---|---|
| 合同法 | 第8条【合同约束力】 | |
| | 第44条【合同成立条件与时间】 | |
| | 第56条【合同无效或被撤销的溯及力;部分无效不影响其他独立部分的效力】 | |
| | 第58条【合同无效或被撤销的法律后果】 | |
| | 第60条【合同履行的原则】 | |
| | 第77条【变更合同的条件与要求】 | |
| | 第93条【合同的意定解除:协商一致;约定条件成就】 | |
| | 第94条【合同的法定解除;法定解除权】 | |
| | 第96条【合同解除权的行使规则】 | |
| | 第97条【合同解除的法律后果】 | |
| | 第99条【法定的债务抵销】 | |
| | 第107条【合同约束力:违约责任】 | |
| | 第109条【违约责任的承担:付款义务的继续履行】 | |
| | 第114条【违约金的数额及其调整】 | |
| | 第120条【双方违约应各自承担违约责任】 | |
| | 第130条【买卖合同的定义】 | |
| | 第134条【所有权保留】 | |
| | 第136条【出卖人义务:交付单证、交付资料】 | |
| | 第161条【买受人支付价款的时间】 | |
| | 第206条【借款期限的认定】 | |
| | 第207条【借款合同违约责任承担:支付利息】 | |
| | 第226条【租赁合同中承租人租金支付期限的确定规则】 | |
| | 第236条【不定期租赁:租赁期满继续使用租赁物、出租人没有提出异议】 | |

|  | 同时适用的法条 | 相关度 |  |
|---|---|---|---|
| 合同法 | 第237条【融资租赁合同的定义】 |  | 0791 |
|  | 第248条【出租人的租金支付请求权以及合同解除权】 |  |  |
| 民法通则 | 第84条【债的界定】 |  | 0812 |
|  | 第108条【债务清偿：分期偿还、强制偿还】 |  |  |
|  | 第117条【侵害财产权的责任承担方式：返还财产、折价赔偿；恢复原状、折价赔偿；赔偿损失】 |  |  |
| 担保法 | 第5条【担保合同的界定及其与主债权合同的关系；担保合同无效的责任承担规则】 |  | 0823 |
|  | 第18条【保证合同中连带责任的承担】 |  |  |
|  | 第19条【保证方式不明时：连带责任担保】 |  |  |
|  | 第21条【保证担保的范围；没有约定、约定不明时的担保范围】 |  |  |
|  | 第26条【连带保证的保证期间】 |  |  |
|  | 第31条【保证人的追偿权】 |  |  |
| 公司法 | 第99条【股份有限公司股东大会的职权】 |  | 0085 |
| 物权法 | 第27条【动产物权变动方式之占有改定】 |  | 0834 |
|  | 第106条【善意取得的构成条件】 |  |  |
| 企业破产法司法解释二 | 第14条【债务人对以自有财产设定担保物权的债权进行的个别清偿的处理】 |  | 0956 |
|  | 第44条【破产申请受理前六个月内相关债务清偿的处理】 |  |  |
| 合同法司法解释二 | 第29条【违约金的数额及其调整】 |  | 0925 |
| 担保法司法解释 | 第8条【主合同无效导致担保合同无效时担保人责任】 |  | 0929 |
|  | 第10条【主合同解除后担保人的责任】 |  |  |
|  | 第19条【连带共同保证的认定】 |  |  |

| | | 同时适用的法条 | 相关度 |
|---|---|---|---|
| 0929 | 担保法司法解释 | 第20条【连带共同保证的责任承担】 | |
| | | 第44条【人民法院受理债务人破产案件时债权人的权利;保证人对债权人申报债权后未受清偿的部分承担保证责任】 | |
| | | 第85条【债务人或第三人将其金钱以特户、封金、保证金等形式特定化后的优先受偿】 | |
| 0966 | 融资租赁合同司法解释 | 第1条【融资租赁法律关系的认定】 | |
| 0959 | 审理民间借贷案件规定 | 第29条【逾期利率的确定规则】 | |

## 第五章 破产费用和共益债务

**第41条【破产费用的范围】** ★

人民法院受理破产申请后发生的下列费用,为破产费用:

(一)破产案件的诉讼费用;

(二)管理、变价和分配债务人财产的费用;

(三)管理人执行职务的费用、报酬和聘用工作人员的费用。

■ 主要适用的案由及其相关度

| 案由编号 | 主要适用的案由 | 相关度 |
|---|---|---|
| M6.17 | 劳动争议 | |
| M8.23.279.2 | 普通破产债权确认纠纷 | |
| M8.23.281 | 破产抵销权纠纷 | |
| M1.1.1 | 生命权、健康权、身体权纠纷 | |
| M4.10.122 | 劳务合同纠纷 | |
| M4.12.129 | 无因管理纠纷 | |
| M8.21 | 与公司有关的纠纷 | |

| 案由编号 | 主要适用的案由 | 相关度 |
|---|---|---|
| M8.23.275 | 对外追收债权纠纷 | |
| M8.23.279.1 | 职工破产债权确认纠纷 | |

### 同时适用的法条及其相关度

| | 同时适用的法条 | 相关度 |
|---|---|---|
| 企业破产法 | 第17条【破产开始后债务人的债务人或财产持有人的清偿债务、交付财产义务】 | |
| | 第21条【破产申请受理后有关债务人的民事诉讼的管辖规定】 | |
| | 第24条【破产管理人的任职条件与资格禁止】 | |
| | 第25条【破产管理人的职责】 | |
| | 第40条【债权人在破产程序中可主张抵销的债权和不可抵消的债权】 | |
| | 第42条【破产程序中共益债务的范围与种类】 | |
| | 第43条【破产费用和共益债务的清偿规则】 | |
| | 第44条【对破产债务人享有债权的债权人依破产法行使权利】 | |
| | 第46条【破产时的债权期限与利息:未到期视为到期;停止计息】 | |
| | 第48条【管理人接受债权申报;债务人所欠职工的各项费用不必进行破产债权申报】 | |
| | 第64条【债权人会议决议的通过、撤销和效力】 | |
| | 第109条【破产宣告后有担保的债权优先受偿的规定】 | |
| | 第110条【破产宣告后有担保的债权优先受偿的特别规定】 | |
| | 第113条【破产债权的法定清偿顺序】 | |

| | | 同时适用的法条 | 相关度 |
|---|---|---|---|
| 0823 | 担保法 | 第33条【抵押、抵押权人、抵押人以及抵押物的概念】 | |
| | | 第46条【抵押担保的范围】 | |
| | | 第53条【抵押权的实现】 | |
| 0849 | 劳动合同法 | 第2条【劳动合同法的适用范围】 | |
| | | 第38条【劳动者单方解除劳动合同】 | |
| | | 第44条【劳动合同的终止】 | |
| | | 第46条【经济补偿金的支付】 | |
| | | 第47条【经济补偿金的支付标准】 | |
| 0085 | 公司法 | 第3条【公司法人制度】 | |
| | | 第4条【公司股东权利】 | |
| 0791 | 合同法 | 第8条【合同约束力】 | |
| | | 第60条【合同履行的原则】 | |
| | | 第97条【合同解除的法律后果】 | |
| | | 第99条【法定的债务抵销】 | |
| | | 第107条【合同约束力:违约责任】 | |
| | | 第205条【借款合同的利息支付义务】 | |
| | | 第206条【借款期限的认定】 | |
| | | 第207条【借款合同违约责任承担:支付利息】 | |
| 0812 | 民法通则 | 第93条【无因管理的必要费用支付请求权】 | |
| 0862 | 侵权责任法 | 第60条【医疗机构损害赔偿责任的免责事由】 | |
| 0965 | 劳动争议案件司法解释一 | 第13条【用人单位负举证责任的劳动争议】 | |
| 0971 | 审理劳动争议案件司法解释四 | 第5条【劳动者非因本人原因从原用人单位被安排到新用人单位工作计算支付经济补偿或赔偿金的工作年限;劳动者非因本人原因从原用人单位被安排到新用人单位的情形】 | |

第42条【破产程序中共益债务的范围与种类】 ★

人民法院受理破产申请后发生的下列债务,为共益债务:

(一)因管理人或者债务人请求对方当事人履行双方均未履行完毕的合同所产生的债务;

(二)债务人财产受无因管理所产生的债务;

(三)因债务人不当得利所产生的债务;

(四)为债务人继续营业而应支付的劳动报酬和社会保险费用以及由此产生的其他债务;

(五)管理人或者相关人员执行职务致人损害所产生的债务;

(六)债务人财产致人损害所产生的债务。

■ 主要适用的案由及其相关度

| 案由编号 | 主要适用的案由 | 相关度 |
| --- | --- | --- |
| M4.10.74 | 买卖合同纠纷 | |
| M4.11.128 | 不当得利纠纷 | |
| M8.23.279 | 破产债权确认纠纷 | |
| M8.23.281 | 破产抵销权纠纷 | |
| M8.23.285 | 管理人责任纠纷 | |
| M4.12.129 | 无因管理纠纷 | |
| M4.10.82.2 | 商品房预售合同纠纷 | |
| M4.10.89 | 借款合同纠纷 | |
| M4.10.89.1 | 金融借款合同纠纷 | |
| M4.10.89.3 | 企业借贷纠纷 | |
| M4.10.89.4 | 民间借贷纠纷 | |
| M4.10 | 合同纠纷 | |

■ 同时适用的法条及其相关度

| | 同时适用的法条 | 相关度 |
| --- | --- | --- |
| 企业破产法 | 第2条【公司解散清算转破产;清算事务的移交】 | |
| | 第25条【破产管理人的职责】 | |

| | | 同时适用的法条 | 相关度 |
|---|---|---|---|
| 0456 | 企业破产法 | 第33条【涉及破产债务人财产的无效行为】 | |
| | | 第38条【债务人占有不属于债务人的财产时财产权利人的取回权】 | |
| | | 第40条【债权人在破产程序中可主张抵销的债权和不可抵消的债权】 | |
| | | 第41条【破产费用的范围】 | |
| | | 第43条【破产费用和共益债务的清偿规则】 | |
| | | 第46条【破产时的债权期限与利息:未到期视为到期;停止计息】 | |
| | | 第58条【破产程序中债权表的核查和确认】 | |
| | | 第113条【破产债权的法定清偿顺序】 | |
| 0791 | 合同法 | 第8条【合同约束力】 | |
| | | 第52条【合同无效的情形】 | |
| | | 第58条【合同无效或被撤销的法律后果】 | |
| | | 第60条【合同履行的原则】 | |
| | | 第107条【合同约束力:违约责任】 | |
| | | 第109条【违约责任的承担:付款义务的继续履行】 | |
| | | 第114条【违约金的数额及其调整】 | |
| | | 第159条【买受人应支付价款的数额认定】 | |
| | | 第205条【借款合同的利息支付义务】 | |
| | | 第206条【借款期限的认定】 | |
| | | 第207条【借款合同违约责任承担:支付利息】 | |
| 0812 | 民法通则 | 第92条【不当得利返还请求权】 | |
| | | 第93条【无因管理的必要费用支付请求权】 | |
| 0823 | 担保法 | 第5条【担保合同的界定及其与主债权合同的关系;担保合同无效的责任承担规则】 | |
| | | 第6条【保证的定义】 | |
| | | 第14条【保证合同的订立:分别订立;合并订立】 | |

|  | 同时适用的法条 | 相关度 | |
|---|---|---|---|
| 担保法 | 第18条【保证合同中连带责任的承担】 | | 0823 |
| | 第19条【保证方式不明时：连带责任担保】 | | |
| | 第21条【保证担保的范围；没有约定、约定不明时的担保范围】 | | |
| | 第26条【连带保证的保证期间】 | | |
| | 第89条【定金罚则】 | | |
| 物权法 | 第174条【担保物权的物上代位性】 | | 0834 |
| | 第179条【抵押权的界定】 | | |
| | 第208条【质权的概念与质权的实现；质押双方的概念】 | | |
| | 第211条【流质契约的绝对禁止】 | | |
| 公司法 | 第3条【公司法人制度】 | | 0085 |
| 担保法司法解释 | 第8条【主合同无效导致担保合同无效时担保人责任】 | | 0929 |
| 民通意见 | 第1条【公民的民事权利能力自出生时开始；户籍证明、医院出具的出生证明、其他证明】 | | 0934 |
| 审理企业破产案件规定 | 第55条【破产债权的范围】 | | 0950 |
| | 第61条【破产债权的范围】 | | |
| 买卖合同司法解释 | 第44条【出卖人履行交付义务后诉请买受人支付价款买受人以出卖人违约在先为由提出异议的处理】 | | 0937 |

**第43条【破产费用和共益债务的清偿规则】** ★

破产费用和共益债务由债务人财产随时清偿。

债务人财产不足以清偿所有破产费用和共益债务的，先行清偿破产费用。

债务人财产不足以清偿所有破产费用或者共益债务的，按照比例清偿。

债务人财产不足以清偿破产费用的，管理人应当提请人民法院终结破产程序。人民法院应当自收到请求之日起十五日内裁定终结破产程序，并予以公告。

0526 商事纠纷:公司、企业与破产

■ 主要适用的案由及其相关度

| 案由编号 | 主要适用的案由 | 相关度 |
|---|---|---|
| M6.17 | 劳动争议 | |
| M8.23.279 | 破产债权确认纠纷 | |
| M8.23.279.2 | 普通破产债权确认纠纷 | |
| M8.23.285 | 管理人责任纠纷 | |
| M1.1.1 | 生命权、健康权、身体权纠纷 | |
| M4.10 | 合同纠纷 | |
| M4.10.122 | 劳务合同纠纷 | |
| M4.10.74 | 买卖合同纠纷 | |
| M4.10.89.3 | 企业借贷纠纷 | |
| M4.11.128 | 不当得利纠纷 | |
| M4.12.129 | 无因管理纠纷 | |

■ 同时适用的法条及其相关度

| | 同时适用的法条 | 相关度 |
|---|---|---|
| 企业破产法 | 第2条【公司解散清算转破产;清算事务的移交】 | |
| | 第21条【破产申请受理后有关债务人的民事诉讼的管辖规定】 | |
| | 第24条【破产管理人的任职条件与资格禁止】 | |
| | 第25条【破产管理人的职责】 | |
| | 第33条【涉及破产债务人财产的无效行为】 | |
| | 第41条【破产费用的范围】 | |
| | 第42条【破产程序中共益债务的范围与种类】 | |
| | 第46条【破产时的债权期限与利息:未到期视为到期;停止计息】 | |
| | 第113条【破产债权的法定清偿顺序】 | |

| | 同时适用的法条 | 相关度 | |
|---|---|---|---|
| 合同法 | 第 8 条【合同约束力】 | | 0791 |
| | 第 60 条【合同履行的原则】 | | |
| | 第 107 条【合同约束力：违约责任】 | | |
| | 第 159 条【买受人应支付价款的数额认定】 | | |
| 劳动合同法 | 第 2 条【劳动合同法的适用范围】 | | 0849 |
| | 第 44 条【劳动合同的终止】 | | |
| 民法通则 | 第 92 条【不当得利返还请求权】 | | 0812 |
| | 第 93 条【无因管理的必要费用支付请求权】 | | |
| 侵权责任法 | 第 60 条【医疗机构损害赔偿责任的免责事由】 | | 0862 |
| 担保法 | 第 19 条【保证方式不明时：连带责任担保】 | | 0823 |
| | 第 89 条【定金罚则】 | | |
| 公司法 | 第 3 条【公司法人制度】 | | 0085 |
| 民通意见 | 第 1 条【公民的民事权利能力自出生时开始：户籍证明、医院出具的出生证明、其他证明】 | | 0934 |

## 第六章　债权申报

**第 44 条【对破产债务人享有债权的债权人依破产法行使权利】** ★★

人民法院受理破产申请时对债务人享有债权的债权人，依照本法规定的程序行使权利。

■ 主要适用的案由及其相关度

| 案由编号 | 主要适用的案由 | 相关度 |
|---|---|---|
| M8.23.279 | 破产债权确认纠纷 | ★★★★ |
| M8.23.279.1 | 职工破产债权确认纠纷 | ★★★★★ |
| M8.23.279.2 | 普通破产债权确认纠纷 | ★ |
| M4.10.89 | 借款合同纠纷 | ★★★★ |

| 案由编号 | 主要适用的案由 | 相关度 |
|---|---|---|
| M4.10.89.1 | 金融借款合同纠纷 | ★★★★★ |
| M4.10.89.4 | 民间借贷纠纷 | ★★ |
| M4.10.74 | 买卖合同纠纷 | ★★★ |
| M8.23.273 | 请求撤销个别清偿行为纠纷 | ★★ |
| M4.10 | 合同纠纷 | ★★ |
| M8.24.298.3 | 证券虚假陈述责任纠纷 | ★ |
| M4.10.126 | 追偿权纠纷 | ★ |
| M4.10.97.2 | 房屋租赁合同纠纷 | ★ |

■ 同时适用的法条及其相关度

| | 同时适用的法条 | 相关度 |
|---|---|---|
| 企业破产法 | 第46条【破产时的债权期限与利息：未到期视为到期；停止计息】 | ★★★★★ |
| | 第48条【管理人接受债权申报；债务人所欠职工的各项费用不必进行破产债权申报】 | ★★★★ |
| | 第58条【破产程序中债权表的核查和确认】 | ★★★★ |
| | 第56条【破产债权的补充申报】 | ★★★ |
| | 第16条【人民法院受理破产申请后破产债务人的个别清偿债务行为无效】 | ★★ |
| | 第20条【破产申请受理后有关债务人的民事诉讼或仲裁的处理规定：受理后中止、管理人接管后继续】 | ★★ |
| | 第47条【附条件、期限或诉讼、仲裁未决的债权申报】 | ★★ |
| | 第92条【重整计划的效力范围】 | ★★ |
| | 第2条【公司解散清算转破产；清算事务的移交】 | ★ |
| | 第21条【破产申请受理后有关债务人的民事诉讼的管辖规定】 | ★ |

| | 同时适用的法条 | 相关度 | |
|---|---|---|---|
| 企业破产法 | 第25条【破产管理人的职责】 | ★ | 0456 |
| | 第32条【破产管理人对个别清偿的撤销权及其例外规定】 | ★ | |
| | 第40条【债权人在破产程序中可主张抵销的债权和不可抵消的债权】 | ★ | |
| | 第49条【债权申报的形式要求和债权说明义务】 | ★ | |
| | 第57条【破产管理人债权表的编制义务以及利害关系人对债权表的查阅权】 | ★ | |
| | 第107条【合同约束力:违约责任】 | ★★★★★ | |
| | 第206条【借款期限的认定】 | ★★★★★ | |
| | 第207条【借款合同违约责任承担:支付利息】 | ★★★★★ | |
| | 第60条【合同履行的原则】 | ★★★★ | |
| | 第205条【借款合同的利息支付义务】 | ★★★★ | |
| | 第8条【合同约束力】 | ★★ | |
| | 第44条【合同成立条件与时间】 | ★★ | |
| | 第109条【违约责任的承担:付款义务的继续履行】 | ★★ | |
| | 第114条【违约金的数额及其调整】 | ★★ | |
| 合同法 | 第159条【买受人应支付价款的数额认定】 | ★★ | 0791 |
| | 第130条【买卖合同的定义】 | ★ | |
| | 第161条【买受人支付价款的时间】 | ★ | |
| | 第196条【借款合同定义】 | ★ | |
| 担保法 | 第18条【保证合同中连带责任的承担】 | ★★★★★ | 0823 |
| | 第21条【保证担保的范围;没有约定、约定不明时的担保范围】 | ★★★★★ | |
| | 第12条【多人保证责任的承担】 | ★★ | |
| | 第31条【保证人的追偿权】 | ★★ | |
| | 第14条【保证合同的订立:分别订立;合并订立】 | ★ | |

| | | 同时适用的法条 | 相关度 |
|---|---|---|---|
| 0823 | 担保法 | 第33条【抵押、抵押权人、抵押人以及抵押物的概念】 | ★ |
| | | 第41条【特殊财产的抵押物登记】 | ★ |
| | | 第46条【抵押担保的范围】 | ★ |
| 0834 | 物权法 | 第176条【混合担保规则】 | ★★ |
| | | 第170条【担保财产优先受偿:债务人不履行到期债务、发生约定的实现担保物权的情形】 | ★ |
| | | 第171条【担保物权的设立;反担保的设立】 | ★ |
| | | 第173条【担保物权担保的范围】 | ★ |
| | | 第179条【抵押权的界定】 | ★ |
| | | 第203条【最高额抵押规则】 | ★ |
| 0846 | 证券法 | 第63条【发行人和上市公司的信息真实、准确、完整披露的义务】 | ★ |
| | | 第65条【上市公司中期报告的报送义务及其内容】 | ★ |
| | | 第66条【上市公司年度报告的报送义务及其内容】 | ★ |
| | | 第67条【上市公司重大事件的范围及其处理程序】 | ★ |
| 0941 | 证券虚假陈述案件规定 | 第17条【证券市场虚假陈述、重大事件、虚假记载、误导性陈述、重大遗漏、不正当披露的定义】 | ★ |
| | | 第18条【法院应当认定虚假陈述与损害结果之间存在因果关系的情形】 | ★ |
| | | 第19条【法院认定虚假陈述与损害结果之间不存在因果关系的情形】 | ★ |
| | | 第20条【虚假陈述实施日的定义;虚假陈述揭露日的定义;虚假陈述更正日的定义】 | ★ |
| | | 第30条【虚假陈述行为人在证券交易市场承担民事赔偿责任的范围以投资人实际损失为限;投资人实际损失资金利息】 | ★ |

| | 同时适用的法条 | 相关度 | |
|---|---|---|---|
| 证券虚假陈述案件规定 | 第31条【投资人在基准日及以前卖出证券的投资差额损失的计算方式】 | ★ | 0941 |
| | 第32条【投资人在基准日之后卖出或仍持有证券的其投资差额损失的计算方式】 | ★ | |
| | 第33条【投资差额损失计算的基准日的定义及确定】 | ★ | |
| 破产法实施前未审结破产案件规定 | 第9条【债权人对债权表记载债权有异议提起诉讼的处理;债权人就争议债权起诉债务人的处理】 | ★ | 0972 |

**第45条【对破产债权申报期限的一般规定】** ★

人民法院受理破产申请后,应当确定债权人申报债权的期限。债权申报期限自人民法院发布受理破产申请公告之日起计算,最短不得少于三十日,最长不得超过三个月。

■ 主要适用的案由及其相关度

| 案由编号 | 主要适用的案由 | 相关度 |
|---|---|---|
| M4.10.89.1 | 金融借款合同纠纷 | |
| M4.10.89.4 | 民间借贷纠纷 | |
| M4.10.90 | 保证合同纠纷 | |

■ 同时适用的法条及其相关度

| | 同时适用的法条 | 相关度 | |
|---|---|---|---|
| 担保法 | 第6条【保证的定义】 | | 0823 |
| | 第12条【多人保证责任的承担】 | | |
| | 第16条【保证的方式】 | | |
| | 第18条【保证合同中连带责任的承担】 | | |
| | 第20条【保证人的抗辩权】 | | |

| | | 同时适用的法条 | 相关度 |
|---|---|---|---|
| 0823 | 担保法 | 第21条【保证担保的范围;没有约定、约定不明时的担保范围】 | |
| | | 第28条【混合担保规则】 | |
| | | 第31条【保证人的追偿权】 | |
| | | 第57条【担保人的追偿权】 | |
| 0791 | 合同法 | 第8条【合同约束力】 | |
| | | 第44条【合同成立条件与时间】 | |
| | | 第60条【合同履行的原则】 | |
| | | 第79条【债权人不得转让合同权利的情形】 | |
| | | 第80条【债权人转让债权的通知义务】 | |
| | | 第107条【合同约束力:违约责任】 | |
| | | 第196条【借款合同定义】 | |
| | | 第205条【借款合同的利息支付义务】 | |
| | | 第206条【借款期限的认定】 | |
| | | 第207条【借款合同违约责任承担:支付利息】 | |
| 0456 | 企业破产法 | 第21条【破产申请受理后有关债务人的民事诉讼的管辖规定】 | |
| | | 第30条【破产程序中债务人财产范围的认定】 | |
| | | 第44条【对破产债务人享有债权的债权人依破产法行使权利】 | |
| | | 第46条【破产时的债权期限与利息:未到期视为到期;停止计息】 | |
| | | 第75条【重整期间担保权的行使;重整期间借款担保的设立】 | |
| | | 第92条【重整计划的效力范围】 | |
| | | 第109条【破产宣告后有担保的债权优先受偿的规定】 | |

|  | 同时适用的法条 | 相关度 | |
|---|---|---|---|
| 物权法 | 第173条【担保物权担保的范围】 |  | 0834 |
|  | 第176条【混合担保规则】 |  |  |
|  | 第203条【最高额抵押规则】 |  |  |
| 担保法司法解释 | 第20条【连带共同保证的责任承担】 |  | 0929 |
|  | 第44条【人民法院受理债务人破产案件时债权人的权利;保证人对债权人申报债权后未受清偿的部分承担保证责任】 |  |  |

## 第46条【破产时的债权期限与利息:未到期视为到期;停止计息】 ★★★

未到期的债权,在破产申请受理时视为到期。

附利息的债权自破产申请受理时起停止计息。

■ 主要适用的案由及其相关度

| 案由编号 | 主要适用的案由 | 相关度 |
|---|---|---|
| M4.10.90 | 保证合同纠纷 | ★★★ |
| M4.10.89 | 借款合同纠纷 | ★ |
| M4.10.89.1 | 金融借款合同纠纷 | ★★★★★ |
| M4.10.89.4 | 民间借贷纠纷 | ★★ |
| M4.10.89.5 | 小额借款合同纠纷 | ★ |
| M8.23.279 | 破产债权确认纠纷 | ★ |
| M4.10.74 | 买卖合同纠纷 | ★ |

■ 同时适用的法条及其相关度

|  | 同时适用的法条 | 相关度 | |
|---|---|---|---|
| 担保法 | 第18条【保证合同中连带责任的承担】 | ★★★★★ | 0823 |
|  | 第21条【保证担保的范围;没有约定、约定不明时的担保范围】 | ★★★★ |  |
|  | 第31条【保证人的追偿权】 | ★★★ |  |

|  |  | 同时适用的法条 | 相关度 |
|---|---|---|---|
| 0823 | 担保法 | 第12条【多人保证责任的承担】 | ★★ |
|  |  | 第14条【保证合同的订立:分别订立;合并订立】 | ★★ |
|  |  | 第33条【抵押、抵押权人、抵押人以及抵押物的概念】 | ★ |
| 0791 | 合同法 | 第206条【借款期限的认定】 | ★★★★★ |
|  |  | 第207条【借款合同违约责任承担:支付利息】 | ★★★★★ |
|  |  | 第205条【借款合同的利息支付义务】 | ★★★★ |
|  |  | 第60条【合同履行的原则】 | ★★★ |
|  |  | 第107条【合同约束力:违约责任】 | ★★★ |
|  |  | 第196条【借款合同定义】 | ★★ |
|  |  | 第8条【合同约束力】 | ★ |
| 0456 | 企业破产法 | 第124条【破程序终结后破产人的保证人和连带债务人的继续清偿责任】 | ★★ |
| 0834 | 物权法 | 第176条【混合担保规则】 | ★★ |
|  |  | 第203条【最高额抵押规则】 | ★★ |
|  |  | 第179条【抵押权的界定】 | ★ |
|  |  | 第187条【不动产抵押的登记要件主义】 | ★ |
| 0929 | 担保法司法解释 | 第44条【人民法院受理债务人破产案件时债权人的权利;保证人对债权人申报债权后未受清偿的部分承担保证责任】 | ★ |

**第47条【附条件、期限或诉讼、仲裁未决的债权申报】** ★

附条件、附期限的债权和诉讼、仲裁未决的债权,债权人可以申报。

■ 主要适用的案由及其相关度

| 案由编号 | 主要适用的案由 | 相关度 |
|---|---|---|
| M8.24.298.3 | 证券虚假陈述责任纠纷 |  |
| M4.10.97.2 | 房屋租赁合同纠纷 |  |
| M4.10.100.5 | 建设工程分包合同纠纷 |  |
| M4.10.74 | 买卖合同纠纷 |  |

| 案由编号 | 主要适用的案由 | 相关度 |
|---|---|---|
| M4.10.82.4 | 商品房委托代理销售合同纠纷 | |
| M4.10.89 | 借款合同纠纷 | |
| M4.10.89.1 | 金融借款合同纠纷 | |
| M4.10.89.4 | 民间借贷纠纷 | |

■ 同时适用的法条及其相关度

| | 同时适用的法条 | 相关度 | |
|---|---|---|---|
| 企业破产法 | 第16条【人民法院受理破产申请后破产债务人的个别清偿债务行为无效】 | | 0456 |
| | 第20条【破产申请受理后有关债务人的民事诉讼或仲裁的处理规定:受理后中止、管理人接管后继续】 | | |
| | 第21条【破产申请受理后有关债务人的民事诉讼的管辖规定】 | | |
| | 第44条【对破产债务人享有债权的债权人依破产法行使权利】 | | |
| | 第46条【破产时的债权期限与利息:未到期视为到期;停止计息】 | | |
| | 第51条【债务人的保证人或其他连带债务人的债权申报规定:以求偿权或将来求偿权申报】 | | |
| | 第58条【破产程序中债权表的核查和确认】 | | |
| | 第92条【重整计划的效力范围】 | | |
| | 第117条【附生效条件或解除条件债权的破产清偿分配规定】 | | |
| 证券法 | 第63条【发行人和上市公司的信息真实、准确、完整披露的义务】 | | 0846 |
| | 第65条【上市公司中期报告的报送义务及其内容】 | | |
| | 第66条【上市公司年度报告的报送义务及其内容】 | | |
| | 第67条【上市公司重大事件的范围及其处理程序】 | | |

| | | 同时适用的法条 | 相关度 |
|---|---|---|---|
| 0791 | 合同法 | 第52条【合同无效的情形】 | |
| | | 第58条【合同无效或被撤销的法律后果】 | |
| | | 第79条【债权人不得转让合同权利的情形】 | |
| | | 第81条【债权转让从权利一并转让】 | |
| | | 第107条【合同约束力；违约责任】 | |
| | | 第109条【违约责任的承担：付款义务的继续履行】 | |
| | | 第205条【借款合同的利息支付义务】 | |
| | | 第206条【借款期限的认定】 | |
| | | 第207条【借款合同违约责任承担：支付利息】 | |
| | | 第210条【自然人之间借款合同的生效：提供借款时】 | |
| | | 第211条【自然人之间借款合同利息的规制】 | |
| | | 第272条【第三人与总承包人或发包人的连带责任；禁止全部转包；禁止分包单位再分包；主体结构施工】 | |
| 0823 | 担保法 | 第4条【担保物权的设立；反担保的设立】 | |
| | | 第6条【保证的定义】 | |
| | | 第18条【保证合同中连带责任的承担】 | |
| | | 第21条【保证担保的范围；没有约定、约定不明时的担保范围】 | |
| | | 第31条【保证人的追偿权】 | |
| 0834 | 物权法 | 第9条【不动产物权变动的登记原则；国家的自然资源所有权登记的特殊规定】 | |
| 0941 | 证券虚假陈述案件规定 | 第17条【证券市场虚假陈述、重大事件、虚假记载、误导性陈述、重大遗漏、不正当披露的定义】 | |
| | | 第18条【法院应当认定虚假陈述与损害结果之间存在因果关系的情形】 | |

| | 同时适用的法条 | 相关度 | |
|---|---|---|---|
| 证券虚假陈述案件规定 | 第19条【法院认定虚假陈述与损害结果之间不存在因果关系的情形】 | | 0941 |
| | 第20条【虚假陈述实施日的定义;虚假陈述揭露日的定义;虚假陈述更正日的定义】 | | |
| | 第30条【虚假陈述行为人在证券交易市场承担民事赔偿责任的范围以投资人实际损失为限;投资人实际损失资金利息】 | | |
| | 第31条【投资人在基准日及以前卖出证券的投资差额损失的计算方式】 | | |
| | 第32条【投资人在基准日之后卖出或仍持有证券的其投资差额损失的计算方式】 | | |
| | 第33条【投资差额损失计算的基准日的定义及确定】 | | |
| 担保法司法解释 | 第44条【人民法院受理债务人破产案件时债权人的权利;保证人对债权人申报债权后未受清偿的部分承担保证责任】 | | 0929 |
| 建设工程合同纠纷司法解释 | 第2条【建设工程施工合同无效时承包人的付款请求权】 | | 0947 |
| | 第17条【拖欠工程价款利息的计付标准】 | | |
| | 第18条【建设工程应付款时间】 | | |

**第48条【管理人接受债权申报;债务人所欠职工的各项费用不必进行破产债权申报】** ★★

债权人应当在人民法院确定的债权申报期限内向管理人申报债权。

债务人所欠职工的工资和医疗、伤残补助、抚恤费用,所欠的应当划入职工个人账户的基本养老保险、基本医疗保险费用,以及法律、行政法规规定应当支付给职工的补偿金,不必申报,由管理人调查后列出清单并予以公示。职工对清单记载有异议的,可以要求管理人更正;管理人不予更正的,职工可以向人民法院提起诉讼。

## ■ 主要适用的案由及其相关度

| 案由编号 | 主要适用的案由 | 相关度 |
|---|---|---|
| M8.23.279 | 破产债权确认纠纷 | ★★★ |
| M8.23.279.1 | 职工破产债权确认纠纷 | ★★★★★ |
| M6.17 | 劳动争议 | ★ |
| M4.10.74 | 买卖合同纠纷 | ★ |

## ■ 同时适用的法条及其相关度

| | | 同时适用的法条 | 相关度 |
|---|---|---|---|
| 0456 | 企业破产法 | 第44条【对破产债务人享有债权的债权人依破产法行使权利】 | ★★★★★ |
| | | 第58条【破产程序中债权表的核查和确认】 | ★★★★★ |
| | | 第56条【破产债权的补充申报】 | ★★★★ |
| | | 第113条【破产债权的法定清偿顺序】 | ★★★★ |
| | | 第21条【破产申请受理后有关债务人的民事诉讼的管辖规定】 | ★ |
| | | 第25条【破产管理人的职责】 | ★ |
| | | 第46条【破产时的债权期限与利息;未到期视为到期;停止计息】 | ★ |
| | | 第132条【破产法公布前的职工劳动债权可以优先于担保债权受偿的规定】 | ★ |
| 0849 | 劳动合同法 | 第30条【用人单位的劳动报酬支付义务;劳动者申请支付令的条件】 | ★★★ |
| | | 第44条【劳动合同的终止】 | ★★★ |
| | | 第46条【经济补偿金的支付】 | ★★★ |
| | | 第47条【经济补偿金的支付标准】 | ★★★ |

| | 同时适用的法条 | 相关度 | |
|---|---|---|---|
| 担保法 | 第18条【保证合同中连带责任的承担】 | ★★★ | 0823 |
| | 第21条【保证担保的范围；没有约定、约定不明时的担保范围】 | ★ | |
| 合同法 | 第205条【借款合同的利息支付义务】 | ★★★ | 0791 |
| | 第206条【借款期限的认定】 | ★★★ | |
| | 第207条【借款合同违约责任承担：支付利息】 | ★★★ | |
| | 第196条【借款合同定义】 | ★★ | |
| | 第60条【合同履行的原则】 | ★ | |
| | 第107条【合同约束力：违约责任】 | ★ | |
| 劳动法 | 第50条【劳动者工资支付的法定形式】 | ★ | 0843 |
| | 第72条【社会保险基金资金来源；强制缴纳社会保险费】 | ★ | |
| 公司法 | 第216条【高级管理人员、控股股东、实际控制人、关联关系的法定含义】 | ★ | 0085 |
| 民法通则 | 第84条【债的界定】 | ★ | 0812 |
| 工伤保险条例 | 第37条【七级至十级伤残的待遇】 | ★ | 0895 |
| 审理企业破产案件规定 | 第58条【债务人所欠企业职工集资款的清偿；职工投资不属于破产债权】 | ★★★ | 0950 |
| 审理劳动争议案件司法解释四 | 第5条【劳动者非因本人原因从原用人单位被安排到新用人单位工作计算支付经济补偿或赔偿金的工作年限；劳动者非因本人原因从原用人单位被安排到新用人单位的情形】 | ★ | 0971 |
| 劳动争议案件司法解释一 | 第13条【用人单位负举证责任的劳动争议】 | ★ | 0965 |

| | | 同时适用的法条 | 相关度 |
|---|---|---|---|
| 0962 | 劳动争议案件司法解释三 | 第1条【法院受理用人单位未办社保且社保机构不能补办而导致劳动者社保待遇损失的赔偿请求】 | ★ |

## 第49条【债权申报的形式要求和债权说明义务】 ★

债权人申报债权时,应当书面说明债权的数额和有无财产担保,并提交有关证据。申报的债权是连带债权的,应当说明。

■ 主要适用的案由及其相关度

| 案由编号 | 主要适用的案由 | 相关度 |
|---|---|---|
| M8.23.279 | 破产债权确认纠纷 | |
| M8.23.279.2 | 普通破产债权确认纠纷 | |
| M4.10.89.4 | 民间借贷纠纷 | |

■ 同时适用的法条及其相关度

| | | 同时适用的法条 | 相关度 |
|---|---|---|---|
| 0456 | 企业破产法 | 第18条【破产申请受理后尚未履行完毕合同的处理;管理人决定解除合同或继续履行的权利;管理人决定继续履行合同的法律后果:管理人提供担保的义务】 | |
| | | 第20条【破产申请受理后有关债务人的民事诉讼或仲裁的处理规定:受理后中止、管理人接管后继续】 | |
| | | 第33条【涉及破产债务人财产的无效行为】 | |
| | | 第44条【对破产债务人享有债权的债权人依破产法行使权利】 | |
| | | 第46条【破产时的债权期限与利息:未到期视为到期;停止计息】 | |
| | | 第57条【破产管理人债权表的编制义务以及利害关系人对债权表的查阅权】 | |
| | | 第58条【破产程序中债权表的核查和确认】 | |

| | 同时适用的法条 | | 相关度 |
|---|---|---|---|
| 担保法 | 第18条【保证合同中连带责任的承担】 | | 0823 |
| | 第19条【保证方式不明时:连带责任担保】 | | |
| | 第21条【保证担保的范围;没有约定、约定不明时的担保范围】 | | |
| | 第35条【禁止超额抵押:担保的债权不得超出抵押物的价值、财产价值大于担保债权的以余额部分为限可再次抵押】 | | |
| 物权法 | 第179条【抵押权的界定】 | | 0834 |
| | 第180条【可抵押财产的范围】 | | |
| | 第182条【建筑物和相应的建设用地使用权一并抵押规则】 | | |
| | 第187条【不动产抵押的登记要件主义】 | | |
| | 第198条【抵押权实现后价款大于或小于所担保债权的处理规则】 | | |
| | 第199条【同一财产上多个抵押权的效力顺序】 | | |
| 合同法 | 第97条【合同解除的法律后果】 | | 0791 |
| | 第98条【结算条款、清理条款效力的独立性】 | | |
| | 第107条【合同约束力:违约责任】 | | |
| | 第211条【自然人之间借款合同利息的规制】 | | |
| | 第221条【租赁物的维修和维修费负担】 | | |
| 担保法司法解释 | 第73条【按抵押物实现的价值清偿,不足由债务人清偿】 | | 0929 |

**第50条【连带债权的申报:一人代表全体申报或共同申报】** ★

连带债权人可以由其中一人代表全体连带债权人申报债权,也可以共同申报债权。

## ■ 主要适用的案由及其相关度

| 案由编号 | 主要适用的案由 | 相关度 |
|---|---|---|
| M4.10.89 | 借款合同纠纷 | |
| M4.10.89.4 | 民间借贷纠纷 | |
| M4.10.98 | 融资租赁合同纠纷 | |
| M8.23.279 | 破产债权确认纠纷 | |

## ■ 同时适用的法条及其相关度

| | | 同时适用的法条 | 相关度 |
|---|---|---|---|
| 0823 | 担保法 | 第12条【多人保证责任的承担】 | |
| | | 第14条【保证合同的订立：分别订立；合并订立】 | |
| | | 第18条【保证合同中连带责任的承担】 | |
| | | 第21条【保证担保的范围；没有约定、约定不明时的担保范围】 | |
| | | 第31条【保证人的追偿权】 | |
| 0812 | 民法通则 | 第4条【民事活动的基本原则：自愿、公平、等价有偿、诚实信用】 | |
| | | 第86条【数人债权债务：按份分享权利、按份分担义务】 | |
| | | 第90条【借贷关系】 | |
| 0791 | 合同法 | 第60条【合同履行的原则】 | |
| | | 第206条【借款期限的认定】 | |
| | | 第207条【借款合同违约责任承担：支付利息】 | |
| 0456 | 企业破产法 | 第44条【对破产债务人享有债权的债权人依破产法行使权利】 | |
| | | 第46条【破产时的债权期限与利息：未到期视为到期；停止计息】 | |

|  | 同时适用的法条 | 相关度 |  |
|---|---|---|---|
| 融资租赁合同司法解释 | 第2条【承租人将自有物出卖给出租人再通过融资租赁合同将租赁物租回的效力】 |  | 0966 |
|  | 第12条【出租人解除融资租赁合同的情形】 |  |  |
|  | 第20条【承租人逾期履行付款义务的出租人有权要求支付逾期利息、相应违约金】 |  |  |
|  | 第26条【融资租赁合同司法解释的适用】 |  |  |
| 担保法司法解释 | 第44条【人民法院受理债务人破产案件时债权人的权利;保证人对债权人申报债权后未受清偿的部分承担保证责任】 |  | 0929 |

第51条【债务人的保证人或其他连带债务人的债权申报规定:以求偿权或将来求偿权申报】　★

债务人的保证人或者其他连带债务人已经代替债务人清偿债务的,以其对债务人的求偿权申报债权。

债务人的保证人或者其他连带债务人尚未代替债务人清偿债务的,以其对债务人的将来求偿权申报债权。但是,债权人已经向管理人申报全部债权的除外。

■ 主要适用的案由及其相关度

| 案由编号 | 主要适用的案由 | 相关度 |
|---|---|---|
| M4.10.90 | 保证合同纠纷 |  |
| M4.10.89 | 借款合同纠纷 |  |
| M4.10.89.1 | 金融借款合同纠纷 |  |
| M4.10.89.4 | 民间借贷纠纷 |  |

■ 同时适用的法条及其相关度

|  | 同时适用的法条 | 相关度 |  |
|---|---|---|---|
| 担保法 | 第6条【保证的定义】 | ★★★★★ | 0823 |
|  | 第18条【保证合同中连带责任的承担】 | ★★★★★ |  |

| | | 同时适用的法条 | 相关度 |
|---|---|---|---|
| 0823 | 担保法 | 第21条【保证担保的范围;没有约定、约定不明时的担保范围】 | ★★★★★ |
| | | 第4条【担保物权的设立;反担保的设立】 | ★★★ |
| | | 第12条【多人保证责任的承担】 | ★★★ |
| | | 第14条【保证合同的订立:分别订立;合并订立】 | ★★★ |
| | | 第19条【保证方式不明时:连带责任担保】 | ★★★ |
| | | 第31条【保证人的追偿权】 | ★ |
| | | 第53条【抵押权的实现】 | ★ |
| | | 第57条【担保人的追偿权】 | ★ |
| 0791 | 合同法 | 第60条【合同履行的原则】 | ★★★★★ |
| | | 第61条【合同内容约定不明确的处理规则;合同漏洞的填补】 | ★★★★★ |
| | | 第196条【借款合同定义】 | ★★★★★ |
| | | 第207条【借款合同违约责任承担:支付利息】 | ★★★ |
| | | 第205条【借款合同的利息支付义务】 | ★★ |
| | | 第206条【借款期限的认定】 | ★★ |
| | | 第107条【合同约束力:违约责任】 | ★ |
| 0456 | 企业破产法 | 第46条【破产时的债权期限与利息:未到期视为到期;停止计息】 | ★★★★★ |
| | | 第30条【破产程序中债务人财产范围的认定】 | ★★★ |
| | | 第20条【破产申请受理后有关债务人的民事诉讼或仲裁的处理规定:受理后中止、管理人接管后继续】 | ★ |
| | | 第47条【附条件、期限或诉讼、仲裁未决的债权申报】 | ★ |
| 0834 | 物权法 | 第176条【混合担保规则】 | ★★ |

| | 同时适用的法条 | 相关度 | |
|---|---|---|---|
| 担保法司法解释 | 第44条【人民法院受理债务人破产案件时债权人的权利；保证人对债权人申报债权后未受清偿的部分承担保证责任】 | ★★★★★ | 0929 |
| | 第23条【最高额保证合同的担保范围】 | ★★★ | |

### 第52条【多个连带债务人其债权人的债权申报规定】　★

连带债务人数人被裁定适用本法规定的程序的，其债权人有权就全部债权分别在各破产案件中申报债权。

■ 主要适用的案由及其相关度

| 案由编号 | 主要适用的案由 | 相关度 |
|---|---|---|
| M4.10.89 | 借款合同纠纷 | |
| M4.10.89.4 | 民间借贷纠纷 | |
| M8.23.279 | 破产债权确认纠纷 | |

■ 同时适用的法条及其相关度

| | 同时适用的法条 | 相关度 | |
|---|---|---|---|
| 合同法 | 第205条【借款合同的利息支付义务】 | | 0791 |
| | 第206条【借款期限的认定】 | | |
| 民法通则 | 第84条【债的界定】 | | 0812 |
| | 第90条【借贷关系】 | | |
| | 第108条【债务清偿：分期偿还、强制偿还】 | | |
| 企业破产法 | 第20条【破产申请受理后有关债务人的民事诉讼或仲裁的处理规定：受理后中止、管理人接管后继续】 | | 0456 |
| | 第25条【破产管理人的职责】 | | |
| | 第44条【对破产债权人享有债权的债权人依破产法行使权利】 | | |

| | | 同时适用的法条 | 相关度 |
|---|---|---|---|
| 0456 | 企业破产法 | 第46条【破产时的债权期限与利息:未到期视为到期;停止计息】 | |
| | | 第113条【破产债权的法定清偿顺序】 | |
| 0823 | 担保法 | 第14条【保证合同的订立:分别订立;合并订立】 | |
| | | 第18条【保证合同中连带责任的承担】 | |
| | | 第21条【保证担保的范围;没有约定、约定不明时的担保范围】 | |
| 0929 | 担保法司法解释 | 第19条【连带共同保证的认定】 | |
| | | 第44条【人民法院受理债务人破产案件时债权人的权利;保证人对债权人申报债权后未受清偿的部分承担保证责任】 | |

**第53条【破产管理人或债务人依法解除合同时合同对方当事人的债权申报:以损害赔偿请求权申报】** ★

管理人或者债务人依照本法规定解除合同的,对方当事人以因合同解除所产生的损害赔偿请求权申报债权。

▇ 主要适用的案由及其相关度

| 案由编号 | 主要适用的案由 | 相关度 |
|---|---|---|
| M4.10.97 | 租赁合同纠纷 | |
| M4.10.97.2 | 房屋租赁合同纠纷 | |
| M8.23.275 | 对外追收债权纠纷 | |
| M4.10.120.15 | 物业服务合同纠纷 | |
| M4.10.74 | 买卖合同纠纷 | |
| M4.10.82.3 | 商品房销售合同纠纷 | |
| M3.5.33 | 返还原物纠纷 | |
| M3.5.34 | 排除妨害纠纷 | |

■ 同时适用的法条及其相关度

| | 同时适用的法条 | 相关度 | |
|---|---|---|---|
| 企业破产法 | 第18条【破产申请受理后尚未履行完毕合同的处理；管理人决定解除合同或继续履行的权利；管理人决定继续履行合同的法律后果；管理人提供担保的义务】 | ★★★★★ | 0456 |
| | 第25条【破产管理人的职责】 | ★★★ | |
| | 第58条【破产程序中债权表的核查和确认】 | ★★ | |
| 合同法 | 第97条【合同解除的法律后果】 | ★★★ | 0791 |
| | 第8条【合同约束力】 | ★ | |

**第54条【委托合同受托人不知委托人进入破产程序而继续委托事务情形下的债权申报】** ★

债务人是委托合同的委托人，被裁定适用本法规定的程序，受托人不知该事实，继续处理委托事务的，受托人以由此产生的请求权申报债权。

■ 主要适用的案由及其相关度

| 案由编号 | 主要适用的案由 | 相关度 |
|---|---|---|
| M8.23.273 | 请求撤销个别清偿行为纠纷 | |

■ 同时适用的法条及其相关度

| | 同时适用的法条 | 相关度 | |
|---|---|---|---|
| 担保法 | 第14条【保证合同的订立：分别订立；合并订立】 | | 0823 |
| 企业破产法 | 第32条【破产管理人对个别清偿的撤销权及其例外规定】 | | 0456 |
| | 第34条【破产管理人对债务人财产的追回权】 | | |
| | 第61条【债权人会议的职权】 | | |
| 担保法司法解释 | 第85条【债务人或第三人将其金钱以特户、封金、保证金等形式特定化后的优先受偿】 | | 0929 |

## 第55条【破产程序中票据付款人的债权申报】 ★

债务人是票据的出票人,被裁定适用本法规定的程序,该票据的付款人继续付款或者承兑的,付款人以由此产生的请求权申报债权。

■ 主要适用的案由及其相关度

| 案由编号 | 主要适用的案由 | 相关度 |
|---|---|---|
| M4.10.90 | 保证合同纠纷 | |

■ 同时适用的法条及其相关度

| | | 同时适用的法条 | 相关度 |
|---|---|---|---|
| 0823 | 担保法 | 第14条【保证合同的订立:分别订立;合并订立】 | |
| | | 第18条【保证合同中连带责任的承担】 | |
| | | 第21条【保证担保的范围;没有约定、约定不明时的担保范围】 | |
| 0456 | 企业破产法 | 第46条【破产时的债权期限与利息:未到期视为到期;停止计息】 | |
| | | 第124条【破程序终结后破产人的保证人和连带债务人的继续清偿责任】 | |
| 0791 | 合同法 | 第60条【合同履行的原则】 | |
| | | 第107条【合同约束力:违约责任】 | |
| | | 第205条【借款合同的利息支付义务】 | |
| | | 第206条【借款期限的认定】 | |
| | | 第207条【借款合同违约责任承担:支付利息】 | |

## 第56条【破产债权的补充申报】 ★

在人民法院确定的债权申报期限内,债权人未申报债权的,可以在破产财产最后分配前补充申报;但是,此前已进行的分配,不再对其补充分配。为审查和确认补充申报债权的费用,由补充申报人承担。

债权人未依照本法规定申报债权的,不得依照本法规定的程序行使权利。

■ 主要适用的案由及其相关度

| 案由编号 | 主要适用的案由 | 相关度 |
|---|---|---|
| M8.23.279 | 破产债权确认纠纷 | ★★★★ |
| M8.23.279.1 | 职工破产债权确认纠纷 | ★★★★★ |

■ 同时适用的法条及其相关度

| | 同时适用的法条 | 相关度 | |
|---|---|---|---|
| 企业破产法 | 第44条【对破产债务人享有债权的债权人依破产法行使权利】 | ★★★★★ | 0456 |
| | 第58条【破产程序中债权表的核查和确认】 | ★★★★★ | |
| | 第48条【管理人接受债权申报；债务人所欠职工的各项费用不必进行破产债权申报】 | ★★★★ | |
| | 第92条【重整计划的效力范围】 | ★ | |
| 合同法 | 第12条【合同内容一般包括的条款；示范文本】 | ★ | 0791 |
| 劳动合同法 | 第47条【经济补偿金的支付标准】 | ★ | 0849 |
| | 第87条【用人单位违法解除或终止劳动合同的赔偿金与经济补偿金的关系】 | ★ | |
| 劳动争议调解仲裁法 | 第6条【劳动争议案件的举证责任】 | ★ | 0877 |
| 破产法实施前未审结破产案件规定 | 第9条【债权人对债权表记载债权有异议提起诉讼的处理；债权人就争议债权起诉债务人的处理】 | ★ | 0972 |

**第57条【破产管理人债权表的编制义务以及利害关系人对债权表的查阅权】** ★

管理人收到债权申报材料后，应当登记造册，对申报的债权进行审查，并编制债权表。

债权表和债权申报材料由管理人保存，供利害关系人查阅。

## ■ 主要适用的案由及其相关度

| 案由编号 | 主要适用的案由 | 相关度 |
|---|---|---|
| M8.23.279 | 破产债权确认纠纷 | |
| M8.23.279.2 | 普通破产债权确认纠纷 | |
| M8.23.285 | 管理人责任纠纷 | |
| M4 | 合同、无因管理、不当得利纠纷 | |

## ■ 同时适用的法条及其相关度

| | | 同时适用的法条 | 相关度 |
|---|---|---|---|
| 企业破产法 | | 第1条【企业破产法的立法宗旨】 | |
| | | 第22条【破产管理人的产生、更换和报酬规定】 | |
| | | 第25条【破产管理人的职责】 | |
| | | 第27条【破产管理人勤勉忠实的义务】 | |
| | | 第33条【涉及破产债务人财产的无效行为】 | |
| | | 第44条【对破产债务人享有债权的债权人依破产法行使权利】 | |
| | | 第46条【破产时的债权期限与利息:未到期视为到期;停止计息】 | |
| | | 第48条【管理人接受债权申报;债务人所欠职工的各项费用不必进行破产债权申报】 | |
| | | 第49条【债权申报的形式要求和债权说明义务】 | |
| | | 第56条【破产债权的补充申报】 | |
| | | 第58条【破产程序中债权表的核查和确认】 | |
| | | 第130条【破产管理人的忠实、勤勉义务和赔偿责任】 | |
| 担保法 | | 第35条【禁止超额抵押:担保的债权不得超出抵押物的价值、财产价值大于担保债权的以余额部分为限可再次抵押】 | |

| | 同时适用的法条 | 相关度 | |
|---|---|---|---|
| 物权法 | 第179条【抵押权的界定】 | | 0834 |
| | 第180条【可抵押财产的范围】 | | |
| | 第182条【建筑物和相应的建设用地使用权一并抵押规则】 | | |
| | 第187条【不动产抵押的登记要件主义】 | | |
| | 第198条【抵押权实现后价款大于或小于所担保债权的处理规则】 | | |
| | 第199条【同一财产上多个抵押权的效力顺序】 | | |
| 民法通则 | 第5条【公民的合法权益受到保护】 | | 0812 |
| | 第84条【债的界定】 | | |
| 合同法 | 第60条【合同履行的原则】 | | 0791 |
| | 第221条【租赁物的维修和维修费负担】 | | |
| 担保法司法解释 | 第73条【按抵押物实现的价值清偿,不足由债务人清偿】 | | 0929 |
| 审理企业破产案件规定 | 第61条【破产债权的范围】 | | 0950 |
| 执行程序中计算迟延履行利息司法解释 | 第1条【迟延履行期间的债务利息进行加倍计算的范围;加倍部分债务利息的计算方法】 | | 0969 |
| | 第2条【加倍部分债务利息的起算时间点】 | | |

第58条【破产程序中债权表的核查和确认】　★★

依照本法第五十七条规定编制的债权表,应当提交第一次债权人会议核查。

债务人、债权人对债权表记载的债权无异议的,由人民法院裁定确认。

债务人、债权人对债权表记载的债权有异议的,可以向受理破产申请的人民法院提起诉讼。

## 主要适用的案由及其相关度

| 案由编号 | 主要适用的案由 | 相关度 |
|---|---|---|
| M8.23.279 | 破产债权确认纠纷 | ★★★★★ |
| M8.23.279.1 | 职工破产债权确认纠纷 | ★ |
| M8.23.279.2 | 普通破产债权确认纠纷 | ★★ |
| M4.10.104 | 委托合同纠纷 | ★ |

## 同时适用的法条及其相关度

| | 同时适用的法条 | 相关度 |
|---|---|---|
| 企业破产法 | 第46条【破产时的债权期限与利息:未到期视为到期;停止计息】 | ★★★★★ |
| 企业破产法 | 第44条【对破产债务人享有债权的债权人依破产法行使权利】 | ★★★ |
| 企业破产法 | 第48条【管理人接受债权申报;债务人所欠职工的各项费用不必进行破产债权申报】 | ★★★ |
| 企业破产法 | 第56条【破产债权的补充申报】 | ★★★ |
| 企业破产法 | 第18条【破产申请受理后尚未履行完毕合同的处理;管理人决定解除合同或继续履行的权利;管理人决定继续履行合同的法律后果:管理人提供担保的义务】 | ★★ |
| 企业破产法 | 第113条【破产债权的法定清偿顺序】 | ★★ |
| 企业破产法 | 第25条【破产管理人的职责】 | ★ |
| 企业破产法 | 第33条【涉及破产债务人财产的无效行为】 | ★ |
| 企业破产法 | 第49条【债权申报的形式要求和债权说明义务】 | ★ |
| 企业破产法 | 第57条【破产管理人债权表的编制义务以及利害关系人对债权表的查阅权】 | ★ |
| 合同法 | 第60条【合同履行的原则】 | ★★★★★ |
| 合同法 | 第107条【合同约束力:违约责任】 | ★★★★ |
| 合同法 | 第8条【合同约束力】 | ★★★ |

| | 同时适用的法条 | 相关度 | |
|---|---|---|---|
| 合同法 | 第109条【违约责任的承担:付款义务的继续履行】 | ★★★ | 0791 |
| | 第159条【买受人应支付价款的数额认定】 | ★★★ | |
| | 第206条【借款期限的认定】 | ★★★ | |
| | 第211条【自然人之间借款合同利息的规制】 | ★★★ | |
| | 第286条【承包人的建设工程优先受偿权】 | ★★★ | |
| | 第44条【合同成立条件与时间】 | ★★ | |
| | 第52条【合同无效的情形】 | ★★ | |
| | 第196条【借款合同定义】 | ★★ | |
| | 第198条【借款合同中的担保及法律适用】 | ★★ | |
| | 第207条【借款合同违约责任承担:支付利息】 | ★★ | |
| | 第58条【合同无效或被撤销的法律后果】 | ★ | |
| | 第97条【合同解除的法律后果】 | ★ | |
| | 第114条【违约金的数额及其调整】 | ★ | |
| | 第161条【买受人支付价款的时间】 | ★ | |
| | 第205条【借款合同的利息支付义务】 | ★ | |
| | 第210条【自然人之间借款合同的生效:提供借款时】 | ★ | |
| | 第269条【建设工程合同的定义】 | ★ | |
| 担保法 | 第18条【保证合同中连带责任的承担】 | ★★★★ | 0823 |
| | 第12条【多人保证责任的承担】 | ★★ | |
| | 第19条【保证方式不明时:连带责任担保】 | ★★ | |
| | 第21条【保证担保的范围;没有约定、约定不明时的担保范围】 | ★★ | |
| | 第31条【保证人的追偿权】 | ★★ | |
| 民法通则 | 第84条【债的界定】 | ★★★ | 0812 |
| | 第87条【连带债权与连带债务】 | ★★ | |
| | 第108条【债务清偿:分期偿还、强制偿还】 | ★★ | |

| | | 同时适用的法条 | 相关度 |
|---|---|---|---|
| 0812 | 民法通则 | 第90条【借贷关系】 | ★ |
| | | 第135条【诉讼时效期间:两年】 | ★ |
| | | 第140条【诉讼时效期间的中断】 | ★ |
| 0849 | 劳动合同法 | 第30条【用人单位的劳动报酬支付义务;劳动者申请支付令的条件】 | ★ |
| | | 第44条【劳动合同的终止】 | ★ |
| | | 第46条【经济补偿金的支付】 | ★ |
| | | 第47条【经济补偿金的支付标准】 | ★ |
| 0834 | 物权法 | 第179条【抵押权的界定】 | ★ |
| 0929 | 担保法司法解释 | 第23条【最高额保证合同的担保范围】 | ★★ |
| 0964 | 建设工程价款优先受偿权问题的批复 | 第2条【承包人的工程价款优先受偿权不得对抗已支付全部或者大部分款项的买受人】 | ★ |
| 0959 | 审理民间借贷案件规定 | 第26条【民间借贷年利率的限定】 | ★ |

## 第七章 债权人会议

### 第一节 一般规定

**第59条【债权人会议的组成及债权人表决权的行使】**

依法申报债权的债权人为债权人会议的成员,有权参加债权人会议,享有表决权。

债权尚未确定的债权人,除人民法院能够为其行使表决权而临时确定债权额的外,不得行使表决权。

对债务人的特定财产享有担保权的债权人,未放弃优先受偿权利的,对于本法第六十一条第一款第七项、第十项规定的事项不享有表决权。

债权人可以委托代理人出席债权人会议,行使表决权。代理人出席债权人会议,应当向人民法院或者债权人会议主席提交债权人的授权委托书。

债权人会议应当有债务人的职工和工会的代表参加,对有关事项发表意见。

■ 主要适用的案由及其相关度

| 案由编号 | 主要适用的案由 | 相关度 |
|---|---|---|
| M8.21.259 | 公司合并纠纷 | |
| M8.23.279 | 破产债权确认纠纷 | |
| M8.23.280 | 取回权纠纷 | |

■ 同时适用的法条及其相关度

| | 同时适用的法条 | 相关度 |
|---|---|---|
| 企业破产法 | 第27条【破产管理人勤勉忠实的义务】 | |
| | 第38条【债务人占有不属于债务人的财产时财产权利人的取回权】 | |
| | 第44条【对破产债务人享有债权的债权人依破产法行使权利】 | |
| | 第48条【管理人接受债权申报;债务人所欠职工的各项费用不必进行破产债权申报】 | |
| | 第58条【破产程序中债权表的核查和确认】 | |
| | 第61条【债权人会议的职权】 | |
| | 第64条【债权人会议决议的通过、撤销和效力】 | |

**第60条【债权人会议主席的产生规则】**

债权人会议设主席一人,由人民法院从有表决权的债权人中指定。

债权人会议主席主持债权人会议。①

---

① 说明:本法条尚无足够数量判决书可供法律大数据分析。

### 第61条【债权人会议的职权】 ★

债权人会议行使下列职权:

(一)核查债权;

(二)申请人民法院更换管理人,审查管理人的费用和报酬;

(三)监督管理人;

(四)选任和更换债权人委员会成员;

(五)决定继续或者停止债务人的营业;

(六)通过重整计划;

(七)通过和解协议;

(八)通过债务人财产的管理方案;

(九)通过破产财产的变价方案;

(十)通过破产财产的分配方案;

(十一)人民法院认为应当由债权人会议行使的其他职权。

债权人会议应当对所议事项的决议作成会议记录。

■ 主要适用的案由及其相关度

| 案由编号 | 主要适用的案由 | 相关度 |
| --- | --- | --- |
| M8.23.273 | 请求撤销个别清偿行为纠纷 | |
| M8.23.279 | 破产债权确认纠纷 | |
| M8.23.280 | 取回权纠纷 | |

■ 同时适用的法条及其相关度

| | 同时适用的法条 | 相关度 |
| --- | --- | --- |
| 企业破产法 | 第32条【破产管理人对个别清偿的撤销权及其例外规定】 | |
| | 第34条【破产管理人对债务人财产的追回权】 | |
| | 第38条【债务人占有不属于债务人的财产时财产权利人的取回权】 | |
| | 第54条【委托合同受托人不知委托人进入破产程序而继续委托事务情形下的债权申报】 | |

|  | 同时适用的法条 | 相关度 |  |
|---|---|---|---|
| 企业破产法 | 第58条【破产程序中债权表的核查和确认】 |  | 0456 |
|  | 第59条【债权人会议的组成及债权人表决权的行使】 |  |  |
|  | 第64条【债权人会议决议的通过、撤销和效力】 |  |  |
| 担保法 | 第14条【保证合同的订立；分别订立；合并订立】 |  | 0823 |
| 担保法司法解释 | 第85条【债务人或第三人将其金钱以特户、封金、保证金等形式特定化后的优先受偿】 |  | 0929 |

**第62条【债权人会议的召集】**

第一次债权人会议由人民法院召集，自债权申报期限届满之日起十五日内召开。

以后的债权人会议，在人民法院认为必要时，或者管理人、债权人委员会、占债权总额四分之一以上的债权人向债权人会议主席提议时召开。①

**第63条【债权人会议的通知义务及期限】**

召开债权人会议，管理人应当提前十五日通知已知的债权人。②

**第64条【债权人会议决议的通过、撤销和效力】** ★

债权人会议的决议，由出席会议的有表决权的债权人过半数通过，并且其所代表的债权额占无财产担保债权总额的二分之一以上。但是，本法另有规定的除外。

债权人认为债权人会议的决议违反法律规定，损害其利益的，可以自债权人会议作出决议之日起十五日内，请求人民法院裁定撤销该决议，责令债权人会议依法重新作出决议。

债权人会议的决议，对于全体债权人均有约束力。

■ 主要适用的案由及其相关度

| 案由编号 | 主要适用的案由 | 相关度 |
|---|---|---|
| M8.23.279 | 破产债权确认纠纷 |  |

---

① 说明：本法条尚无足够数量判决书可供法律大数据分析。
② 说明：本法条尚无足够数量判决书可供法律大数据分析。

| 案由编号 | 主要适用的案由 | 相关度 |
|---|---|---|
| M8.23.279.2 | 普通破产债权确认纠纷 | |
| M4.10.74 | 买卖合同纠纷 | |
| M4.10.89.4 | 民间借贷纠纷 | |

### ■ 同时适用的法条及其相关度

| | | 同时适用的法条 | 相关度 |
|---|---|---|---|
| 0791 | 合同法 | 第8条【合同约束力】 | |
| | | 第107条【合同约束力:违约责任】 | |
| | | 第109条【违约责任的承担:付款义务的继续履行】 | |
| | | 第161条【买受人支付价款的时间】 | |
| | | 第200条【借款利息不得预先扣除;预先扣除后按实际数额计算借款额度】 | |
| | | 第205条【借款合同的利息支付义务】 | |
| | | 第206条【借款期限的认定】 | |
| | | 第207条【借款合同违约责任承担:支付利息】 | |
| 0456 | 企业破产法 | 第41条【破产费用的范围】 | |
| | | 第44条【对破产债务人享有债权的债权人依破产法行使权利】 | |
| | | 第46条【破产时的债权期限与利息:未到期视为到期;停止计息】 | |
| | | 第58条【破产程序中债权表的核查和确认】 | |
| | | 第59条【债权人会议的组成及债权人表决权的行使】 | |
| | | 第61条【债权人会议的职权】 | |
| | | 第109条【破产宣告后有担保的债权优先受偿的规定】 | |
| | | 第110条【破产宣告后有担保的债权优先受偿的特别规定】 | |

| | 同时适用的法条 | 相关度 | |
|---|---|---|---|
| 担保法 | 第33条【抵押、抵押权人、抵押人以及抵押物的概念】 | | 0823 |
| | 第46条【抵押担保的范围】 | | |
| | 第53条【抵押权的实现】 | | |
| 民法通则 | 第90条【借贷关系】 | | 0812 |
| 买卖合同司法解释 | 第24条【买卖合同逾期付款违约金的适用规则】 | | 0937 |

第65条【破产程序中破产财产管理、变价与分配方案表决未通过时人民法院的裁定权】

本法第六十一条第一款第八项、第九项所列事项，经债权人会议表决未通过的，由人民法院裁定。

本法第六十一条第一款第十项所列事项，经债权人会议二次表决仍未通过的，由人民法院裁定。

对前两款规定的裁定，人民法院可以在债权人会议上宣布或者另行通知债权人。①

第66条【债权人不服法院对破产财产管理、作价以及分配方案的裁定时的复议权】

债权人对人民法院依照本法第六十五条第一款作出的裁定不服的，债权额占无财产担保债权总额二分之一以上的债权人对人民法院依照本法第六十五条第二款作出的裁定不服的，可以自裁定宣布之日或者收到通知之日起十五日内向该人民法院申请复议。复议期间不停止裁定的执行。②

## 第二节 债权人委员会

第67条【债权人委员会的设立和组成】

债权人会议可以决定设立债权人委员会。债权人委员会由债权人会议选任的债权人代表和一名债务人的职工代表或者工会代表组成。债权

---

① 说明：本法条尚无足够数量判决书可供法律大数据分析。
② 说明：本法条尚无足够数量判决书可供法律大数据分析。

人委员会成员不得超过九人。

债权人委员会成员应当经人民法院书面决定认可。①

第68条【债权人委员会的法定职权】

债权人委员会行使下列职权:

(一)监督债务人财产的管理和处分;

(二)监督破产财产分配;

(三)提议召开债权人会议;

(四)债权人会议委托的其他职权。

债权人委员会执行职务时,有权要求管理人、债务人的有关人员对其职权范围内的事务作出说明或者提供有关文件。

管理人、债务人的有关人员违反本法规定拒绝接受监督的,债权人委员会有权就监督事项请求人民法院作出决定;人民法院应当在五日内作出决定。②

第69条【破产管理人实施对债权人利益有重大影响的行为时的报告义务】 ★

管理人实施下列行为,应当及时报告债权人委员会:

(一)涉及土地、房屋等不动产权益的转让;

(二)探矿权、采矿权、知识产权等财产权的转让;

(三)全部库存或者营业的转让;

(四)借款;

(五)设定财产担保;

(六)债权和有价证券的转让;

(七)履行债务人和对方当事人均未履行完毕的合同;

(八)放弃权利;

(九)担保物的取回;

(十)对债权人利益有重大影响的其他财产处分行为。

未设立债权人委员会的,管理人实施前款规定的行为应当及时报告人民法院。

---

① 说明:本法条尚无足够数量判决书可供法律大数据分析。
② 说明:本法条尚无足够数量判决书可供法律大数据分析。

■ 主要适用的案由及其相关度

| 案由编号 | 主要适用的案由 | 相关度 |
|---|---|---|
| M3.5.33 | 返还原物纠纷 | |

■ 同时适用的法条及其相关度

| | 同时适用的法条 | 相关度 | |
|---|---|---|---|
| 企业破产法 | 第30条【破产程序中债务人财产范围的认定】 | | 0456 |
| 物权法 | 第34条【权利人的返还原物请求权】 | | 0834 |
| 合同法 | 第44条【合同成立条件与时间】 | | 0791 |
| | 第130条【买卖合同的定义】 | | |

# 第八章 重整

## 第一节 重整申请和重整期间

**第70条【重整申请人的法定资格；重整程序的启动】**

债务人或者债权人可以依照本法规定，直接向人民法院申请对债务人进行重整。

债权人申请对债务人进行破产清算的，在人民法院受理破产申请后、宣告债务人破产前，债务人或者出资额占债务人注册资本十分之一以上的出资人，可以向人民法院申请重整。①

**第71条【重整的法院审查制度】** ★

人民法院经审查认为重整申请符合本法规定的，应当裁定债务人重整，并予以公告。

■ 主要适用的案由及其相关度

| 案由编号 | 主要适用的案由 | 相关度 |
|---|---|---|
| M3.5.32.1 | 所有权确认纠纷 | |

---

① 说明：本法条尚无足够数量判决书可供法律大数据分析。

| 案由编号 | 主要适用的案由 | 相关度 |
|---|---|---|
| M4.10.97.1 | 土地租赁合同纠纷 | |

■ 同时适用的法条及其相关度

| | | 同时适用的法条 | 相关度 |
|---|---|---|---|
| 0456 | 企业破产法 | 第2条【公司解散清算转破产；清算事务的移交】 | |
| | | 第18条【破产申请受理后尚未履行完毕合同的处理；管理人决定解除合同或继续履行的权利；管理人决定继续履行合同的法律后果：管理人提供担保的义务】 | |
| | | 第38条【债务人占有不属于债务人的财产时财产权利人的取回权】 | |
| | | 第86条【重整计划草案的通过；重整计划的批准及重整程序的终止】 | |
| | | 第94条【重整计划中债务减免行为的效力】 | |
| 0791 | 合同法 | 第44条【合同成立条件与时间】 | |
| | | 第60条【合同履行的原则】 | |
| | | 第107条【合同约束力：违约责任】 | |
| | | 第109条【违约责任的承担：付款义务的继续履行】 | |
| 0812 | 民法通则 | 第135条【诉讼时效期间：两年】 | |
| | | 第137条【诉讼时效期间的起算日和最长保护期限】 | |
| 0950 | 审理企业破产案件规定 | 第2条【破产案件的管辖】 | |
| | | 第48条【破产清算组成员的产生】 | |

**第72条【重整期间的起止时间】** ★

自人民法院裁定债务人重整之日起至重整程序终止，为重整期间。

■ 主要适用的案由及其相关度

| 案由编号 | 主要适用的案由 | 相关度 |
|---|---|---|
| M4.10.89.4 | 民间借贷纠纷 | |

■ 同时适用的法条及其相关度

| | 同时适用的法条 | 相关度 | |
|---|---|---|---|
| 合同法 | 第79条【债权人不得转让合同权利的情形】 | | 0791 |
| | 第80条【债权人转让债权的通知义务】 | | |
| 破产法 企业 | 第44条【对破产债务人享有债权的债权人依破产法行使权利】 | | 0456 |
| | 第89条【重整计划的执行人】 | | |

第73条【重整期间债务人自行管理财产和营业事务的规定】

在重整期间,经债务人申请,人民法院批准,债务人可以在管理人的监督下自行管理财产和营业事务。

有前款规定情形的,依照本法规定已接管债务人财产和营业事务的管理人应当向债务人移交财产和营业事务,本法规定的管理人的职权由债务人行使。①

第74条【重整期间管理人对营业事务负责人的聘任权】

管理人负责管理财产和营业事务的,可以聘任债务人的经营管理人员负责营业事务。②

第75条【重整期间担保权的行使;重整期间借款担保的设立】 ★

在重整期间,对债务人的特定财产享有的担保权暂停行使。但是,担保物有损坏或者价值明显减少的可能,足以危害担保权人权利的,担保权人可以向人民法院请求恢复行使担保权。

在重整期间,债务人或者管理人为继续营业而借款的,可以为该借款设定担保。

■ 主要适用的案由及其相关度

| 案由编号 | 主要适用的案由 | 相关度 |
|---|---|---|
| M4.10.67.2 | 确认合同无效纠纷 | |

---

① 说明:本法条尚无足够数量判决书可供法律大数据分析。
② 说明:本法条尚无足够数量判决书可供法律大数据分析。

| 案由编号 | 主要适用的案由 | 相关度 |
|---|---|---|
| M4.10.89.1 | 金融借款合同纠纷 | |
| M4.10.89.4 | 民间借贷纠纷 | |

■ 同时适用的法条及其相关度

| | | 同时适用的法条 | 相关度 |
|---|---|---|---|
| 0456 | 企业破产法 | 第15条【破产程序开始后债务人的有关人员的协助义务】 | |
| | | 第20条【破产申请受理后有关债务人的民事诉讼或仲裁的处理规定:受理后中止、管理人接管后继续】 | |
| | | 第21条【破产申请受理后有关债务人的民事诉讼的管辖规定】 | |
| | | 第25条【破产管理人的职责】 | |
| | | 第31条【破产管理人的撤销请求权;破产债务人的可撤销行为】 | |
| | | 第44条【对破产债务人享有债权的债权人依破产法行使权利】 | |
| | | 第45条【对破产债权申报期限的一般规定】 | |
| | | 第46条【破产时的债权期限与利息:未到期视为到期;停止计息】 | |
| | | 第92条【重整计划的效力范围】 | |
| | | 第109条【破产宣告后有担保的债权优先受偿的规定】 | |
| 0791 | 合同法 | 第44条【合同成立条件与时间】 | |
| | | 第52条【合同无效的情形】 | |
| | | 第60条【合同履行的原则】 | |
| | | 第107条【合同约束力:违约责任】 | |
| | | 第196条【借款合同定义】 | |

|  | 同时适用的法条 | 相关度 |  |
|---|---|---|---|
| 担保法 | 第6条【保证的定义】 |  | 0823 |
|  | 第12条【多人保证责任的承担】 |  |  |
|  | 第16条【保证的方式】 |  |  |
|  | 第18条【保证合同中连带责任的承担】 |  |  |
|  | 第21条【保证担保的范围;没有约定、约定不明时的担保范围】 |  |  |
|  | 第31条【保证人的追偿权】 |  |  |
| 物权法 | 第176条【混合担保规则】 |  | 0834 |
| 担保法司法解释 | 第20条【连带共同保证的责任承担】 |  | 0929 |
|  | 第44条【人民法院受理债务人破产案件时债权人的权利;保证人对债权人申报债权后未受清偿的部分承担保证责任】 |  |  |

**第76条【重整期间相关权利人财产取回权的行使】**

债务人合法占有的他人财产,该财产的权利人在重整期间要求取回的,应当符合事先约定的条件。①

**第77条【重整期间对债务人的出资人及董事、监事、高级管理人员的权利限制】** ★

在重整期间,债务人的出资人不得请求投资收益分配。

在重整期间,债务人的董事、监事、高级管理人员不得向第三人转让其持有的债务人的股权。但是,经人民法院同意的除外。

■ 主要适用的案由及其相关度

| 案由编号 | 主要适用的案由 | 相关度 |
|---|---|---|
| M4.10 | 合同纠纷 |  |
| M8.21.249 | 股权转让纠纷 |  |
| M8.24.292.1 | 股票回购合同纠纷 |  |

---

① 说明:本法条尚无足够数量判决书可供法律大数据分析。

■ 同时适用的法条及其相关度

| | | 同时适用的法条 | 相关度 |
|---|---|---|---|
| 0085 | 公司法 | 第137条【股份的可转让性】 | |
| 0791 | 合同法 | 第60条【合同履行的原则】 | |

**第78条【重整程序终止的法定事由】**

在重整期间,有下列情形之一的,经管理人或者利害关系人请求,人民法院应当裁定终止重整程序,并宣告债务人破产:

(一)债务人的经营状况和财产状况继续恶化,缺乏挽救的可能性;

(二)债务人有欺诈、恶意减少债务人财产或者其他显著不利于债权人的行为;

(三)由于债务人的行为致使管理人无法执行职务。①

## 第二节 重整计划的制定和批准

**第79条【重整计划草案的提交期限】** ★

债务人或者管理人应当自人民法院裁定债务人重整之日起六个月内,同时向人民法院和债权人会议提交重整计划草案。

前款规定的期限届满,经债务人或者管理人请求,有正当理由的,人民法院可以裁定延期三个月。

债务人或者管理人未按期提出重整计划草案的,人民法院应当裁定终止重整程序,并宣告债务人破产。

■ 主要适用的案由及其相关度

| 案由编号 | 主要适用的案由 | 相关度 |
|---|---|---|
| M4.10.74 | 买卖合同纠纷 | |

■ 同时适用的法条及其相关度

| | | 同时适用的法条 | 相关度 |
|---|---|---|---|
| 0971 | 合同法 | 第107条【合同约束力:违约责任】 | |

---

① 说明:本法条尚无足够数量判决书可供法律大数据分析。

| | 同时适用的法条 | 相关度 | |
|---|---|---|---|
| 合同法 | 第159条【买受人应支付价款的数额认定】 | | 0971 |
| 企业破产法 | 第46条【破产时的债权期限与利息：未到期视为到期；停止计息】 | | 0456 |

第80条【重整计划草案的制作主体：债务人或破产管理人】

债务人自行管理财产和营业事务的，由债务人制作重整计划草案。

管理人负责管理财产和营业事务的，由管理人制作重整计划草案。①

第81条【重整计划草案的法定内容】

重整计划草案应当包括下列内容：

（一）债务人的经营方案；

（二）债权分类；

（三）债权调整方案；

（四）债权受偿方案；

（五）重整计划的执行期限；

（六）重整计划执行的监督期限；

（七）有利于债务人重整的其他方案。②

第82条【重整计划草案的分组表决规则】

下列各类债权的债权人参加讨论重整计划草案的债权人会议，依照下列债权分类，分组对重整计划草案进行表决：

（一）对债务人的特定财产享有担保权的债权；

（二）债务人所欠职工的工资和医疗、伤残补助、抚恤费用，所欠的应当划入职工个人账户的基本养老保险、基本医疗保险费用，以及法律、行政法规规定应当支付给职工的补偿金；

（三）债务人所欠税款；

（四）普通债权。

人民法院在必要时可以决定在普通债权组中设小额债权组对重整计

---

① 说明：本法条尚无足够数量判决书可供法律大数据分析。

② 说明：本法条尚无足够数量判决书可供法律大数据分析。

划草案进行表决。①

第83条【重整计划草案分组表决规则的特殊规定】
　　重整计划不得规定减免债务人欠缴的本法第八十二条第一款第二项规定以外的社会保险费用;该项费用的债权人不参加重整计划草案的表决。②

第84条【重整计划草案的表决程序;债务人或管理人的说明义务】
　　人民法院应当自收到重整计划草案之日起三十日内召开债权人会议,对重整计划草案进行表决。
　　出席会议的同一表决组的债权人过半数同意重整计划草案,并且其所代表的债权额占该组债权总额的三分之二以上的,即为该组通过重整计划草案。
　　债务人或者管理人应当向债权人会议就重整计划草案作出说明,并回答询问。③

第85条【债务人的出资人在破产重整计划草案表决时的权利】
　　债务人的出资人代表可以列席讨论重整计划草案的债权人会议。
　　重整计划草案涉及出资人权益调整事项的,应当设出资人组,对该事项进行表决。④

第86条【重整计划草案的通过;重整计划的批准及重整程序的终止】　★
　　各表决组均通过重整计划草案时,重整计划即为通过。
　　自重整计划通过之日起十日内,债务人或者管理人应当向人民法院提出批准重整计划的申请。人民法院经审查认为符合本法规定的,应当自收到申请之日三十日内裁定批准,终止重整程序,并予以公告。

■ 主要适用的案由及其相关度

| 案由编号 | 主要适用的案由 | 相关度 |
|---|---|---|
| M4.10.97.1 | 土地租赁合同纠纷 |  |

---

① 说明:本法条尚无足够数量判决书可供法律大数据分析。
② 说明:本法条尚无足够数量判决书可供法律大数据分析。
③ 说明:本法条尚无足够数量判决书可供法律大数据分析。
④ 说明:本法条尚无足够数量判决书可供法律大数据分析。

| 案由编号 | 主要适用的案由 | 相关度 |
|---|---|---|
| M9.30 | 侵权责任纠纷 | |

■ 同时适用的法条及其相关度

| | 同时适用的法条 | 相关度 | |
|---|---|---|---|
| 企业破产法 | 第2条【公司解散清算转破产；清算事务的移交】 | | 0456 |
| | 第71条【重整的法院审查制度】 | | |
| | 第92条【重整计划的效力范围】 | | |
| | 第94条【重整计划中债务减免行为的效力】 | | |
| 合同法 | 第44条【合同成立条件与时间】 | | 0791 |
| | 第60条【合同履行的原则】 | | |
| | 第107条【合同约束力：违约责任】 | | |
| | 第109条【违约责任的承担：付款义务的继续履行】 | | |
| 民法通则 | 第135条【诉讼时效期间：两年】 | | 0812 |
| | 第137条【诉讼时效期间的起算日和最长保护期限】 | | |
| 侵权责任法 | 第6条【过错责任原则；过错推定责任原则】 | | 0862 |

**第87条【重整计划草案未通过表决时的处理：重新协商表决、法定情形下人民法院依法批准重整计划】**

部分表决组未通过重整计划草案的，债务人或者管理人可以同未通过重整计划草案的表决组协商。该表决组可以在协商后再表决一次。双方协商的结果不得损害其他表决组的利益。

未通过重整计划草案的表决组拒绝再次表决或者再次表决仍未通过重整计划草案，但重整计划草案符合下列条件的，债务人或者管理人可以申请人民法院批准重整计划草案：

（一）按照重整计划草案，本法第八十二条第一款第一项所列债权就该特定财产将获得全额清偿，其因延期清偿所受的损失将得到公平补偿，并且其担保权未受到实质性损害，或者该表决组已经通过重整计划草案；

（二）按照重整计划草案，本法第八十二条第一款第二项、第三项所列债权将获得全额清偿，或者相应表决组已经通过重整计划草案；

（三）按照重整计划草案，普通债权所获得的清偿比例，不低于其在重整计划草案被提请批准时依照破产清算程序所能获得的清偿比例，或者该表决组已经通过重整计划草案；

（四）重整计划草案对出资人权益的调整公平、公正，或者出资人组已经通过重整计划草案；

（五）重整计划草案公平对待同一表决组的成员，并且所规定的债权清偿顺序不违反本法第一百一十三条的规定；

（六）债务人的经营方案具有可行性。

人民法院经审查认为重整计划草案符合前款规定的，应当自收到申请之日起三十日内裁定批准，终止重整程序，并予以公告。①

**第88条【重整计划草案未获通过和批准时重整程序的终止和破产宣告】**

重整计划草案未获得通过且未依照本法第八十七条的规定获得批准，或者已通过的重整计划未获得批准的，人民法院应当裁定终止重整程序，并宣告债务人破产。②

## 第三节 重整计划的执行

**第89条【重整计划的执行人】** ★

重整计划由债务人负责执行。

人民法院裁定批准重整计划后，已接管财产和营业事务的管理人应当向债务人移交财产和营业事务。

■ 主要适用的案由及其相关度

| 案由编号 | 主要适用的案由 | 相关度 |
| --- | --- | --- |
| M4.10.126 | 追偿权纠纷 | |
| M4.10.89.4 | 民间借贷纠纷 | |
| M8.21.249 | 股权转让纠纷 | |

---

① 说明：本法条尚无足够数量判决书可供法律大数据分析。
② 说明：本法条尚无足够数量判决书可供法律大数据分析。

■ 同时适用的法条及其相关度

| | 同时适用的法条 | 相关度 | |
|---|---|---|---|
| 合同法 | 第8条【合同约束力】 | | 0791 |
| | 第79条【债权人不得转让合同权利的情形】 | | |
| | 第80条【债权人转让债权的通知义务】 | | |
| | 第93条【合同的意定解除：协商一致；约定条件成就】 | | |
| | 第94条【合同的法定解除；法定解除权】 | | |
| | 第96条【合同解除权的行使规则】 | | |
| | 第97条【合同解除的法律后果】 | | |
| 企业破产法 | 第44条【对破产债务人享有债权的债权人依破产法行使权利】 | | 0456 |
| | 第58条【破产程序中债权表的核查和确认】 | | |
| | 第72条【重整期间的起止时间】 | | |
| 担保法 | 第57条【担保人的追偿权】 | | 0823 |

**第90条【破产管理人监督重整计划的执行；监督期内债务人的报告义务】**

自人民法院裁定批准重整计划之日起，在重整计划规定的监督期内，由管理人监督重整计划的执行。

在监督期内，债务人应当向管理人报告重整计划执行情况和债务人财务状况。①

**第91条【监督期届满时破产管理人的相关职责：提交监督报告、利害关系人的查阅权、申请延长监督期限】**

监督期届满时，管理人应当向人民法院提交监督报告。自监督报告提交之日起，管理人的监督职责终止。

管理人向人民法院提交的监督报告，重整计划的利害关系人有权查阅。

经管理人申请，人民法院可以裁定延长重整计划执行的监督期限。②

---

① 说明：本法条尚无足够数量判决书可供法律大数据分析。
② 说明：本法条尚无足够数量判决书可供法律大数据分析。

## 第92条【重整计划的效力范围】 ★

经人民法院裁定批准的重整计划,对债务人和全体债权人均有约束力。

债权人未依照本法规定申报债权的,在重整计划执行期间不得行使权利;在重整计划执行完毕后,可以按照重整计划规定的同类债权的清偿条件行使权利。

债权人对债务人的保证人和其他连带债务人所享有的权利,不受重整计划的影响。

### ■ 主要适用的案由及其相关度

| 案由编号 | 主要适用的案由 | 相关度 |
| --- | --- | --- |
| M4.10.90 | 保证合同纠纷 | |
| M8.23.279 | 破产债权确认纠纷 | |
| M8.23.279.2 | 普通破产债权确认纠纷 | |
| M8.24.298.3 | 证券虚假陈述责任纠纷 | |
| M4.10.89 | 借款合同纠纷 | |
| M4.10.89.1 | 金融借款合同纠纷 | |
| M4.10.89.4 | 民间借贷纠纷 | |
| M4 | 合同、无因管理、不当得利纠纷 | |
| M4.10 | 合同纠纷 | |
| M4.10.74 | 买卖合同纠纷 | |
| M4.10.99.2 | 定作合同纠纷 | |
| M8.23.275 | 对外追收债权纠纷 | |
| M9.30 | 侵权责任纠纷 | |

### ■ 同时适用的法条及其相关度

| | 同时适用的法条 | 相关度 |
| --- | --- | --- |
| 担保法 | 第18条【保证合同中连带责任的承担】 | ★★★★★ |
| | 第21条【保证担保的范围;没有约定、约定不明时的担保范围】 | ★★★★ |

| | 同时适用的法条 | 相关度 | |
|---|---|---|---|
| 担保法 | 第6条【保证的定义】 | ★ | 0823 |
| | 第12条【多人保证责任的承担】 | ★ | |
| | 第22条【主债权转让时保证人的保证责任】 | ★ | |
| | 第31条【保证人的追偿权】 | ★ | |
| 企业破产法 | 第44条【对破产债务人享有债权的债权人依破产法行使权利】 | ★★★★★ | 0456 |
| | 第46条【破产时的债权期限与利息:未到期视为到期;停止计息】 | ★★★★ | |
| | 第16条【人民法院受理破产申请后破产债务人的个别清偿债务行为无效】 | ★★★ | |
| | 第47条【附条件、期限或诉讼、仲裁未决的债权申报】 | ★★★ | |
| | 第20条【破产申请受理后有关债务人的民事诉讼或仲裁的处理规定:受理后中止、管理人接管后继续】 | ★ | |
| | 第56条【破产债权的补充申报】 | ★ | |
| | 第58条【破产程序中债权表的核查和确认】 | ★ | |
| | 第86条【重整计划草案的通过;重整计划的批准及重整程序的终止】 | ★ | |
| | 第124条【破产程序终结后破产人的保证人和连带债务人的继续清偿责任】 | ★ | |
| 合同法 | 第107条【合同约束力:违约责任】 | ★★★★ | 0791 |
| | 第60条【合同履行的原则】 | ★★★ | |
| | 第44条【合同成立条件与时间】 | ★★ | |
| | 第196条【借款合同定义】 | ★★ | |
| | 第206条【借款期限的认定】 | ★★ | |
| | 第205条【借款合同的利息支付义务】 | ★ | |
| | 第207条【借款合同违约责任承担:支付利息】 | ★ | |

| | | 同时适用的法条 | 相关度 |
|---|---|---|---|
| 0846 | 证券法 | 第63条【发行人和上市公司的信息真实、准确、完整披露的义务】 | ★★★ |
| | | 第65条【上市公司中期报告的报送义务及其内容】 | ★★★ |
| | | 第66条【上市公司年度报告的报送义务及其内容】 | ★★★ |
| | | 第67条【上市公司重大事件的范围及其处理程序】 | ★★★ |
| 0812 | 民法通则 | 第36条【法人的定义;法人民事权利能力和民事行为能力的存续期间】 | ★ |
| | | 第84条【债的界定】 | ★ |
| 0862 | 侵权责任法 | 第6条【过错责任原则;过错推定责任原则】 | ★ |
| 0941 | 证券虚假陈述案件规定 | 第17条【证券市场虚假陈述、重大事件、虚假记载、误导性陈述、重大遗漏、不正当披露的定义】 | ★★★ |
| | | 第18条【法院应当认定虚假陈述与损害结果之间存在因果关系的情形】 | ★★★ |
| | | 第19条【法院认定虚假陈述与损害结果之间不存在因果关系的情形】 | ★★★ |
| | | 第20条【虚假陈述实施日的定义;虚假陈述揭露日的定义;虚假陈述更正日的定义】 | ★★★ |
| | | 第30条【虚假陈述行为人在证券交易市场承担民事赔偿责任的范围以投资人实际损失为限;投资人实际损失资金利息】 | ★★★ |
| | | 第31条【投资人在基准日及以前卖出证券的投资差额损失的计算方式】 | ★★★ |
| | | 第32条【投资人在基准日之后卖出或仍持有证券的其投资差额损失的计算方式】 | ★★★ |
| | | 第33条【投资差额损失计算的基准日的定义及确定】 | ★★★ |
| 0929 | 担保法司法解释 | 第19条【连带共同保证的认定】 | ★ |
| | | 第20条【连带共同保证的责任承担】 | ★ |

第93条【债务人不能执行或不执行重整计划的法律后果】

债务人不能执行或者不执行重整计划的,人民法院经管理人或者利害关系人请求,应当裁定终止重整计划的执行,并宣告债务人破产。

人民法院裁定终止重整计划执行的,债权人在重整计划中作出的债权调整的承诺失去效力。债权人因执行重整计划所受的清偿仍然有效,债权未受清偿的部分作为破产债权。

前款规定的债权人,只有在其他同顺位债权人同自己所受的清偿达到同一比例时,才能继续接受分配。

有本条第一款规定情形的,为重整计划的执行提供的担保继续有效。①

第94条【重整计划中债务减免行为的效力】 ★

按照重整计划减免的债务,自重整计划执行完毕时起,债务人不再承担清偿责任。

■ 主要适用的案由及其相关度

| 案由编号 | 主要适用的案由 | 相关度 |
|---|---|---|
| M4.10.126 | 追偿权纠纷 | |
| M4.10.89.1 | 金融借款合同纠纷 | |
| M4.10.97.1 | 土地租赁合同纠纷 | |
| M8.21.249 | 股权转让纠纷 | |
| M8.23.279 | 破产债权确认纠纷 | |

■ 同时适用的法条及其相关度

| | 同时适用的法条 | 相关度 |
|---|---|---|
| 合同法 | 第8条【合同约束力】 | |
| | 第44条【合同成立条件与时间】 | |
| | 第60条【合同履行的原则】 | |
| | 第107条【合同约束力:违约责任】 | |

---

① 说明:本法条尚无足够数量判决书可供法律大数据分析。

| | | 同时适用的法条 | 相关度 |
|---|---|---|---|
| 0791 | 合同法 | 第109条【违约责任的承担:付款义务的继续履行】 | |
| | | 第112条【违约责任的承担:损失赔偿与其他责任的并存】 | |
| | | 第204条【金融机构贷款业务的利率确定】 | |
| | | 第207条【借款合同违约责任承担:支付利息】 | |
| 0456 | 企业破产法 | 第2条【公司解散清算转破产;清算事务的移交】 | |
| | | 第71条【重整的法院审查制度】 | |
| | | 第86条【重整计划草案的通过;重整计划的批准及重整程序的终止】 | |
| | | 第92条【重整计划的效力范围】 | |
| 0812 | 民法通则 | 第135条【诉讼时效期间:两年】 | |
| | | 第137条【诉讼时效期间的起算日和最长保护期限】 | |
| 0823 | 担保法 | 第21条【保证担保的范围;没有约定、约定不明时的担保范围】 | |
| 0085 | 公司法 | 第72条【有限责任公司股权强制转让中的优先购买权】 | |

## 第九章 和解

**第95条【债务人和解申请的提出时间和形式要件】**

债务人可以依照本法规定,直接向人民法院申请和解;也可以在人民法院受理破产申请后、宣告债务人破产前,向人民法院申请和解。

债务人申请和解,应当提出和解协议草案。①

**第96条【和解的裁定和公告;和解裁定后担保权利的行使】**

人民法院经审查认为和解申请符合本法规定的,应当裁定和解,予以公告,并召集债权人会议讨论和解协议草案。

---

① 说明:本法条尚无足够数量判决书可供法律大数据分析。

对债务人的特定财产享有担保权的权利人,自人民法院裁定和解之日起可以行使权利。①

第 97 条【和解协议的表决程序】
债权人会议通过和解协议的决议,由出席会议的有表决权的债权人过半数同意,并且其所代表的债权额占无财产担保债权总额的三分之二以上。②

第 98 条【和解协议通过后的法律后果:终止和解程序并公告、移交财产和营业事务、管理人职务报告的提交】
债权人会议通过和解协议的,由人民法院裁定认可,终止和解程序,并予以公告。管理人应当向债务人移交财产和营业事务,并向人民法院提交执行职务的报告。③

第 99 条【和解协议草案未获通过或未被认可后和解程序的终止和破产宣告】
和解协议草案经债权人会议表决未获得通过,或者已经债权人会议通过的和解协议未获得人民法院认可的,人民法院应当裁定终止和解程序,并宣告债务人破产。④

第 100 条【和解协议的效力范围;和解债权人的定义;和解债权人的权利行使】
经人民法院裁定认可的和解协议,对债务人和全体和解债权人均有约束力。
和解债权人是指人民法院受理破产申请时对债务人享有无财产担保债权的人。
和解债权人未依照本法规定申报债权的,在和解协议执行期间不得行使权利;在和解协议执行完毕后,可以按照和解协议规定的清偿条件行使权利。⑤

---

① 说明:本法条尚无足够数量判决书可供法律大数据分析。
② 说明:本法条尚无足够数量判决书可供法律大数据分析。
③ 说明:本法条尚无足够数量判决书可供法律大数据分析。
④ 说明:本法条尚无足够数量判决书可供法律大数据分析。
⑤ 说明:本法条尚无足够数量判决书可供法律大数据分析。

## 第101条【和解协议不影响和解债权人对连带债务人行使权利】 ★

和解债权人对债务人的保证人和其他连带债务人所享有的权利，不受和解协议的影响。

■ 主要适用的案由及其相关度

| 案由编号 | 主要适用的案由 | 相关度 |
|---|---|---|
| M4.10.89.1 | 金融借款合同纠纷 | |

■ 同时适用的法条及其相关度

| | | 同时适用的法条 | 相关度 |
|---|---|---|---|
| 0823 | 担保法 | 第6条【保证的定义】 | |
| | | 第12条【多人保证责任的承担】 | |
| | | 第18条【保证合同中连带责任的承担】 | |
| | | 第21条【保证担保的范围；没有约定、约定不明时的担保范围】 | |
| | | 第28条【混合担保规则】 | |
| | | 第33条【抵押、抵押权人、抵押人以及抵押物的概念】 | |
| 0791 | 合同法 | 第8条【合同约束力】 | |
| | | 第60条【合同履行的原则】 | |
| | | 第107条【合同约束力：违约责任】 | |
| | | 第205条【借款合同的利息支付义务】 | |
| | | 第207条【借款合同违约责任承担：支付利息】 | |
| 0929 | 担保法司法解释 | 第39条【主合同当事人双方协议以新贷偿还旧贷的保证人保证责任承担】 | |

## 第102条【破产债务人按和解协议清偿债务的义务】

债务人应当按照和解协议规定的条件清偿债务。①

---

① 说明：本法条尚无足够数量判决书可供法律大数据分析。

第 103 条【和解协议无效情形及其法律后果】
因债务人的欺诈或者其他违法行为而成立的和解协议,人民法院应当裁定无效,并宣告债务人破产。
有前款规定情形的,和解债权人因执行和解协议所受的清偿,在其他债权人所受清偿同等比例的范围内,不予返还。①

第 104 条【破产债务人不能执行或不执行和解协议的法定后果:终止执行和解协议、宣告破产、债权调整承诺失效、同比例清偿、提供的担保继续有效】
债务人不能执行或者不执行和解协议的,人民法院经和解债权人请求,应当裁定终止和解协议的执行,并宣告债务人破产。
人民法院裁定终止和解协议执行的,和解债权人在和解协议中作出的债权调整的承诺失去效力。和解债权人因执行和解协议所受的清偿仍然有效,和解债权未受清偿的部分作为破产债权。
前款规定的债权人,只有在其他债权人同自己所受的清偿达到同一比例时,才能继续接受分配。
有本条第一款规定情形的,为和解协议的执行提供的担保继续有效。②

第 105 条【破产程序因自行达成和解协议而终结】
人民法院受理破产申请后,债务人与全体债权人就债权债务的处理自行达成协议的,可以请求人民法院裁定认可,并终结破产程序。③

第 106 条【和解协议中债务减免行为的效力】
按照和解协议减免的债务,自和解协议执行完毕时起,债务人不再承担清偿责任。④

---

① 说明:本法条尚无足够数量判决书可供法律大数据分析。
② 说明:本法条尚无足够数量判决书可供法律大数据分析。
③ 说明:本法条尚无足够数量判决书可供法律大数据分析。
④ 说明:本法条尚无足够数量判决书可供法律大数据分析。

# 第十章 破产清算

## 第一节 破产宣告

**第107条【宣告破产裁定的通知和公告;破产人、破产财产、破产债权的含义】** ★

人民法院依照本法规定宣告债务人破产的,应当自裁定作出之日起五日内送达债务人和管理人,自裁定作出之日起十日内通知已知债权人,并予以公告。

债务人被宣告破产后,债务人称为破产人,债务人财产称为破产财产,人民法院受理破产申请时对债务人享有的债权称为破产债权。

■ 主要适用的案由及其相关度

| 案由编号 | 主要适用的案由 | 相关度 |
| --- | --- | --- |
| M4.10.74 | 买卖合同纠纷 | |
| M4.10.89.4 | 民间借贷纠纷 | |
| M4.10.90 | 保证合同纠纷 | |
| M8.23.279 | 破产债权确认纠纷 | |
| M8.23.279.2 | 普通破产债权确认纠纷 | |

■ 同时适用的法条及其相关度

| | 同时适用的法条 | 相关度 |
| --- | --- | --- |
| 企业破产法 | 第44条【对破产债务人享有债权的债权人依破产法行使权利】 | |
| 企业破产法 | 第46条【破产时的债权期限与利息:未到期视为到期;停止计息】 | |
| 企业破产法 | 第48条【管理人接受债权申报;债务人所欠职工的各项费用不必进行破产债权申报】 | |
| 担保法 | 第18条【保证合同中连带责任的承担】 | |
| 担保法 | 第21条【保证担保的范围;没有约定、约定不明时的担保范围】 | |

| | 同时适用的法条 | 相关度 | |
|---|---|---|---|
| 合同法 | 第 54 条【合同的变更和撤销】 | | 0791 |
| | 第 55 条【撤销权消灭的法定情形】 | | |
| | 第 60 条【合同履行的原则】 | | |
| | 第 84 条【合同义务转移;债务转移;债务承担】 | | |
| | 第 107 条【合同约束力;违约责任】 | | |
| | 第 109 条【违约责任的承担:付款义务的继续履行】 | | |
| | 第 130 条【买卖合同的定义】 | | |
| | 第 135 条【出卖人义务:交付、移转所有权】 | | |
| | 第 205 条【借款合同的利息支付义务】 | | |
| | 第 206 条【借款期限的认定】 | | |
| | 第 207 条【借款合同违约责任承担:支付利息】 | | |
| 公司法司法解释二 | 第 12 条【债权人对清算组核定的债权的异议权和债权核定确认之诉】 | | 0920 |

**第 108 条【破产宣告前终结破产程序的法定事由】**

破产宣告前,有下列情形之一的,人民法院应当裁定终结破产程序,并予以公告:

(一)第三人为债务人提供足额担保或者为债务人清偿全部到期债务的;

(二)债务人已清偿全部到期债务的。①

**第 109 条【破产宣告后有担保的债权优先受偿的规定】** ★

对破产人的特定财产享有担保权的权利人,对该特定财产享有优先受偿的权利。

■ 主要适用的案由及其相关度

| 案由编号 | 主要适用的案由 | 相关度 |
|---|---|---|
| M8.23.279 | 破产债权确认纠纷 | |

---

① 说明:本法条尚无足够数量判决书可供法律大数据分析。

0582 商事纠纷：公司、企业与破产

| 案由编号 | 主要适用的案由 | 相关度 |
|---|---|---|
| M8.23.279.2 | 普通破产债权确认纠纷 | |
| M4.10.89 | 借款合同纠纷 | |
| M4.10.89.1 | 金融借款合同纠纷 | |
| M4.10.89.4 | 民间借贷纠纷 | |
| M8.23.282 | 别除权纠纷 | |
| M4.10.100.4 | 建设工程价款优先受偿权纠纷 | |
| M4.10.91 | 抵押合同纠纷 | |
| M8.23.273 | 请求撤销个别清偿行为纠纷 | |

■ 同时适用的法条及其相关度

| | 同时适用的法条 | 相关度 |
|---|---|---|
| 企业破产法 | 第16条【人民法院受理破产申请后破产债务人的个别清偿债务行为无效】 | |
| | 第21条【破产申请受理后有关债务人的民事诉讼的管辖规定】 | |
| | 第30条【破产程序中债务人财产范围的认定】 | |
| | 第32条【破产管理人对个别清偿的撤销权及其例外规定】 | |
| | 第41条【破产费用的范围】 | |
| | 第44条【对破产债务人享有债权的债权人依破产法行使权利】 | |
| | 第45条【对破产债权申报期限的一般规定】 | |
| | 第46条【破产时的债权期限与利息：未到期视为到期；停止计息】 | |
| | 第58条【破产程序中债权表的核查和确认】 | |
| | 第64条【债权人会议决议的通过、撤销和效力】 | |
| | 第75条【重整期间担保权的行使；重整期间借款担保的设立】 | |

| | 同时适用的法条 | 相关度 | |
|---|---|---|---|
| 企业破产法 | 第92条【重整计划的效力范围】 | | 0456 |
| | 第110条【破产宣告后有担保的债权优先受偿的特别规定】 | | |
| | 第132条【破产法公布前的职工劳动债权可以优先于担保债权受偿的规定】 | | |
| 合同法 | 第8条【合同约束力】 | | 0791 |
| | 第44条【合同成立条件与时间】 | | |
| | 第60条【合同履行的原则】 | | |
| | 第79条【债权人不得转让合同权利的情形】 | | |
| | 第81条【债权转让从权利一并转让】 | | |
| | 第94条【合同的法定解除;法定解除权】 | | |
| | 第107条【合同约束力:违约责任】 | | |
| | 第196条【借款合同定义】 | | |
| | 第205条【借款合同的利息支付义务】 | | |
| | 第206条【借款期限的认定】 | | |
| | 第207条【借款合同违约责任承担:支付利息】 | | |
| | 第209条【贷款展期】 | | |
| | 第286条【承包人的建设工程优先受偿权】 | | |
| 物权法 | 第106条【善意取得的构成条件】 | | 0834 |
| | 第170条【担保财产优先受偿:债务人不履行到期债务、发生约定的实现担保物权的情形】 | | |
| | 第173条【担保物权担保的范围】 | | |
| | 第174条【担保物权的物上代位性】 | | |
| | 第176条【混合担保规则】 | | |
| | 第179条【抵押权的界定】 | | |
| | 第181条【动产浮动抵押规则】 | | |

| | | 同时适用的法条 | 相关度 |
|---|---|---|---|
| 0834 | 物权法 | 第 182 条【建筑物和相应的建设用地使用权一并抵押规则】 | |
| | | 第 188 条【动产抵押的登记对抗主义】 | |
| | | 第 189 条【动产浮动抵押权设立的登记对抗主义】 | |
| | | 第 192 条【抵押权的从属性】 | |
| | | 第 195 条【抵押权实现的方式和程序】 | |
| | | 第 206 条【最高额抵押所担保债权的确定事由】 | |
| | | 第 208 条【质权的概念与质权的实现;质押双方的概念】 | |
| | | 第 226 条【基金份额、股权出质的权利质权设立;出质人处分基金份额、股权的限制】 | |
| | | 第 228 条【以应收账款出质:书面合同的形式要求;登记设立主义;不得转让】 | |
| | | 第 229 条【权利质权的法律适用】 | |
| 0823 | 担保法 | 第 6 条【保证的定义】 | |
| | | 第 12 条【多人保证责任的承担】 | |
| | | 第 16 条【保证的方式】 | |
| | | 第 18 条【保证合同中连带责任的承担】 | |
| | | 第 21 条【保证担保的范围;没有约定、约定不明时的担保范围】 | |
| | | 第 31 条【保证人的追偿权】 | |
| | | 第 33 条【抵押、抵押权人、抵押人以及抵押物的概念】 | |
| | | 第 41 条【特殊财产的抵押物登记】 | |
| | | 第 42 条【办理抵押物登记的部门】 | |
| | | 第 46 条【抵押担保的范围】 | |
| | | 第 53 条【抵押权的实现】 | |
| 0885 | 立法法 | 第 83 条【部门规章和地方政府规章的制定程序】 | |

| | 同时适用的法条 | 相关度 | |
|---|---|---|---|
| 民通意见 | 第122条【公民间生产经营性借贷利率的确定及纠纷处理】 | | 0934 |
| | 第123条【公民之间的无息借款逾期未偿还或经催告不偿的准许出借人要求借款人偿还逾期利息】 | | |
| | 第125条【借贷利息的计算】 | | |
| 融资租赁合同司法解释 | 第9条【融资租赁中租赁物的善意取得及例外情形】 | | |
| | 第21条【出租人的租金支付请求权以及合同解除权】 | | |
| 担保法司法解释 | 第20条【连带共同保证的责任承担】 | | 0929 |
| | 第44条【人民法院受理债务人破产案件时债权人的权利;保证人对债权人申报债权后未受清偿的部分承担保证责任】 | | |
| | 第59条【未登记抵押权的成立】 | | |
| | 第83条【最高额抵押抵押限额的确定】 | | |
| | 第85条【债务人或第三人将其金钱以特户、封金、保证金等形式特定化后的优先受偿】 | | |
| 建设工程价款优先受偿权问题的批复 | 第4条【建设工程承包人行使优先权的期限】 | | 0964 |

**第110条【破产宣告后有担保的债权优先受偿的特别规定】** ★

享有本法第一百零九条规定权利的债权人行使优先受偿权利未能完全受偿的,其未受偿的债权作为普通债权;放弃优先受偿权利的,其债权作为普通债权。

■ 主要适用的案由及其相关度

| 案由编号 | 主要适用的案由 | 相关度 |
|---|---|---|
| M8.23.279 | 破产债权确认纠纷 | |

| 案由编号 | 主要适用的案由 | 相关度 |
|---|---|---|
| M8.23.279.2 | 普通破产债权确认纠纷 | |

■ 同时适用的法条及其相关度

| | | 同时适用的法条 | 相关度 |
|---|---|---|---|
| 0823 | 担保法 | 第33条【抵押、抵押权人、抵押人以及抵押物的概念】 | |
| | | 第46条【抵押担保的范围】 | |
| | | 第53条【抵押权的实现】 | |
| 0456 | 企业破产法 | 第41条【破产费用的范围】 | |
| | | 第44条【对破产债务人享有债权的债权人依破产法行使权利】 | |
| | | 第46条【破产时的债权期限与利息：未到期视为到期；停止计息】 | |
| | | 第64条【债权人会议决议的通过、撤销和效力】 | |
| | | 第109条【破产宣告后有担保的债权优先受偿的规定】 | |
| 0791 | 合同法 | 第8条【合同约束力】 | |
| | | 第44条【合同成立条件与时间】 | |
| | | 第79条【债权人不得转让合同权利的情形】 | |
| | | 第107条【合同约束力：违约责任】 | |
| | | 第205条【借款合同的利息支付义务】 | |
| | | 第206条【借款期限的认定】 | |
| | | 第207条【借款合同违约责任承担：支付利息】 | |
| 0834 | 物权法 | 第179条【抵押权的界定】 | |
| | | 第192条【抵押权的从属性】 | |
| | | 第206条【最高额抵押所担保债权的确定事由】 | |
| 0929 | 担保法司法解释 | 第83条【最高额抵押抵押限额的确定】 | |

## 第二节 变价和分配

**第 111 条【破产财产变价方案的拟订与执行】**

管理人应当及时拟订破产财产变价方案,提交债权人会议讨论。

管理人应当按照债权人会议通过的或者人民法院依照本法第六十五条第一款规定裁定的破产财产变价方案,适时变价出售破产财产。①

**第 112 条【破产财产变价出售的方式】** ★

变价出售破产财产应当通过拍卖进行。但是,债权人会议另有决议的除外。

破产企业可以全部或者部分变价出售。企业变价出售时,可以将其中的无形资产和其他财产单独变价出售。

按照国家规定不能拍卖或者限制转让的财产,应当按照国家规定的方式处理。

■ 主要适用的案由及其相关度

| 案由编号 | 主要适用的案由 | 相关度 |
|---|---|---|
| M8.23 | 与破产有关的纠纷 | |
| M4.10 | 合同纠纷 | |
| M4.10.97 | 租赁合同纠纷 | |

■ 同时适用的法条及其相关度

| | 同时适用的法条 | 相关度 |
|---|---|---|
| 合同法 | 第 4 条【合同自愿原则】 | |
| | 第 8 条【合同约束力】 | |
| | 第 51 条【无权处分合同的效力:经追认或取得处分权的有效】 | |
| | 第 56 条【合同无效或被撤销的溯及力;部分无效不影响其他独立部分的效力】 | |
| | 第 58 条【合同无效或被撤销的法律后果】 | |

---

① 说明:本法条尚无足够数量判决书可供法律大数据分析。

| | | 同时适用的法条 | 相关度 |
|---|---|---|---|
| 0791 | 合同法 | 第60条【合同履行的原则】 | |
| | | 第229条【买卖不破租赁：租赁物发生所有权变动时不影响租赁合同效力】 | |
| | | 第237条【融资租赁合同的定义】 | |
| 0456 | 企业破产法 | 第22条【破产管理人的产生、更换和报酬规定】 | |
| 0881 | 土地管理法 | 第63条【农民集体所有的土地使用权的用途限制】 | |

第113条【破产债权的法定清偿顺序】 ★

破产财产在优先清偿破产费用和共益债务后，依照下列顺序清偿：

（一）破产人所欠职工的工资和医疗、伤残补助、抚恤费用，所欠的应当划入职工个人账户的基本养老保险、基本医疗保险费用，以及法律、行政法规规定应当支付给职工的补偿金；

（二）破产人欠缴的除前项规定以外的社会保险费用和破产人所欠税款；

（三）普通破产债权。

破产财产不足以清偿同一顺序的清偿要求的，按照比例分配。

破产企业的董事、监事和高级管理人员的工资按照该企业职工的平均工资计算。

■ 主要适用的案由及其相关度

| 案由编号 | 主要适用的案由 | 相关度 |
|---|---|---|
| M8.23.279 | 破产债权确认纠纷 | ★★★★ |
| M8.23.279.1 | 职工破产债权确认纠纷 | ★★★★★ |
| M8.23.279.2 | 普通破产债权确认纠纷 | ★ |
| M6.17 | 劳动争议 | ★★★★ |
| M4.10.89.1 | 金融借款合同纠纷 | ★★★ |
| M8.21.257 | 股东损害公司债权人利益责任纠纷 | ★ |
| M6.17.169.5 | 追索劳动报酬纠纷 | ★ |

| 案由编号 | 主要适用的案由 | 相关度 |
|---|---|---|
| M4.11.128 | 不当得利纠纷 | ★ |
| M4.12.129 | 无因管理纠纷 | ★ |
| M4.10.126 | 追偿权纠纷 | ★ |
| M4.10.70 | 债权转让合同纠纷 | ★ |

■ 同时适用的法条及其相关度

| | 同时适用的法条 | 相关度 | |
|---|---|---|---|
| 企业破产法 | 第48条【管理人接受债权申报；债务人所欠职工的各项费用不必进行破产债权申报】 | ★★★★★ | 0456 |
| | 第58条【破产程序中债权表的核查和确认】 | ★★★★ | |
| | 第120条【破产程序终结的法定程序】 | ★★ | |
| | 第132条【破产法公布前的职工劳动债权可以优先于担保债权受偿的规定】 | ★★ | |
| | 第24条【破产管理人的任职条件与资格禁止】 | ★ | |
| | 第25条【破产管理人的职责】 | ★ | |
| | 第38条【债务人占有不属于债务人的财产时财产权利人的取回权】 | ★ | |
| | 第42条【破产程序中共益债务的范围与种类】 | ★ | |
| 劳动合同法 | 第44条【劳动合同的终止】 | ★★ | 0849 |
| | 第47条【经济补偿金的支付标准】 | ★★ | |
| | 第30条【用人单位的劳动报酬支付义务；劳动者申请支付令的条件】 | ★ | |
| | 第46条【经济补偿金的支付】 | ★ | |
| 合同法 | 第52条【合同无效的情形】 | ★★ | 0791 |
| | 第58条【合同无效或被撤销的法律后果】 | ★★ | |
| | 第79条【债权人不得转让合同权利的情形】 | ★ | |
| | 第80条【债权人转让债权的通知义务】 | ★ | |
| | 第286条【承包人的建设工程优先受偿权】 | ★ | |

| | 同时适用的法条 | 相关度 |
|---|---|---|
| 0843 劳动法 | 第72条【社会保险基金资金来源；强制缴纳社会保险费】 | ★ |
| 0085 公司法 | 第216条【高级管理人员、控股股东、实际控制人、关联关系的法定含义】 | ★ |
| 0812 民法通则 | 第84条【债的界定】 | ★ |
| | 第108条【债务清偿：分期偿还、强制偿还】 | ★ |
| 0950 审理企业破产案件规定 | 第58条【债务人所欠企业职工集资款的清偿；职工投资不属于破产债权】 | ★★★ |
| | 第55条【破产债权的范围】 | ★ |
| | 第61条【破产债权的范围】 | ★ |
| 0946 劳动争议案件司法解释二 | 第1条【视为劳动争议发生之日的情形】 | ★ |
| | 第4条【法院受理劳动关系解除或终止以及支付经济补偿金产生的争议】 | ★ |
| 0962 劳动争议案件司法解释三 | 第1条【法院受理用人单位未办社保且社保机构不能补办而导致劳动者社保待遇损失的赔偿请求】 | ★ |
| 0964 建设工程价款优先受偿权问题的批复 | 第1条【承包人的建设工程优先受偿权】 | ★ |
| 0920 公司法司法解释二 | 第18条【有限责任公司的股东、股份有限公司的董事、控股股东和实际控制人在清算中怠于履行义务的赔偿责任】 | ★ |

**第114条【破产财产分配方式及例外】**

破产财产的分配应当以货币分配方式进行。但是，债权人会议另有决议的除外。①

---

① 说明：本法条尚无足够数量判决书可供法律大数据分析。

第115条【破产财产分配方案的载明事项】
　　管理人应当及时拟订破产财产分配方案,提交债权人会议讨论。
　　破产财产分配方案应当载明下列事项:
　　(一)参加破产财产分配的债权人名称或者姓名、住所;
　　(二)参加破产财产分配的债权额;
　　(三)可供分配的破产财产数额;
　　(四)破产财产分配的顺序、比例及数额;
　　(五)实施破产财产分配的方法。
　　债权人会议通过破产财产分配方案后,由管理人将该方案提请人民法院裁定认可。

■ 主要适用的案由及其相关度

| 案由编号 | 主要适用的案由 | 相关度 |
| --- | --- | --- |
| M6.17 | 劳动争议 | |

■ 同时适用的法条及其相关度

| | 同时适用的法条 | 相关度 |
| --- | --- | --- |
| 企业破产法 | 第48条【管理人接受债权申报;债务人所欠职工的各项费用不必进行破产债权申报】 | |
| | 第113条【破产债权的法定清偿顺序】 | |
| | 第116条【破产财产分配方案的执行】 | |

第116条【破产财产分配方案的执行】　　　　　　　　★
　　破产财产分配方案经人民法院裁定认可后,由管理人执行。
　　管理人按照破产财产分配方案实施多次分配的,应当公告本次分配的财产额和债权额。管理人实施最后分配的,应当在公告中指明,并载明本法第一百一十七条第二款规定的事项。

■ 主要适用的案由及其相关度

| 案由编号 | 主要适用的案由 | 相关度 |
| --- | --- | --- |
| M6.17 | 劳动争议 | |

■ 同时适用的法条及其相关度

| | | 同时适用的法条 | 相关度 |
|---|---|---|---|
| 0456 | 企业破产法 | 第48条【管理人接受债权申报;债务人所欠职工的各项费用不必进行破产债权申报】 | |
| | | 第113条【破产债权的法定清偿顺序】 | |
| | | 第115条【破产财产分配方案的载明事项】 | |
| 0843 | 劳动法 | 第78条【劳动争议处理原则】 | |
| 0965 | 劳动争议案件司法解释一 | 第2条【法院对劳动争议仲裁委员会以不属于劳动争议为由作出不予受理的书面裁决、决定或通知的处理】 | |

**第117条【附生效条件或解除条件债权的破产清偿分配规定】** ★

对于附生效条件或者解除条件的债权,管理人应当将其分配额提存。

管理人依照前款规定提存的分配额,在最后分配公告日,生效条件未成就或者解除条件成就的,应当分配给其他债权人;在最后分配公告日,生效条件成就或者解除条件未成就的,应当交付给债权人。

■ 主要适用的案由及其相关度

| 案由编号 | 主要适用的案由 | 相关度 |
|---|---|---|
| M4.10.100.5 | 建设工程分包合同纠纷 | |

■ 同时适用的法条及其相关度

| | | 同时适用的法条 | 相关度 |
|---|---|---|---|
| 0456 | 企业破产法 | 第20条【破产申请受理后有关债务人的民事诉讼或仲裁的处理规定:受理后中止、管理人接管后继续】 | |
| | | 第46条【破产时的债权期限与利息:未到期视为到期;停止计息】 | |
| | | 第47条【附条件、期限或诉讼、仲裁未决的债权申报】 | |

| | 同时适用的法条 | 相关度 | |
|---|---|---|---|
| 合同法 | 第52条【合同无效的情形】 | | 0791 |
| | 第58条【合同无效或被撤销的法律后果】 | | |
| | 第272条【第三人与总承包人或发包人的连带责任；禁止全部转包；禁止分包单位再分包；主体结构施工】 | | |
| 建设工程合同纠纷司法解释 | 第2条【建设工程施工合同无效时承包人的付款请求权】 | | 0947 |
| | 第17条【拖欠工程价款利息的计付标准】 | | |
| | 第18条【建设工程应付款时间】 | | |

**第118条【未受领破产财产分配额的提存及再分配】**

债权人未受领的破产财产分配额，管理人应当提存。债权人自最后分配公告之日起满二个月仍不领取的，视为放弃受领分配的权利，管理人或者人民法院应当将提存的分配额分配给其他债权人。①

**第119条【诉讼或仲裁未决债权的分配额的提存及再分配】**

破产财产分配时，对于诉讼或者仲裁未决的债权，管理人应当将其分配额提存。自破产程序终结之日起满二年仍不能受领分配的，人民法院应当将提存的分配额分配给其他债权人。②

### 第三节 破产程序的终结

**第120条【破产程序终结的法定程序】** ★

破产人无财产可供分配的，管理人应当请求人民法院裁定终结破产程序。

管理人在最后分配完结后，应当及时向人民法院提交破产财产分配报告，并提请人民法院裁定终结破产程序。

人民法院应当自收到管理人终结破产程序的请求之日起十五日内作出是否终结破产程序的裁定。裁定终结的，应当予以公告。

---

① 说明：本法条尚无足够数量判决书可供法律大数据分析。
② 说明：本法条尚无足够数量判决书可供法律大数据分析。

## ■ 主要适用的案由及其相关度

| 案由编号 | 主要适用的案由 | 相关度 |
|---|---|---|
| M4.10.89.1 | 金融借款合同纠纷 | |
| M4.10.90 | 保证合同纠纷 | |
| M4.10.126 | 追偿权纠纷 | |

## ■ 同时适用的法条及其相关度

| | | 同时适用的法条 | 相关度 |
|---|---|---|---|
| 0456 | 企业破产法 | 第113条【破产债权的法定清偿顺序】 | |
| | | 第121条【破产人的注销登记】 | |
| | | 第124条【破程序终结后破产人的保证人和连带债务人的继续清偿责任】 | |
| 0791 | 合同法 | 第52条【合同无效的情形】 | |
| | | 第58条【合同无效或被撤销的法律后果】 | |
| | | 第60条【合同履行的原则】 | |
| | | 第112条【违约责任的承担:损失赔偿与其他责任的并存】 | |
| | | 第114条【违约金的数额及其调整】 | |
| | | 第196条【借款合同定义】 | |
| | | 第205条【借款合同的利息支付义务】 | |
| | | 第206条【借款期限的认定】 | |
| 0812 | 民法通则 | 第4条【民事活动的基本原则:自愿、公平、等价有偿、诚实信用】 | |
| | | 第44条【公司合并后债权债务的承继】 | |
| | | 第137条【诉讼时效期间的起算日和最长保护期限】 | |
| 0823 | 担保法 | 第5条【担保合同的界定及其与主债权合同的关系;担保合同无效的责任承担规则】 | |

| | 同时适用的法条 | 相关度 | |
|---|---|---|---|
| 物权法 | 第176条【混合担保规则】 | | 0834 |
| 担保法司法解释 | 第44条【人民法院受理债务人破产案件时债权人的权利;保证人对债权人申报债权后未受清偿的部分承担保证责任】 | | 0929 |

## 第121条【破产人的注销登记】

管理人应当自破产程序终结之日起十日内,持人民法院终结破产程序的裁定,向破产人的原登记机关办理注销登记。①

## 第122条【破产管理人职务的终止时间与例外】　★

管理人于办理注销登记完毕的次日终止执行职务。但是,存在诉讼或者仲裁未决情况的除外。

■ 主要适用的案由及其相关度

| 案由编号 | 主要适用的案由 | 相关度 |
|---|---|---|
| M4.10.126 | 追偿权纠纷 | |

■ 同时适用的法条及其相关度

| | 同时适用的法条 | 相关度 | |
|---|---|---|---|
| 民法通则 | 第4条【民事活动的基本原则:自愿、公平、等价有偿、诚实信用】 | | 0812 |
| | 第44条【公司合并后债权债务的承继】 | | |
| | 第137条【诉讼时效期间的起算日和最长保护期限】 | | |
| 企业破产法 | 第120条【破产程序终结的法定程序】 | | 0456 |
| 合同法 | 第6条【诚实信用原则】 | | 0791 |
| | 第107条【合同约束力:违约责任】 | | |

---

① 说明:本法条尚无足够数量判决书可供法律大数据分析。

| | 同时适用的法条 | 相关度 |
|---|---|---|
| 0823 | 担保法 | 第31条【保证人的追偿权】 | |

### 第123条【破产财产的追加分配】 ★

自破产程序依照本法第四十三条第四款或者第一百二十条的规定终结之日起二年内,有下列情形之一的,债权人可以请求人民法院按照破产财产分配方案进行追加分配:

(一)发现有依照本法第三十一条、第三十二条、第三十三条、第三十六条规定应当追回的财产的;

(二)发现破产人有应当供分配的其他财产的。

有前款规定情形,但财产数量不足以支付分配费用的,不再进行追加分配,由人民法院将其上交国库。

■ 主要适用的案由及其相关度

| 案由编号 | 主要适用的案由 | 相关度 |
|---|---|---|
| M4.10 | 合同纠纷 | |
| M8.23.273 | 请求撤销个别清偿行为纠纷 | |

■ 同时适用的法条及其相关度

| | | 同时适用的法条 | 相关度 |
|---|---|---|---|
| 0791 | 合同法 | 第2条【合同法的调整对象;合同的定义】 | |
| | | 第48条【无权代理人订立合同的法律后果】 | |
| | | 第60条【合同履行的原则】 | |
| 0456 | 企业破产法 | 第9条【破产申请的撤回】 | |
| | | 第32条【破产管理人对个别清偿的撤销权及其例外规定】 | |
| | | 第34条【破产管理人对债务人财产的追回权】 | |

### 第124条【破程序终结后破产人的保证人和连带债务人的继续清偿责任】 ★★

破产人的保证人和其他连带债务人,在破产程序终结后,对债权人依照破产清算程序未受清偿的债权,依法继续承担清偿责任。

■ 主要适用的案由及其相关度

| 案由编号 | 主要适用的案由 | 相关度 |
|---|---|---|
| M4.10.89.1 | 金融借款合同纠纷 | ★★★★★ |
| M4.10.90 | 保证合同纠纷 | ★★★★ |

■ 同时适用的法条及其相关度

| | 同时适用的法条 | 相关度 | |
|---|---|---|---|
| 担保法 | 第18条【保证合同中连带责任的承担】 | ★★★★★ | 0823 |
| | 第21条【保证担保的范围;没有约定、约定不明时的担保范围】 | ★★★★★ | |
| | 第14条【保证合同的订立:分别订立;合并订立】 | ★★★ | |
| | 第12条【多人保证责任的承担】 | ★ | |
| | 第31条【保证人的追偿权】 | ★ | |
| 企业破产法 | 第46条【破产时的债权期限与利息:未到期视为到期;停止计息】 | ★★★★★ | 0456 |
| 合同法 | 第205条【借款合同的利息支付义务】 | ★★★★ | 0791 |
| | 第206条【借款期限的认定】 | ★★★★ | |
| | 第207条【借款合同违约责任承担:支付利息】 | ★★★★ | |
| | 第107条【合同约束力:违约责任】 | ★★ | |
| | 第60条【合同履行的原则】 | ★ | |
| | 第196条【借款合同定义】 | ★ | |
| 物权法 | 第203条【最高额抵押规则】 | ★★★ | 0834 |
| | 第176条【混合担保规则】 | ★★ | |
| | 第179条【抵押权的界定】 | ★★ | |
| | 第187条【不动产抵押的登记要件主义】 | ★ | |
| | 第195条【抵押权实现的方式和程序】 | ★ | |

| 编号 | | 同时适用的法条 | 相关度 |
|---|---|---|---|
| 0929 | 担保法司法解释 | 第44条【人民法院受理债务人破产案件时债权人的权利;保证人对债权人申报债权后未受清偿的部分承担保证责任】 | ★ |
| 0961 | 收购、管理、处置国有银行不良贷款形成的资产案件规定 | 第2条【金融资产管理公司受让国有银行债权后诉讼主体的变更】 | ★ |

# 第十一章 法律责任

第125条【破产人的董事、监事或高级管理人员的民事责任和任职资格限制】 ★

企业董事、监事或者高级管理人员违反忠实义务、勤勉义务,致使所在企业破产的,依法承担民事责任。

有前款规定情形的人员,自破产程序终结之日起三年内不得担任任何企业的董事、监事、高级管理人员。

■ 主要适用的案由及其相关度

| 案由编号 | 主要适用的案由 | 相关度 |
|---|---|---|
| M8.23.284 | 损害债务人利益赔偿纠纷 | |

■ 同时适用的法条及其相关度

| 编号 | | 同时适用的法条 | 相关度 |
|---|---|---|---|
| 0085 | 公司法 | 第20条【禁止股东权利滥用;滥用股东权利的法律责任】 | |
| | | 第147条【董事、监事、高级管理人员的忠实义务和勤勉义务】 | |

| | 同时适用的法条 | 相关度 |
|---|---|---|
| 公司法 | 第149条【董事、监事、高级管理人员对于所造成的公司损害的赔偿责任】 | 0085 |

## 第126条【债务人有配合协助义务的有关人员拒不履行法定义务的法律责任】

有义务列席债权人会议的债务人的有关人员,经人民法院传唤,无正当理由拒不列席债权人会议的,人民法院可以拘传,并依法处以罚款。债务人的有关人员违反本法规定,拒不陈述、回答,或者作虚假陈述、回答的,人民法院可以依法处以罚款。①

## 第127条【破产债务人不移交、拒不提交或提交不真实材料或者伪造、销毁有关材料的法律责任】

债务人违反本法规定,拒不向人民法院提交或者提交不真实的财产状况说明、债务清册、债权清册、有关财务会计报告以及职工工资的支付情况和社会保险费用的缴纳情况的,人民法院可以对直接责任人员依法处以罚款。

债务人违反本法规定,拒不向管理人移交财产、印章和账簿、文书等资料的,或者伪造、销毁有关财产证据材料而使财产状况不明的,人民法院可以对直接责任人员依法处以罚款。②

## 第128条【债务人存在损害债权人利益的法定情形的破产债务人的法定代表人和其他直接责任人员的赔偿责任】 ★

债务人有本法第三十一条、第三十二条、第三十三条规定的行为,损害债权人利益的,债务人的法定代表人和其他直接责任人员依法承担赔偿责任。

■ 主要适用的案由及其相关度

| 案由编号 | 主要适用的案由 | 相关度 |
|---|---|---|
| M8.23.274 | 请求确认债务人行为无效纠纷 | |
| M8.23.284 | 损害债务人利益赔偿纠纷 | |

---

① 说明:本法条尚无足够数量判决书可供法律大数据分析。
② 说明:本法条尚无足够数量判决书可供法律大数据分析。

## 同时适用的法条及其相关度

| | | 同时适用的法条 | 相关度 |
|---|---|---|---|
| 企业破产法 | | 第16条【人民法院受理破产申请后破产债务人的个别清偿债务行为无效】 | |
| | | 第18条【破产申请受理后尚未履行完毕合同的处理;管理人决定解除合同或继续履行的权利;管理人决定继续履行合同的法律后果:管理人提供担保的义务】 | |
| | | 第32条【破产管理人对个别清偿的撤销权及其例外规定】 | |
| | | 第33条【涉及破产债务人财产的无效行为】 | |
| | | 第34条【破产管理人对债务人财产的追回权】 | |
| 企业破产法司法解释二 | | 第17条【管理人依据企业破产法第三十三条的规定提起诉讼的处理】 | |
| | | 第18条【管理人代表债务人依据企业破产法第一百二十八条的规定提起诉讼的处理】 | |

**第129条【破产债务人的有关人员擅自离开住所地的法律责任】**

债务人的有关人员违反本法规定,擅自离开住所地的,人民法院可以予以训诫、拘留,可以依法并处罚款。①

**第130条【破产管理人的忠实、勤勉义务和赔偿责任】** ★

管理人未依照本法规定勤勉尽责,忠实执行职务的,人民法院可以依法处以罚款;给债权人、债务人或者第三人造成损失的,依法承担赔偿责任。

## 主要适用的案由及其相关度

| 案由编号 | 主要适用的案由 | 相关度 |
|---|---|---|
| M4.10.120.15 | 物业服务合同纠纷 | |

---

① 说明:本法条尚无足够数量判决书可供法律大数据分析。

| 案由编号 | 主要适用的案由 | 相关度 |
|---|---|---|
| M8.23.285 | 管理人责任纠纷 | |
| M3.5.38 | 财产损害赔偿纠纷 | |
| M4.10.100.5 | 建设工程分包合同纠纷 | |

■ 同时适用的法条及其相关度

| | 同时适用的法条 | 相关度 | |
|---|---|---|---|
| 企业破产法 | 第18条【破产申请受理后尚未履行完毕合同的处理;管理人决定解除合同或继续履行的权利;管理人决定继续履行合同的法律后果:管理人提供担保的义务】 | | 0456 |
| | 第22条【破产管理人的产生、更换和报酬规定】 | | |
| | 第25条【破产管理人的职责】 | | |
| | 第27条【破产管理人勤勉忠实的义务】 | | |
| | 第53条【破产管理人或债务人依法解除合同时合同对方当事人的债权申报:以损害赔偿请求权申报】 | | |
| | 第57条【破产管理人债权表的编制义务以及利害关系人对债权表的查阅权】 | | |
| | 第58条【破产程序中债权表的核查和确认】 | | |
| 水法 | 第43条【国家对水工程实施保护】 | | 0884 |
| 民法通则 | 第5条【公民的合法权益受到保护】 | | 0812 |
| | 第106条【民事责任归责原则:违约责任,无过错责任原则;侵权责任,过错责任、无过错责任】 | | |
| | 第117条【侵害财产权的责任承担方式:返还财产、折价赔偿;恢复原状、折价赔偿;赔偿损失】 | | |
| 矿产资源法 | 第20条【禁止擅自开采矿产资源的地区】 | | 0872 |

|  | 同时适用的法条 | 相关度 |
|---|---|---|
| 0085 公司法 | 第185条【债权申报程序】 |  |
| | 第190条【公司破产及破产清算】 |  |
| 0982 对外委托司法鉴定规定 | 第11条【司法鉴定所涉及的专业未纳入名册时的处理】 |  |
| 0947 建设工程合同纠纷司法解释 | 第26条【建设施工纠纷实际施工人起诉被告的认定】 |  |

**第131条【违反企业破产法的刑事责任】**

违反本法规定,构成犯罪的,依法追究刑事责任。①

## 第十二章 附则

**第132条【破产法公布前的职工劳动债权可以优先于担保债权受偿的规定】** ★

本法施行后,破产人在本法公布之日前所欠职工的工资和医疗、伤残补助、抚恤费用,所欠的应当划入职工个人账户的基本养老保险、基本医疗保险费用,以及法律、行政法规规定应当支付给职工的补偿金,依照本法第一百一十三条的规定清偿后不足以清偿的部分,以本法第一百零九条规定的特定财产优先于对该特定财产享有担保权的权利人受偿。

■ 主要适用的案由及其相关度

| 案由编号 | 主要适用的案由 | 相关度 |
|---|---|---|
| M8.23.279.1 | 职工破产债权确认纠纷 |  |
| M6.17 | 劳动争议 |  |
| M4.10.91 | 抵押合同纠纷 |  |

---

① 说明:本法条尚无足够数量判决书可供法律大数据分析。

## 同时适用的法条及其相关度

| | 同时适用的法条 | 相关度 | |
|---|---|---|---|
| 企业破产法 | 第24条【破产管理人的任职条件与资格禁止】 | | 0456 |
| | 第48条【管理人接受债权申报；债务人所欠职工的各项费用不必进行破产债权申报】 | | |
| | 第109条【破产宣告后有担保的债权优先受偿的规定】 | | |
| | 第113条【破产债权的法定清偿顺序】 | | |
| 劳动合同法 | 第30条【用人单位的劳动报酬支付义务；劳动者申请支付令的条件】 | | 0849 |
| 劳动法 | 第72条【社会保险基金资金来源；强制缴纳社会保险费】 | | 0843 |
| 合同法 | 第81条【债权转让从权利一并转让】 | | 0791 |
| | 第94条【合同的法定解除；法定解除权】 | | |
| 立法法 | 第83条【部门规章和地方政府规章的制定程序】 | | 0885 |
| 担保法 | 第53条【抵押权的实现】 | | 0823 |
| 物权法 | 第170条【担保财产优先受偿：债务人不履行到期债务、发生约定的实现担保物权的情形】 | | 0834 |
| | 第182条【建筑物和相应的建设用地使用权一并抵押规则】 | | |
| | 第192条【抵押权的从属性】 | | |
| 劳动争议案件司法解释三 | 第1条【法院受理用人单位未办社保且社保机构不能补办而导致劳动者社保待遇损失的赔偿请求】 | | 0962 |

**第133条【破产法施行前国有企业破产特殊事宜的法律适用】**

在本法施行前国务院规定的期限和范围内的国有企业实施破产的特殊事宜，按照国务院有关规定办理。①

---

① 说明：本法条尚无足够数量判决书可供法律大数据分析。

## 第134条【金融机构的破产启动规则】 ★

商业银行、证券公司、保险公司等金融机构有本法第二条规定情形的,国务院金融监督管理机构可以向人民法院提出对该金融机构进行重整或者破产清算的申请。国务院金融监督管理机构依法对出现重大经营风险的金融机构采取接管、托管等措施的,可以向人民法院申请中止以该金融机构为被告或者被执行人的民事诉讼程序或者执行程序。

金融机构实施破产的,国务院可以依据本法和其他有关法律的规定制定实施办法。

■ 主要适用的案由及其相关度

| 案由编号 | 主要适用的案由 | 相关度 |
| --- | --- | --- |
| M8.23.280 | 取回权纠纷 | |

■ 同时适用的法条及其相关度

| | | 同时适用的法条 | 相关度 |
| --- | --- | --- | --- |
| 0791 | 合同法 | 第2条【合同法的调整对象;合同的定义】 | |
| 0456 | 企业破产法 | 第38条【债务人占有不属于债务人的财产时财产权利人的取回权】 | |
| 0937 | 买卖合同司法解释 | 第35条【所有权保留】 | |

## 第135条【其他组织破产清算参照适用企业破产法的规定】 ★

其他法律规定企业法人以外的组织的清算,属于破产清算的,参照适用本法规定的程序。

■ 主要适用的案由及其相关度

| 案由编号 | 主要适用的案由 | 相关度 |
| --- | --- | --- |
| M8.23.275 | 对外追收债权纠纷 | |
| M8.23.279 | 破产债权确认纠纷 | |

■ 同时适用的法条及其相关度

| | 同时适用的法条 | 相关度 | |
|---|---|---|---|
| 企业破产法 | 第2条【公司解散清算转破产;清算事务的移交】 | | 0456 |
| | 第25条【破产管理人的职责】 | | |
| | 第30条【破产程序中债务人财产范围的认定】 | | |
| | 第38条【债务人占有不属于债务人的财产时财产权利人的取回权】 | | |
| | 第58条【破产程序中债权表的核查和确认】 | | |
| | 第113条【破产债权的法定清偿顺序】 | | |
| 合同法 | 第60条【合同履行的原则】 | | 0791 |
| | 第61条【合同内容约定不明确的处理规则;合同漏洞的填补】 | | |
| | 第107条【合同约束力:违约责任】 | | |

第136条【企业破产法的实施日期】

本法自2007年6月1日起施行,《中华人民共和国企业破产法(试行)》同时废止。①

---

① 说明:本法条尚无足够数量判决书可供法律大数据分析。

# 中华人民共和国合伙企业法①

★★★★★

(1997年2月23日第八届全国人民代表大会常务委员会第二十四次会议通过,2006年8月27日第十届全国人民代表大会常务委员会第二十三次会议修订)

## 第一章 总则

### 第1条【合伙企业法立法目的】 ★

为了规范合伙企业的行为,保护合伙企业及其合伙人、债权人的合法权益,维护社会经济秩序,促进社会主义市场经济的发展,制定本法。

■ 主要适用的案由及其相关度

| 案由编号 | 主要适用的案由 | 相关度 |
| --- | --- | --- |
| M4.10.111 | 合伙协议纠纷 | |
| M4.10.122 | 劳务合同纠纷 | |
| M4.10.89.4 | 民间借贷纠纷 | |
| M8.22.268 | 退伙纠纷 | |
| M3.5.33 | 返还原物纠纷 | |
| M4.10 | 合同纠纷 | |

■ 同时适用的法条及其相关度

| | | 同时适用的法条 | 相关度 |
| --- | --- | --- | --- |
| 民法通则 | | 第1条【民法通则的立法目的】 | |
| | | 第5条【公民的合法权益受到保护】 | |
| | | 第35条【民事合伙的债务承担规则】 | |

---

① 简称《合伙企业法》。

|  | 同时适用的法条 | 相关度 | |
|---|---|---|---|
| 民法通则 | 第84条【债的界定】 | | 0812 |
| | 第108条【债务清偿:分期偿还、强制偿还】 | | |
| 合同法 | 第1条【合同法立法目的】 | | 0791 |
| | 第97条【合同解除的法律后果】 | | |
| 合伙企业法 | 第22条【合伙企业财产份额转让:通知义务、一票否定权】 | | 0606 |
| | 第36条【合伙企业的财务、会计制度】 | | |
| | 第52条【退伙人的合伙企业财产份额的退还办法】 | | |
| 物权法 | 第1条【物权法的立法目的】 | | 0834 |
| 民通意见 | 第1条【公民的民事权利能力自出生时开始:户籍证明、医院出具的出生证明、其他证明】 | | 0934 |

**第2条【合伙企业的类型:普通合伙企业、有限合伙企业】** ★★

本法所称合伙企业,是指自然人、法人和其他组织依照本法在中国境内设立的普通合伙企业和有限合伙企业。

普通合伙企业由普通合伙人组成,合伙人对合伙企业债务承担无限连带责任。本法对普通合伙人承担责任的形式有特别规定的,从其规定。

有限合伙企业由普通合伙人和有限合伙人组成,普通合伙人对合伙企业债务承担无限连带责任,有限合伙人以其认缴的出资额为限对合伙企业债务承担责任。

■ 主要适用的案由及其相关度

| 案由编号 | 主要适用的案由 | 相关度 |
|---|---|---|
| M4.10.74 | 买卖合同纠纷 | ★★★★★ |
| M5.14.142 | 著作权权属、侵权纠纷 | ★★★★ |
| M5.14.142.28 | 侵害计算机软件著作权纠纷 | ★ |
| M4.10.111 | 合伙协议纠纷 | ★★★ |
| M6.17.169.5 | 追索劳动报酬纠纷 | ★★★ |
| M4.10 | 合同纠纷 | ★ |

| 案由编号 | 主要适用的案由 | 相关度 |
|---|---|---|
| M4.10.99 | 承揽合同纠纷 | ★ |
| M4.10.89 | 借款合同纠纷 | ★ |
| M4.10.89.1 | 金融借款合同纠纷 | ★ |
| M4.10.89.4 | 民间借贷纠纷 | ★★★★ |
| M4.10.126 | 追偿权纠纷 | ★ |

■ 同时适用的法条及其相关度

| | | 同时适用的法条 | 相关度 |
|---|---|---|---|
| 合伙企业法 | | 第39条【合伙人的无限连带责任】 | ★★★★★ |
| | | 第38条【合伙企业债务清偿原则:以合伙企业财产优先清偿】 | ★★★ |
| | | 第26条【合伙事务的执行】 | ★ |
| | | 第37条【合伙企业对合伙人的内部限制不得对抗善意第三人】 | ★ |
| | | 第44条【新入伙合伙人的权利义务】 | ★ |
| | | 第53条【退伙人对合伙企业债务的承担规则】 | ★ |
| 合同法 | | 第107条【合同约束力:违约责任】 | ★★★★ |
| | | 第60条【合同履行的原则】 | ★★★ |
| | | 第159条【买受人应支付价款的数额认定】 | ★★★ |
| | | 第206条【借款期限的认定】 | ★★★ |
| | | 第109条【违约责任的承担:付款义务的继续履行】 | ★★ |
| | | 第161条【买受人支付价款的时间】 | ★★ |
| | | 第207条【借款合同违约责任承担:支付利息】 | ★★ |
| | | 第8条【合同约束力】 | ★ |
| | | 第44条【合同成立条件与时间】 | ★ |
| | | 第94条【合同的法定解除;法定解除权】 | ★ |
| | | 第114条【违约金的数额及其调整】 | ★ |

|  | 同时适用的法条 | 相关度 | |
|---|---|---|---|
| 合同法 | 第130条【买卖合同的定义】 | ★ | 0791 |
|  | 第205条【借款合同的利息支付义务】 | ★ |  |
|  | 第211条【自然人之间借款合同利息的规制】 | ★ |  |
| 著作权法 | 第48条【同时损害公共利益的侵犯著作权行为及其法律责任】 | ★★★ | 0830 |
|  | 第49条【侵犯著作权的赔偿责任标准】 | ★★★ |  |
|  | 第10条【著作权的内容】 | ★ |  |
|  | 第11条【著作权的一般归属:作者】 | ★ |  |
|  | 第47条【侵犯著作权的民事责任】 | ★ |  |
| 担保法 | 第18条【保证合同中连带责任的承担】 | ★★ | 0823 |
|  | 第12条【多人保证责任的承担】 | ★ |  |
|  | 第21条【保证担保的范围;没有约定、约定不明时的担保范围】 | ★ |  |
|  | 第31条【保证人的追偿权】 | ★ |  |
| 民法通则 | 第108条【债务清偿:分期偿还、强制偿还】 | ★★ | 0812 |
|  | 第118条【公民、法人的知识产权保护方式:停止侵害、消除影响、赔偿损失】 | ★★ |  |
|  | 第134条【侵权责任的主要承担方式】 | ★★ |  |
|  | 第35条【民事合伙的债务承担规则】 | ★ |  |
|  | 第84条【债的界定】 | ★ |  |
|  | 第90条【借贷关系】 | ★ |  |
| 著作权纠纷司法解释 | 第25条【侵犯著作权的赔偿责任标准】 | ★★★ | 0924 |
|  | 第26条【侵犯著作权的赔偿范围】 | ★★★ |  |
|  | 第19条【出版者、制作者和发行者、出租者对其合法授权与合法来源的举证责任】 | ★★ |  |
|  | 第8条【著作权纠纷证据的认定】 | ★ |  |

## 第3条【普通合伙人禁止主体】 ★

国有独资公司、国有企业、上市公司以及公益性的事业单位、社会团体不得成为普通合伙人。

■ 主要适用的案由及其相关度

| 案由编号 | 主要适用的案由 | 相关度 |
|---|---|---|
| M4.10.111 | 合伙协议纠纷 | |
| M4.10 | 合同纠纷 | |

■ 同时适用的法条及其相关度

| | | 同时适用的法条 | 相关度 |
|---|---|---|---|
| 0606 | 合伙企业法 | 第2条【合伙企业的类型:普通合伙企业、有限合伙企业】 | |
| 0812 | 民法通则 | 第30条【个人合伙】 | |
| | | 第31条【合伙协议】 | |
| | | 第32条【合伙财产的归属、管理和使用】 | |
| | | 第106条【民事责任归责原则:违约责任,无过错责任原则;侵权责任,过错责任、无过错责任】 | |

## 第4条【合伙协议的订立】 ★

合伙协议依法由全体合伙人协商一致、以书面形式订立。

■ 主要适用的案由及其相关度

| 案由编号 | 主要适用的案由 | 相关度 |
|---|---|---|
| M8.22.267 | 入伙纠纷 | ★★★★★ |
| M4.10.111 | 合伙协议纠纷 | ★★★★ |
| M4.10.74 | 买卖合同纠纷 | ★ |
| M8.22 | 合伙企业纠纷 | ★ |

■ 同时适用的法条及其相关度

| | 同时适用的法条 | 相关度 | |
|---|---|---|---|
| 合伙企业法 | 第14条【普通合伙企业设立条件】 | ★★★★★ | 0606 |
| | 第18条【合伙协议应载明的事项】 | ★★★★★ | |
| | 第43条【入伙条件】 | ★★★★★ | |
| | 第5条【订立合伙协议、设立合伙企业应当遵循的原则】 | ★★★ | |
| | 第2条【合伙企业的类型:普通合伙企业、有限合伙企业】 | ★★ | |
| | 第19条【合伙协议的效力规则】 | ★★ | |
| | 第51条【退伙结算】 | ★★ | |
| | 第52条【退伙人的合伙企业财产份额的退还办法】 | ★★ | |
| | 第11条【合伙企业成立日期】 | ★ | |
| | 第16条【合伙人出资及评估方式】 | ★ | |
| | 第20条【合伙企业的财产】 | ★ | |
| | 第26条【合伙事务的执行】 | ★ | |
| | 第33条【合伙企业利润分配与亏损分担规则】 | ★ | |
| | 第38条【合伙企业债务清偿原则:以合伙企业财产优先清偿】 | ★ | |
| | 第39条【合伙人的无限连带责任】 | ★ | |
| | 第44条【新入伙合伙人的权利义务】 | ★ | |
| | 第45条【合伙人退伙事由】 | ★ | |
| 民法通则 | 第30条【个人合伙】 | ★★ | 0812 |
| | 第31条【合伙协议】 | ★ | |
| | 第106条【民事责任归责原则:违约责任,无过错责任原则;侵权责任,过错责任、无过错责任】 | ★ | |

| | | 同时适用的法条 | 相关度 |
|---|---|---|---|
| 0791 | 合同法 | 第8条【合同约束力】 | ★ |
| | | 第60条【合同履行的原则】 | ★ |
| | | 第107条【合同约束力：违约责任】 | ★ |
| | | 第108条【预期违约责任】 | ★ |
| | | 第109条【违约责任的承担：付款义务的继续履行】 | ★ |
| | | 第130条【买卖合同的定义】 | ★ |
| 0929 | 担保法司法解释 | 第22条【保证合同的成立】 | ★ |

**第5条【订立合伙协议、设立合伙企业应当遵循的原则】** ★

订立合伙协议、设立合伙企业，应当遵循自愿、平等、公平、诚实信用原则。

■ 主要适用的案由及其相关度

| 案由编号 | 主要适用的案由 | 相关度 |
|---|---|---|
| M4.10.111 | 合伙协议纠纷 | |
| M8.22.267 | 入伙纠纷 | |
| M8.22.268 | 退伙纠纷 | |
| M8.22 | 合伙企业纠纷 | |

■ 同时适用的法条及其相关度

| | | 同时适用的法条 | 相关度 |
|---|---|---|---|
| 0606 | 合伙企业法 | 第2条【合伙企业的类型：普通合伙企业、有限合伙企业】 | |
| | | 第4条【合伙协议的订立】 | |
| | | 第7条【合伙企业及合伙人的义务】 | |
| | | 第8条【合法财产及权益受法律保护】 | |
| | | 第14条【普通合伙企业设立条件】 | |

| | 同时适用的法条 | 相关度 | |
|---|---|---|---|
| 合伙企业法 | 第16条【合伙人出资及评估方式】 | | 0606 |
| | 第19条【合伙协议的效力规则】 | | |
| | 第20条【合伙企业的财产】 | | |
| | 第26条【合伙事务的执行】 | | |
| | 第33条【合伙企业利润分配与亏损分担规则】 | | |
| | 第43条【入伙条件】 | | |
| | 第44条【新入伙合伙人的权利义务】 | | |
| | 第45条【合伙人退伙事由】 | | |
| | 第51条【退伙结算】 | | |
| | 第52条【退伙人的合伙企业财产份额的退还办法】 | | |
| | 第53条【退伙人对合伙企业债务的承担规则】 | | |
| 民法通则 | 第4条【民事活动的基本原则:自愿、公平、等价有偿、诚实信用】 | | 0812 |
| | 第5条【公民的合法权益受到保护】 | | |
| | 第30条【个人合伙】 | | |
| | 第31条【合伙协议】 | | |
| | 第35条【民事合伙的债务承担规则】 | | |
| | 第106条【民事责任归责原则:违约责任,无过错责任原则;侵权责任,过错责任、无过错责任】 | | |
| 合同法 | 第6条【诚实信用原则】 | | 0791 |
| | 第60条【合同履行的原则】 | | |
| | 第107条【合同约束力:违约责任】 | | |
| | 第108条【预期违约责任】 | | |
| 物权法 | 第34条【权利人的返还原物请求权】 | | 0834 |

|  |  | 同时适用的法条 | 相关度 |
|---|---|---|---|
| 0085 | 公司法 | 第32条【股东名册的载明事项和效力;股东名册的登记管理】 |  |
|  |  | 第33条【股东的知情权;股东查阅公司会计账册的权利及司法救济】 |  |
| 0929 | 担保法司法解释 | 第22条【保证合同的成立】 |  |
| 0934 | 民通意见 | 第1条【公民的民事权利能力自出生时开始:户籍证明、医院出具的出生证明、其他证明】 |  |
|  |  | 第52条【个人合伙中合伙人退伙及其赔偿责任】 |  |
|  |  | 第54条【个人合伙合伙人退伙时合伙财产的分割规定】 |  |
| 0933 | 婚姻法司法解释二 | 第24条【离婚时夫妻共同债务的清偿】 |  |

**第6条【合伙企业所得税缴纳规定】**

合伙企业的生产经营所得和其他所得,按照国家有关税收规定,由合伙人分别缴纳所得税。

■ 主要适用的案由及其相关度

| 案由编号 | 主要适用的案由 | 相关度 |
|---|---|---|
| M4.10.111 | 合伙协议纠纷 |  |

■ 同时适用的法条及其相关度

|  |  | 同时适用的法条 | 相关度 |
|---|---|---|---|
| 0606 | 合伙企业法 | 第33条【合伙企业利润分配与亏损分担规则】 |  |
|  |  | 第40条【合伙人的债务追偿权】 |  |
|  |  | 第53条【退伙人对合伙企业债务的承担规则】 |  |

**第7条【合伙企业及合伙人的义务】** ★

合伙企业及其合伙人必须遵守法律、行政法规,遵守社会公德、商业道德,承担社会责任。

■ 主要适用的案由及其相关度

| 案由编号 | 主要适用的案由 | 相关度 |
|---|---|---|
| M4.10.111 | 合伙协议纠纷 | |
| M4.10.74 | 买卖合同纠纷 | |

■ 同时适用的法条及其相关度

| | 同时适用的法条 | 相关度 | |
|---|---|---|---|
| 合伙企业法 | 第2条【合伙企业的类型:普通合伙企业、有限合伙企业】 | | 0606 |
| | 第4条【合伙协议的订立】 | | |
| | 第5条【订立合伙协议、设立合伙企业应当遵循的原则】 | | |
| | 第39条【合伙人的无限连带责任】 | | |
| 合同法 | 第6条【诚实信用原则】 | | 0791 |
| | 第60条【合同履行的原则】 | | |
| | 第107条【合同约束力:违约责任】 | | |
| | 第130条【买卖合同的定义】 | | |
| | 第159条【买受人应支付价款的数额认定】 | | |

## 第8条【合法财产及权益受法律保护】 ★

合伙企业及其合伙人的合法财产及其权益受法律保护。

■ 主要适用的案由及其相关度

| 案由编号 | 主要适用的案由 | 相关度 |
|---|---|---|
| M4.10.111 | 合伙协议纠纷 | |
| M8.20.228 | 企业出资人权益确认纠纷 | |
| M8.20.229 | 侵害企业出资人权益纠纷 | |
| M8.22.268 | 退伙纠纷 | |

| 案由编号 | 主要适用的案由 | 相关度 |
|---|---|---|
| M4.10.89.4 | 民间借贷纠纷 | |
| M10.43.422 | 案外人执行异议之诉 | |
| M3.5.33 | 返还原物纠纷 | |

■ 同时适用的法条及其相关度

| | | 同时适用的法条 | 相关度 |
|---|---|---|---|
| 0791 | 合同法 | 第6条【诚实信用原则】 | |
| | | 第8条【合同约束力】 | |
| | | 第52条【合同无效的情形】 | |
| | | 第109条【违约责任的承担:付款义务的继续履行】 | |
| | | 第112条【违约责任的承担:损失赔偿与其他责任的并存】 | |
| | | 第114条【违约金的数额及其调整】 | |
| 0606 | 合伙企业法 | 第2条【合伙企业的类型:普通合伙企业、有限合伙企业】 | |
| | | 第4条【合伙协议的订立】 | |
| | | 第5条【订立合伙协议、设立合伙企业应当遵循的原则】 | |
| | | 第14条【普通合伙企业设立条件】 | |
| | | 第19条【合伙协议的效力规则】 | |
| | | 第20条【合伙企业的财产】 | |
| | | 第21条【清算前合伙企业财产禁止分割;私自转移或处分合伙企业财产不得对抗善意第三人】 | |
| | | 第22条【合伙企业财产份额转让:通知义务、一票否定权】 | |
| | | 第33条【合伙企业利润分配与亏损分担规则】 | |
| | | 第42条【合伙人个人债务的清偿规则】 | |

|  | 同时适用的法条 | 相关度 | |
|---|---|---|---|
| 合伙企业法 | 第45条【合伙人退伙事由】 |  | 0606 |
|  | 第51条【退伙结算】 |  |  |
|  | 第52条【退伙人的合伙企业财产份额的退还办法】 |  |  |
|  | 第64条【有限合伙人出资形式；劳务出资禁止】 |  |  |
| 物权法 | 第33条【利害关系人的物权确认请求权】 |  | 0834 |
|  | 第65条【国家保护私人合法储蓄、投资和财产继承权等合法权益】 |  |  |
| 民法通则 | 第30条【个人合伙】 |  | 0812 |
|  | 第34条【合伙事务的执行】 |  |  |
|  | 第106条【民事责任归责原则：违约责任，无过错责任原则；侵权责任、过错责任、无过错责任】 |  |  |
| 中小企业促进法 | 第50条【中小企业权益保护的精神】 |  | 0883 |
|  | 第54条【中小企业权益保护的措施】 |  |  |
| 民通意见 | 第1条【公民的民事权利能力自出生时开始：户籍证明、医院出具的出生证明、其他证明】 |  | 0934 |

## 第9条【合伙企业设立登记及申请文件】 ★

申请设立合伙企业，应当向企业登记机关提交登记申请书、合伙协议书、合伙人身份证明等文件。

合伙企业的经营范围中有属于法律、行政法规规定在登记前须经批准的项目的，该项经营业务应当依法经过批准，并在登记时提交批准文件。

■ 主要适用的案由及其相关度

| 案由编号 | 主要适用的案由 | 相关度 |
|---|---|---|
| M4.10 | 合同纠纷 |  |
| M4.10.89.4 | 民间借贷纠纷 |  |
| M8.22 | 合伙企业纠纷 |  |
| M1.1.1 | 生命权、健康权、身体权纠纷 |  |

■ 同时适用的法条及其相关度

| | | 同时适用的法条 | 相关度 |
|---|---|---|---|
| 0812 | 民法通则 | 第30条【个人合伙】 | |
| | | 第32条【合伙财产的归属、管理和使用】 | |
| | | 第34条【合伙事务的执行】 | |
| | | 第35条【民事合伙的债务承担规则】 | |
| 0823 | 担保法 | 第40条【流质契约的绝对禁止】 | |
| 0834 | 物权法 | 第194条【抵押权人放弃抵押权或抵押权顺位的法律后果】 | |
| 0791 | 合同法 | 第200条【借款利息不得预先扣除；预先扣除后按实际数额计算借款额度】 | |
| | | 第206条【借款期限的认定】 | |
| | | 第210条【自然人之间借款合同的生效：提供借款时】 | |
| | | 第211条【自然人之间借款合同利息的规制】 | |
| 0606 | 合伙企业法 | 第2条【合伙企业的类型：普通合伙企业、有限合伙企业】 | |
| | | 第11条【合伙企业成立日期】 | |
| | | 第33条【合伙企业利润分配与亏损分担规则】 | |
| 0862 | 侵权责任法 | 第6条【过错责任原则；过错推定责任原则】 | |
| | | 第16条【人身损害赔偿项目：一般人身损害赔偿项目、伤残赔偿项目、死亡赔偿项目】 | |
| | | 第22条【侵害人身权益的精神损害赔偿】 | |
| | | 第26条【过失相抵：被侵权人过错】 | |
| 0902 | 合伙企业登记管理办法 | 第2条【合伙企业设立、变更、注销应当办理企业登记；申请人对申请材料真实性负责】 | |

| | 同时适用的法条 | 相关度 | |
|---|---|---|---|
| 人身损害赔偿司法解释 | 第17条【人身损害赔偿项目：一般人身损害赔偿项目、伤残赔偿项目、死亡赔偿项目】 | | 0953 |
| | 第19条【医疗费计算标准】 | | |
| | 第20条【误工费计算标准】 | | |
| | 第21条【人身损害赔偿：护理费计算】 | | |
| | 第22条【交通费计算标准】 | | |
| | 第23条【伙食费、住宿费计算标准】 | | |
| | 第24条【营养费计算标准】 | | |
| | 第25条【人身损害赔偿项目：残疾赔偿金计算标准】 | | |
| 合同法司法解释二 | 第21条【债务人的给付不足以清偿全部债务时的给付抵充顺序】 | | 0925 |

**第10条【企业登记机关审核程序】**

申请人提交的登记申请材料齐全、符合法定形式，企业登记机关能够当场登记的，应予当场登记，发给营业执照。

除前款规定情形外，企业登记机关应当自受理申请之日起二十日内，作出是否登记的决定。予以登记的，发给营业执照；不予登记的，应当给予书面答复，并说明理由。①

**第11条【合伙企业成立日期】** ★

合伙企业的营业执照签发日期，为合伙企业成立日期。

合伙企业领取营业执照前，合伙人不得以合伙企业名义从事合伙业务。

■ 主要适用的案由及其相关度

| 案由编号 | 主要适用的案由 | 相关度 |
|---|---|---|
| M4.10.111 | 合伙协议纠纷 | |

---

① 说明：本法条尚无足够数量判决书可供法律大数据分析。

| 案由编号 | 主要适用的案由 | 相关度 |
|---|---|---|
| M4.10.74 | 买卖合同纠纷 | |
| M4.10.89.4 | 民间借贷纠纷 | |
| M4.10.99 | 承揽合同纠纷 | |
| M8.22 | 合伙企业纠纷 | |
| M10.43.422 | 案外人执行异议之诉 | |

■ 同时适用的法条及其相关度

| | 同时适用的法条 | 相关度 |
|---|---|---|
| 合同法 | 第7条【公序良俗原则】 | |
| | 第8条【合同约束力】 | |
| | 第42条【缔约过失责任;合同订立过程中承担损害赔偿责任的情形】 | |
| | 第44条【合同成立条件与时间】 | |
| | 第60条【合同履行的原则】 | |
| | 第93条【合同的意定解除:协商一致;约定条件成就】 | |
| | 第97条【合同解除的法律后果】 | |
| | 第107条【合同约束力:违约责任】 | |
| | 第109条【违约责任的承担:付款义务的继续履行】 | |
| | 第117条【因不可抗力不能履行合同】 | |
| | 第130条【买卖合同的定义】 | |
| | 第200条【借款利息不得预先扣除;预先扣除后按实际数额计算借款额度】 | |
| | 第206条【借款期限的认定】 | |
| | 第210条【自然人之间借款合同的生效:提供借款时】 | |
| | 第211条【自然人之间借款合同利息的规制】 | |
| | 第251条【承揽合同的定义】 | |

|  | 同时适用的法条 | 相关度 |  |
|---|---|---|---|
| 合伙企业法 | 第2条【合伙企业的类型：普通合伙企业、有限合伙企业】 |  | 0606 |
|  | 第4条【合伙协议的订立】 |  |  |
|  | 第9条【合伙企业设立登记及申请文件】 |  |  |
|  | 第12条【合伙企业分支机构设立登记】 |  |  |
|  | 第13条【合伙企业登记事项的变更】 |  |  |
|  | 第14条【普通合伙企业设立条件】 |  |  |
|  | 第15条【企业名称中"普通合伙"字样标明义务】 |  |  |
|  | 第17条【合伙人出资的履行】 |  |  |
|  | 第18条【合伙协议应载明的事项】 |  |  |
|  | 第19条【合伙协议的效力规则】 |  |  |
|  | 第32条【合伙人竞业禁止；合伙人自我交易限制】 |  |  |
|  | 第62条【"有限合伙"字样标明义务】 |  |  |
| 物权法 | 第194条【抵押权人放弃抵押权或抵押权顺位的法律后果】 |  | 0834 |
| 担保法 | 第19条【保证方式不明时：连带责任担保】 |  | 0823 |
|  | 第26条【连带保证的保证期间】 |  |  |
|  | 第40条【流质契约的绝对禁止】 |  |  |
| 民法通则 | 第4条【民事活动的基本原则：自愿、公平、等价有偿、诚实信用】 |  | 0812 |
|  | 第30条【个人合伙】 |  |  |
|  | 第35条【民事合伙的债务承担规则】 |  |  |
| 合同法司法解释二 | 第21条【债务人的给付不足以清偿全部债务时的给付抵充顺序】 |  | 0925 |

**第12条【合伙企业分支机构设立登记】**

合伙企业设立分支机构，应当向分支机构所在地的企业登记机关申请登记，领取营业执照。

■ 主要适用的案由及其相关度

| 案由编号 | 主要适用的案由 | 相关度 |
|---|---|---|
| M10.43.422 | 案外人执行异议之诉 | |
| M8.20.229 | 侵害企业出资人权益纠纷 | |

■ 同时适用的法条及其相关度

| | 同时适用的法条 | 相关度 |
|---|---|---|
| 合伙企业法 | 第11条【合伙企业成立日期】 | |
| | 第19条【合伙协议的效力规则】 | |
| | 第76条【有限合伙人承担无限连带责任的特别情形】 | |

**第13条【合伙企业登记事项的变更】** ★

合伙企业登记事项发生变更的,执行合伙事务的合伙人应当自作出变更决定或者发生变更事由之日起十五日内,向企业登记机关申请办理变更登记。

第一节  合伙企业设立

■ 主要适用的案由及其相关度

| 案由编号 | 主要适用的案由 | 相关度 |
|---|---|---|
| M4.10.111 | 合伙协议纠纷 | |
| M8.22 | 合伙企业纠纷 | |
| M8.22.267 | 入伙纠纷 | |
| M8.22.269 | 合伙企业财产份额转让纠纷 | |
| M4.10.74 | 买卖合同纠纷 | |
| M4.10.89.4 | 民间借贷纠纷 | |

■ 同时适用的法条及其相关度

| | 同时适用的法条 | 相关度 | |
|---|---|---|---|
| 合同法 | 第8条【合同约束力】 | | 0791 |
| | 第44条【合同成立条件与时间】 | | |
| | 第52条【合同无效的情形】 | | |
| | 第56条【合同无效或被撤销的溯及力;部分无效不影响其他独立部分的效力】 | | |
| | 第60条【合同履行的原则】 | | |
| | 第107条【合同约束力:违约责任】 | | |
| | 第206条【借款期限的认定】 | | |
| 合伙企业法 | 第2条【合伙企业的类型:普通合伙企业、有限合伙企业】 | | 0606 |
| | 第4条【合伙协议的订立】 | | |
| | 第11条【合伙企业成立日期】 | | |
| | 第16条【合伙人出资及评估方式】 | | |
| | 第19条【合伙协议的效力规则】 | | |
| | 第22条【合伙企业财产份额转让:通知义务、一票否定权】 | | |
| | 第23条【合伙人的优先购买权】 | | |
| | 第24条【合伙人资格的继受取得:依法受让合伙企业的财产份额】 | | |
| | 第30条【合伙事务表决方式】 | | |
| | 第33条【合伙企业利润分配与亏损分担规则】 | | |
| | 第38条【合伙企业债务清偿原则:以合伙企业财产优先清偿】 | | |
| | 第39条【合伙人的无限连带责任】 | | |
| | 第43条【入伙条件】 | | |
| | 第44条【新入伙合伙人的权利义务】 | | |

|  | | 同时适用的法条 | 相关度 |
|---|---|---|---|
| 0606 | 合伙企业法 | 第49条【除名退伙情形;除名退伙时的通知义务;被除名人的异议权】 | |
| | | 第51条【退伙结算】 | |
| 0812 | 民法通则 | 第63条【代理的界定及不得代理的情形】 | |
| | | 第84条【债的界定】 | |
| | | 第108条【债务清偿:分期偿还、强制偿还】 | |
| 0902 | 合伙企业登记管理办法 | 第18条【申请变更登记的期限】 | |
| | | 第19条【合伙企业申请变更登记应提交的文件】 | |
| | | 第20条【当场变更登记;企业登记机关变更登记决定的作出和换发营业执照】 | |

## 第二章 普通合伙企业

### 第一节 合伙企业设立

**第14条【普通合伙企业设立条件】** ★

设立合伙企业,应当具备下列条件:

(一)有二个以上合伙人。合伙人为自然人的,应当具有完全民事行为能力;

(二)有书面合伙协议;

(三)有合伙人认缴或者实际缴付的出资;

(四)有合伙企业的名称和生产经营场所;

(五)法律、行政法规规定的其他条件。

■ 主要适用的案由及其相关度

| 案由编号 | 主要适用的案由 | 相关度 |
|---|---|---|
| M8.22.267 | 入伙纠纷 | ★★★★★ |
| M4.10.111 | 合伙协议纠纷 | ★★★ |
| M4.10.74 | 买卖合同纠纷 | ★ |

■ 同时适用的法条及其相关度

| | 同时适用的法条 | 相关度 | |
|---|---|---|---|
| 合伙企业法 | 第4条【合伙协议的订立】 | ★★★★★ | 0606 |
| | 第18条【合伙协议应载明的事项】 | ★★★★★ | |
| | 第43条【入伙条件】 | ★★★★★ | |
| | 第38条【合伙企业债务清偿原则:以合伙企业财产优先清偿】 | ★★ | |
| | 第2条【合伙企业的类型:普通合伙企业、有限合伙企业】 | ★ | |
| | 第11条【合伙企业成立日期】 | ★ | |
| | 第16条【合伙人出资及评估方式】 | ★ | |
| | 第21条【清算前合伙企业财产禁止分割;私自转移或处分合伙企业财产不得对抗善意第三人】 | ★ | |
| | 第39条【合伙人的无限连带责任】 | ★ | |
| 合同法 | 第60条【合同履行的原则】 | ★ | 0791 |
| | 第107条【合同约束力:违约责任】 | ★ | |
| | 第109条【违约责任的承担:付款义务的继续履行】 | ★ | |
| | 第130条【买卖合同的定义】 | ★ | |
| 民法通则 | 第30条【个人合伙】 | ★ | 0812 |
| | 第31条【合伙协议】 | ★ | |

**第15条【企业名称中"普通合伙"字样标明义务】** ★

合伙企业名称中应当标明"普通合伙"字样。

■ 主要适用的案由及其相关度

| 案由编号 | 主要适用的案由 | 相关度 |
|---|---|---|
| M4.10.100.3 | 建设工程施工合同纠纷 | |
| M4.10.111 | 合伙协议纠纷 | |
| M8.22 | 合伙企业纠纷 | |

■ 同时适用的法条及其相关度

| | | 同时适用的法条 | 相关度 |
|---|---|---|---|
| 0606 | 合伙企业法 | 第 2 条【合伙企业的类型:普通合伙企业、有限合伙企业】 | |
| | | 第 11 条【合伙企业成立日期】 | |
| | | 第 14 条【普通合伙企业设立条件】 | |
| | | 第 17 条【合伙人出资的履行】 | |
| | | 第 18 条【合伙协议应载明的事项】 | |
| | | 第 38 条【合伙企业债务清偿原则:以合伙企业财产优先清偿】 | |
| | | 第 62 条【"有限合伙"字样标明义务】 | |
| 0791 | 合同法 | 第 8 条【合同约束力】 | |
| | | 第 60 条【合同履行的原则】 | |
| | | 第 62 条【合同内容约定不明确的处理规则;合同漏洞的填补】 | |
| | | 第 93 条【合同的意定解除:协商一致;约定条件成就】 | |
| | | 第 97 条【合同解除的法律后果】 | |
| | | 第 269 条【建设工程合同的定义】 | |
| | | 第 286 条【承包人的建设工程优先受偿权】 | |
| 0947 | 建设工程合同纠纷司法解释 | 第 13 条【擅自使用未经竣工验收建设工程的法律后果:使用部分质量不符合约定、建设工程的合理使用寿命】 | |
| | | 第 16 条【建设工程的计价:工程量变化、质量标准变化】 | |
| | | 第 18 条【建设工程应付款时间】 | |

第 16 条【合伙人出资及评估方式】　　　　　　　　　★

合伙人可以用货币、实物、知识产权、土地使用权或者其他财产权利出资,也可以用劳务出资。

合伙人以实物、知识产权、土地使用权或者其他财产权利出资,需要评估作价的,可以由全体合伙人协商确定,也可以由全体合伙人委托法定评估机构评估。

合伙人以劳务出资的,其评估办法由全体合伙人协商确定,并在合伙协议中载明。

■ 主要适用的案由及其相关度

| 案由编号 | 主要适用的案由 | 相关度 |
|---|---|---|
| M4.10.111 | 合伙协议纠纷 | |
| M8.20.228 | 企业出资人权益确认纠纷 | |
| M2.3.25 | 法定继承纠纷 | |

■ 同时适用的法条及其相关度

| | 同时适用的法条 | 相关度 |
|---|---|---|
| 合伙企业法 | 第2条【合伙企业的类型:普通合伙企业、有限合伙企业】 | |
| | 第4条【合伙协议的订立】 | |
| | 第5条【订立合伙协议、设立合伙企业应当遵循的原则】 | |
| | 第13条【合伙企业登记事项的变更】 | |
| | 第14条【普通合伙企业设立条件】 | |
| | 第17条【合伙人出资的履行】 | |
| | 第19条【合伙协议的效力规则】 | |
| | 第20条【合伙企业的财产】 | |
| | 第21条【清算前合伙企业财产禁止分割;私自转移或处分合伙企业财产不得对抗善意第三人】 | |
| | 第26条【合伙事务的执行】 | |
| | 第32条【合伙人竞业禁止;合伙人自我交易限制】 | |
| | 第33条【合伙企业利润分配与亏损分担规则】 | |
| | 第43条【入伙条件】 | |

| | | 同时适用的法条 | 相关度 |
|---|---|---|---|
| 0812 | 民法通则 | 第4条【民事活动的基本原则:自愿、公平、等价有偿、诚实信用】 | |
| | | 第30条【个人合伙】 | |
| | | 第31条【合伙协议】 | |
| | | 第32条【合伙财产的归属、管理和使用】 | |
| | | 第35条【民事合伙的债务承担规则】 | |
| | | 第84条【债的界定】 | |
| | | 第111条【不履行合同义务的后果:继续履行;补救;赔偿损失】 | |
| 0791 | 合同法 | 第52条【合同无效的情形】 | |
| | | 第56条【合同无效或被撤销的溯及力;部分无效不影响其他独立部分的效力】 | |
| | | 第60条【合同履行的原则】 | |
| | | 第79条【债权人不得转让合同权利的情形】 | |
| | | 第98条【结算条款、清理条款效力的独立性】 | |
| | | 第107条【合同约束力:违约责任】 | |
| | | 第114条【违约金的数额及其调整】 | |
| 0859 | 继承法 | 第2条【继承开始】 | |
| | | 第3条【遗产范围】 | |
| 0823 | 担保法 | 第19条【保证方式不明时:连带责任担保】 | |
| 0742 | 个人独资企业法 | 第2条【个人独资企业的定义】 | |
| 0085 | 公司法 | 第26条【有限责任公司注册资本认缴制;注册资本特别规定】 | |
| 0934 | 民通意见 | 第1条【公民的民事权利能力自出生时开始:户籍证明、医院出具的出生证明、其他证明】 | |

第17条【合伙人出资的履行】　　　　　　　　　　★

合伙人应当按照合伙协议约定的出资方式、数额和缴付期限,履行出资义务。

以非货币财产出资的,依照法律、行政法规的规定,需要办理财产权转移手续的,应当依法办理。

■ 主要适用的案由及其相关度

| 案由编号 | 主要适用的案由 | 相关度 |
|---|---|---|
| M4.10.111 | 合伙协议纠纷 | |
| M8.22 | 合伙企业纠纷 | |
| M4.10 | 合同纠纷 | |
| M4.10.100 | 建设工程合同纠纷 | |

■ 同时适用的法条及其相关度

| | 同时适用的法条 | 相关度 |
|---|---|---|
| 合伙企业法 | 第4条【合伙协议的订立】 | |
| | 第11条【合伙企业成立日期】 | |
| | 第14条【普通合伙企业设立条件】 | |
| | 第15条【企业名称中"普通合伙"字样标明义务】 | |
| | 第16条【合伙人出资及评估方式】 | |
| | 第18条【合伙协议应载明的事项】 | |
| | 第19条【合伙协议的效力规则】 | |
| | 第20条【合伙企业的财产】 | |
| | 第21条【清算前合伙企业财产禁止分割;私自转移或处分合伙企业财产不得对抗善意第三人】 | |
| | 第22条【合伙企业财产份额转让:通知义务、一票否定权】 | |
| | 第26条【合伙事务的执行】 | |
| | 第32条【合伙人竞业禁止;合伙人自我交易限制】 | |

| | | 同时适用的法条 | 相关度 |
|---|---|---|---|
| 0606 | 合伙企业法 | 第33条【合伙企业利润分配与亏损分担规则】 | |
| | | 第45条【合伙人退伙事由】 | |
| | | 第49条【除名退伙情形;除名退伙时的通知义务;被除名人的异议权】 | |
| 0812 | 民法通则 | 第30条【个人合伙】 | |
| | | 第31条【合伙协议】 | |
| | | 第32条【合伙财产的归属、管理和使用】 | |
| | | 第34条【合伙事务的执行】 | |
| | | 第35条【民事合伙的债务承担规则】 | |
| | | 第84条【债的界定】 | |
| | | 第85条【合同的定义】 | |
| 0791 | 合同法 | 第8条【合同约束力】 | |
| | | 第44条【合同成立条件与时间】 | |
| | | 第60条【合同履行的原则】 | |
| | | 第79条【债权人不得转让合同权利的情形】 | |
| | | 第93条【合同的意定解除:协商一致;约定条件成就】 | |
| | | 第94条【合同的法定解除;法定解除权】 | |
| | | 第97条【合同解除的法律后果】 | |
| | | 第98条【结算条款、清理条款效力的独立性】 | |
| | | 第107条【合同约束力:违约责任】 | |
| | | 第205条【借款合同的利息支付义务】 | |
| | | 第207条【借款合同违约责任承担:支付利息】 | |
| | | 第269条【建设工程合同的定义】 | |
| 0834 | 物权法 | 第33条【利害关系人的物权确认请求权】 | |

| | 同时适用的法条 | 相关度 | |
|---|---|---|---|
| 建设工程合同纠纷司法解释 | 第1条【建设工程施工合同无效的情形】 | | 0947 |
| | 第2条【建设工程施工合同无效时承包人的付款请求权】 | | |
| 民通意见 | 第47条【民事合伙的债务承担规则】 | | 0934 |

## 第18条【合伙协议应载明的事项】 ★

合伙协议应当载明下列事项:

(一)合伙企业的名称和主要经营场所的地点;

(二)合伙目的和合伙经营范围;

(三)合伙人的姓名或者名称、住所;

(四)合伙人的出资方式、数额和缴付期限;

(五)利润分配、亏损分担方式;

(六)合伙事务的执行;

(七)入伙与退伙;

(八)争议解决办法;

(九)合伙企业的解散与清算;

(十)违约责任。

■ 主要适用的案由及其相关度

| 案由编号 | 主要适用的案由 | 相关度 |
|---|---|---|
| M8.22.267 | 入伙纠纷 | ★★★★★ |
| M4.10.111 | 合伙协议纠纷 | ★ |
| M4.10.89.4 | 民间借贷纠纷 | ★ |

■ 同时适用的法条及其相关度

| | 同时适用的法条 | 相关度 | |
|---|---|---|---|
| 合伙企业法 | 第4条【合伙协议的订立】 | ★★★★★ | 0606 |
| | 第14条【普通合伙企业设立条件】 | ★★★★★ | |
| | 第43条【入伙条件】 | ★★★★★ | |

|  | | 同时适用的法条 | 相关度 |
|---|---|---|---|
| 0606 | 合伙企业法 | 第17条【合伙人出资的履行】 | ★ |
|  |  | 第20条【合伙企业的财产】 | ★ |
|  |  | 第38条【合伙企业债务清偿原则:以合伙企业财产优先清偿】 | ★ |
|  |  | 第39条【合伙人的无限连带责任】 | ★ |
| 0812 | 民法通则 | 第30条【个人合伙】 | ★ |
|  |  | 第31条【合伙协议】 | ★ |
| 0959 | 审理民间借贷案件规定 | 第26条【民间借贷年利率的限定】 | ★ |

**第19条【合伙协议的效力规则】** ★

合伙协议经全体合伙人签名、盖章后生效。合伙人按照合伙协议享有权利,履行义务。

修改或者补充合伙协议,应当经全体合伙人一致同意;但是,合伙协议另有约定的除外。

合伙协议未约定或者约定不明确的事项,由合伙人协商决定;协商不成的,依照本法和其他有关法律、行政法规的规定处理。

■ 主要适用的案由及其相关度

| 案由编号 | 主要适用的案由 | 相关度 |
|---|---|---|
| M4.10.111 | 合伙协议纠纷 | ★★★★★ |
| M4.10.89.4 | 民间借贷纠纷 | ★ |
| M4.10 | 合同纠纷 | ★ |

■ 同时适用的法条及其相关度

| | 同时适用的法条 | 相关度 |
|---|---|---|
| 合伙企业法 | 第2条【合伙企业的类型:普通合伙企业、有限合伙企业】 | 0606 |
| | 第4条【合伙协议的订立】 | |
| | 第5条【订立合伙协议、设立合伙企业应当遵循的原则】 | |
| | 第8条【合法财产及权益受法律保护】 | |
| | 第11条【合伙企业成立日期】 | |
| | 第12条【合伙企业分支机构设立登记】 | |
| | 第13条【合伙企业登记事项的变更】 | |
| | 第14条【普通合伙企业设立条件】 | |
| | 第16条【合伙人出资及评估方式】 | |
| | 第17条【合伙人出资的履行】 | |
| | 第18条【合伙协议应载明的事项】 | |
| | 第20条【合伙企业的财产】 | |
| | 第21条【清算前合伙企业财产禁止分割;私自转移或处分合伙企业财产不得对抗善意第三人】 | |
| | 第22条【合伙企业财产份额转让:通知义务、一票否定权】 | |
| | 第26条【合伙事务的执行】 | |
| | 第27条【非执行合伙人的监督权】 | |
| | 第30条【合伙事务表决方式】 | |
| | 第31条【须经全体合伙人一致同意的事项】 | |
| | 第33条【合伙企业利润分配与亏损分担规则】 | |
| | 第37条【合伙企业对合伙人的内部限制不得对抗善意第三人】 | |

| | | 同时适用的法条 | 相关度 |
|---|---|---|---|
| 0606 | 合伙企业法 | 第38条【合伙企业债务清偿原则:以合伙企业财产优先清偿】 | |
| | | 第39条【合伙人的无限连带责任】 | |
| | | 第43条【入伙条件】 | |
| | | 第45条【合伙人退伙事由】 | |
| | | 第46条【合伙人自愿退伙的条件和通知义务】 | |
| | | 第47条【合伙人违法退伙的赔偿责任】 | |
| | | 第49条【除名退伙情形;除名退伙时的通知义务;被除名人的异议权】 | |
| | | 第51条【退伙结算】 | |
| | | 第52条【退伙人的合伙企业财产份额的退还办法】 | |
| 0791 | 合同法 | 第6条【诚实信用原则】 | |
| | | 第8条【合同约束力】 | |
| | | 第44条【合同成立条件与时间】 | |
| | | 第53条【合同中免责条款无效情形】 | |
| | | 第56条【合同无效或被撤销的溯及力;部分无效不影响其他独立部分的效力】 | |
| | | 第58条【合同无效或被撤销的法律后果】 | |
| | | 第60条【合同履行的原则】 | |
| | | 第91条【合同权利义务终止的法定情形】 | |
| | | 第93条【合同的意定解除:协商一致;约定条件成就】 | |
| | | 第94条【合同的法定解除;法定解除权】 | |
| | | 第97条【合同解除的法律后果】 | |
| | | 第107条【合同约束力:违约责任】 | |
| | | 第108条【预期违约责任】 | |
| | | 第109条【违约责任的承担:付款义务的继续履行】 | |

|  | 同时适用的法条 | 相关度 |  |
|---|---|---|---|
| 合同法 | 第114条【违约金的数额及其调整】 |  | 0791 |
|  | 第130条【买卖合同的定义】 |  |  |
|  | 第159条【买受人应支付价款的数额认定】 |  |  |
|  | 第161条【买受人支付价款的时间】 |  |  |
|  | 第196条【借款合同定义】 |  |  |
|  | 第205条【借款合同的利息支付义务】 |  |  |
|  | 第206条【借款期限的认定】 |  |  |
|  | 第207条【借款合同违约责任承担:支付利息】 |  |  |
|  | 第210条【自然人之间借款合同的生效:提供借款时】 |  |  |
| 民法通则 | 第4条【民事活动的基本原则:自愿、公平、等价有偿、诚实信用】 |  | 0812 |
|  | 第30条【个人合伙】 |  |  |
|  | 第31条【合伙协议】 |  |  |
|  | 第32条【合伙财产的归属、管理和使用】 |  |  |
|  | 第34条【合伙事务的执行】 |  |  |
|  | 第35条【民事合伙的债务承担规则】 |  |  |
|  | 第55条【民事法律行为的有效条件】 |  |  |
|  | 第56条【民事法律行为的形式】 |  |  |
|  | 第84条【债的界定】 |  |  |
|  | 第90条【借贷关系】 |  |  |
|  | 第106条【民事责任归责原则:违约责任,无过错责任原则;侵权责任,过错责任、无过错责任】 |  |  |
|  | 第108条【债务清偿:分期偿还、强制偿还】 |  |  |
|  | 第117条【侵害财产权的责任承担方式:返还财产、折价赔偿;恢复原状、折价赔偿;赔偿损失】 |  |  |
|  | 第134条【侵权责任的主要承担方式】 |  |  |

| | | 同时适用的法条 | 相关度 |
|---|---|---|---|
| 0812 | 民法通则 | 第135条【诉讼时效期间:两年】 | |
| | | 第137条【诉讼时效期间的起算日和最长保护期限】 | |
| | | 第140条【诉讼时效期间的中断】 | |
| 0887 | 公证法 | 第36条【公证的证据效力】 | |
| 0823 | 担保法 | 第18条【保证合同中连带责任的承担】 | |
| | | 第21条【保证担保的范围;没有约定、约定不明时的担保范围】 | |
| 0742 | 个人独资企业法 | 第2条【个人独资企业的定义】 | |
| 0834 | 物权法 | 第37条【侵害物权的民事责任竞合】 | |
| | | 第65条【国家保护私人合法储蓄、投资和财产继承权等合法权益】 | |
| | | 第66条【私人合法财产受法律保护】 | |
| 0085 | 公司法 | 第72条【有限责任公司股权强制转让中的优先购买权】 | |
| 0902 | 合伙企业登记管理办法 | 第19条【合伙企业申请变更登记应提交的文件】 | |
| 0925 | 合同法司法解释二 | 第29条【违约金的数额及其调整】 | |
| 0933 | 婚姻法司法解释二 | 第24条【离婚时夫妻共同债务的清偿】 | |

## 第二节 合伙企业财产

**第20条【合伙企业的财产】** ★

合伙人的出资、以合伙企业名义取得的收益和依法取得的其他财产,均为合伙企业的财产。

## ■ 主要适用的案由及其相关度

| 案由编号 | 主要适用的案由 | 相关度 |
|---|---|---|
| M4.10.111 | 合伙协议纠纷 | ★★★★★ |
| M3.5.33 | 返还原物纠纷 | ★ |
| M4.10 | 合同纠纷 | ★ |
| M8.20.228 | 企业出资人权益确认纠纷 | ★ |

## ■ 同时适用的法条及其相关度

| | 同时适用的法条 | 相关度 | |
|---|---|---|---|
| 合伙企业法 | 第21条【清算前合伙企业财产禁止分割;私自转移或处分合伙企业财产不得对抗善意第三人】 | ★★★★★ | 0606 |
| | 第17条【合伙人出资的履行】 | ★★ | |
| | 第22条【合伙企业财产份额转让:通知义务、一票否定权】 | ★★ | |
| | 第33条【合伙企业利润分配与亏损分担规则】 | ★★ | |
| | 第51条【退伙结算】 | ★★ | |
| | 第2条【合伙企业的类型:普通合伙企业、有限合伙企业】 | ★ | |
| | 第4条【合伙协议的订立】 | ★ | |
| | 第18条【合伙协议应载明的事项】 | ★ | |
| | 第19条【合伙协议的效力规则】 | ★ | |
| | 第26条【合伙事务的执行】 | ★ | |
| | 第52条【退伙人的合伙企业财产份额的退还办法】 | ★ | |
| 民法通则 | 第32条【合伙财产的归属、管理和使用】 | ★★★ | 0812 |
| | 第30条【个人合伙】 | ★★ | |
| | 第4条【民事活动的基本原则:自愿、公平、等价有偿、诚实信用】 | ★ | |
| | 第31条【合伙协议】 | ★ | |

| | 同时适用的法条 | 相关度 |
|---|---|---|
| 0791 合同法 | 第8条【合同约束力】 | ★★★ |
| | 第60条【合同履行的原则】 | ★★ |
| | 第107条【合同约束力:违约责任】 | ★ |

**第21条【清算前合伙企业财产禁止分割；私自转移或处分合伙企业财产不得对抗善意第三人】** ★

合伙人在合伙企业清算前，不得请求分割合伙企业的财产；但是，本法另有规定的除外。

合伙人在合伙企业清算前私自转移或者处分合伙企业财产的，合伙企业不得以此对抗善意第三人。

■ 主要适用的案由及其相关度

| 案由编号 | 主要适用的案由 | 相关度 |
|---|---|---|
| M4.10.111 | 合伙协议纠纷 | ★★★★★ |
| M4.10 | 合同纠纷 | ★ |
| M3.5.33 | 返还原物纠纷 | ★ |

■ 同时适用的法条及其相关度

| | 同时适用的法条 | 相关度 |
|---|---|---|
| 0606 合伙企业法 | 第20条【合伙企业的财产】 | ★★★★★ |
| | 第51条【退伙结算】 | ★★★ |
| | 第33条【合伙企业利润分配与亏损分担规则】 | ★★ |
| | 第2条【合伙企业的类型:普通合伙企业、有限合伙企业】 | ★ |
| | 第14条【普通合伙企业设立条件】 | ★ |
| | 第17条【合伙人出资的履行】 | ★ |
| | 第22条【合伙企业财产份额转让:通知义务、一票否定权】 | ★ |
| | 第26条【合伙事务的执行】 | ★ |

| | 同时适用的法条 | 相关度 | |
|---|---|---|---|
| 合伙企业法 | 第38条【合伙企业债务清偿原则:以合伙企业财产优先清偿】 | ★ | 0606 |
| | 第45条【合伙人退伙事由】 | ★ | |
| 民法通则 | 第30条【个人合伙】 | ★★★ | 0812 |
| | 第32条【合伙财产的归属、管理和使用】 | ★★★ | |
| | 第31条【合伙协议】 | ★ | |
| | 第34条【合伙事务的执行】 | ★ | |
| 合同法 | 第8条【合同约束力】 | ★★★ | 0791 |
| | 第60条【合同履行的原则】 | ★★★ | |
| | 第107条【合同约束力:违约责任】 | ★★ | |
| | 第44条【合同成立条件与时间】 | ★ | |
| | 第93条【合同的意定解除:协商一致;约定条件成就】 | ★ | |
| 民通意见 | 第1条【公民的民事权利能力自出生时开始:户籍证明、医院出具的出生证明、其他证明】 | ★ | 0934 |

**第22条【合伙企业财产份额转让:通知义务、一票否定权】** ★

除合伙协议另有约定外,合伙人向合伙人以外的人转让其在合伙企业中的全部或者部分财产份额时,须经其他合伙人一致同意。

合伙人之间转让在合伙企业中的全部或者部分财产份额时,应当通知其他合伙人。

■ 主要适用的案由及其相关度

| 案由编号 | 主要适用的案由 | 相关度 |
|---|---|---|
| M4.10.111 | 合伙协议纠纷 | ★★★★★ |
| M4.10.67 | 确认合同效力纠纷 | ★★ |
| M4.10.67.2 | 确认合同无效纠纷 | ★★ |
| M8.22.269 | 合伙企业财产份额转让纠纷 | ★★ |
| M8.21.249 | 股权转让纠纷 | ★ |

| 案由编号 | 主要适用的案由 | 相关度 |
|---|---|---|
| M4.10 | 合同纠纷 | ★ |
| M8.22.268 | 退伙纠纷 | ★ |
| M8.22 | 合伙企业纠纷 | ★ |
| M4.10.74 | 买卖合同纠纷 | ★ |
| M4.10.89.4 | 民间借贷纠纷 | ★ |

■ 同时适用的法条及其相关度

| | 同时适用的法条 | 相关度 |
|---|---|---|
| 合同法 | 第1条【合同法立法目的】 | |
| | 第6条【诚实信用原则】 | |
| | 第8条【合同约束力】 | |
| | 第9条【合同当事人资格:民事权利能力、民事行为能力;可委托代理人订立合同的规定】 | |
| | 第25条【合同成立时间:承诺生效】 | |
| | 第42条【缔约过失责任;合同订立过程中承担损害赔偿责任的情形】 | |
| | 第44条【合同成立条件与时间】 | |
| | 第49条【表见代理的构成及其效力】 | |
| | 第51条【无权处分合同的效力:经追认或取得处分权的有效】 | |
| | 第52条【合同无效的情形】 | |
| | 第54条【合同的变更和撤销】 | |
| | 第55条【撤销权消灭的法定情形】 | |
| | 第57条【争议解决条款的独立性;合同中有关解决争议方法的条款的效力不受合同无效或撤销、终止的影响】 | |
| | 第58条【合同无效或被撤销的法律后果】 | |

| | 同时适用的法条 | 相关度 | |
|---|---|---|---|
| 合同法 | 第60条【合同履行的原则】 | | 0791 |
| | 第64条【向第三人履行】 | | |
| | 第66条【同时履行抗辩权】 | | |
| | 第67条【后履行抗辩权】 | | |
| | 第68条【不安抗辩权】 | | |
| | 第79条【债权人不得转让合同权利的情形】 | | |
| | 第84条【合同义务转移;债务转移;债务承担】 | | |
| | 第97条【合同解除的法律后果】 | | |
| | 第107条【合同约束力;违约责任】 | | |
| | 第108条【预期违约责任】 | | |
| | 第109条【违约责任的承担:付款义务的继续履行】 | | |
| | 第112条【违约责任的承担:损失赔偿与其他责任的并存】 | | |
| | 第114条【违约金的数额及其调整】 | | |
| | 第124条【无名合同的法律适用】 | | |
| | 第196条【借款合同定义】 | | |
| | 第205条【借款合同的利息支付义务】 | | |
| | 第206条【借款期限的认定】 | | |
| 合伙企业法 | 第1条【合伙企业法立法目的】 | | 0606 |
| | 第2条【合伙企业的类型:普通合伙企业、有限合伙企业】 | | |
| | 第8条【合法财产及权益受法律保护】 | | |
| | 第13条【合伙企业登记事项的变更】 | | |
| | 第14条【普通合伙企业设立条件】 | | |
| | 第17条【合伙人出资的履行】 | | |
| | 第18条【合伙协议应载明的事项】 | | |

| | | 同时适用的法条 | 相关度 |
|---|---|---|---|
| 0606 | 合伙企业法 | 第19条【合伙协议的效力规则】 | |
| | | 第20条【合伙企业的财产】 | |
| | | 第21条【清算前合伙企业财产禁止分割；私自转移或处分合伙企业财产不得对抗善意第三人】 | |
| | | 第23条【合伙人的优先购买权】 | |
| | | 第24条【合伙人资格的继受取得：依法受让合伙企业的财产份额】 | |
| | | 第25条【合伙份额出质：其他合伙人一致同意；未经同意的无效】 | |
| | | 第26条【合伙事务的执行】 | |
| | | 第27条【非执行合伙人的监督权】 | |
| | | 第30条【合伙事务表决方式】 | |
| | | 第31条【须经全体合伙人一致同意的事项】 | |
| | | 第32条【合伙人竞业禁止；合伙人自我交易限制】 | |
| | | 第33条【合伙企业利润分配与亏损分担规则】 | |
| | | 第36条【合伙企业的财务、会计制度】 | |
| | | 第43条【入伙条件】 | |
| | | 第45条【合伙人退伙事由】 | |
| | | 第50条【合伙人死亡或被宣告死亡后其财产份额的处理】 | |
| | | 第51条【退伙结算】 | |
| | | 第52条【退伙人的合伙企业财产份额的退还办法】 | |
| 0812 | 民法通则 | 第4条【民事活动的基本原则：自愿、公平、等价有偿、诚实信用】 | |
| | | 第30条【个人合伙】 | |
| | | 第31条【合伙协议】 | |
| | | 第32条【合伙财产的归属、管理和使用】 | |

| | 同时适用的法条 | 相关度 | |
|---|---|---|---|
| 民法通则 | 第34条【合伙事务的执行】 | | 0812 |
| | 第63条【代理的界定及不得代理的情形】 | | |
| | 第72条【财产所有权取得应符合法律规定;动产所有权自交付时转移】 | | |
| | 第84条【债的界定】 | | |
| | 第90条【借贷关系】 | | |
| | 第106条【民事责任归责原则:违约责任,无过错责任原则;侵权责任,过错责任、无过错责任】 | | |
| | 第108条【债务清偿:分期偿还、强制偿还】 | | |
| | 第112条【违约金的计算方法:约定违约金数额、约定违约金计算方法;违约金过高、违约金过低】 | | |
| | 第115条【合同的变更或解除不影响损失赔偿责任】 | | |
| | 第134条【侵权责任的主要承担方式】 | | |
| 担保法 | 第18条【保证合同中连带责任的承担】 | | 0823 |
| | 第21条【保证担保的范围;没有约定、约定不明时的担保范围】 | | |
| 矿产资源法 | 第6条【探矿权、采矿权可以转让的情形】 | | 0872 |
| 探矿采矿权转让管理办法 | 第10条【探矿权、采矿权转让的程序】 | | 0906 |
| 合伙企业登记管理办法 | 第18条【申请变更登记的期限】 | | 0902 |
| | 第19条【合伙企业申请变更登记应提交的文件】 | | |
| | 第20条【当场变更登记;企业登记机关变更登记决定的作出和换发营业执照】 | | |
| 民通意见 | 第1条【公民的民事权利能力自出生时开始:户籍证明、医院出具的出生证明、其他证明】 | | 0934 |

| | | 同时适用的法条 | 相关度 |
|---|---|---|---|
| 0934 | 民通意见 | 第41条【起字号工商户的诉讼当事人的确立】 | |
| | | 第54条【个人合伙合伙人退伙时合伙财产的分割规定】 | |
| | | 第55条【合伙终止时合伙财产处理规则】 | |
| | | 第57条【民事合伙的债务承担规则】 | |
| 0933 | 婚姻法司法解释二 | 第24条【离婚时夫妻共同债务的清偿】 | |
| 0925 | 合同法司法解释二 | 第29条【违约金的数额及其调整】 | |
| 0968 | 合同法司法解释一 | 第9条【未办批准、登记手续的合同效力】 | |
| 0929 | 担保法司法解释 | 第19条【连带共同保证的认定】 | |
| | | 第20条【连带共同保证的责任承担】 | |
| 0915 | 公司法司法解释三 | 第24条【隐名股东与名义股东：投资权益归属、实际履行出资义务；变更登记】 | |

## 第23条【合伙人的优先购买权】 ★

合伙人向合伙人以外的人转让其在合伙企业中的财产份额的，在同等条件下，其他合伙人有优先购买权；但是，合伙协议另有约定的除外。

■ 主要适用的案由及其相关度

| 案由编号 | 主要适用的案由 | 相关度 |
|---|---|---|
| M4.10.111 | 合伙协议纠纷 | |
| M4.10.67.2 | 确认合同无效纠纷 | |
| M8.21.249 | 股权转让纠纷 | |
| M8.22.269 | 合伙企业财产份额转让纠纷 | |
| M8.22 | 合伙企业纠纷 | |
| M4.10.97 | 租赁合同纠纷 | |

■ 同时适用的法条及其相关度

| | 同时适用的法条 | 相关度 | |
|---|---|---|---|
| 合伙企业法 | 第2条【合伙企业的类型：普通合伙企业、有限合伙企业】 | | 0606 |
| | 第13条【合伙企业登记事项的变更】 | | |
| | 第20条【合伙企业的财产】 | | |
| | 第21条【清算前合伙企业财产禁止分割；私自转移或处分合伙企业财产不得对抗善意第三人】 | | |
| | 第22条【合伙企业财产份额转让：通知义务、一票否定权】 | | |
| | 第24条【合伙人资格的继受取得：依法受让合伙企业的财产份额】 | | |
| | 第45条【合伙人退伙事由】 | | |
| 合同法 | 第8条【合同约束力】 | | 0791 |
| | 第44条【合同成立条件与时间】 | | |
| | 第52条【合同无效的情形】 | | |
| | 第54条【合同的变更和撤销】 | | |
| | 第58条【合同无效或被撤销的法律后果】 | | |
| | 第60条【合同履行的原则】 | | |
| | 第97条【合同解除的法律后果】 | | |
| | 第107条【合同约束力：违约责任】 | | |
| | 第109条【违约责任的承担：付款义务的继续履行】 | | |
| | 第114条【违约金的数额及其调整】 | | |
| 矿产资源法 | 第6条【探矿权、采矿权可以转让的情形】 | | 0872 |
| 探矿采矿权转让管理办法 | 第10条【探矿权、采矿权转让的程序】 | | 0906 |

|  | 同时适用的法条 | 相关度 |
|---|---|---|
| 0925 合同法司法解释二 | 第 29 条【违约金的数额及其调整】 |  |
| 0968 合同法司法解释一 | 第 9 条【未办批准、登记手续的合同效力】 |  |

**第 24 条【合伙人资格的继受取得:依法受让合伙企业的财产份额】** ★

合伙人以外的人依法受让合伙人在合伙企业中的财产份额的,经修改合伙协议即成为合伙企业的合伙人,依照本法和修改后的合伙协议享有权利,履行义务。

■ 主要适用的案由及其相关度

| 案由编号 | 主要适用的案由 | 相关度 |
|---|---|---|
| M4.10.99 | 承揽合同纠纷 |  |
| M8.21.249 | 股权转让纠纷 |  |
| M4.10 | 合同纠纷 |  |
| M4.10.67 | 确认合同效力纠纷 |  |
| M8.22.269 | 合伙企业财产份额转让纠纷 |  |
| M10.43.422 | 案外人执行异议之诉 |  |
| M4.10.89.4 | 民间借贷纠纷 |  |
| M8.22 | 合伙企业纠纷 |  |
| M8.22.267 | 入伙纠纷 |  |

■ 同时适用的法条及其相关度

|  | 同时适用的法条 | 相关度 |
|---|---|---|
| 0606 合伙企业法 | 第 2 条【合伙企业的类型:普通合伙企业、有限合伙企业】 |  |
|  | 第 13 条【合伙企业登记事项的变更】 |  |
|  | 第 22 条【合伙企业财产份额转让:通知义务、一票否定权】 |  |

|  | 同时适用的法条 | 相关度 |
|---|---|---|
| 合伙企业法 | 第 23 条【合伙人的优先购买权】 | 0606 |
|  | 第 30 条【合伙事务表决方式】 |  |
|  | 第 33 条【合伙企业利润分配与亏损分担规则】 |  |
|  | 第 38 条【合伙企业债务清偿原则:以合伙企业财产优先清偿】 |  |
|  | 第 43 条【入伙条件】 |  |
|  | 第 44 条【新入伙合伙人的权利义务】 |  |
| 合同法 | 第 6 条【诚实信用原则】 | 0791 |
|  | 第 8 条【合同约束力】 |  |
|  | 第 44 条【合同成立条件与时间】 |  |
|  | 第 49 条【表见代理的构成及其效力】 |  |
|  | 第 54 条【合同的变更和撤销】 |  |
|  | 第 60 条【合同履行的原则】 |  |
|  | 第 93 条【合同的意定解除:协商一致;约定条件成就】 |  |
|  | 第 94 条【合同的法定解除;法定解除权】 |  |
|  | 第 97 条【合同解除的法律后果】 |  |
|  | 第 130 条【买卖合同的定义】 |  |
|  | 第 159 条【买受人应支付价款的数额认定】 |  |
|  | 第 205 条【借款合同的利息支付义务】 |  |
|  | 第 206 条【借款期限的认定】 |  |
|  | 第 207 条【借款合同违约责任承担:支付利息】 |  |
| 物权法 | 第 17 条【不动产权属证书与不动产登记簿的关系】 | 0834 |
|  | 第 30 条【因事实行为设立或者消灭物权的生效时间确定】 |  |
|  | 第 32 条【物权遭受侵害的救济途径】 |  |
|  | 第 39 条【所有权的内容】 |  |

| | | 同时适用的法条 | 相关度 |
|---|---|---|---|
| 0834 | 物权法 | 第106条【善意取得的构成条件】 | |
| | | 第208条【质权的概念与质权的实现;质押双方的概念】 | |
| | | 第229条【权利质权的法律适用】 | |
| 0812 | 民法通则 | 第63条【代理的界定及不得代理的情形】 | |
| 0912 | 民办非企业单位管理条例 | 第10条【民办非企业单位的章程应包括的事项】 | |
| | | 第15条【民办非企业单位登记事项的变更程序;民办非企业单位修改章程的程序】 | |
| 0902 | 合伙企业登记管理办法 | 第18条【申请变更登记的期限】 | |
| | | 第19条【合伙企业申请变更登记应提交的文件】 | |
| | | 第20条【当场变更登记;企业登记机关变更登记决定的作出和换发营业执照】 | |
| 0975 | 婚姻法司法解释一 | 第4条【补办结婚登记的婚姻关系效力的起算】 | |

**第25条【合伙份额出质:其他合伙人一致同意;未经同意的无效】** ★

合伙人以其在合伙企业中的财产份额出质的,须经其他合伙人一致同意;未经其他合伙人一致同意,其行为无效,由此给善意第三人造成损失的,由行为人依法承担赔偿责任。

## 第三节 合伙事务执行

■ 主要适用的案由及其相关度

| 案由编号 | 主要适用的案由 | 相关度 |
|---|---|---|
| M4.10.89.4 | 民间借贷纠纷 | |
| M4.10.74.1 | 分期付款买卖合同纠纷 | |
| M8.21.249 | 股权转让纠纷 | |
| M2.3.27 | 被继承人债务清偿纠纷 | |
| M4.10.111 | 合伙协议纠纷 | |

## ■ 同时适用的法条及其相关度

| | 同时适用的法条 | 相关度 | |
|---|---|---|---|
| 合伙企业法 | 第 2 条【合伙企业的类型：普通合伙企业、有限合伙企业】 | | 0606 |
| | 第 20 条【合伙企业的财产】 | | |
| | 第 22 条【合伙企业财产份额转让：通知义务、一票否定权】 | | |
| | 第 26 条【合伙事务的执行】 | | |
| | 第 28 条【执行事务合伙人的报告义务及执行收益的归属与费用承担；非执行合伙人的知情权】 | | |
| | 第 37 条【合伙企业对合伙人的内部限制不得对抗善意第三人】 | | |
| | 第 38 条【合伙企业债务清偿原则：以合伙企业财产优先清偿】 | | |
| | 第 39 条【合伙人的无限连带责任】 | | |
| 合同法 | 第 8 条【合同约束力】 | | 0791 |
| | 第 60 条【合同履行的原则】 | | |
| | 第 107 条【合同约束力：违约责任】 | | |
| | 第 114 条【违约金的数额及其调整】 | | |
| | 第 130 条【买卖合同的定义】 | | |
| | 第 205 条【借款合同的利息支付义务】 | | |
| | 第 206 条【借款期限的认定】 | | |
| | 第 210 条【自然人之间借款合同的生效：提供借款时】 | | |
| | 第 211 条【自然人之间借款合同利息的规制】 | | |
| 继承法 | 第 10 条【继承人范围及继承顺序】 | | 0859 |
| | 第 25 条【继承和遗赠的接受与放弃】 | | |
| | 第 33 条【继承遗产与清偿债务】 | | |

|  | | 同时适用的法条 | 相关度 |
|---|---|---|---|
| 0812 | 民法通则 | 第 31 条【合伙协议】 | |
| | | 第 32 条【合伙财产的归属、管理和使用】 | |
| | | 第 33 条【个人合伙字号】 | |
| | | 第 34 条【合伙事务的执行】 | |
| | | 第 84 条【债的界定】 | |
| | | 第 90 条【借贷关系】 | |
| | | 第 108 条【债务清偿：分期偿还、强制偿还】 | |
| 0823 | 担保法 | 第 6 条【保证的定义】 | |
| | | 第 18 条【保证合同中连带责任的承担】 | |
| | | 第 19 条【保证方式不明时：连带责任担保】 | |
| | | 第 21 条【保证担保的范围；没有约定、约定不明时的担保范围】 | |
| | | 第 26 条【连带保证的保证期间】 | |
| | | 第 31 条【保证人的追偿权】 | |
| | | 第 41 条【特殊财产的抵押物登记】 | |
| | | 第 42 条【办理抵押物登记的部门】 | |
| 0834 | 物权法 | 第 186 条【抵押权的禁止流押条款】 | |
| | | 第 211 条【流质契约的绝对禁止】 | |
| 0959 | 审理民间借贷案件规定 | 第 25 条【民间借贷合同中利息的确定】 | |
| | | 第 26 条【民间借贷年利率的限定】 | |
| 0933 | 婚姻法司法解释二 | 第 24 条【离婚时夫妻共同债务的清偿】 | |

## 第三节 合伙事务执行

### 第 26 条【合伙事务的执行】 ★

合伙人对执行合伙事务享有同等的权利。

按照合伙协议的约定或者经全体合伙人决定，可以委托一个或者数个合伙人对外代表合伙企业，执行合伙事务。

作为合伙人的法人、其他组织执行合伙事务的,由其委派的代表执行。

■ 主要适用的案由及其相关度

| 案由编号 | 主要适用的案由 | 相关度 |
|---|---|---|
| M4.10.74 | 买卖合同纠纷 | |
| M6.17.169.5 | 追索劳动报酬纠纷 | |
| M4.10.111 | 合伙协议纠纷 | |
| M4.10.122 | 劳务合同纠纷 | |
| M4.10.89.4 | 民间借贷纠纷 | |
| M4.10.99 | 承揽合同纠纷 | |
| M4.10.89.1 | 金融借款合同纠纷 | |
| M8.21.249 | 股权转让纠纷 | |
| M8.22 | 合伙企业纠纷 | |
| M4.10.67 | 确认合同效力纠纷 | |
| M4.10.67.2 | 确认合同无效纠纷 | |
| M4.10.120 | 服务合同纠纷 | |
| M1.1.1 | 生命权、健康权、身体权纠纷 | |
| M3.5.32.1 | 所有权确认纠纷 | |
| M4.10 | 合同纠纷 | |
| M4.10.100 | 建设工程合同纠纷 | |
| M4.10.100.3 | 建设工程施工合同纠纷 | |

■ 同时适用的法条及其相关度

| | 同时适用的法条 | 相关度 |
|---|---|---|
| 合伙企业法 | 第39条【合伙人的无限连带责任】 | ★★★★★ |
| | 第2条【合伙企业的类型:普通合伙企业、有限合伙企业】 | ★★★★ |
| | 第38条【合伙企业债务清偿原则:以合伙企业财产优先清偿】 | ★★★★ |

| | | 同时适用的法条 | 相关度 |
|---|---|---|---|
| 0606 | 合伙企业法 | 第37条【合伙企业对合伙人的内部限制不得对抗善意第三人】 | ★★★ |
| | | 第17条【合伙人出资的履行】 | ★★ |
| | | 第27条【非执行合伙人的监督权】 | ★★ |
| | | 第4条【合伙协议的订立】 | ★ |
| | | 第16条【合伙人出资及评估方式】 | ★ |
| | | 第19条【合伙协议的效力规则】 | ★ |
| | | 第20条【合伙企业的财产】 | ★ |
| | | 第21条【清算前合伙企业财产禁止分割;私自转移或处分合伙企业财产不得对抗善意第三人】 | ★ |
| | | 第22条【合伙企业财产份额转让:通知义务、一票否定权】 | ★ |
| | | 第28条【执行事务合伙人的报告义务及执行收益的归属与费用承担;非执行合伙人的知情权】 | ★ |
| | | 第31条【须经全体合伙人一致同意的事项】 | ★ |
| | | 第32条【合伙人竞业禁止;合伙人自我交易限制】 | ★ |
| | | 第33条【合伙企业利润分配与亏损分担规则】 | ★ |
| | | 第40条【合伙人的债务追偿权】 | ★ |
| 0791 | 合同法 | 第107条【合同约束力:违约责任】 | ★★★★ |
| | | 第60条【合同履行的原则】 | ★★★ |
| | | 第159条【买受人应支付价款的数额认定】 | ★★ |
| | | 第161条【买受人支付价款的时间】 | ★★ |
| | | 第206条【借款期限的认定】 | ★★ |
| | | 第207条【借款合同违约责任承担:支付利息】 | ★★ |
| | | 第8条【合同约束力】 | ★ |
| | | 第44条【合同成立条件与时间】 | ★ |
| | | 第80条【债权人转让债权的通知义务】 | ★ |

| | 同时适用的法条 | 相关度 | |
|---|---|---|---|
| 合同法 | 第109条【违约责任的承担:付款义务的继续履行】 | ★ | 0791 |
| | 第130条【买卖合同的定义】 | ★ | |
| | 第269条【建设工程合同的定义】 | ★ | |
| 民法通则 | 第30条【个人合伙】 | ★★★ | 0812 |
| | 第34条【合伙事务的执行】 | ★★ | |
| | 第35条【民事合伙的债务承担规则】 | ★★ | |
| | 第32条【合伙财产的归属、管理和使用】 | ★ | |
| | 第108条【债务清偿:分期偿还、强制偿还】 | ★ | |
| 劳动合同法 | 第30条【用人单位的劳动报酬支付义务;劳动者申请支付令的条件】 | ★★★ | 0849 |
| 劳动法 | 第50条【劳动者工资支付的法定形式】 | ★★ | 0843 |
| | 第3条【劳动者的权利和义务】 | ★ | |
| 建设工程合同纠纷司法解释 | 第1条【建设工程施工合同无效的情形】 | ★ | 0947 |
| | 第2条【建设工程施工合同无效时承包人的付款请求权】 | ★ | |

**第27条【非执行合伙人的监督权】** ★

依照本法第二十六条第二款规定委托一个或者数个合伙人执行合伙事务的,其他合伙人不再执行合伙事务。

不执行合伙事务的合伙人有权监督执行事务合伙人执行合伙事务的情况。

■ 主要适用的案由及其相关度

| 案由编号 | 主要适用的案由 | 相关度 |
|---|---|---|
| M4.10.111 | 合伙协议纠纷 | |
| M4.10.89.4 | 民间借贷纠纷 | |
| M8.22 | 合伙企业纠纷 | |
| M8.22.268 | 退伙纠纷 | |

| 案由编号 | 主要适用的案由 | 相关度 |
|---|---|---|
| M9.30 | 侵权责任纠纷 | |
| M4.10.67 | 确认合同效力纠纷 | |
| M4.10.67.2 | 确认合同无效纠纷 | |
| M4.10.74 | 买卖合同纠纷 | |

■ 同时适用的法条及其相关度

| | 同时适用的法条 | 相关度 |
|---|---|---|
| 合伙企业法 | 第2条【合伙企业的类型:普通合伙企业、有限合伙企业】 | |
| | 第14条【普通合伙企业设立条件】 | |
| | 第19条【合伙协议的效力规则】 | |
| | 第22条【合伙企业财产份额转让:通知义务、一票否定权】 | |
| | 第26条【合伙事务的执行】 | |
| | 第28条【执行事务合伙人的报告义务及执行收益的归属与费用承担;非执行合伙人的知情权】 | |
| | 第30条【合伙事务表决方式】 | |
| | 第32条【合伙人竞业禁止;合伙人自我交易限制】 | |
| | 第37条【合伙企业对合伙人的内部限制不得对抗善意第三人】 | |
| | 第38条【合伙企业债务清偿原则:以合伙企业财产优先清偿】 | |
| | 第39条【合伙人的无限连带责任】 | |
| | 第45条【合伙人退伙事由】 | |
| | 第51条【退伙结算】 | |
| | 第52条【退伙人的合伙企业财产份额的退还办法】 | |

| | 同时适用的法条 | 相关度 | |
|---|---|---|---|
| 合同法 | 第8条【合同约束力】 | | 0791 |
| | 第9条【合同当事人资格:民事权利能力、民事行为能力;可委托代理人订立合同的规定】 | | |
| | 第44条【合同成立条件与时间】 | | |
| | 第52条【合同无效的情形】 | | |
| | 第54条【合同的变更和撤销】 | | |
| | 第56条【合同无效或被撤销的溯及力;部分无效不影响其他独立部分的效力】 | | |
| | 第57条【争议解决条款的独立性;合同中有关解决争议方法的条款的效力不受合同无效或撤销、终止的影响】 | | |
| | 第60条【合同履行的原则】 | | |
| | 第66条【同时履行抗辩权】 | | |
| | 第68条【不安抗辩权】 | | |
| | 第107条【合同约束力:违约责任】 | | |
| | 第134条【所有权保留】 | | |
| | 第159条【买受人应支付价款的数额认定】 | | |
| | 第174条【买卖合同准用于有偿合同;有偿合同参照买卖合同】 | | |
| | 第206条【借款期限的认定】 | | |
| | 第210条【自然人之间借款合同的生效:提供借款时】 | | |
| | 第211条【自然人之间借款合同利息的规制】 | | |
| 民法通则 | 第30条【个人合伙】 | | 0812 |
| | 第86条【数人债权债务:按份分享权利、按份分担义务】 | | |
| | 第108条【债务清偿:分期偿还、强制偿还】 | | |

|  | | 同时适用的法条 | 相关度 |
|---|---|---|---|
| 0934 | 民通意见 | 第1条【公民的民事权利能力自出生时开始:户籍证明、医院出具的出生证明、其他证明】 | |
| 0937 | 买卖合同司法解释 | 第36条【出卖人不能取回标的物的情形:买受人已经支付标的物总价款的百分之七十五以上、第三人善意取得】 | |
| | | 第45条【债权转让、股权转让等权利转让合同参照适用买卖合同的规定】 | |
| 0929 | 担保法司法解释 | 第57条【流质契约的绝对禁止】 | |

第28条【执行事务合伙人的报告义务及执行收益的归属与费用承担;非执行合伙人的知情权】　　★

由一个或者数个合伙人执行合伙事务的,执行事务合伙人应当定期向其他合伙人报告事务执行情况以及合伙企业的经营和财务状况,其执行合伙事务所产生的收益归合伙企业,所产生的费用和亏损由合伙企业承担。

合伙人为了解合伙企业的经营状况和财务状况,有权查阅合伙企业会计账簿等财务资料。

■ 主要适用的案由及其相关度

| 案由编号 | 主要适用的案由 | 相关度 |
|---|---|---|
| M4.10.111 | 合伙协议纠纷 | |
| M4.10.74 | 买卖合同纠纷 | |
| M4.10.74.1 | 分期付款买卖合同纠纷 | |
| M8.22 | 合伙企业纠纷 | |
| M8.22.268 | 退伙纠纷 | |
| M3.5 | 物权保护纠纷 | |
| M4.10.100.3 | 建设工程施工合同纠纷 | |
| M8.21.247 | 股东知情权纠纷 | |

### 同时适用的法条及其相关度

| | 同时适用的法条 | 相关度 | |
|---|---|---|---|
| 合同法 | 第60条【合同履行的原则】 | | 0791 |
| | 第107条【合同约束力:违约责任】 | | |
| | 第109条【违约责任的承担:付款义务的继续履行】 | | |
| | 第130条【买卖合同的定义】 | | |
| | 第159条【买受人应支付价款的数额认定】 | | |
| | 第161条【买受人支付价款的时间】 | | |
| 合伙企业法 | 第2条【合伙企业的类型:普通合伙企业、有限合伙企业】 | | 0606 |
| | 第14条【普通合伙企业设立条件】 | | |
| | 第20条【合伙企业的财产】 | | |
| | 第21条【清算前合伙企业财产禁止分割;私自转移或处分合伙企业财产不得对抗善意第三人】 | | |
| | 第25条【合伙份额出质:其他合伙人一致同意;未经同意的无效】 | | |
| | 第26条【合伙事务的执行】 | | |
| | 第27条【非执行合伙人的监督权】 | | |
| | 第29条【合伙人的异议权和撤销委托权】 | | |
| | 第30条【合伙事务表决方式】 | | |
| | 第33条【合伙企业利润分配与亏损分担规则】 | | |
| | 第37条【合伙企业对合伙人的内部限制不得对抗善意第三人】 | | |
| | 第38条【合伙企业债务清偿原则:以合伙企业财产优先清偿】 | | |
| | 第39条【合伙人的无限连带责任】 | | |
| | 第45条【合伙人退伙事由】 | | |
| | 第51条【退伙结算】 | | |

| | | 同时适用的法条 | 相关度 |
|---|---|---|---|
| 0606 | 合伙企业法 | 第52条【退伙人的合伙企业财产份额的退还办法】 | |
| | | 第58条【特殊普通合伙企业的内部赔偿规定】 | |
| 0812 | 民法通则 | 第5条【公民的合法权益受到保护】 | |
| | | 第43条【企业法人对其机构的活动承担民事责任】 | |
| | | 第65条【委托代理的形式;授权委托书的内容;委托书授权不明时的责任承担方式:被代理人与代理人承担连带责任】 | |
| | | 第111条【不履行合同义务的后果;继续履行;补救;赔偿损失】 | |
| | | 第134条【侵权责任的主要承担方式】 | |
| | | 第135条【诉讼时效期间:两年】 | |
| 0834 | 物权法 | 第32条【物权遭受侵害的救济途径】 | |

**第29条【合伙人的异议权和撤销委托权】** ★

合伙人分别执行合伙事务的,执行事务合伙人可以对其他合伙人执行的事务提出异议。提出异议时,应当暂停该项事务的执行。如果发生争议,依照本法第三十条规定作出决定。

受委托执行合伙事务的合伙人不按照合伙协议或者全体合伙人的决定执行事务的,其他合伙人可以决定撤销该委托。

■ 主要适用的案由及其相关度

| 案由编号 | 主要适用的案由 | 相关度 |
|---|---|---|
| M4.10.111 | 合伙协议纠纷 | |

■ 同时适用的法条及其相关度

| | | 同时适用的法条 | 相关度 |
|---|---|---|---|
| 0606 | 合伙企业法 | 第28条【执行事务合伙人的报告义务及执行收益的归属与费用承担;非执行合伙人的知情权】 | |
| | | 第30条【合伙事务表决方式】 | |

| | 同时适用的法条 | 相关度 | |
|---|---|---|---|
| 民法通则 | 第134条【侵权责任的主要承担方式】 | | 0812 |

### 第30条【合伙事务表决方式】 ★

合伙人对合伙企业有关事项作出决议,按照合伙协议约定的表决办法办理。合伙协议未约定或者约定不明确的,实行合伙人一人一票并经全体合伙人过半数通过的表决办法。

本法对合伙企业的表决办法另有规定的,从其规定。

■ 主要适用的案由及其相关度

| 案由编号 | 主要适用的案由 | 相关度 |
|---|---|---|
| M4.10.111 | 合伙协议纠纷 | |
| M8.22 | 合伙企业纠纷 | |
| M9.30 | 侵权责任纠纷 | |
| M3.5.38 | 财产损害赔偿纠纷 | |

■ 同时适用的法条及其相关度

| | 同时适用的法条 | 相关度 | |
|---|---|---|---|
| 合同法 | 第8条【合同约束力】 | | 0791 |
| | 第60条【合同履行的原则】 | | |
| | 第94条【合同的法定解除;法定解除权】 | | |
| | 第97条【合同解除的法律后果】 | | |
| | 第107条【合同约束力:违约责任】 | | |
| | 第108条【预期违约责任】 | | |
| 合伙企业法 | 第4条【合伙协议的订立】 | | 0606 |
| | 第13条【合伙企业登记事项的变更】 | | |
| | 第19条【合伙协议的效力规则】 | | |
| | 第22条【合伙企业财产份额转让:通知义务、一票否定权】 | | |

| | | 同时适用的法条 | 相关度 |
|---|---|---|---|
| 0606 | 合伙企业法 | 第24条【合伙人资格的继受取得：依法受让合伙企业的财产份额】 | |
| | | 第26条【合伙事务的执行】 | |
| | | 第27条【非执行合伙人的监督权】 | |
| | | 第28条【执行事务合伙人的报告义务及执行收益的归属与费用承担；非执行合伙人的知情权】 | |
| | | 第29条【合伙人的异议权和撤销委托权】 | |
| | | 第31条【须经全体合伙人一致同意的事项】 | |
| | | 第32条【合伙人竞业禁止；合伙人自我交易限制】 | |
| | | 第33条【合伙企业利润分配与亏损分担规则】 | |
| | | 第34条【合伙人增减出资的规定】 | |
| | | 第45条【合伙人退伙事由】 | |
| | | 第47条【合伙人违法退伙的赔偿责任】 | |
| | | 第49条【除名退伙情形；除名退伙时的通知义务；被除名人的异议权】 | |
| 0812 | 民法通则 | 第30条【个人合伙】 | |
| | | 第31条【合伙协议】 | |
| | | 第32条【合伙财产的归属、管理和使用】 | |
| | | 第34条【合伙事务的执行】 | |
| | | 第63条【代理的界定及不得代理的情形】 | |
| | | 第84条【债的界定】 | |
| | | 第134条【侵权责任的主要承担方式】 | |
| 0862 | 侵权责任法 | 第8条【共同实施侵权行为人的连带责任】 | |
| | | 第20条【侵害人身造成财产损失的计算方式】 | |
| 0902 | 合伙企业登记管理办法 | 第18条【申请变更登记的期限】 | |
| | | 第19条【合伙企业申请变更登记应提交的文件】 | |
| | | 第20条【当场变更登记；企业登记机关变更登记决定的作出和换发营业执照】 | |

| | 同时适用的法条 | 相关度 |
|---|---|---|
| 民通意见 | 第52条【个人合伙中合伙人退伙及其赔偿责任】 | 0934 |
| | 第54条【个人合伙合伙人退伙时合伙财产的分割规定】 | |
| | 第55条【合伙终止时合伙财产处理规则】 | |

## 第31条【须经全体合伙人一致同意的事项】 ★

除合伙协议另有约定外,合伙企业的下列事项应当经全体合伙人一致同意：

（一）改变合伙企业的名称；

（二）改变合伙企业的经营范围、主要经营场所的地点；

（三）处分合伙企业的不动产；

（四）转让或者处分合伙企业的知识产权和其他财产权利；

（五）以合伙企业名义为他人提供担保；

（六）聘任合伙人以外的人担任合伙企业的经营管理人员。

■ 主要适用的案由及其相关度

| 案由编号 | 主要适用的案由 | 相关度 |
|---|---|---|
| M4.10.111 | 合伙协议纠纷 | |
| M4.10.122 | 劳务合同纠纷 | |
| M4.10.89.1 | 金融借款合同纠纷 | |
| M4.10.89.4 | 民间借贷纠纷 | |
| M4.10.90 | 保证合同纠纷 | |
| M8.22.269 | 合伙企业财产份额转让纠纷 | |
| M4.10.67 | 确认合同效力纠纷 | |
| M4.10.67.2 | 确认合同无效纠纷 | |
| M4.10.70 | 债权转让合同纠纷 | |
| M4.10.74 | 买卖合同纠纷 | |
| M4.10 | 合同纠纷 | |

■ 同时适用的法条及其相关度

| | | 同时适用的法条 | 相关度 |
|---|---|---|---|
| 合同法 | | 第 2 条【合同法的调整对象；合同的定义】 | |
| | | 第 8 条【合同约束力】 | |
| | | 第 44 条【合同成立条件与时间】 | |
| | | 第 49 条【表见代理的构成及其效力】 | |
| | | 第 51 条【无权处分合同的效力：经追认或取得处分权的有效】 | |
| | | 第 52 条【合同无效的情形】 | |
| | | 第 53 条【合同中免责条款无效情形】 | |
| | | 第 60 条【合同履行的原则】 | |
| | | 第 79 条【债权人不得转让合同权利的情形】 | |
| | | 第 82 条【债务抗辩转移】 | |
| | | 第 93 条【合同的意定解除：协商一致；约定条件成就】 | |
| | | 第 94 条【合同的法定解除；法定解除权】 | |
| | | 第 96 条【合同解除权的行使规则】 | |
| | | 第 97 条【合同解除的法律后果】 | |
| | | 第 107 条【合同约束力：违约责任】 | |
| | | 第 108 条【预期违约责任】 | |
| | | 第 109 条【违约责任的承担：付款义务的继续履行】 | |
| | | 第 196 条【借款合同定义】 | |
| | | 第 197 条【借款合同的形式和内容】 | |
| | | 第 198 条【借款合同中的担保及法律适用】 | |
| | | 第 205 条【借款合同的利息支付义务】 | |
| | | 第 206 条【借款期限的认定】 | |
| | | 第 207 条【借款合同违约责任承担：支付利息】 | |
| | | 第 211 条【自然人之间借款合同利息的规制】 | |

| | 同时适用的法条 | 相关度 | |
|---|---|---|---|
| 民法通则 | 第30条【个人合伙】 | | 0812 |
| | 第32条【合伙财产的归属、管理和使用】 | | |
| | 第34条【合伙事务的执行】 | | |
| | 第35条【民事合伙的债务承担规则】 | | |
| | 第58条【民事行为无效的法定情形】 | | |
| | 第84条【债的界定】 | | |
| | 第108条【债务清偿:分期偿还、强制偿还】 | | |
| | 第135条【诉讼时效期间:两年】 | | |
| | 第137条【诉讼时效期间的起算日和最长保护期限】 | | |
| 担保法 | 第6条【保证的定义】 | | 0823 |
| | 第7条【保证人的资格:具有代为清偿债务能力】 | | |
| | 第12条【多人保证责任的承担】 | | |
| | 第13条【保证合同的形式:书面形式】 | | |
| | 第14条【保证合同的订立:分别订立;合并订立】 | | |
| | 第18条【保证合同中连带责任的承担】 | | |
| | 第19条【保证方式不明时:连带责任担保】 | | |
| | 第21条【保证担保的范围;没有约定、约定不明时的担保范围】 | | |
| | 第22条【主债权转让时保证人的保证责任】 | | |
| | 第26条【连带保证的保证期间】 | | |
| | 第31条【保证人的追偿权】 | | |
| | 第34条【可抵押财产的范围】 | | |
| | 第35条【禁止超额抵押:担保的债权不得超出抵押物的价值、财产价值大于担保债权的以余额部分为限可再次抵押】 | | |

| | | 同时适用的法条 | 相关度 |
|---|---|---|---|
| 0823 | 担保法 | 第41条【特殊财产的抵押物登记】 | |
| | | 第42条【办理抵押物登记的部门】 | |
| | | 第46条【抵押担保的范围】 | |
| | | 第59条【最高额抵押的定义】 | |
| 0606 | 合伙企业法 | 第14条【普通合伙企业设立条件】 | |
| | | 第19条【合伙协议的效力规则】 | |
| | | 第20条【合伙企业的财产】 | |
| | | 第22条【合伙企业财产份额转让：通知义务、一票否定权】 | |
| | | 第26条【合伙事务的执行】 | |
| | | 第30条【合伙事务表决方式】 | |
| | | 第32条【合伙人竞业禁止；合伙人自我交易限制】 | |
| | | 第33条【合伙企业利润分配与亏损分担规则】 | |
| | | 第34条【合伙人增减出资的规定】 | |
| | | 第37条【合伙企业对合伙人的内部限制不得对抗善意第三人】 | |
| | | 第39条【合伙人的无限连带责任】 | |
| | | 第44条【新入伙合伙人的权利义务】 | |
| | | 第45条【合伙人退伙事由】 | |
| | | 第46条【合伙人自愿退伙的条件和通知义务】 | |
| | | 第47条【合伙人违法退伙的赔偿责任】 | |
| | | 第51条【退伙结算】 | |
| | | 第69条【有限合伙企业利润分配的特殊规定】 | |
| 0843 | 劳动法 | 第3条【劳动者的权利和义务】 | |
| 0865 | 婚姻法 | 第19条【夫妻财产约定制】 | |

| | 同时适用的法条 | 相关度 | |
|---|---|---|---|
| 物权法 | 第 37 条【侵害物权的民事责任竞合】 | | 0834 |
| | 第 65 条【国家保护私人合法储蓄、投资和财产继承权等合法权益】 | | |
| | 第 66 条【私人合法财产受法律保护】 | | |
| 民通意见 | 第 1 条【公民的民事权利能力自出生时开始；户籍证明、医院出具的出生证明、其他证明】 | | 0934 |
| | 第 52 条【个人合伙中合伙人退伙及其赔偿责任】 | | |
| | 第 54 条【个人合伙合伙人退伙时合伙财产的分割规定】 | | |
| | 第 55 条【合伙终止时合伙财产处理规则】 | | |
| 婚姻法司法解释二 | 第 24 条【离婚时夫妻共同债务的清偿】 | | 0933 |
| 担保法司法解释 | 第 7 条【担保合同与主债权合同的关系；担保合同无效的责任承担规则】 | | 0929 |
| | 第 9 条【担保人对债务人或反担保人的权利】 | | |
| | 第 30 条【债权人与债务人对主合同内容变动的保证人保证责任的承担规则】 | | |
| | 第 31 条【保证期间不可中断、中止、延长】 | | |
| 婚姻法司法解释一 | 第 18 条【第三人知道夫妻财产约定的举证责任】 | | 0975 |
| 买卖合同司法解释 | 第 3 条【无权处分不影响合同的效力；无权处分人的责任承担】 | | 0937 |

**第 32 条【合伙人竞业禁止；合伙人自我交易限制】** ★

合伙人不得自营或者同他人合作经营与本合伙企业相竞争的业务。

除合伙协议另有约定或者经全体合伙人一致同意外，合伙人不得同本合伙企业进行交易。

合伙人不得从事损害本合伙企业利益的活动。

■ 主要适用的案由及其相关度

| 案由编号 | 主要适用的案由 | 相关度 |
|---|---|---|
| M4.10.111 | 合伙协议纠纷 | |
| M8.20 | 与企业有关的纠纷 | |
| M4.10 | 合同纠纷 | |
| M4.10.104 | 委托合同纠纷 | |

■ 同时适用的法条及其相关度

| | | 同时适用的法条 | 相关度 |
|---|---|---|---|
| 0812 | 民法通则 | 第4条【民事活动的基本原则：自愿、公平、等价有偿、诚实信用】 | |
| | | 第30条【个人合伙】 | |
| | | 第31条【合伙协议】 | |
| | | 第32条【合伙财产的归属、管理和使用】 | |
| | | 第115条【合同的变更或解除不影响损失赔偿责任】 | |
| 0606 | 合伙企业法 | 第4条【合伙协议的订立】 | |
| | | 第11条【合伙企业成立日期】 | |
| | | 第16条【合伙人出资及评估方式】 | |
| | | 第17条【合伙人出资的履行】 | |
| | | 第20条【合伙企业的财产】 | |
| | | 第21条【清算前合伙企业财产禁止分割；私自转移或处分合伙企业财产不得对抗善意第三人】 | |
| | | 第22条【合伙企业财产份额转让：通知义务、一票否定权】 | |
| | | 第26条【合伙事务的执行】 | |
| | | 第27条【非执行合伙人的监督权】 | |
| | | 第30条【合伙事务表决方式】 | |

| | 同时适用的法条 | 相关度 | |
|---|---|---|---|
| 合伙企业法 | 第31条【须经全体合伙人一致同意的事项】 | | 0606 |
| | 第33条【合伙企业利润分配与亏损分担规则】 | | |
| | 第34条【合伙人增减出资的规定】 | | |
| | 第37条【合伙企业对合伙人的内部限制不得对抗善意第三人】 | | |
| | 第52条【退伙人的合伙企业财产份额的退还办法】 | | |
| | 第57条【特殊普通合伙企业合伙人债务承担的特别规定】 | | |
| | 第58条【特殊普通合伙企业的内部赔偿规定】 | | |
| | 第61条【有限合伙企业合伙人人数规定】 | | |
| | 第63条【有限合伙企业合伙协议的特别载明事项】 | | |
| 合同法 | 第8条【合同约束力】 | | 0791 |
| | 第44条【合同成立条件与时间】 | | |
| | 第60条【合同履行的原则】 | | |
| | 第107条【合同约束力:违约责任】 | | |
| 公司法 | 第13条【公司的法定代表人】 | | 0085 |
| 民通意见 | 第1条【公民的民事权利能力自出生时开始:户籍证明、医院出具的出生证明、其他证明】 | | 0934 |
| | 第52条【个人合伙中合伙人退伙及其赔偿责任】 | | |
| | 第54条【个人合伙合伙人退伙时合伙财产的分割规定】 | | |

**第33条【合伙企业利润分配与亏损分担规则】** ★★

合伙企业的利润分配、亏损分担,按照合伙协议的约定办理;合伙协议未约定或者约定不明确的,由合伙人协商决定;协商不成的,由合伙人按照实缴出资比例分配、分担;无法确定出资比例的,由合伙人平均分配、分担。

合伙协议不得约定将全部利润分配给部分合伙人或者由部分合伙人承担全部亏损。

## ■ 主要适用的案由及其相关度

| 案由编号 | 主要适用的案由 | 相关度 |
| --- | --- | --- |
| M4.10.111 | 合伙协议纠纷 | ★★★★★ |
| M4.10.89.4 | 民间借贷纠纷 | ★ |
| M4.10 | 合同纠纷 | ★ |

## ■ 同时适用的法条及其相关度

| | 同时适用的法条 | 相关度 |
| --- | --- | --- |
| 合同法 | 第60条【合同履行的原则】 | ★★★★★ |
| | 第107条【合同约束力:违约责任】 | ★★★★★ |
| | 第8条【合同约束力】 | ★★★ |
| | 第206条【借款期限的认定】 | ★★★ |
| | 第288条【运输合同的定义】 | ★★★ |
| | 第44条【合同成立条件与时间】 | ★★ |
| | 第211条【自然人之间借款合同利息的规制】 | ★★ |
| | 第50条【因代表行为订立的合同效力:法定代表人超越权限订立合同的效力】 | ★ |
| | 第52条【合同无效的情形】 | ★ |
| | 第56条【合同无效或被撤销的溯及力;部分无效不影响其他独立部分的效力】 | ★ |
| | 第58条【合同无效或被撤销的法律后果】 | ★ |
| | 第61条【合同内容约定不明确的处理规则;合同漏洞的填补】 | ★ |
| | 第93条【合同的意定解除:协商一致;约定条件成就】 | ★ |
| | 第109条【违约责任的承担:付款义务的继续履行】 | ★ |
| | 第124条【无名合同的法律适用】 | ★ |
| | 第205条【借款合同的利息支付义务】 | ★ |

| | 同时适用的法条 | 相关度 | |
|---|---|---|---|
| 合同法 | 第210条【自然人之间借款合同的生效:提供借款时】 | ★ | 0791 |
| | 第212条【租赁合同的定义】 | ★ | |
| 合伙企业法 | 第40条【合伙人的债务追偿权】 | ★★★★★ | 0606 |
| | 第51条【退伙结算】 | ★★★★ | |
| | 第2条【合伙企业的类型:普通合伙企业、有限合伙企业】 | ★★★ | |
| | 第19条【合伙协议的效力规则】 | ★★★ | |
| | 第20条【合伙企业的财产】 | ★★★ | |
| | 第21条【清算前合伙企业财产禁止分割;私自转移或处分合伙企业财产不得对抗善意第三人】 | ★★★ | |
| | 第38条【合伙企业债务清偿原则:以合伙企业财产优先清偿】 | ★★★ | |
| | 第39条【合伙人的无限连带责任】 | ★★★ | |
| | 第44条【新入伙合伙人的权利义务】 | ★★★ | |
| | 第52条【退伙人的合伙企业财产份额的退还办法】 | ★★★ | |
| | 第53条【退伙人对合伙企业债务的承担规则】 | ★★★ | |
| | 第4条【合伙协议的订立】 | ★★ | |
| | 第26条【合伙事务的执行】 | ★★ | |
| | 第5条【订立合伙协议、设立合伙企业应当遵循的原则】 | ★ | |
| | 第8条【合法财产及权益受法律保护】 | ★ | |
| | 第14条【普通合伙企业设立条件】 | ★ | |
| | 第16条【合伙人出资及评估方式】 | ★ | |
| | 第17条【合伙人出资的履行】 | ★ | |
| | 第22条【合伙企业财产份额转让:通知义务、一票否定权】 | ★ | |
| | 第30条【合伙事务表决方式】 | ★ | |

| | | 同时适用的法条 | 相关度 |
|---|---|---|---|
| 0606 | 合伙企业法 | 第31条【须经全体合伙人一致同意的事项】 | ★ |
| | | 第32条【合伙人竞业禁止;合伙人自我交易限制】 | ★ |
| | | 第45条【合伙人退伙事由】 | ★ |
| | | 第50条【合伙人死亡或被宣告死亡后其财产份额的处理】 | ★ |
| | | 第54条【退伙人的亏损分担义务】 | ★ |
| 0812 | 民法通则 | 第32条【合伙财产的归属、管理和使用】 | ★★★★★ |
| | | 第35条【民事合伙的债务承担规则】 | ★★★★★ |
| | | 第30条【个人合伙】 | ★★★★ |
| | | 第108条【债务清偿:分期偿还、强制偿还】 | ★★★★ |
| | | 第31条【合伙协议】 | ★★★ |
| | | 第34条【合伙事务的执行】 | ★★★ |
| | | 第84条【债的界定】 | ★★★ |
| | | 第90条【借贷关系】 | ★★ |
| | | 第4条【民事活动的基本原则:自愿、公平、等价有偿、诚实信用】 | ★ |
| | | 第87条【连带债权与连带债务】 | ★ |
| | | 第106条【民事责任归责原则:违约责任,无过错责任原则;侵权责任,过错责任、无过错责任】 | ★ |
| 0875 | 建筑法 | 第26条【承包建筑工程的单位应具备的资格】 | ★ |
| 0834 | 物权法 | 第100条【共有物分割的方式】 | ★ |
| 0934 | 民通意见 | 第1条【公民的民事权利能力自出生时开始:户籍证明、医院出具的出生证明、其他证明】 | ★ |
| | | 第47条【民事合伙的债务承担规则】 | ★ |
| | | 第52条【个人合伙中合伙人退伙及其赔偿责任】 | ★ |
| | | 第54条【个人合伙合伙人退伙时合伙财产的分割规定】 | ★ |
| | | 第55条【合伙终止时合伙财产处理规则】 | ★ |

| | 同时适用的法条 | 相关度 | |
|---|---|---|---|
| 婚姻法司法解释二 | 第24条【离婚时夫妻共同债务的清偿】 | ★ | 0933 |

### 第34条【合伙人增减出资的规定】 ★

合伙人按照合伙协议的约定或者经全体合伙人决定,可以增加或者减少对合伙企业的出资。

■ 主要适用的案由及其相关度

| 案由编号 | 主要适用的案由 | 相关度 |
|---|---|---|
| M4.10.111 | 合伙协议纠纷 | |

■ 同时适用的法条及其相关度

| | 同时适用的法条 | 相关度 | |
|---|---|---|---|
| 合同法 | 第8条【合同约束力】 | | 0791 |
| 合伙企业法 | 第30条【合伙事务表决方式】 | | 0606 |
| | 第31条【须经全体合伙人一致同意的事项】 | | |
| | 第32条【合伙人竞业禁止;合伙人自我交易限制】 | | |
| 民通意见 | 第52条【个人合伙中合伙人退伙及其赔偿责任】 | | 0934 |
| | 第54条【个人合伙合伙人退伙时合伙财产的分割规定】 | | |

### 第35条【合伙企业聘任的经营管理人员的履职规则及赔偿责任】 ★

被聘任的合伙企业的经营管理人员应当在合伙企业授权范围内履行职务。

被聘任的合伙企业的经营管理人员,超越合伙企业授权范围履行职务,或者在履行职务过程中因故意或者重大过失给合伙企业造成损失的,依法承担赔偿责任。

### ■ 主要适用的案由及其相关度

| 案由编号 | 主要适用的案由 | 相关度 |
|---|---|---|
| M4.10.74 | 买卖合同纠纷 | |
| M6.17 | 劳动争议 | |
| M8.21.253 | 发起人责任纠纷 | |
| M4.10.111 | 合伙协议纠纷 | |
| M4.10.126 | 追偿权纠纷 | |

### ■ 同时适用的法条及其相关度

| | | 同时适用的法条 | 相关度 |
|---|---|---|---|
| 0791 | 合同法 | 第60条【合同履行的原则】 | |
| | | 第109条【违约责任的承担:付款义务的继续履行】 | |
| | | 第159条【买受人应支付价款的数额认定】 | |
| | | 第161条【买受人支付价款的时间】 | |
| 0812 | 民法通则 | 第2条【民法通则的调整范围:平等民事主体间的财产、人身关系】 | |
| | | 第35条【民事合伙的债务承担规则】 | |
| 0606 | 合伙企业法 | 第2条【合伙企业的类型:普通合伙企业、有限合伙企业】 | |
| | | 第51条【退伙结算】 | |
| | | 第53条【退伙人对合伙企业债务的承担规则】 | |
| 0823 | 担保法 | 第6条【保证的定义】 | |
| | | 第18条【保证合同中连带责任的承担】 | |
| | | 第21条【保证担保的范围;没有约定、约定不明时的担保范围】 | |
| 0915 | 公司法司法解释三 | 第4条【公司设立阶段及设立不成功时股份有限公司发起人的法定责任】 | |

### 第36条【合伙企业的财务、会计制度】 ★

合伙企业应当依照法律、行政法规的规定建立企业财务、会计制度。

## 第四节 合伙企业与第三人关系

■ 主要适用的案由及其相关度

| 案由编号 | 主要适用的案由 | 相关度 |
|---|---|---|
| M4.10.111 | 合伙协议纠纷 | |

■ 同时适用的法条及其相关度

| | 同时适用的法条 | 相关度 | |
|---|---|---|---|
| 合伙企业法 | 第1条【合伙企业法立法目的】 | | 0606 |
| | 第22条【合伙企业财产份额转让:通知义务、一票否定权】 | | |
| 合同法 | 第1条【合同法立法目的】 | | 0791 |
| | 第97条【合同解除的法律后果】 | | |

## 第四节 合伙企业与第三人关系

### 第37条【合伙企业对合伙人的内部限制不得对抗善意第三人】 ★

合伙企业对合伙人执行合伙事务以及对外代表合伙企业权利的限制,不得对抗善意第三人。

■ 主要适用的案由及其相关度

| 案由编号 | 主要适用的案由 | 相关度 |
|---|---|---|
| M4.10.74 | 买卖合同纠纷 | |
| M4.10.74.1 | 分期付款买卖合同纠纷 | |
| M4.10.120.10 | 餐饮服务合同纠纷 | |
| M4.10.126 | 追偿权纠纷 | |
| M4.10.111 | 合伙协议纠纷 | |
| M4.10.89 | 借款合同纠纷 | |
| M4.10.89.1 | 金融借款合同纠纷 | |

| 案由编号 | 主要适用的案由 | 相关度 |
|---|---|---|
| M4.10.89.3 | 企业借贷纠纷 | |
| M4.10.89.4 | 民间借贷纠纷 | |
| M4.10.99.2 | 定作合同纠纷 | |
| M8.21.249 | 股权转让纠纷 | |
| M4.10.117 | 渔业承包合同纠纷 | |
| M4.10 | 合同纠纷 | |
| M4.10.84 | 供用电合同纠纷 | |
| M4.10.100.3 | 建设工程施工合同纠纷 | |
| M6.17.170.2 | 工伤保险待遇纠纷 | |
| M4.10.90 | 保证合同纠纷 | |
| M4.10.97.1 | 土地租赁合同纠纷 | |

■ 同时适用的法条及其相关度

| | 同时适用的法条 | 相关度 |
|---|---|---|
| 合伙企业法 | 第39条【合伙人的无限连带责任】 | ★★★★★ |
| | 第38条【合伙企业债务清偿原则:以合伙企业财产优先清偿】 | ★★★★ |
| | 第2条【合伙企业的类型:普通合伙企业、有限合伙企业】 | ★★★ |
| | 第26条【合伙事务的执行】 | ★★★ |
| | 第25条【合伙份额出质:其他合伙人一致同意;未经同意的无效】 | ★ |
| | 第28条【执行事务合伙人的报告义务及执行收益的归属与费用承担;非执行合伙人的知情权】 | ★ |
| | 第40条【合伙人的债务追偿权】 | ★ |
| | 第53条【退伙人对合伙企业债务的承担规则】 | ★ |

| | 同时适用的法条 | 相关度 | |
|---|---|---|---|
| 合同法 | 第107条【合同约束力:违约责任】 | ★★★★★ | 0791 |
| | 第60条【合同履行的原则】 | ★★★★ | |
| | 第130条【买卖合同的定义】 | ★★★ | |
| | 第206条【借款期限的认定】 | ★★★ | |
| | 第207条【借款合同违约责任承担:支付利息】 | ★★★ | |
| | 第159条【买受人应支付价款的数额认定】 | ★★ | |
| | 第6条【诚实信用原则】 | ★ | |
| | 第8条【合同约束力】 | ★ | |
| | 第61条【合同内容约定不明确的处理规则;合同漏洞的填补】 | ★ | |
| | 第80条【债权人转让债权的通知义务】 | ★ | |
| | 第109条【违约责任的承担:付款义务的继续履行】 | ★ | |
| | 第205条【借款合同的利息支付义务】 | ★ | |
| | 第211条【自然人之间借款合同利息的规制】 | ★ | |
| | 第224条【承租人转租租赁物的前提条件及效力】 | ★ | |
| | 第226条【租赁合同中承租人租金支付期限的确定规则】 | ★ | |
| 担保法 | 第18条【保证合同中连带责任的承担】 | ★★ | 0823 |
| | 第31条【保证人的追偿权】 | ★★ | |
| | 第21条【保证担保的范围;没有约定、约定不明时的担保范围】 | ★ | |
| | 第26条【连带保证的保证期间】 | ★ | |
| 民法通则 | 第35条【民事合伙的债务承担规则】 | ★ | 0812 |
| | 第43条【企业法人对其机构的活动承担民事责任】 | ★ | |
| | 第84条【债的界定】 | ★ | |
| | 第87条【连带债权与连带债务】 | ★ | |
| | 第108条【债务清偿:分期偿还、强制偿还】 | ★ | |

| | | 同时适用的法条 | 相关度 |
|---|---|---|---|
| 0925 | 合同法司法解释二 | 第24条【合同解除权的行使规则】 | ★ |

**第38条【合伙企业债务清偿原则：以合伙企业财产优先清偿】** ★★

合伙企业对其债务,应先以其全部财产进行清偿。

■ 主要适用的案由及其相关度

| 案由编号 | 主要适用的案由 | 相关度 |
|---|---|---|
| M4.10.74 | 买卖合同纠纷 | ★★★★★ |
| M4.10.89.4 | 民间借贷纠纷 | ★★★★★ |
| M5.14.142 | 著作权权属、侵权纠纷 | ★★★ |
| M6.17.169.5 | 追索劳动报酬纠纷 | ★ |
| M4.10.89.1 | 金融借款合同纠纷 | ★ |
| M4.10.126 | 追偿权纠纷 | ★ |
| M4.10.99 | 承揽合同纠纷 | ★ |

■ 同时适用的法条及其相关度

| | | 同时适用的法条 | 相关度 |
|---|---|---|---|
| 0606 | 合伙企业法 | 第39条【合伙人的无限连带责任】 | ★★★★★ |
| | | 第2条【合伙企业的类型：普通合伙企业、有限合伙企业】 | ★★ |
| | | 第44条【新入伙合伙人的权利义务】 | ★ |
| | | 第53条【退伙人对合伙企业债务的承担规则】 | ★ |
| 0791 | 合同法 | 第60条【合同履行的原则】 | ★★ |
| | | 第107条【合同约束力：违约责任】 | ★★ |
| | | 第206条【借款期限的认定】 | ★★ |
| | | 第109条【违约责任的承担：付款义务的继续履行】 | ★ |
| | | 第159条【买受人应支付价款的数额认定】 | ★ |

|  | 同时适用的法条 | 相关度 |  |
|---|---|---|---|
| 合同法 | 第161条【买受人支付价款的时间】 | ★ | 0791 |
| | 第205条【借款合同的利息支付义务】 | ★ | |
| | 第207条【借款合同违约责任承担:支付利息】 | ★ | |
| 担保法 | 第18条【保证合同中连带责任的承担】 | ★ | 0823 |
| | 第21条【保证担保的范围;没有约定、约定不明时的担保范围】 | ★ | |
| 民法通则 | 第108条【债务清偿:分期偿还、强制偿还】 | ★ | 0812 |
| 著作权法 | 第48条【同时损害公共利益的侵犯著作权行为及其法律责任】 | ★ | 0830 |
| 著作权纠纷司法解释 | 第25条【侵犯著作权的赔偿责任标准】 | ★ | 0924 |

## 第39条【合伙人的无限连带责任】　　★★

合伙企业不能清偿到期债务的,合伙人承担无限连带责任。

▶ 主要适用的案由及其相关度

| 案由编号 | 主要适用的案由 | 相关度 |
|---|---|---|
| M4.10.74 | 买卖合同纠纷 | ★★★★★ |
| M5.14.142 | 著作权权属、侵权纠纷 | ★★★ |
| M6.17.169.5 | 追索劳动报酬纠纷 | ★ |
| M4.10.89 | 借款合同纠纷 | ★ |
| M4.10.89.1 | 金融借款合同纠纷 | ★ |
| M4.10.89.4 | 民间借贷纠纷 | ★★★★ |
| M4.10.122 | 劳务合同纠纷 | ★ |
| M4.10.126 | 追偿权纠纷 | ★ |

## ■ 同时适用的法条及其相关度

| | | 同时适用的法条 | 相关度 |
|---|---|---|---|
| 0606 | 合伙企业法 | 第38条【合伙企业债务清偿原则:以合伙企业财产优先清偿】 | ★★★★★ |
| | | 第2条【合伙企业的类型:普通合伙企业、有限合伙企业】 | ★★★ |
| | | 第37条【合伙企业对合伙人的内部限制不得对抗善意第三人】 | ★ |
| | | 第40条【合伙人的债务追偿权】 | ★ |
| | | 第44条【新入伙合伙人的权利义务】 | ★ |
| | | 第53条【退伙人对合伙企业债务的承担规则】 | ★ |
| 0791 | 合同法 | 第60条【合同履行的原则】 | ★★★ |
| | | 第107条【合同约束力:违约责任】 | ★★★ |
| | | 第206条【借款期限的认定】 | ★★★ |
| | | 第159条【买受人应支付价款的数额认定】 | ★★ |
| | | 第205条【借款合同的利息支付义务】 | ★★ |
| | | 第207条【借款合同违约责任承担:支付利息】 | ★★ |
| | | 第109条【违约责任的承担:付款义务的继续履行】 | ★ |
| | | 第130条【买卖合同的定义】 | ★ |
| | | 第161条【买受人支付价款的时间】 | ★ |
| | | 第196条【借款合同定义】 | ★ |
| | | 第211条【自然人之间借款合同利息的规制】 | ★ |
| 0812 | 民法通则 | 第84条【债的界定】 | ★ |
| | | 第108条【债务清偿:分期偿还、强制偿还】 | ★ |
| | | 第118条【公民、法人的知识产权保护方式:停止侵害、消除影响、赔偿损失】 | ★ |
| | | 第134条【侵权责任的主要承担方式】 | ★ |

| | 同时适用的法条 | 相关度 | |
|---|---|---|---|
| 著作权法 | 第48条【同时损害公共利益的侵犯著作权行为及其法律责任】 | ★ | 0830 |
| | 第49条【侵犯著作权的赔偿责任标准】 | ★ | |
| 担保法 | 第18条【保证合同中连带责任的承担】 | ★ | 0823 |
| | 第21条【保证担保的范围；没有约定、约定不明时的担保范围】 | ★ | |
| | 第31条【保证人的追偿权】 | ★ | |
| 著作权纠纷司法解释 | 第19条【出版者、制作者和发行者、出租者对其合法授权与合法来源的举证责任】 | ★ | 0924 |
| | 第25条【侵犯著作权的赔偿责任标准】 | ★ | |
| | 第26条【侵犯著作权的赔偿范围】 | ★ | |

**第40条【合伙人的债务追偿权】** ★★

合伙人由于承担无限连带责任，清偿数额超过本法第三十三条第一款规定的其亏损分担比例的，有权向其他合伙人追偿。

■ 主要适用的案由及其相关度

| 案由编号 | 主要适用的案由 | 相关度 |
|---|---|---|
| M4.10.89.4 | 民间借贷纠纷 | ★★★★★ |
| M4.10.74 | 买卖合同纠纷 | ★★★ |
| M4.10.126 | 追偿权纠纷 | ★★ |
| M4.10.111 | 合伙协议纠纷 | ★★ |
| M4.10.122 | 劳务合同纠纷 | ★ |
| M4.10.100.3 | 建设工程施工合同纠纷 | ★ |
| M4.10.99 | 承揽合同纠纷 | ★ |

■ 同时适用的法条及其相关度

|  |  | 同时适用的法条 | 相关度 |
|---|---|---|---|
| 0606 | 合伙企业法 | 第 39 条【合伙人的无限连带责任】 | ★★★★★ |
|  |  | 第 33 条【合伙企业利润分配与亏损分担规则】 | ★★★ |
|  |  | 第 38 条【合伙企业债务清偿原则:以合伙企业财产优先清偿】 | ★★★ |
|  |  | 第 2 条【合伙企业的类型:普通合伙企业、有限合伙企业】 | ★★ |
|  |  | 第 26 条【合伙事务的执行】 | ★ |
|  |  | 第 37 条【合伙企业对合伙人的内部限制不得对抗善意第三人】 | ★ |
|  |  | 第 44 条【新入伙合伙人的权利义务】 | ★ |
|  |  | 第 53 条【退伙人对合伙企业债务的承担规则】 | ★ |
| 0791 | 合同法 | 第 107 条【合同约束力:违约责任】 | ★★★ |
|  |  | 第 206 条【借款期限的认定】 | ★★★ |
|  |  | 第 60 条【合同履行的原则】 | ★★ |
|  |  | 第 207 条【借款合同违约责任承担:支付利息】 | ★★ |
|  |  | 第 80 条【债权人转让债权的通知义务】 | ★ |
|  |  | 第 161 条【买受人支付价款的时间】 | ★ |
|  |  | 第 205 条【借款合同的利息支付义务】 | ★ |
| 0812 | 民法通则 | 第 84 条【债的界定】 | ★ |
|  |  | 第 108 条【债务清偿:分期偿还、强制偿还】 | ★ |

第 41 条【合伙人的债权人的权利限制】

合伙人发生与合伙企业无关的债务,相关债权人不得以其债权抵销其对合伙企业的债务;也不得代位行使合伙人在合伙企业中的权利。①

---

① 说明:本法条尚无足够数量判决书可供法律大数据分析。

## 第42条【合伙人个人债务的清偿规则】 ★

合伙人的自有财产不足清偿其与合伙企业无关的债务的,该合伙人可以以其从合伙企业中分取的收益用于清偿;债权人也可以依法请求人民法院强制执行该合伙人在合伙企业中的财产份额用于清偿。

人民法院强制执行合伙人的财产份额时,应当通知全体合伙人,其他合伙人有优先购买权;其他合伙人未购买,又不同意将该财产份额转让给他人的,依照本法第五十一条的规定为该合伙人办理退伙结算,或者办理削减该合伙人相应财产份额的结算。

■ 主要适用的案由及其相关度

| 案由编号 | 主要适用的案由 | 相关度 |
| --- | --- | --- |
| M10.43.422 | 案外人执行异议之诉 | |
| M4.10.111 | 合伙协议纠纷 | |

■ 同时适用的法条及其相关度

| | 同时适用的法条 | 相关度 | |
| --- | --- | --- | --- |
| 合伙企业法 | 第8条【合法财产及权益受法律保护】 | | 0606 |
| | 第20条【合伙企业的财产】 | | |
| 民法通则 | 第30条【个人合伙】 | | 0812 |
| | 第32条【合伙财产的归属、管理和使用】 | | |
| | 第34条【合伙事务的执行】 | | |
| 物权法 | 第24条【船舶、航空器和机动车物权变动采取登记对抗主义】 | | 0834 |
| 合同法 | 第107条【合同约束力:违约责任】 | | 0791 |
| 合伙企业登记管理办法 | 第6条【合伙企业的设立登记事项】 | | 0902 |

## 第五节 入伙、退伙

**第 43 条【入伙条件】** ★

新合伙人入伙,除合伙协议另有约定外,应当经全体合伙人一致同意,并依法订立书面入伙协议。

订立入伙协议时,原合伙人应当向新合伙人如实告知原合伙企业的经营状况和财务状况。

■ 主要适用的案由及其相关度

| 案由编号 | 主要适用的案由 | 相关度 |
| --- | --- | --- |
| M8.22.267 | 入伙纠纷 | ★★★★★ |
| M4.10.111 | 合伙协议纠纷 | ★★★ |

■ 同时适用的法条及其相关度

| | 同时适用的法条 | 相关度 |
| --- | --- | --- |
| 合伙企业法 | 第 4 条【合伙协议的订立】 | ★★★★★ |
| | 第 14 条【普通合伙企业设立条件】 | ★★★★★ |
| | 第 18 条【合伙协议应载明的事项】 | ★★★★★ |
| | 第 44 条【新入伙合伙人的权利义务】 | ★★ |
| | 第 45 条【合伙人退伙事由】 | ★★ |
| | 第 5 条【订立合伙协议、设立合伙企业应当遵循的原则】 | ★ |
| | 第 16 条【合伙人出资及评估方式】 | ★ |
| | 第 38 条【合伙企业债务清偿原则:以合伙企业财产优先清偿】 | ★ |
| | 第 39 条【合伙人的无限连带责任】 | ★ |
| | 第 51 条【退伙结算】 | ★ |
| | 第 52 条【退伙人的合伙企业财产份额的退还办法】 | ★ |

|  | 同时适用的法条 | 相关度 |  |
|---|---|---|---|
| 合同法 | 第52条【合同无效的情形】 | ★★ | 0791 |
|  | 第54条【合同的变更和撤销】 | ★ |  |
|  | 第56条【合同无效或被撤销的溯及力；部分无效不影响其他独立部分的效力】 | ★ |  |
|  | 第108条【预期违约责任】 | ★ |  |
| 民法通则 | 第30条【个人合伙】 | ★ | 0812 |
|  | 第31条【合伙协议】 | ★ |  |
|  | 第106条【民事责任归责原则：违约责任，无过错责任原则；侵权责任，过错责任、无过错责任】 | ★ |  |
| 民通意见 | 第1条【公民的民事权利能力自出生时开始：户籍证明、医院出具的出生证明、其他证明】 | ★ | 0934 |
| 担保法司法解释 | 第22条【保证合同的成立】 | ★ | 0929 |

## 第44条【新入伙合伙人的权利义务】 ★★

入伙的新合伙人与原合伙人享有同等权利，承担同等责任。入伙协议另有约定的，从其约定。

新合伙人对入伙前合伙企业的债务承担无限连带责任。

■ 主要适用的案由及其相关度

| 案由编号 | 主要适用的案由 | 相关度 |
|---|---|---|
| M4.10.89.4 | 民间借贷纠纷 | ★★★★★ |
| M4.10.74 | 买卖合同纠纷 | ★★★★★ |
| M4.10.111 | 合伙协议纠纷 | ★★★ |
| M6.17.169.5 | 追索劳动报酬纠纷 | ★★★ |
| M4.10.89.1 | 金融借款合同纠纷 | ★ |
| M4.10.126 | 追偿权纠纷 | ★ |
| M4.10.100.7 | 装饰装修合同纠纷 | ★ |
| M4.10.101 | 运输合同纠纷 | ★ |
| M4.10.99.1 | 加工合同纠纷 | ★ |
| M4.10.99.2 | 定作合同纠纷 | ★ |

## ■ 同时适用的法条及其相关度

| | | 同时适用的法条 | 相关度 |
|---|---|---|---|
| 0606 | 合伙企业法 | 第38条【合伙企业债务清偿原则：以合伙企业财产优先清偿】 | ★★★★★ |
| | | 第39条【合伙人的无限连带责任】 | ★★★★★ |
| | | 第53条【退伙人对合伙企业债务的承担规则】 | ★★★★★ |
| | | 第2条【合伙企业的类型：普通合伙企业、有限合伙企业】 | ★★★ |
| | | 第33条【合伙企业利润分配与亏损分担规则】 | ★ |
| | | 第40条【合伙人的债务追偿权】 | ★ |
| | | 第43条【入伙条件】 | ★ |
| | | 第45条【合伙人退伙事由】 | ★ |
| | | 第51条【退伙结算】 | ★ |
| | | 第52条【退伙人的合伙企业财产份额的退还办法】 | ★ |
| 0791 | 合同法 | 第60条【合同履行的原则】 | ★★★ |
| | | 第107条【合同约束力：违约责任】 | ★★★ |
| | | 第206条【借款期限的认定】 | ★★ |
| | | 第207条【借款合同违约责任承担：支付利息】 | ★★ |
| | | 第8条【合同约束力】 | ★ |
| | | 第44条【合同成立条件与时间】 | ★ |
| | | 第108条【预期违约责任】 | ★ |
| | | 第109条【违约责任的承担：付款义务的继续履行】 | ★ |
| | | 第112条【违约责任的承担：损失赔偿与其他责任的并存】 | ★ |
| | | 第130条【买卖合同的定义】 | ★ |
| | | 第159条【买受人应支付价款的数额认定】 | ★ |
| | | 第161条【买受人支付价款的时间】 | ★ |
| | | 第196条【借款合同定义】 | ★ |

| | 同时适用的法条 | 相关度 | |
|---|---|---|---|
| 合同法 | 第 205 条【借款合同的利息支付义务】 | ★ | 0791 |
| | 第 211 条【自然人之间借款合同利息的规制】 | ★ | |
| 民法通则 | 第 108 条【债务清偿:分期偿还、强制偿还】 | ★★ | 0812 |
| | 第 30 条【个人合伙】 | ★ | |
| | 第 31 条【合伙协议】 | ★ | |
| | 第 35 条【民事合伙的债务承担规则】 | ★ | |
| | 第 84 条【债的界定】 | ★ | |
| | 第 106 条【民事责任归责原则:违约责任、无过错责任原则;侵权责任、过错责任、无过错责任】 | ★ | |
| 劳动法 | 第 7 条【劳动者组织和参加工会的权利;工会的权利义务】 | ★ | 0843 |
| | 第 30 条【用人单位单方解除劳动合同时的工会的权利】 | ★ | |
| 担保法 | 第 18 条【保证合同中连带责任的承担】 | ★ | 0823 |
| | 第 21 条【保证担保的范围;没有约定、约定不明时的担保范围】 | ★ | |
| | 第 31 条【保证人的追偿权】 | ★ | |
| 买卖合同司法解释 | 第 24 条【买卖合同逾期付款违约金的适用规则】 | ★ | 0937 |

## 第 45 条【合伙人退伙事由】　　★★

合伙协议约定合伙期限的,在合伙企业存续期间,有下列情形之一的,合伙人可以退伙:

（一）合伙协议约定的退伙事由出现;

（二）经全体合伙人一致同意;

（三）发生合伙人难以继续参加合伙的事由;

（四）其他合伙人严重违反合伙协议约定的义务。

## ■ 主要适用的案由及其相关度

| 案由编号 | 主要适用的案由 | 相关度 |
|---|---|---|
| M4.10.111 | 合伙协议纠纷 | ★★★★★ |
| M8.22.268 | 退伙纠纷 | ★★★ |
| M4.10.89.4 | 民间借贷纠纷 | ★ |

## ■ 同时适用的法条及其相关度

| | | 同时适用的法条 | 相关度 |
|---|---|---|---|
| 合伙企业法 | | 第51条【退伙结算】 | ★★★★★ |
| | | 第52条【退伙人的合伙企业财产份额的退还办法】 | ★★★★ |
| | | 第46条【合伙人自愿退伙的条件和通知义务】 | ★★★ |
| | | 第2条【合伙企业的类型:普通合伙企业、有限合伙企业】 | ★ |
| | | 第4条【合伙协议的订立】 | ★ |
| | | 第5条【订立合伙协议、设立合伙企业应当遵循的原则】 | ★ |
| | | 第22条【合伙企业财产份额转让:通知义务、一票否定权】 | ★ |
| | | 第43条【入伙条件】 | ★ |
| | | 第44条【新入伙合伙人的权利义务】 | ★ |
| | | 第47条【合伙人违法退伙的赔偿责任】 | ★ |
| 合同法 | | 第60条【合同履行的原则】 | ★★★ |
| | | 第107条【合同约束力:违约责任】 | ★★★ |
| | | 第8条【合同约束力】 | ★ |
| | | 第44条【合同成立条件与时间】 | ★ |
| | | 第108条【预期违约责任】 | ★ |
| | | 第109条【违约责任的承担:付款义务的继续履行】 | ★ |
| | | 第114条【违约金的数额及其调整】 | ★ |

| | 同时适用的法条 | 相关度 | |
|---|---|---|---|
| 民法通则 | 第30条【个人合伙】 | ★★ | 0812 |
| | 第31条【合伙协议】 | ★ | |
| | 第32条【合伙财产的归属、管理和使用】 | ★ | |
| | 第106条【民事责任归责原则:违约责任,无过错责任原则;侵权责任,过错责任,无过错责任】 | ★ | |
| | 第108条【债务清偿:分期偿还、强制偿还】 | ★ | |

**第46条【合伙人自愿退伙的条件和通知义务】** ★

合伙协议未约定合伙期限的,合伙人在不给合伙企业事务执行造成不利影响的情况下,可以退伙,但应当提前三十日通知其他合伙人。

■ 主要适用的案由及其相关度

| 案由编号 | 主要适用的案由 | 相关度 |
|---|---|---|
| M4.10.111 | 合伙协议纠纷 | ★★★★★ |
| M8.22.268 | 退伙纠纷 | ★ |

■ 同时适用的法条及其相关度

| | 同时适用的法条 | 相关度 | |
|---|---|---|---|
| 合伙企业法 | 第45条【合伙人退伙事由】 | ★★★★★ | 0606 |
| | 第51条【退伙结算】 | ★★★★★ | |
| | 第52条【退伙人的合伙企业财产份额的退还办法】 | ★★ | |
| | 第2条【合伙企业的类型:普通合伙企业、有限合伙企业】 | ★ | |
| | 第47条【合伙人违法退伙的赔偿责任】 | ★ | |
| | 第48条【法定退伙情形】 | ★ | |
| | 第49条【除名退伙情形;除名退伙时的通知义务;被除名人的异议权】 | ★ | |
| | 第53条【退伙人对合伙企业债务的承担规则】 | ★ | |

| | | 同时适用的法条 | 相关度 |
|---|---|---|---|
| 0812 | 民法通则 | 第30条【个人合伙】 | ★ |
| | | 第31条【合伙协议】 | ★ |
| | | 第32条【合伙财产的归属、管理和使用】 | ★ |
| 0791 | 合同法 | 第60条【合同履行的原则】 | ★ |
| | | 第107条【合同约束力；违约责任】 | ★ |
| 0934 | 民通意见 | 第1条【公民的民事权利能力自出生时开始：户籍证明、医院出具的出生证明、其他证明】 | ★ |
| | | 第52条【个人合伙中合伙人退伙及其赔偿责任】 | ★ |

### 第47条【合伙人违法退伙的赔偿责任】 ★

合伙人违反本法第四十五条、第四十六条的规定退伙的，应当赔偿由此给合伙企业造成的损失。

■ 主要适用的案由及其相关度

| 案由编号 | 主要适用的案由 | 相关度 |
|---|---|---|
| M4.10.111 | 合伙协议纠纷 | |
| M8.22.268 | 退伙纠纷 | |

■ 同时适用的法条及其相关度

| | | 同时适用的法条 | 相关度 |
|---|---|---|---|
| 0606 | 合伙企业法 | 第19条【合伙协议的效力规则】 | |
| | | 第26条【合伙事务的执行】 | |
| | | 第30条【合伙事务表决方式】 | |
| | | 第31条【须经全体合伙人一致同意的事项】 | |
| | | 第45条【合伙人退伙事由】 | |
| | | 第46条【合伙人自愿退伙的条件和通知义务】 | |
| | | 第51条【退伙结算】 | |

| | 同时适用的法条 | 相关度 | |
|---|---|---|---|
| 合同法 | 第8条【合同约束力】 | | 0791 |
| | 第60条【合同履行的原则】 | | |
| | 第94条【合同的法定解除;法定解除权】 | | |
| | 第97条【合同解除的法律后果】 | | |
| | 第99条【法定的债务抵销】 | | |
| | 第107条【合同约束力;违约责任】 | | |
| | 第108条【预期违约责任】 | | |
| | 第114条【违约金的数额及其调整】 | | |
| 民法通则 | 第4条【民事活动的基本原则:自愿、公平、等价有偿、诚实信用】 | | 0812 |
| | 第30条【个人合伙】 | | |
| | 第32条【合伙财产的归属、管理和使用】 | | |
| | 第34条【合伙事务的执行】 | | |
| | 第35条【民事合伙的债务承担规则】 | | |
| | 第84条【债的界定】 | | |
| | 第88条【合同内容约定不明确的处理规则;合同漏洞的填补】 | | |
| | 第135条【诉讼时效期间:两年】 | | |
| | 第137条【诉讼时效期间的起算日和最长保护期限】 | | |
| | 第140条【诉讼时效期间的中断】 | | |
| 合同法司法解释二 | 第29条【违约金的数额及其调整】 | | 0925 |

## 第48条【法定退伙情形】 ★

合伙人有下列情形之一的,当然退伙:

(一)作为合伙人的自然人死亡或者被依法宣告死亡;

(二)个人丧失偿债能力;

（三）作为合伙人的法人或者其他组织依法被吊销营业执照、责令关闭撤销，或者被宣告破产；

（四）法律规定或者合伙协议约定合伙人必须具有相关资格而丧失该资格；

（五）合伙人在合伙企业中的全部财产份额被人民法院强制执行。

合伙人被依法认定为无民事行为能力人或者限制民事行为能力人的，经其他合伙人一致同意，可以依法转为有限合伙人，普通合伙企业依法转为有限合伙企业。其他合伙人未能一致同意的，该无民事行为能力或者限制民事行为能力的合伙人退伙。

退伙事由实际发生之日为退伙生效日。

■ 主要适用的案由及其相关度

| 案由编号 | 主要适用的案由 | 相关度 |
| --- | --- | --- |
| M4.10.111 | 合伙协议纠纷 | |
| M8.22.268 | 退伙纠纷 | |
| M9.30 | 侵权责任纠纷 | |

■ 同时适用的法条及其相关度

| | 同时适用的法条 | 相关度 |
| --- | --- | --- |
| 合伙企业法 | 第21条【清算前合伙企业财产禁止分割；私自转移或处分合伙企业财产不得对抗善意第三人】 | |
| | 第44条【新入伙合伙人的权利义务】 | |
| | 第45条【合伙人退伙事由】 | |
| | 第46条【合伙人自愿退伙的条件和通知义务】 | |
| | 第49条【除名退伙情形；除名退伙时的通知义务；被除名人的异议权】 | |
| | 第50条【合伙人死亡或被宣告死亡后其财产份额的处理】 | |
| | 第51条【退伙结算】 | |
| | 第52条【退伙人的合伙企业财产份额的退还办法】 | |

| | 同时适用的法条 | 相关度 | |
|---|---|---|---|
| 民法通则 | 第30条【个人合伙】 | | 0812 |
| | 第31条【合伙协议】 | | |
| | 第32条【合伙财产的归属、管理和使用】 | | |
| | 第34条【合伙事务的执行】 | | |
| | 第35条【民事合伙的债务承担规则】 | | |
| | 第106条【民事责任归责原则:违约责任、无过错责任原则;侵权责任、过错责任、无过错责任】 | | |
| | 第117条【侵害财产权的责任承担方式:返还财产、折价赔偿;恢复原状、折价赔偿;赔偿损失】 | | |
| 合同法 | 第8条【合同约束力】 | | 0791 |
| | 第60条【合同履行的原则】 | | |
| 继承法 | 第2条【继承开始】 | | 0859 |
| | 第3条【遗产范围】 | | |
| | 第10条【继承人范围及继承顺序】 | | |
| 民通意见 | 第1条【公民的民事权利能力自出生时开始:户籍证明、医院出具的出生证明、其他证明】 | | 0934 |
| | 第49条【个人合伙或者个体工商户因错误登记为集体所有制的企业的处理】 | | |
| | 第52条【个人合伙中合伙人退伙及其赔偿责任】 | | |

**第49条【除名退伙情形;除名退伙时的通知义务;被除名人的异议权】** ★

合伙人有下列情形之一的,经其他合伙人一致同意,可以决议将其除名:

(一)未履行出资义务;

(二)因故意或者重大过失给合伙企业造成损失;

(三)执行合伙事务时有不正当行为;

(四)发生合伙协议约定的事由。

对合伙人的除名决议应当书面通知被除名人。被除名人接到除名通知之日,除名生效,被除名人退伙。

被除名人对除名决议有异议的,可以自接到除名通知之日起三十日内,向人民法院起诉。

■ 主要适用的案由及其相关度

| 案由编号 | 主要适用的案由 | 相关度 |
|---|---|---|
| M4.10.111 | 合伙协议纠纷 | |
| M8.22 | 合伙企业纠纷 | |
| M8.20.228 | 企业出资人权益确认纠纷 | |
| M8.22.268 | 退伙纠纷 | |

■ 同时适用的法条及其相关度

| | 同时适用的法条 | 相关度 |
|---|---|---|
| 合伙企业法 | 第4条【合伙协议的订立】 | |
| | 第13条【合伙企业登记事项的变更】 | |
| | 第17条【合伙人出资的履行】 | |
| | 第19条【合伙协议的效力规则】 | |
| | 第21条【清算前合伙企业财产禁止分割;私自转移或处分合伙企业财产不得对抗善意第三人】 | |
| | 第26条【合伙事务的执行】 | |
| | 第30条【合伙事务表决方式】 | |
| | 第45条【合伙人退伙事由】 | |
| | 第46条【合伙人自愿退伙的条件和通知义务】 | |
| | 第48条【法定退伙情形】 | |
| | 第51条【退伙结算】 | |
| | 第52条【退伙人的合伙企业财产份额的退还办法】 | |
| | 第53条【退伙人对合伙企业债务的承担规则】 | |
| 民法通则 | 第30条【个人合伙】 | |
| | 第31条【合伙协议】 | |
| | 第32条【合伙财产的归属、管理和使用】 | |

| | 同时适用的法条 | 相关度 | |
|---|---|---|---|
| 合同法 | 第44条【合同成立条件与时间】 | | 0791 |
| | 第107条【合同约束力：违约责任】 | | |
| | 第109条【违约责任的承担：付款义务的继续履行】 | | |
| | 第122条【侵权与违约的竞合】 | | |
| 民通意见 | 第1条【公民的民事权利能力自出生时开始：户籍证明、医院出具的出生证明、其他证明】 | | 0934 |
| | 第52条【个人合伙中合伙人退伙及其赔偿责任】 | | |
| 审理民间借贷案件规定 | 第30条【同时约定逾期利率、违约金、其他费用的适用规则】 | | 0959 |

第50条【合伙人死亡或被宣告死亡后其财产份额的处理】 ★

合伙人死亡或者被依法宣告死亡的,对该合伙人在合伙企业中的财产份额享有合法继承权的继承人,按照合伙协议的约定或者经全体合伙人一致同意,从继承开始之日起,取得该合伙企业的合伙人资格。

有下列情形之一的,合伙企业应当向合伙人的继承人退还被继承合伙人的财产份额：

(一)继承人不愿意成为合伙人；

(二)法律规定或者合伙协议约定合伙人必须具有相关资格,而该继承人未取得该资格；

(三)合伙协议约定不能成为合伙人的其他情形。

合伙人的继承人为无民事行为能力人或者限制民事行为能力人的,经全体合伙人一致同意,可以依法成为有限合伙人,普通合伙企业依法转为有限合伙企业。全体合伙人未能一致同意的,合伙企业应当将被继承合伙人的财产份额退还该继承人。

■ 主要适用的案由及其相关度

| 案由编号 | 主要适用的案由 | 相关度 |
|---|---|---|
| M4.10.111 | 合伙协议纠纷 | |
| M4.10.89.4 | 民间借贷纠纷 | |

| 案由编号 | 主要适用的案由 | 相关度 |
|---|---|---|
| M8.21.242 | 股东资格确认纠纷 | |
| M8.22.268 | 退伙纠纷 | |
| M9.30 | 侵权责任纠纷 | |
| M3.5.33 | 返还原物纠纷 | |
| M4.10 | 合同纠纷 | |

■ 同时适用的法条及其相关度

| | 同时适用的法条 | 相关度 |
|---|---|---|
| 民法通则 | 第4条【民事活动的基本原则：自愿、公平、等价有偿、诚实信用】 | |
| | 第30条【个人合伙】 | |
| | 第31条【合伙协议】 | |
| | 第32条【合伙财产的归属、管理和使用】 | |
| | 第34条【合伙事务的执行】 | |
| | 第35条【民事合伙的债务承担规则】 | |
| | 第72条【财产所有权取得应符合法律规定；动产所有权自交付时转移】 | |
| | 第84条【债的界定】 | |
| | 第90条【借贷关系】 | |
| | 第106条【民事责任归责原则：违约责任，无过错责任原则；侵权责任，过错责任、无过错责任】 | |
| | 第108条【债务清偿：分期偿还、强制偿还】 | |
| | 第117条【侵害财产权的责任承担方式：返还财产、折价赔偿、恢复原状、折价赔偿；赔偿损失】 | |
| 合伙企业法 | 第20条【合伙企业的财产】 | |
| | 第22条【合伙企业财产份额转让：通知义务、一票否定权】 | |

|  | 同时适用的法条 | 相关度 |  |
|---|---|---|---|
| 合伙企业法 | 第33条【合伙企业利润分配与亏损分担规则】 |  | 0606 |
|  | 第39条【合伙人的无限连带责任】 |  |  |
|  | 第44条【新入伙合伙人的权利义务】 |  |  |
|  | 第45条【合伙人退伙事由】 |  |  |
|  | 第48条【法定退伙情形】 |  |  |
|  | 第51条【退伙结算】 |  |  |
|  | 第52条【退伙人的合伙企业财产份额的退还办法】 |  |  |
|  | 第53条【退伙人对合伙企业债务的承担规则】 |  |  |
| 合同法 | 第8条【合同约束力】 |  | 0791 |
|  | 第61条【合同内容约定不明确的处理规则；合同漏洞的填补】 |  |  |
|  | 第206条【借款期限的认定】 |  |  |
| 继承法 | 第2条【继承开始】 |  | 0859 |
|  | 第3条【遗产范围】 |  |  |
|  | 第10条【继承人范围及继承顺序】 |  |  |
|  | 第26条【遗产的认定】 |  |  |
| 婚姻法 | 第17条【夫妻共有财产的范围】 |  | 0865 |
| 民通意见 | 第49条【个人合伙或者个体工商户因错误登记为集体所有制的企业的处理】 |  | 0934 |

## 第51条【退伙结算】 ★★

合伙人退伙，其他合伙人应当与该退伙人按照退伙时的合伙企业财产状况进行结算，退还退伙人的财产份额。退伙人对给合伙企业造成的损失负有赔偿责任的，相应扣减其应当赔偿的数额。

退伙时有未了结的合伙企业事务的，待该事务了结后进行结算。

■ 主要适用的案由及其相关度

| 案由编号 | 主要适用的案由 | 相关度 |
|---|---|---|
| M4.10.111 | 合伙协议纠纷 | ★★★★★ |
| M8.22.268 | 退伙纠纷 | ★★ |

■ 同时适用的法条及其相关度

| | | 同时适用的法条 | 相关度 |
|---|---|---|---|
| 合伙企业法 | | 第45条【合伙人退伙事由】 | ★★★★★ |
| | | 第52条【退伙人的合伙企业财产份额的退还办法】 | ★★★★★ |
| | | 第46条【合伙人自愿退伙的条件和通知义务】 | ★★★ |
| | | 第2条【合伙企业的类型：普通合伙企业、有限合伙企业】 | ★ |
| | | 第4条【合伙协议的订立】 | ★ |
| | | 第5条【订立合伙协议、设立合伙企业应当遵循的原则】 | ★ |
| | | 第20条【合伙企业的财产】 | ★ |
| | | 第21条【清算前合伙企业财产禁止分割；私自转移或处分合伙企业财产不得对抗善意第三人】 | ★ |
| | | 第33条【合伙企业利润分配与亏损分担规则】 | ★ |
| | | 第44条【新入伙合伙人的权利义务】 | ★ |
| | | 第53条【退伙人对合伙企业债务的承担规则】 | ★ |
| 民法通则 | | 第30条【个人合伙】 | ★★★ |
| | | 第31条【合伙协议】 | ★★ |
| | | 第108条【债务清偿：分期偿还、强制偿还】 | ★★ |
| | | 第32条【合伙财产的归属、管理和使用】 | ★ |
| | | 第34条【合伙事务的执行】 | ★ |
| | | 第35条【民事合伙的债务承担规则】 | ★ |
| | | 第84条【债的界定】 | ★ |

| | 同时适用的法条 | 相关度 | |
|---|---|---|---|
| 民法通则 | 第106条【民事责任归责原则:违约责任、无过错责任原则】；侵权责任、过错责任、无过错责任】 | ★ | 0812 |
| 合同法 | 第60条【合同履行的原则】 | ★★★ | 0791 |
| | 第107条【合同约束力:违约责任】 | ★★★ | |
| | 第8条【合同约束力】 | ★ | |
| 民通意见 | 第1条【公民的民事权利能力自出生时开始:户籍证明、医院出具的出生证明、其他证明】 | ★★ | 0934 |
| | 第52条【个人合伙中合伙人退伙及其赔偿责任】 | ★ | |
| 婚姻法司法解释二 | 第24条【离婚时夫妻共同债务的清偿】 | ★ | 0933 |

## 第52条【退伙人的合伙企业财产份额的退还办法】 ★★

退伙人在合伙企业中财产份额的退还办法,由合伙协议约定或者由全体合伙人决定,可以退还货币,也可以退还实物。

■ 主要适用的案由及其相关度

| 案由编号 | 主要适用的案由 | 相关度 |
|---|---|---|
| M4.10.111 | 合伙协议纠纷 | ★★★★★ |
| M8.22.268 | 退伙纠纷 | ★★★ |

■ 同时适用的法条及其相关度

| | 同时适用的法条 | 相关度 | |
|---|---|---|---|
| 合伙企业法 | 第51条【退伙结算】 | ★★★★★ | 0606 |
| | 第45条【合伙人退伙事由】 | ★★★★ | |
| | 第2条【合伙企业的类型:普通合伙企业、有限合伙企业】 | ★ | |
| | 第4条【合伙协议的订立】 | ★ | |
| | 第33条【合伙企业利润分配与亏损分担规则】 | ★ | |
| | 第46条【合伙人自愿退伙的条件和通知义务】 | ★ | |

|  | | 同时适用的法条 | 相关度 |
|---|---|---|---|
| 0791 | 合同法 | 第60条【合同履行的原则】 | ★★★ |
| | | 第107条【合同约束力:违约责任】 | ★★★ |
| | | 第8条【合同约束力】 | ★ |
| | | 第44条【合同成立条件与时间】 | ★ |
| | | 第109条【违约责任的承担:付款义务的继续履行】 | ★ |
| 0812 | 民法通则 | 第108条【债务清偿:分期偿还、强制偿还】 | ★★ |
| | | 第30条【个人合伙】 | ★ |
| | | 第31条【合伙协议】 | ★ |
| | | 第84条【债的界定】 | ★ |
| | | 第106条【民事责任归责原则:违约责任,无过错责任原则;侵权责任,过错责任、无过错责任】 | ★ |
| 0934 | 民通意见 | 第1条【公民的民事权利能力自出生时开始:户籍证明、医院出具的出生证明、其他证明】 | ★ |

## 第53条【退伙人对合伙企业债务的承担规则】 ★★

退伙人对基于其退伙前的原因发生的合伙企业债务,承担无限连带责任。

■ 主要适用的案由及其相关度

| 案由编号 | 主要适用的案由 | 相关度 |
|---|---|---|
| M4.10.89.4 | 民间借贷纠纷 | ★★★★★ |
| M4.10.74 | 买卖合同纠纷 | ★★★★★ |
| M4.10.111 | 合伙协议纠纷 | ★★★ |
| M6.17.169.5 | 追索劳动报酬纠纷 | ★★★ |
| M4.10.89.1 | 金融借款合同纠纷 | ★ |
| M4.10 | 合同纠纷 | ★ |
| M5.14.142.28 | 侵害计算机软件著作权纠纷 | ★ |
| M4.10.97 | 租赁合同纠纷 | ★ |

■ 同时适用的法条及其相关度

| | 同时适用的法条 | 相关度 | |
|---|---|---|---|
| 合伙企业法 | 第38条【合伙企业债务清偿原则:以合伙企业财产优先清偿】 | ★★★★★ | 0606 |
| | 第39条【合伙人的无限连带责任】 | ★★★★★ | |
| | 第44条【新入伙合伙人的权利义务】 | ★★★★★ | |
| | 第2条【合伙企业的类型:普通合伙企业、有限合伙企业】 | ★★★★ | |
| | 第33条【合伙企业利润分配与亏损分担规则】 | ★ | |
| | 第40条【合伙人的债务追偿权】 | ★ | |
| | 第51条【退伙结算】 | ★ | |
| | 第52条【退伙人的合伙企业财产份额的退还办法】 | ★ | |
| 合同法 | 第60条【合同履行的原则】 | ★★★ | 0791 |
| | 第107条【合同约束力:违约责任】 | ★★★ | |
| | 第206条【借款期限的认定】 | ★★★ | |
| | 第109条【违约责任的承担:付款义务的继续履行】 | ★★ | |
| | 第207条【借款合同违约责任承担:支付利息】 | ★★ | |
| | 第61条【合同内容约定不明确的处理规则;合同漏洞的填补】 | ★ | |
| | 第114条【违约金的数额及其调整】 | ★ | |
| | 第159条【买受人应支付价款的数额认定】 | ★ | |
| | 第161条【买受人支付价款的时间】 | ★ | |
| | 第196条【借款合同定义】 | ★ | |
| | 第205条【借款合同的利息支付义务】 | ★ | |
| | 第211条【自然人之间借款合同利息的规制】 | ★ | |
| 民法通则 | 第108条【债务清偿:分期偿还、强制偿还】 | ★★★ | 0812 |
| | 第35条【民事合伙的债务承担规则】 | ★ | |
| | 第84条【债的界定】 | ★ | |
| | 第90条【借贷关系】 | ★ | |

| | | 同时适用的法条 | 相关度 |
|---|---|---|---|
| 0843 | 劳动法 | 第7条【劳动者组织和参加工会的权利；工会的权利义务】 | ★ |
| | | 第30条【用人单位单方解除劳动合同时的工会的权利】 | ★ |
| 0823 | 担保法 | 第18条【保证合同中连带责任的承担】 | ★ |
| | | 第21条【保证担保的范围；没有约定、约定不明时的担保范围】 | ★ |
| | | 第31条【保证人的追偿权】 | ★ |
| 0959 | 审理民间借贷案件规定 | 第26条【民间借贷年利率的限定】 | ★ |

**第54条【退伙人的亏损分担义务】** ★

合伙人退伙时，合伙企业财产少于合伙企业债务的，退伙人应当依照本法第三十三条第一款的规定分担亏损。

■ 主要适用的案由及其相关度

| 案由编号 | 主要适用的案由 | 相关度 |
|---|---|---|
| M8.22.268 | 退伙纠纷 | |
| M4.10.111 | 合伙协议纠纷 | |

■ 同时适用的法条及其相关度

| | | 同时适用的法条 | 相关度 |
|---|---|---|---|
| 0606 | 合伙企业法 | 第21条【清算前合伙企业财产禁止分割；私自转移或处分合伙企业财产不得对抗善意第三人】 | |
| | | 第33条【合伙企业利润分配与亏损分担规则】 | |
| | | 第38条【合伙企业债务清偿原则：以合伙企业财产优先清偿】 | |
| | | 第45条【合伙人退伙事由】 | |

| | 同时适用的法条 | 相关度 | |
|---|---|---|---|
| 合伙企业法 | 第51条【退伙结算】 | | 0606 |
| | 第52条【退伙人的合伙企业财产份额的退还办法】 | | |
| | 第53条【退伙人对合伙企业债务的承担规则】 | | |
| 民法通则 | 第31条【合伙协议】 | | 0812 |
| 合同法 | 第54条【合同的变更和撤销】 | | 0791 |
| | 第56条【合同无效或被撤销的溯及力;部分无效不影响其他独立部分的效力】 | | |
| | 第58条【合同无效或被撤销的法律后果】 | | |
| | 第107条【合同约束力:违约责任】 | | |

## 第六节 特殊的普通合伙企业

**第55条【特殊普通合伙企业的定义、适用范围和适用法律的规定】**

以专业知识和专门技能为客户提供有偿服务的专业服务机构,可以设立为特殊的普通合伙企业。

特殊的普通合伙企业是指合伙人依照本法第五十七条的规定承担责任的普通合伙企业。

特殊的普通合伙企业适用本节规定;本节未作规定的,适用本章第一节至第五节的规定。①

**第56条【"特殊普通合伙"字样标明义务】** ★

特殊的普通合伙企业名称中应当标明"特殊普通合伙"字样。

▌ 主要适用的案由及其相关度

| 案由编号 | 主要适用的案由 | 相关度 |
|---|---|---|
| M4.10.67.2 | 确认合同无效纠纷 | |

---

① 说明:本法条尚无足够数量判决书可供法律大数据分析。

■ 同时适用的法条及其相关度

| | 同时适用的法条 | 相关度 |
|---|---|---|
| 0791 合同法 | 第52条【合同无效的情形】 | |

**第57条【特殊普通合伙企业合伙人债务承担的特别规定】** ★

一个合伙人或者数个合伙人在执业活动中因故意或者重大过失造成合伙企业债务的,应当承担无限责任或者无限连带责任,其他合伙人以其在合伙企业中的财产份额为限承担责任。

合伙人在执业活动中非因故意或者重大过失造成的合伙企业债务以及合伙企业的其他债务,由全体合伙人承担无限连带责任。

■ 主要适用的案由及其相关度

| 案由编号 | 主要适用的案由 | 相关度 |
|---|---|---|
| M4.10.111 | 合伙协议纠纷 | |
| M4.10.89.4 | 民间借贷纠纷 | |
| M8.20 | 与企业有关的纠纷 | |

■ 同时适用的法条及其相关度

| | | 同时适用的法条 | 相关度 |
|---|---|---|---|
| 0606 | 合伙企业法 | 第14条【普通合伙企业设立条件】 | |
| | | 第32条【合伙人竞业禁止;合伙人自我交易限制】 | |
| | | 第37条【合伙企业对合伙人的内部限制不得对抗善意第三人】 | |
| | | 第38条【合伙企业债务清偿原则:以合伙企业财产优先清偿】 | |
| | | 第39条【合伙人的无限连带责任】 | |
| | | 第51条【退伙结算】 | |
| | | 第58条【特殊普通合伙企业的内部赔偿规定】 | |
| | | 第59条【特殊合伙企业替代赔偿措施:执业风险基金和职业保险】 | |

| | 同时适用的法条 | 相关度 |
|---|---|---|
| 企业法 合伙 | 第61条【有限合伙企业合伙人人数规定】 | 0606 |
| | 第63条【有限合伙企业合伙协议的特别载明事项】 | |
| 合同法 | 第205条【借款合同的利息支付义务】 | 0791 |
| | 第206条【借款期限的认定】 | |
| 民法通则 | 第30条【个人合伙】 | 0812 |

## 第58条【特殊普通合伙企业的内部赔偿规定】 ★

合伙人执业活动中因故意或者重大过失造成的合伙企业债务,以合伙企业财产对外承担责任后,该合伙人应当按照合伙协议的约定对给合伙企业造成的损失承担赔偿责任。

■ 主要适用的案由及其相关度

| 案由编号 | 主要适用的案由 | 相关度 |
|---|---|---|
| M4.10.111 | 合伙协议纠纷 | |
| M4.10.74 | 买卖合同纠纷 | |
| M8.20 | 与企业有关的纠纷 | |
| M3.5 | 物权保护纠纷 | |

■ 同时适用的法条及其相关度

| | 同时适用的法条 | 相关度 |
|---|---|---|
| 民法通则 | 第5条【公民的合法权益受到保护】 | 0812 |
| | 第30条【个人合伙】 | |
| | 第31条【合伙协议】 | |
| 合伙企业法 | 第14条【普通合伙企业设立条件】 | 0606 |
| | 第20条【合伙企业的财产】 | |
| | 第21条【清算前合伙企业财产禁止分割;私自转移或处分合伙企业财产不得对抗善意第三人】 | |
| | 第28条【执行事务合伙人的报告义务及执行收益的归属与费用承担;非执行合伙人的知情权】 | |

|  |  | 同时适用的法条 | 相关度 |
|---|---|---|---|
| 0606 | 合伙企业法 | 第32条【合伙人竞业禁止;合伙人自我交易限制】 | |
| | | 第51条【退伙结算】 | |
| | | 第57条【特殊普通合伙企业合伙人债务承担的特别规定】 | |
| | | 第59条【特殊合伙企业替代赔偿措施:执业风险基金和职业保险】 | |
| | | 第61条【有限合伙企业合伙人人数规定】 | |
| | | 第63条【有限合伙企业合伙协议的特别载明事项】 | |
| 0834 | 物权法 | 第32条【物权遭受侵害的救济途径】 | |

**第59条【特殊合伙企业替代赔偿措施:执业风险基金和职业保险】** ★

特殊的普通合伙企业应当建立执业风险基金、办理职业保险。

执业风险基金用于偿付合伙人执业活动造成的债务。执业风险基金应当单独立户管理。具体管理办法由国务院规定。

■ 主要适用的案由及其相关度

| 案由编号 | 主要适用的案由 | 相关度 |
|---|---|---|
| M4.10.111 | 合伙协议纠纷 | |
| M4.10.99 | 承揽合同纠纷 | |

■ 同时适用的法条及其相关度

|  |  | 同时适用的法条 | 相关度 |
|---|---|---|---|
| 0791 | 合同法 | 第263条【定作人报酬支付的期限】 | |
| 0606 | 合伙企业法 | 第14条【普通合伙企业设立条件】 | |
| | | 第39条【合伙人的无限连带责任】 | |
| | | 第51条【退伙结算】 | |
| | | 第57条【特殊普通合伙企业合伙人债务承担的特别规定】 | |
| | | 第58条【特殊普通合伙企业的内部赔偿规定】 | |
| 0812 | 民法通则 | 第30条【个人合伙】 | |

## 第三章 有限合伙企业

**第60条【有限合伙企业的法律适用】** ★

有限合伙企业及其合伙人适用本章规定;本章未作规定的,适用本法第二章第一节至第五节关于普通合伙企业及其合伙人的规定。

■ 主要适用的案由及其相关度

| 案由编号 | 主要适用的案由 | 相关度 |
| --- | --- | --- |
| M8.20.228 | 企业出资人权益确认纠纷 | |
| M4.10.111 | 合伙协议纠纷 | |
| M4.10.74 | 买卖合同纠纷 | |
| M4.10.97.2 | 房屋租赁合同纠纷 | |

■ 同时适用的法条及其相关度

| | 同时适用的法条 | 相关度 | |
| --- | --- | --- | --- |
| 民法通则 | 第4条【民事活动的基本原则:自愿、公平、等价有偿、诚实信用】 | | 0812 |
| | 第30条【个人合伙】 | | |
| | 第34条【合伙事务的执行】 | | |
| 合伙企业法 | 第2条【合伙企业的类型:普通合伙企业、有限合伙企业】 | | 0606 |
| | 第37条【合伙企业对合伙人的内部限制不得对抗善意第三人】 | | |
| | 第38条【合伙企业债务清偿原则:以合伙企业财产优先清偿】 | | |
| | 第39条【合伙人的无限连带责任】 | | |
| | 第43条【入伙条件】 | | |
| | 第64条【有限合伙人出资形式;劳务出资禁止】 | | |
| | 第65条【有限合伙人出资缴纳义务及违约责任】 | | |
| | 第67条【有限合伙企业事务执行规定】 | | |

| | 同时适用的法条 | 相关度 |
|---|---|---|
| 0742 个人独资企业法 | 第28条【个人独资企业解散后原投资人的债务偿还责任及其期限】 | |
| 0791 合同法 | 第8条【合同约束力】 | |
| | 第60条【合同履行的原则】 | |
| | 第107条【合同约束力:违约责任】 | |
| | 第212条【租赁合同的定义】 | |
| | 第226条【租赁合同中承租人租金支付期限的确定规则】 | |
| 0823 担保法 | 第31条【保证人的追偿权】 | |
| | 第53条【抵押权的实现】 | |
| | 第57条【担保人的追偿权】 | |
| 0834 物权法 | 第176条【混合担保规则】 | |
| | 第195条【抵押权实现的方式和程序】 | |
| 0934 民通意见 | 第46条【合伙人的认定】 | |
| | 第50条【认定合伙关系:无合伙协议且未登记时的认定方式】 | |
| 0915 公司法司法解释三 | 第13条【未履行或未全面履行出资义务的股东对于公司债务承担补充责任;发起人的连带责任;董事、高级管理人员的不真正连带责任】 | |
| 0929 担保法司法解释 | 第19条【连带共同保证的认定】 | |
| | 第20条【连带共同保证的责任承担】 | |

**第61条【有限合伙企业合伙人人数规定】** ★

有限合伙企业由二个以上五十个以下合伙人设立;但是,法律另有规定的除外。

有限合伙企业至少应当有一个普通合伙人。

### 主要适用的案由及其相关度

| 案由编号 | 主要适用的案由 | 相关度 |
|---|---|---|
| M4.10.111 | 合伙协议纠纷 | |
| M8.20 | 与企业有关的纠纷 | |

### 同时适用的法条及其相关度

| | 同时适用的法条 | 相关度 | |
|---|---|---|---|
| 合同法 | 第8条【合同约束力】 | | 0791 |
| 合同法 | 第60条【合同履行的原则】 | | |
| 合伙企业法 | 第32条【合伙人竞业禁止;合伙人自我交易限制】 | | 0606 |
| 合伙企业法 | 第57条【特殊普通合伙企业合伙人债务承担的特别规定】 | | |
| 合伙企业法 | 第58条【特殊普通合伙企业的内部赔偿规定】 | | |
| 合伙企业法 | 第63条【有限合伙企业合伙协议的特别载明事项】 | | |
| 合伙企业法 | 第67条【有限合伙企业事务执行规定】 | | |

## 第62条【"有限合伙"字样标明义务】

有限合伙企业名称中应当标明"有限合伙"字样。

### 主要适用的案由及其相关度

| 案由编号 | 主要适用的案由 | 相关度 |
|---|---|---|
| M8.22 | 合伙企业纠纷 | |

### 同时适用的法条及其相关度

| | 同时适用的法条 | 相关度 | |
|---|---|---|---|
| 合伙企业法 | 第2条【合伙企业的类型:普通合伙企业、有限合伙企业】 | | 0606 |
| 合伙企业法 | 第11条【合伙企业成立日期】 | | |
| 合伙企业法 | 第14条【普通合伙企业设立条件】 | | |
| 合伙企业法 | 第15条【企业名称中"普通合伙"字样标明义务】 | | |

**第 63 条【有限合伙企业合伙协议的特别载明事项】** ★

合伙协议除符合本法第十八条的规定外,还应当载明下列事项:

(一)普通合伙人和有限合伙人的姓名或者名称、住所;

(二)执行事务合伙人应具备的条件和选择程序;

(三)执行事务合伙人权限与违约处理办法;

(四)执行事务合伙人的除名条件和更换程序;

(五)有限合伙人入伙、退伙的条件、程序以及相关责任;

(六)有限合伙人和普通合伙人相互转变程序。

■ 主要适用的案由及其相关度

| 案由编号 | 主要适用的案由 | 相关度 |
| --- | --- | --- |
| M4.10.89.4 | 民间借贷纠纷 | |
| M8.20 | 与企业有关的纠纷 | |
| M8.22 | 合伙企业纠纷 | |
| M4.10.74 | 买卖合同纠纷 | |

■ 同时适用的法条及其相关度

| | | 同时适用的法条 | 相关度 |
| --- | --- | --- | --- |
| 0606 | 合伙企业法 | 第 18 条【合伙协议应载明的事项】 | |
| | | 第 32 条【合伙人竞业禁止;合伙人自我交易限制】 | |
| | | 第 57 条【特殊普通合伙企业合伙人债务承担的特别规定】 | |
| | | 第 58 条【特殊普通合伙企业的内部赔偿规定】 | |
| | | 第 61 条【有限合伙企业合伙人人数规定】 | |
| | | 第 67 条【有限合伙企业事务执行规定】 | |
| 0812 | 民法通则 | 第 4 条【民事活动的基本原则:自愿、公平、等价有偿、诚实信用】 | |
| | | 第 90 条【借贷关系】 | |
| | | 第 108 条【债务清偿:分期偿还、强制偿还】 | |

| | 同时适用的法条 | 相关度 | |
|---|---|---|---|
| 合同法 | 第8条【合同约束力】 | | 0791 |
| | 第109条【违约责任的承担:付款义务的继续履行】 | | |

## 第64条【有限合伙人出资形式;劳务出资禁止】 ★

有限合伙人可以用货币、实物、知识产权、土地使用权或者其他财产权利作价出资。

有限合伙人不得以劳务出资。

■ 主要适用的案由及其相关度

| 案由编号 | 主要适用的案由 | 相关度 |
|---|---|---|
| M8.20.228 | 企业出资人权益确认纠纷 | |

■ 同时适用的法条及其相关度

| | 同时适用的法条 | 相关度 | |
|---|---|---|---|
| 合伙企业法 | 第8条【合法财产及权益受法律保护】 | | 0606 |
| | 第60条【有限合伙企业的法律适用】 | | |
| | 第65条【有限合伙人出资缴纳义务及违约责任】 | | |
| | 第67条【有限合伙企业事务执行规定】 | | |
| 合同法 | 第8条【合同约束力】 | | 0791 |
| 个人独资企业法 | 第28条【个人独资企业解散后原投资人的债务偿还责任及其期限】 | | 0742 |
| 民法通则 | 第4条【民事活动的基本原则:自愿、公平、等价有偿、诚实信用】 | | 0812 |
| | 第30条【个人合伙】 | | |
| | 第34条【合伙事务的执行】 | | |
| 民通意见 | 第46条【合伙人的认定】 | | 0934 |
| | 第50条【认定合伙关系:无合伙协议且未登记时的认定方式】 | | |

## 第65条【有限合伙人出资缴纳义务及违约责任】 ★

有限合伙人应当按照合伙协议的约定按期足额缴纳出资;未按期足额缴纳的,应当承担补缴义务,并对其他合伙人承担违约责任。

■ 主要适用的案由及其相关度

| 案由编号 | 主要适用的案由 | 相关度 |
|---|---|---|
| M8.20.228 | 企业出资人权益确认纠纷 | |
| M4.10.111 | 合伙协议纠纷 | |
| M4.10.89.4 | 民间借贷纠纷 | |

■ 同时适用的法条及其相关度

| | | 同时适用的法条 | 相关度 |
|---|---|---|---|
| 0606 | 合伙企业法 | 第2条【合伙企业的类型:普通合伙企业、有限合伙企业】 | |
| | | 第60条【有限合伙企业的法律适用】 | |
| | | 第64条【有限合伙人出资形式;劳务出资禁止】 | |
| | | 第67条【有限合伙企业事务执行规定】 | |
| 0812 | 民法通则 | 第4条【民事活动的基本原则:自愿、公平、等价有偿、诚实信用】 | |
| | | 第30条【个人合伙】 | |
| | | 第34条【合伙事务的执行】 | |
| | | 第43条【企业法人对其机构的活动承担民事责任】 | |
| 0742 | 个人独资企业法 | 第28条【个人独资企业解散后原投资人的债务偿还责任及其期限】 | |
| 0791 | 合同法 | 第60条【合同履行的原则】 | |
| | | 第206条【借款期限的认定】 | |
| | | 第207条【借款合同违约责任承担:支付利息】 | |
| 0934 | 民通意见 | 第46条【合伙人的认定】 | |
| | | 第50条【认定合伙关系:无合伙协议且未登记时的认定方式】 | |

## 第66条【有限合伙企业登记事项】

有限合伙企业登记事项中应当载明有限合伙人的姓名或者名称及认缴的出资数额。①

## 第67条【有限合伙企业事务执行规定】 ★

有限合伙企业由普通合伙人执行合伙事务。执行事务合伙人可以要求在合伙协议中确定执行事务的报酬及报酬提取方式。

■ 主要适用的案由及其相关度

| 案由编号 | 主要适用的案由 | 相关度 |
| --- | --- | --- |
| M4.10.111 | 合伙协议纠纷 | |
| M8.20.228 | 企业出资人权益确认纠纷 | |
| M8.22 | 合伙企业纠纷 | |
| M4.10 | 合同纠纷 | |
| M4.10.120 | 服务合同纠纷 | |
| M4.10.74 | 买卖合同纠纷 | |
| M4.10.89.3 | 企业借贷纠纷 | |

■ 同时适用的法条及其相关度

| | 同时适用的法条 | 相关度 | |
| --- | --- | --- | --- |
| 合伙企业法 | 第2条【合伙企业的类型:普通合伙企业、有限合伙企业】 | | 0606 |
| | 第60条【有限合伙企业的法律适用】 | | |
| | 第61条【有限合伙企业合伙人人数规定】 | | |
| | 第63条【有限合伙企业合伙协议的特别载明事项】 | | |
| | 第64条【有限合伙人出资形式;劳务出资禁止】 | | |
| | 第65条【有限合伙人出资缴纳义务及违约责任】 | | |
| 合同法 | 第6条【诚实信用原则】 | | 0791 |
| | 第8条【合同约束力】 | | |

---

① 说明:本法条尚无足够数量判决书可供法律大数据分析。

|  | | 同时适用的法条 | 相关度 |
|---|---|---|---|
| 0791 | 合同法 | 第44条【合同成立条件与时间】 | |
| | | 第60条【合同履行的原则】 | |
| | | 第107条【合同约束力:违约责任】 | |
| | | 第130条【买卖合同的定义】 | |
| | | 第159条【买受人应支付价款的数额认定】 | |
| | | 第161条【买受人支付价款的时间】 | |
| 0823 | 担保法 | 第18条【保证合同中连带责任的承担】 | |
| | | 第26条【连带保证的保证期间】 | |
| | | 第31条【保证人的追偿权】 | |
| 0742 | 个人独资企业法 | 第28条【个人独资企业解散后原投资人的债务偿还责任及其期限】 | |
| 0812 | 民法通则 | 第4条【民事活动的基本原则:自愿、公平、等价有偿、诚实信用】 | |
| | | 第30条【个人合伙】 | |
| | | 第34条【合伙事务的执行】 | |
| | | 第84条【债的界定】 | |
| 0934 | 民通意见 | 第46条【合伙人的认定】 | |
| | | 第50条【认定合伙关系:无合伙协议且未登记时的认定方式】 | |
| 0937 | 买卖合同司法解释 | 第24条【买卖合同逾期付款违约金的适用规则】 | |

**第68条【有限合伙人执行合伙事务的限制规定】**

有限合伙人不执行合伙事务,不得对外代表有限合伙企业。

有限合伙人的下列行为,不视为执行合伙事务:

(一)参与决定普通合伙人入伙、退伙;

(二)对企业的经营管理提出建议;

(三)参与选择承办有限合伙企业审计业务的会计师事务所;

(四)获取经审计的有限合伙企业财务会计报告;

（五）对涉及自身利益的情况，查阅有限合伙企业财务会计账簿等财务资料；

（六）在有限合伙企业中的利益受到侵害时，向有责任的合伙人主张权利或者提起诉讼；

（七）执行事务合伙人怠于行使权利时，督促其行使权利或者为了本企业的利益以自己的名义提起诉讼；

（八）依法为本企业提供担保。①

第69条【有限合伙企业利润分配的特殊规定】

有限合伙企业不得将全部利润分配给部分合伙人；但是，合伙协议另有约定的除外。

■ 主要适用的案由及其相关度

| 案由编号 | 主要适用的案由 | 相关度 |
|---|---|---|
| M4.10.67.2 | 确认合同无效纠纷 | |

■ 同时适用的法条及其相关度

| | 同时适用的法条 | 相关度 |
|---|---|---|
| 合伙企业法 | 第14条【普通合伙企业设立条件】 | |
| | 第31条【须经全体合伙人一致同意的事项】 | |
| | 第44条【新入伙合伙人的权利义务】 | |

第70条【有限合伙人与合伙企业交易的许可与例外】

有限合伙人可以同本有限合伙企业进行交易；但是，合伙协议另有约定的除外。②

第71条【有限合伙人竞业许可与例外】

有限合伙人可以自营或者同他人合作经营与本有限合伙企业相竞争的业务；但是，合伙协议另有约定的除外。③

---

① 说明：本法条尚无足够数量判决书可供法律大数据分析。
② 说明：本法条尚无足够数量判决书可供法律大数据分析。
③ 说明：本法条尚无足够数量判决书可供法律大数据分析。

### 第72条【有限合伙人财产份额出质规定】 ★

有限合伙人可以将其在有限合伙企业中的财产份额出质;但是,合伙协议另有约定的除外。

■ 主要适用的案由及其相关度

| 案由编号 | 主要适用的案由 | 相关度 |
|---|---|---|
| M4.10.89.1 | 金融借款合同纠纷 | |

■ 同时适用的法条及其相关度

| | 同时适用的法条 | 相关度 |
|---|---|---|
| 合同法 | 第107条【合同约束力:违约责任】 | |
| | 第205条【借款合同的利息支付义务】 | |
| | 第206条【借款期限的认定】 | |
| | 第207条【借款合同违约责任承担:支付利息】 | |
| 物权法 | 第208条【质权的概念与质权的实现;质押双方的概念】 | |
| | 第212条【质权的设立】 | |
| | 第223条【可出质的权利的范围】 | |
| | 第229条【权利质权的法律适用】 | |

### 第73条【有限合伙人财产份额转让规定】 ★

有限合伙人可以按照合伙协议的约定向合伙人以外的人转让其在有限合伙企业中的财产份额,但应当提前三十日通知其他合伙人。

■ 主要适用的案由及其相关度

| 案由编号 | 主要适用的案由 | 相关度 |
|---|---|---|
| M8.20.228 | 企业出资人权益确认纠纷 | |

■ 同时适用的法条及其相关度

| | 同时适用的法条 | 相关度 |
|---|---|---|
| 合同法 | 第8条【合同约束力】 | |

|  | 同时适用的法条 | 相关度 |
|---|---|---|
| 合同法 | 第44条【合同成立条件与时间】 | 0791 |
|  | 第107条【合同约束力:违约责任】 |  |

**第74条【有限合伙人以其合伙份额清偿个人债务的规定;其他合伙人的优先购买权】**

有限合伙人的自有财产不足清偿其与合伙企业无关的债务的,该合伙人可以以其从有限合伙企业中分取的收益用于清偿;债权人也可以依法请求人民法院强制执行该合伙人在有限合伙企业中的财产份额用于清偿。

人民法院强制执行有限合伙人的财产份额时,应当通知全体合伙人。在同等条件下,其他合伙人有优先购买权。①

**第75条【有限合伙企业转普通合伙企业的规定】**

有限合伙企业仅剩有限合伙人的,应当解散;有限合伙企业仅剩普通合伙人的,转为普通合伙企业。②

**第76条【有限合伙人承担无限连带责任的特别情形】**

第三人有理由相信有限合伙人为普通合伙人并与其交易的,该有限合伙人对该笔交易承担与普通合伙人同样的责任。

有限合伙人未经授权以有限合伙企业名义与他人进行交易,给有限合伙企业或者其他合伙人造成损失的,该有限合伙人应当承担赔偿责任。

■ 主要适用的案由及其相关度

| 案由编号 | 主要适用的案由 | 相关度 |
|---|---|---|
| M8.20.229 | 侵害企业出资人权益纠纷 |  |

■ 同时适用的法条及其相关度

|  | 同时适用的法条 | 相关度 |
|---|---|---|
| 合伙企业法 | 第12条【合伙企业分支机构设立登记】 | 0606 |

---

① 说明:本法条尚无足够数量判决书可供法律大数据分析。
② 说明:本法条尚无足够数量判决书可供法律大数据分析。

第77条【新入伙的有限合伙人的责任承担规则】
新入伙的有限合伙人对入伙前有限合伙企业的债务,以其认缴的出资额为限承担责任。①

第78条【有限合伙人法定退伙规定】
有限合伙人有本法第四十八条第一款第一项、第三项至第五项所列情形之一的,当然退伙。②

第79条【有限合伙人退伙的限制:丧失民事行为能力】
作为有限合伙人的自然人在有限合伙企业存续期间丧失民事行为能力的,其他合伙人不得因此要求其退伙。③

第80条【有限合伙人资格的承继】
作为有限合伙人的自然人死亡、被依法宣告死亡或者作为有限合伙人的法人及其他组织终止时,其继承人或者权利承受人可以依法取得该有限合伙人在有限合伙企业中的资格。④

第81条【有限合伙人退伙后承担合伙企业债务的限度】
有限合伙人退伙后,对基于其退伙前的原因发生的有限合伙企业债务,以其退伙时从有限合伙企业中取回的财产承担责任。⑤

第82条【普通合伙人与有限合伙人相互转变的条件】
除合伙协议另有约定外,普通合伙人转变为有限合伙人,或者有限合伙人转变为普通合伙人,应当经全体合伙人一致同意。⑥

第83条【有限合伙人转变为普通合伙人后的责任承担规则】
有限合伙人转变为普通合伙人的,对其作为有限合伙人期间有限合伙企业发生的债务承担无限连带责任。⑦

---

① 说明:本法条尚无足够数量判决书可供法律大数据分析。
② 说明:本法条尚无足够数量判决书可供法律大数据分析。
③ 说明:本法条尚无足够数量判决书可供法律大数据分析。
④ 说明:本法条尚无足够数量判决书可供法律大数据分析。
⑤ 说明:本法条尚无足够数量判决书可供法律大数据分析。
⑥ 说明:本法条尚无足够数量判决书可供法律大数据分析。
⑦ 说明:本法条尚无足够数量判决书可供法律大数据分析。

第84条【普通合伙人转变为有限合伙人的责任承担规则】
　　普通合伙人转变为有限合伙人的,对其作为普通合伙人期间合伙企业发生的债务承担无限连带责任。①

## 第四章　合伙企业解散、清算

第85条【合伙企业的法定解散事由】　　　　　　　　　　★
　　合伙企业有下列情形之一的,应当解散:
　　(一)合伙期限届满,合伙人决定不再经营;
　　(二)合伙协议约定的解散事由出现;
　　(三)全体合伙人决定解散;
　　(四)合伙人已不具备法定人数满三十天;
　　(五)合伙协议约定的合伙目的已经实现或者无法实现;
　　(六)依法被吊销营业执照、责令关闭或者被撤销;
　　(七)法律、行政法规规定的其他原因。

■ 主要适用的案由及其相关度

| 案由编号 | 主要适用的案由 | 相关度 |
|---|---|---|
| M4.10.111 | 合伙协议纠纷 | ★★★★★ |
| M8.22 | 合伙企业纠纷 | ★ |

■ 同时适用的法条及其相关度

| | 同时适用的法条 | 相关度 |
|---|---|---|
| 合伙企业法 | 第1条【合伙企业法立法目的】 | |
| | 第2条【合伙企业的类型:普通合伙企业、有限合伙企业】 | |
| | 第4条【合伙协议的订立】 | |
| | 第5条【订立合伙协议、设立合伙企业应当遵循的原则】 | |
| | 第7条【合伙企业及合伙人的义务】 | |

---

① 说明:本法条尚无足够数量判决书可供法律大数据分析。

| | | 同时适用的法条 | 相关度 |
|---|---|---|---|
| 0606 | 合伙企业法 | 第8条【合法财产及权益受法律保护】 | |
| | | 第14条【普通合伙企业设立条件】 | |
| | | 第14条【普通合伙企业设立条件】 | |
| | | 第17条【合伙人出资的履行】 | |
| | | 第18条【合伙协议应载明的事项】 | |
| | | 第19条【合伙协议的效力规则】 | |
| | | 第20条【合伙企业的财产】 | |
| | | 第21条【清算前合伙企业财产禁止分割;私自转移或处分合伙企业财产不得对抗善意第三人】 | |
| | | 第22条【合伙企业财产份额转让:通知义务、一票否定权】 | |
| | | 第27条【非执行合伙人的监督权】 | |
| | | 第30条【合伙事务表决方式】 | |
| | | 第32条【合伙人竞业禁止;合伙人自我交易限制】 | |
| | | 第33条【合伙企业利润分配与亏损分担规则】 | |
| | | 第36条【合伙企业的财务、会计制度】 | |
| | | 第38条【合伙企业债务清偿原则:以合伙企业财产优先清偿】 | |
| | | 第39条【合伙人的无限连带责任】 | |
| | | 第44条【新入伙合伙人的权利义务】 | |
| | | 第45条【合伙人退伙事由】 | |
| | | 第48条【法定退伙情形】 | |
| | | 第51条【退伙结算】 | |
| | | 第52条【退伙人的合伙企业财产份额的退还办法】 | |
| 0812 | 民法通则 | 第4条【民事活动的基本原则:自愿、公平、等价有偿、诚实信用】 | |
| | | 第30条【个人合伙】 | |

| | 同时适用的法条 | 相关度 | |
|---|---|---|---|
| 民法通则 | 第31条【合伙协议】 | | 0812 |
| | 第32条【合伙财产的归属、管理和使用】 | | |
| | 第34条【合伙事务的执行】 | | |
| | 第35条【民事合伙的债务承担规则】 | | |
| | 第40条【法人终止的法律效果】 | | |
| | 第64条【代理的种类及代理权限】 | | |
| | 第84条【债的界定】 | | |
| | 第85条【合同的定义】 | | |
| | 第106条【民事责任归责原则:违约责任,无过错责任原则;侵权责任,过错责任、无过错责任】 | | |
| | 第108条【债务清偿:分期偿还、强制偿还】 | | |
| 合同法 | 第1条【合同法立法目的】 | | 0791 |
| | 第8条【合同约束力】 | | |
| | 第44条【合同成立条件与时间】 | | |
| | 第49条【表见代理的构成及其效力】 | | |
| | 第55条【撤销权消灭的法定情形】 | | |
| | 第60条【合同履行的原则】 | | |
| | 第79条【债权人不得转让合同权利的情形】 | | |
| | 第80条【债权人转让债权的通知义务】 | | |
| | 第93条【合同的意定解除:协商一致;约定条件成就】 | | |
| | 第94条【合同的法定解除;法定解除权】 | | |
| | 第97条【合同解除的法律后果】 | | |
| | 第107条【合同约束力:违约责任】 | | |
| | 第109条【违约责任的承担:付款义务的继续履行】 | | |
| | 第114条【违约金的数额及其调整】 | | |
| | 第159条【买受人应支付价款的数额认定】 | | |
| | 第161条【买受人支付价款的时间】 | | |

|  | | 同时适用的法条 | 相关度 |
|---|---|---|---|
| 0859 | 继承法 | 第33条【继承遗产与清偿债务】 | |
| 0865 | 婚姻法 | 第32条【诉讼离婚】 | |
| 0934 | 民通意见 | 第1条【公民的民事权利能力自出生时开始：户籍证明、医院出具的出生证明、其他证明】 | |
| | | 第50条【认定合伙关系：无合伙协议且未登记时的认定方式】 | |
| | | 第52条【个人合伙中合伙人退伙及其赔偿责任】 | |
| | | 第54条【个人合伙合伙人退伙时合伙财产的分割规定】 | |
| | | 第161条【十八周岁民事责任的承担：侵权行为发生时行为人不满十八周岁，诉讼时已满十八周岁】 | |

**第86条【合伙企业解散时的清算人确定规则：自行确定、法院指定】** ★

合伙企业解散，应当由清算人进行清算。

清算人由全体合伙人担任；经全体合伙人过半数同意，可以自合伙企业解散事由出现后十五日内指定一个或者数个合伙人，或者委托第三人，担任清算人。

自合伙企业解散事由出现之日起十五日内未确定清算人的，合伙人或者其他利害关系人可以申请人民法院指定清算人。

■ 主要适用的案由及其相关度

| 案由编号 | 主要适用的案由 | 相关度 |
|---|---|---|
| M4.10.111 | 合伙协议纠纷 | ★★★★★ |
| M4.10.89.4 | 民间借贷纠纷 | ★ |
| M8.22.268 | 退伙纠纷 | ★ |

■ 同时适用的法条及其相关度

|  | | 同时适用的法条 | 相关度 |
|---|---|---|---|
| 0606 | 合伙企业法 | 第21条【清算前合伙企业财产禁止分割；私自转移或处分合伙企业财产不得对抗善意第三人】 | ★★★★★ |

| | 同时适用的法条 | 相关度 | |
|---|---|---|---|
| 合伙企业法 | 第38条【合伙企业债务清偿原则:以合伙企业财产优先清偿】 | ★★★★ | 0606 |
| | 第39条【合伙人的无限连带责任】 | ★★★★ | |
| | 第20条【合伙企业的财产】 | ★★★ | |
| | 第33条【合伙企业利润分配与亏损分担规则】 | ★★★ | |
| | 第40条【合伙人的债务追偿权】 | ★★★ | |
| | 第51条【退伙结算】 | ★★★ | |
| | 第2条【合伙企业的类型:普通合伙企业、有限合伙企业】 | ★ | |
| | 第4条【合伙协议的订立】 | ★ | |
| | 第14条【普通合伙企业设立条件】 | ★ | |
| | 第22条【合伙企业财产份额转让:通知义务、一票否定权】 | ★ | |
| | 第31条【须经全体合伙人一致同意的事项】 | ★ | |
| | 第44条【新入伙合伙人的权利义务】 | ★ | |
| | 第45条【合伙人退伙事由】 | ★ | |
| 民法通则 | 第30条【个人合伙】 | ★★★★★ | 0812 |
| | 第31条【合伙协议】 | ★★★ | |
| | 第5条【公民的合法权益受到保护】 | ★ | |
| | 第32条【合伙财产的归属、管理和使用】 | ★ | |
| | 第35条【民事合伙的债务承担规则】 | ★ | |
| 合同法 | 第60条【合同履行的原则】 | ★★★ | 0791 |
| | 第206条【借款期限的认定】 | ★★★ | |
| | 第44条【合同成立条件与时间】 | ★ | |
| | 第93条【合同的意定解除:协商一致;约定条件成就】 | ★ | |
| 民通意见 | 第1条【公民的民事权利能力自出生时开始:户籍证明、医院出具的出生证明、其他证明】 | ★★★ | 0934 |

| | | 同时适用的法条 | 相关度 |
|---|---|---|---|
| 0934 | 民通意见 | 第50条【认定合伙关系:无合伙协议且未登记时的认定方式】 | ★ |

### 第87条【合伙企业清算人职责】 ★

清算人在清算期间执行下列事务：

（一）清理合伙企业财产，分别编制资产负债表和财产清单；

（二）处理与清算有关的合伙企业未了结事务；

（三）清缴所欠税款；

（四）清理债权、债务；

（五）处理合伙企业清偿债务后的剩余财产；

（六）代表合伙企业参加诉讼或者仲裁活动。

■ 主要适用的案由及其相关度

| 案由编号 | 主要适用的案由 | 相关度 |
|---|---|---|
| M4.10.111 | 合伙协议纠纷 | |

■ 同时适用的法条及其相关度

| | | 同时适用的法条 | 相关度 |
|---|---|---|---|
| 0812 | 民法通则 | 第31条【合伙协议】 | |
| | | 第32条【合伙财产的归属、管理和使用】 | |
| 0606 | 合伙企业法 | 第2条【合伙企业的类型:普通合伙企业、有限合伙企业】 | |
| | | 第33条【合伙企业利润分配与亏损分担规则】 | |
| 0934 | 民通意见 | 第55条【合伙终止时合伙财产处理规则】 | |

### 第88条【债权申报程序】

清算人自被确定之日起十日内将合伙企业解散事项通知债权人，并于六十日内在报纸上公告。债权人应当自接到通知书之日起三十日内，未接到通知书的自公告之日起四十五日内，向清算人申报债权。

债权人申报债权，应当说明债权的有关事项，并提供证明材料。清算人应当对债权进行登记。

清算期间,合伙企业存续,但不得开展与清算无关的经营活动。①

第89条【合伙企业清算期间债务的清偿顺序及剩余财产分配】 ★

合伙企业财产在支付清算费用和职工工资、社会保险费用、法定补偿金以及缴纳所欠税款、清偿债务后的剩余财产,依照本法第三十三条第一款的规定进行分配。

■ 主要适用的案由及其相关度

| 案由编号 | 主要适用的案由 | 相关度 |
| --- | --- | --- |
| M4.10.111 | 合伙协议纠纷 | |
| M4.10.74 | 买卖合同纠纷 | |
| M8.22 | 合伙企业纠纷 | |
| M8.22.268 | 退伙纠纷 | |
| M4.10.89.4 | 民间借贷纠纷 | |
| M4.10.126 | 追偿权纠纷 | |

■ 同时适用的法条及其相关度

| | 同时适用的法条 | 相关度 |
| --- | --- | --- |
| 合伙企业法 | 第2条【合伙企业的类型:普通合伙企业、有限合伙企业】 | |
| | 第21条【清算前合伙企业财产禁止分割;私自转移或处分合伙企业财产不得对抗善意第三人】 | |
| | 第33条【合伙企业利润分配与亏损分担规则】 | |
| | 第38条【合伙企业债务清偿原则:以合伙企业财产优先清偿】 | |
| | 第45条【合伙人退伙事由】 | |
| | 第51条【退伙结算】 | |
| | 第52条【退伙人的合伙企业财产份额的退还办法】 | |

---

① 说明:本法条尚无足够数量判决书可供法律大数据分析。

| | | 同时适用的法条 | 相关度 |
|---|---|---|---|
| 0606 | 合伙企业法 | 第53条【退伙人对合伙企业债务的承担规则】 | |
| | | 第54条【退伙人的亏损分担义务】 | |
| 0791 | 合同法 | 第58条【合同无效或被撤销的法律后果】 | |
| | | 第93条【合同的意定解除:协商一致;约定条件成就】 | |
| | | 第159条【买受人应支付价款的数额认定】 | |
| 0812 | 民法通则 | 第30条【个人合伙】 | |
| | | 第31条【合伙协议】 | |
| | | 第84条【债的界定】 | |
| | | 第106条【民事责任归责原则:违约责任,无过错责任原则;侵权责任,过错责任、无过错责任】 | |
| | | 第108条【债务清偿:分期偿还、强制偿还】 | |
| | | 第111条【不履行合同义务的后果:继续履行;补救;赔偿损失】 | |

**第90条【合伙企业清算报告的编制、报送和办理注销登记】** ★

清算结束,清算人应当编制清算报告,经全体合伙人签名、盖章后,在十五日内向企业登记机关报送清算报告,申请办理合伙企业注销登记。

■ 主要适用的案由及其相关度

| 案由编号 | 主要适用的案由 | 相关度 |
|---|---|---|
| M4.10.111 | 合伙协议纠纷 | |
| M8.20.235 | 企业出售合同纠纷 | |
| M8.22.268 | 退伙纠纷 | |

■ 同时适用的法条及其相关度

| | | 同时适用的法条 | 相关度 |
|---|---|---|---|
| 0812 | 民法通则 | 第84条【债的界定】 | |
| | | 第85条【合同的定义】 | |
| | | 第108条【债务清偿:分期偿还、强制偿还】 | |

| | 同时适用的法条 | 相关度 |
|---|---|---|
| 合同法 | 第114条【违约金的数额及其调整】 | 0791 |

## 第91条【合伙企业注销后原普通合伙人的责任承担规则】 ★

合伙企业注销后,原普通合伙人对合伙企业存续期间的债务仍应承担无限连带责任。

■ 主要适用的案由及其相关度

| 案由编号 | 主要适用的案由 | 相关度 |
|---|---|---|
| M4.10.74 | 买卖合同纠纷 | |
| M4.10.74.4 | 互易纠纷 | |
| M4.10.101 | 运输合同纠纷 | |
| M4.10.100.3 | 建设工程施工合同纠纷 | |
| M4.10.89 | 借款合同纠纷 | |
| M4.10.89.1 | 金融借款合同纠纷 | |
| M4.10.89.4 | 民间借贷纠纷 | |
| M6.17 | 劳动争议 | |
| M4.10.99 | 承揽合同纠纷 | |
| M4.10.99.1 | 加工合同纠纷 | |
| M8.20.228 | 企业出资人权益确认纠纷 | |
| M8.27 | 保险纠纷 | |
| M9.30.345 | 提供劳务者受害责任纠纷 | |
| M5.13.131.1 | 商标权转让合同纠纷 | |
| M5.14.143 | 商标权权属、侵权纠纷 | |
| M6.17.169.5 | 追索劳动报酬纠纷 | |
| M6.17.170.2 | 工伤保险待遇纠纷 | |
| M4.10.90 | 保证合同纠纷 | |
| M4.10.97 | 租赁合同纠纷 | |
| M4.10.84 | 供用电合同纠纷 | |
| M4.10 | 合同纠纷 | |
| M4.10.111 | 合伙协议纠纷 | |
| M4.10.126 | 追偿权纠纷 | |

■ 同时适用的法条及其相关度

| | 同时适用的法条 | 相关度 |
|---|---|---|
| 合同法 | 第8条【合同约束力】 | |
| | 第44条【合同成立条件与时间】 | |
| | 第60条【合同履行的原则】 | |
| | 第94条【合同的法定解除;法定解除权】 | |
| | 第107条【合同约束力:违约责任】 | |
| | 第109条【违约责任的承担:付款义务的继续履行】 | |
| | 第112条【违约责任的承担:损失赔偿与其他责任的并存】 | |
| | 第113条【违约责任的承担:损失赔偿】 | |
| | 第114条【违约金的数额及其调整】 | |
| | 第115条【定金罚则】 | |
| | 第116条【同时约定违约金和定金时:择一适用】 | |
| | 第130条【买卖合同的定义】 | |
| | 第159条【买受人应支付价款的数额认定】 | |
| | 第161条【买受人支付价款的时间】 | |
| | 第174条【买卖合同准用于有偿合同;有偿合同参照买卖合同】 | |
| | 第175条【互易合同参照买卖合同的规定】 | |
| | 第176条【供用电合同的概念】 | |
| | 第196条【借款合同定义】 | |
| | 第205条【借款合同的利息支付义务】 | |
| | 第206条【借款期限的认定】 | |
| | 第207条【借款合同违约责任承担:支付利息】 | |
| | 第208条【提前偿还借款:实际借款期间计算利息】 | |
| | 第211条【自然人之间借款合同利息的规制】 | |

| | 同时适用的法条 | 相关度 | |
|---|---|---|---|
| 合同法 | 第227条【出租人的租金支付请求权以及合同解除权】 | | 0791 |
| | 第262条【承揽人违约责任承担方式】 | | |
| | 第263条【定作人报酬支付的期限】 | | |
| | 第288条【运输合同的定义】 | | |
| | 第292条【旅客、托运人或收货人支付票款或者运输费用的义务】 | | |
| 合伙企业法 | 第2条【合伙企业的类型:普通合伙企业、有限合伙企业】 | | 0606 |
| | 第26条【合伙事务的执行】 | | |
| | 第33条【合伙企业利润分配与亏损分担规则】 | | |
| | 第37条【合伙企业对合伙人的内部限制不得对抗善意第三人】 | | |
| | 第38条【合伙企业债务清偿原则:以合伙企业财产优先清偿】 | | |
| | 第39条【合伙人的无限连带责任】 | | |
| | 第40条【合伙人的债务追偿权】 | | |
| | 第43条【入伙条件】 | | |
| | 第44条【新入伙合伙人的权利义务】 | | |
| | 第45条【合伙人退伙事由】 | | |
| | 第51条【退伙结算】 | | |
| | 第52条【退伙人的合伙企业财产份额的退还办法】 | | |
| | 第53条【退伙人对合伙企业债务的承担规则】 | | |
| | 第58条【特殊普通合伙企业的内部赔偿规定】 | | |
| | 第60条【有限合伙企业的法律适用】 | | |
| | 第64条【有限合伙人出资形式;劳务出资禁止】 | | |
| | 第65条【有限合伙人出资缴纳义务及违约责任】 | | |
| | 第67条【有限合伙企业事务执行规定】 | | |

0728 商事纠纷:公司、企业与破产

| | | 同时适用的法条 | 相关度 |
|---|---|---|---|
| 0823 | 担保法 | 第4条【担保物权的设立;反担保的设立】 | |
| | | 第6条【保证的定义】 | |
| | | 第12条【多人保证责任的承担】 | |
| | | 第14条【保证合同的订立:分别订立;合并订立】 | |
| | | 第18条【保证合同中连带责任的承担】 | |
| | | 第19条【保证方式不明时:连带责任担保】 | |
| | | 第21条【保证担保的范围;没有约定、约定不明时的担保范围】 | |
| | | 第26条【连带保证的保证期间】 | |
| | | 第31条【保证人的追偿权】 | |
| 0812 | 民法通则 | 第4条【民事活动的基本原则:自愿、公平、等价有偿、诚实信用】 | |
| | | 第30条【个人合伙】 | |
| | | 第32条【合伙财产的归属、管理和使用】 | |
| | | 第34条【合伙事务的执行】 | |
| | | 第35条【民事合伙的债务承担规则】 | |
| | | 第84条【债的界定】 | |
| | | 第87条【连带债权与连带债务】 | |
| | | 第90条【借贷关系】 | |
| | | 第98条【生命权、健康权请求权基础】 | |
| | | 第108条【债务清偿:分期偿还、强制偿还】 | |
| | | 第118条【公民、法人的知识产权保护方式:停止侵害、消除影响、赔偿损失】 | |
| | | 第119条【人身损害赔偿项目:一般人身损害赔偿项目、伤残赔偿项目、死亡赔偿项目】 | |
| | | 第130条【共同实施侵权行为人的连带责任】 | |
| | | 第134条【侵权责任的主要承担方式】 | |

| | 同时适用的法条 | 相关度 | |
|---|---|---|---|
| 民法通则 | 第135条【诉讼时效期间:两年】 | | 0812 |
| | 第137条【诉讼时效期间的起算日和最长保护期限】 | | |
| 个人独资企业法 | 第28条【个人独资企业解散后原投资人的债务偿还责任及其期限】 | | 0742 |
| 物权法 | 第15条【设立、变更、转让、消灭不动产物权的合同的效力:合同成立时生效】 | | 0834 |
| 公司法 | 第9条【公司组织形式的变更应当满足的条件及债权债务的承继】 | | 0085 |
| 劳动合同法 | 第30条【用人单位的劳动报酬支付义务;劳动者申请支付令的条件】 | | 0849 |
| 商标法 | 第52条【以不当方式使用未注册商标的法律责任】 | | 0866 |
| | 第56条【注册商标的适用范围】 | | |
| 工伤保险条例 | 第30条【工伤医疗待遇】 | | 0895 |
| | 第33条【停工留薪期间的待遇】 | | |
| | 第37条【七级至十级伤残的待遇】 | | |
| | 第64条【工资总额、本人工资的定义】 | | |
| 买卖合同司法解释 | 第1条【买卖合同是否成立:书面合同、送货单、收货单、结算单、发票、对账确认函、债权确认书】 | | 0937 |
| | 第18条【确定检验期间或质量保证期间】 | | |
| | 第24条【买卖合同逾期付款违约金的适用规则】 | | |
| 民通意见 | 第46条【合伙人的认定】 | | 0934 |
| | 第50条【认定合伙关系:无合伙协议且未登记时的认定方式】 | | |
| 商标纠纷司法解释 | 第16条【侵犯商标专用权的赔偿数额的计算方式】 | | 0970 |
| 建设工程合同纠纷司法解释 | 第17条【拖欠工程价款利息的计付标准】 | | 0947 |
| | 第18条【建设工程应付款时间】 | | |

| | | 同时适用的法条 | 相关度 |
|---|---|---|---|
| 0953 | 人身损害赔偿司法解释 | 第11条【雇员在雇佣活动中遭受损害的责任承担】 | |
| | | 第17条【人身损害赔偿项目：一般人身损害赔偿项目、伤残赔偿项目、死亡赔偿项目】 | |
| | | 第19条【医疗费计算标准】 | |
| | | 第20条【误工费计算标准】 | |
| | | 第21条【人身损害赔偿：护理费计算】 | |
| | | 第22条【交通费计算标准】 | |
| | | 第23条【伙食费、住宿费计算标准】 | |
| | | 第25条【人身损害赔偿项目：残疾赔偿金计算标准】 | |
| 0929 | 担保法司法解释 | 第19条【连带共同保证的认定】 | |
| | | 第20条【连带共同保证的责任承担】 | |
| 0944 | 企业改制纠纷司法解释 | 第31条【企业吸收合并后被兼并企业的债务的承担方式】 | |

**第92条【合伙企业不能清偿到期债务时的债权人权利；合伙企业宣告破产后的债务承担】** ★

合伙企业不能清偿到期债务的，债权人可以依法向人民法院提出破产清算申请，也可以要求普通合伙人清偿。

合伙企业依法被宣告破产的，普通合伙人对合伙企业债务仍应承担无限连带责任。

■ 主要适用的案由及其相关度

| 案由编号 | 主要适用的案由 | 相关度 |
|---|---|---|
| M4.10.89.4 | 民间借贷纠纷 | |
| M4.10.74 | 买卖合同纠纷 | |
| M4.10.89.1 | 金融借款合同纠纷 | |
| M4.10 | 合同纠纷 | |

| 案由编号 | 主要适用的案由 | 相关度 |
|---|---|---|
| M4.10.126 | 追偿权纠纷 | |

■ 同时适用的法条及其相关度

| | 同时适用的法条 | 相关度 | |
|---|---|---|---|
| 合伙企业法 | 第2条【合伙企业的类型：普通合伙企业、有限合伙企业】 | | 0606 |
| | 第20条【合伙企业的财产】 | | |
| | 第26条【合伙事务的执行】 | | |
| | 第33条【合伙企业利润分配与亏损分担规则】 | | |
| | 第37条【合伙企业对合伙人的内部限制不得对抗善意第三人】 | | |
| | 第38条【合伙企业债务清偿原则：以合伙企业财产优先清偿】 | | |
| | 第39条【合伙人的无限连带责任】 | | |
| | 第40条【合伙人的债务追偿权】 | | |
| | 第44条【新入伙合伙人的权利义务】 | | |
| | 第50条【合伙人死亡或被宣告死亡后其财产份额的处理】 | | |
| | 第53条【退伙人对合伙企业债务的承担规则】 | | |
| 合同法 | 第61条【合同内容约定不明确的处理规则；合同漏洞的填补】 | | 0791 |
| | 第107条【合同约束力：违约责任】 | | |
| | 第109条【违约责任的承担：付款义务的继续履行】 | | |
| | 第112条【违约责任的承担：损失赔偿与其他责任的并存】 | | |
| | 第113条【违约责任的承担：损失赔偿】 | | |
| | 第159条【买受人应支付价款的数额认定】 | | |

| | 同时适用的法条 | 相关度 |
|---|---|---|
| 0791 合同法 | 第161条【买受人支付价款的时间】 | |
| | 第205条【借款合同的利息支付义务】 | |
| | 第206条【借款期限的认定】 | |
| | 第207条【借款合同违约责任承担:支付利息】 | |
| 0812 民法通则 | 第35条【民事合伙的债务承担规则】 | |
| | 第84条【债的界定】 | |
| | 第85条【合同的定义】 | |
| | 第87条【连带债权与连带债务】 | |
| | 第90条【借贷关系】 | |
| | 第106条【民事责任归责原则:违约责任,无过错责任原则;侵权责任,过错责任、无过错责任】 | |
| | 第108条【债务清偿:分期偿还、强制偿还】 | |
| 0823 担保法 | 第4条【担保物权的设立;反担保的设立】 | |
| | 第18条【保证合同中连带责任的承担】 | |
| | 第21条【保证担保的范围;没有约定、约定不明时的担保范围】 | |
| | 第31条【保证人的追偿权】 | |
| 0834 物权法 | 第176条【混合担保规则】 | |
| | 第187条【不动产抵押的登记要件主义】 | |
| | 第203条【最高额抵押规则】 | |
| 0934 民通意见 | 第49条【个人合伙或者个体工商户因错误登记为集体所有制的企业的处理】 | |

## 第五章　法律责任

第93条【虚假登记的法律责任】

　　违反本法规定,提交虚假文件或者采取其他欺骗手段,取得合伙企业登记的,由企业登记机关责令改正,处以五千元以上五万元以下的罚款;情节严重的,撤销企业登记,并处以五万元以上二十万元以下的罚款。①

**第94条【合伙企业未在其名称中标明组织形式应承担的法律责任】**

违反本法规定,合伙企业未在其名称中标明"普通合伙"、"特殊普通合伙"或者"有限合伙"字样的,由企业登记机关责令限期改正,处以二千元以上一万元以下的罚款。②

**第95条【合伙企业或者合伙企业的分支机构无照经营的法律责任;合伙企业未依法办理变更登记行为应承担的法律责任】** ★

违反本法规定,未领取营业执照,而以合伙企业或者合伙企业分支机构名义从事合伙业务的,由企业登记机关责令停止,处以五千元以上五万元以下的罚款。

合伙企业登记事项发生变更时,未依照本法规定办理变更登记的,由企业登记机关责令限期登记;逾期不登记的,处以二千元以上二万元以下的罚款。

合伙企业登记事项发生变更,执行合伙事务的合伙人未按期申请办理变更登记的,应当赔偿由此给合伙企业、其他合伙人或者善意第三人造成的损失。

■ 主要适用的案由及其相关度

| 案由编号 | 主要适用的案由 | 相关度 |
| --- | --- | --- |
| M4.10.111 | 合伙协议纠纷 | |

■ 同时适用的法条及其相关度

| | 同时适用的法条 | 相关度 |
| --- | --- | --- |
| 合伙企业法 | 第2条【合伙企业的类型:普通合伙企业、有限合伙企业】 | |
| | 第11条【合伙企业成立日期】 | |

---

① 说明:本法条尚无足够数量判决书可供法律大数据分析。
② 说明:本法条尚无足够数量判决书可供法律大数据分析。

| | | 同时适用的法条 | 相关度 |
|---|---|---|---|
| 0791 | 合同法 | 第42条【缔约过失责任；合同订立过程中承担损害赔偿责任的情形】 | |

**第96条【执行事务合伙人和合伙企业从业人员侵占合伙企业财产的法律责任】** ★

合伙人执行合伙事务，或者合伙企业从业人员利用职务上的便利，将应当归合伙企业的利益据为己有的，或者采取其他手段侵占合伙企业财产的，应当将该利益和财产退还合伙企业；给合伙企业或者其他合伙人造成损失的，依法承担赔偿责任。

■ 主要适用的案由及其相关度

| 案由编号 | 主要适用的案由 | 相关度 |
|---|---|---|
| M4.10.111 | 合伙协议纠纷 | |
| M8.22 | 合伙企业纠纷 | |
| M8.22.268 | 退伙纠纷 | |
| M4.10.74 | 买卖合同纠纷 | |
| M4.11.128 | 不当得利纠纷 | |
| M3.5 | 物权保护纠纷 | |
| M3.9.62 | 占有物返还纠纷 | |

■ 同时适用的法条及其相关度

| | | 同时适用的法条 | 相关度 |
|---|---|---|---|
| 0606 | 合伙企业法 | 第8条【合法财产及权益受法律保护】 | |
| | | 第20条【合伙企业的财产】 | |
| | | 第21条【清算前合伙企业财产禁止分割；私自转移或处分合伙企业财产不得对抗善意第三人】 | |
| | | 第26条【合伙事务的执行】 | |
| | | 第27条【非执行合伙人的监督权】 | |
| | | 第28条【执行事务合伙人的报告义务及执行收益的归属与费用承担；非执行合伙人的知情权】 | |

| | 同时适用的法条 | 相关度 | |
|---|---|---|---|
| 合伙企业法 | 第32条【合伙人竞业禁止;合伙人自我交易限制】 | | 0606 |
| | 第33条【合伙企业利润分配与亏损分担规则】 | | |
| | 第37条【合伙企业对合伙人的内部限制不得对抗善意第三人】 | | |
| | 第43条【入伙条件】 | | |
| | 第50条【合伙人死亡或被宣告死亡后其财产份额的处理】 | | |
| | 第58条【特殊普通合伙企业的内部赔偿规定】 | | |
| 民法通则 | 第5条【公民的合法权益受到保护】 | | 0812 |
| | 第30条【个人合伙】 | | |
| | 第31条【合伙协议】 | | |
| | 第32条【合伙财产的归属、管理和使用】 | | |
| | 第92条【不当得利返还请求权】 | | |
| | 第106条【民事责任归责原则:违约责任,无过错责任原则;侵权责任,过错责任、无过错责任】 | | |
| | 第130条【共同实施侵权行为人的连带责任】 | | |
| 合同法 | 第60条【合同履行的原则】 | | 0791 |
| | 第107条【合同约束力:违约责任】 | | |
| | 第124条【无名合同的法律适用】 | | |
| 继承法 | 第33条【继承遗产与清偿债务】 | | 0859 |
| 物权法 | 第32条【物权遭受侵害的救济途径】 | | 0834 |
| 民通意见 | 第1条【公民的民事权利能力自出生时开始:户籍证明、医院出具的出生证明、其他证明】 | | 0934 |

**第97条【合伙人擅自处理须经全体合伙人一致同意事项的法律责任】** ★

合伙人对本法规定或者合伙协议约定必须经全体合伙人一致同意始得执行的事务擅自处理,给合伙企业或者其他合伙人造成损失的,依法承担赔偿责任。

### ■ 主要适用的案由及其相关度

| 案由编号 | 主要适用的案由 | 相关度 |
|---|---|---|
| M4.10.111 | 合伙协议纠纷 | |
| M3.5 | 物权保护纠纷 | |

### ■ 同时适用的法条及其相关度

| | | 同时适用的法条 | 相关度 |
|---|---|---|---|
| 0812 | 民法通则 | 第5条【公民的合法权益受到保护】 | |
| | | 第30条【个人合伙】 | |
| | | 第31条【合伙协议】 | |
| | | 第32条【合伙财产的归属、管理和使用】 | |
| | | 第106条【民事责任归责原则：违约责任，无过错责任原则；侵权责任，过错责任、无过错责任】 | |
| 0834 | 物权法 | 第32条【物权遭受侵害的救济途径】 | |
| 0606 | 合伙企业法 | 第21条【清算前合伙企业财产禁止分割；私自转移或处分合伙企业财产不得对抗善意第三人】 | |
| | | 第28条【执行事务合伙人的报告义务及执行收益的归属与费用承担；非执行合伙人的知情权】 | |
| | | 第50条【合伙人死亡或被宣告死亡后其财产份额的处理】 | |
| | | 第58条【特殊普通合伙企业的内部赔偿规定】 | |

**第98条【不具有事务执行权的合伙人擅自执行合伙事务的法律责任】** ★

不具有事务执行权的合伙人擅自执行合伙事务，给合伙企业或者其他合伙人造成损失的，依法承担赔偿责任。

### ■ 主要适用的案由及其相关度

| 案由编号 | 主要适用的案由 | 相关度 |
|---|---|---|
| M4.10.111 | 合伙协议纠纷 | |

| 案由编号 | 主要适用的案由 | 相关度 |
|---|---|---|
| M3.5 | 物权保护纠纷 | |

■ 同时适用的法条及其相关度

| | 同时适用的法条 | 相关度 | |
|---|---|---|---|
| 民法通则 | 第5条【公民的合法权益受到保护】 | | 0812 |
| | 第106条【民事责任归责原则:违约责任,无过错责任原则;侵权责任,过错责任、无过错责任】 | | |
| 合伙企业法 | 第21条【清算前合伙企业财产禁止分割;私自转移或处分合伙企业财产不得对抗善意第三人】 | | 0606 |
| | 第28条【执行事务合伙人的报告义务及执行收益的归属与费用承担;非执行合伙人的知情权】 | | |
| | 第58条【特殊普通合伙企业的内部赔偿规定】 | | |
| 物权法 | 第32条【物权遭受侵害的救济途径】 | | 0834 |
| 民通意见 | 第1条【公民的民事权利能力自出生时开始:户籍证明、医院出具的出生证明、其他证明】 | | 0934 |

**第99条【合伙人竞业禁止;合伙人自我交易限制】** ★

合伙人违反本法规定或者合伙协议的约定,从事与本合伙企业相竞争的业务或者与本合伙企业进行交易的,该收益归合伙企业所有;给合伙企业或者其他合伙人造成损失的,依法承担赔偿责任。

■ 主要适用的案由及其相关度

| 案由编号 | 主要适用的案由 | 相关度 |
|---|---|---|
| M4.10.111 | 合伙协议纠纷 | |
| M4.10.97 | 租赁合同纠纷 | |

■ 同时适用的法条及其相关度

| | | 同时适用的法条 | 相关度 |
|---|---|---|---|
| 0606 | 合伙企业法 | 第2条【合伙企业的类型:普通合伙企业、有限合伙企业】 | |
| | | 第22条【合伙企业财产份额转让:通知义务、一票否定权】 | |
| | | 第26条【合伙事务的执行】 | |
| | | 第27条【非执行合伙人的监督权】 | |
| | | 第30条【合伙事务表决方式】 | |
| | | 第32条【合伙人竞业禁止;合伙人自我交易限制】 | |
| | | 第33条【合伙企业利润分配与亏损分担规则】 | |
| 0791 | 合同法 | 第44条【合同成立条件与时间】 | |
| | | 第60条【合同履行的原则】 | |
| | | 第107条【合同约束力:违约责任】 | |
| | | 第114条【违约金的数额及其调整】 | |
| | | 第222条【租赁合同中承租人租赁物妥善保管义务及其违反义务的赔偿责任】 | |
| 0812 | 民法通则 | 第4条【民事活动的基本原则:自愿、公平、等价有偿、诚实信用】 | |
| | | 第30条【个人合伙】 | |
| | | 第31条【合伙协议】 | |
| | | 第32条【合伙财产的归属、管理和使用】 | |
| | | 第71条【所有权的内容】 | |
| 0934 | 民通意见 | 第1条【公民的民事权利能力自出生时开始:户籍证明、医院出具的出生证明、其他证明】 | |

第100条【合伙企业清算人报送清算报告的法律责任】　　★

清算人未依照本法规定向企业登记机关报送清算报告,或者报送清算报告隐瞒重要事实,或者有重大遗漏的,由企业登记机关责令改正。由此产生的费用和损失,由清算人承担和赔偿。①

**第 101 条【清算人执行清算事务时牟取非法收入或者侵占合伙企业财产应承担的法律责任】**
清算人执行清算事务,牟取非法收入或者侵占合伙企业财产的,应当将该收入和侵占的财产退还合伙企业;给合伙企业或者其他合伙人造成损失的,依法承担赔偿责任。②

**第 102 条【清算人违法处置、分配合伙企业财产的法律责任】**
清算人违反本法规定,隐匿、转移合伙企业财产,对资产负债表或者财产清单作虚假记载,或者在未清偿债务前分配财产,损害债权人利益的,依法承担赔偿责任。③

**第 103 条【合伙人的违约责任及争议解决方式】** ★
合伙人违反合伙协议的,应当依法承担违约责任。
合伙人履行合伙协议发生争议,合伙人可以通过协商或者调解解决。不愿通过协商、调解解决或者协商、调解不成的,可以按照合伙协议约定的仲裁条款或者事后达成的书面仲裁协议,向仲裁机构申请仲裁。合伙协议中未订立仲裁条款,事后又没有达成书面仲裁协议的,可以向人民法院起诉。

■ 主要适用的案由及其相关度

| 案由编号 | 主要适用的案由 | 相关度 |
| --- | --- | --- |
| M4.10.111 | 合伙协议纠纷 | |

■ 同时适用的法条及其相关度

| | 同时适用的法条 | 相关度 |
| --- | --- | --- |
| 合伙企业法 | 第 2 条【合伙企业的类型:普通合伙企业、有限合伙企业】 | |

---

① 说明:本法条尚无足够数量判决书可供法律大数据分析。
② 说明:本法条尚无足够数量判决书可供法律大数据分析。
③ 说明:本法条尚无足够数量判决书可供法律大数据分析。

|  | | 同时适用的法条 | 相关度 |
|---|---|---|---|
| 0606 | 合伙企业法 | 第4条【合伙协议的订立】 | |
| | | 第8条【合法财产及权益受法律保护】 | |
| | | 第16条【合伙人出资及评估方式】 | |
| | | 第17条【合伙人出资的履行】 | |
| | | 第19条【合伙协议的效力规则】 | |
| | | 第20条【合伙企业的财产】 | |
| | | 第33条【合伙企业利润分配与亏损分担规则】 | |
| | | 第51条【退伙结算】 | |
| | | 第52条【退伙人的合伙企业财产份额的退还办法】 | |
| 0791 | 合同法 | 第60条【合同履行的原则】 | |
| | | 第79条【债权人不得转让合同权利的情形】 | |
| | | 第98条【结算条款、清理条款效力的独立性】 | |
| | | 第107条【合同约束力:违约责任】 | |
| | | 第114条【违约金的数额及其调整】 | |
| | | 第124条【无名合同的法律适用】 | |
| 0812 | 民法通则 | 第30条【个人合伙】 | |
| | | 第31条【合伙协议】 | |
| | | 第32条【合伙财产的归属、管理和使用】 | |
| | | 第106条【民事责任归责原则:违约责任,无过错责任原则;侵权责任,过错责任、无过错责任】 | |
| 0085 | 公司法 | 第64条【国有独资公司的定义及其设立和组织机构的法律适用】 | |

**第104条【有关行政机关的工作人员违法侵犯合伙企业合法权益应承担的法律责任】**

有关行政管理机关的工作人员违反本法规定,滥用职权、徇私舞弊、收受贿赂、侵害合伙企业合法权益的,依法给予行政处分。①

第105条【合伙企业及相关人员刑事违法责任的追究】
违反本法规定,构成犯罪的,依法追究刑事责任。②

第106条【合伙财产民事赔偿优先原则】
违反本法规定,应当承担民事赔偿责任和缴纳罚款、罚金,其财产不足以同时支付的,先承担民事赔偿责任。③

## 第六章 附则

第107条【非企业专业服务机构可采用特殊普通合伙形式】
非企业专业服务机构依据有关法律采取合伙制的,其合伙人承担责任的形式可以适用本法关于特殊的普通合伙企业合伙人承担责任的规定。④

第108条【外国企业或个人在我国设立合伙企业的管理办法由国务院规定】
外国企业或者个人在中国境内设立合伙企业的管理办法由国务院规定。⑤

第109条【合伙企业法的实施日期】
本法自2007年6月1日起施行。⑥

---

① 说明:本法条尚无足够数量判决书可供法律大数据分析。
② 说明:本法条尚无足够数量判决书可供法律大数据分析。
③ 说明:本法条尚无足够数量判决书可供法律大数据分析。
④ 说明:本法条尚无足够数量判决书可供法律大数据分析。
⑤ 说明:本法条尚无足够数量判决书可供法律大数据分析。
⑥ 说明:本法条尚无足够数量判决书可供法律大数据分析。

# 中华人民共和国个人独资企业法①

★★★★★

(1999年8月30日第九届全国人民代表大会常务委员会第十一次会议通过,自2000年1月1日起施行)

## 第一章 总则

### 第1条【个人独资企业法立法目的和立法依据】 ★

为了规范个人独资企业的行为,保护个人独资企业投资人和债权人的合法权益,维护社会经济秩序,促进社会主义市场经济的发展,根据宪法,制定本法。

■ 主要适用的案由及其相关度

| 案由编号 | 主要适用的案由 | 相关度 |
|---|---|---|
| M4.10.74 | 买卖合同纠纷 | |
| M5.14.143.2 | 侵害商标权纠纷 | |
| M4.10.89.4 | 民间借贷纠纷 | |
| M4.10.99 | 承揽合同纠纷 | |
| M4.10 | 合同纠纷 | |
| M4.10.126 | 追偿权纠纷 | |

■ 同时适用的法条及其相关度

| | 同时适用的法条 | 相关度 |
|---|---|---|
| 合同法 | 第1条【合同法立法目的】 | |
| | 第2条【合同法的调整对象;合同的定义】 | |

---

① 简称《个人独资企业法》。

| | 同时适用的法条 | 相关度 | |
|---|---|---|---|
| 合同法 | 第31条【承诺对要约内容的非实质性变更】 | | 0791 |
| | 第107条【合同约束力:违约责任】 | | |
| | 第109条【违约责任的承担:付款义务的继续履行】 | | |
| | 第159条【买受人应支付价款的数额认定】 | | |
| | 第205条【借款合同的利息支付义务】 | | |
| | 第206条【借款期限的认定】 | | |
| | 第207条【借款合同违约责任承担:支付利息】 | | |
| 商标法 | 第51条【违反强制注册商标规定的法律责任】 | | 0866 |
| | 第52条【以不当方式使用未注册商标的法律责任】 | | |
| | 第56条【注册商标的适用范围】 | | |
| 个人独资企业法 | 第2条【个人独资企业的定义】 | | 0742 |
| | 第18条【个人独资企业无限责任的特别规定】 | | |
| | 第31条【个人独资企业投资人的无限责任】 | | |
| 民法通则 | 第84条【债的界定】 | | 0812 |
| | 第134条【侵权责任的主要承担方式】 | | |
| 担保法 | 第31条【保证人的追偿权】 | | 0823 |
| 商标法实施条例 | 第50条【商标法和商标法实施条例中不适用于办理商标国际注册相关事宜的规定】 | | 0910 |
| 商标纠纷司法解释 | 第16条【侵犯商标专用权的赔偿数额的计算方式】 | | 0970 |
| | 第17条【侵犯商标专用权的赔偿范围:合理费用】 | | |
| | 第21条【侵犯商标专用权的责任承担】 | | |

## 第2条【个人独资企业的定义】 ★★★★

本法所称个人独资企业,是指依照本法在中国境内设立,由一个自然人投资,财产为投资人个人所有,投资人以其个人财产对企业债务承担无限责任的经营实体。

## 主要适用的案由及其相关度

| 案由编号 | 主要适用的案由 | 相关度 |
|---|---|---|
| M4.10.74 | 买卖合同纠纷 | ★★★★★ |
| M4.10.89.4 | 民间借贷纠纷 | ★★★ |
| M4.10.89.1 | 金融借款合同纠纷 | ★★ |
| M4.10.122 | 劳务合同纠纷 | ★ |
| M4.10 | 合同纠纷 | ★ |

## 同时适用的法条及其相关度

| | | 同时适用的法条 | 相关度 |
|---|---|---|---|
| 0742 | 个人独资企业法 | 第31条【个人独资企业投资人的无限责任】 | ★★★★★ |
| 0791 | 合同法 | 第107条【合同约束力:违约责任】 | ★★★★★ |
| | | 第60条【合同履行的原则】 | ★★★ |
| | | 第109条【违约责任的承担:付款义务的继续履行】 | ★★★ |
| | | 第159条【买受人应支付价款的数额认定】 | ★★★ |
| | | 第161条【买受人支付价款的时间】 | ★★★ |
| | | 第206条【借款期限的认定】 | ★★★ |
| | | 第114条【违约金的数额及其调整】 | ★★ |
| | | 第130条【买卖合同的定义】 | ★★ |
| | | 第205条【借款合同的利息支付义务】 | ★★ |
| | | 第207条【借款合同违约责任承担:支付利息】 | ★★ |
| | | 第8条【合同约束力】 | ★ |
| | | 第44条【合同成立条件与时间】 | ★ |
| | | 第113条【违约责任的承担:损失赔偿】 | ★ |
| | | 第196条【借款合同定义】 | ★ |
| | | 第263条【定作人报酬支付的期限】 | ★ |

| | 同时适用的法条 | 相关度 | |
|---|---|---|---|
| 民法通则 | 第108条【债务清偿:分期偿还、强制偿还】 | ★★★ | 0812 |
| | 第84条【债的界定】 | ★★ | |
| 担保法 | 第18条【保证合同中连带责任的承担】 | ★★ | 0823 |
| | 第21条【保证担保的范围;没有约定、约定不明时的担保范围】 | ★★ | |
| | 第31条【保证人的追偿权】 | ★ | |
| 著作权法 | 第10条【著作权的内容】 | ★ | 0830 |
| | 第48条【同时损害公共利益的侵犯著作权行为及其法律责任】 | ★ | |
| | 第49条【侵犯著作权的赔偿责任标准】 | ★ | |
| 婚姻法司法解释二 | 第24条【离婚时夫妻共同债务的清偿】 | ★ | 0933 |
| 著作权纠纷司法解释 | 第25条【侵犯著作权的赔偿责任标准】 | ★ | 0924 |
| | 第26条【侵犯著作权的赔偿范围】 | ★ | |
| 买卖合同司法解释 | 第24条【买卖合同逾期付款违约金的适用规则】 | ★ | 0937 |

## 第3条【个人独资企业的住所】 ★

个人独资企业以其主要办事机构所在地为住所。

■ 主要适用的案由及其相关度

| 案由编号 | 主要适用的案由 | 相关度 |
|---|---|---|
| M4.10.120.13 | 网络服务合同纠纷 | |
| M4.10.89.6 | 金融不良债权转让合同纠纷 | |

■ 同时适用的法条及其相关度

| | 同时适用的法条 | 相关度 | |
|---|---|---|---|
| 合同法 | 第8条【合同约束力】 | | 0791 |

| | 同时适用的法条 | 相关度 |
|---|---|---|
| 0791 合同法 | 第79条【债权人不得转让合同权利的情形】 | |
| | 第107条【合同约束力；违约责任】 | |
| | 第196条【借款合同定义】 | |
| | 第206条【借款期限的认定】 | |

**第4条【个人独资企业经营规则】** ★

个人独资企业从事经营活动必须遵守法律、行政法规，遵守诚实信用原则，不得损害社会公共利益。

个人独资企业应当依法履行纳税义务。

■ 主要适用的案由及其相关度

| 案由编号 | 主要适用的案由 | 相关度 |
|---|---|---|
| M3.5.34 | 排除妨害纠纷 | |

■ 同时适用的法条及其相关度

| | | 同时适用的法条 | 相关度 |
|---|---|---|---|
| 0862 | 侵权责任法 | 第1条【侵权责任法的立法目的】 | |
| 0872 | 矿产资源法 | 第3条【矿产资源的归属：国家所有；勘查、开采矿产资源的条件】 | |
| 0812 | 民法通则 | 第5条【公民的合法权益受到保护】 | |
| | | 第6条【民事活动应遵守国家政策】 | |
| 0742 | 个人独资企业法 | 第9条【申请设立个人独资企业需提交的文件】 | |

**第5条【国家保护个人独资企业原则】** ★

国家依法保护个人独资企业的财产和其他合法权益。

## 主要适用的案由及其相关度

| 案由编号 | 主要适用的案由 | 相关度 |
|---|---|---|
| M3.5.32.1 | 所有权确认纠纷 | |
| M3.5.34 | 排除妨害纠纷 | |
| M3.5.38 | 财产损害赔偿纠纷 | |
| M4.10.67 | 确认合同效力纠纷 | |
| M4.10.74 | 买卖合同纠纷 | |
| M4.10.89.4 | 民间借贷纠纷 | |

## 同时适用的法条及其相关度

| | 同时适用的法条 | 相关度 |
|---|---|---|
| 合同法 | 第4条【合同自愿原则】 | |
| | 第5条【合同公平原则;合同权利义务确定的原则】 | |
| | 第6条【诚实信用原则】 | |
| | 第7条【公序良俗原则】 | |
| | 第8条【合同约束力】 | |
| | 第19条【不得撤销要约的情形】 | |
| | 第21条【承诺的概念】 | |
| | 第44条【合同成立条件与时间】 | |
| | 第49条【表见代理的构成及其效力】 | |
| | 第54条【合同的变更和撤销】 | |
| | 第60条【合同履行的原则】 | |
| | 第107条【合同约束力:违约责任】 | |
| | 第205条【借款合同的利息支付义务】 | |
| | 第206条【借款期限的认定】 | |
| | 第207条【借款合同违约责任承担:支付利息】 | |
| | 第225条【租赁期间因占有、使用租赁物获得的利益的归属】 | |

| | | 同时适用的法条 | 相关度 |
|---|---|---|---|
| 0791 | 合同法 | 第226条【租赁合同中承租人租金支付期限的确定规则】 | |
| 0865 | 婚姻法 | 第13条【夫妻平等】 | |
| | | 第17条【夫妻共有财产的范围】 | |
| 0742 | 个人独资企业法 | 第2条【个人独资企业的定义】 | |
| | | 第17条【个人独资企业财产的所有权归属及其转让或继承】 | |
| | | 第19条【个人独资企业的事务管理：自行管理、委托管理、聘用管理】 | |
| 0823 | 担保法 | 第2条【担保的目的及方式：保障债权实现、保证、抵押、质押、留置、定金】 | |
| | | 第31条【保证人的追偿权】 | |
| 0834 | 物权法 | 第4条【国家、集体和私人物权的平等保护原则】 | |
| | | 第39条【所有权的内容】 | |
| 0812 | 民法通则 | 第54条【民事法律行为的定义】 | |
| | | 第55条【民事法律行为的有效条件】 | |
| | | 第75条【个人财产：合法财产受法律保护】 | |
| | | 第117条【侵害财产权的责任承担方式：返还财产、折价赔偿；恢复原状、折价赔偿；赔偿损失】 | |
| | | 第134条【侵权责任的主要承担方式】 | |

**第6条【个人独资企业职工及工会规则】**

个人独资企业应当依法招用职工。职工的合法权益受法律保护。

个人独资企业职工依法建立工会，工会依法开展活动。①

**第7条【党员活动的开展】**

在个人独资企业中的中国共产党党员依照中国共产党章程进行活动。②

---

① 说明：本法条尚无足够数量判决书可供法律大数据分析。
② 说明：本法条尚无足够数量判决书可供法律大数据分析。

## 第二章 个人独资企业的设立

**第8条【个人独资企业的设立条件】** ★

设立个人独资企业应当具备下列条件:
(一)投资人为一个自然人;
(二)有合法的企业名称;
(三)有投资人申报的出资;
(四)有固定的生产经营场所和必要的生产经营条件;
(五)有必要的从业人员。

■ 主要适用的案由及其相关度

| 案由编号 | 主要适用的案由 | 相关度 |
|---|---|---|
| M4.10.74 | 买卖合同纠纷 | |

■ 同时适用的法条及其相关度

| | 同时适用的法条 | 相关度 | |
|---|---|---|---|
| 合同法 | 第60条【合同履行的原则】 | | 0791 |
| | 第107条【合同约束力:违约责任】 | | |
| | 第109条【违约责任的承担:付款义务的继续履行】 | | |
| | 第130条【买卖合同的定义】 | | |
| | 第136条【出卖人义务:交付单证、交付资料】 | | |
| | 第159条【买受人应支付价款的数额认定】 | | |
| | 第161条【买受人支付价款的时间】 | | |
| 个人独资企业法 | 第2条【个人独资企业的定义】 | | 0742 |
| | 第14条【个人独资企业分支机构的设立登记、备案及民事责任承担】 | | |
| | 第17条【个人独资企业财产的所有权归属及其转让或继承】 | | |
| | 第31条【个人独资企业投资人的无限责任】 | | |

| | | 同时适用的法条 | 相关度 |
|---|---|---|---|
| 0823 | 担保法 | 第17条【一般保证的责任承担】 | |
| | | 第20条【保证人的抗辩权】 | |
| 0812 | 民法通则 | 第30条【个人合伙】 | |
| | | 第32条【合伙财产的归属、管理和使用】 | |
| | | 第35条【民事合伙的债务承担规则】 | |
| | | 第140条【诉讼时效期间的中断】 | |
| 0937 | 买卖合同司法解释 | 第7条【出卖人义务:交付单证、交付资料】 | |

**第9条【申请设立个人独资企业需提交的文件】** ★

申请设立个人独资企业,应当由投资人或者其委托的代理人向个人独资企业所在地的登记机关提交设立申请书、投资人身份证明、生产经营场所使用证明等文件。委托代理人申请设立登记时,应当出具投资人的委托书和代理人的合法证明。

个人独资企业不得从事法律、行政法规禁止经营的业务;从事法律、行政法规规定须报经有关部门审批的业务,应当在申请设立登记时提交有关部门的批准文件。

■ 主要适用的案由及其相关度

| 案由编号 | 主要适用的案由 | 相关度 |
|---|---|---|
| M3.5.34 | 排除妨害纠纷 | |

■ 同时适用的法条及其相关度

| | | 同时适用的法条 | 相关度 |
|---|---|---|---|
| 0862 | 侵权责任法 | 第1条【侵权责任法的立法目的】 | |
| 0872 | 矿产资源法 | 第3条【矿产资源的归属:国家所有;勘查、开采矿产资源的条件】 | |

|  | 同时适用的法条 | 相关度 | |
|---|---|---|---|
| 个人独资企业法 | 第4条【个人独资企业经营规则】 | | 0742 |
| 民法通则 | 第5条【公民的合法权益受到保护】 | | 0812 |
| | 第6条【民事活动应遵守国家政策】 | | |

**第10条【个人独资企业设立申请书应载明事项】**

个人独资企业设立申请书应当载明下列事项:

(一)企业的名称和住所;

(二)投资人的姓名和居所;

(三)投资人的出资额和出资方式;

(四)经营范围。①

**第11条【个人独资企业的名称要求】**

个人独资企业的名称应当与其责任形式及从事的营业相符合。②

**第12条【设立登记的时效和营业执照发放】**

登记机关应当在收到设立申请文件之日起十五日内,对符合本法规定条件的,予以登记,发给营业执照;对不符合本法规定条件的,不予登记,并应当给予书面答复,说明理由。③

**第13条【个人独资企业的成立日期:营业执照签发日期】** ★

个人独资企业的营业执照的签发日期,为个人独资企业成立日期。

在领取个人独资企业营业执照前,投资人不得以个人独资企业名义从事经营活动。

■ 主要适用的案由及其相关度

| 案由编号 | 主要适用的案由 | 相关度 |
|---|---|---|
| M4.10.74 | 买卖合同纠纷 | |

---

① 说明:本法条尚无足够数量判决书可供法律大数据分析。

② 说明:本法条尚无足够数量判决书可供法律大数据分析。

③ 说明:本法条尚无足够数量判决书可供法律大数据分析。

| 案由编号 | 主要适用的案由 | 相关度 |
|---|---|---|
| M4.10.99 | 承揽合同纠纷 | |
| M5.13.137 | 特许经营合同纠纷 | |
| M4.10.67.2 | 确认合同无效纠纷 | |

■ 同时适用的法条及其相关度

| | 同时适用的法条 | 相关度 |
|---|---|---|
| 合同法 | 第8条【合同约束力】 | |
| | 第10条【合同订立形式;合同的形式】 | |
| | 第52条【合同无效的情形】 | |
| | 第60条【合同履行的原则】 | |
| | 第84条【合同义务转移;债务转移;债务承担】 | |
| | 第93条【合同的意定解除:协商一致;约定条件成就】 | |
| | 第98条【结算条款、清理条款效力的独立性】 | |
| | 第107条【合同约束力:违约责任】 | |
| | 第109条【违约责任的承担:付款义务的继续履行】 | |
| | 第114条【违约金的数额及其调整】 | |
| | 第130条【买卖合同的定义】 | |
| | 第159条【买受人应支付价款的数额认定】 | |
| 个人独资企业法 | 第2条【个人独资企业的定义】 | |
| | 第15条【个人独资企业的变更登记】 | |
| | 第28条【个人独资企业解散后原投资人的债务偿还责任及其期限】 | |
| | 第31条【个人独资企业投资人的无限责任】 | |
| 民法通则 | 第58条【民事行为无效的法定情形】 | |

| | 同时适用的法条 | 相关度 | |
|---|---|---|---|
| 商业特许经营条例 | 第3条【特许经营、特许人、被特许人的定义;不能从事特许经营活动的主体:企业以外的其他单位和个人】 | | 0913 |
| | 第11条【特许经营合同应包括的内容】 | | |
| 合同法司法解释二 | 第27条【违约金的数额及其调整】 | | 0925 |
| | 第29条【违约金的数额及其调整】 | | |

**第14条【个人独资企业分支机构的设立登记、备案及民事责任承担】** ★

个人独资企业设立分支机构,应当由投资人或者其委托的代理人向分支机构所在地的登记机关申请登记,领取营业执照。

分支机构经核准登记后,应将登记情况报该分支机构隶属的个人独资企业的登记机关备案。

分支机构的民事责任由设立该分支机构的个人独资企业承担。

■ 主要适用的案由及其相关度

| 案由编号 | 主要适用的案由 | 相关度 |
|---|---|---|
| M4.10.74 | 买卖合同纠纷 | |
| M4.10.97 | 租赁合同纠纷 | |
| M4.10.97.2 | 房屋租赁合同纠纷 | |
| M4.10.99 | 承揽合同纠纷 | |
| M5.14.143.2 | 侵害商标权纠纷 | |
| M6.17.169 | 劳动合同纠纷 | |
| M9.30.345 | 提供劳务者受害责任纠纷 | |
| M4.10.84 | 供用电合同纠纷 | |
| M4.10.89 | 借款合同纠纷 | |
| M4.10.89.4 | 民间借贷纠纷 | |
| M1.1.1 | 生命权、健康权、身体权纠纷 | |
| M3.5.33 | 返还原物纠纷 | |
| M4.10.67.2 | 确认合同无效纠纷 | |

0754 商事纠纷:公司、企业与破产

■ 同时适用的法条及其相关度

| | | 同时适用的法条 | 相关度 |
|---|---|---|---|
| 0742 | 个人独资企业法 | 第 2 条【个人独资企业的定义】 | |
| | | 第 8 条【个人独资企业的设立条件】 | |
| | | 第 17 条【个人独资企业财产的所有权归属及其转让或继承】 | |
| | | 第 31 条【个人独资企业投资人的无限责任】 | |
| 0791 | 合同法 | 第 8 条【合同约束力】 | |
| | | 第 55 条【撤销权消灭的法定情形】 | |
| | | 第 58 条【合同无效或被撤销的法律后果】 | |
| | | 第 60 条【合同履行的原则】 | |
| | | 第 107 条【合同约束力:违约责任】 | |
| | | 第 109 条【违约责任的承担:付款义务的继续履行】 | |
| | | 第 114 条【违约金的数额及其调整】 | |
| | | 第 130 条【买卖合同的定义】 | |
| | | 第 161 条【买受人支付价款的时间】 | |
| | | 第 182 条【用电人交付电费的义务和逾期交付电费的违约责任】 | |
| | | 第 205 条【借款合同的利息支付义务】 | |
| | | 第 206 条【借款期限的认定】 | |
| | | 第 207 条【借款合同违约责任承担:支付利息】 | |
| | | 第 235 条【租赁期间届满承租人租赁物返还义务;返还的租赁物应当具有的状态】 | |
| | | 第 251 条【承揽合同的定义】 | |
| | | 第 263 条【定作人报酬支付的期限】 | |

| | 同时适用的法条 | 相关度 | |
|---|---|---|---|
| 著作权法 | 第3条【作品的范围】 | | 0830 |
| | 第8条【著作权集体管理组织】 | | |
| | 第10条【著作权的内容】 | | |
| | 第11条【著作权的一般归属:作者】 | | |
| | 第15条【电影作品的著作权归属】 | | |
| | 第48条【同时损害公共利益的侵犯著作权行为及其法律责任】 | | |
| | 第49条【侵犯著作权的赔偿责任标准】 | | |
| 侵权责任法 | 第6条【过错责任原则;过错推定责任原则】 | | 0862 |
| | 第7条【无过错责任原则】 | | |
| | 第16条【人身损害赔偿项目:一般人身损害赔偿项目、伤残赔偿项目、死亡赔偿项目】 | | |
| | 第22条【侵害人身权益的精神损害赔偿】 | | |
| 担保法 | 第6条【保证的定义】 | | 0823 |
| | 第18条【保证合同中连带责任的承担】 | | |
| | 第21条【保证担保的范围;没有约定、约定不明时的担保范围】 | | |
| 物权法 | 第243条【权利人返还原物请求权以及对善意占有人所支出必要费用的补偿义务】 | | 0834 |
| 商标法 | 第57条【侵犯注册商标专用权的行为类型】 | | 0866 |
| | 第63条【侵犯商标专用权的赔偿数额的计算方式】 | | |
| 劳动合同法 | 第38条【劳动者单方解除劳动合同】 | | 0849 |
| | 第46条【经济补偿金的支付】 | | |
| | 第47条【经济补偿金的支付标准】 | | |
| | 第82条【用人单位应当向劳动者每月支付二倍工资的责任】 | | |

| | | 同时适用的法条 | 相关度 |
|---|---|---|---|
| 0812 | 民法通则 | 第4条【民事活动的基本原则：自愿、公平、等价有偿、诚实信用】 | |
| | | 第30条【个人合伙】 | |
| | | 第35条【民事合伙的债务承担规则】 | |
| | | 第92条【不当得利返还请求权】 | |
| | | 第108条【债务清偿：分期偿还、强制偿还】 | |
| 0877 | 劳动争议调解仲裁法 | 第27条【劳动争议仲裁时效：劳动争议仲裁时效中断；劳动争议仲裁时效中止】 | |
| 0888 | 安全生产法 | 第46条【生产经营单位将生产经营项目、场所、设备发包或者出租给其他单位的程序和应尽的义务】 | |
| 0881 | 社会保险法 | 第12条【基本养老保险费的缴纳】 | |
| 0910 | 商标法实施条例 | 第50条【商标法和商标法实施条例中不适用于办理商标国际注册相关事宜的规定】 | |
| 0905 | 危险化学品管理条例 | 第33条【危险化学品经营许可制度及其例外】 | |
| 0953 | 人身损害赔偿司法解释 | 第11条【雇员在雇佣活动中遭受损害的责任承担】 | |
| | | 第17条【人身损害赔偿项目：一般人身损害赔偿项目、伤残赔偿项目、死亡赔偿项目】 | |
| | | 第18条【精神损害抚慰金的请求权】 | |
| | | 第19条【医疗费计算标准】 | |
| | | 第20条【误工费计算标准】 | |
| | | 第21条【人身损害赔偿：护理费计算】 | |
| | | 第22条【交通费计算标准】 | |
| | | 第23条【伙食费、住宿费计算标准】 | |
| | | 第24条【营养费计算标准】 | |

| | 同时适用的法条 | 相关度 | |
|---|---|---|---|
| 人民法院执行工作规定 | 第1条【法院执行机构的设立背景】 | | 0977 |
| 著作权纠纷司法解释 | 第6条【著作权集体管理组织的诉权:须经著作权人书面授权】 | | 0924 |
| | 第7条【著作权人的认定规则】 | | |
| | 第25条【侵犯著作权的赔偿责任标准】 | | |
| | 第26条【侵犯著作权的赔偿范围】 | | |

## 第15条【个人独资企业的变更登记】 ★

个人独资企业存续期间登记事项发生变更的,应当在作出变更决定之日起的十五日内依法向登记机关申请办理变更登记。

■ 主要适用的案由及其相关度

| 案由编号 | 主要适用的案由 | 相关度 |
|---|---|---|
| M4.10.74 | 买卖合同纠纷 | |
| M4.10.97.2 | 房屋租赁合同纠纷 | |
| M10.43.422 | 案外人执行异议之诉 | |
| M4.10 | 合同纠纷 | |
| M4.10.104 | 委托合同纠纷 | |

■ 同时适用的法条及其相关度

| | 同时适用的法条 | 相关度 | |
|---|---|---|---|
| 个人独资企业法 | 第2条【个人独资企业的定义】 | | 0742 |
| | 第13条【个人独资企业的成立日期:营业执照签发日期】 | | |
| | 第28条【个人独资企业解散后原投资人的债务偿还责任及其期限】 | | |
| | 第31条【个人独资企业投资人的无限责任】 | | |

| | | 同时适用的法条 | 相关度 |
|---|---|---|---|
| 0791 | 合同法 | 第60条【合同履行的原则】 | |
| | | 第91条【合同权利义务终止的法定情形】 | |
| | | 第94条【合同的法定解除；法定解除权】 | |
| | | 第107条【合同约束力；违约责任】 | |
| | | 第109条【违约责任的承担：付款义务的继续履行】 | |
| | | 第130条【买卖合同的定义】 | |
| | | 第159条【买受人应支付价款的数额认定】 | |
| | | 第235条【租赁期间届满承租人租赁物返还义务；返还的租赁物应当具有的状态】 | |
| 0812 | 民法通则 | 第40条【法人终止的法律效果】 | |
| | | 第46条【企业法人终止的注销登记制度】 | |

## 第三章 个人独资企业的投资人及事务管理

**第16条【个人独资企业投资人资格的禁止性规定】**

法律、行政法规禁止从事营利性活动的人，不得作为投资人申请设立个人独资企业。①

**第17条【个人独资企业财产的所有权归属及其转让或继承】** ★★

个人独资企业投资人对本企业的财产依法享有所有权，其有关权利可以依法进行转让或继承。

■ 主要适用的案由及其相关度

| 案由编号 | 主要适用的案由 | 相关度 |
|---|---|---|
| M4.10.74 | 买卖合同纠纷 | ★★★★★ |
| M4.10.74.1 | 分期付款买卖合同纠纷 | ★ |
| M4.10 | 合同纠纷 | ★★ |
| M4.10.89 | 借款合同纠纷 | ★ |

---

① 说明：本法条尚无足够数量判决书可供法律大数据分析。

| 案由编号 | 主要适用的案由 | 相关度 |
|---|---|---|
| M4.10.89.4 | 民间借贷纠纷 | ★★★ |
| M4.10.122 | 劳务合同纠纷 | ★ |
| M4.10.99 | 承揽合同纠纷 | ★ |
| M8.21.249 | 股权转让纠纷 | ★ |
| M4.10.90 | 保证合同纠纷 | ★ |
| M4.10.97 | 租赁合同纠纷 | ★ |
| M4.10.67.2 | 确认合同无效纠纷 | ★ |

■ 同时适用的法条及其相关度

| | 同时适用的法条 | 相关度 | |
|---|---|---|---|
| 个人独资企业法 | 第2条【个人独资企业的定义】 | ★★★★★ | 0742 |
| | 第31条【个人独资企业投资人的无限责任】 | ★★★ | |
| | 第18条【个人独资企业无限责任的特别规定】 | ★ | |
| | 第28条【个人独资企业解散后原投资人的债务偿还责任及其期限】 | ★ | |
| 合同法 | 第60条【合同履行的原则】 | ★★★★ | 0791 |
| | 第107条【合同约束力;违约责任】 | ★★★★ | |
| | 第159条【买受人应支付价款的数额认定】 | ★★★ | |
| | 第8条【合同约束力】 | ★★ | |
| | 第44条【合同成立条件与时间】 | ★★ | |
| | 第196条【借款合同定义】 | ★★ | |
| | 第206条【借款期限的认定】 | ★★ | |
| | 第94条【合同的法定解除;法定解除权】 | ★ | |
| | 第109条【违约责任的承担:付款义务的继续履行】 | ★ | |
| | 第114条【违约金的数额及其调整】 | ★ | |
| | 第130条【买卖合同的定义】 | ★ | |
| | 第161条【买受人支付价款的时间】 | ★ | |

|  | | 同时适用的法条 | 相关度 |
|---|---|---|---|
| 0791 | 合同法 | 第205条【借款合同的利息支付义务】 | ★ |
|  |  | 第207条【借款合同违约责任承担:支付利息】 | ★ |
|  |  | 第211条【自然人之间借款合同利息的规制】 | ★ |
|  |  | 第263条【定作人报酬支付的期限】 | ★ |
| 0812 | 民法通则 | 第43条【企业法人对其机构的活动承担民事责任】 | ★ |
|  |  | 第55条【民事法律行为的有效条件】 | ★ |
|  |  | 第84条【债的界定】 | ★ |
|  |  | 第90条【借贷关系】 | ★ |
|  |  | 第108条【债务清偿:分期偿还、强制偿还】 | ★ |
| 0823 | 担保法 | 第18条【保证合同中连带责任的承担】 | ★ |
|  |  | 第21条【保证担保的范围;没有约定、约定不明时的担保范围】 | ★ |
| 0937 | 买卖合同司法解释 | 第24条【买卖合同逾期付款违约金的适用规则】 | ★ |

## 第18条【个人独资企业无限责任的特别规定】 ★★

个人独资企业投资人在申请企业设立登记时明确以其家庭共有财产作为个人出资的,应当依法以家庭共有财产对企业债务承担无限责任。

■ 主要适用的案由及其相关度

| 案由编号 | 主要适用的案由 | 相关度 |
|---|---|---|
| M4.10.74 | 买卖合同纠纷 | ★★★★★ |
| M4.10.122 | 劳务合同纠纷 | ★★★ |
| M6.17.169.5 | 追索劳动报酬纠纷 | ★★★ |
| M4.10.99 | 承揽合同纠纷 | ★★ |
| M4.10.99.1 | 加工合同纠纷 | ★ |
| M4.10.126 | 追偿权纠纷 | ★ |
| M4.10.89 | 借款合同纠纷 | ★ |

| 案由编号 | 主要适用的案由 | 相关度 |
|---|---|---|
| M4.10.89.4 | 民间借贷纠纷 | ★★ |

■ 同时适用的法条及其相关度

| | 同时适用的法条 | 相关度 | |
|---|---|---|---|
| 个人独资企业法 | 第2条【个人独资企业的定义】 | ★★★★★ | 0742 |
| | 第31条【个人独资企业投资人的无限责任】 | ★★★★★ | |
| | 第17条【个人独资企业财产的所有权归属及其转让或继承】 | ★ | |
| 合同法 | 第60条【合同履行的原则】 | ★★★★★ | 0791 |
| | 第107条【合同约束力:违约责任】 | ★★★★ | |
| | 第109条【违约责任的承担:付款义务的继续履行】 | ★★★ | |
| | 第159条【买受人应支付价款的数额认定】 | ★★★ | |
| | 第130条【买卖合同的定义】 | ★★ | |
| | 第161条【买受人支付价款的时间】 | ★★ | |
| | 第8条【合同约束力】 | ★ | |
| | 第44条【合同成立条件与时间】 | ★ | |
| | 第205条【借款合同的利息支付义务】 | ★ | |
| | 第206条【借款期限的认定】 | ★ | |
| | 第207条【借款合同违约责任承担:支付利息】 | ★ | |
| | 第251条【承揽合同的定义】 | ★ | |
| | 第263条【定作人报酬支付的期限】 | ★ | |
| 民法通则 | 第84条【债的界定】 | ★★ | 0812 |
| | 第90条【借贷关系】 | ★ | |
| | 第108条【债务清偿:分期偿还、强制偿还】 | ★ | |
| 担保法 | 第18条【保证合同中连带责任的承担】 | ★ | 0823 |
| | 第31条【保证人的追偿权】 | ★ | |

| | 同时适用的法条 | 相关度 |
|---|---|---|
| 劳动争议案件司法解释二 | 第3条【视为拖欠劳动报酬争议的起诉】 | ★ |

**第19条【个人独资企业的事务管理：自行管理、委托管理、聘用管理】** ★

个人独资企业投资人可以自行管理企业事务，也可以委托或者聘用其他具有民事行为能力的人负责企业的事务管理。

投资人委托或者聘用他人管理个人独资企业事务，应当与受托人或者被聘用的人签订书面合同，明确委托的具体内容和授予的权利范围。

受托人或者被聘用的人员应当履行诚信、勤勉义务，按照与投资人签订的合同负责个人独资企业的事务管理。

投资人对受托人或者被聘用的人员职权的限制，不得对抗善意第三人。

■ 主要适用的案由及其相关度

| 案由编号 | 主要适用的案由 | 相关度 |
|---|---|---|
| M4.10.74 | 买卖合同纠纷 | |
| M4.10.74.1 | 分期付款买卖合同纠纷 | |
| M4.10.89.4 | 民间借贷纠纷 | |
| M4.10.97.1 | 土地租赁合同纠纷 | |
| M4.10.99 | 承揽合同纠纷 | |
| M9.30 | 侵权责任纠纷 | |
| M4.10.67 | 确认合同效力纠纷 | |

■ 同时适用的法条及其相关度

| | 同时适用的法条 | 相关度 |
|---|---|---|
| 个人独资企业法 | 第2条【个人独资企业的定义】 | |
| | 第5条【国家保护个人独资企业原则】 | |

|  | 同时适用的法条 | 相关度 |  |
|---|---|---|---|
| 个人独资企业法 | 第17条【个人独资企业财产的所有权归属及其转让或继承】 |  | 0742 |
|  | 第18条【个人独资企业无限责任的特别规定】 |  |  |
|  | 第28条【个人独资企业解散后原投资人的债务偿还责任及其期限】 |  |  |
|  | 第31条【个人独资企业投资人的无限责任】 |  |  |
| 合同法 | 第2条【合同法的调整对象;合同的定义】 |  | 0791 |
|  | 第4条【合同自愿原则】 |  |  |
|  | 第5条【合同公平原则;合同权利义务确定的原则】 |  |  |
|  | 第6条【诚实信用原则】 |  |  |
|  | 第7条【公序良俗原则】 |  |  |
|  | 第8条【合同约束力】 |  |  |
|  | 第44条【合同成立条件与时间】 |  |  |
|  | 第49条【表见代理的构成及其效力】 |  |  |
|  | 第60条【合同履行的原则】 |  |  |
|  | 第93条【合同的意定解除:协商一致;约定条件成就】 |  |  |
|  | 第107条【合同约束力:违约责任】 |  |  |
|  | 第109条【违约责任的承担:付款义务的继续履行】 |  |  |
|  | 第114条【违约金的数额及其调整】 |  |  |
|  | 第130条【买卖合同的定义】 |  |  |
|  | 第159条【买受人应支付价款的数额认定】 |  |  |
|  | 第161条【买受人支付价款的时间】 |  |  |
|  | 第212条【租赁合同的定义】 |  |  |
|  | 第225条【租赁期间因占有、使用租赁物获得的利益的归属】 |  |  |

| | 同时适用的法条 | 相关度 |
|---|---|---|
| 0791 合同法 | 第 226 条【租赁合同中承租人租金支付期限的确定规则】 | |
| | 第 232 条【不定期租赁】 | |
| | 第 251 条【承揽合同的定义】 | |
| | 第 263 条【定作人报酬支付的期限】 | |
| 0812 民法通则 | 第 43 条【企业法人对其机构的活动承担民事责任】 | |
| | 第 54 条【民事法律行为的定义】 | |
| | 第 55 条【民事法律行为的有效条件】 | |
| | 第 75 条【个人财产:合法财产受法律保护】 | |
| | 第 84 条【债的界定】 | |
| | 第 108 条【债务清偿:分期偿还、强制偿还】 | |
| | 第 136 条【短期诉讼时效:一年】 | |
| 0865 婚姻法 | 第 13 条【夫妻平等】 | |
| | 第 17 条【夫妻共有财产的范围】 | |
| 0889 农村土地承包法 | 第 10 条【合法的土地承包经营权流转受法律保护】 | |

第 20 条【个人独资企业投资人委托或聘用的管理人不得从事的行为】

投资人委托或者聘用的管理个人独资企业事务的人员不得有下列行为:

(一)利用职务上的便利,索取或者收受贿赂;

(二)利用职务或者工作上的便利侵占企业财产;

(三)挪用企业的资金归个人使用或者借贷给他人;

(四)擅自将企业资金以个人名义或者以他人名义开立帐户储存;

(五)擅自以企业财产提供担保;

(六)未经投资人同意,从事与本企业相竞争的业务;

(七)未经投资人同意,同本企业订立合同或者进行交易;

(八)未经投资人同意,擅自将企业商标或者其他知识产权转让给他人使用;

(九)泄露本企业的商业秘密;

(十)法律、行政法规禁止的其他行为。①

**第21条【个人独资企业依法设置会计帐簿进行会计核算的义务】** ★

个人独资企业应当依法设置会计帐簿,进行会计核算。

■ 主要适用的案由及其相关度

| 案由编号 | 主要适用的案由 | 相关度 |
| --- | --- | --- |
| M4.10.89.4 | 民间借贷纠纷 | |
| M6.17.169.5 | 追索劳动报酬纠纷 | |

■ 同时适用的法条及其相关度

| | 同时适用的法条 | 相关度 | |
| --- | --- | --- | --- |
| 合同法 | 第2条【合同法的调整对象;合同的定义】 | | 0791 |
| | 第31条【承诺对要约内容的非实质性变更】 | | |
| | 第107条【合同约束力:违约责任】 | | |
| | 第205条【借款合同的利息支付义务】 | | |
| | 第206条【借款期限的认定】 | | |
| | 第207条【借款合同违约责任承担:支付利息】 | | |
| 劳动合同法 | 第30条【用人单位的劳动报酬支付义务;劳动者申请支付令的条件】 | | 0849 |
| 担保法 | 第18条【保证合同中连带责任的承担】 | | 0823 |
| | 第21条【保证担保的范围;没有约定、约定不明时的担保范围】 | | |
| 民法通则 | 第90条【借贷关系】 | | 0812 |
| 个人独资企业法 | 第22条【个人独资企业职工劳动权益的保障】 | | 0742 |

---

① 说明:本法条尚无足够数量判决书可供法律大数据分析。

| | | 同时适用的法条 | 相关度 |
|---|---|---|---|
| 0933 | 婚姻法司法解释二 | 第24条【离婚时夫妻共同债务的清偿】 | |
| 0929 | 担保法司法解释 | 第30条【债权人与债务人对主合同内容变动的保证人保证责任的承担规则】 | |

### 第22条【个人独资企业职工劳动权益的保障】 ★★

个人独资企业招用职工的,应当依法与职工签订劳动合同,保障职工的劳动安全,按时、足额发放职工工资。

■ 主要适用的案由及其相关度

| 案由编号 | 主要适用的案由 | 相关度 |
|---|---|---|
| M6.17.169.5 | 追索劳动报酬纠纷 | ★★★★★ |
| M4.10.122 | 劳务合同纠纷 | ★ |

■ 同时适用的法条及其相关度

| | | 同时适用的法条 | 相关度 |
|---|---|---|---|
| 0742 | 个人独资企业法 | 第2条【个人独资企业的定义】 | ★★★★ |
| | | 第31条【个人独资企业投资人的无限责任】 | ★★★★ |
| 0843 | 劳动法 | 第3条【劳动者的权利和义务】 | ★★★★ |
| | | 第50条【劳动者工资支付的法定形式】 | ★★★★ |
| 0849 | 劳动合同法 | 第94条【发包组织与个人承包经营者承担连带赔偿责任】 | ★★★★ |
| | | 第30条【用人单位的劳动报酬支付义务;劳动者申请支付令的条件】 | ★ |
| 0812 | 民法通则 | 第108条【债务清偿:分期偿还、强制偿还】 | ★ |
| 0791 | 合同法 | 第8条【合同约束力】 | ★ |
| 0946 | 劳动争议案件司法解释二 | 第3条【视为拖欠劳动报酬争议的起诉】 | ★★★★★ |

## 第23条【个人独资企业参加社保为职工缴纳社保费的义务】 ★

个人独资企业应当按照国家规定参加社会保险,为职工缴纳社会保险费。

■ 主要适用的案由及其相关度

| 案由编号 | 主要适用的案由 | 相关度 |
|---|---|---|
| M6.17 | 劳动争议 | |
| M6.17.170.2 | 工伤保险待遇纠纷 | |

■ 同时适用的法条及其相关度

| | 同时适用的法条 | 相关度 | |
|---|---|---|---|
| 个人独资企业法 | 第2条【个人独资企业的定义】 | | 0742 |
| 劳动法 | 第3条【劳动者的权利和义务】 | | 0843 |
| 工伤保险条例 | 第17条【工伤认定申请主体、时限以及管辖】 | | 0895 |
| | 第30条【工伤医疗待遇】 | | |
| | 第33条【停工留薪期间的待遇】 | | |
| | 第36条【五级、六级伤残的待遇】 | | |
| | 第37条【七级至十级伤残的待遇】 | | |
| | 第43条【工伤保险责任的承继】 | | |
| | 第66条【无营业执照或者未经依法登记、备案的单位以及被依法吊销营业执照或者撤销登记、备案的单位的职工受到事故伤害或者患职业病的赔偿的规定】 | | |

## 第24条【个人独资企业的权利:申请贷款权、取得土地使用权等】

个人独资企业可以依法申请贷款、取得土地使用权,并享有法律、行政法规规定的其他权利。①

---

① 说明:本法条尚无足够数量判决书可供法律大数据分析。

**第25条【任何单位和个人不得违法强制个人独资企业提供财力、物力、人力】**

任何单位和个人不得违反法律、行政法规的规定,以任何方式强制个人独资企业提供财力、物力、人力;对于违法强制提供财力、物力、人力的行为,个人独资企业有权拒绝。①

## 第四章 个人独资企业的解散和清算

**第26条【个人独资企业的法定解散事由】** ★

个人独资企业有下列情形之一时,应当解散:

(一)投资人决定解散;

(二)投资人死亡或者被宣告死亡,无继承人或者继承人决定放弃继承;

(三)被依法吊销营业执照;

(四)法律、行政法规规定的其他情形。

■ 主要适用的案由及其相关度

| 案由编号 | 主要适用的案由 | 相关度 |
| --- | --- | --- |
| M4.10.74 | 买卖合同纠纷 | |
| M4.10.101 | 运输合同纠纷 | |
| M4.10.126 | 追偿权纠纷 | |
| M4.10.100 | 建设工程合同纠纷 | |
| M4.10.89 | 借款合同纠纷 | |
| M4.10.89.3 | 企业借贷纠纷 | |
| M4.10.89.4 | 民间借贷纠纷 | |
| M4.10.99 | 承揽合同纠纷 | |
| M8.21.249 | 股权转让纠纷 | |

---

① 说明:本法条尚无足够数量判决书可供法律大数据分析。

■ 同时适用的法条及其相关度

| | 同时适用的法条 | 相关度 | |
|---|---|---|---|
| 个人独资企业法 | 第2条【个人独资企业的定义】 | | 0742 |
| | 第17条【个人独资企业财产的所有权归属及其转让或继承】 | | |
| | 第27条【个人独资企业的解散清算;投资人自行清算时的通知义务和债权人申报债权的期限】 | | |
| | 第28条【个人独资企业解散后原投资人的债务偿还责任及其期限】 | | |
| | 第31条【个人独资企业投资人的无限责任】 | | |
| 合同法 | 第6条【诚实信用原则】 | | 0791 |
| | 第8条【合同约束力】 | | |
| | 第52条【合同无效的情形】 | | |
| | 第58条【合同无效或被撤销的法律后果】 | | |
| | 第61条【合同内容约定不明确的处理规则;合同漏洞的填补】 | | |
| | 第62条【合同内容约定不明确的处理规则;合同漏洞的填补】 | | |
| | 第80条【债权人转让债权的通知义务】 | | |
| | 第94条【合同的法定解除;法定解除权】 | | |
| | 第95条【解除权行使期限】 | | |
| | 第97条【合同解除的法律后果】 | | |
| | 第107条【合同约束力;违约责任】 | | |
| | 第109条【违约责任的承担:付款义务的继续履行】 | | |
| | 第111条【违约责任的承担:质量不符合约定的违约责任】 | | |
| | 第113条【违约责任的承担:损失赔偿】 | | |
| | 第130条【买卖合同的定义】 | | |

|  |  | 同时适用的法条 | 相关度 |
|---|---|---|---|
| 0791 | 合同法 | 第157条【买受人的及时检验义务】 |  |
|  |  | 第158条【买受人的检验、通知义务】 |  |
|  |  | 第159条【买受人应支付价款的数额认定】 |  |
|  |  | 第161条【买受人支付价款的时间】 |  |
|  |  | 第205条【借款合同的利息支付义务】 |  |
|  |  | 第206条【借款期限的认定】 |  |
|  |  | 第207条【借款合同违约责任承担:支付利息】 |  |
|  |  | 第251条【承揽合同的定义】 |  |
| 0812 | 民法通则 | 第84条【债的界定】 |  |
|  |  | 第108条【债务清偿:分期偿还、强制偿还】 |  |
|  |  | 第140条【诉讼时效期间的中断】 |  |
| 0865 | 婚姻法 | 第17条【夫妻共有财产的范围】 |  |
| 0823 | 担保法 | 第18条【保证合同中连带责任的承担】 |  |
|  |  | 第19条【保证方式不明时:连带责任担保】 |  |
|  |  | 第21条【保证担保的范围;没有约定、约定不明时的担保范围】 |  |
|  |  | 第28条【混合担保规则】 |  |
|  |  | 第33条【抵押、抵押权人、抵押人以及抵押物的概念】 |  |
|  |  | 第41条【特殊财产的抵押物登记】 |  |
|  |  | 第46条【抵押担保的范围】 |  |
|  |  | 第53条【抵押权的实现】 |  |
| 0875 | 建筑法 | 第26条【承包建筑工程的单位应具备的资格】 |  |
| 0859 | 继承法 | 第25条【继承和遗赠的接受与放弃】 |  |
|  |  | 第33条【继承遗产与清偿债务】 |  |
| 0929 | 担保法司法解释 | 第32条【保证合同约定的保证期间有瑕疵时保证期间的确定规则】 |  |

| | 同时适用的法条 | 相关度 |
|---|---|---|
| 建设工程合同纠纷司法解释 | 第1条【建设工程施工合同无效的情形】 | |
| | 第2条【建设工程施工合同无效时承包人的付款请求权】 | |

**第27条【个人独资企业的解散清算;投资人自行清算时的通知义务和债权人申报债权的期限】** ★

个人独资企业解散,由投资人自行清算或者由债权人申请人民法院指定清算人进行清算。

投资人自行清算的,应当在清算前十五日内书面通知债权人,无法通知的,应当予以公告。债权人应当在接到通知之日起三十日内,未接到通知的应当在公告之日起六十日内,向投资人申报其债权。

▌ 主要适用的案由及其相关度

| 案由编号 | 主要适用的案由 | 相关度 |
|---|---|---|
| M4.10.74 | 买卖合同纠纷 | |
| M8.20.228 | 企业出资人权益确认纠纷 | |
| M8.21.249 | 股权转让纠纷 | |
| M4.10.89 | 借款合同纠纷 | |
| M4.10.89.3 | 企业借贷纠纷 | |
| M4.10.89.4 | 民间借贷纠纷 | |
| M1.1.1 | 生命权、健康权、身体权纠纷 | |
| M2.2.11 | 离婚纠纷 | |
| M3.5.33 | 返还原物纠纷 | |
| M4.10.100.3 | 建设工程施工合同纠纷 | |

### ■ 同时适用的法条及其相关度

| | | 同时适用的法条 | 相关度 |
|---|---|---|---|
| 0742 | 个人独资企业法 | 第2条【个人独资企业的定义】 | |
| | | 第17条【个人独资企业财产的所有权归属及其转让或继承】 | |
| | | 第26条【个人独资企业的法定解散事由】 | |
| | | 第28条【个人独资企业解散后原投资人的债务偿还责任及其期限】 | |
| | | 第30条【个人独资企业在清算期间经营活动的禁止和企业财产转移、隐匿的禁止】 | |
| | | 第31条【个人独资企业投资人的无限责任】 | |
| | | 第32条【个人独资企业编制清算报告的义务和办理注销登记的义务】 | |
| 0791 | 合同法 | 第6条【诚实信用原则】 | |
| | | 第8条【合同约束力】 | |
| | | 第52条【合同无效的情形】 | |
| | | 第60条【合同履行的原则】 | |
| | | 第107条【合同约束力:违约责任】 | |
| | | 第109条【违约责任的承担:付款义务的继续履行】 | |
| | | 第113条【违约责任的承担:损失赔偿】 | |
| | | 第130条【买卖合同的定义】 | |
| | | 第159条【买受人应支付价款的数额认定】 | |
| | | 第161条【买受人支付价款的时间】 | |
| | | 第206条【借款期限的认定】 | |
| | | 第207条【借款合同违约责任承担:支付利息】 | |

| | 同时适用的法条 | 相关度 | |
|---|---|---|---|
| 民法通则 | 第43条【企业法人对其机构的活动承担民事责任】 | | 0812 |
| | 第55条【民事法律行为的有效条件】 | | |
| | 第84条【债的界定】 | | |
| | 第99条【姓名权、名称权的保护】 | | |
| | 第108条【债务清偿：分期偿还、强制偿还】 | | |
| 担保法 | 第18条【保证合同中连带责任的承担】 | | 0823 |
| | 第21条【保证担保的范围；没有约定、约定不明时的担保范围】 | | |
| 侵权责任法 | 第16条【人身损害赔偿项目：一般人身损害赔偿项目、伤残赔偿项目、死亡赔偿项目】 | | 0862 |
| | 第26条【过失相抵：被侵权人过错】 | | |
| | 第37条【管理人或者组织者违反安全保障义务的侵权责任；补充责任】 | | |
| 婚姻法 | 第32条【诉讼离婚】 | | 0865 |
| 婚姻法司法解释二 | 第18条【夫妻以一方名义投资设立独资企业的财产分割】 | | 0933 |
| 民通意见 | 第1条【公民的民事权利能力自出生时开始：户籍证明、医院出具的出生证明、其他证明】 | | 0934 |
| 建设工程合同纠纷司法解释 | 第1条【建设工程施工合同无效的情形】 | | 0947 |
| | 第2条【建设工程施工合同无效时承包人的付款请求权】 | | |
| 担保法司法解释 | 第32条【保证合同约定的保证期间有瑕疵时保证期间的确定规则】 | | 0929 |

**第28条【个人独资企业解散后原投资人的债务偿还责任及其期限】** ★★

个人独资企业解散后，原投资人对个人独资企业存续期间的债务仍应承担偿还责任，但债权人在五年内未向债务人提出偿债请求的，该责任消灭。

### ■ 主要适用的案由及其相关度

| 案由编号 | 主要适用的案由 | 相关度 |
|---|---|---|
| M4.10.74 | 买卖合同纠纷 | ★★★★★ |
| M4.10.97 | 租赁合同纠纷 | ★★ |
| M4.10.99 | 承揽合同纠纷 | ★ |
| M5.14.142 | 著作权权属、侵权纠纷 | ★ |
| M4.10.126 | 追偿权纠纷 | ★ |
| M4.10 | 合同纠纷 | ★ |
| M4.10.89 | 借款合同纠纷 | ★ |
| M4.10.89.1 | 金融借款合同纠纷 | ★ |
| M4.10.89.4 | 民间借贷纠纷 | ★★★ |

### ■ 同时适用的法条及其相关度

| | | 同时适用的法条 | 相关度 |
|---|---|---|---|
| 0742 | 个人独资企业法 | 第2条【个人独资企业的定义】 | ★★★★★ |
| | | 第31条【个人独资企业投资人的无限责任】 | ★★★★★ |
| 0791 | 合同法 | 第107条【合同约束力:违约责任】 | ★★★★★ |
| | | 第60条【合同履行的原则】 | ★★★★ |
| | | 第159条【买受人应支付价款的数额认定】 | ★★★★ |
| | | 第206条【借款期限的认定】 | ★★★★ |
| | | 第44条【合同成立条件与时间】 | ★★★ |
| | | 第93条【合同的意定解除:协商一致;约定条件成就】 | ★★★ |
| | | 第97条【合同解除的法律后果】 | ★★★ |
| | | 第109条【违约责任的承担:付款义务的继续履行】 | ★★★ |
| | | 第161条【买受人支付价款的时间】 | ★★★ |
| | | 第196条【借款合同定义】 | ★★★ |

| | 同时适用的法条 | 相关度 | |
|---|---|---|---|
| 合同法 | 第205条【借款合同的利息支付义务】 | ★★★ | 0791 |
| | 第207条【借款合同违约责任承担:支付利息】 | ★★★ | |
| | 第130条【买卖合同的定义】 | ★★ | |
| | 第211条【自然人之间借款合同利息的规制】 | ★★ | |
| | 第8条【合同约束力】 | ★ | |
| | 第94条【合同的法定解除;法定解除权】 | ★ | |
| | 第113条【违约责任的承担:损失赔偿】 | ★ | |
| | 第114条【违约金的数额及其调整】 | ★ | |
| | 第251条【承揽合同的定义】 | ★ | |
| | 第263条【定作人报酬支付的期限】 | ★ | |
| 担保法 | 第18条【保证合同中连带责任的承担】 | ★★★ | 0823 |
| | 第21条【保证担保的范围;没有约定、约定不明时的担保范围】 | ★★ | |
| | 第31条【保证人的追偿权】 | ★★ | |
| | 第12条【多人保证责任的承担】 | ★ | |
| 民法通则 | 第108条【债务清偿:分期偿还、强制偿还】 | ★ | 0812 |
| 著作权法 | 第3条【作品的范围】 | ★ | 0830 |
| | 第8条【著作权集体管理组织】 | ★ | |
| | 第10条【著作权的内容】 | ★ | |
| | 第48条【同时损害公共利益的侵犯著作权行为及其法律责任】 | ★ | |
| | 第49条【侵犯著作权的赔偿责任标准】 | ★ | |
| 著作权法实施条例 | 第4条【作品的范围】 | ★ | 0893 |
| 婚姻法司法解释二 | 第24条【离婚时夫妻共同债务的清偿】 | ★ | 0933 |

| | | 同时适用的法条 | 相关度 |
|---|---|---|---|
| 0924 | 著作权纠纷司法解释 | 第7条【著作权人的认定规则】 | ★ |
| | | 第25条【侵犯著作权的赔偿责任标准】 | ★ |
| | | 第26条【侵犯著作权的赔偿范围】 | ★ |

**第29条【个人独资企业解散时的财产清偿顺序】** ★

个人独资企业解散的,财产应当按照下列顺序清偿:

（一）所欠职工工资和社会保险费用;

（二）所欠税款;

（三）其他债务。

■ 主要适用的案由及其相关度

| 案由编号 | 主要适用的案由 | 相关度 |
|---|---|---|
| M4.10.74 | 买卖合同纠纷 | |
| M2.3.25 | 法定继承纠纷 | |

■ 同时适用的法条及其相关度

| | | 同时适用的法条 | 相关度 |
|---|---|---|---|
| 0791 | 合同法 | 第60条【合同履行的原则】 | |
| | | 第109条【违约责任的承担:付款义务的继续履行】 | |
| | | 第114条【违约金的数额及其调整】 | |
| | | 第159条【买受人应支付价款的数额认定】 | |
| | | 第161条【买受人支付价款的时间】 | |
| 0742 | 个人独资企业法 | 第2条【个人独资企业的定义】 | |
| | | 第31条【个人独资企业投资人的无限责任】 | |
| 0812 | 民法通则 | 第5条【公民的合法权益受到保护】 | |
| 0925 | 合同法司法解释二 | 第2条【合同订立形式;合同的形式】 | |
| | | 第24条【合同解除权的行使规则】 | |

**第30条【个人独资企业在清算期间经营活动的禁止和企业财产转移、隐匿的禁止】** ★

清算期间,个人独资企业不得开展与清算目的无关的经营活动。在按前条规定清偿债务前,投资人不得转移、隐匿财产。

■ 主要适用的案由及其相关度

| 案由编号 | 主要适用的案由 | 相关度 |
|---|---|---|
| M4.10.89.4 | 民间借贷纠纷 | |
| M4.10.89.5 | 小额借款合同纠纷 | |
| M8.20.228 | 企业出资人权益确认纠纷 | |

■ 同时适用的法条及其相关度

| | 同时适用的法条 | 相关度 | |
|---|---|---|---|
| 担保法 | 第18条【保证合同中连带责任的承担】 | | 0823 |
| | 第21条【保证担保的范围;没有约定、约定不明时的担保范围】 | | |
| 合同法 | 第205条【借款合同的利息支付义务】 | | 0791 |
| | 第206条【借款期限的认定】 | | |
| | 第207条【借款合同违约责任承担:支付利息】 | | |
| | 第211条【自然人之间借款合同利息的规制】 | | |
| 个人独资企业法 | 第2条【个人独资企业的定义】 | | 0742 |
| | 第17条【个人独资企业财产的所有权归属及其转让或继承】 | | |
| | 第27条【个人独资企业的解散清算;投资人自行清算时的通知义务和债权人申报债权的期限】 | | |
| 民法通则 | 第55条【民事法律行为的有效条件】 | | 0812 |
| | 第99条【姓名权、名称权的保护】 | | |
| | 第108条【债务清偿:分期偿还、强制偿还】 | | |

| | | 同时适用的法条 | 相关度 |
|---|---|---|---|
| 0934 | 民通意见 | 第1条【公民的民事权利能力自出生时开始:户籍证明、医院出具的出生证明、其他证明】 | |
| 0933 | 婚姻法司法解释二 | 第24条【离婚时夫妻共同债务的清偿】 | |

## 第31条【个人独资企业投资人的无限责任】 ★★★★

个人独资企业财产不足以清偿债务的,投资人应当以其个人的其他财产予以清偿。

■ 主要适用的案由及其相关度

| 案由编号 | 主要适用的案由 | 相关度 |
|---|---|---|
| M4.10.74 | 买卖合同纠纷 | ★★★★★ |
| M4.10.122 | 劳务合同纠纷 | ★ |
| M6.17.169.5 | 追索劳动报酬纠纷 | ★ |
| M5.14.142 | 著作权权属、侵权纠纷 | ★ |
| M5.14.142.11 | 侵害作品放映权纠纷 | ★★ |
| M4.10.89 | 借款合同纠纷 | ★ |
| M4.10.89.1 | 金融借款合同纠纷 | ★★ |
| M4.10.89.4 | 民间借贷纠纷 | ★★★ |

■ 同时适用的法条及其相关度

| | | 同时适用的法条 | 相关度 |
|---|---|---|---|
| 0742 | 个人独资企业法 | 第2条【个人独资企业的定义】 | ★★★★★ |
| | | 第28条【个人独资企业解散后原投资人的债务偿还责任及其期限】 | ★ |
| 0791 | 合同法 | 第107条【合同约束力:违约责任】 | ★★★★★ |
| | | 第60条【合同履行的原则】 | ★★★ |
| | | 第109条【违约责任的承担:付款义务的继续履行】 | ★★★ |

| | 同时适用的法条 | 相关度 | |
|---|---|---|---|
| 合同法 | 第159条【买受人应支付价款的数额认定】 | ★★★ | 0791 |
| | 第161条【买受人支付价款的时间】 | ★★★ | |
| | 第206条【借款期限的认定】 | ★★★ | |
| | 第207条【借款合同违约责任承担:支付利息】 | ★★★ | |
| | 第8条【合同约束力】 | ★★ | |
| | 第130条【买卖合同的定义】 | ★★ | |
| | 第205条【借款合同的利息支付义务】 | ★★ | |
| | 第44条【合同成立条件与时间】 | ★ | |
| | 第114条【违约金的数额及其调整】 | ★ | |
| | 第196条【借款合同定义】 | ★ | |
| | 第263条【定作人报酬支付的期限】 | ★ | |
| 著作权法 | 第10条【著作权的内容】 | ★★★ | 0830 |
| | 第48条【同时损害公共利益的侵犯著作权行为及其法律责任】 | ★★★ | |
| | 第49条【侵犯著作权的赔偿责任标准】 | ★★★ | |
| | 第3条【作品的范围】 | ★★ | |
| | 第8条【著作权集体管理组织】 | ★★ | |
| | 第15条【电影作品的著作权归属】 | ★★ | |
| | 第11条【著作权的一般归属:作者】 | ★ | |
| 担保法 | 第18条【保证合同中连带责任的承担】 | ★★★ | 0823 |
| | 第21条【保证担保的范围;没有约定、约定不明时的担保范围】 | ★★ | |
| | 第31条【保证人的追偿权】 | ★★ | |
| 民法通则 | 第84条【债的界定】 | ★★ | 0812 |
| | 第108条【债务清偿:分期偿还、强制偿还】 | ★★ | |
| | 第90条【借贷关系】 | ★ | |

|  | | 同时适用的法条 | 相关度 |
|---|---|---|---|
| 0893 | 著作权法实施条例 | 第4条【作品的范围】 | ★★ |
| 0924 | 著作权纠纷司法解释 | 第25条【侵犯著作权的赔偿责任标准】 | ★★★ |
| | | 第26条【侵犯著作权的赔偿范围】 | ★★★ |
| | | 第7条【著作权人的认定规则】 | ★ |
| 0933 | 婚姻法司法解释二 | 第24条【离婚时夫妻共同债务的清偿】 | ★ |

**第32条【个人独资企业编制清算报告的义务和办理注销登记的义务】** ★

个人独资企业清算结束后,投资人或者人民法院指定的清算人应当编制清算报告,并于十五日内到登记机关办理注销登记。

■ 主要适用的案由及其相关度

| 案由编号 | 主要适用的案由 | 相关度 |
|---|---|---|
| M4.10 | 合同纠纷 | |
| M4.10.126 | 追偿权纠纷 | |
| M4.10.74 | 买卖合同纠纷 | |
| M4.10.89 | 借款合同纠纷 | |
| M4.10.89.4 | 民间借贷纠纷 | |
| M4.10.70 | 债权转让合同纠纷 | |
| M3.5.33 | 返还原物纠纷 | |

■ 同时适用的法条及其相关度

| | | 同时适用的法条 | 相关度 |
|---|---|---|---|
| 0791 | 合同法 | 第60条【合同履行的原则】 | |
| | | 第79条【债权人不得转让合同权利的情形】 | |
| | | 第93条【合同的意定解除:协商一致;约定条件成就】 | |

| | 同时适用的法条 | 相关度 | |
|---|---|---|---|
| 合同法 | 第107条【合同约束力：违约责任】 | | 0791 |
| | 第109条【违约责任的承担：付款义务的继续履行】 | | |
| | 第159条【买受人应支付价款的数额认定】 | | |
| | 第161条【买受人支付价款的时间】 | | |
| | 第205条【借款合同的利息支付义务】 | | |
| | 第206条【借款期限的认定】 | | |
| | 第207条【借款合同违约责任承担：支付利息】 | | |
| | 第211条【自然人之间借款合同利息的规制】 | | |
| 担保法 | 第18条【保证合同中连带责任的承担】 | | 0823 |
| | 第21条【保证担保的范围；没有约定、约定不明时的担保范围】 | | |
| | 第31条【保证人的追偿权】 | | |
| 个人独资企业法 | 第27条【个人独资企业的解散清算；投资人自行清算时的通知义务和债权人申报债权的期限】 | | 0742 |
| | 第28条【个人独资企业解散后原投资人的债务偿还责任及其期限】 | | |
| | 第31条【个人独资企业投资人的无限责任】 | | |
| 民法通则 | 第43条【企业法人对其机构的活动承担民事责任】 | | 0812 |
| | 第108条【债务清偿：分期偿还、强制偿还】 | | |
| 婚姻法司法解释二 | 第24条【离婚时夫妻共同债务的清偿】 | | 0933 |
| 企业改制纠纷司法解释 | 第6条【新组建的公司对所转移的债务的承担方式】 | | 0944 |

## 第五章 法律责任

**第33条【虚假登记的法律责任】** ★

违反本法规定,提交虚假文件或采取其他欺骗手段,取得企业登记的,责令改正,处以五千元以下的罚款;情节严重的,并处吊销营业执照。

■ 主要适用的案由及其相关度

| 案由编号 | 主要适用的案由 | 相关度 |
|---|---|---|
| M6.17.170.2 | 工伤保险待遇纠纷 | |

■ 同时适用的法条及其相关度

| | | 同时适用的法条 | 相关度 |
|---|---|---|---|
| 0742 | 个人独资企业法 | 第37条【未领取营业执照以个人独资企业名义从事经营活动的法律责任;个人独资企业未及时办理变更登记的法律责任】 | |
| | | 第43条【企业民事赔偿责任优先原则】 | |
| 0849 | 劳动合同法 | 第47条【经济补偿金的支付标准】 | |
| 0895 | 工伤保险条例 | 第2条【工伤保险条例适用范围】 | |
| | | 第7条【工伤保险基金的构成】 | |
| | | 第26条【再次鉴定申请以及最终鉴定结论】 | |
| | | 第28条【劳动能力的复查鉴定】 | |
| | | 第31条【行政复议和行政诉讼期间不停止治疗工伤的医疗费用】 | |

**第34条【个人独资企业使用名称与登记名称不符的法律责任】**

违反本法规定,个人独资企业使用的名称与其在登记机关登记的名称不相符合的,责令限期改正,处以二千元以下的罚款。①

---

① 说明:本法条尚无足够数量判决书可供法律大数据分析。

## 第35条【违法使用营业执照的法律责任】 ★

涂改、出租、转让营业执照的,责令改正,没收违法所得,处以三千元以下的罚款;情节严重的,吊销营业执照。

伪造营业执照的,责令停业,没收违法所得,处以五千元以下的罚款。构成犯罪的,依法追究刑事责任。

■ 主要适用的案由及其相关度

| 案由编号 | 主要适用的案由 | 相关度 |
|---|---|---|
| M4.10.97 | 租赁合同纠纷 | |

■ 同时适用的法条及其相关度

| | 同时适用的法条 | 相关度 | |
|---|---|---|---|
| 合同法 | 第52条【合同无效的情形】 | | 0791 |
| 危险化学品管理条例 | 第33条【危险化学品经营许可制度及其例外】 | | 0905 |
| | 第35条【危险化学品经营企业的设立申请、审批、登记】 | | |

## 第36条【个人独资企业无正当理由未开业或停业超过法定期限的法律责任:吊销营业执照】 ★

个人独资企业成立后无正当理由超过六个月未开业的,或者开业后自行停业连续六个月以上的,吊销营业执照。

■ 主要适用的案由及其相关度

| 案由编号 | 主要适用的案由 | 相关度 |
|---|---|---|
| M4.10.74 | 买卖合同纠纷 | |

■ 同时适用的法条及其相关度

| | 同时适用的法条 | 相关度 | |
|---|---|---|---|
| 个人独资企业法 | 第28条【个人独资企业解散后原投资人的债务偿还责任及其期限】 | | 0742 |

| | | 同时适用的法条 | 相关度 |
|---|---|---|---|
| 0791 | 合同法 | 第107条【合同约束力:违约责任】 | |
| | | 第159条【买受人应支付价款的数额认定】 | |
| | | 第161条【买受人支付价款的时间】 | |
| 0937 | 买卖合同司法解释 | 第24条【买卖合同逾期付款违约金的适用规则】 | |

**第37条【未领取营业执照以个人独资企业名义从事经营活动的法律责任；个人独资企业未及时办理变更登记的法律责任】** ★

违反本法规定,未领取营业执照,以个人独资企业名义从事经营活动的,责令停止经营活动,处以三千元以下的罚款。

个人独资企业登记事项发生变更时,未按本法规定办理有关变更登记的,责令限期办理变更登记;逾期不办理的,处以二千元以下的罚款。

■ 主要适用的案由及其相关度

| 案由编号 | 主要适用的案由 | 相关度 |
|---|---|---|
| M6.17.170.2 | 工伤保险待遇纠纷 | |

■ 同时适用的法条及其相关度

| | | 同时适用的法条 | 相关度 |
|---|---|---|---|
| 0742 | 个人独资企业法 | 第33条【虚假登记的法律责任】 | |
| | | 第43条【企业民事赔偿责任优先原则】 | |
| 0849 | 劳动合同法 | 第47条【经济补偿金的支付标准】 | |
| 0895 | 工伤保险条例 | 第2条【工伤保险条例适用范围】 | |
| | | 第7条【工伤保险基金的构成】 | |
| | | 第26条【再次鉴定申请以及最终鉴定结论】 | |
| | | 第28条【劳动能力的复查鉴定】 | |
| | | 第31条【行政复议和行政诉讼期间不停止治疗工伤的医疗费用】 | |

第38条【个人独资企业投资人委托或聘用的人员违反合同约定致投资人损害的赔偿责任】

投资人委托或者聘用的人员管理个人独资企业事务时违反双方订立的合同,给投资人造成损害的,承担民事赔偿责任。①

第39条【个人独资企业侵犯职工合法权益的法律责任】

个人独资企业违反本法规定,侵犯职工合法权益,未保障职工劳动安全,不缴纳社会保险费用的,按照有关法律、行政法规予以处罚,并追究有关责任人员的责任。②

第40条【投资人委托或聘用人员侵犯个人独资企业财产权益的法律责任】

投资人委托或者聘用的人员违反本法第二十条规定,侵犯个人独资企业财产权益的,责令退还侵占的财产;给企业造成损失的,依法承担赔偿责任;有违法所得的,没收违法所得;构成犯罪的,依法追究刑事责任。③

第41条【违法强制个人独资企业提供财力、物力、人力的法律责任】

违反法律、行政法规的规定强制个人独资企业提供财力、物力、人力的,按照有关法律、行政法规予以处罚,并追究有关责任人员的责任。④

第42条【个人独资企业及其投资人在清算前或清算期间隐匿或转移财产的法律责任】

个人独资企业及其投资人在清算前或清算期间隐匿或转移财产,逃避债务的,依法追回其财产,并按照有关规定予以处罚;构成犯罪的,依法追究刑事责任。⑤

第43条【企业民事赔偿责任优先原则】 ★

投资人违反本法规定,应当承担民事赔偿责任和缴纳罚款、罚金,其财产不足以支付的,或者被判处没收财产的,应当先承担民事赔偿责任。

---

① 说明:本法条尚无足够数量判决书可供法律大数据分析。
② 说明:本法条尚无足够数量判决书可供法律大数据分析。
③ 说明:本法条尚无足够数量判决书可供法律大数据分析。
④ 说明:本法条尚无足够数量判决书可供法律大数据分析。
⑤ 说明:本法条尚无足够数量判决书可供法律大数据分析。

■ 主要适用的案由及其相关度

| 案由编号 | 主要适用的案由 | 相关度 |
|---|---|---|
| M6.17.170.2 | 工伤保险待遇纠纷 | |

■ 同时适用的法条及其相关度

| | | 同时适用的法条 | 相关度 |
|---|---|---|---|
| 0742 | 个人独资企业法 | 第33条【虚假登记的法律责任】 | |
| | | 第37条【未领取营业执照以个人独资企业名义从事经营活动的法律责任;个人独资企业未及时办理变更登记的法律责任】 | |
| 0849 | 劳动合同法 | 第47条【经济补偿金的支付标准】 | |
| 0895 | 工伤保险条例 | 第2条【工伤保险条例适用范围】 | |
| | | 第7条【工伤保险基金的构成】 | |
| | | 第26条【再次鉴定申请以及最终鉴定结论】 | |
| | | 第28条【劳动能力的复查鉴定】 | |
| | | 第31条【行政复议和行政诉讼期间不停止治疗工伤的医疗费用】 | |

**第44条【登记机关违法登记的法律责任】**

登记机关对不符合本法规定条件的个人独资企业予以登记,或者对符合本法规定条件的企业不予登记的,对直接责任人员依法给予行政处分;构成犯罪的,依法追究刑事责任。①

**第45条【登记机关的上级部门违法登记的法律责任】**

登记机关的上级部门的有关主管人员强令登记机关对不符合本法规定条件的企业予以登记,或者对符合本法规定条件的企业不予登记的,或者对登记机关的违法登记行为进行包庇的,对直接责任人员依法给予行政

---

① 说明:本法条尚无足够数量判决书可供法律大数据分析。

处分;构成犯罪的,依法追究刑事责任。①

第46条【个人独资企业申请人的法律救济手段】
　　登记机关对符合法定条件的申请不予登记或者超过法定时限不予答复的,当事人可依法申请行政复议或提起行政诉讼。②

## 第六章　附则

第47条【外商独资企业不适用个人独资企业法的规定】
　　外商独资企业不适用本法。③

第48条【个人独资企业法的施行日期】
　　本法自2000年1月1日起施行。④

---

① 说明:本法条尚无足够数量判决书可供法律大数据分析。
② 说明:本法条尚无足够数量判决书可供法律大数据分析。
③ 说明:本法条尚无足够数量判决书可供法律大数据分析。
④ 说明:本法条尚无足够数量判决书可供法律大数据分析。

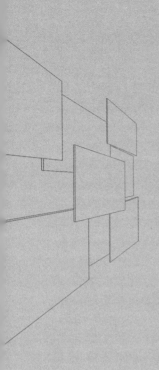

# 第三编

## 本书关联法条全文

# 一、法律

## 中华人民共和国合同法①

（1999年3月15日第九届全国人民代表大会第二次会议通过，自1999年10月1日起施行）

**第1条【合同法立法目的】** ★★
为了保护合同当事人的合法权益，维护社会经济秩序，促进社会主义现代化建设，制定本法。

**第2条【合同法的调整对象；合同的定义】** ★
本法所称合同是平等主体的自然人、法人、其他组织之间设立、变更、终止民事权利义务关系的协议。
婚姻、收养、监护等有关身份关系的协议，适用其他法律的规定。

**第3条【合同当事人法律地位平等】** ★
合同当事人的法律地位平等，一方不得将自己的意志强加给另一方。

**第4条【合同自愿原则】** ★★
当事人依法享有自愿订立合同的权利，任何单位和个人不得非法干预。

**第5条【合同公平原则；合同权利义务确定的原则】** ★★
当事人应当遵循公平原则确定各方的权利和义务。

**第6条【诚实信用原则】** ★★★
当事人行使权利、履行义务应当遵循诚实信用原则。

**第7条【公序良俗原则】** ★★
当事人订立、履行合同，应当遵守法律、行政法规，尊重社会公德，不得扰乱社会经济秩序，损害社会公共利益。

**第8条【合同约束力】** ★★★★★
依法成立的合同，对当事人具有法律约束力。当事人应当按照约定履行

---

① 简称《合同法》。

自己的义务,不得擅自变更或者解除合同。

依法成立的合同,受法律保护。

**第 9 条【合同当事人资格:民事权利能力、民事行为能力;可委托代理人订立合同的规定】** ★

当事人订立合同,应当具有相应的民事权利能力和民事行为能力。

当事人依法可以委托代理人订立合同。

**第 10 条【合同订立形式;合同的形式】** ★★

当事人订立合同,有书面形式、口头形式和其他形式。

法律、行政法规规定采用书面形式的,应当采用书面形式。当事人约定采用书面形式的,应当采用书面形式。

**第 12 条【合同内容一般包括的条款;示范文本】** ★

合同的内容由当事人约定,一般包括以下条款:

(一)当事人的名称或者姓名和住所;

(二)标的;

(三)数量;

(四)质量;

(五)价款或者报酬;

(六)履行期限、地点和方式;

(七)违约责任;

(八)解决争议的方法。

当事人可以参照各类合同的示范文本订立合同。

**第 13 条【订立合同的方式:要约、承诺】** ★

当事人订立合同,采取要约、承诺方式。

**第 14 条【要约的界定及其构成】** ★★

要约是希望和他人订立合同的意思表示,该意思表示应当符合下列规定:

(一)内容具体确定;

(二)表明经受要约人承诺,要约人即受该意思表示约束。

**第 18 条【要约的撤销】** ★

要约可以撤销。撤销要约的通知应当在受要约人发出承诺通知之前到达受要约人。

**第 19 条【不得撤销要约的情形】** ★

有下列情形之一的,要约不得撤销:

（一）要约人确定了承诺期限或者以其他形式明示要约不可撤销；

（二）受要约人有理由认为要约是不可撤销的，并已经为履行合同作了准备工作。

**第20条【要约失效的情形】** ★

有下列情形之一的，要约失效：

（一）拒绝要约的通知到达要约人；

（二）要约人依法撤销要约；

（三）承诺期限届满，受要约人未作出承诺；

（四）受要约人对要约的内容作出实质性变更。

**第21条【承诺的概念】** ★

承诺是受要约人同意要约的意思表示。

**第22条【承诺的方式：通知、行为】** ★

承诺应当以通知的方式作出，但根据交易习惯或者要约表明可以通过行为作出承诺的除外。

**第24条【承诺期限的起算】** ★

要约以信件或者电报作出的，承诺期限自信件载明的日期或者电报交发之日开始计算。信件未载明日期的，自投寄该信件的邮戳日期开始计算。要约以电话、传真等快速通讯方式作出的，承诺期限自要约到达受要约人时开始计算。

**第25条【合同成立时间：承诺生效】** ★

承诺生效时合同成立。

**第31条【承诺对要约内容的非实质性变更】** ★

承诺对要约的内容作出非实质性变更的，除要约人及时表示反对或者要约表明承诺不得对要约的内容作出任何变更的以外，该承诺有效，合同的内容以承诺的内容为准。

**第32条【书面合同自双方当事人签字或盖章时成立】** ★★

当事人采用合同书形式订立合同的，自双方当事人签字或者盖章时合同成立。

**第36条【应当采用书面形式而未采用书面形式合同成立的条件】** ★

法律、行政法规规定或者当事人约定采用书面形式订立合同，当事人未采用书面形式但一方已经履行主要义务，对方接受的，该合同成立。

**第39条【格式条款的订立要求；说明义务】** ★

采用格式条款订立合同的，提供格式条款的一方应当遵循公平原则确定当事人之间的权利和义务,并采取合理的方式提请对方注意免除或者限制其责任的条款,按照对方的要求,对该条款予以说明。

格式条款是当事人为了重复使用而预先拟定,并在订立合同时未与对方协商的条款。

**第40条【格式条款无效情形】** ★

格式条款具有本法第五十二条和第五十三条规定情形的,或者提供格式条款一方免除其责任、加重对方责任、排除对方主要权利的,该条款无效。

**第41条【格式条款的解释方法】** ★

对格式条款的理解发生争议的,应当按通常理解予以解释。对格式条款有两种以上解释的,应当作出不利于提供格式条款一方的解释。格式条款和非格式条款不一致的,应当采用非格式条款。

**第42条【缔约过失责任;合同订立过程中承担损害赔偿责任的情形】** ★

当事人在订立合同过程中有下列情形之一,给对方造成损失的,应当承担损害赔偿责任:

(一)假借订立合同,恶意进行磋商;

(二)故意隐瞒与订立合同有关的重要事实或者提供虚假情况;

(三)有其他违背诚实信用原则的行为。

**第44条【合同成立条件与时间】** ★★★★

依法成立的合同,自成立时生效。

法律、行政法规规定应当办理批准、登记等手续生效的,依照其规定。

**第45条【附条件的合同】** ★★

当事人对合同的效力可以约定附条件。附生效条件的合同,自条件成就时生效。附解除条件的合同,自条件成就时失效。

当事人为自己的利益不正当地阻止条件成就的,视为条件已成就;不正当地促使条件成就的,视为条件不成就。

**第46条【附期限的合同】** ★

当事人对合同的效力可以约定附期限。附生效期限的合同,自期限届至时生效。附终止期限的合同,自期限届满时失效。

**第48条【无权代理人订立合同的法律后果】** ★

行为人没有代理权、超越代理权或者代理权终止后以被代理人名义订立的合同,未经被代理人追认,对被代理人不发生效力,由行为人承担责任。

相对人可以催告被代理人在一个月内予以追认。被代理人未作表示的,视为拒绝追认。合同被追认之前,善意相对人有撤销的权利。撤销应当以通知的方式作出。

**第 49 条**【表见代理的构成及其效力】 ★★
行为人没有代理权、超越代理权或者代理权终止后以被代理人名义订立合同,相对人有理由相信行为人有代理权的,该代理行为有效。

**第 50 条**【因代表行为订立的合同效力:法定代表人超越权限订立合同的效力】 ★
法人或者其他组织的法定代表人、负责人超越权限订立的合同,除相对人知道或者应当知道其超越权限的以外,该代表行为有效。

**第 51 条**【无权处分合同的效力:经追认或取得处分权的有效】 ★
无处分权的人处分他人财产,经权利人追认或者无处分权的人订立合同后取得处分权的,该合同有效。

**第 52 条**【合同无效的情形】 ★★★★
有下列情形之一的,合同无效:
(一)一方以欺诈、胁迫的手段订立合同,损害国家利益;
(二)恶意串通,损害国家、集体或者第三人利益;
(三)以合法形式掩盖非法目的;
(四)损害社会公共利益;
(五)违反法律、行政法规的强制性规定。

**第 53 条**【合同中免责条款无效情形】 ★
合同中的下列免责条款无效:
(一)造成对方人身伤害的;
(二)因故意或者重大过失造成对方财产损失的。

**第 54 条**【合同的变更和撤销】 ★★
下列合同,当事人一方有权请求人民法院或者仲裁机构变更或者撤销:
(一)因重大误解订立的;
(二)在订立合同时显失公平的。
一方以欺诈、胁迫的手段或者乘人之危,使对方在违背真实意思的情况下订立的合同,受损害方有权请求人民法院或者仲裁机构变更或者撤销。
当事人请求变更的,人民法院或者仲裁机构不得撤销。

**第 55 条**【撤销权消灭的法定情形】 ★★
有下列情形之一的,撤销权消灭:
(一)具有撤销权的当事人自知道或者应当知道撤销事由之日起一年内没有行使撤销权;

（二）具有撤销权的当事人知道撤销事由后明确表示或者以自己的行为放弃撤销权。

**第 56 条**【合同无效或被撤销的溯及力；部分无效不影响其他独立部分的效力】 ★★

无效的合同或者被撤销的合同自始没有法律约束力。合同部分无效，不影响其他部分效力的，其他部分仍然有效。

**第 57 条**【争议解决条款的独立性；合同中有关解决争议方法的条款的效力不受合同无效或撤销、终止的影响】 ★

合同无效、被撤销或者终止的，不影响合同中独立存在的有关解决争议方法的条款的效力。

**第 58 条**【合同无效或被撤销的法律后果】 ★★★

合同无效或者被撤销后，因该合同取得的财产，应当予以返还；不能返还或者没有必要返还的，应当折价补偿。有过错的一方应当赔偿对方因此所受到的损失，双方都有过错的，应当各自承担相应的责任。

**第 60 条**【合同履行的原则】 ★★★★★

当事人应当按照约定全面履行自己的义务。

当事人应当遵循诚实信用原则，根据合同的性质、目的和交易习惯履行通知、协助、保密等义务。

**第 61 条**【合同内容约定不明确的处理规则；合同漏洞的填补】 ★★

合同生效后，当事人就质量、价款或者报酬、履行地点等内容没有约定或者约定不明确的，可以协议补充；不能达成补充协议的，按照合同有关条款或者交易习惯确定。

**第 62 条**【合同内容约定不明确的处理规则；合同漏洞的填补】 ★★

当事人就有关合同内容约定不明确，依照本法第六十一条的规定仍不能确定的，适用下列规定：

（一）质量要求不明确的，按照国家标准、行业标准履行；没有国家标准、行业标准的，按照通常标准或者符合合同目的的特定标准履行。

（二）价款或者报酬不明确的，按照订立合同时履行地的市场价格履行；依法应当执行政府定价或者政府指导价的，按照规定履行。

（三）履行地点不明确，给付货币的，在接受货币一方所在地履行；交付不动产的，在不动产所在地履行；其他标的，在履行义务一方所在地履行。

（四）履行期限不明确的，债务人可以随时履行，债权人也可以随时要求履行，但应当给对方必要的准备时间。

（五）履行方式不明确的，按照有利于实现合同目的的方式履行。

（六）履行费用的负担不明确的，由履行义务一方负担。

**第 63 条【合同价格的确定】** ★

执行政府定价或者政府指导价的，在合同约定的交付期限内政府价格调整时，按照交付时的价格计价。逾期交付标的物的，遇价格上涨时，按照原价格执行；价格下降时，按照新价格执行。逾期提取标的物或者逾期付款的，遇价格上涨时，按照新价格执行；价格下降时，按照原价格执行。

**第 64 条【向第三人履行】** ★

当事人约定由债务人向第三人履行债务的，债务人未向第三人履行债务或者履行债务不符合约定，应当向债权人承担违约责任。

**第 66 条【同时履行抗辩权】** ★

当事人互负债务，没有先后履行顺序的，应当同时履行。一方在对方履行之前有权拒绝其履行要求。一方在对方履行债务不符合约定时，有权拒绝其相应的履行要求。

**第 67 条【后履行抗辩权】** ★

当事人互负债务，有先后履行顺序，先履行一方未履行的，后履行一方有权拒绝其履行要求。先履行一方履行债务不符合约定的，后履行一方有权拒绝其相应的履行要求。

**第 68 条【不安抗辩权】** ★

应当先履行债务的当事人，有确切证据证明对方有下列情形之一的，可以中止履行：

（一）经营状况严重恶化；

（二）转移财产、抽逃资金，以逃避债务；

（三）丧失商业信誉；

（四）有丧失或者可能丧失履行债务能力的其他情形。

当事人没有确切证据中止履行的，应当承担违约责任。

**第 73 条【债权人代位权】** ★

因债务人怠于行使其到期债权，对债权人造成损害的，债权人可以向人民法院请求以自己的名义代位行使债务人的债权，但该债权专属于债务人自身的除外。

代位权的行使范围以债权人的债权为限。债权人行使代位权的必要费用，由债务人负担。

**第74条【债权人撤销权】** ★

因债务人放弃其到期债权或者无偿转让财产,对债权人造成损害的,债权人可以请求人民法院撤销债务人的行为。债务人以明显不合理的低价转让财产,对债权人造成损害,并且受让人知道该情形的,债权人也可以请求人民法院撤销债务人的行为。

撤销权的行使范围以债权人的债权为限。债权人行使撤销权的必要费用,由债务人负担。

**第75条【撤销权的行使期限】** ★

撤销权自债权人知道或者应当知道撤销事由之日起一年内行使。自债务人的行为发生之日起五年内没有行使撤销权的,该撤销权消灭。

**第77条【变更合同的条件与要求】** ★

当事人协商一致,可以变更合同。

法律、行政法规规定变更合同应当办理批准、登记等手续的,依照其规定。

**第78条【合同变更的内容约定不明确推定为未变更】** ★

当事人对合同变更的内容约定不明确的,推定为未变更。

**第79条【债权人不得转让合同权利的情形】** ★★

债权人可以将合同的权利全部或者部分转让给第三人,但有下列情形之一的除外:

(一)根据合同性质不得转让;

(二)按照当事人约定不得转让;

(三)依照法律规定不得转让。

**第80条【债权人转让债权的通知义务】** ★★

债权人转让权利的,应当通知债务人。未经通知,该转让对债务人不发生效力。

债权人转让权利的通知不得撤销,但经受让人同意的除外。

**第81条【债权转让从权利一并转让】** ★

债权人转让权利的,受让人取得与债权有关的从权利,但该从权利专属于债权人自身的除外。

**第82条【债务抗辩转移】** ★

债务人接到债权转让通知后,债务人对让与人的抗辩,可以向受让人主张。

**第84条【合同义务转移;债务转移;债务承担】** ★

债务人将合同的义务全部或者部分转移给第三人的,应当经债权人同意。

**第88条【合同权利义务的概括转移;概括承受】** ★

当事人一方经对方同意,可以将自己在合同中的权利和义务一并转让给第三人。

**第90条【法人合并以及分立后合同权利义务的承担】** ★

当事人订立合同后合并的,由合并后的法人或者其他组织行使合同权利,履行合同义务。当事人订立合同后分立的,除债权人和债务人另有约定的以外,由分立的法人或者其他组织对合同的权利和义务享有连带债权,承担连带债务。

**第91条【合同权利义务终止的法定情形】** ★★★

有下列情形之一的,合同的权利义务终止:

(一)债务已经按照约定履行;

(二)合同解除;

(三)债务相互抵销;

(四)债务人依法将标的物提存;

(五)债权人免除债务;

(六)债权债务同归于一人;

(七)法律规定或者当事人约定终止的其他情形。

**第92条【后合同义务】** ★★★

合同的权利义务终止后,当事人应当遵循诚实信用原则,根据交易习惯履行通知、协助、保密等义务。

**第93条【合同的意定解除:协商一致;约定条件成就】** ★★★★

当事人协商一致,可以解除合同。

当事人可以约定一方解除合同的条件。解除合同的条件成就时,解除权人可以解除合同。

**第94条【合同的法定解除;法定解除权】** ★★★★

有下列情形之一的,当事人可以解除合同:

(一)因不可抗力致使不能实现合同目的;

(二)在履行期限届满之前,当事人一方明确表示或者以自己的行为表明不履行主要债务;

(三)当事人一方迟延履行主要债务,经催告后在合理期限内仍未履行;

（四）当事人一方迟延履行债务或者有其他违约行为致使不能实现合同目的；

（五）法律规定的其他情形。

**第95条【解除权行使期限】** ★

法律规定或者当事人约定解除权行使期限，期限届满当事人不行使的，该权利消灭。

法律没有规定或者当事人没有约定解除权行使期限，经对方催告后在合理期限内不行使的，该权利消灭。

**第96条【合同解除权的行使规则】** ★★★

当事人一方依照本法第九十三条第二款、第九十四条的规定主张解除合同的，应当通知对方。合同自通知到达对方时解除。对方有异议的，可以请求人民法院或者仲裁机构确认解除合同的效力。

法律、行政法规规定解除合同应当办理批准、登记等手续的，依照其规定。

**第97条【合同解除的法律后果】** ★★★★

合同解除后，尚未履行的，终止履行；已经履行的，根据履行情况和合同性质，当事人可以要求恢复原状、采取其他补救措施，并有权要求赔偿损失。

**第98条【结算条款、清理条款效力的独立性】** ★★★

合同的权利义务终止，不影响合同中结算和清理条款的效力。

**第99条【法定的债务抵销】** ★

当事人互负到期债务，该债务的标的物种类、品质相同的，任何一方可以将自己的债务与对方的债务抵销，但依照法律规定或者按照合同性质不得抵销的除外。

当事人主张抵销的，应当通知对方。通知自到达对方时生效。抵销不得附条件或者附期限。

**第102条【标的物提存后债务人的通知义务】** ★

标的物提存后，除债权人下落不明的以外，债务人应当及时通知债权人或者债权人的继承人、监护人。

**第107条【合同约束力：违约责任】** ★★★★★

当事人一方不履行合同义务或者履行合同义务不符合约定的，应当承担继续履行、采取补救措施或者赔偿损失等违约责任。

**第108条【预期违约责任】** ★★★★

当事人一方明确表示或者以自己的行为表明不履行合同义务的，对方可以在履行期限届满之前要求其承担违约责任。

**第 109 条【违约责任的承担:付款义务的继续履行】** ★★★★

当事人一方未支付价款或者报酬的,对方可以要求其支付价款或者报酬。

**第 110 条【继续履行及其例外;债权人不得要求对方继续履行的情形】**

★★

当事人一方不履行非金钱债务或者履行非金钱债务不符合约定的,对方可以要求履行,但有下列情形之一的除外:

(一)法律上或者事实上不能履行;

(二)债务的标的不适于强制履行或者履行费用过高;

(三)债权人在合理期限内未要求履行。

**第 111 条【违约责任的承担:质量不符合约定的违约责任】** ★

质量不符合约定的,应当按当事人的约定承担违约责任。对违约责任没有约定或者约定不明确,依照本法第六十一条的规定仍不能确定的,受损害方根据标的的性质以及损失的大小,可以合理选择要求对方承担修理、更换、重作、退货、减少价款或者报酬等违约责任。

**第 112 条【违约责任的承担:损失赔偿与其他责任的并存】** ★★

当事人一方不履行合同义务或者履行合同义务不符合约定的,在履行义务或者采取补救措施后,对方还有其他损失的,应当赔偿损失。

**第 113 条【违约责任的承担:损失赔偿】** ★★★

当事人一方不履行合同义务或者履行合同义务不符合约定,给对方造成损失的,损失赔偿额应当相当于因违约所造成的损失,包括合同履行后可以获得的利益,但不得超过违反合同一方订立合同时预见到或者应当预见到的因违反合同可能造成的损失。

经营者对消费者提供商品或者服务有欺诈行为的,依照《中华人民共和国消费者权益保护法》的规定承担损害赔偿责任。

**第 114 条【违约金的数额及其调整】** ★★★★

当事人可以约定一方违约时应当根据违约情况向对方支付一定数额的违约金,也可以约定因违约产生的损失赔偿额的计算方法。

约定的违约金低于造成的损失的,当事人可以请求人民法院或者仲裁机构予以增加;约定的违约金过分高于造成的损失的,当事人可以请求人民法院或者仲裁机构予以适当减少。

当事人就迟延履行约定违约金的,违约方支付违约金后,还应当履行债务。

**第 115 条【定金罚则】** ★

当事人可以依照《中华人民共和国担保法》约定一方向对方给付定金作为债权的担保。债务人履行债务后,定金应当抵作价款或者收回。给付定金的一方不履行约定的债务的,无权要求返还定金;收受定金的一方不履行约定的债务的,应当双倍返还定金。

**第 116 条【同时约定违约金和定金时:择一适用】** ★

当事人既约定违约金,又约定定金的,一方违约时,对方可以选择适用违约金或者定金条款。

**第 117 条【因不可抗力不能履行合同】** ★

因不可抗力不能履行合同的,根据不可抗力的影响,部分或者全部免除责任,但法律另有规定的除外。当事人迟延履行后发生不可抗力的,不能免除责任。

本法所称不可抗力,是指不能预见、不能避免并不能克服的客观情况。

**第 119 条【防止违约损失扩大的措施;防损义务;不真正义务】** ★

当事人一方违约后,对方应当采取适当措施防止损失的扩大;没有采取适当措施致使损失扩大的,不得就扩大的损失要求赔偿。

当事人因防止损失扩大而支出的合理费用,由违约方承担。

**第 120 条【双方违约应各自承担违约责任】** ★

当事人双方都违反合同的,应当各自承担相应的责任。

**第 122 条【侵权与违约的竞合】** ★

因当事人一方的违约行为,侵害对方人身、财产权益的,受损害方有权选择依照本法要求其承担违约责任或者依照其他法律要求其承担侵权责任。

**第 123 条【其他法律对合同有规定依照其规定;特别法优先适用】** ★

其他法律对合同另有规定的,依照其规定。

**第 124 条【无名合同的法律适用】** ★

本法分则或者其他法律没有明文规定的合同,适用本法总则的规定,并可以参照本法分则或者其他法律最相类似的规定。

**第 125 条【合同的解释;合同条款理解不一致的解释规则】** ★

当事人对合同条款的理解有争议的,应当按照合同所使用的词句、合同的有关条款、合同的目的、交易习惯以及诚实信用原则,确定该条款的真实意思。

合同文本采用两种以上文字订立并约定具有同等效力的,对各文本使用的词句推定具有相同含义。各文本使用的词句不一致的,应当根据合同的目的予以解释。

第 126 条【涉外合同的法律适用】 ★

涉外合同的当事人可以选择处理合同争议所适用的法律,但法律另有规定的除外。涉外合同的当事人没有选择的,适用与合同有最密切联系的国家的法律。

在中华人民共和国境内履行的中外合资经营企业合同、中外合作经营企业合同、中外合作勘探开发自然资源合同,适用中华人民共和国法律。

第 130 条【买卖合同的定义】 ★★★★

买卖合同是出卖人转移标的物的所有权于买受人,买受人支付价款的合同。

第 131 条【买卖合同的内容】 ★

买卖合同的内容除依照本法第十二条的规定以外,还可以包括包装方式、检验标准和方法、结算方式、合同使用的文字及其效力等条款。

第 133 条【标的物所有权转移:交付】 ★

标的物的所有权自标的物交付时起转移,但法律另有规定或者当事人另有约定的除外。

第 134 条【所有权保留】 ★

当事人可以在买卖合同中约定买受人未履行支付价款或者其他义务的,标的物的所有权属于出卖人。

第 135 条【出卖人义务:交付、移转所有权】 ★

出卖人应当履行向买受人交付标的物或者交付提取标的物的单证,并转移标的物所有权的义务。

第 136 条【出卖人义务:交付单证、交付资料】 ★

出卖人应当按照约定或者交易习惯向买受人交付提取标的物单证以外的有关单证和资料。

第 138 条【出卖人义务:交付期间】 ★

出卖人应当按照约定的期限交付标的物。约定交付期间的,出卖人可以在该交付期间内的任何时间交付。

第 139 条【标的物的交付期限的确定】 ★

当事人没有约定标的物的交付期限或者约定不明确的,适用本法第六十一条、第六十二条第四项的规定。

第 144 条【在途标的物买卖合同的风险转移】 ★

出卖人出卖交由承运人运输的在途标的物,除当事人另有约定的以外,毁损、灭失的风险自合同成立时起由买受人承担。

**第157条【买受人的及时检验义务】** ★

买受人收到标的物时应当在约定的检验期间内检验。没有约定检验期间的,应当及时检验。

**第158条【买受人的检验、通知义务】** ★

当事人约定检验期间的,买受人应当在检验期间内将标的物的数量或者质量不符合约定的情形通知出卖人。买受人怠于通知的,视为标的物的数量或者质量符合约定。

当事人没有约定检验期间的,买受人应当在发现或者应当发现标的物的数量或者质量不符合约定的合理期间内通知出卖人。买受人在合理期间内未通知或者自标的物收到之日起两年内未通知出卖人的,视为标的物的数量或者质量符合约定,但对标的物有质量保证期的,适用质量保证期,不适用该两年的规定。

出卖人知道或者应当知道提供的标的物不符合约定的,买受人不受前两款规定的通知时间的限制。

**第159条【买受人应支付价款的数额认定】** ★★★★

买受人应当按照约定的数额支付价款。对价款没有约定或者约定不明确的,适用本法第六十一条、第六十二条第二项的规定。

**第161条【买受人支付价款的时间】** ★★★★

买受人应当按照约定的时间支付价款。对支付时间没有约定或者约定不明确,依照本法第六十一条的规定仍不能确定的,买受人应当在收到标的物或者提取标的物单证的同时支付。

**第174条【买卖合同准用于有偿合同;有偿合同参照买卖合同】** ★

法律对其他有偿合同有规定的,依照其规定;没有规定的,参照买卖合同的有关规定。

**第175条【互易合同参照买卖合同的规定】** ★

当事人约定易货交易,转移标的物的所有权的,参照买卖合同的有关规定。

**第176条【供用电合同的概念】** ★

供用电合同是供电人向用电人供电,用电人支付电费的合同。

**第182条【用电人交付电费的义务和逾期交付电费的违约责任】** ★

用电人应当按照国家有关规定和当事人的约定及时交付电费。用电人逾期不交付电费的,应当按照约定支付违约金。经催告用电人在合理期限内仍不交付电费和违约金的,供电人可以按照国家规定的程序中止供电。

**第 184 条【供用水、供用气、供用热力合同参照适用供用电合同的规定】**　★

供用水、供用气、供用热力合同,参照供用电合同的有关规定。

**第 185 条【赠与合同的概念】**　★

赠与合同是赠与人将自己的财产无偿给予受赠人,受赠人表示接受赠与的合同。

**第 190 条【附义务的赠与合同】**　★

赠与可以附义务。

赠与附义务的,受赠人应当按照约定履行义务。

**第 196 条【借款合同定义】**　★★★★

借款合同是借款人向贷款人借款,到期返还借款并支付利息的合同。

**第 197 条【借款合同的形式和内容】**　★

借款合同采用书面形式,但自然人之间借款另有约定的除外。

借款合同的内容包括借款种类、币种、用途、数额、利率、期限和还款方式等条款。

**第 198 条【借款合同中的担保及法律适用】**　★★

订立借款合同,贷款人可以要求借款人提供担保。担保依照《中华人民共和国担保法》的规定。

**第 200 条【借款利息不得预先扣除;预先扣除后按实际数额计算借款额度】**　★

借款的利息不得预先在本金中扣除。利息预先在本金中扣除的,应当按照实际借款数额返还借款并计算利息。

**第 201 条【贷款人未按照约定提供借款的违约责任、借款人未按照约定收取借款的违约责任】**　★

贷款人未按照约定的日期、数额提供借款,造成借款人损失的,应当赔偿损失。

借款人未按照约定的日期、数额收取借款的,应当按照约定的日期、数额支付利息。

**第 204 条【金融机构贷款业务的利率确定】**　★

办理贷款业务的金融机构贷款的利率,应当按照中国人民银行规定的贷款利率的上下限确定。

**第 205 条【借款合同的利息支付义务】**　★★★★

借款人应当按照约定的期限支付利息。对支付利息的期限没有约定或者约定不明确,依照本法第六十一条的规定仍不能确定,借款期间不满一年的,应当在返还借款时一并支付;借款期间一年以上的,应当在每届满一年时支付,剩余期间不满一年的,应当在返还借款时一并支付。

**第206条【借款期限的认定】** ★★★★

借款人应当按照约定的期限返还借款。对借款期限没有约定或者约定不明确,依照本法第六十一条的规定仍不能确定的,借款人可以随时返还;贷款人可以催告借款人在合理期限内返还。

**第207条【借款合同违约责任承担:支付利息】** ★★★★

借款人未按照约定的期限返还借款的,应当按照约定或者国家有关规定支付逾期利息。

**第208条【提前偿还借款:实际借款期间计算利息】** ★

借款人提前偿还借款的,除当事人另有约定的以外,应当按照实际借款的期间计算利息。

**第209条【贷款展期】** ★

借款人可以在还款期限届满之前向贷款人申请展期。贷款人同意的,可以展期。

**第210条【自然人之间借款合同的生效:提供借款时】** ★★

自然人之间的借款合同,自贷款人提供借款时生效。

**第211条【自然人之间借款合同利息的规制】** ★★★

自然人之间的借款合同对支付利息没有约定或者约定不明确的,视为不支付利息。自然人之间的借款合同约定支付利息的,借款的利率不得违反国家有关限制借款利率的规定。

**第212条【租赁合同的定义】** ★★

租赁合同是出租人将租赁物交付承租人使用、收益,承租人支付租金的合同。

**第215条【租赁合同的书面形式要求】** ★

租赁期限六个月以上的,应当采用书面形式。当事人未采用书面形式的,视为不定期租赁。

**第219条【承租人没有按约定方式或租赁物使用性质使用租赁物致损的法律后果】** ★

承租人未按照约定的方法或者租赁物的性质使用租赁物,致使租赁物受到损失的,出租人可以解除合同并要求赔偿损失。

**第220条【出租人的维修义务】** ★

出租人应当履行租赁物的维修义务,但当事人另有约定的除外。

**第 221 条【租赁物的维修和维修费负担】** ★

承租人在租赁物需要维修时可以要求出租人在合理期限内维修。出租人未履行维修义务的,承租人可以自行维修,维修费用由出租人负担。因维修租赁物影响承租人使用的,应当相应减少租金或者延长租期。

**第 222 条【租赁合同中承租人租赁物妥善保管义务及其违反义务的赔偿责任】** ★

承租人应当妥善保管租赁物,因保管不善造成租赁物毁损、灭失的,应当承担损害赔偿责任。

**第 223 条【承租人对租赁物进行改善或增设他物的规定】** ★

承租人经出租人同意,可以对租赁物进行改善或者增设他物。

承租人未经出租人同意,对租赁物进行改善或者增设他物的,出租人可以要求承租人恢复原状或者赔偿损失。

**第 224 条【承租人转租租赁物的前提条件及效力】** ★

承租人经出租人同意,可以将租赁物转租给第三人。承租人转租的,承租人与出租人之间的租赁合同继续有效,第三人对租赁物造成损失的,承租人应当赔偿损失。

承租人未经出租人同意转租的,出租人可以解除合同。

**第 225 条【租赁期间因占有、使用租赁物获得的利益的归属】** ★

在租赁期间因占有、使用租赁物获得的收益,归承租人所有,但当事人另有约定的除外。

**第 226 条【租赁合同中承租人租金支付期限的确定规则】** ★★★

承租人应当按照约定的期限支付租金。对支付期限没有约定或者约定不明确,依照本法第六十一条的规定仍不能确定,租赁期间不满一年的,应当在租赁期间届满时支付;租赁期间一年以上的,应当在每届满一年时支付,剩余期间不满一年的,应当在租赁期间届满时支付。

**第 227 条【出租人的租金支付请求权以及合同解除权】** ★

承租人无正当理由未支付或者迟延支付租金的,出租人可以要求承租人在合理期限内支付。承租人逾期不支付的,出租人可以解除合同。

**第 228 条【出租人的权利瑕疵担保责任;承租人的及时通知义务】** ★

因第三人主张权利,致使承租人不能对租赁物使用、收益的,承租人可以要求减少租金或者不支付租金。

第三人主张权利的,承租人应当及时通知出租人。

第229条【买卖不破租赁：租赁物发生所有权变动时不影响租赁合同效力】　　★★

租赁物在租赁期间发生所有权变动的，不影响租赁合同的效力。

第232条【不定期租赁】　　★

当事人对租赁期限没有约定或者约定不明确，依照本法第六十一条的规定仍不能确定的，视为不定期租赁。当事人可以随时解除合同，但出租人解除合同应当在合理期限之前通知承租人。

第235条【租赁期间届满承租人租赁物返还义务；返还的租赁物应当具有的状态】　　★★

租赁期间届满，承租人应当返还租赁物。返还的租赁物应当符合按照约定或者租赁物的性质使用后的状态。

第236条【不定期租赁：租赁期满继续使用租赁物、出租人没有提出异议】　　★

租赁期间届满，承租人继续使用租赁物，出租人没有提出异议的，原租赁合同继续有效，但租赁期限为不定期。

第237条【融资租赁合同的定义】　　★

融资租赁合同是出租人根据承租人对出卖人、租赁物的选择，向出卖人购买租赁物，提供给承租人使用，承租人支付租金的合同。

第242条【承租人破产时租赁物不属于破产财产】　　★

出租人享有租赁物的所有权。承租人破产的，租赁物不属于破产财产。

第248条【出租人的租金支付请求权以及合同解除权】　　★

承租人应当按照约定支付租金。承租人经催告后在合理期限内仍不支付租金的，出租人可以要求支付全部租金；也可以解除合同，收回租赁物。

第249条【融资租赁合同中出租人收回租赁物的权利和承租人要求部分返还租赁物价值的权利】　　★

当事人约定租赁期间届满租赁物归承租人所有，承租人已经支付大部分租金，但无力支付剩余租金，出租人因此解除合同收回租赁物的，收回的租赁物的价值超过承租人欠付的租金以及其他费用的，承租人可以要求部分返还。

第251条【承揽合同的定义】　　★★

承揽合同是承揽人按照定作人的要求完成工作，交付工作成果，定作人给付报酬的合同。

承揽包括加工、定作、修理、复制、测试、检验等工作。

**第261条【承揽合同工作成果的交付和验收】** ★

承揽人完成工作的,应当向定作人交付工作成果,并提交必要的技术资料和有关质量证明。定作人应当验收该工作成果。

**第262条【承揽人违约责任承担方式】** ★

承揽人交付的工作成果不符合质量要求的,定作人可以要求承揽人承担修理、重作、减少报酬、赔偿损失等违约责任。

**第263条【定作人报酬支付的期限】** ★★★

定作人应当按照约定的期限支付报酬。对支付报酬的期限没有约定或者约定不明确,依照本法第六十一条的规定仍不能确定的,定作人应当在承揽人交付工作成果时支付;工作成果部分交付的,定作人应当相应支付。

**第269条【建设工程合同的定义】** ★★

建设工程合同是承包人进行工程建设,发包人支付价款的合同。

建设工程合同包括工程勘察、设计、施工合同。

**第272条【第三人与总承包人或发包人的连带责任;禁止全部转包;禁止分包单位再分包;主体结构施工】** ★

发包人可以与总承包人订立建设工程合同,也可以分别与勘察人、设计人、施工人订立勘察、设计、施工承包合同。发包人不得将应当由一个承包人完成的建设工程肢解成若干部分发包给几个承包人。

总承包人或者勘察、设计、施工承包人经发包人同意,可以将自己承包的部分工作交由第三人完成。第三人就其完成的工作成果与总承包人或者勘察、设计、施工承包人向发包人承担连带责任。承包人不得将其承包的全部建设工程转包给第三人或者将其承包的全部建设工程肢解以后以分包的名义分别转包给第三人。

禁止承包人将工程分包给不具备相应资质条件的单位。禁止分包单位将其承包的工程再分包。建设工程主体结构的施工必须由承包人自行完成。

**第284条【发包人致使工程中途停建、缓建的法律责任】** ★

因发包人的原因致使工程中途停建、缓建的,发包人应当采取措施弥补或者减少损失,赔偿承包人因此造成的停工、窝工、倒运、机械设备调迁、材料和构件积压等损失和实际费用。

**第286条【承包人的建设工程优先受偿权】** ★★

发包人未按照约定支付价款的,承包人可以催告发包人在合理期限内支付价款。发包人逾期不支付的,除按照建设工程的性质不宜折价、拍卖的以外,承包人可以与发包人协议将该工程折价,也可以申请人民法院将该工程依法拍卖。建设工程的价款就该工程折价或者拍卖的价款优先受偿。

**第 288 条【运输合同的定义】** ★

运输合同是承运人将旅客或者货物从起运地点运输到约定地点,旅客、托运人或者收货人支付票款或者运输费用的合同。

**第 292 条【旅客、托运人或收货人支付票款或者运输费用的义务】** ★

旅客、托运人或者收货人应当支付票款或者运输费用。承运人未按照约定路线或者通常路线运输增加票款或者运输费用的,旅客、托运人或者收货人可以拒绝支付增加部分的票款或者运输费用。

**第 311 条【承运人的责任承担以及抗辩事由】** ★

承运人对运输过程中货物的毁损、灭失承担损害赔偿责任,但承运人证明货物的毁损、灭失是因不可抗力、货物本身的自然性质或者合理损耗以及托运人、收货人的过错造成的,不承担损害赔偿责任。

**第 365 条【保管合同的定义】** ★

保管合同是保管人保管寄存人交付的保管物,并返还该物的合同。

**第 373 条【第三人主张权利时保管人对寄存人的返还义务和通知义务】** ★

第三人对保管物主张权利的,除依法对保管物采取保全或者执行的以外,保管人应当履行向寄存人返还保管物的义务。

第三人对保管人提起诉讼或者对保管物申请扣押的,保管人应当及时通知寄存人。

**第 381 条【仓储合同的定义】** ★

仓储合同是保管人储存存货人交付的仓储物,存货人支付仓储费的合同。

**第 391 条【仓储物的提取】** ★

当事人对储存期间没有约定或者约定不明确的,存货人或者仓单持有人可以随时提取仓储物,保管人也可以随时要求存货人或者仓单持有人提取仓储物,但应当给予必要的准备时间。

**第 396 条【委托合同的界定】** ★★

委托合同是委托人和受托人约定,由受托人处理委托人事务的合同。

**第 398 条【处理委托事务的费用】** ★

委托人应当预付处理委托事务的费用。受托人为处理委托事务垫付的必要费用,委托人应当偿还该费用及其利息。

**第402条【受托人以自己名义从事受托事务的法律效果】** ★★

受托人以自己的名义,在委托人的授权范围内与第三人订立的合同,第三人在订立合同时知道受托人与委托人之间的代理关系的,该合同直接约束委托人和第三人,但有确切证据证明该合同只约束受托人和第三人的除外。

**第404条【受托人转移委托事务所得利益的义务】** ★

受托人处理委托事务取得的财产,应当转交给委托人。

**第405条【有偿委托合同的报酬支付】** ★

受托人完成委托事务的,委托人应当向其支付报酬。因不可归责于受托人的事由,委托合同解除或者委托事务不能完成的,委托人应当向受托人支付相应的报酬。当事人另有约定的,按照其约定。

**第406条【因受托人过错致委托人损失的赔偿责任】** ★

有偿的委托合同,因受托人的过错给委托人造成损失的,委托人可以要求赔偿损失。无偿的委托合同,因受托人的故意或者重大过失给委托人造成损失的,委托人可以要求赔偿损失。

受托人超越权限给委托人造成损失的,应当赔偿损失。

**第410条【委托合同可随时解除及解除后的赔偿责任】** ★

委托人或者受托人可以随时解除委托合同。因解除合同给对方造成损失的,除不可归责于该当事人的事由以外,应当赔偿损失。

**第424条【居间合同的界定】** ★

居间合同是居间人向委托人报告订立合同的机会或者提供订立合同的媒介服务,委托人支付报酬的合同。

**第426条【居间人促成合同成立时的报酬请求权及居间费用负担义务】** ★

居间人促成合同成立的,委托人应当按照约定支付报酬。对居间人的报酬没有约定或者约定不明确,依照本法第六十一条的规定仍不能确定的,根据居间人的劳务合理确定。因居间人提供订立合同的媒介服务而促成合同成立的,由该合同的当事人平均负担居间人的报酬。

居间人促成合同成立的,居间活动的费用,由居间人负担。

# 中华人民共和国民法通则[1]

★★★★

(1986年4月12日第六届全国人民代表大会第四次会议通过,根据2009年8月27日第十一届全国人民代表大会常务委员会第十次会议《关于修改部分法律的决定》修正)

**第1条【民法通则的立法目的】** ★★

为了保障公民、法人的合法的民事权益,正确调整民事关系,适应社会主义现代化建设事业发展的需要,根据宪法和我国实际情况,总结民事活动的实践经验,制定本法。

**第2条【民法通则的调整范围:平等民事主体间的财产、人身关系】** ★

中华人民共和国民法调整平等主体的公民之间、法人之间、公民和法人之间的财产关系和人身关系。

**第3条【民事主体的地位平等】** ★

当事人在民事活动中的地位平等。

**第4条【民事活动的基本原则:自愿、公平、等价有偿、诚实信用】** ★★★

民事活动应当遵循自愿、公平、等价有偿、诚实信用的原则。

**第5条【公民的合法权益受到保护】** ★★★

公民、法人的合法的民事权益受法律保护,任何组织和个人不得侵犯。

**第6条【民事活动应遵守国家政策】** ★

民事活动必须遵守法律,法律没有规定的,应当遵守国家政策。

**第8条【民法通则的适用范围】** ★

在中华人民共和国领域内的民事活动,适用中华人民共和国法律,法律另有规定的除外。

本法关于公民的规定,适用于在中华人民共和国领域内的外国人、无国籍人,法律另有规定的除外。

**第13条【精神病人的民事行为能力】** ★

不能辨认自己行为的精神病人是无民事行为能力人,由他的法定代理人

---

[1] 简称《民法通则》。

代理民事活动。

不能完全辨认自己行为的精神病人是限制民事行为能力人,可以进行与他的精神健康状况相适应的民事活动;其他民事活动由他的法定代理人代理,或者征得他的法定代理人的同意。

**第 14 条【法定代表人】** ★

无民事行为能力人、限制民事行为能力人的监护人是他的法定代理人。

**第 17 条【精神病人的监护人】** ★

无民事行为能力或者限制民事行为能力的精神病人,由下列人员担任监护人:

(一)配偶;

(二)父母;

(三)成年子女;

(四)其他近亲属;

(五)关系密切的其他亲属、朋友愿意承担监护责任,经精神病人的所在单位或者住所地的居民委员会、村民委员会同意的。

对担任监护人有争议的,由精神病人的所在单位或者住所地的居民委员会、村民委员会在近亲属中指定。对指定不服提起诉讼的,由人民法院裁决。

没有第一款规定的监护人的,由精神病人的所在单位或者住所地的居民委员会、村民委员会或者民政部门担任监护人。

**第 20 条【宣告失踪的条件】** ★

公民下落不明满二年的,利害关系人可以向人民法院申请宣告他为失踪人。

战争期间下落不明的,下落不明的时间从战争结束之日起计算。

**第 26 条【个体工商户】** ★

公民在法律允许的范围内,依法经核准登记,从事工商业经营的,为个体工商户。个体工商户可以起字号。

**第 30 条【个人合伙】** ★★★

个人合伙是指两个以上公民按照协议,各自提供资金、实物、技术等,合伙经营、共同劳动。

**第 31 条【合伙协议】** ★★★

合伙人应当对出资数额、盈余分配、债务承担、入伙、退伙、合伙终止等事项,订立书面协议。

**第 32 条【合伙财产的归属、管理和使用】** ★★

合伙人投入的财产,由合伙人统一管理和使用。

合伙经营积累的财产,归合伙人共有。

**第 33 条【个人合伙字号】** ★

个人合伙可以起字号,依法经核准登记,在核准登记的经营范围内从事经营。

**第 34 条【合伙事务的执行】** ★★

个人合伙的经营活动,由合伙人共同决定,合伙人有执行或监督的权利。

合伙人可以推举负责人。合伙负责人和其他人员的经营活动,由全体合伙人承担民事责任。

**第 35 条【民事合伙的债务承担规则】** ★★

合伙的债务,由合伙人按照出资比例或者协议的约定,以各自的财产承担清偿责任。

合伙人对合伙的债务承担连带责任,法律另有规定的除外。偿还合伙债务超过自己应当承担数额的合伙人,有权向其他合伙人追偿。

**第 36 条【法人的定义;法人民事权利能力和民事行为能力的存续期间】** ★★

法人是具有民事权利能力和民事行为能力,依法独立享有民事权利和承担民事义务的组织。

法人的民事权利能力和民事行为能力,从法人成立时产生,到法人终止时消灭。

**第 38 条【法定代表人】** ★★

依照法律或者法人组织章程规定,代表法人行使职权的负责人,是法人的法定代表人。

**第 40 条【法人终止的法律效果】** ★

法人终止,应当依法进行清算,停止清算范围外的活动。

**第 41 条【全民所有制企业、集体所有制企业取得法人资格的条件;中外合资经营企业、中外合作经营企业和外资企业取得中国法人资格的条件】** ★

全民所有制企业、集体所有制企业有符合国家规定的资金数额,有组织章程、组织机构和场所,能够独立承担民事责任,经主管机关核准登记,取得法人资格。

在中华人民共和国领域内设立的中外合资经营企业,中外合作经营企业和外资企业,具备法人条件的,依法经工商行政管理机关核准登记,取得中国法人资格。

**第 42 条【公司经营范围的登记、变更和审批】** ★

企业法人应当在核准登记的经营范围内从事经营。

**第 43 条【企业法人对其机构的活动承担民事责任】** ★★★

企业法人对它的法定代表人和其他工作人员的经营活动,承担民事责任。

**第 44 条【公司合并后债权债务的承继】** ★★

企业法人分立、合并上或有其他重要事项变更,应当向登记机关办理登记并公告。

企业法人分立、合并,它的权利和义务由变更后的法人享有和承担。

**第 45 条【企业法人终止的法定事由】** ★

企业法人由于下列原因之一终止:

(一)依法被撤销;

(二)解散;

(三)依法宣告破产;

(四)其他原因。

**第 46 条【企业法人终止的注销登记制度】** ★

企业法人终止,应当向登记机关办理注销登记并公告。

**第 47 条【企业法人解散、被撤销或宣告破产后的清算义务】** ★

企业法人解散,应当成立清算组织,进行清算。企业法人被撤销、被宣告破产的,应当由主管机关或者人民法院组织有关机关和有关人员成立清算组织,进行清算。

**第 48 条【企业承担责任的财产范围:全民所有制企业以国家授予经营管理的财产承担;集体所有企业和三资企业以企业所有财产承担】** ★

全民所有制企业法人以国家授予它经营管理的财产承担民事责任。集体所有制企业法人以企业所有的财产承担民事责任。中外合资经营企业法人、中外合作经营企业法人和外资企业法人以企业所有的财产承担民事责任,法律另有规定的除外。

**第 51 条【法人型联营主体资格取得】** ★

企业之间或者企业、事业单位之间联营,组成新的经济实体,独立承担民事责任的,具备法人条件的,经主管机关核准登记,取得法人资格。

**第 52 条【企业之间或者企业、事业单位之间联营的民事责任承担形式】** ★

企业之间或者企业、事业单位之间联营,共同经营、不具备法人条件的,由联营各方按照出资比例或者协议的约定,以各自所有的或者经营管理的财产承担民事责任。依照法律的规定或者协议的约定负连带责任的,承担连带责任。

**第 53 条【企业联营的权利义务和民事责任承担】** ★

企业之间或者企业、事业单位之间联营,按照合同的约定各自独立经营的,它的权利和义务由合同约定,各自承担民事责任。

**第 54 条【民事法律行为的定义】** ★

民事法律行为是公民或者法人设立、变更、终止民事权利和民事义务的合法行为。

**第 55 条【民事法律行为的有效条件】** ★★★

民事法律行为应当具备下列条件:

(一)行为人具有相应的民事行为能力;

(二)意思表示真实;

(三)不违反法律或者社会公共利益。

**第 56 条【民事法律行为的形式】** ★

民事法律行为可以采用书面形式、口头形式或者其他形式。法律规定用特定形式的,应当依照法律规定。

**第 57 条【民事法律行为的效力】** ★★

民事法律行为从成立时起具有法律约束力。行为人非依法律规定或者取得对方同意,不得擅自变更或者解除。

**第 58 条【民事行为无效的法定情形】** ★★

下列民事行为无效:

(一)无民事行为能力人实施的;

(二)限制民事行为能力人依法不能独立实施的;

(三)一方以欺诈、胁迫的手段或者乘人之危,使对方在违背真实意思的情况下所为的;

(四)恶意串通,损害国家、集体或者第三人利益的;

(五)违反法律或者社会公共利益的;

(六)以合法形式掩盖非法目的的;

无效的民事行为,从行为开始起就没有法律约束力。

**第 60 条【民事行为部分无效】** ★

民事行为部分无效,不影响其他部分的效力的,其他部分仍然有效。

**第 61 条【民事行为被确认为无效或者被撤销后的法律后果】** ★

民事行为被确认为无效或者被撤销后,当事人因该行为取得的财产,应当返还给受损失的一方。有过错的一方应当赔偿对方因此所受的损失,双方都有过错的,应当各自承担相应的责任。

双方恶意串通,实施民事行为损害国家的、集体的或者第三人的利益的,应当追缴双方取得的财产,收归国家、集体所有或者返还第三人。

**第63条【代理的界定及不得代理的情形】** ★★

公民、法人可以通过代理人实施民事法律行为。

代理人在代理权限内,以被代理人的名义实施民事法律行为。被代理人对代理人的代理行为,承担民事责任。

依照法律规定或者按照双方当事人约定,应当由本人实施的民事法律行为,不得代理。

**第64条【代理的种类及代理权限】** ★

代理包括委托代理、法定代理和指定代理。

委托代理人按照被代理人的委托行使代理权,法定代理人依照法律的规定行使代理权,指定代理人按照人民法院或者指定单位的指定行使代理权。

**第65条【委托代理的形式;授权委托书的内容;委托书授权不明时的责任承担方式:被代理人与代理人承担连带责任】** ★

民事法律行为的委托代理,可以用书面形式,也可以用口头形式。法律规定用书面形式的,应当用书面形式。

书面委托代理的授权委托书应当载明代理人的姓名或者名称、代理事项、权限和期间,并由委托人签名或盖章。

委托书授权不明的,被代理人应当向第三人承担民事责任,代理人负连带责任。

**第66条【无权代理的法律后果;代理人不履行职责、损害代理人利益的民事责任;代理人和第三人的连带责任】** ★★

没有代理权、超越代理权或者代理权终止后的行为,只有经过被代理人的追认,被代理人才承担民事责任。未经追认的行为,由行为人承担民事责任。本人知道他人以本人名义实施民事行为而不作否认表示的,视为同意。

代理人不履行职责而给被代理人造成损害的,应当承担民事责任。

代理人和第三人串通、损害被代理人的利益的,由代理人和第三人负连带责任。

第三人知道行为人没有代理权、超越代理权或者代理权已终止还与行为人实施民事行为给他人造成损害的,由第三人和行为人负连带责任。

**第67条【代理人故意代理违法事项时的责任承担:被代理人和代理人承

担连带责任】　　　　　　　　　　　　　　　　　★★

代理人知道被委托代理的事项违法仍然进行代理活动的,或者被代理人知道代理人的代理行为违法不表示反对的,由被代理人和代理人负连带责任。

**第 71 条【所有权的内容】**　　　　　　　　　　　★★★

财产所有权是指所有人依法对自己的财产享有占有、使用、收益和处分的权利。

**第 72 条【财产所有权取得应符合法律规定;动产所有权自交付时转移】**

★★

财产所有权的取得,不得违反法律规定。

按照合同或者其他合法方式取得财产的,财产所有权从财产交付时起转移,法律另有规定或者当事人另有约定的除外。

**第 74 条【集体所有的财产包括的内容】**　　　　　★

劳动群众集体组织的财产属于劳动群众集体所有,包括:

(一)法律规定为集体所有的土地和森林、山岭、草原、荒地、滩涂等;

(二)集体经济组织的财产;

(三)集体所有的建筑物、水库、农田水利设施和教育、科学、文化、卫生、体育等设施;

(四)集体所有的其他财产。

集体所有的土地依照法律属于村农民集体所有,由村农业生产合作社等农业集体经济组织或者村民委员会经营、管理。已经属于乡(镇)农民集体经济组织所有的,可以属于乡(镇)农民集体所有。

集体所有的财产受法律保护,禁止任何组织或者个人侵占、哄抢、私分、破坏或者非法查封、扣押、冻结、没收。

**第 75 条【个人财产:合法财产受法律保护】**　　　★

公民的个人财产,包括公民的合法收入、房屋、储蓄、生活用品、文物、图书资料、林木、牲畜和法律允许公民所有的生产资料以及其他合法财产。

公民的合法财产受法律保护,禁止任何组织或者个人侵占、哄抢、破坏或者非法查封、扣押、冻结、没收。

**第 81 条【森林、山岭、草原、荒地、滩涂、水面、矿藏等自然资源的归属】**

★

国家所有的森林、山岭、草原、荒地、滩涂、水面等自然资源,可以依法由全民所有制单位使用,也可以依法确定由集体所有制单位使用,国家保护它的使用、收益的权利;使用单位有管理、保护、合理利用的义务。

国家所有的矿藏,可以依法由全民所有制单位和集体所有制单位开采,也可以依法由公民采挖。国家保护合法的采矿权。

公民、集体依法对集体所有的或者国家所有由集体使用森林、山岭、草原、荒地、滩涂、水面的承包经营权,受法律保护。承包双方的权利和义务,依照法律由承包合同规定。

国家所有的矿藏、水流,国家所有的和法律规定属于集体所有的林地、山岭、草原、荒地、滩涂不得买卖、出租、抵押或者以其他形式非法转让。

**第 82 条【全民所有制企业经营权范围】** ★

全民所有制企业对国家授予它经营管理的财产依法享有经营权,受法律保护。

**第 84 条【债的界定】** ★★★★

债是按照合同的约定或者依照法律的规定,在当事人之间产生的特定的权利和义务关系。享有权利的人是债权人,负有义务的人是债务人。

债权人有权要求债务人按照合同的约定或者依照法律的规定履行义务。

**第 85 条【合同的定义】** ★★

合同是当事人之间设立、变更、终止民事关系的协议。依法成立的合同,受法律保护。

**第 86 条【数人债权债务:按份分享权利、按份分担义务】** ★

债权人为二人以上的,按照确定的份额分享权利。债务人为二人以上的,按照确定的份额分担义务。

**第 87 条【连带债权与连带债务】** ★★

债权人或者债务人一方人数为二人以上的,依照法律的规定或者当事人的约定,享有连带权利的每个债权人,都有权要求债务人履行义务;负有连带义务的每个债务人,都负有清偿全部债务的义务,履行了义务的人,有权要求其他负有连带义务的人偿付他应当承担的份额。

**第 88 条【合同内容约定不明确的处理规则;合同漏洞的填补】** ★

合同的当事人应当按照合同的约定,全部履行自己的义务。

合同中有关质量、期限、地点或者价款约定不明确,按照合同有关条款内容不能确定,当事人又不能通过协商达成协议的,适用下列规定:

(一)质量要求不明确的,按照国家质量标准履行,没有国家质量标准的,按照通常标准履行。

(二)履行期限不明确的,债务人可以随时向债权人履行义务,债权人也可以随时要求债务人履行义务,但应当给对方必要的准备时间。

(三)履行地点不明确,给付货币的,在接受给付一方的所在地履行,其他标的在履行义务一方的所在地履行。

(四)价格约定不明确,按照国家规定的价格履行;没有国家规定价格的,参照市场价格或者同类物品的价格或者同类劳务的报酬标准履行。

合同对专利申请权没有约定的,完成发明创造的当事人享有申请权。

合同对科技成果的使用权没有约定的,当事人都有使用的权利。

**第 90 条【借贷关系】** ★★★

合法的借贷关系受法律保护。

**第 92 条【不当得利返还请求权】** ★★

没有合法根据,取得不当利益,造成他人损失的,应当将取得的不当利益返还受损失的人。

**第 93 条【无因管理的必要费用支付请求权】** ★

没有法定的或者约定的义务,为避免他人利益受损失进行管理或者服务的,有权要求受益人偿付由此而支付的必要费用。

**第 94 条【公民、法人的著作权】** ★

公民、法人享有著作权(版权),依法有署名、发表、出版、获得报酬等权利。

**第 98 条【生命权、健康权请求权基础】** ★

公民享有生命健康权。

**第 99 条【姓名权、名称权的保护】** ★

公民享有姓名权、有权决定、使用和依照规定改变自己的姓名,禁止他人干涉、盗用、假冒。

法人、个体工商户、个人合伙享有名称权。企业法人、个体工商户、个人合伙有权使用、依法转让自己的名称。

**第 106 条【民事责任归责原则:违约责任,无过错责任原则;侵权责任,过错责任、无过错责任】** ★★★

公民、法人违反合同或者不履行其他义务的,应当承担民事责任。

公民、法人由于过错侵害国家的、集体的财产,侵害他人财产、人身的应当承担民事责任。

没有过错,但法律规定应当承担民事责任的,应当承担民事责任。

**第 107 条【民事责任的免除事由:不可抗力】** ★

因不可抗力不能履行合同或者造成他人损害的,不承担民事责任,法律另有规定的除外。

**第 108 条【债务清偿：分期偿还、强制偿还】** ★★★★

债务应当清偿。暂时无力偿还的，经债权人同意或者人民法院裁决，可以由债务人分期偿还。有能力偿还拒不偿还的，由人民法院判决强制偿还。

**第 111 条【不履行合同义务的后果：继续履行；补救；赔偿损失】** ★★

当事人一方不履行合同义务或者履行合同义务不符合约定条件的，另一方有权要求履行或者采取补救措施，并有权要求赔偿损失。

**第 112 条【违约金的计算方法：约定违约金数额、约定违约金计算方法；违约金过高、违约金过低】** ★

当事人一方违反合同的赔偿责任，应当相当于另一方因此所受到的损失。

当事人可以在合同中约定，一方违反合同时，向另一方支付一定数额的违约金；也可以在合同中约定对于违反合同而产生的损失赔偿额的计算方法。

**第 113 条【双方违约应分别承担各自的民事责任】** ★

当事人双方都违反合同的，应当分别承担各自应负的民事责任。

**第 114 条【合同相对方的减损义务：防止损失扩大】** ★

当事人一方因另一方违反合同受到损失的，应当及时采取措施防止损失的扩大；没有及时采取措施致使损失扩大的，无权就扩大的损失要求赔偿。

**第 115 条【合同的变更或解除不影响损失赔偿责任】** ★

合同的变更或者解除，不影响当事人要求赔偿损失的权利。

**第 117 条【侵害财产权的责任承担方式：返还财产、折价赔偿；恢复原状、折价赔偿；赔偿损失】** ★★

侵占国家的、集体的财产或者他人财产的，应当返还财产，不能返还财产的，应当折价赔偿。

损坏国家的、集体的财产或者他人财产的，应当恢复原状或者折价赔偿。

受害人因此遭受其他重大损失的，侵害人并应当赔偿损失。

**第 118 条【公民、法人的知识产权保护方式：停止侵害、消除影响、赔偿损失】** ★★

公民、法人的著作权（版权）、专利权、商标专用权、发现权、发明权和其他科技成果权受到剽窃、篡改、假冒等侵害的，有权要求停止侵害，消除影响，赔偿损失。

**第 119 条【人身损害赔偿项目：一般人身损害赔偿项目、伤残赔偿项目、**

死亡赔偿项目】 ★

侵害公民身体造成伤害的,应当赔偿医疗费、因误工减少的收入、残废者生活补助费等费用;造成死亡的,并应当支付丧葬费、死者生前扶养的人必要的生活费等费用。

**第130条【共同实施侵权行为人的连带责任】** ★

二人以上共同侵权造成他人损害的,应当承担连带责任。

**第134条【侵权责任的主要承担方式】** ★★

承担民事责任的方式主要有:

(一)停止侵害;

(二)排除妨碍;

(三)消除危险;

(四)返还财产;

(五)恢复原状;

(六)修理、重作、更换;

(七)赔偿损失;

(八)支付违约金;

(九)消除影响、恢复名誉;

(十)赔礼道歉。

以上承担民事责任的方式,可以单独适用,也可以合并适用。

人民法院审理民事案件,除适用上述规定外,还可以予以训诫、责令具结悔过,收缴进行非法活动的财物和非法所得,并可以依照法律规定处以罚款、拘留。

**第135条【诉讼时效期间:两年】** ★★★

向人民法院请求保护民事权利的诉讼时效期间为二年,法律另有规定的除外。

**第136条【短期诉讼时效:一年】** ★★

下列的诉讼时效期间为一年:

(一)身体受到伤害要求赔偿的;

(二)出售质量不合格的商品未声明的;

(三)延付或者拒付租金的;

(四)寄存财物被丢失或者损毁的。

**第137条【诉讼时效期间的起算日和最长保护期限】** ★★

诉讼时效期间从知道或者应当知道权利被侵害时起计算。但是,从权利被侵害之日起超过二十年的,人民法院不予保护。有特殊情况的,人民法院可以延长诉讼时效期间。

第139条【诉讼时效期间的中止】 ★

在诉讼时效期间的最后六个月内,因不可抗力或者其他障碍不能行使请求权的,诉讼时效中止。从中止时效的原因消除之日起,诉讼时效期间继续计算。

第140条【诉讼时效期间的中断】 ★★★

诉讼时效因提起诉讼、当事人一方提出要求或者同意履行义务而中断。从中断时起,诉讼时效期间重新计算。

第141条【法律对诉讼时效另有规定的依照法律规定】 ★

法律对诉讼时效另有规定的,依照法律规定。

第145条【涉外合同的法律适用】 ★

涉外合同的当事人可以选择处理合同争议所适用的法律,法律另有规定的除外。

涉外合同的当事人没有选择的,适用与合同有最密切联系的国家的法律。

# 中华人民共和国担保法①

★★★★

(1995年6月30日第八届全国人民代表大会常务委员会第十四次会议通过,自1995年10月1日起施行)

第1条【担保法的立法目的】 ★

为促进资金融通和商品流通,保障债权的实现,发展社会主义市场经济,制定本法。

第2条【担保的目的及方式:保障债权实现、保证、抵押、质押、留置、定金】 ★

在借贷、买卖、货物运输、加工承揽等经济活动中,债权人需要以担保方式保障其债权实现的,可以依照本法规定设定担保。

---

① 简称《担保法》。

本法规定的担保方式为保证、抵押、质押、留置和定金。

**第3条【从事担保活动的基本原则】** ★

担保活动应当遵循平等、自愿、公平、诚实信用的原则。

**第4条【担保物权的设立;反担保的设立】** ★★

第三人为债务人向债权人提供担保时,可以要求债务人提供反担保。反担保适用本法担保的规定。

**第5条【担保合同的界定及其与主债权合同的关系;担保合同无效的责任承担规则】** ★★

担保合同是主合同的从合同,主合同无效,担保合同无效。担保合同另有约定的,按照约定。

担保合同被确认无效后,债务人、担保人、债权人有过错的,应当根据其过错各自承担相应的民事责任。

**第6条【保证的定义】** ★★

本法所称保证,是指保证人和债权人约定,当债务人不履行债务时,保证人按照约定履行债务或者承担责任的行为。

**第7条【保证人的资格:具有代为清偿债务能力】** ★

具有代为清偿债务能力的法人、其他组织或者公民,可以作保证人。

**第12条【多人保证责任的承担】** ★★★

同一债务有两个以上保证人的,保证人应当按照保证合同约定的保证份额,承担保证责任。没有约定保证份额的,保证人承担连带责任,债权人可以要求任何一个保证人承担全部保证责任,保证人都负有担保全部债权实现的义务。已经承担保证责任的保证人,有权向债务人追偿,或者要求承担连带责任的其他保证人清偿其应当承担的份额。

**第13条【保证合同的形式:书面形式】** ★

保证人与债权人应当以书面形式订立保证合同。

**第14条【保证合同的订立:分别订立;合并订立】** ★★★

保证人与债权人可以就单个主合同分别订立保证合同,也可以协议在最高债权额限度内就一定期间连续发生的借款合同或者某项商品交易合同订立一个保证合同。

**第16条【保证的方式】** ★

保证的方式有:

(一)一般保证;

(二)连带责任保证。

**第 17 条【一般保证的责任承担】**　★

当事人在保证合同中约定,债务人不能履行债务时,由保证人承担保证责任的,为一般保证。

一般保证的保证人在主合同纠纷未经审判或者仲裁,并就债务人财产依法强制执行仍不能履行债务前,对债权人可以拒绝承担保证责任。

有下列情形之一的,保证人不得行使前款规定的权利:

(一)债务人住所变更,致使债权人要求其履行债务发生重大困难的;

(二)人民法院受理债务人破产案件,中止执行程序的;

(三)保证人以书面形式放弃前款规定的权利的。

**第 18 条【保证合同中连带责任的承担】**　★★★★

当事人在保证合同中约定保证人与债务人对债务承担连带责任的,为连带责任保证。

连带责任保证的债务人在主合同规定的债务履行期届满没有履行债务的,债权人可以要求债务人履行债务,也可以要求保证人在其保证范围内承担保证责任。

**第 19 条【保证方式不明时:连带责任担保】**　★★★

当事人对保证方式没有约定或者约定不明确的,按照连带责任保证承担保证责任。

**第 20 条【保证人的抗辩权】**　★

一般保证和连带责任保证的保证人享有债务人的抗辩权。债务人放弃对债务的抗辩权的,保证人仍有权抗辩。

抗辩权是指债权人行使债权时,债务人根据法定事由,对抗债权人行使请求权的权利。

**第 21 条【保证担保的范围;没有约定、约定不明时的担保范围】**

保证担保的范围包括主债权及利息、违约金、损害赔偿金和实现债权的费用。保证合同另有约定的,按照约定。

当事人对保证担保的范围没有约定或者约定不明确的,保证人应当对全部债务承担责任。

**第 22 条【主债权转让时保证人的保证责任】**　★

保证期间,债权人依法将主债权转让给第三人的,保证人在原保证担保的范围内继续承担保证责任。保证合同另有约定的,按照约定。

**第 26 条【连带保证的保证期间】** ★★

连带责任保证的保证人与债权人未约定保证期间的,债权人有权自主债务履行期届满之日起六个月内要求保证人承担保证责任。

在合同约定的保证期间和前款规定的保证期间,债权人未要求保证人承担保证责任的,保证人免除保证责任。

**第 28 条【混合担保规则】** ★

同一债权既有保证又有物的担保的,保证人对物的担保以外的债权承担保证责任。

债权人放弃物的担保的,保证人在债权人放弃权利的范围内免除保证责任。

**第 30 条【保证人不承担民事责任的法定情形】** ★

有下列情形之一的,保证人不承担民事责任:

(一)主合同当事人双方串通,骗取保证人提供保证的;

(二)主合同债权人采取欺诈、胁迫等手段,使保证人在违背真实意思的情况下提供保证的。

**第 31 条【保证人的追偿权】** ★★★★

保证人承担保证责任后,有权向债务人追偿。

**第 33 条【抵押、抵押权人、抵押人以及抵押物的概念】** ★★

本法所称抵押,是指债务人或者第三人不转移对本法第三十四条所列财产的占有,将该财产作为债权的担保。债务人不履行债务时,债权人有权依照本法规定以该财产折价或者以拍卖、变卖该财产的价款优先受偿。

前款规定的债务人或者第三人为抵押人,债权人为抵押权人,提供担保的财产为抵押物。

**第 34 条【可抵押财产的范围】** ★

下列财产可以抵押:

(一)抵押人所有的房屋和其他地上定着物;

(二)抵押人所有的机器、交通运输工具和其他财产;

(三)抵押人依法有权处分的国有的土地使用权、房屋和其他地上定着物;

(四)抵押人依法有权处分的国有的机器、交通运输工具和其他财产;

(五)抵押人依法承包并经发包方同意抵押的荒山、荒沟、荒丘、荒滩等荒地的土地使用权;

（六）依法可以抵押的其他财产。

抵押人可以将前款所列财产一并抵押。

**第35条【禁止超额抵押：担保的债权不得超出抵押物的价值、财产价值大于担保债权的以余额部分为限可再次抵押】** ★

抵押人所担保的债权不得超出其抵押物的价值。

财产抵押后，该财产的价值大于所担保债权的余额部分，可以再次抵押，但不得超出其余额部分。

**第37条【不得设定抵押的财产】** ★

下列财产不得抵押：

（一）土地所有权；

（二）耕地、宅基地、自留地、自留山等集体所有的土地使用权，但本法第三十四条第（五）项、第三十六条第三款规定的除外；

（三）学校、幼儿园、医院等以公益为目的的事业单位、社会团体的教育设施、医疗卫生设施和其他社会公益设施；

（四）所有权、使用权不明或者有争议的财产；

（五）依法被查封、扣押、监管的财产；

（六）依法不得抵押的其他财产。

**第38条【抵押合同的书面形式要件】** ★

抵押人和抵押权人应当以书面形式订立抵押合同。

**第40条【流质契约的绝对禁止】** ★★

订立抵押合同时，抵押权人和抵押人在合同中不得约定在债务履行期届满抵押权人未受清偿时，抵押物的所有权转移为债权人所有。

**第41条【特殊财产的抵押物登记】** ★

当事人以本法第四十二条规定的财产抵押的，应当办理抵押物登记，抵押合同自登记之日起生效。

**第42条【办理抵押物登记的部门】** ★

办理抵押物登记的部门如下：

（一）以无地上定着物的土地使用权抵押的，为核发土地使用权证书的土地管理部门；

（二）以城市房地产或者乡（镇）、村企业的厂房等建筑物抵押的，为县级以上地方人民政府规定的部门；

（三）以林木抵押的，为县级以上林木主管部门；

（四）以航空器、船舶、车辆抵押的，为运输工具的登记部门；

（五）以企业的设备和其他动产抵押的，为财产所在地的工商行政管理部门。

**第43条【抵押合同自签订起生效；登记对抗主义】** ★

当事人以其他财产抵押的，可以自愿办理抵押物登记，抵押合同自签订之日起生效。

当事人未办理抵押物登记的，不得对抗第三人。当事人办理抵押物登记的，登记部门为抵押人所在地的公证部门。

**第46条【抵押担保的范围】** ★★

抵押担保的范围包括主债权及利息、违约金、损害赔偿金和实现抵押权的费用。抵押合同另有约定的，按照约定。

**第52条【抵押权的从属性】** ★

抵押权与其担保的债权同时存在，债权消灭的，抵押权也消灭。

**第53条【抵押权的实现】** ★★

债务履行期届满抵押权人未受清偿的，可以与抵押人协议以抵押物折价或者以拍卖、变卖该抵押物所得的价款受偿；协议不成的，抵押权人可以向人民法院提起诉讼。

抵押物折价或者拍卖、变卖后，其价款超过债权数额的部分归抵押人所有，不足部分由债务人清偿。

**第57条【担保人的追偿权】** ★

为债务人抵押担保的第三人，在抵押权人实现抵押权后，有权向债务人追偿。

**第58条【抵押物灭失及物上代位权】** ★

抵押权因抵押物灭失而消灭。因灭失所得的赔偿金，应当作为抵押财产。

**第59条【最高额抵押的定义】** ★

本法所称最高额抵押，是指抵押人与抵押权人协议，在最高债权额限度内，以抵押物对一定期间内连续发生的债权作担保。

**第64条【质押合同的订立形式与质权生效时间】** ★

出质人和质权人应当以书面形式订立质押合同。

质押合同自质物移交于质权人占有时生效。

**第66条【流质契约的绝对禁止】** ★

出质人和质权人在合同中不得约定在债务履行期届满质权人未受清偿时，质物的所有权转移为质权人所有。

**第75条【可质押的权利的范围】** ★★

下列权利可以质押:

(一)汇票、支票、本票、债券、存款单、仓单、提单;

(二)依法可以转让的股份、股票;

(三)依法可以转让的商标专用权、专利权、著作权中的财产权;

(四)依法可以质押的其他权利。

**第76条【票据出质的范围、形式以及生效条件】** ★★

以汇票、支票、本票、债券、存款单、仓单、提单出质的,应当在合同约定的期限内将权利凭证交付质权人。质押合同自权利凭证交付之日起生效。

**第78条【股权出质的权利质权设立;出质人处分股权的限制】** ★

以依法可以转让的股票出质的,出质人与质权人应当订立书面合同,并向证券登记机构办理出质登记。质押合同自登记之日起生效。

股票出质后,不得转让,但经出质人与质权人协商同意的可以转让。出质人转让股票所得的价款应当向质权人提前清偿所担保的债权或者向与质权人约定的第三人提存。

以有限责任公司的股份出质的,适用公司法股份转让的有关规定。质押合同自股份出质记载于股东名册之日起生效。

**第84条【留置的适用范围】** ★

因保管合同、运输合同、加工承揽合同发生的债权,债务人不履行债务的,债权人有留置权。

法律规定可以留置的其他合同,适用前款规定。

当事人可以在合同中约定不得留置的物。

**第89条【定金罚则】** ★

当事人可以约定一方向对方给付定金作为债权的担保。债务人履行债务后,定金应当抵作价款或者收回。给付定金的一方不履行约定的债务的,无权要求返还定金;收受定金的一方不履行约定的债务的,应当双倍返还定金。

**第90条【定金的形式要求;生效时间】** ★

定金应当以书面形式约定。当事人在定金合同中应当约定交付定金的期限。定金合同从实际交付定金之日起生效。

# 中华人民共和国著作权法①

★★★★

(1990年9月7日第七届全国人民代表大会常务委员会第十五次会议通过,根据2001年10月27日第九届全国人民代表大会常务委员会第二十四次会议《关于修改〈中华人民共和国著作权法〉的决定》第一次修正,根据2010年2月26日第十一届全国人民代表大会常务委员会第十三次会议《关于修改〈中华人民共和国著作权法〉的决定》第二次修正)

**第3条【作品的范围】** ★★★

本法所称的作品,包括以下列形式创作的文学、艺术和自然科学、社会科学、工程技术等作品:

(一)文字作品;

(二)口述作品;

(三)音乐、戏剧、曲艺、舞蹈、杂技艺术作品;

(四)美术、建筑作品;

(五)摄影作品;

(六)电影作品和以类似摄制电影的方法创作的作品;

(七)工程设计图、产品设计图、地图、示意图等图形作品和模型作品;

(八)计算机软件;

(九)法律、行政法规规定的其他作品。

**第8条【著作权集体管理组织】** ★★★

著作权人和与著作权有关的权利人可以授权著作权集体管理组织行使著作权或者与著作权有关的权利。著作权集体管理组织被授权后,可以以自己的名义为著作权人和与著作权有关的权利人主张权利,并可以作为当事人进行涉及著作权或者与著作权有关的权利的诉讼、仲裁活动。

著作权集体管理组织是非营利性组织,其设立方式、权利义务、著作权许可使用费的收取和分配,以及对其监督和管理等由国务院另行规定。

**第10条【著作权的内容】** ★★★

著作权包括下列人身权和财产权:

---

① 简称《著作权法》。

（一）发表权，即决定作品是否公之于众的权利；
（二）署名权，即表明作者身份，在作品上署名的权利；
（三）修改权，即修改或者授权他人修改作品的权利；
（四）保护作品完整权，即保护作品不受歪曲、篡改的权利；
（五）复制权，即以印刷、复印、拓印、录音、录像、翻录、翻拍等方式将作品制作一份或者多份的权利；
（六）发行权，即以出售或者赠与方式向公众提供作品的原件或者复制件的权利；
（七）出租权，即有偿许可他人临时使用电影作品和以类似摄制电影的方法创作的作品、计算机软件的权利，计算机软件不是出租的主要标的的除外；
（八）展览权，即公开陈列美术作品、摄影作品的原件或者复制件的权利；
（九）表演权，即公开表演作品，以及用各种手段公开播送作品的表演的权利；
（十）放映权，即通过放映机、幻灯机等技术设备公开再现美术、摄影、电影和以类似摄制电影的方法创作的作品等的权利；
（十一）广播权，即以无线方式公开广播或者传播作品，以有线传播或者转播的方式向公众传播广播的作品，以及通过扩音器或者其他传送符号、声音、图像的类似工具向公众传播广播的作品的权利；
（十二）信息网络传播权，即以有线或者无线方式向公众提供作品，使公众可以在其个人选定的时间和地点获得作品的权利；
（十三）摄制权，即以摄制电影或者以类似摄制电影的方法将作品固定在载体上的权利；
（十四）改编权，即改变作品，创作出具有独创性的新作品的权利；
（十五）翻译权，即将作品从一种语言文字转换成另一种语言文字的权利；
（十六）汇编权，即将作品或者作品的片段通过选择或者编排，汇集成新作品的权利；
（十七）应当由著作权人享有的其他权利。

著作权人可以许可他人行使前款第（五）项至第（十七）项规定的权利，并依照约定或者本法有关规定获得报酬。

著作权人可以全部或者部分转让本条第一款第（五）项至第（十七）项规定的权利，并依照约定或者本法有关规定获得报酬。

**第 11 条【著作权的一般归属:作者】** ★★

著作权属于作者,本法另有规定的除外。

创作作品的公民是作者。

由法人或者其他组织主持,代表法人或者其他组织意志创作,并由法人或者其他组织承担责任的作品,法人或者其他组织视为作者。

如无相反证明,在作品上署名的公民、法人或者其他组织为作者。

**第 15 条【电影作品的著作权归属】** ★★★

电影作品和以类似摄制电影的方法创作的作品的著作权由制片者享有,但编剧、导演、摄影、作词、作曲等作者享有署名权,并有权按照与制片者签订的合同获得报酬。

电影作品和以类似摄制电影的方法创作的作品中的剧本、音乐等可以单独使用的作品的作者有权单独行使其著作权。

**第 47 条【侵犯著作权的民事责任】** ★★

有下列侵权行为的,应当根据情况,承担停止侵害、消除影响、赔礼道歉、赔偿损失等民事责任:

(一)未经著作权人许可,发表其作品的;

(二)未经合作作者许可,将与他人合作创作的作品当作自己单独创作的作品发表的;

(三)没有参加创作,为谋取个人名利,在他人作品上署名的;

(四)歪曲、篡改他人作品的;

(五)剽窃他人作品的;

(六)未经著作权人许可,以展览、摄制电影和以类似摄制电影的方法使用作品,或者以改编、翻译、注释等方式使用作品的,本法另有规定的除外;

(七)使用他人作品,应当支付报酬而未支付的;

(八)未经电影作品和以类似摄制电影的方法创作的作品、计算机软件、录音录像制品的著作权人或者与著作权有关的权利人许可,出租其作品或者录音录像制品的,本法另有规定的除外;

(九)未经出版者许可,使用其出版的图书、期刊的版式设计的;

(十)未经表演者许可,从现场直播或者公开传送其现场表演,或者录制其表演的;

(十一)其他侵犯著作权以及与著作权有关的权益的行为。

**第 48 条【同时损害公共利益的侵犯著作权行为及其法律责任】** ★★★

有下列侵权行为的,应当根据情况,承担停止侵害、消除影响、赔礼道歉、赔偿损失等民事责任；同时损害公共利益的，可以由著作权行政管理部门责令停止侵权行为，没收违法所得，没收、销毁侵权复制品，并可处以罚款；情节严重的，著作权行政管理部门还可以没收主要用于制作侵权复制品的材料、工具、设备等；构成犯罪的，依法追究刑事责任：

（一）未经著作权人许可，复制、发行、表演、放映、广播、汇编、通过信息网络向公众传播其作品的，本法另有规定的除外；

（二）出版他人享有专有出版权的图书的；

（三）未经表演者许可，复制、发行录有其表演的录音录像制品，或者通过信息网络向公众传播其表演的，本法另有规定的除外；

（四）未经录音录像制作者许可，复制、发行、通过信息网络向公众传播其制作的录音录像制品的，本法另有规定的除外；

（五）未经许可，播放或者复制广播、电视的，本法另有规定的除外；

（六）未经著作权人或者与著作权有关的权利人许可，故意避开或者破坏权利人为其作品、录音录像制品等采取的保护著作权或者与著作权有关的权利的技术措施的，法律、行政法规另有规定的除外；

（七）未经著作权人或者与著作权有关的权利人许可，故意删除或者改变作品、录音录像制品等的权利管理电子信息的，法律、行政法规另有规定的除外；

（八）制作、出售假冒他人署名的作品的。

**第49条【侵犯著作权的赔偿责任标准】** ★★★

侵犯著作权或者与著作权有关的权利的，侵权人应当按照权利人的实际损失给予赔偿；实际损失难以计算的，可以按照侵权人的违法所得给予赔偿。赔偿数额还应当包括权利人为制止侵权行为所支付的合理开支。

权利人的实际损失或者侵权人的违法所得不能确定的，由人民法院根据侵权行为的情节，判决给予五十万元以下的赔偿。

# 中华人民共和国物权法[①]

★★★

(2007年3月16日第十届全国人民代表大会第五次会议通过,自2007年10月1日起施行)

**第1条【物权法的立法目的】** ★

为了维护国家基本经济制度,维护社会主义市场经济秩序,明确物的归属,发挥物的效用,保护权利人的物权,根据宪法,制定本法。

**第2条【物权法适用范围;物的概念;物权的概念】** ★

因物的归属和利用而产生的民事关系,适用本法。

本法所称物,包括不动产和动产。法律规定权利作为物权客体的,依照其规定。

本法所称物权,是指权利人依法对特定的物享有直接支配和排他的权利,包括所有权、用益物权和担保物权。

**第4条【国家、集体和私人物权的平等保护原则】** ★

国家、集体、私人的物权和其他权利人的物权受法律保护,任何单位和个人不得侵犯。

**第5条【物权法定原则:物权种类、物权内容由法律规定】** ★

物权的种类和内容,由法律规定。

**第6条【物权公示原则:不动产登记、动产交付】** ★

不动产物权的设立、变更、转让和消灭,应当依照法律规定登记。动产物权的设立和转让,应当依照法律规定交付。

**第7条【物权取得与行使应遵守法律和公序良俗】** ★

物权的取得和行使,应当遵守法律,尊重社会公德,不得损害公共利益和他人合法权益。

**第9条【不动产物权变动的登记原则;国家的自然资源所有权登记的特殊规定】** ★

不动产物权的设立、变更、转让和消灭,经依法登记,发生效力;未经登

---

[①] 简称《物权法》。

记,不发生效力,但法律另有规定的除外。

依法属于国家所有的自然资源,所有权可以不登记。

**第10条【不动产登记机构的确定;国家实行统一登记制度】** ★

不动产登记,由不动产所在地的登记机构办理。

国家对不动产实行统一登记制度。统一登记的范围、登记机构和登记办法,由法律、行政法规规定。

**第14条【不动产物权变动的生效时间】** ★

不动产物权的设立、变更、转让和消灭,依照法律规定应当登记的,自记载于不动产登记簿时发生效力。

**第15条【设立、变更、转让、消灭不动产物权的合同的效力:合同成立时生效】** ★★

当事人之间订立有关设立、变更、转让和消灭不动产物权的合同,除法律另有规定或者合同另有约定外,自合同成立时生效;未办理物权登记的,不影响合同效力。

**第16条【不动产登记簿的法律效力】** ★

不动产登记簿是物权归属和内容的根据。不动产登记簿由登记机构管理。

**第17条【不动产权属证书与不动产登记簿的关系】** ★

不动产权属证书是权利人享有该不动产物权的证明。不动产权属证书记载的事项,应当与不动产登记簿一致;记载不一致的,除有证据证明不动产登记簿确有错误外,以不动产登记簿为准。

**第23条【动产物权设立和转让的公示与生效条件】** ★

动产物权的设立和转让,自交付时发生效力,但法律另有规定的除外。

**第24条【船舶、航空器和机动车物权变动采取登记对抗主义】** ★

船舶、航空器和机动车等物权的设立、变更、转让和消灭,未经登记,不得对抗善意第三人。

**第27条【动产物权变动方式之占有改定】** ★

动产物权转让时,双方又约定由出让人继续占有该动产的,物权自该约定生效时发生效力。

**第29条【以继承或者遗赠方式取得物权的生效时间确定】** ★

因继承或者受遗赠取得物权的,自继承或者受遗赠开始时发生效力。

**第30条【因事实行为设立或者消灭物权的生效时间确定】** ★

因合法建造、拆除房屋等事实行为设立或者消灭物权的,自事实行为成就时发生效力。

**第 32 条【物权遭受侵害的救济途径】** ★
物权受到侵害的,权利人可以通过和解、调解、仲裁、诉讼等途径解决。

**第 33 条【利害关系人的物权确认请求权】** ★★
因物权的归属、内容发生争议的,利害关系人可以请求确认权利。

**第 34 条【权利人的返还原物请求权】** ★★★
无权占有不动产或者动产的,权利人可以请求返还原物。

**第 35 条【权利人享有的排除妨害请求权与消除危险请求权】** ★
妨害物权或者可能妨害物权的,权利人可以请求排除妨害或者消除危险。

**第 36 条【物权损害的救济方式】** ★
造成不动产或者动产毁损的,权利人可以请求修理、重作、更换或者恢复原状。

**第 37 条【侵害物权的民事责任竞合】** ★★
侵害物权,造成权利人损害的,权利人可以请求损害赔偿,也可以请求承担其他民事责任。

**第 38 条【物权保护方式的单用和并用;民事责任与行政责任和刑事责任的关系】** ★
本章规定的物权保护方式,可以单独适用,也可以根据权利被侵害的情形合并适用。
侵害物权,除承担民事责任外,违反行政管理规定的,依法承担行政责任;构成犯罪的,依法追究刑事责任。

**第 39 条【所有权的内容】** ★★
所有权人对自己的不动产或者动产,依法享有占有、使用、收益和处分的权利。

**第 65 条【国家保护私人合法储蓄、投资和财产继承权等合法权益】** ★
私人合法的储蓄、投资及其收益受法律保护。
国家依照法律规定保护私人的继承权及其他合法权益。

**第 66 条【私人合法财产受法律保护】** ★
私人的合法财产受法律保护,禁止任何单位和个人侵占、哄抢、破坏。

**第 67 条【企业出资人的权利】** ★★
国家、集体和私人依法可以出资设立有限责任公司、股份有限公司或者其他企业。国家、集体和私人所有的不动产或者动产,投到企业的,由出资人按照约定或者出资比例享有资产收益、重大决策以及选择经营管理者等权利并履行义务。

**第 68 条【企业法人财产权的内容】** ★

企业法人对其不动产和动产依照法律、行政法规以及章程享有占有、使用、收益和处分的权利。

企业法人以外的法人，对其不动产和动产的权利，适用有关法律、行政法规以及章程的规定。

**第 94 条【按份共有人对共有物的权利】** ★

按份共有人对共有的不动产或者动产按照其份额享有所有权。

**第 96 条【共有人对共有财产的管理权利与义务】** ★

共有人按照约定管理共有的不动产或者动产；没有约定或者约定不明确的，各共有人都有管理的权利和义务。

**第 97 条【共有人对于共有财产重大事项的表决权规则】** ★

处分共有的不动产或者动产以及对共有的不动产或者动产作重大修缮的，应当经占份额三分之二以上的按份共有人或者全体共同共有人同意，但共有人之间另有约定的除外。

**第 100 条【共有物分割的方式】** ★

共有人可以协商确定分割方式。达不成协议，共有的不动产或者动产可以分割并且不会因分割减损价值的，应当对实物予以分割；难以分割或者因分割会减损价值的，应当对折价或者拍卖、变卖取得的价款予以分割。

共有人分割所得的不动产或者动产有瑕疵的，其他共有人应当分担损失。

**第 106 条【善意取得的构成条件】** ★

无处分权人将不动产或者动产转让给受让人的，所有权人有权追回；除法律另有规定外，符合下列情形的，受让人取得该不动产或者动产的所有权：

（一）受让人受让该不动产或者动产时是善意的；

（二）以合理的价格转让；

（三）转让的不动产或者动产依照法律规定应当登记的已经登记，不需要登记的已经交付给受让人。

受让人依照前款规定取得不动产或者动产的所有权的，原所有权人有权向无处分权人请求赔偿损失。

当事人善意取得其他物权的，参照前两款规定。

**第 170 条【**担保财产优先受偿；债务人不履行到期债务、发生约定的实现

担保物权的情形】　　　　　　　　　　　　　　　★

担保物权人在债务人不履行到期债务或者发生当事人约定的实现担保物权的情形，依法享有就担保财产优先受偿的权利，但法律另有规定的除外。

**第171条【担保物权的设立；反担保的设立】**　　　　　　　　★

债权人在借贷、买卖等民事活动中，为保障实现其债权，需要担保的，可以依照本法和其他法律的规定设立担保物权。

第三人为债务人向债权人提供担保的，可以要求债务人提供反担保。反担保适用本法和其他法律的规定。

**第172条【担保合同的界定及其与主债权合同的关系；担保合同无效的责任承担规则】**　　　　　　　　　　　　　　　★

设立担保物权，应当依照本法和其他法律的规定订立担保合同。担保合同是主债权债务合同的从合同。主债权债务合同无效，担保合同无效，但法律另有规定的除外。

担保合同被确认无效后，债务人、担保人、债权人有过错的，应当根据其过错各自承担相应的民事责任。

**第173条【担保物权担保的范围】**　　　　　　　　　　　★

担保物权的担保范围包括主债权及其利息、违约金、损害赔偿金、保管担保财产和实现担保物权的费用。当事人另有约定的，按照约定。

**第174条【担保物权的物上代位性】**　　　　　　　　　　★

担保期间，担保财产毁损、灭失或者被征收等，担保物权人可以就获得的保险金、赔偿金或者补偿金等优先受偿。被担保债权的履行期未届满的，也可以提存该保险金、赔偿金或者补偿金等。

**第176条【混合担保规则】**　　　　　　　　　　　　★★★

被担保的债权既有物的担保又有人的担保的，债务人不履行到期债务或者发生当事人约定的实现担保物权的情形，债权人应当按照约定实现债权；没有约定或者约定不明确，债务人自己提供物的担保的，债权人应当先就该物的担保实现债权；第三人提供物的担保的，债权人可以就物的担保实现债权，也可以要求保证人承担保证责任。提供担保的第三人承担担保责任后，有权向债务人追偿。

**第177条【担保物权消灭的情形】**　　　　　　　　　　　★

有下列情形之一的，担保物权消灭：

（一）主债权消灭；

（二）担保物权实现；

（三）债权人放弃担保物权；
（四）法律规定担保物权消灭的其他情形。

**第179条【抵押权的界定】** ★★★

为担保债务的履行，债务人或者第三人不转移财产的占有，将该财产抵押给债权人的，债务人不履行到期债务或者发生当事人约定的实现抵押权的情形，债权人有权就该财产优先受偿。

前款规定的债务人或者第三人为抵押人，债权人为抵押权人，提供担保的财产为抵押财产。

**第180条【可抵押财产的范围】** ★

债务人或者第三人有权处分的下列财产可以抵押：
（一）建筑物和其他土地附着物；
（二）建设用地使用权；
（三）以招标、拍卖、公开协商等方式取得的荒地等土地承包经营权；
（四）生产设备、原材料、半成品、产品；
（五）正在建造的建筑物、船舶、航空器；
（六）交通运输工具；
（七）法律、行政法规未禁止抵押的其他财产。

抵押人可以将前款所列财产一并抵押。

**第181条【动产浮动抵押规则】** ★

经当事人书面协议，企业、个体工商户、农业生产经营者可以将现有的以及将有的生产设备、原材料、半成品、产品抵押，债务人不履行到期债务或者发生当事人约定的实现抵押权的情形，债权人有权就实现抵押权时的动产优先受偿。

**第182条【建筑物和相应的建设用地使用权一并抵押规则】** ★

以建筑物抵押的，该建筑物占用范围内的建设用地使用权一并抵押。以建设用地使用权抵押的，该土地上的建筑物一并抵押。

抵押人未依照前款规定一并抵押的，未抵押的财产视为一并抵押。

**第185条【抵押合同的书面形式要件及其应包含的内容】** ★

设立抵押权，当事人应当采取书面形式订立抵押合同。

抵押合同一般包括下列条款：
（一）被担保债权的种类和数额；
（二）债务人履行债务的期限；
（三）抵押财产的名称、数量、质量、状况、所在地、所有权归属或者使用权归属；

（四）担保的范围

**第186条【抵押权的禁止流押条款】** ★★

抵押权人在债务履行期届满前,不得与抵押人约定债务人不履行到期债务时抵押财产归债权人所有。

**第187条【不动产抵押的登记要件主义】** ★★★

以本法第一百八十条第一款第一项至第三项规定的财产或者第五项规定的正在建造的建筑物抵押的,应当办理抵押登记。抵押权自登记时设立。

**第188条【动产抵押的登记对抗主义】** ★

以本法第一百八十条第一款第四项、第六项规定的财产或者第五项规定的正在建造的船舶、航空器抵押的,抵押权自抵押合同生效时设立;未经登记,不得对抗善意第三人。

**第189条【动产浮动抵押权设立的登记对抗主义】** ★

企业、个体工商户、农业生产经营者以本法第一百八十一条规定的动产抵押的,应当向抵押人住所地的工商行政管理部门办理登记。抵押权自抵押合同生效时设立;未经登记,不得对抗善意第三人。

依照本法第一百八十一条规定抵押的,不得对抗正常经营活动中已支付合理价款并取得抵押财产的买受人。

**第192条【抵押权的从属性】** ★

抵押权不得与债权分离而单独转让或者作为其他债权的担保。债权转让的,担保该债权的抵押权一并转让,但法律另有规定或者当事人另有约定的除外。

**第194条【抵押权人放弃抵押权或抵押权顺位的法律后果】** ★

抵押权人可以放弃抵押权或者抵押权的顺位。抵押权人与抵押人可以协议变更抵押权顺位以及被担保的债权数额等内容,但抵押权的变更,未经其他抵押权人书面同意,不得对其他抵押权人产生不利影响。

债务人以自己的财产设定抵押,抵押权人放弃该抵押权、抵押权顺位或者变更抵押权的,其他担保人在抵押权人丧失优先受偿权益的范围内免除担保责任,但其他担保人承诺仍然提供担保的除外。

**第195条【抵押权实现的方式和程序】** ★★

债务人不履行到期债务或者发生当事人约定的实现抵押权的情形,抵押权人可以与抵押人协议以抵押财产折价或者以拍卖、变卖该抵押财产所得的价款优先受偿。协议损害其他债权人利益的,其他债权人可以在知道或者应当知道撤销事由之日起一年内请求人民法院撤销该协议。

抵押权人与抵押人未就抵押权实现方式达成协议的,抵押权人可以请求人民法院拍卖、变卖抵押财产。

抵押财产折价或者变卖的,应当参照市场价格。

**第 198 条【抵押权实现后价款大于或小于所担保债权的处理规则】** ★

抵押财产折价或者拍卖、变卖后,其价款超过债权数额的部分归抵押人所有,不足部分由债务人清偿。

**第 199 条【同一财产上多个抵押权的效力顺序】** ★

同一财产向两个以上债权人抵押的,拍卖、变卖抵押财产所得的价款依照下列规定清偿:

(一)抵押权已登记的,按照登记的先后顺序清偿;顺序相同的,按照债权比例清偿;

(二)抵押权已登记的先于未登记的受偿;

(三)抵押权未登记的,按照债权比例清偿。

**第 202 条【抵押权的行使期间】** ★

抵押权人应当在主债权诉讼时效期间行使抵押权;未行使的,人民法院不予保护。

**第 203 条【最高额抵押规则】** ★★★

为担保债务的履行,债务人或者第三人对一定期间内将要连续发生的债权提供担保财产的,债务人不履行到期债务或者发生当事人约定的实现抵押权的情形,抵押权人有权在最高债权额限度内就该担保财产优先受偿。

最高额抵押权设立前已经存在的债权,经当事人同意,可以转入最高额抵押担保的债权范围。

**第 206 条【最高额抵押所担保债权的确定事由】** ★

有下列情形之一的,抵押权人的债权确定:

(一)约定的债权确定期间届满;

(二)没有约定债权确定期间或者约定不明确,抵押权人或者抵押人自最高额抵押权设立之日起满二年后请求确定债权;

(三)新的债权不可能发生;

(四)抵押财产被查封、扣押;

(五)债务人、抵押人被宣告破产或者被撤销;

(六)法律规定债权确定的其他情形。

**第 208 条【质权的概念与质权的实现;质押双方的概念】** ★

为担保债务的履行,债务人或者第三人将其动产出质给债权人占有的,债务人不履行到期债务或者发生当事人约定的实现质权的情形,债权人有权就该动产优先受偿。

前款规定的债务人或者第三人为出质人,债权人为质权人,交付的动产为质押财产。

**第 211 条【流质契约的绝对禁止】** ★

质权人在债务履行期届满前,不得与出质人约定债务人不履行到期债务时质押财产归债权人所有。

**第 212 条【质权的设立】** ★

质权自出质人交付质押财产时设立。

**第 223 条【可出质的权利的范围】** ★

债务人或者第三人有权处分的下列权利可以出质:

(一)汇票、支票、本票;

(二)债券、存款单;

(三)仓单、提单;

(四)可以转让的基金份额、股权;

(五)可以转让的注册商标专用权、专利权、著作权等知识产权中的财产权;

(六)应收账款;

(七)法律、行政法规规定可以出质的其他财产权利。

**第 226 条【基金份额、股权出质的权利质权设立;出质人处分基金份额、股权的限制】** ★

以基金份额、股权出质的,当事人应当订立书面合同。以基金份额、证券登记结算机构登记的股权出质的,质权自证券登记结算机构办理出质登记时设立;以其他股权出质的,质权自工商行政管理部门办理出质登记时设立。

基金份额、股权出质后,不得转让,但经出质人与质权人协商同意的除外。出质人转让基金份额、股权所得的价款,应当向质权人提前清偿债务或者提存。

**第 228 条【以应收账款出质:书面合同的形式要求;登记设立主义;不得转让】** ★

以应收账款出质的,当事人应当订立书面合同。质权自信贷征信机构办理出质登记时设立。

应收账款出质后,不得转让,但经出质人与质权人协商同意的除外。出质人转让应收账款所得的价款,应当向质权人提前清偿债务或者提存。

**第 229 条【权利质权的法律适用】** ★

权利质权除适用本节规定外,适用本章第一节动产质权的规定。

**第 231 条【留置财产与债权应基于同一法律关系但企业间留置例外】** ★

债权人留置的动产,应当与债权属于同一法律关系,但企业之间留置的除外。

**第 233 条【留置可分物时可留置财产的数额】** ★

留置财产为可分物的,留置财产的价值应当相当于债务的金额。

**第 243 条【权利人返还原物请求权以及对善意占有人所支出必要费用的补偿义务】** ★

不动产或者动产被占有人占有的,权利人可以请求返还原物及其孳息,但应当支付善意占有人因维护该不动产或者动产支出的必要费用。

# 中华人民共和国劳动法①

★★★

(1994 年 7 月 5 日第八届全国人民代表大会常务委员会第八次会议通过,根据 2009 年 8 月 27 日第十一届全国人民代表大会常务委员会第十次会议《关于修改部分法律的决定》修正)

**第 1 条【劳动法立法目的】** ★★

为了保护劳动者的合法权益,调整劳动关系,建立和维护适应社会主义市场经济的劳动制度,促进经济发展和社会进步,根据宪法,制定本法。

**第 3 条【劳动者的权利和义务】** ★★

劳动者享有平等就业和选择职业的权利、取得劳动报酬的权利、休息休假的权利、获得劳动安全卫生保护的权利、接受职业技能培训的权利、享受社会保险和福利的权利、提请劳动争议处理的权利以及法律规定的其他劳动权利。

劳动者应当完成劳动任务,提高职业技能,执行劳动安全卫生规程,遵守劳动纪律和职业道德。

---

① 简称《劳动法》。

**第7条【劳动者组织和参加工会的权利;工会的权利义务】** ★

劳动者有权依法参加和组织工会。

工会代表和维护劳动者的合法权益,依法独立自主地开展活动。

**第14条【残疾人、少数民族人员、退役军人就业的法律适用规则】** ★

残疾人、少数民族人员、退出现役的军人的就业,法律、法规有特别规定的,从其规定。

**第16条【劳动合同的定义】** ★

劳动合同是劳动者与用人单位确立劳动关系、明确双方权利和义务的协议。

建立劳动关系应当订立劳动合同。

**第17条【劳动合同订立原则;依法订立的劳动合同具有法律约束力】** ★

订立和变更劳动合同,应当遵循平等自愿、协商一致的原则,不得违反法律、行政法规的规定。

劳动合同依法订立即具有法律约束力,当事人必须履行劳动合同规定的义务。

**第30条【用人单位单方解除劳动合同时的工会的权利】** ★

用人单位解除劳动合同,工会认为不适当的,有权提出意见。如果用人单位违反法律、法规或者劳动合同,工会有权要求重新处理;劳动者申请仲裁或者提起诉讼的,工会应当依法给予支持和帮助。

**第46条【工资分配的原则:同工同酬;按劳分配】** ★

工资分配应当遵循按劳分配原则,实行同工同酬。

工资水平在经济发展的基础上逐步提高。国家对工资总量实行宏观调控。

**第47条【用人单位的工资分配方式和工资水平的自主确定权】** ★

用人单位根据本单位的生产经营特点和经济效益,依法自主确定本单位的工资分配方式和工资水平。

**第50条【劳动者工资支付的法定形式】** ★★★

工资应当以货币形式按月支付给劳动者本人。不得克扣或者无故拖欠劳动者的工资。

**第72条【社会保险基金资金来源;强制缴纳社会保险费】** ★

社会保险基金按照保险类型确定资金来源,逐步实行社会统筹。用人单位和劳动者必须依法参加社会保险,缴纳社会保险费。

**第 73 条【社会保险的类型】** ★

劳动者在下列情形下,依法享受社会保险待遇:

(一)退休;

(二)患病、负伤;

(三)因工伤残或者患职业病;

(四)失业;

(五)生育。

劳动者死亡后,其遗属依法享有遗属津贴。

劳动者享受社会保险待遇的条件和标准由法律、法规规定。

劳动者享受的社会保险金必须按时足额支付。

**第 78 条【劳动争议处理原则】** ★

解决劳动争议,应当根据合法、公正、及时处理的原则,依法维护劳动争议当事人的合法权益。

**第 79 条【劳动争议处理程序:自愿调解、仲裁前置、提起诉讼】** ★

劳动争议发生后,当事人可以向本单位劳动争议调解委员会申请调解;调解不成,当事人一方要求仲裁的,可以向劳动争议仲裁委员会申请仲裁。当事人一方也可以直接向劳动争议仲裁委员会申请仲裁。对仲裁裁决不服的,可以向人民法院提起诉讼。

**第 100 条【用人单位无故不缴纳社会保险费的处理:责令限期缴纳、加收滞纳金】** ★

用人单位无故不缴纳社会保险费的,由劳动行政部门责令其限期缴纳;逾期不缴的,可以加收滞纳金。

# 中华人民共和国证券法[1]

★★★

(1998年12月29日第九届全国人民代表大会常务委员会第六次会议通过,根据2004年8月28日第十届全国人民代表大会常务委员会第十一次会议《关于修改〈中华人民共和国证券法〉的决定》第一次修正,根据2005年10月27日第十届全国人民代表大会常务委员会第十八次会议修订,根据2013年6月29日第十二届全国人民代表大会常务委员会第三次会议《关于修改〈中华人民共和国文物保护法〉等十二部法律的决定》第二次修正,根据2014年8月31日第十二届全国人民代表大会常务委员会第十次会议《关于修改〈中华人民共和国保险法〉等五部法律的决定》第三次修)

**第1条【证券法立法宗旨】** ★★

为了规范证券发行和交易行为,保护投资者的合法权益,维护社会经济秩序和社会公共利益,促进社会主义市场经济的发展,制定本法。

**第10条【证券的发行方式:公开发行与非公开发行】** ★

公开发行证券,必须符合法律、行政法规规定的条件,并依法报经国务院证券监督管理机构或者国务院授权的部门核准;未经依法核准,任何单位和个人不得公开发行证券。

有下列情形之一的,为公开发行:

(一)向不特定对象发行证券的;

(二)向特定对象发行证券累计超过二百人的;

(三)法律、行政法规规定的其他发行行为。

非公开发行证券,不得采用广告、公开劝诱和变相公开方式。

**第14条【公司公开发行新股需报送的文件类别】** ★

公司公开发行新股,应当向国务院证券监督管理机构报送募股申请和下列文件:

(一)公司营业执照;

(二)公司章程;

---

[1] 简称《证券法》。

（三）股东大会决议；

（四）招股说明书；

（五）财务会计报告；

（六）代收股款银行的名称及地址；

（七）承销机构名称及有关的协议。

依照本法规定聘请保荐人的，还应当报送保荐人出具的发行保荐书。

**第58条【申请公司债券上市交易应当向证券交易所报送的文件】** ★

申请公司债券上市交易，应当向证券交易所报送下列文件：

（一）上市报告书；

（二）申请公司债券上市的董事会决议；

（三）公司章程；

（四）公司营业执照；

（五）公司债券募集办法；

（六）公司债券的实际发行数额；

（七）证券交易所上市规则规定的其他文件。

申请可转换为股票的公司债券上市交易，还应当报送保荐人出具的上市保荐书。

**第63条【发行人和上市公司的信息真实、准确、完整披露的义务】** ★★

发行人、上市公司依法披露的信息，必须真实、准确、完整，不得有虚假记载、误导性陈述或者重大遗漏。

**第65条【上市公司中期报告的报送义务及其内容】** ★★

上市公司和公司债券上市交易的公司，应当在每一会计年度的上半年结束之日起二个月内，向国务院证券监督管理机构和证券交易所报送记载以下内容的中期报告，并予公告：

（一）公司财务会计报告和经营情况；

（二）涉及公司的重大诉讼事项；

（三）已发行的股票、公司债券变动情况；

（四）提交股东大会审议的重要事项；

（五）国务院证券监督管理机构规定的其他事项。

**第66条【上市公司年度报告的报送义务及其内容】** ★★

上市公司和公司债券上市交易的公司，应当在每一会计年度结束之日起四个月内，向国务院证券监督管理机构和证券交易所报送记载以下内容的年度报告，并予公告：

（一）公司概况；

（二）公司财务会计报告和经营情况；

（三）董事、监事、高级管理人员简介及其持股情况；

（四）已发行的股票、公司债券情况，包括持有公司股份最多的前十名股东的名单和持股数额；

（五）公司的实际控制人；

（六）国务院证券监督管理机构规定的其他事项。

**第67条【上市公司重大事件的范围及其处理程序】** ★★

发生可能对上市公司股票交易价格产生较大影响的重大事件，投资者尚未得知时，上市公司应当立即将有关该重大事件的情况向国务院证券监督管理机构和证券交易所报送临时报告，并予公告，说明事件的起因、目前的状态和可能产生的法律后果。

下列情况为前款所称重大事件：

（一）公司的经营方针和经营范围的重大变化；

（二）公司的重大投资行为和重大的购置财产的决定；

（三）公司订立重要合同，可能对公司的资产、负债、权益和经营成果产生重要影响；

（四）公司发生重大债务和未能清偿到期重大债务的违约情况；

（五）公司发生重大亏损或者重大损失；

（六）公司生产经营的外部条件发生的重大变化；

（七）公司的董事、三分之一以上监事或者经理发生变动；

（八）持有公司百分之五以上股份的股东或者实际控制人，其持有股份或者控制公司的情况发生较大变化；

（九）公司减资、合并、分立、解散及申请破产的决定；

（十）涉及公司的重大诉讼，股东大会、董事会决议被依法撤销或者宣告无效；

（十一）公司涉嫌犯罪被司法机关立案调查，公司董事、监事、高级管理人员涉嫌犯罪被司法机关采取强制措施；

（十二）国务院证券监督管理机构规定的其他事项。

**第69条【违反信息披露义务的法律责任】** ★★

发行人、上市公司公告的招股说明书、公司债券募集办法、财务会计报告、上市报告文件、年度报告、中期报告、临时报告以及其他信息披露资料，有虚假记载、误导性陈述或者重大遗漏，致使投资者在证券交易中遭受损失的，发行人、上市公司应当承担赔偿责任;发行人、上市公司的董事、监事、高级管理人员和其他直接责任人员以及保荐人、承销的证券公司,应当与发行人、上市公司承担连带赔偿责任,但是能够证明自己没有过错的除外;发行人、上市公司的控股股东、实际控制人有过错的,应当与发行人、上市公司承担连带赔偿责任。

**第 155 条【证券登记机构的定义和设立程序】** ★★

证券登记结算机构是为证券交易提供集中登记、存管与结算服务,不以营利为目的的法人。

设立证券登记结算机构必须经国务院证券监督管理机构批准。

**第 160 条【证券登记结算机构向证券发行人提供证券持有人名册及相关资料的义务】** ★★

证券登记结算机构应当向证券发行人提供证券持有人名册及其有关资料。

证券登记结算机构应当根据证券登记结算的结果,确认证券持有人持有证券的事实,提供证券持有人登记资料。

证券登记结算机构应当保证证券持有人名册和登记过户记录真实、准确、完整,不得隐匿、伪造、篡改或者毁损。

# 中华人民共和国劳动合同法①

★★★

(2007年6月29日第十届全国人民代表大会常务委员会第二十八次会议通过,根据2012年12月28日第十一届全国人民代表大会常务委员会第三十次会议《关于修改〈中华人民共和国劳动合同法〉的决定》修正)

**第 1 条【劳动合同法的立法目的】** ★★

为了完善劳动合同制度,明确劳动合同双方当事人的权利和义务,保护劳动者的合法权益,构建和发展和谐稳定的劳动关系,制定本法。

**第 2 条【劳动合同法的适用范围】** ★

中华人民共和国境内的企业、个体经济组织、民办非企业单位等组织(以

---

① 简称《劳动合同法》。

下称用人单位)与劳动者建立劳动关系,订立、履行、变更、解除或者终止劳动合同,适用本法。

国家机关、事业单位、社会团体和与其建立劳动关系的劳动者,订立、履行、变更、解除或者终止劳动合同,依照本法执行。

**第 3 条【劳动合同订立原则;依法订立的劳动合同具有法律约束力】** ★

订立劳动合同,应当遵循合法、公平、平等自愿、协商一致、诚实信用的原则。

依法订立的劳动合同具有约束力,用人单位与劳动者应当履行劳动合同约定的义务。

**第 7 条【劳动关系的建立时间和职工名册】** ★

用人单位自用工之日起即与劳动者建立劳动关系。用人单位应当建立职工名册备查。

**第 10 条【书面劳动合同的订立:劳动关系的建立】** ★

建立劳动关系,应当订立书面劳动合同。

已建立劳动关系,未同时订立书面劳动合同的,应当自用工之日起一个月内订立书面劳动合同。

用人单位与劳动者在用工前订立劳动合同的,劳动关系自用工之日起建立。

**第 13 条【固定期限劳动合同】** ★

固定期限劳动合同,是指用人单位与劳动者约定合同终止时间的劳动合同。

用人单位与劳动者协商一致,可以订立固定期限劳动合同。

**第 14 条【无固定期限劳动合同的定义;应当订立无固定期限劳动合同的情形】** ★

无固定期限劳动合同,是指用人单位与劳动者约定无确定终止时间的劳动合同。

用人单位与劳动者协商一致,可以订立无固定期限劳动合同。有下列情形之一,劳动者提出或者同意续订、订立劳动合同的,除劳动者提出订立固定期限劳动合同外,应当订立无固定期限劳动合同:

(一)劳动者在该用人单位连续工作满十年的;

(二)用人单位初次实行劳动合同制度或者国有企业改制重新订立劳动合同时,劳动者在该用人单位连续工作满十年且距法定退休年龄不足十年的;

(三)连续订立二次固定期限劳动合同,且劳动者没有本法第三十九条和第四十条第一项、第二项规定的情形,续订劳动合同的。

用人单位自用工之日起满一年不与劳动者订立书面劳动合同的,视为用人单位与劳动者已订立无固定期限劳动合同。

**第 23 条【劳动者的保密义务;竞业限制】** ★

用人单位与劳动者可以在劳动合同中约定保守用人单位的商业秘密和与知识产权相关的保密事项。

对负有保密义务的劳动者,用人单位可以在劳动合同或者保密协议中与劳动者约定竞业限制条款,并约定在解除或者终止劳动合同后,在竞业限制期限内按月给予劳动者经济补偿。劳动者违反竞业限制约定的,应当按照约定向用人单位支付违约金。

**第 29 条【单位与劳动者对劳动合同义务的履行:全面履行】** ★

用人单位与劳动者应当按照劳动合同的约定,全面履行各自的义务。

**第 30 条【用人单位的劳动报酬支付义务;劳动者申请支付令的条件】** ★★

用人单位应当按照劳动合同约定和国家规定,向劳动者及时足额支付劳动报酬。

用人单位拖欠或者未足额支付劳动报酬的,劳动者可以依法向当地人民法院申请支付令,人民法院应当依法发出支付令。

**第 36 条【协商解除劳动合同】** ★

用人单位与劳动者协商一致,可以解除劳动合同。

**第 38 条【劳动者单方解除劳动合同】** ★

用人单位有下列情形之一的,劳动者可以解除劳动合同:

(一)未按照劳动合同约定提供劳动保护或者劳动条件的;

(二)未及时足额支付劳动报酬的;

(三)未依法为劳动者缴纳社会保险费的;

(四)用人单位的规章制度违反法律、法规的规定,损害劳动者权益的;

(五)因本法第二十六条第一款规定的情形致使劳动合同无效的;

(六)法律、行政法规规定劳动者可以解除劳动合同的其他情形。

用人单位以暴力、威胁或者非法限制人身自由的手段强迫劳动者劳动的,或者用人单位违章指挥、强令冒险作业危及劳动者人身安全的,劳动者可以立即解除劳动合同,不需事先告知用人单位。

**第 42 条【劳动合同解除的限制】** ★

劳动者有下列情形之一的,用人单位不得依照本法第四十条、第四十一条的规定解除劳动合同:

(一)从事接触职业病危害作业的劳动者未进行离岗前职业健康检查,或者疑似职业病病人在诊断或者医学观察期间的;

(二)在本单位患职业病或者因工负伤并被确认丧失或者部分丧失劳动能力的;

(三)患病或者非因工负伤,在规定的医疗期内的;

(四)女职工在孕期、产期、哺乳期的;

(五)在本单位连续工作满十五年,且距法定退休年龄不足五年的;

(六)法律、行政法规规定的其他情形。

**第44条【劳动合同的终止】** ★★

有下列情形之一的,劳动合同终止:

(一)劳动合同期满的;

(二)劳动者开始依法享受基本养老保险待遇的;

(三)劳动者死亡,或者被人民法院宣告死亡或者宣告失踪的;

(四)用人单位被依法宣告破产的;

(五)用人单位被吊销营业执照、责令关闭、撤销或者用人单位决定提前解散的;

(六)法律、行政法规规定的其他情形。

**第46条【经济补偿金的支付】** ★★

有下列情形之一的,用人单位应当向劳动者支付经济补偿:

(一)劳动者依照本法第三十八条规定解除劳动合同的;

(二)用人单位依照本法第三十六条规定向劳动者提出解除劳动合同并与劳动者协商一致解除劳动合同的;

(三)用人单位依照本法第四十条规定解除劳动合同的;

(四)用人单位依照本法第四十一条第一款规定解除劳动合同的;

(五)除用人单位维持或者提高劳动合同约定条件续订劳动合同,劳动者不同意续订的情形外,依照本法第四十四条第一项规定终止固定期限劳动合同的;

(六)依照本法第四十四条第四项、第五项规定终止劳动合同的;

(七)法律、行政法规规定的其他情形。

**第47条【经济补偿金的支付标准】** ★★

经济补偿按劳动者在本单位工作的年限,每满一年支付一个月工资的标准向劳动者支付。六个月以上不满一年的,按一年计算;不满六个月的,向劳动者支付半个月工资的经济补偿。

劳动者月工资高于用人单位所在直辖市、设区的市级人民政府公布的本地区上年度职工月平均工资三倍的,向其支付经济补偿的标准按职工月平均工资三倍的数额支付,向其支付经济补偿的年限最高不超过十二年。

本条所称月工资是指劳动者在劳动合同解除或者终止前十二个月的平均工资。

**第50条**【解除或终止劳动合同后的附随义务:用人单位为劳动者办理档案和社会保险关系转移手续;劳动者按约办理工作交接;用人单位劳动合同保存被查制度】 ★

用人单位应当在解除或者终止劳动合同时出具解除或者终止劳动合同的证明,并在十五日内为劳动者办理档案和社会保险关系转移手续。

劳动者应当按照双方约定,办理工作交接。用人单位依照本法有关规定应当向劳动者支付经济补偿的,在办结工作交接时支付。

用人单位对已经解除或者终止的劳动合同的文本,至少保存二年备查。

**第63条**【被派遣劳动者与用工单位的劳动者同工同酬的权利】 ★

被派遣劳动者享有与用工单位的劳动者同工同酬的权利。用工单位应当按照同工同酬原则,对被派遣劳动者与本单位同类岗位的劳动者实行相同的劳动报酬分配办法。用工单位无同类岗位劳动者的,参照用工单位所在地相同或者相近岗位劳动者的劳动报酬确定。

劳务派遣单位与被派遣劳动者订立的劳动合同和与用工单位订立的劳务派遣协议,载明或者约定的向被派遣劳动者支付的劳动报酬应当符合前款规定。

**第82条**【用人单位应当向劳动者每月支付二倍工资的责任】 ★

用人单位自用工之日起超过一个月不满一年未与劳动者订立书面劳动合同的,应当向劳动者每月支付二倍的工资。

用人单位违反本法规定不与劳动者订立无固定期限劳动合同的,自应当订立无固定期限劳动合同之日起向劳动者每月支付二倍的工资。

**第87条**【用人单位违法解除或终止劳动合同的赔偿金与经济补偿金的关系】 ★

用人单位违反本法规定解除或者终止劳动合同的,应当依照本法第四十七条规定的经济补偿标准的二倍向劳动者支付赔偿金。

**第94条**【发包组织与个人承包经营者承担连带的赔偿责任】 ★★

个人承包经营违反本法规定招用劳动者,给劳动者造成损害的,发包的组织与个人承包经营者承担连带赔偿责任。

**第97条**【劳动合同法的溯及力】 ★★

本法施行前已依法订立且在本法施行之日存续的劳动合同,继续履行;

本法第十四条 第二款第三项规定连续订立固定期限劳动合同的次数,自本法施行后续订固定期限劳动合同时开始计算。

本法施行前已建立劳动关系,尚未订立书面劳动合同的,应当自本法施行之日起一个月内订立。

本法施行之日存续的劳动合同在本法施行后解除或者终止,依照本法第四十六条规定应当支付经济补偿的,经济补偿年限自本法施行之日起计算;本法施行前按照当时有关规定,用人单位应当向劳动者支付经济补偿的,按照当时有关规定执行。

# 中华人民共和国会计法①

★★★

(1985 年 1 月 21 日第六届全国人民代表大会常务委员会第九次会议通过,根据 1993 年 12 月 29 日第八届全国人民代表大会常务委员会第五次会议《关于修改〈中华人民共和国会计法〉的决定》修正,1999 年 10 月 31 日第九届全国人民代表大会常务委员会第十二次会议修订,根据 2017 年 11 月 4 日第十二届全国人民代表大会常务委员会第三十次会议《关于修改〈中华人民共和国会计法〉第十一部法律的决定》第二次修正)

**第 3 条【各单位设置账簿的义务】** ★

各单位必须依法设置会计帐簿,并保证其真实、完整。

**第 4 条【单位负责人对会计工作和资料负责】** ★

单位负责人对本单位的会计工作和会计资料的真实性、完整性负责。

**第 9 条【会计核算的可靠性】** ★★

各单位必须根据实际发生的经济业务事项进行会计核算,填制会计凭证,登记会计帐簿,编制财务会计报告。

任何单位不得以虚假的经济业务事项或者资料进行会计核算。

**第 10 条【办理会计手续、进行会计核算的事项】** ★

下列经济业务事项,应当办理会计手续,进行会计核算:

(一)款项和有价证券的收付;

---

① 简称《会计法》。

（二）财物的收发、增减和使用；

（三）债权债务的发生和结算；

（四）资本、基金的增减；

（五）收入、支出、费用、成本的计算；

（六）财务成果的计算和处理；

（七）需要办理会计手续、进行会计核算的其他事项。

**第 13 条【会计资料应符合规定】** ★

会计凭证、会计帐簿、财务会计报告和其他会计资料，必须符合国家统一的会计制度的规定。

使用电子计算机进行会计核算的，其软件及其生成的会计凭证、会计帐簿、财务会计报告和其他会计资料，也必须符合国家统一的会计制度的规定。

任何单位和个人不得伪造、变造会计凭证、会计帐簿及其他会计资料，不得提供虚假的财务会计报告。

**第 14 条【会计凭证】** ★★★

会计凭证包括原始凭证和记帐凭证。

办理本法第十条所列的经济业务事项，必须填制或者取得原始凭证并及时送交会计机构。

会计机构、会计人员必须按照国家统一的会计制度的规定对原始凭证进行审核，对不真实、不合法的原始凭证有权不予接受，并向单位负责人报告；对记载不准确、不完整的原始凭证予以退回，并要求按照国家统一的会计制度的规定更正、补充。

原始凭证记载的各项内容均不得涂改；原始凭证有错误的，应当由出具单位重开或者更正，更正处应当加盖出具单位印章。原始凭证金额有错误的，应当由出具单位重开，不得在原始凭证上更正。

记帐凭证应当根据经过审核的原始凭证及有关资料编制。

**第 15 条【会计帐簿登记】** ★★★

会计帐簿登记，必须以经过审核的会计凭证为依据，并符合有关法律、行政法规和国家统一的会计制度的规定。会计帐簿包括总帐、明细帐、日记帐和其他辅助性帐簿。

会计帐簿应当按照连续编号的页码顺序登记。会计帐簿记录发生错误或者隔页、缺号、跳行的，应当按照国家统一的会计制度规定的方法更正，并由会计人员和会计机构负责人（会计主管人员）在更正处盖章。

使用电子计算机进行会计核算的，其会计帐簿的登记、更正，应当符合国家统一的会计制度的规定。

**第 20 条【财务会计报告的编制；财务会计报告的组成】** ★★

财务会计报告应当根据经过审核的会计帐簿记录和有关资料编制，并符合本法和国家统一的会计制度关于财务会计报告的编制要求、提供对象和提供期限的规定；其他法律、行政法规另有规定的，从其规定。

财务会计报告由会计报表、会计报表附注和财务情况说明书组成。向不同的会计资料使用者提供的财务会计报告，其编制依据应当一致。有关法律、行政法规规定会计报表、会计报表附注和财务情况说明书须经注册会计师审计的，注册会计师及其所在的会计师事务所出具的审计报告应当随同财务会计报告一并提供。

**第 23 条【会计档案的建立、保管】** ★

各单位对会计凭证、会计帐簿、财务会计报告和其他会计资料应当建立档案，妥善保管。会计档案的保管期限和销毁办法，由国务院财政部门会同有关部门制定。

# 中华人民共和国专利法①

★★

（1984 年 3 月 12 日第六届全国人民代表大会常务委员会第四次会议通过，根据 1992 年 9 月 4 日第七届全国人民代表大会常务委员会第二十七次会议《关于修改〈中华人民共和国专利法〉的决定》第一次修正，根据 2000 年 8 月 25 日第九届全国人民代表大会常务委员会第十七次会议《关于修改〈中华人民共和国专利法〉的决定》第二次修正，根据 2008 年 12 月 27 日第十一届全国人民代表大会常务委员会第六次会议《关于修改〈中华人民共和国专利法〉的决定》第三次修正）

**第 6 条【职务发明】** ★★

执行本单位的任务或者主要是利用本单位的物质技术条件所完成的发明创造为职务发明创造。职务发明创造申请专利的权利属于该单位；申请被批准后，该单位为专利权人。

---

① 简称《专利法》。

非职务发明创造,申请专利的权利属于发明人或者设计人;申请被批准后,该发明人或者设计人为专利权人。

利用本单位的物质技术条件所完成的发明创造,单位与发明人或者设计人订有合同,对申请专利的权利和专利权的归属作出约定的,从其约定。

# 中华人民共和国刑法①

★★

(1979年7月1日第五届全国人民代表大会第二次会议通过,根据1997年3月14日第八届全国人民代表大会第五次会议修订,根据1999年12月25日第九届全国人民代表大会常务委员会第十三次会议《中华人民共和国刑法修正案》修正,根据2001年8月31日第九届全国人民代表大会常务委员会第二十三次会议《中华人民共和国刑法修正案(二)》修正,根据2001年12月29日第九届全国人民代表大会常务委员会第二十五次会议《中华人民共和国刑法修正案(三)》修正,根据2002年12月28日第九届全国人民代表大会常务委员会第三十一次会议《中华人民共和国刑法修正案(四)》修正,根据2005年2月28日第十届全国人民代表大会常务委员会第十四次会议《中华人民共和国刑法修正案(五)》修正,根据2006年6月29日第十届全国人民代表大会常务委员会第二十二次会议《中华人民共和国刑法修正案(六)》修正,根据2009年2月28日第十一届全国人民代表大会常务委员会第七次会议《中华人民共和国刑法修正案(七)》修正,根据2011年2月25日第十一届全国人民代表大会常务委员会第七次会议《中华人民共和国刑法修正案(八)》修正,根据2015年8月29日第十二届全国人民代表大会常务委员会第十六次会议《中华人民共和国刑法修正案(九)》修正,根据2017年11月4日第十二届全国人民代表大会常务委员会第三十次会议《中华人民共和国刑法修正案(十)》修正)

**第12条【刑法的溯及力】** ★

中华人民共和国成立以后本法施行以前的行为,如果当时的法律不认为是犯罪的,适用当时的法律;如果当时的法律认为是犯罪的,依照本法总则第

---

① 简称《刑法》。

四章第八节的规定应当追诉的,按照当时的法律追究刑事责任,但是如果本法不认为是犯罪或者处刑较轻的,适用本法。

本法施行以前,依照当时的法律已经作出的生效判决,继续有效。

**第25条【共同犯罪的概念】** ★

共同犯罪是指二人以上共同故意犯罪。

二人以上共同过失犯罪,不以共同犯罪论处;应当负刑事责任的,按照他们所犯的罪分别处罚。

**第26条【主犯;犯罪集团】** ★

组织、领导犯罪集团进行犯罪活动的或者在共同犯罪中起主要作用的,是主犯。

三人以上为共同实施犯罪而组成的较为固定的犯罪组织,是犯罪集团。

对组织、领导犯罪集团的首要分子,按照集团所犯的全部罪行处罚。

对于第三款规定以外的主犯,应当按照其所参与的或者组织、指挥的全部犯罪处罚。

**第64条【犯罪所得之物、所用之物的处理】** ★

犯罪分子违法所得的一切财物,应当予以追缴或者责令退赔;对被害人的合法财产,应当及时返还;违禁品和供犯罪所用的本人财物,应当予以没收。没收的财物和罚金,一律上缴国库,不得挪用和自行处理。

**第67条【自首;坦白】** ★

犯罪以后自动投案,如实供述自己的罪行的,是自首。对于自首的犯罪分子,可以从轻或者减轻处罚。其中,犯罪较轻的,可以免除处罚。

被采取强制措施的犯罪嫌疑人、被告人和正在服刑的罪犯,如实供述司法机关还未掌握的本人其他罪行的,以自首论。

犯罪嫌疑人虽不具有前两款规定的自首情节,但是如实供述自己罪行的,可以从轻处罚;因其如实供述自己罪行,避免特别严重后果发生的,可以减轻处罚。

**第72条【缓刑的条件、禁止令与附加刑的执行】** ★

对于被判处拘役、三年以下有期徒刑的犯罪分子,同时符合下列条件的,可以宣告缓刑,对其中不满十八周岁的人、怀孕的妇女和已满七十五周岁的人,应当宣告缓刑:

(一)犯罪情节较轻;

(二)有悔罪表现;

(三)没有再犯罪的危险;

（四）宣告缓刑对所居住社区没有重大不良影响。

宣告缓刑，可以根据犯罪情况，同时禁止犯罪分子在缓刑考验期限内从事特定活动，进入特定区域、场所，接触特定的人。

被宣告缓刑的犯罪分子，如果被判处附加刑，附加刑仍须执行。

**第 73 条【缓刑考验期限】** ★

拘役的缓刑考验期限为原判刑期以上一年以下，但是不能少于二个月。

有期徒刑的缓刑考验期限为原判刑期以上五年以下，但是不能少于一年。

缓刑考验期限，从判决确定之日起计算。

**第 158 条【虚报注册资本罪】** ★

申请公司登记使用虚假证明文件或者采取其他欺诈手段虚报注册资本，欺骗公司登记主管部门，取得公司登记，虚报注册资本数额巨大、后果严重或者有其他严重情节的，处三年以下有期徒刑或者拘役，并处或者单处虚报注册资本金额百分之一以上百分之五以下罚金。

单位犯前款罪的，对单位判处罚金，并对其直接负责的主管人员和其他直接责任人员，处三年以下有期徒刑或者拘役。

# 中华人民共和国继承法①

★

（1985 年 4 月 10 日第六届全国人民代表大会第三次会议通过，自 1985 年 10 月 1 日起施行）

**第 2 条【继承开始】** ★★

继承从被继承人死亡时开始。

**第 3 条【遗产范围】** ★★

遗产是公民死亡时遗留的个人合法财产，包括：

---

① 简称《继承法》。

（一）公民的收入；
（二）公民的房屋、储蓄和生活用品；
（三）公民的林木、牲畜和家禽；
（四）公民的文物、图书资料；
（五）法律允许公民所有的生产资料；
（六）公民的著作权、专利权中的财产权利；
（七）公民的其他合法财产。

**第5条【继承方式】** ★

继承开始后，按照法定继承办理；有遗嘱的，按照遗嘱继承或者遗赠办理；有遗赠扶养协议的，按照协议办理。

**第10条【继承人范围及继承顺序】** ★★

遗产按照下列顺序继承：

第一顺序：配偶、子女、父母。

第二顺序：兄弟姐妹、祖父母、外祖父母。

继承开始后，由第一顺序继承人继承，第二顺序继承人不继承。没有第一顺序继承人继承的，由第二顺序继承人继承。

本法所说的子女，包括婚生子女、非婚生子女、养子女和有扶养关系的继子女。

本法所说的父母，包括生父母、养父母和有扶养关系的继父母。

本法所说的兄弟姐妹，包括同父母的兄弟姐妹、同父异母或者同母异父的兄弟姐妹、养兄弟姐妹、有扶养关系的继兄弟姐妹。

**第13条【遗产分配】** ★★

同一顺序继承人继承遗产的份额，一般应当均等。

对生活有特殊困难的缺乏劳动能力的继承人，分配遗产时，应当予以照顾。

对被继承人尽了主要扶养义务或者与被继承人共同生活的继承人，分配遗产时，可以多分。

有扶养能力和有扶养条件的继承人，不尽扶养义务的，分配遗产时，应当不分或者少分。

继承人协商同意的，也可以不均等。

**第16条【遗嘱与遗赠的一般规定】** ★

公民可以依照本法规定立遗嘱处分个人财产，并可以指定遗嘱执行人。

公民可以立遗嘱将个人财产指定由法定继承人的一人或者数人继承。

公民可以立遗嘱将个人财产赠给国家、集体或者法定继承人以外的人。

**第 17 条【遗嘱的形式】** ★

公证遗嘱由遗嘱人经公证机关办理。

自书遗嘱由遗嘱人亲笔书写，签名，注明年、月、日。

代书遗嘱应当有两个以上见证人在场见证，由其中一人代书，注明年、月、日，并由代书人、其他见证人和遗嘱人签名。

以录音形式立的遗嘱，应当有两个以上见证人在场见证。

遗嘱人在危急情况下，可以立口头遗嘱。口头遗嘱应当有两个以上见证人在场见证。危急情况解除后，遗嘱人能够用书面或者录音形式立遗嘱的，所立的口头遗嘱无效。

**第 25 条【继承和遗赠的接受与放弃】** ★

继承开始后，继承人放弃继承的，应当在遗产处理前，作出放弃继承的表示。没有表示的，视为接受继承。

受遗赠人应当在知道受遗赠后两个月内，作出接受或者放弃受遗赠的表示。到期没有表示的，视为放弃受遗赠。

**第 26 条【遗产的认定】** ★

夫妻在婚姻关系存续期间所得的共同所有的财产，除有约定的以外，如果分割遗产，应当先将共同所有的财产的一半分出为配偶所有，其余的为被继承人的遗产。

遗产在家庭共有财产之中的，遗产分割时，应当先分出他人的财产。

**第 31 条【遗赠扶养协议】** ★

公民可以与扶养人签订遗赠扶养协议。按照协议，扶养人承担该公民生养死葬的义务，享有受遗赠的权利。

公民可以与集体所有制组织签订遗赠扶养协议。按照协议，集体所有制组织承担该公民生养死葬的义务，享有受遗赠的权利。

**第 33 条【继承遗产与清偿债务】** ★

继承遗产应当清偿被继承人依法应当缴纳的税款和债务，缴纳税款和清偿债务以他的遗产实际价值为限。超过遗产实际价值部分，继承人自愿偿还的不在此限。

继承人放弃继承的，对被继承人依法应当缴纳的税款和债务可以不负偿还责任。

# 中华人民共和国侵权责任法[①]

★

(2009年12月26日第十一届全国人民代表大会常务委员会第十二次会议通过,自2010年7月1日起施行)

**第1条【侵权责任法的立法目的】** ★

为保护民事主体的合法权益,明确侵权责任,预防并制裁侵权行为,促进社会和谐稳定,制定本法。

**第2条【侵权责任一般条款;民事权益的范围】** ★

侵害民事权益,应当依照本法承担侵权责任。

本法所称民事权益,包括生命权、健康权、姓名权、名誉权、荣誉权、肖像权、隐私权、婚姻自主权、监护权、所有权、用益物权、担保物权、著作权、专利权、商标专用权、发现权、股权、继承权等人身、财产权益。

**第3条【侵权责任的当事人主义】** ★

被侵权人有权请求侵权人承担侵权责任。

**第6条【过错责任原则;过错推定责任原则】** ★

行为人因过错侵害他人民事权益,应当承担侵权责任。

根据法律规定推定行为人有过错,行为人不能证明自己没有过错的,应当承担侵权责任。

**第7条【无过错责任原则】** ★

行为人损害他人民事权益,不论行为人有无过错,法律规定应当承担侵权责任的,依照其规定。

**第8条【共同实施侵权行为人的连带责任】** ★

二人以上共同实施侵权行为,造成他人损害的,应当承担连带责任。

**第15条【侵权责任的主要承担方式】** ★★

承担侵权责任的方式主要有:

(一)停止侵害;

(二)排除妨碍;

---

[①] 简称《侵权责任法》。

(三)消除危险;

(四)返还财产;

(五)恢复原状;

(六)赔偿损失;

(七)赔礼道歉;

(八)消除影响、恢复名誉。

以上承担侵权责任的方式,可以单独适用,也可以合并适用。

**第 16 条**【人身损害赔偿项目:一般人身损害赔偿项目、伤残赔偿项目、死亡赔偿项目】　★

侵害他人造成人身损害的,应当赔偿医疗费、护理费、交通费等为治疗和康复支出的合理费用,以及因误工减少的收入。造成残疾的,还应当赔偿残疾生活辅助具费和残疾赔偿金。造成死亡的,还应当赔偿丧葬费和死亡赔偿金。

**第 17 条**【同命同价:因同一侵权行为造成多人死亡的等额赔偿制度】　★

因同一侵权行为造成多人死亡的,可以以相同数额确定死亡赔偿金。

**第 18 条**【被侵权人死亡、单位分立合并的请求权继受;支付被侵权人医疗费、丧葬费等合理费用的人】　★

被侵权人死亡的,其近亲属有权请求侵权人承担侵权责任。被侵权人为单位,该单位分立、合并的,承继权利的单位有权请求侵权人承担侵权责任。

被侵权人死亡的,支付被侵权人医疗费、丧葬费等合理费用的人有权请求侵权人赔偿费用,但侵权人已支付该费用的除外。

**第 19 条**【侵害财产造成财产损失的计算方式】　★

侵害他人财产的,财产损失按照损失发生时的市场价格或者其他方式计算。

**第 20 条**【侵害人身造成财产损失的计算方式】　★

侵害他人人身权益造成财产损失的,按照被侵权人因此受到的损失赔偿;被侵权人的损失难以确定,侵权人因此获得利益的,按照其获得的利益赔偿;侵权人因此获得的利益难以确定,被侵权人和侵权人就赔偿数额协商不一致,向人民法院提起诉讼的,由人民法院根据实际情况确定赔偿数额。

**第 21 条**【民事权益保全请求权:停止侵害、排除妨碍、消除危险】　★

侵权行为危及他人人身、财产安全的,被侵权人可以请求侵权人承担停止侵害、排除妨碍、消除危险等侵权责任。

**第 22 条**【侵害人身权益的精神损害赔偿】　★

侵害他人人身权益,造成他人严重精神损害的,被侵权人可以请求精神损害赔偿。

**第 24 条【公平责任:公平补偿责任的一般规定】** ★

受害人和行为人对损害的发生都没有过错的,可以根据实际情况,由双方分担损失。

**第 25 条【损害赔偿金的支付方式:一次性支付、分期支付】** ★

损害发生后,当事人可以协商赔偿费用的支付方式。协商不一致的,赔偿费用应当一次性支付;一次性支付确有困难的,可以分期支付,但应当提供相应的担保。

**第 26 条【过失相抵:被侵权人过错】** ★

被侵权人对损害的发生也有过错的,可以减轻侵权人的责任。

**第 32 条【监护人责任:无民事行为能力人、限制民事行为能力人致害的侵权责任】** ★

无民事行为能力人、限制民事行为能力人造成他人损害的,由监护人承担侵权责任。监护人尽到监护责任的,可以减轻其侵权责任。

有财产的无民事行为能力人、限制民事行为能力人造成他人损害的,从本人财产中支付赔偿费用。不足部分,由监护人赔偿。

**第 37 条【管理人或者组织者违反安全保障义务的侵权责任;补充责任】** ★

宾馆、商场、银行、车站、娱乐场所等公共场所的管理人或者群众性活动的组织者,未尽到安全保障义务,造成他人损害的,应当承担侵权责任。

因第三人的行为造成他人损害的,由第三人承担侵权责任;管理人或者组织者未尽到安全保障义务的,承担相应的补充责任。

**第 48 条【机动车交通事故责任的法律适用】** ★

机动车发生交通事故造成损害的,依照道路交通安全法的有关规定承担赔偿责任。

**第 49 条【机动车所有人与使用人分离时发生交通事故的侵权责任:租赁、借用机动车发生交通事故的侵权责任】** ★

因租赁、借用等情形机动车所有人与使用人不是同一人时,发生交通事故后属于该机动车一方责任的,由保险公司在机动车强制保险责任限额范围内予以赔偿。不足部分,由机动车使用人承担赔偿责任;机动车所有人对损害的发生有过错的,承担相应的赔偿责任。

**第 60 条【医疗机构损害赔偿责任的免责事由】** ★

患者有损害,因下列情形之一的,医疗机构不承担赔偿责任:

（一）患者或者其近亲属不配合医疗机构进行符合诊疗规范的诊疗；

（二）医务人员在抢救生命垂危的患者等紧急情况下已经尽到合理诊疗义务；

（三）限于当时的医疗水平难以诊疗。

前款第一项情形中，医疗机构及其医务人员也有过错的，应当承担相应的赔偿责任。

# 中华人民共和国婚姻法①

★

（1980年9月10日第五届全国人民代表大会第三次会议通过，根据2001年4月28日第九届全国人民代表大会常务委员会第二十一次会议《关于修改〈中华人民共和国婚姻法〉的决定》修正）

**第13条【夫妻平等】** ★

夫妻在家庭中地位平等。

**第17条【夫妻共有财产的范围】** ★★

夫妻在婚姻关系存续期间所得的下列财产，归夫妻共同所有：

（一）工资、奖金；

（二）生产、经营的收益；

（三）知识产权的收益；

（四）继承或赠与所得的财产，但本法第十八条第三项规定的除外；

（五）其他应当归共同所有的财产。

夫妻对共同所有的财产，有平等的处理权。

**第19条【夫妻财产约定制】** ★

夫妻可以约定婚姻关系存续期间所得的财产以及婚前财产归各自所有、共同所有或部分各自所有、部分共同所有。约定应当采用书面形式。没有约定或约定不明确的，适用本法第十七条、第十八条的规定。

夫妻对婚姻关系存续期间所得的财产以及婚前财产的约定，对双方具有

---

① 简称《婚姻法》。

约束力。

夫妻对婚姻关系存续期间所得的财产约定归各自所有的,夫或妻一方对外所负的债务,第三人知道该约定的,以夫或妻一方所有的财产清偿。

**第 32 条【诉讼离婚】** ★

男女一方要求离婚的,可由有关部门进行调解或直接向人民法院提出离婚诉讼。

人民法院审理离婚案件,应当进行调解;如感情确已破裂,调解无效,应准予离婚。

有下列情形之一,调解无效的,应准予离婚:

(一)重婚或有配偶者与他人同居的;

(二)实施家庭暴力或虐待、遗弃家庭成员的;

(三)有赌博、吸毒等恶习屡教不改的;

(四)因感情不和分居满二年的;

(五)其他导致夫妻感情破裂的情形。

一方被宣告失踪,另一方提出离婚诉讼的,应准予离婚。

# 中华人民共和国商标法[①]

(1982 年 8 月 23 日第五届全国人民代表大会常务委员会第二十四次会议通过,根据 1993 年 2 月 22 日第七届全国人民代表大会常务委员会第三十次会议《关于修改〈中华人民共和国商标法〉的决定》第一次修正,根据 2001 年 10 月 27 日第九届全国人民代表大会常务委员会第二十四次会议《关于修改〈中华人民共和国商标法〉的决定》第二次修正,根据 2013 年 8 月 30 日第十二届全国人民代表大会常务委员会第四次会议《关于修改〈中华人民共和国商标法〉的决定》第三次修正)

**第 3 条【注册商标及其分类】** ★

经商标局核准注册的商标为注册商标,包括商品商标、服务商标和集体商标、证明商标;商标注册人享有商标专用权,受法律保护。

本法所称集体商标,是指以团体、协会或者其他组织名义注册,供该组织

---

① 简称《商标法》。

成员在商事活动中使用,以表明使用者在该组织中的成员资格的标志。

本法所称证明商标,是指由对某种商品或者服务具有监督能力的组织所控制,而由该组织以外的单位或者个人使用于其商品或者服务,用以证明该商品或者服务的原产地、原料、制造方法、质量或者其他特定品质的标志。

集体商标、证明商标注册和管理的特殊事项,由国务院工商行政管理部门规定。

**第 32 条【保护在先权利、禁止恶意抢注商标】** ★

申请商标注册不得损害他人现有的在先权利,也不得以不正当手段抢先注册他人已经使用并有一定影响的商标。

**第 51 条【违反强制注册商标规定的法律责任】** ★

违反本法第六条规定的,由地方工商行政管理部门责令限期申请注册,违法经营额五万元以上的,可以处违法经营额百分之二十以下的罚款,没有违法经营额或者违法经营额不足五万元的,可以处一万元以下的罚款。

**第 52 条【以不当方式使用未注册商标的法律责任】** ★

将未注册商标冒充注册商标使用的,或者使用未注册商标违反本法第十条规定的,由地方工商行政管理部门予以制止,限期改正,并可以予以通报,违法经营额五万元以上的,可以处违法经营额百分之二十以下的罚款,没有违法经营额或者违法经营额不足五万元的,可以处一万元以下的罚款。

**第 56 条【注册商标的适用范围】** ★

注册商标的专用权,以核准注册的商标和核定使用的商品为限。

**第 57 条【侵犯注册商标专用权的行为类型】** ★

有下列行为之一的,均属侵犯注册商标专用权:

(一)未经商标注册人的许可,在同一种商品上使用与其注册商标相同的商标的;

(二)未经商标注册人的许可,在同一种商品上使用与其注册商标近似的商标,或者在类似商品上使用与其注册商标相同或者近似的商标,容易导致混淆的;

(三)销售侵犯注册商标专用权的商品的;

(四)伪造、擅自制造他人注册商标标识或者销售伪造、擅自制造的注册商标标识的;

(五)未经商标注册人同意,更换其注册商标并将该更换商标的商品又投入市场的;

(六)故意为侵犯他人商标专用权行为提供便利条件,帮助他人实施侵犯商标专用权行为的;

(七)给他人的注册商标专用权造成其他损害的。

**第63条【侵犯商标专用权的赔偿数额的计算方式】** ★

侵犯商标专用权的赔偿数额,按照权利人因被侵权所受到的实际损失确定;实际损失难以确定的,可以按照侵权人因侵权所获得的利益确定;权利人的损失或者侵权人获得的利益难以确定的,参照该商标许可使用费的倍数合理确定。对恶意侵犯商标专用权,情节严重的,可以在按照上述方法确定数额的一倍以上三倍以下确定赔偿数额。赔偿数额应当包括权利人为制止侵权行为所支付的合理开支。

人民法院为确定赔偿数额,在权利人已经尽力举证,而与侵权行为相关的账簿、资料主要由侵权人掌握的情况下,可以责令侵权人提供与侵权行为相关的账簿、资料;侵权人不提供或者提供虚假的账簿、资料的,人民法院可以参考权利人的主张和提供的证据判定赔偿数额。

权利人因被侵权所受到的实际损失、侵权人因侵权所获得的利益、注册商标许可使用费难以确定的,由人民法院根据侵权行为的情节判决给予三百万元以下的赔偿。

# 中华人民共和国保险法[①]

(1995年6月30日第八届全国人民代表大会常务委员会第十四次会议通过,根据2002年10月28日第九届全国人民代表大会常务委员会第三十次会议《关于修改〈中华人民共和国保险法〉的决定》第一次修正,根据2009年2月28日第十一届全国人民代表大会常务委员会第七次会议修订,根据2014年8月31日第十二届全国人民代表大会常务委员会第十次会议《关于修改〈中华人民共和国保险法〉等五部法律的决定》第二次修正,根据2015年4月24日第十二届全国人民代表大会常务委员会第十四次会议《关于修改〈中华人民共和国计量法〉等五部法律的决定》第三次修正)

**第5条【保险活动当事人的诚实信用原则】** ★

保险活动当事人行使权利、履行义务应当遵循诚实信用原则。

---

① 简称《保险法》。

**第 6 条【保险业务的专营原则】** ★

保险业务由依照本法设立的保险公司以及法律、行政法规规定的其他保险组织经营,其他单位和个人不得经营保险业务。

**第 14 条【投保人和保险人的义务】** ★

保险合同成立后,投保人按照约定交付保险费,保险人按照约定的时间开始承担保险责任。

**第 16 条【投保人在合同订立时的告知义务;投保人抗辩条款的适用;保险事故范围】** ★

订立保险合同,保险人就保险标的或者被保险人的有关情况提出询问的,投保人应当如实告知。

投保人故意或者因重大过失未履行前款规定的如实告知义务,足以影响保险人决定是否同意承保或者提高保险费率的,保险人有权解除合同。

前款规定的合同解除权,自保险人知道有解除事由之日起,超过三十日不行使而消灭。自合同成立之日起超过二年的,保险人不得解除合同;发生保险事故的,保险人应当承担赔偿或者给付保险金的责任。

投保人故意不履行如实告知义务的,保险人对于合同解除前发生的保险事故,不承担赔偿或者给付保险金的责任,并不退还保险费。

投保人因重大过失未履行如实告知义务,对保险事故的发生有严重影响的,保险人对于合同解除前发生的保险事故,不承担赔偿或者给付保险金的责任,但应当退还保险费。

保险人在合同订立时已经知道投保人未如实告知的情况的,保险人不得解除合同;发生保险事故的,保险人应当承担赔偿或者给付保险金的责任。

保险事故是指保险合同约定的保险责任范围内的事故。

**第 23 条【保险人赔付义务的履行及程序】** ★

保险人收到被保险人或者受益人的赔偿或者给付保险金的请求后,应当及时作出核定;情形复杂的,应当在三十日内作出核定,但合同另有约定的除外。保险人应当将核定结果通知被保险人或者受益人;对属于保险责任的,在与被保险人或者受益人达成赔偿或者给付保险金的协议后十日内,履行赔偿或者给付保险金义务。保险合同对赔偿或者给付保险金的期限有约定的,保险人应当按照约定履行赔偿或者给付保险金义务。

保险人未及时履行前款规定义务的,除支付保险金外,应当赔偿被保险人或者受益人因此受到的损失。

任何单位和个人不得非法干预保险人履行赔偿或者给付保险金的义务,

也不得限制被保险人或者受益人取得保险金的权利。

**第30条【格式条款争议解释规则】** ★

采用保险人提供的格式条款订立的保险合同,保险人与投保人、被保险人或者受益人对合同条款有争议的,应当按照通常理解予以解释。对合同条款有两种以上解释的,人民法院或者仲裁机构应当作出有利于被保险人和受益人的解释。

### 第二节 人身保险合同

**第57条【保险事故发生时被保险人减损义务及费用承担】** ★

保险事故发生时,被保险人应当尽力采取必要的措施,防止或者减少损失。

保险事故发生后,被保险人为防止或者减少保险标的的损失所支付的必要的、合理的费用,由保险人承担;保险人所承担的费用数额在保险标的损失赔偿金额以外另行计算,最高不超过保险金额的数额。

**第60条【保险人代位权的行使规则】** ★

因第三者对保险标的的损害而造成保险事故的,保险人自向被保险人赔偿保险金之日起,在赔偿金额范围内代位行使被保险人对第三者请求赔偿的权利。

前款规定的保险事故发生后,被保险人已经从第三者取得损害赔偿的,保险人赔偿保险金时,可以相应扣减被保险人从第三者已取得的赔偿金额。

保险人依照本条第一款规定行使代位请求赔偿的权利,不影响被保险人就未取得赔偿的部分向第三者请求赔偿的权利。

**第65条【责任保险的赔偿规则】** ★

保险人对责任保险的被保险人给第三者造成的损害,可以依照法律的规定或者合同的约定,直接向该第三者赔偿保险金。

责任保险的被保险人给第三者造成损害,被保险人对第三者应负的赔偿责任确定的,根据被保险人的请求,保险人应当直接向该第三者赔偿保险金。被保险人怠于请求的,第三者有权就其应获赔偿部分直接向保险人请求赔偿保险金。

责任保险的被保险人给第三者造成损害,被保险人未向该第三者赔偿的,保险人不得向被保险人赔偿保险金。

责任保险是指以被保险人对第三者依法应负的赔偿责任为保险标的的保险。

# 中华人民共和国城市房地产管理法[①]

(1994年7月5日第八届全国人民代表大会常务委员会第八次会议通过,根据2007年8月30日第十届全国人民代表大会常务委员会第二十九次会议《关于修改〈中华人民共和国城市房地产管理法〉的决定》修正,根据2009年8月27日第十一届全国人民代表大会常务委员会第十次会议通过的《全国人民代表大会常务委员会关于修改部分法律的决定》修改)

**第25条【房地产开发的原则和总体规划】** ★
房地产开发必须严格执行城市规划,按照经济效益、社会效益、环境效益相统一的原则,实行全面规划、合理布局、综合开发、配套建设。

**第30条【设立房地产开发企业的条件】** ★
房地产开发企业是以营利为目的,从事房地产开发和经营的企业。设立房地产开发企业,应当具备下列条件:
(一)有自己的名称和组织机构;
(二)有固定的经营场所;
(三)有符合国务院规定的注册资本;
(四)有足够的专业技术人员;
(五)法律、行政法规规定的其他条件。
设立房地产开发企业,应当向工商行政管理部门申请设立登记。工商行政管理部门对符合本法规定条件的,应当予以登记,发给营业执照;对不符合本法规定条件的,不予登记。
设立有限责任公司、股份有限公司,从事房地产开发经营的,还应当执行公司法的有关规定。
房地产开发企业在领取营业执照后的一个月内,应当到登记机关所在地的县级以上地方人民政府规定的部门备案。

**第36条【房地产转让、抵押的权属登记】** ★
房地产转让、抵押,当事人应当依照本法第五章的规定办理权属登记。

---

① 简称《房地产管理法》。

**第61条【房地产权属的申请登记】** ★

以出让或者划拨方式取得土地使用权,应当向县级以上地方人民政府土地管理部门申请登记,经县级以上地方人民政府土地管理部门核实,由同级人民政府颁发土地使用权证书。

在依法取得的房地产开发用地上建成房屋的,应当凭土地使用权证书向县级以上地方人民政府房产管理部门申请登记,由县级以上地方人民政府房产管理部门核实并颁发房屋所有权证书。

房地产转让或者变更时,应当向县级以上地方人民政府房产管理部门申请房产变更登记,并凭变更后的房屋所有权证书向同级人民政府土地管理部门申请土地使用权变更登记,经同级人民政府土地管理部门核实,由同级人民政府更换或者更改土地使用权证书。

法律另有规定的,依照有关法律的规定办理。

# 中华人民共和国矿产资源法①

(1986年3月19日第六届全国人民代表大会常务委员会第十五次会议通过,根据1996年8月29日第八届全国人民代表大会常务委员会第二十一次会议《关于修改〈中华人民共和国矿产资源法〉的决定》修正,根据2009年8月27日第十一届全国人民代表大会常务委员会第十次会议通过的《全国人民代表大会常务委员会关于修改部分法律的决定》修改)

**第3条【矿产资源的归属:国家所有;勘查、开采矿产资源的条件】** ★

矿产资源属于国家所有,由国务院行使国家对矿产资源的所有权。地表或者地下的矿产资源的国家所有权,不因其所依附的土地的所有权或者使用权的不同而改变。

国家保障矿产资源的合理开发利用。禁止任何组织或者个人用任何手段侵占或者破坏矿产资源。各级人民政府必须加强矿产资源的保护工作。

勘查、开采矿产资源,必须依法分别申请、经批准取得探矿权、采矿权,并

---

① 简称《矿产资源法》。

办理登记;但是,已经依法申请取得采矿权的矿山企业在划定的矿区范围内为本企业的生产而进行的勘查除外。国家保护探矿权和采矿权不受侵犯,保障矿区和勘查作业区的生产秩序、工作秩序不受影响和破坏。

从事矿产资源勘查和开采的,必须符合规定的资质条件。

**第6条【探矿权、采矿权可以转让的情形】** ★

除按下列规定可以转让外,探矿权、采矿权不得转让:

(一)探矿权人有权在划定的勘查作业区内进行规定的勘查作业,有权优先取得勘查作业区内矿产资源的采矿权。探矿权人在完成规定的最低勘查投入后,经依法批准,可以将探矿权转让他人。

(二)已取得采矿权的矿山企业,因企业合并、分立,与他人合资、合作经营,或者因企业资产出售以及有其他变更企业资产产权的情形而需要变更采矿权主体的,经依法批准可以将采矿权转让他人采矿。

前款规定的具体办法和实施步骤由国务院规定。

禁止将探矿权、采矿权倒卖牟利。

**第20条【禁止擅自开采矿产资源的地区】** ★

非经国务院授权的有关主管部门同意,不得在下列地区开采矿产资源:

(一)港口、机场、国防工程设施圈定地区以内;

(二)重要工业区、大型水利工程设施、城镇市政工程设施附近一定距离以内;

(三)铁路、重要公路两侧一定距离以内;

(四)重要河流、堤坝两侧一定距离以内;

(五)国家规定的自然保护区、重要风景区,国家重点保护的不能移动的历史文物和名胜古迹所在地;

(六)国家规定不得开采矿产资源的其他地区。

# 中华人民共和国商业银行法[1]

(1995年5月10日第八届全国人民代表大会常务委员会第十三次会议通过,根据2003年12月27日第十届全国人民代表大会常务委员会第六次会议《关于修改〈中华人民共和国商业银行法〉的决定》第一次修正,根据2015年8月29日第十二届全国人民代表大会常务委员会第十六次会议《关于修改〈中华人民共和国商业银行法〉的决定》第二次修正)

**第13条【商业银行注册资本的最低限额】** ★

设立全国性商业银行的注册资本最低限额为十亿元人民币。设立城市商业银行的注册资本最低限额为一亿元人民币,设立农村商业银行的注册资本最低限额为五千万元人民币。注册资本应当是实缴资本。

国务院银行业监督管理机构根据审慎监管的要求可以调整注册资本最低限额,但不得少于前款规定的限额。

**第17条【商业银行的组织形式、组织机构的法律适用规定】** ★

商业银行的组织形式、组织机构适用《中华人民共和国公司法》的规定。

本法施行前设立的商业银行,其组织形式、组织机构不完全符合《中华人民共和国公司法》规定的,可以继续沿用原有的规定,适用前款规定的日期由国务院规定。

**第48条【企业事业单位自主选择银行开立一个基本账户;不得将单位的资金以个人名义开立帐户】** ★

企业事业单位可以自主选择一家商业银行的营业场所开立一个办理日常转帐结算和现金收付的基本帐户,不得开立两个以上基本帐户。

任何单位和个人不得将单位的资金以个人名义开立帐户存储。

---

[1] 简称《商业银行法》。

# 中华人民共和国建筑法[1]

(1997年11月1日第八届全国人民代表大会常务委员会第二十八次会议通过,根据2011年4月22日第十一届全国人民代表大会常务委员会第二十次会议《关于修改〈中华人民共和国建筑法〉的决定》修正)

**第26条【承包建筑工程的单位应具备的资格】** ★

承包建筑工程的单位应当持有依法取得的资质证书,并在其资质等级许可的业务范围内承揽工程。

禁止建筑施工企业超越本企业资质等级许可的业务范围或者以任何形式用其他建筑施工企业的名义承揽工程。禁止建筑施工企业以任何形式允许其他单位或者个人使用本企业的资质证书、营业执照,以本企业的名义承揽工程。

**第28条【禁止承包单位全部转包其承包的工程及肢解后分包给他人】** ★

禁止承包单位将其承包的全部建筑工程转包给他人,禁止承包单位将其承包的全部建筑工程肢解以后以分包的名义分别转包给他人。

**第29条【建筑工程分包的条件、责任承担和禁止规定】** ★

建筑工程总承包单位可以将承包工程中的部分工程发包给具有相应资质条件的分包单位;但是,除总承包合同中约定的分包外,必须经建设单位认可。施工总承包的,建筑工程主体结构的施工必须由总承包单位自行完成。

建筑工程总承包单位按照总承包合同的约定对建设单位负责;分包单位按照分包合同的约定对总承包单位负责。总承包单位和分包单位就分包工程对建设单位承担连带责任。

禁止总承包单位将工程分包给不具备相应资质条件的单位。禁止分包单位将其承包的工程再分包。

---

[1] 简称《建筑法》。

# 中华人民共和国消费者权益保护法①

(1993年10月31日第八届全国人民代表大会常务委员会第四次会议通过,根据2009年8月27日第十一届全国人民代表大会常务委员会第十次会议《关于修改部分法律的决定》第一次修正,根据2013年10月25日第十二届全国人民代表大会常务委员会第五次会议《关于修改〈中华人民共和国消费者权益保护法〉的决定》第二次修正)

**第10条【消费者的公平交易权】** ★

消费者享有公平交易的权利。

消费者在购买商品或者接受服务时,有权获得质量保障、价格合理、计量正确等公平交易条件,有权拒绝经营者的强制交易行为。

**第11条【消费者因消费活动遭受的损害有依法获得赔偿的权利】** ★

消费者因购买、使用商品或者接受服务受到人身、财产损害的,享有依法获得赔偿的权利。

**第21条【经营者义务:标明真实名称和标记】** ★

经营者应当标明其真实名称和标记。

租赁他人柜台或者场地的经营者,应当标明其真实名称和标记。

**第55条【经营者的惩罚性赔偿责任】** ★

经营者提供商品或者服务有欺诈行为的,应当按照消费者的要求增加赔偿其受到的损失,增加赔偿的金额为消费者购买商品的价款或者接受服务的费用的三倍;增加赔偿的金额不足五百元的,为五百元。法律另有规定的,依照其规定。

经营者明知商品或者服务存在缺陷,仍然向消费者提供,造成消费者或者其他受害人死亡或者健康严重损害的,受害人有权要求经营者依照本法第四十九条、第五十一条等法律规定赔偿损失,并有权要求所受损失二倍以下的惩罚性赔偿。

---

① 简称《消保法》。

# 中华人民共和国劳动争议调解仲裁法[①]

(2007年12月29日第十届全国人民代表大会常务委员会第三十一次会议通过,自2008年5月1日起施行)

**第5条【劳动争议处理的基本程序】** ★

发生劳动争议,当事人不愿协商、协商不成或者达成和解协议后不履行的,可以向调解组织申请调解;不愿调解、调解不成或者达成调解协议后不履行的,可以向劳动争议仲裁委员会申请仲裁;对仲裁裁决不服的,除本法另有规定的外,可以向人民法院提起诉讼。

**第6条【劳动争议案件的举证责任】** ★

发生劳动争议,当事人对自己提出的主张,有责任提供证据。与争议事项有关的证据属于用人单位掌握管理的,用人单位应当提供;用人单位不提供的,应当承担不利后果。

**第27条【劳动争议仲裁时效;劳动争议仲裁时效中断;劳动争议仲裁时效中止】** ★

劳动争议申请仲裁的时效期间为一年。仲裁时效期间从当事人知道或者应当知道其权利被侵害之日起计算。

前款规定的仲裁时效,因当事人一方向对方当事人主张权利,或者向有关部门请求权利救济,或者对方当事人同意履行义务而中断。从中断时起,仲裁时效期间重新计算。

因不可抗力或者有其他正当理由,当事人不能在本条第一款规定的仲裁时效期间申请仲裁的,仲裁时效中止。从中止时效的原因消除之日起,仲裁时效期间继续计算。

劳动关系存续期间因拖欠劳动报酬发生争议的,劳动者申请仲裁不受本条第一款规定的仲裁时效期间的限制;但是,劳动关系终止的,应当自劳动关系终止之日起一年内提出。

---

① 简称《劳动争议调解仲裁法》。

# 中华人民共和国中外合资经营企业法[①]

(1979年7月1日第五届全国人民代表大会第二次会议通过 根据1990年4月4日第七届全国人民代表大会第三次会议《关于修改〈中华人民共和国中外合资经营企业法〉的决定》修正 根据2001年3月15日第九届全国人民代表大会第四次会议《关于修改〈中华人民共和国中外合资经营企业法〉的决定》第二次修正,根据2016年9月3日第十二届全国人民代表大会常务委员会第二十二次会议《关于修改〈中华人民共和国外资企业法〉等四部法律的决定》第三次修正)

**第2条【**中国政府保护外国合营者的合法权益;合营企业应遵守中国法的规定;禁止对合营企业实行国有化;对合营企业实行征收的限制**】** ★

中国政府依法保护外国合营者按照经中国政府批准的协议、合同、章程在合营企业的投资、应分得的利润和其它合法权益。

合营企业的一切活动应遵守中华人民共和国法律、法规的规定。

国家对合营企业不实行国有化和征收;在特殊情况下,根据社会公共利益的需要,对合营企业可以依照法律程序实行征收,并给予相应的补偿。

**第4条【**合营企业的组织形式;外国合营者投资比例的限制;合营者的利润分配规则和注册资本转让的限制**】** ★

合营企业的形式为有限责任公司。

在合营企业的注册资本中,外国合营者的投资比例一般不低于百分之二十五。

合营各方按注册资本比例分享利润和分担风险及亏损。

合营者的注册资本如果转让必须经合营各方同意。

**第8条【**合营企业的利润分配规则;合营企业的纳税义务及税收优惠;外国合营者将净利润在中国境内再投资时的税收优惠**】** ★

合营企业获得的毛利润,按中华人民共和国税法规定缴纳合营企业所得税后,扣除合营企业章程规定的储备基金、职工奖励及福利基金、企业发展基金,净利润根据合营各方注册资本的比例进行分配。

合营企业依照国家有关税收的法律和行政法规的规定,可以享受减税、

---

① 简称《中外合资经营企业法》。

免税的优惠待遇。

外国合营者将分得的净利润用于在中国境内再投资时,可申请退还已缴纳的部分所得税。

# 中华人民共和国涉外民事关系法律适用法①

(2010年10月28日由中华人民共和国第十一届全国人民代表大会常务委员会第十七次会议通过,自2011年4月1日起施行)

**第3条【涉外法律的选择适用】** ★
当事人依照法律规定可以明示选择涉外民事关系适用的法律。

**第8条【涉外民事关系的定性的法律适用】** ★
涉外民事关系的定性,适用法院地法律。

**第41条【合同的法律适用】** ★
当事人可以协议选择合同适用的法律。当事人没有选择的,适用履行义务最能体现该合同特征的一方当事人经常居所地法律或者其他与该合同有最密切联系的法律。

**第44条【涉外侵权责任的法律适用】** ★
侵权责任,适用侵权行为地法律,但当事人有共同经常居所地的,适用共同经常居所地法律。侵权行为发生后,当事人协议选择适用法律的,按照其协议。

---

① 简称《涉外民事关系法律适用法》。

# 中华人民共和国道路交通安全法①

(2003年10月28日第十届全国人民代表大会常务委员会第五次会议通过,根据2007年12月29日第十届全国人民代表大会常务委员会第三十一次会议《关于修改〈中华人民共和国道路交通安全法〉的决定》第一次修正,根据2011年4月22日第十一届全国人民代表大会常务委员会第二十次会议《关于修改〈中华人民共和国道路交通安全法〉的决定》第二次修正)

**第14条【机动车强制报废制度】** ★

国家实行机动车强制报废制度,根据机动车的安全技术状况和不同用途,规定不同的报废标准。

应当报废的机动车必须及时办理注销登记。

达到报废标准的机动车不得上道路行驶。报废的大型客、货车及其他营运车辆应当在公安机关交通管理部门的监督下解体。

**第76条【交通事故赔偿责任一般条款】** ★

机动车发生交通事故造成人身伤亡、财产损失的,由保险公司在机动车第三者责任强制保险责任限额范围内予以赔偿;不足的部分,按照下列规定承担赔偿责任:

(一)机动车之间发生交通事故的,由有过错的一方承担赔偿责任;双方都有过错的,按照各自过错的比例分担责任。

(二)机动车与非机动车驾驶人、行人之间发生交通事故,非机动车驾驶人、行人没有过错的,由机动车一方承担赔偿责任;有证据证明非机动车驾驶人、行人有过错的,根据过错程度适当减轻机动车一方的赔偿责任;机动车一方没有过错的,承担不超过百分之十的赔偿责任。

交通事故的损失是由非机动车驾驶人、行人故意碰撞机动车造成的,机动车一方不承担赔偿责任。

---

① 简称《道路交通安全法》。

# 中华人民共和国土地管理法[1]

(1986年6月25日第六届全国人民代表大会常务委员会第十六次会议通过,根据1988年12月29日第七届全国人民代表大会常务委员会第五次会议《关于修改〈中华人民共和国土地管理法〉的决定》第一次修正,根据1998年8月29日第九届全国人民代表大会常务委员会第四次会议修订,根据2004年8月28日第十届全国人民代表大会常务委员会第十一次会议《关于修改〈中华人民共和国土地管理法〉的决定》第二次修正)

**第12条【改变土地权属和用途的程序:办理土地变更登记手续】** ★
依法改变土地权属和用途的,应当办理土地变更登记手续。

**第63条【农民集体所有的土地使用权的用途限制】** ★
农民集体所有的土地的使用权不得出让、转让或者出租用于非农业建设;但是,符合土地利用总体规划并依法取得建设用地的企业,因破产、兼并等情形致使土地使用权依法发生转移的除外。

# 中华人民共和国社会保险法[2]

(2010年10月28日第十一届全国人民代表大会常务委员会第十七次会议通过,自2011年7月1日起施行)

**第2条【社会保险制度的类型】** ★
国家建立基本养老保险、基本医疗保险、工伤保险、失业保险、生育保险等社会保险制度,保障公民在年老、疾病、工伤、失业、生育等情况下依法从国家和社会获得物质帮助的权利。

**第4条【用人单位和个人的缴费义务及其权利】** ★
中华人民共和国境内的用人单位和个人依法缴纳社会保险费,有权查询

---

① 简称《土地管理法》。
② 简称《社会保险法》。

缴费记录、个人权益记录,要求社会保险经办机构提供社会保险咨询等相关服务。

个人依法享受社会保险待遇,有权监督本单位为其缴费情况。

**第 6 条【国家对社会保险基金监管机制】** ★

国家对社会保险基金实行严格监管。

国务院和省、自治区、直辖市人民政府建立健全社会保险基金监督管理制度,保障社会保险基金安全、有效运行。

县级以上人民政府采取措施,鼓励和支持社会各方面参与社会保险基金的监督。

**第 12 条【基本养老保险费的缴纳】** ★

用人单位应当按照国家规定的本单位职工工资总额的比例缴纳基本养老保险费,记入基本养老保险统筹基金。

职工应当按照国家规定的本人工资的比例缴纳基本养老保险费,记入个人账户。

无雇工的个体工商户、未在用人单位参加基本养老保险的非全日制从业人员以及其他灵活就业人员参加基本养老保险的,应当按照国家规定缴纳基本养老保险费,分别记入基本养老保险统筹基金和个人账户。

# 中华人民共和国企业国有资产法[①]

(2008 年 10 月 28 日第十一届全国人民代表大会常务委员会第五次会议通过,2008 年 10 月 28 日公布,自 2009 年 5 月 1 日起施行)

**第 3 条【国有资产的所有权归属】** ★

国有资产属于国家所有即全民所有。国务院代表国家行使国有资产所有权。

**第 4 条【国有资产的出资人代表:国务院、地方人民政府】** ★

国务院和地方人民政府依照法律、行政法规的规定,分别代表国家对国家出资企业履行出资人职责,享有出资人权益。

---

① 简称《国有资产法》。

国务院确定的关系国民经济命脉和国家安全的大型国家出资企业,重要基础设施和重要自然资源等领域的国家出资企业,由国务院代表国家履行出资人职责。其他的国家出资企业,由地方人民政府代表国家履行出资人职责。

**第35条【国家出资企业发现债券、投资等事项在法律、法规有规定的情况下应当报批或备案】** ★

国家出资企业发行债券、投资等事项,有关法律、行政法规规定应当报经政府或者政府有关部门、机构批准、核准或者备案的,依照其规定。

**第38条【国有独资企业、国有独资公司、国有资本控股公司对其出资企业的重大事项履行出资人职责】** ★

国有独资企业、国有独资公司、国有资本控股公司对其所出资企业的重大事项参照本章规定履行出资人职责。具体办法由国务院规定。

# 中华人民共和国中小企业促进法①

(2002年6月29日第九届全国人民代表大会常务委员会第二十八次会议通过,根据2017年9月1日第十二届全国人民代表大会常务委员会第二十九次会议修订)

**第50条【中小企业权益保护的精神】** ★

国家保护中小企业及其出资人的财产权和其他合法权益。任何单位和个人不得侵犯中小企业财产及其合法收益。

**第54条【中小企业权益保护的措施】** ★

任何单位不得违反法律、法规向中小企业收取费用,不得实施没有法律、法规依据的罚款,不得向中小企业摊派财物。中小企业对违反上述规定的行为有权拒绝和举报、控告。

---

① 简称《中小企业促进法》。

# 中华人民共和国企业所得税法[①]

(2007年3月16日中华人民共和国第十届全国人民代表大会第五次会议通过,根据2017年2月24日第十二届全国人民代表大会常务委员会第二十六次会议修正)

**第3条【企业所得税的缴纳范围】** ★

居民企业应当就其来源于中国境内、境外的所得缴纳企业所得税。

非居民企业在中国境内设立机构、场所的,应当就其所设机构、场所取得的来源于中国境内的所得,以及发生在中国境外但与其所设机构、场所有实际联系的所得,缴纳企业所得税。

非居民企业在中国境内未设立机构、场所的,或者虽设立机构、场所但取得的所得与其所设机构、场所没有实际联系的,应当就其来源于中国境内的所得缴纳企业所得税。

**第37条【源泉扣缴】** ★

对非居民企业取得本法第三条第三款规定的所得应缴纳的所得税,实行源泉扣缴,以支付人为扣缴义务人。税款由扣缴义务人在每次支付或者到期应支付时,从支付或者到期应支付的款项中扣缴。

# 中华人民共和国水法[②]

(1988年1月21日第六届全国人民代表大会常务委员会第24次会议通过,2002年8月29日第九届全国人民代表大会常务委员会第二十九次会议修订通过,根据2009年8月27日第十一届全国人民代表大会常务委员会第十次会议通过的《全国人民代表大会常务委员会关于修改部分法律的决定》修改,根据2016年7月2日第十二届全国人民代表大会常务委员会第二十一次会议修订)

**第43条【国家对水工程实施保护】** ★

国家对水工程实施保护。国家所有的水工程应当按照国务院的规定划

---

① 简称《企业所得税法》。
② 简称《水法》。

定工程管理和保护范围。

国务院水行政主管部门或者流域管理机构管理的水工程,由主管部门或者流域管理机构商有关省、自治区、直辖市人民政府划定工程管理和保护范围。

前款规定以外的其他水工程,应当按照省、自治区、直辖市人民政府的规定,划定工程保护范围和保护职责。

在水工程保护范围内,禁止从事影响水工程运行和危害水工程安全的爆破、打井、采石、取土等活动。

# 中华人民共和国立法法①

(2000年3月15日第九届全国人民代表大会第三次会议通过,根据2015年3月15日第十二届全国人民代表大会第三次会议《关于修改〈中华人民共和国立法法〉的决定》修正)

### 第83条【部门规章和地方政府规章的制定程序】 ★

国务院部门规章和地方政府规章的制定程序,参照本法第三章的规定,由国务院规定。

# 中华人民共和国农民专业合作社法②

(2006年10月31日第十届全国人民代表大会常务委员会第二十四次会议通过,根据2017年12月27日第十二届全国人民代表大会常务委员会第三十一次会议修订)

### 第29条【农民专业合作社成员大会的组成与职权】 ★

农民专业合作社成员大会由全体成员组成,是本社的权力机构,行使下

---

① 简称《立法法》。
② 简称《农业合作社法》。

列职权：

（一）修改章程；

（二）选举和罢免理事长、理事、执行监事或者监事会成员；

（三）决定重大财产处置、对外投资、对外担保和生产经营活动中的其他重大事项；

（四）批准年度业务报告、盈余分配方案、亏损处理方案；

（五）对合并、分立、解散、清算，以及设立、加入联合社等作出决议；

（六）决定聘用经营管理人员和专业技术人员的数量、资格和任期；

（七）听取理事长或者理事会关于成员变动情况的报告，对成员的入社、除名等作出决议；

（八）公积金的提取及使用；

（九）章程规定的其他职权。

**第36条【农民专业合作社的理事长、理事和管理人员的禁止行为】** ★

农民专业合作社的理事长、理事和管理人员不得有下列行为：

（一）侵占、挪用或者私分本社资产；

（二）违反章程规定或者未经成员大会同意，将本社资金借贷给他人或者以本社资产为他人提供担保；

（三）接受他人与本社交易的佣金归为己有；

（四）从事损害本社经济利益的其他活动。

理事长、理事和管理人员违反前款规定所得的收入，应当归本社所有；给本社造成损失的，应当承担赔偿责任。

**第48条【农民专业合作社解散的原因；农民专业合作社解散后的清算】**

★

农民专业合作社因下列原因解散：

（一）章程规定的解散事由出现；

（二）成员大会决议解散；

（三）因合并或者分立需要解散；

（四）依法被吊销营业执照或者被撤销。

因前款第一项、第二项、第四项原因解散的，应当在解散事由出现之日起十五日内由成员大会推举成员组成清算组，开始解散清算。逾期不能组成清算组的，成员、债权人可以向人民法院申请指定成员组成清算组进行清算，人民法院应当受理该申请，并及时指定成员组成清算组进行清算。

**第51条【农民专业合作社因特定原因解散不能办理成员退社手续】** ★

农民专业合作社因本法第四十一条第一款的原因解散,或者人民法院受理破产申请时,不能办理成员退社手续。

# 中华人民共和国公证法①

(2005年8月28日第十届全国人民代表大会常务委员会第十七次会议通过,根据2015年4月24日第十二届全国人民代表大会常务委员会第十四次会议《关于修改〈中华人民共和国义务教育法〉等五部法律的决定》修正,根据2017年9月1日第十二届全国人民代表大会常务委员会第二十九次会议修正)

**第36条【公证的证据效力】** ★

经公证的民事法律行为、有法律意义的事实和文书,应当作为认定事实的根据,但有相反证据足以推翻该项公证的除外。

# 中华人民共和国证券投资基金法②

(2003年10月28日第十届全国人民代表大会常务委员会第五次会议通过 2012年12月28日第十一届全国人民代表大会常务委员会第三十次会议修订 根据2015年4月24日第十二届全国人民代表大会常务委员会第十四次会议《关于修改〈中华人民共和国港口法〉等七部法律的决定》修正)

**第90条【"基金""基金管理"字样或者近似名称进行证券投资活动的限制】** ★

未经登记,任何单位或者个人不得使用"基金"或者"基金管理"字样或者近似名称进行证券投资活动;但是,法律、行政法规另有规定的除外。

---

① 简称《公证法》。
② 简称《证券投资基金法》。

# 中华人民共和国安全生产法[1]

(2002年6月29日第九届全国人民代表大会常务委员会第二十八次会议通过，根据2009年8月27日第十一届全国人民代表大会常务委员会第十次会议关于《关于修改部分法律的决定》第一次修正，根据2014年8月31日第十二届全国人民代表大会常务委员会第十次会议《关于修改〈中华人民共和国安全生产法〉的决定》第二次修正)

**第46条【生产经营单位将生产经营项目、场所、设备发包或者出租给其他单位的程序和应尽的义务】** ★

生产经营单位不得将生产经营项目、场所、设备发包或者出租给不具备安全生产条件或者相应资质的单位或者个人。

生产经营项目、场所发包或者出租给其他单位的，生产经营单位应当与承包单位、承租单位签订专门的安全生产管理协议，或者在承包合同、租赁合同中约定各自的安全生产管理职责；生产经营单位对承包单位、承租单位的安全生产工作统一协调、管理，定期进行安全检查，发现安全问题的，应当及时督促整改。

# 中华人民共和国票据法[2]

(1995年5月10日第八届全国人民代表大会常务委员会第十三次会议通过，根据2004年8月28日第十届全国人民代表大会常务委员会第十一次会议《关于修改〈中华人民共和国票据法〉的决定》修正)

**第10条【票据行为应遵循诚实信用原则】** ★

票据的签发、取得和转让，应当遵循诚实信用的原则，具有真实的交易关系和债权债务关系。

票据的取得，必须给付对价，即应当给付票据双方当事人认可的相对应的代价。

---

① 简称《安全生产法》。
② 简称《票据法》。

## 中华人民共和国招标投标法[1]

(1999年8月30日第九届全国人民代表大会常务委员会第十一次会议通过,根据2017年12月27日第十二届全国人民代表大会常务委员会第三十一次会议修正)

**第14条【招标代理机构的独立性】** ★
招标代理机构与行政机关和其他国家机关不得存在隶属关系或者其他利益关系。

## 中华人民共和国农村土地承包法[2]

(2002年8月29日第九届全国人民代表大会常务委员会第二十九次会议通过,根据2009年8月27日第十一届全国人民代表大会常务委员会第十次会议《关于修改部分法律的决定》修正)

**第10条【合法的土地承包经营权流转受法律保护】** ★
国家保护承包方依法、自愿、有偿地进行土地承包经营权流转。

---

[1] 简称《招标投标法》。
[2] 简称《农村土地承包法》。

## 二、行政法规

# 中华人民共和国公司登记管理条例[①]
**★★**

（1994年6月24日中华人民共和国国务院令第156号发布，根据2005年12月18日《国务院关于修改〈中华人民共和国公司登记管理条例〉的决定》修订，根据2014年2月19日《国务院关于废止和修改部分行政法规的决定》第二次修订，根据2016年2月6日发布的国务院令第666号《国务院关于修改部分行政法规的决定》修订）

**第4条【公司登记机关；上下级公司登记机关的工作开展；公司登记机关依法履行职责】** ★

工商行政管理机关是公司登记机关。

下级公司登记机关在上级公司登记机关的领导下开展公司登记工作。

公司登记机关依法履行职责，不受非法干预。

**第9条【公司的登记事项】** ★

公司的登记事项包括：

（一）名称；

（二）住所；

（三）法定代表人姓名；

（四）注册资本；

（五）公司类型；

（六）经营范围；

（七）营业期限；

（八）有限责任公司股东或者股份有限公司发起人的姓名或者名称。

**第10条【公司的登记事项应合法合规】** ★

公司的登记事项应当符合法律、行政法规的规定。不符合法律、行政法

---

[①] 简称《公司登记管理条例》。

规规定的,公司登记机关不予登记。

**第 26 条【公司变更登记】** ★★

公司变更登记事项,应当向原公司登记机关申请变更登记。

未经变更登记,公司不得擅自改变登记事项。

**第 27 条【公司申请变更登记应提交的文件】** ★

公司申请变更登记,应当向公司登记机关提交下列文件:

(一)公司法定代表人签署的变更登记申请书;

(二)依照《公司法》作出的变更决议或者决定;

(三)国家工商行政管理总局规定要求提交的其他文件。

公司变更登记事项涉及修改公司章程的,应当提交由公司法定代表人签署的修改后的公司章程或者公司章程修正案。

变更登记事项依照法律、行政法规或者国务院决定规定在登记前须经批准的,还应当向公司登记机关提交有关批准文件。

**第 30 条【公司变更法定代表人的变更登记】** ★★

公司变更法定代表人的,应当自变更决议或者决定作出之日起 30 日内申请变更登记。

**第 31 条【公司增加注册资本的变更登记;公司减少注册资本的变更登记】** ★

公司增加注册资本的,应当自变更决议或者决定作出之日起 30 日内申请变更登记。

公司减少注册资本的,应当自公告之日起 45 日后申请变更登记,并应当提交公司在报纸上登载公司减少注册资本公告的有关证明和公司债务清偿或者债务担保情况的说明。

**第 34 条【有限公司股东变更登记的申请期限;有限公司的股东或股份公司的发起人改变姓名或名称的变更登记期限】** ★

有限责任公司变更股东的,应当自变更之日起 30 日内申请变更登记,并应当提交新股东的主体资格证明或者自然人身份证明。

有限责任公司的自然人股东死亡后,其合法继承人继承股东资格的,公司应当依照前款规定申请变更登记。

有限责任公司的股东或者股份有限公司的发起人改变姓名或者名称的,应当自改变姓名或者名称之日起 30 日内申请变更登记。

**第 35 条【公司登记事项变更涉及分公司登记事项变更的登记】** ★

公司登记事项变更涉及分公司登记事项变更的,应当自公司变更登记之日起30日内申请分公司变更登记。

**第37条【公司董事、监事、经理变动的备案】** ★

公司董事、监事、经理发生变动的,应当向原公司登记机关备案。

**第38条【公司合并、分立的登记】** ★★

因合并、分立而存续的公司,其登记事项发生变化的,应当申请变更登记;因合并、分立而解散的公司,应当申请注销登记;因合并、分立而新设立的公司,应当申请设立登记。

公司合并、分立的,应当自公告之日起45日后申请登记,提交合并协议和合并、分立决议或者决定以及公司在报纸上登载公司合并、分立公告的有关证明和债务清偿或者债务担保情况的说明。法律、行政法规或者国务院决定规定公司合并、分立必须报经批准的,还应当提交有关批准文件。

**第51条【公司登记机关作出是否受理决定的情况】** ★

公司登记机关应当根据下列情况分别作出是否受理的决定:

(一)申请文件、材料齐全,符合法定形式的,或者申请人按照公司登记机关的要求提交全部补正申请文件、材料的,应当决定予以受理。

(二)申请文件、材料齐全,符合法定形式,但公司登记机关认为申请文件、材料需要核实的,应当决定予以受理,同时书面告知申请人需要核实的事项、理由以及时间。

(三)申请文件、材料存在可以当场更正的错误的,应当允许申请人当场予以更正,由申请人在更正处签名或者盖章,注明更正日期;经确认申请文件、材料齐全,符合法定形式的,应当决定予以受理。

(四)申请文件、材料不齐全或者不符合法定形式的,应当当场或者在5日内一次告知申请人需要补正的全部内容;当场告知时,应当将申请文件、材料退回申请人;属于5日内告知的,应当收取申请文件、材料并出具收到申请文件、材料的凭据,逾期不告知的,自收到申请文件、材料之日起即为受理。

(五)不属于公司登记范畴或者不属于本机关登记管辖范围的事项,应当即时决定不予受理,并告知申请人向有关行政机关申请。

公司登记机关对通过信函、电报、电传、传真、电子数据交换和电子邮件等方式提出申请的,应当自收到申请文件、材料之日起5日内作出是否受理的决定。

**第53条【公司登记机关作出是否准予登记决定的情况】** ★

公司登记机关对决定予以受理的登记申请,应当分别情况在规定的期限内作出是否准予登记的决定:

(一)对申请人到公司登记机关提出的申请予以受理的,应当当场作出准予登记的决定。

（二）对申请人通过信函方式提交的申请予以受理的，应当自受理之日起15日内作出准予登记的决定。

（三）通过电报、电传、传真、电子数据交换和电子邮件等方式提交申请的，申请人应当自收到《受理通知书》之日起15日内，提交与电报、电传、传真、电子数据交换和电子邮件等内容一致并符合法定形式的申请文件、材料原件；申请人到公司登记机关提交申请文件、材料原件的，应当当场作出准予登记的决定；申请人通过信函方式提交申请文件、材料原件的，应当自受理之日起15日内作出准予登记的决定。

（四）公司登记机关自发出《受理通知书》之日起60日内，未收到申请文件、材料原件，或者申请文件、材料原件与公司登记机关所受理的申请文件、材料不一致的，应当作出不予登记的决定。

公司登记机关需要对申请文件、材料核实的，应当自受理之日起15日内作出是否准予登记的决定。

# 中华人民共和国著作权法实施条例①

（2002年8月2日中华人民共和国国务院令第359号公布，根据2011年1月8日《国务院关于废止和修改部分行政法规的决定》第一次修订，根据2013年1月30日《国务院关于修改〈中华人民共和国著作权法实施条例〉的决定》第二次修订）

### 第4条【作品的范围】

著作权法和本条例中下列作品的含义：

（一）文字作品，是指小说、诗词、散文、论文等以文字形式表现的作品；

（二）口述作品，是指即兴的演说、授课、法庭辩论等以口头语言形式表现的作品；

（三）音乐作品，是指歌曲、交响乐等能够演唱或者演奏的带词或者不带

---

① 简称《著作权法实施条例》。

词的作品;

(四)戏剧作品,是指话剧、歌剧、地方戏等供舞台演出的作品;

(五)曲艺作品,是指相声、快书、大鼓、评书等以说唱为主要形式表演的作品;

(六)舞蹈作品,是指通过连续的动作、姿势、表情等表现思想情感的作品;

(七)杂技艺术作品,是指杂技、魔术、马戏等通过形体动作和技巧表现的作品;

(八)美术作品,是指绘画、书法、雕塑等以线条、色彩或者其他方式构成的有审美意义的平面或者立体的造型艺术作品;

(九)建筑作品,是指以建筑物或者构筑物形式表现的有审美意义的作品;

(十)摄影作品,是指借助器械在感光材料或者其他介质上记录客观物体形象的艺术作品;

(十一)电影作品和以类似摄制电影的方法创作的作品,是指摄制在一定介质上,由一系列有伴音或者无伴音的画面组成,并且借助适当装置放映或者以其他方式传播的作品;

(十二)图形作品,是指为施工、生产绘制的工程设计图、产品设计图,以及反映地理现象、说明事物原理或者结构的地图、示意图等作品;

(十三)模型作品,是指为展示、试验或者观测等用途,根据物体的形状和结构,按照一定比例制成的立体作品。

# 中华人民共和国专利法实施细则[①]

★★

(2001年6月15日中华人民共和国国务院令第306号公布,根据2002年12月28日《国务院关于修改〈中华人民共和国专利法实施细则〉的决定》第一次修订,根据2010年1月9日《国务院关于修改〈中华人民共和国专利法实施细则〉的决定》第二次修订)

**第12条**【专利法第六条所称执行本单位的任务所完成的职务发明创造

---

① 简称《专利法实施细则》。

的范围;专利法第六条所称本单位的范围】 ★★

专利法第六条所称执行本单位的任务所完成的职务发明创造,是指:

(一)在本职工作中作出的发明创造;

(二)履行本单位交付的本职工作之外的任务所作出的发明创造;

(三)退休、调离原单位后或者劳动、人事关系终止后 1 年内作出的,与其在原单位承担的本职工作或者原单位分配的任务有关的发明创造。

专利法第六条所称本单位,包括临时工作单位;专利法第六条所称本单位的物质技术条件,是指本单位的资金、设备、零部件、原材料或者不对外公开的技术资料等。

# 工伤保险条例[①]

★

(国令第586号,2003年4月16日国务院第五次常务会议讨论通过,根据2010年12月20日《国务院关于修改〈工伤保险条例〉的决定》修订)

**第1条【工伤保险条例的立法宗旨】** ★

为了保障因工作遭受事故伤害或者患职业病的职工获得医疗救治和经济补偿,促进工伤预防和职业康复,分散用人单位的工伤风险,制定本条例。

**第2条【工伤保险条例适用范围】** ★

中华人民共和国境内的企业、事业单位、社会团体、民办非企业单位、基金会、律师事务所、会计师事务所等组织和有雇工的个体工商户(以下称用人单位)应当依照本条例规定参加工伤保险,为本单位全部职工或者雇工(以下称职工)缴纳工伤保险费。

中华人民共和国境内的企业、事业单位、社会团体、民办非企业单位、基金会、律师事务所、会计师事务所等组织的职工和个体工商户的雇工,均有依照本条例的规定享受工伤保险待遇的权利。

**第7条【工伤保险基金的构成】** ★

工伤保险基金由用人单位缴纳的工伤保险费、工伤保险基金的利息和依

---

① 简称《工伤保险条例》。

法纳入工伤保险基金的其他资金构成。

**第9条【调整行业差别费率及档次】** ★

国务院社会保险行政部门应当定期了解全国各统筹地区工伤保险基金收支情况,及时提出调整行业差别费率及行业内费率档次的方案,报国务院批准后公布施行。

**第14条【应当认定为工伤的情形】** ★

职工有下列情形之一的,应当认定为工伤:

(一)在工作时间和工作场所内,因工作原因受到事故伤害的;

(二)工作时间前后在工作场所内,从事与工作有关的预备性或者收尾性工作受到事故伤害的;

(三)在工作时间和工作场所内,因履行工作职责受到暴力等意外伤害的;

(四)患职业病的;

(五)因工外出期间,由于工作原因受到伤害或者发生事故下落不明的;

(六)在上下班途中,受到非本人主要责任的交通事故或者城市轨道交通、客运轮渡、火车事故伤害的;

(七)法律、行政法规规定应当认定为工伤的其他情形。

**第17条【工伤认定申请主体、时限以及管辖】** ★

职工发生事故伤害或者按照职业病防治法规定被诊断、鉴定为职业病,所在单位应当自事故伤害发生之日或者被诊断、鉴定为职业病之日起30日内,向统筹地区社会保险行政部门提出工伤认定申请。遇有特殊情况,经报社会保险行政部门同意,申请时限可以适当延长。

用人单位未按前款规定提出工伤认定申请的,工伤职工或者其近亲属、工会组织在事故伤害发生之日或者被诊断、鉴定为职业病之日起1年内,可以直接向用人单位所在地统筹地区社会保险行政部门提出工伤认定申请。

按照本条第一款规定应当由省级社会保险行政部门进行工伤认定的事项,根据属地原则由用人单位所在地的设区的市级社会保险行政部门办理。

用人单位未在本条第一款规定的时限内提交工伤认定申请,在此期间发生符合本条例规定的工伤待遇等有关费用由该用人单位负担。

**第18条【工伤认定申请应提交的材料;工伤认定申请表的内容;劳动保障行政部门书面告知工伤认定申请人需要补正材料的义务】** ★

提出工伤认定申请应当提交下列材料:

(一)工伤认定申请表;

(二)与用人单位存在劳动关系(包括事实劳动关系)的证明材料;

(三)医疗诊断证明或者职业病诊断证明书(或者职业病诊断鉴定书)。

工伤认定申请表应当包括事故发生的时间、地点、原因以及职工伤害程度等基本情况。

工伤认定申请人提供材料不完整的,社会保险行政部门应当一次性书面告知工伤认定申请人需要补正的全部材料。申请人按照书面告知要求补正材料后,社会保险行政部门应当受理。

第26条【再次鉴定申请以及最终鉴定结论】 ★

申请鉴定的单位或者个人对设区的市级劳动能力鉴定委员会作出的鉴定结论不服的,可以在收到该鉴定结论之日起15日内向省、自治区、直辖市劳动能力鉴定委员会提出再次鉴定申请。省、自治区、直辖市劳动能力鉴定委员会作出的劳动能力鉴定结论为最终结论。

第28条【劳动能力的复查鉴定】 ★

自劳动能力鉴定结论作出之日起1年后,工伤职工或者其近亲属、所在单位或者经办机构认为伤残情况发生变化的,可以申请劳动能力复查鉴定。

第29条【劳动能力鉴定委员会进行再次鉴定和复查鉴定的期限的规定】

★

劳动能力鉴定委员会依照本条例第二十六条和第二十八条的规定进行再次鉴定和复查鉴定的期限,依照本条例第二十五条第二款的规定执行。

第30条【工伤医疗待遇】 ★

职工因工作遭受事故伤害或者患职业病进行治疗,享受工伤医疗待遇。

职工治疗工伤应当在签订服务协议的医疗机构就医,情况紧急时可以先到就近的医疗机构急救。

治疗工伤所需费用符合工伤保险诊疗项目目录、工伤保险药品目录、工伤保险住院服务标准的,从工伤保险基金支付。工伤保险诊疗项目目录、工伤保险药品目录、工伤保险住院服务标准,由国务院社会保险行政部门会同国务院卫生行政部门、食品药品监督管理部门等部门规定。

职工住院治疗工伤的伙食补助费,以及经医疗机构出具证明,报经办机构同意,工伤职工到统筹地区以外就医所需的交通、食宿费用从工伤保险基金支付,基金支付的具体标准由统筹地区人民政府规定。

工伤职工治疗非工伤引发的疾病,不享受工伤医疗待遇,按照基本医疗保险办法处理。

工伤职工到签订服务协议的医疗机构进行工伤康复的费用,符合规定的,从工伤保险基金支付。

**第31条【行政复议和行政诉讼期间不停止治疗工伤的医疗费用】** ★

社会保险行政部门作出认定为工伤的决定后发生行政复议、行政诉讼的,行政复议和行政诉讼期间不停止支付工伤职工治疗工伤的医疗费用。

**第33条【停工留薪期间的待遇】** ★★

职工因工作遭受事故伤害或者患职业病需要暂停工作接受工伤医疗的,在停工留薪期内,原工资福利待遇不变,由所在单位按月支付。

停工留薪期一般不超过12个月。伤情严重或者情况特殊,经设区的市级劳动能力鉴定委员会确认,可以适当延长,但延长不得超过12个月。工伤职工评定伤残等级后,停发原待遇,按照本章的有关规定享受伤残待遇。工伤职工在停工留薪期满后仍需治疗的,继续享受工伤医疗待遇。

生活不能自理的工伤职工在停工留薪期需要护理的,由所在单位负责。

**第35条【一级至四级工伤伤残的待遇】** ★

职工因工致残被鉴定为一级至四级伤残的,保留劳动关系,退出工作岗位,享受以下待遇:

(一)从工伤保险基金按伤残等级支付一次性伤残补助金,标准为:一级伤残为27个月的本人工资,二级伤残为25个月的本人工资,三级伤残为23个月的本人工资,四级伤残为21个月的本人工资;

(二)从工伤保险基金按月支付伤残津贴,标准为:一级伤残为本人工资的90%,二级伤残为本人工资的85%,三级伤残为本人工资的80%,四级伤残为本人工资的75%。伤残津贴实际金额低于当地最低工资标准的,由工伤保险基金补足差额;

(三)工伤职工达到退休年龄并办理退休手续后,停发伤残津贴,按照国家有关规定享受基本养老保险待遇。基本养老保险待遇低于伤残津贴的,由工伤保险基金补足差额。

职工因工致残被鉴定为一级至四级伤残的,由用人单位和职工个人以伤残津贴为基数,缴纳基本医疗保险费。

**第36条【五级、六级伤残的待遇】** ★

职工因工致残被鉴定为五级、六级伤残的,享受以下待遇:

(一)从工伤保险基金按伤残等级支付一次性伤残补助金,标准为:五级伤残为18个月的本人工资,六级伤残为16个月的本人工资;

(二)保留与用人单位的劳动关系,由用人单位安排适当工作。难以安排工作的,由用人单位按月发给伤残津贴,标准为:五级伤残为本人工资的

70%，六级伤残为本人工资的60%，并由用人单位按照规定为其缴纳应缴纳的各项社会保险费。伤残津贴实际金额低于当地最低工资标准的，由用人单位补足差额。

经工伤职工本人提出，该职工可以与用人单位解除或者终止劳动关系，由工伤保险基金支付一次性工伤医疗补助金，由用人单位支付一次性伤残就业补助金。一次性工伤医疗补助金和一次性伤残就业补助金的具体标准由省、自治区、直辖市人民政府规定。

**第37条【七级至十级伤残的待遇】** ★

职工因工致残被鉴定为七级至十级伤残的，享受以下待遇：

（一）从工伤保险基金按伤残等级支付一次性伤残补助金，标准为：七级伤残13个月的本人工资，八级伤残11个月的本人工资，九级伤残为9个月的本人工资，十级伤残为7个月的本人工资；

（二）劳动、聘用合同期满终止，或者职工本人提出解除劳动、聘用合同的，由工伤保险基金支付一次性工伤医疗补助金，由用人单位支付一次性伤残就业补助金。一次性工伤医疗补助金和一次性伤残就业补助金的具体标准由省、自治区、直辖市人民政府规定。

**第41条【职工因工外出期间或者抢险救灾中下落不明的处理】** ★

职工因工外出期间发生事故或者在抢险救灾中下落不明的，从事故发生当月起3个月内照发工资，从第4个月起停发工资，由工伤保险基金向其供养亲属按月支付供养亲属抚恤金。生活有困难的，可以预支一次性工亡补助金的50%。职工被人民法院宣告死亡的，按照本条例第三十九条职工因工死亡的规定处理。

**第43条【工伤保险责任的承继】** ★

用人单位分立、合并、转让的，承继单位应当承担原用人单位的工伤保险责任；原用人单位已经参加工伤保险的，承继单位应当到当地经办机构办理工伤保险变更登记。

用人单位实行承包经营的，工伤保险责任由职工劳动关系所在单位承担。

职工被借调期间受到工伤事故伤害的，由原用人单位承担工伤保险责任，但原用人单位与借调单位可以约定补偿办法。

企业破产的，在破产清算时依法拨付应当由单位支付的工伤保险待遇费用。

**第62条【用人单位未参加工伤保险的法律责任】** ★

用人单位依照本条例规定应当参加工伤保险而未参加的，由社会保险行政部门责令限期参加，补缴应当缴纳的工伤保险费，并自欠缴之日起，按日加收万分之五的滞纳金；逾期仍不缴纳的，处欠缴数额1倍以上3倍以下的罚款。

依照本条例规定应当参加工伤保险而未参加工伤保险的用人单位职工发生工伤的，由该用人单位按照本条例规定的工伤保险待遇项目和标准支付费用。

用人单位参加工伤保险并补缴应当缴纳的工伤保险费、滞纳金后，由工伤保险基金和用人单位依照本条例的规定支付新发生的费用。

**第64条【工资总额、本人工资的定义】** ★

本条例所称工资总额，是指用人单位直接支付给本单位全部职工的劳动报酬总额。

本条例所称本人工资，是指工伤职工因工作遭受事故伤害或者患职业病前12个月平均月缴费工资。本人工资高于统筹地区职工平均工资300%的，按照统筹地区职工平均工资的300%计算；本人工资低于统筹地区职工平均工资60%的，按照统筹地区职工平均工资的60%计算。

**第66条【无营业执照或者未经依法登记、备案的单位以及被依法吊销营业执照或者撤销登记、备案的单位的职工受到事故伤害或者患职业病的赔偿的规定】** ★

无营业执照或者未经依法登记、备案的单位以及被依法吊销营业执照或者撤销登记、备案的单位的职工受到事故伤害或者患职业病的，由该单位向伤残职工或者死亡职工的近亲属给予一次性赔偿，赔偿标准不得低于本条例规定的工伤保险待遇；用人单位不得使用童工，用人单位使用童工造成童工伤残、死亡的，由该单位向童工或者童工的近亲属给予一次性赔偿，赔偿标准不得低于本条例规定的工伤保险待遇。具体办法由国务院社会保险行政部门规定。

前款规定的伤残职工或者死亡职工的近亲属就赔偿数额与单位发生争议的，以及前款规定的童工或者童工的近亲属就赔偿数额与单位发生争议的，按照处理劳动争议的有关规定处理。

# 中华人民共和国劳动合同法实施条例[1]

（国务院令第535号,2008年9月3日国务院第25次常务会议通过,自2008年9月18日起施行）

**第1条【劳动合同法实施条例的立法目的】** ★★

为了贯彻实施《中华人民共和国劳动合同法》（以下简称劳动合同法），制定本条例。

**第6条【用人单位自用工之日起超过一个月不满一年未与劳动者订立书面劳动合同的责任：支付两倍工资、支付经济补偿】** ★

用人单位自用工之日起超过一个月不满一年未与劳动者订立书面劳动合同的,应当依照劳动合同法第八十二条的规定向劳动者每月支付两倍的工资,并与劳动者补订书面劳动合同；劳动者不与用人单位订立书面劳动合同的,用人单位应当书面通知劳动者终止劳动关系,并依照劳动合同法第四十七条的规定支付经济补偿。

前款规定的用人单位向劳动者每月支付两倍工资的起算时间为用工之日起满一个月的次日,截止时间为补订书面劳动合同的前一日。

**第27条【经济补偿月工资的计算】** ★

劳动合同法第四十七条规定的经济补偿的月工资按照劳动者应得工资计算,包括计时工资或者计件工资以及奖金、津贴和补贴等货币性收入。劳动者在劳动合同解除或者终止前12个月的平均工资低于当地最低工资标准的,按照当地最低工资标准计算。劳动者工作不满12个月的,按照实际工作的月数计算平均工资。

---

[1] 简称《劳动合同法实施条例》。

# 中华人民共和国合伙企业登记管理办法①

(1997年11月19日中华人民共和国国务院令第236号发布,根据2007年5月9日《国务院关于修改〈中华人民共和国合伙企业登记管理办法〉的决定》第一次修订,根据2014年2月19日发布的国务院令第648号《国务院关于废止和修改部分行政法规的决定》第二次修订)

**第2条【合伙企业设立、变更、注销应当办理企业登记;申请人对申请材料真实性负责】** ★

合伙企业的设立、变更、注销,应当依照合伙企业法和本办法的规定办理企业登记。

申请办理合伙企业登记,申请人应当对申请材料的真实性负责。

**第6条【合伙企业的设立登记事项】** ★

合伙企业的登记事项应当包括:

(一)名称;

(二)主要经营场所;

(三)执行事务合伙人;

(四)经营范围;

(五)合伙企业类型;

(六)合伙人姓名或者名称及住所、承担责任方式、认缴或者实际缴付的出资数额、缴付期限、出资方式和评估方式。

合伙协议约定合伙期限的,登记事项还应当包括合伙期限。

执行事务合伙人是法人或者其他组织的,登记事项还应当包括法人或者其他组织委派的代表(以下简称委派代表)。

**第18条【申请变更登记的期限】** ★

合伙企业登记事项发生变更的,执行合伙事务的合伙人应当自作出变更决定或者发生变更事由之日起15日内,向原企业登记机关申请变更登记。

**第19条【合伙企业申请变更登记应提交的文件】** ★

合伙企业申请变更登记,应当向原企业登记机关提交下列文件:

(一)执行事务合伙人或者委派代表签署的变更登记申请书;

---

① 简称《合伙企业登记管理办法》。

(二)全体合伙人签署的变更决定书,或者合伙协议约定的人员签署的变更决定书;

(三)国务院工商行政管理部门规定提交的其他文件。

法律、行政法规或者国务院规定变更事项须经批准的,还应当提交有关批准文件。

**第 20 条**【当场变更登记;企业登记机关变更登记决定的作出和换发营业执照】 ★

申请人提交的申请材料齐全、符合法定形式,企业登记机关能够当场变更登记的,应予当场变更登记。

除前款规定情形外,企业登记机关应当自受理申请之日起 20 日内,作出是否变更登记的决定。予以变更登记的,应当进行变更登记;不予变更登记的,应当给予书面答复,并说明理由。

合伙企业变更登记事项涉及营业执照变更的,企业登记机关应当换发营业执照。

# 社会保险费征缴暂行条例①

(1999 年 1 月 14 日国务院第 13 次常务会议通过,自 1999 年 1 月 22 日起施行)

**第 4 条**【缴费单位和个人按时足额缴纳社会保险费;社会保险费纳入社会保险基金禁止挪用】 ★

缴费单位、缴费个人应当按时足额缴纳社会保险费。

征缴的社会保险费纳入社会保险基金,专款专用,任何单位和个人不得挪用。

**第 13 条**【对缴费单位未按规定缴纳和代扣代缴社会保险费的处理规则】 ★

缴费单位未按规定缴纳和代扣代缴社会保险费的,由劳动保障行政部门或者税务机关责令限期缴纳;逾期仍不缴纳的,除补缴欠缴数额外,从欠缴之日起,按日加收千分之二的滞纳金。滞纳金并入社会保险基金。

---

① 简称《社保费征缴条例》。

# 中华人民共和国增值税暂行条例①

(1993年12月13日中华人民共和国国务院令第134号发布,2008年11月5日国务院第34次常务会议修订通过,根据2016年2月6日发布的国务院令第666号《国务院关于修改部分行政法规的决定》第一次修改,根据2017年11月19日国务院第191次常务会议第二次修订)

**第1条【增值税暂行条例的适用范围】** ★

在中华人民共和国境内销售货物或者加工、修理修配劳务(以下简称劳务)、销售服务、无形资产、不动产以及进口货物的单位和个人,为增值税的纳税人,应当依照本条例缴纳增值税。

**第2条【增值税税率】** ★

增值税税率:

(一)纳税人销售货物、劳务、有形动产租赁服务或者进口货物,除本条第二项、第四项、第五项另有规定外,税率为17%。

(二)纳税人销售交通运输、邮政、基础电信、建筑、不动产租赁服务,销售不动产,转让土地使用权,销售或者进口下列货物,税率为11%:

1. 粮食等农产品、食用植物油、食用盐;

2. 自来水、暖气、冷气、热水、煤气、石油液化气、天然气、二甲醚、沼气、居民用煤炭制品;

3. 图书、报纸、杂志、音像制品、电子出版物;

4. 饲料、化肥、农药、农机、农膜;

5. 国务院规定的其他货物。

(三)纳税人销售服务、无形资产,除本条第一项、第二项、第五项另有规定定外,税率为6%。

(四)纳税人出口货物,税率为零;但是,国务院另有规定的除外。

(五)境内单位和个人跨境销售国务院规定范围内的服务、无形资产,税率为零。

税率的调整,由国务院决定。

**第4条【销售货物或者应税劳务的应纳税额】** ★

---

① 简称《增值税条例》。

除本条例第十一条规定外,纳税人销售货物、劳务、服务、无形资产、不动产(以下统称应税销售行为),应纳税额为当期销项税额抵扣当期进项税额后的余额。应纳税额计算公式:

应纳税额 = 当期销项税额 − 当期进项税额

当期销项税额小于当期进项税额不足抵扣时,其不足部分可以结转下期继续抵扣。

# 国有企业富余职工安置规定①

(1993年4月20日国务院令第111号发布,自1993年4月20日起施行)

**第8条【职工有限期的放假;孕期或者哺乳期的女职工的假期】** ★

经企业职工代表大会讨论同意并报企业行政主管部门备案,企业可以对职工实行有限期的放假。职工放假期间,由企业发给生活费。

孕期或者哺乳期的女职工,经本人申请,企业可以给予不超过二年的假期,放假期间发给生活费。假期内含产假的,产假期间按照国家规定发给工资。

# 危险化学品安全管理条例②

(2002年1月9日国务院第52次常务会议通过,2011年2月16日国务院第144次常务会议第一次修订通过,根据2013年12月7日国务院令第645号发布的《国务院关于修改部分行政法规的决定》第二次修订,自2013年12月4日起施行)

**第33条【危险化学品经营许可制度及其例外】** ★

国家对危险化学品经营(包括仓储经营,下同)实行许可制度。未经许

---

① 简称《国企富余职工安置规定》。
② 简称《危险化学品管理条例》。

可,任何单位和个人不得经营危险化学品。

依法设立的危险化学品生产企业在其厂区范围内销售本企业生产的危险化学品,不需要取得危险化学品经营许可。

依照《中华人民共和国港口法》的规定取得港口经营许可证的港口经营人,在港区内从事危险化学品仓储经营,不需要取得危险化学品经营许可。

**第35条【危险化学品经营企业的设立申请、审批、登记】** ★

从事剧毒化学品、易制爆危险化学品经营的企业,应当向所在地设区的市级人民政府安全生产监督管理部门提出申请,从事其他危险化学品经营的企业,应当向所在地县级人民政府安全生产监督管理部门提出申请(有储存设施的,应当向所在地设区的市级人民政府安全生产监督管理部门提出申请)。申请人应当提交其符合本条例第三十四条规定条件的证明材料。设区的市级人民政府安全生产监督管理部门或者县级人民政府安全生产监督管理部门应当依法进行审查,并对申请人的经营场所、储存设施进行现场核查,自收到证明材料之日起30日内作出批准或者不予批准的决定。予以批准的,颁发危险化学品经营许可证;不予批准的,书面通知申请人并说明理由。

设区的市级人民政府安全生产监督管理部门和县级人民政府安全生产监督管理部门应当将其颁发危险化学品经营许可证的情况及时向同级环境保护主管部门和公安机关通报。

申请人持危险化学品经营许可证向工商行政管理部门办理登记手续后,方可从事危险化学品经营活动。法律、行政法规或者国务院规定经营危险化学品还需要经其他有关部门许可的,申请人向工商行政管理部门办理登记手续时还应当持相应的许可证件。

# 探矿权采矿权转让管理办法

(1998年2月12日以国务院令第242号发布,2014年7月29日根据国务院第54次常务会议通过的《国务院关于修改部分行政法规的决定》修改)

**第10条【探矿权、采矿权转让的程序】** ★

申请转让探矿权、采矿权的,审批管理机关应当自收到转让申请之日起40日内,作出准予转让或者不准转让的决定,并通知转让人和受让人。

准予转让的,转让人和受让人应当自收到批准转让通知之日起 60 日内,到原发证机关办理变更登记手续;受让人按照国家规定缴纳有关费用后,领取勘查许可证或者采矿许可证,成为探矿权人或者采矿权人。

批准转让的,转让合同自批准之日起生效。

不准转让的,审批管理机关应当说明理由。

# 中华人民共和国道路运输条例①

(2004 年 4 月 14 日国务院第 48 次常务会议通过,根据 2012 年 11 月 9 日《国务院关于修改和废止部分行政法规的决定》修订,根据 2016 年 1 月 13 日国务院第 119 次常务会议通过的《国务院关于修改部分行政法规的决定》修改)

**第 18 条【班线客运经营者连续提供运输服务的义务】** ★

班线客运经营者取得道路运输经营许可证后,应当向公众连续提供运输服务,不得擅自暂停、终止或者转让班线运输。

# 中华人民共和国外资企业法实施细则②

(1990 年 10 月 28 日国务院批准 1990 年 12 月 12 日对外经济贸易部发布,根据 2001 年 4 月 12 日《国务院关于修改〈中华人民共和国外资企业法实施细则〉的决定》第一次修订,根据 2014 年 2 月 19 日国务院令第 648 号《国务院关于废止和修改部分行政法规的决定》第二次修订)

**第 30 条【外国投资者缴付出资的期限】** ★

外国投资者缴付出资的期限应当在设立外资企业申请书和外资企业章程中载明。

**第 31 条【外资企业的用地】** ★

---

① 简称《道路运输条例》。
② 简称《外资企业法实施细则》。

外资企业的用地,由外资企业所在地的县级或者县级以上地方人民政府根据本地区的情况审核后,予以安排。

# 中华人民共和国城镇集体所有制企业条例[1]

(1991年9月9日中华人民共和国国务院令第88号发布,根据2010年12月29日国务院第138次常务会议通过的《国务院关于废止和修改部分行政法规的决定》修订,根据2016年1月13日国务院第119次常务会议通过的《国务院关于修改部分行政法规的决定》修改)

**第4条**【城镇集体所有制企业的定义;劳动群众集体所有的规定】　★

城镇集体所有制企业(以下简称集体企业)是财产属于劳动群众集体所有、实行共同劳动、在分配方式上以按劳分配为主体的社会主义经济组织。

前款所称劳动群众集体所有,应当符合下列中任一项的规定:

(一)本集体企业的劳动群众集体所有;

(二)集体企业的联合经济组织范围内的劳动群众集体所有;

(三)投资主体为两个或者两个以上的集体企业,其中前(一)、(二)项劳动群众集体所有的财产应当占主导地位。本项所称主导地位,是指劳动群众集体所有的财产占企业全部财产的比例,一般情况下应不低于51%,特殊情况经过原审批部门批准,可以适当降低。

**第40条**【职工股金的归属】　★

职工股金,归职工个人所有。

**第48条**【集体企业的股金分红同企业盈亏相结合】　★

集体企业的股金分红要同企业盈亏相结合。企业盈利,按股分红;企业亏损,在未弥补亏损之前,不得分红。

---

[1] 简称《城镇集体所有制企业条例》。

# 中华人民共和国中外合资经营企业法实施条例①

(1983年9月20日国务院发布,1986年1月15日、1987年12月21日国务院修订,根据2001年7月22日《国务院关于修改〈中华人民共和国中外合资经营企业法实施条例〉的决定》修订,2001年7月22日国务院令第311号发布,根据2011年1月8日《国务院关于废止和修改部分行政法规的决定》修改,根据2014年2月19日《国务院关于废止和修改部分行政法规的决定》修订)

**第91条【合营企业的清算】** ★

合营企业宣告解散时,应当进行清算。合营企业应当依法成立清算委员会,由清算委员会负责清算事宜。

# 机动车交通事故责任强制保险条例②

(2006年3月1日国务院第127次常务会议通过,2012年3月30日《国务院关于修改〈机动车交通事故责任强制保险条例〉的决定》第一次修订,根据2012年12月17日《国务院关于修改〈机动车交通事故责任强制保险条例〉的决定》第二次修订,根据2016年1月13日国务院第119次常务会议通过的《国务院关于修改部分行政法规的决定》修改,2016年2月6日公布)

**第8条【保险费率下降和提高的条件;保险费率的制定主体】** ★

被保险机动车没有发生道路交通安全违法行为和道路交通事故的,保险公司应当在下一年度降低其保险费率。在此后的年度内,被保险机动车仍然没有发生道路交通安全违法行为和道路交通事故的,保险公司应当继续降低其保险费率,直至最低标准。被保险机动车发生道路交通安全违法行为或者道路交通事故的,保险公司应当在下一年度提高其保险费率。多次发生道路

---

① 简称《中外合资经营企业法实施条例》。
② 简称《交强险条例》。

交通安全违法行为、道路交通事故,或者发生重大道路交通事故的,保险公司应当加大提高其保险费率的幅度。在道路交通事故中被保险人没有过错的,不提高其保险费率。降低或者提高保险费率的标准,由保监会会同国务院公安部门制定。

# 中华人民共和国商标法实施条例[①]

(2002年8月3日中华人民共和国国务院令第358号公布,2014年4月29日中华人民共和国国务院令第651号修订)

**第50条【商标法和商标法实施条例中不适用于办理商标国际注册相关事宜的规定】** ★

商标法和本条例下列条款的规定不适用于办理商标国际注册相关事宜:

(一)商标法第二十八条、第三十五条第一款关于审查和审理期限的规定;

(二)本条例第二十二条、第三十条第二款;

(三)商标法第四十二条及本条例第三十一条关于商标转让由转让人和受让人共同申请并办理手续的规定。

# 中华人民共和国城镇国有土地使用权出让和转让暂行条例[②]

(国务院令第55号,1990年5月19日公布施行)

**第18条【土地使用权用途的变更程序】** ★

土地使用者需要改变土地使用权出让合同规定的土地用途的,应当征得出让方同意并经土地管理部门和城市规划部门批准,依照本章的有关规定重

---

① 简称《商标法实施条例》。
② 简称《国有土地使用权出让转让条例》。

新签订土地使用权出让合同,调整土地使用权出让金,并办理登记。

**第19条【土地使用权转让的含义及土地使用权不得转让的情形】** ★

土地使用权转让是指土地使用者将土地使用权再转移的行为,包括出售、交换和赠与。

未按土地使用权出让合同规定的期限和条件投资开发、利用土地的,土地使用权不得转让。

**第27条【土地使用权用途的变更程序】** ★

土地使用权转让后,需要改变土地使用权出让合同规定的土地用途的,依照本条例第十八条的规定办理。

# 中华人民共和国企业法人登记管理条例①

(1988年6月3日中华人民共和国国务院令第1号发布,根据2010年12月29日国务院第138次常务会议通过的《国务院关于废止和修改部分行政法规的决定》修订,根据2014年2月19日《国务院关于废止和修改部分行政法规的决定》第二次修订,根据2016年1月13日国务院第119次常务会议通过的《国务院关于修改部分行政法规的决定》修改)

**第32条【企业法人被吊销营业执照后的处理】** ★

企业法人被吊销《企业法人营业执照》,登记主管机关应当收缴其公章,并将注销登记情况告知其开户银行,其债权债务由主管部门或者清算组织负责清理。

---

① 简称《企业法人登记管理条例》。

# 建设工程质量管理条例[1]

(2000年1月10日国务院第25次常务会议通过,根据2017年10月7日中华人民共和国国务院令第687号《国务院关于修改部分行政法规的决定》修订)

**第40条【正常使用条件下建设工程的最低保修期限】** ★
在正常使用条件下,建设工程的最低保修期限为:
(一)基础设施工程、房屋建筑的地基基础工程和主体结构工程,为设计文件规定的该工程的合理使用年限;
(二)屋面防水工程、有防水要求的卫生间、房间和外墙面的防渗漏,为5年;
(三)供热与供冷系统,为2个采暖期、供冷期;
(四)电气管线、给排水管道、设备安装和装修工程,为2年。
其他项目的保修期限由发包方与承包方约定。
建设工程的保修期,自竣工验收合格之日起计算。

# 民办非企业单位登记管理暂行条例[2]

(1998年9月25日国务院第8次常务会议通过,自1998年10月25日起施行)

**第10条【民办非企业单位的章程应包括的事项】** ★
民办非企业单位的章程应当包括下列事项:
(一)名称、住所;
(二)宗旨和业务范围;
(三)组织管理制度;
(四)法定代表人或者负责人的产生、罢免的程序;

---

[1] 简称《建设工程质量管理条例》。
[2] 简称《民办非企业单位管理条例》。

（五）资产管理和使用的原则；
（六）章程的修改程序；
（七）终止程序和终止后资产的处理；
（八）需要由章程规定的其他事项。

**第 15 条【民办非企业单位登记事项的变更程序；民办非企业单位修改章程的程序】** ★

民办非企业单位的登记事项需要变更的，应当自业务主管单位审查同意之日起 30 日内，向登记管理机关申请变更登记。

民办非企业单位修改章程，应当自业务主管单位审查同意之日起 30 日内，报登记管理机关核准。

# 企业财务会计报告条例

（2000 年 6 月 21 日国务院令第 287 号发布，自 2001 年 1 月 1 日起施行）

**第 7 条【年度、半年度财务会计报告的内容；会计报表的范围】** ★

年度、半年度财务会计报告应当包括：

（一）会计报表；

（二）会计报表附注；

（三）财务情况说明书。

会计报表应当包括资产负债表、利润表、现金流量表及相关附表。

# 商业特许经营管理条例①

（2007 年 1 月 31 日国务院第 167 次常务会议通过，自 2007 年 5 月 1 日起施行）

**第 3 条【特许经营、特许人、被特许人的定义；不能从事特许经营活动的

---

① 简称《商业特许经营条例》。

主体:企业以外的其他单位和个人】　　　　　　　　　　★

本条例所称商业特许经营(以下简称特许经营),是指拥有注册商标、企业标志、专利、专有技术等经营资源的企业(以下称特许人),以合同形式将其拥有的经营资源许可其他经营者(以下称被特许人)使用,被特许人按照合同约定在统一的经营模式下开展经营,并向特许人支付特许经营费用的经营活动。

企业以外的其他单位和个人不得作为特许人从事特许经营活动。

**第11条**【特许经营合同应包括的内容】　　　　　　　　★

从事特许经营活动,特许人和被特许人应当采用书面形式订立特许经营合同。

特许经营合同应当包括下列主要内容:

(一)特许人、被特许人的基本情况;

(二)特许经营的内容、期限;

(三)特许经营费用的种类、金额及其支付方式;

(四)经营指导、技术支持以及业务培训等服务的具体内容和提供方式;

(五)产品或者服务的质量、标准要求和保证措施;

(六)产品或者服务的促销与广告宣传;

(七)特许经营中的消费者权益保护和赔偿责任的承担;

(八)特许经营合同的变更、解除和终止;

(九)违约责任;

(十)争议的解决方式;

(十一)特许人与被特许人约定的其他事项。

## 三、司法解释

# 最高人民法院关于适用《中华人民共和国公司法》若干问题的规定(三)①

★★★★

(法释〔2014〕2号,2010年12月6日最高人民法院审判委员会第1504次会议通过,根据2014年2月17日最高人民法院审判委员会第1607次会议《关于修改关于适用〈中华人民共和国公司法〉若干问题的规定的决定》修正)

**第1条【公司发起人的认定】** ★★

为设立公司而签署公司章程、向公司认购出资或者股份并履行公司设立职责的人,应当认定为公司的发起人,包括有限责任公司设立时的股东。

**第2条【发起人为设立公司的目的以自己的名义对外签订合同的责任承担规则】** ★

发起人为设立公司以自己名义对外签订合同,合同相对人请求该发起人承担合同责任的,人民法院应予支持。

公司成立后对前款规定的合同予以确认,或者已经实际享有合同权利或者履行合同义务,合同相对人请求公司承担合同责任的,人民法院应予支持。

**第4条【公司设立阶段及设立不成功时股份有限公司发起人的法定责任】** ★★

公司因故未成立,债权人请求全体或者部分发起人对设立公司行为所产生的费用和债务承担连带清偿责任的,人民法院应予支持。

部分发起人依照前款规定承担责任后,请求其他发起人分担的,人民法院应当判令其他发起人按照约定的责任承担比例分担责任;没有约定责任承担比例的,按照约定的出资比例分担责任;没有约定出资比例的,按照均等份额分担责任。

---

① 简称《公司法司法解释三》。

因部分发起人的过错导致公司未成立,其他发起人主张其承担设立行为所产生的费用和债务的,人民法院应当根据过错情况,确定过错一方的责任范围。

**第 10 条【出资人以房屋、土地使用权或需要办理权属登记的知识产权等财产出资但未办理权属变更手续时出资人出资义务履行情况的认定标准】★**

出资人以房屋、土地使用权或者需要办理权属登记的知识产权等财产出资,已经交付公司使用但未办理权属变更手续,公司、其他股东或者公司债权人主张认定出资人未履行出资义务的,人民法院应当责令当事人在指定的合理期间内办理权属变更手续;在前述期间内办理了权属变更手续的,人民法院应当认定其已经履行了出资义务;出资人主张自其实际交付财产给公司使用时享有相应股东权利的,人民法院应予支持。

出资人以前款规定的财产出资,已经办理权属变更手续但未交付给公司使用,公司或者其他股东主张其向公司交付、并在实际交付之前不享有相应股东权利的,人民法院应予支持。

**第 12 条【可以认定股东抽逃出资的情形】    ★★★**

公司成立后,公司、股东或者公司债权人以相关股东的行为符合下列情形之一且损害公司权益为由,请求认定该股东抽逃出资的,人民法院应予支持:

(一)制作虚假财务会计报表虚增利润进行分配;

(二)通过虚构债权债务关系将其出资转出;

(三)利用关联交易将出资转出;

(四)其他未经法定程序将出资抽回的行为。

**第 13 条【未履行或未全面履行出资义务的股东对于公司债务承担补充责任;发起人的连带责任;董事、高级管理人员的不真正连带责任】    ★★★**

股东未履行或者未全面履行出资义务,公司或者其他股东请求其向公司依法全面履行出资义务的,人民法院应予支持。

公司债权人请求未履行或者未全面履行出资义务的股东在未出资本息范围内对公司债务不能清偿的部分承担补充赔偿责任的,人民法院应予支持;未履行或者未全面履行出资义务的股东已经承担上述责任,其他债权人提出相同请求的,人民法院不予支持。

股东在公司设立时未履行或者未全面履行出资义务,依照本条第一款或者第二款提起诉讼的原告,请求公司的发起人与被告股东承担连带责任的,人民法院应予支持;公司的发起人承担责任后,可以向被告股东追偿。

股东在公司增资时未履行或者未全面履行出资义务,依照本条第一款或者第二款提起诉讼的原告,请求未尽公司法第一百四十七条第一款规定的义务而使出资未缴足的董事、高级管理人员承担相应责任的,人民法院应予支持;董事、高级管理人员承担责任后,可以向被告股东追偿。

**第 14 条【抽逃出资的法律责任】** ★★★

股东抽逃出资,公司或者其他股东请求其向公司返还出资本息、协助抽逃出资的其他股东、董事、高级管理人员或者实际控制人对此承担连带责任的,人民法院应予支持。

公司债权人请求抽逃出资的股东在抽逃出资本息范围内对公司债务不能清偿的部分承担补充赔偿责任、协助抽逃出资的其他股东、董事、高级管理人员或者实际控制人对此承担连带责任的,人民法院应予支持;抽逃出资的股东已经承担上述责任,其他债权人提出相同请求的,人民法院不予支持。

**第 15 条【出资人以符合法定条件的非货币财产出资后因市场变化或者其他客观原因导致出资财产贬值的仍应认定其已经完成出资义务】** ★

出资人以符合法定条件的非货币财产出资后,因市场变化或者其他客观因素导致出资财产贬值,公司、其他股东或者公司债权人请求该出资人承担补足出资责任的,人民法院不予支持。但是,当事人另有约定的除外。

**第 16 条【股东未履行或未全面履行出资义务或抽逃出资时股东权利的合理限制】** ★

股东未履行或者未全面履行出资义务或者抽逃出资,公司根据公司章程或者股东会决议对其利润分配请求权、新股优先认购权、剩余财产分配请求权等股东权利作出相应的合理限制,该股东请求认定该限制无效的,人民法院不予支持。

**第 17 条【有限责任公司的股东未履行出资义务或抽逃全部出资后股东资格的解除程序】** ★★

有限责任公司的股东未履行出资义务或者抽逃全部出资,经公司催告缴纳或者返还,其在合理期间内仍未缴纳或者返还出资,公司以股东会决议解除该股东的股东资格,该股东请求确认该解除行为无效的,人民法院不予支持。

在前款规定的情形下,人民法院在判决时应当释明,公司应当及时办理法定减资程序或者由其他股东或者第三人缴纳相应的出资。在办理法定减资程序或者其他股东或者第三人缴纳相应的出资之前,公司债权人依照本规定第十三条或者第十四条请求相关当事人承担相应责任的,人民法院应予支持。

**第 18 条**【未履行或未全面履行出资义务的有限责任公司股东转让股权后与受让人负有连带的出资义务】 ★★

有限责任公司的股东未履行或者未全面履行出资义务即转让股权,受让人对此知道或者应当知道,公司请求该股东履行出资义务、受让人对此承担连带责任的,人民法院应予支持;公司债权人依照本规定第十三条第二款向该股东提起诉讼,同时请求前述受让人对此承担连带责任的,人民法院应予支持。

受让人根据前款规定承担责任后,向该未履行或者未全面履行出资义务的股东追偿的,人民法院应予支持。但是,当事人另有约定的除外。

**第 19 条**【股东未履行或未全面履行出资义务或抽逃出资时的出资义务或返还出资的义务不适用诉讼时效抗辩规则】 ★★

公司股东未履行或者未全面履行出资义务或者抽逃出资,公司或者其他股东请求其向公司全面履行出资义务或者返还出资,被告股东以诉讼时效为由进行抗辩的,人民法院不予支持。

公司债权人的债权未过诉讼时效期间,其依照本规定第十三条第二款、第十四条第二款的规定请求未履行或未全面履行出资义务或者抽逃出资的股东承担赔偿责任,被告股东以出资义务或者返还出资义务超过诉讼时效期间为由进行抗辩的,人民法院不予支持。

**第 20 条**【是否出资义务纠纷中原被告双方的举证责任】 ★★★

当事人之间对是否已履行出资义务发生争议,原告提供对股东履行出资义务产生合理怀疑证据的,被告股东应当就其已履行出资义务承担举证责任。

**第 21 条**【股东资格确认之诉的诉讼当事人的认定】 ★★

当事人向人民法院起诉请求确认其股东资格的,应当以公司为被告,与案件争议股权有利害关系的人作为第三人参加诉讼。

**第 22 条**【股权确认之诉中当事人应当证明的事项】 ★★★

当事人之间对股权归属发生争议,一方请求人民法院确认其享有股权的,应当证明以下事实之一:

(一)已经依法向公司出资或者认缴出资,且不违反法律法规强制性规定;

(二)已经受让或者以其他形式继受公司股权,且不违反法律法规强制性规定。

**第23条【股东名册的载明事项和效力;股东名册的登记管理】**★★★★

当事人依法履行出资义务或者依法继受取得股权后,公司未根据公司法第三十一条、第三十二条的规定签发出资证明书、记载于股东名册并办理公司登记机关登记,当事人请求公司履行上述义务的,人民法院应予支持。

**第24条【隐名股东与名义股东:投资权益归属、实际履行出资义务;变更登记】**★★★

有限责任公司的实际出资人与名义出资人订立合同,约定由实际出资人出资并享有投资权益,以名义出资人为名义股东,实际出资人与名义股东对该合同效力发生争议的,如无合同法第五十二条规定的情形,人民法院应当认定该合同有效。

前款规定的实际出资人与名义股东因投资权益的归属发生争议,实际出资人以其实际履行了出资义务为由向名义股东主张权利的,人民法院应予支持。名义股东以公司股东名册记载、公司登记机关登记为由否认实际出资人权利的,人民法院不予支持。

实际出资人未经公司其他股东半数以上同意,请求公司变更股东、签发出资证明书、记载于股东名册、记载于公司章程并办理公司登记机关登记的,人民法院不予支持。

**第25条【名义股东处分股权】**★★★

名义股东将登记于其名下的股权转让、质押或者以其他方式处分,实际出资人以其对于股权享有实际权利为由,请求认定处分股权行为无效的,人民法院可以参照物权法第一百零六条的规定处理。

名义股东处分股权造成实际出资人损失,实际出资人请求名义股东承担赔偿责任的,人民法院应予支持。

**第26条【名义股东未履行出资义务时对于公司债权人补充赔偿责任的承担】**★

公司债权人以登记于公司登记机关的股东未履行出资义务为由,请求其对公司债务不能清偿的部分在未出资本息范围内承担补充赔偿责任,股东以其仅为名义股东而非实际出资人为由进行抗辩的,人民法院不予支持。

名义股东根据前款规定承担赔偿责任后,向实际出资人追偿的,人民法院应予支持。

**第28条【冒名出资人的法律责任、被冒名股东不承担补充出资的责任和赔偿责任】**★

冒用他人名义出资并将该他人作为股东在公司登记机关登记的,冒名登记行为人应当承担相应责任;公司、其他股东或者公司债权人以未履行出资义务为由,请求被冒名登记为股东的承担补足出资责任或者对公司债务不能清偿部分的赔偿责任的,人民法院不予支持。

# 最高人民法院关于适用《中华人民共和国公司法》若干问题的规定(二)[①]

★★★

(法释〔2014〕2号,2008年5月5日最高人民法院审判委员会第1447次会议通过,根据2014年2月17日最高人民法院审判委员会第1607次会议《关于修改关于适用〈中华人民共和国公司法〉若干问题的规定的决定》修正)

**第1条【公司僵局时特定股东请求法院解散公司的权利】** ★★★

单独或者合计持有公司全部股东表决权百分之十以上的股东,以下列事由之一提起解散公司诉讼,并符合公司法第一百八十二条规定的,人民法院应予受理:

(一)公司持续两年以上无法召开股东会或者股东大会,公司经营管理发生严重困难的;

(二)股东表决时无法达到法定或者公司章程规定的比例,持续两年以上不能做出有效的股东会或者股东大会决议,公司经营管理发生严重困难的;

(三)公司董事长期冲突,且无法通过股东会或者股东大会解决,公司经营管理发生严重困难的;

(四)经营管理发生其他严重困难,公司继续存续会使股东利益受到重大损失的情形。

股东以知情权、利润分配请求权等权益受到损害,或者公司亏损、财产不足以偿还全部债务,以及公司被吊销企业法人营业执照未进行清算等为由,提起解散公司诉讼的,人民法院不予受理。

---

① 简称《公司法司法解释二》。

**第 4 条【股东解散公司之诉的诉讼当事人】** ★★

股东提起解散公司诉讼应当以公司为被告。

原告以其他股东为被告一并提起诉讼的,人民法院应当告知原告将其他股东变更为第三人;原告坚持不予变更的,人民法院应当驳回原告对其他股东的起诉。

原告提起解散公司诉讼应当告知其他股东,或者由人民法院通知其参加诉讼。其他股东或者有关利害关系人申请以共同原告或者第三人身份参加诉讼的,人民法院应予准许。

**第 5 条【解散公司诉讼中的法院调解】** ★★★

人民法院审理解散公司诉讼案件,应当注重调解。当事人协商同意由公司或者股东收购股份,或者以减资等方式使公司存续,且不违反法律、行政法规强制性规定的,人民法院应予支持。当事人不能协商一致使公司存续的,人民法院应当及时判决。

经人民法院调解公司收购原告股份的,公司应当自调解书生效之日起六个月内将股份转让或者注销。股份转让或者注销之前,原告不得以公司收购其股份为由对抗公司债权人。

**第 7 条【公司的解散清算:清算组的人员组成,债权人请求法院指定有关人员成立清算组的权利】** ★

公司应当依照公司法第一百八十三条的规定,在解散事由出现之日起十五日内成立清算组,开始自行清算。

有下列情形之一,债权人申请人民法院指定清算组进行清算的,人民法院应予受理:

(一)公司解散逾期不成立清算组进行清算的;

(二)虽然成立清算组但故意拖延清算的;

(三)违法清算可能严重损害债权人或者股东利益的。

具有本条第二款所列情形,而债权人未提起清算申请,公司股东申请人民法院指定清算组对公司进行清算的,人民法院应予受理。

**第 11 条【债权申报程序】** ★★★

公司清算时,清算组应当按照公司法第一百八十五条的规定,将公司解散清算事宜书面通知全体已知债权人,并根据公司规模和营业地域范围在全国或者公司注册登记地省级有影响的报纸上进行公告。

清算组未按照前款规定履行通知和公告义务,导致债权人未及时申报债权而未获清偿,债权人主张清算组成员对此造成的损失承担赔偿责任的,人民法院应依法予以支持。

**第 12 条【债权人对清算组核定的债权的异议权和债权核定确认之诉】**
★

公司清算时,债权人对清算组核定的债权有异议的,可以要求清算组重新核定。清算组不予重新核定,或者债权人对重新核定的债权仍有异议,债权人以公司为被告向人民法院提起诉讼请求确认的,人民法院应予受理。

**第 15 条【清算方案的制定与确认;清算期间公司的法律地位】** ★

公司自行清算的,清算方案应当报股东会或者股东大会决议确认;人民法院组织清算的,清算方案应当报人民法院确认。未经确认的清算方案,清算组不得执行。

执行未经确认的清算方案给公司或者债权人造成损失,公司、股东或者债权人主张清算组成员承担赔偿责任的,人民法院应依法予以支持。

**第 18 条【有限责任公司的股东、股份有限公司的董事、控股股东和实际控制人在清算中怠于履行义务的赔偿责任】** ★★★★

有限责任公司的股东、股份有限公司的董事和控股股东未在法定期限内成立清算组开始清算,导致公司财产贬值、流失、毁损或者灭失,债权人主张其在造成损失范围内对公司债务承担赔偿责任的,人民法院应依法予以支持。

有限责任公司的股东、股份有限公司的董事和控股股东因怠于履行义务,导致公司主要财产、账册、重要文件等灭失,无法进行清算,债权人主张其对公司债务承担连带清偿责任的,人民法院应依法予以支持。

上述情形系实际控制人原因造成,债权人主张实际控制人对公司债务承担相应民事责任的,人民法院应依法予以支持。

**第 19 条【有限责任公司的股东、股份有限公司的董事和控股股东以及公司实际控制人恶意处置公司财产损害债权人利益或未经清算骗取办理注销登记的赔偿责任】** ★★★

有限责任公司的股东、股份有限公司的董事和控股股东,以及公司的实际控制人在公司解散后,恶意处置公司财产给债权人造成损失,或者未经依法清算,以虚假的清算报告骗取公司登记机关办理法人注销登记,债权人主张其对公司债务承担相应赔偿责任的,人民法院应依法予以支持。

**第 20 条【未经清算即办理注销登记的法律责任】** ★★

公司解散应当在依法清算完毕后,申请办理注销登记。公司未经清算即办理注销登记,导致公司无法进行清算,债权人主张有限责任公司的股东、股份有限公司的董事和控股股东，以及公司的实际控制人对公司债务承担清偿责任的，人民法院应依法予以支持。

公司未经依法清算即办理注销登记，股东或者第三人在公司登记机关办理注销登记时承诺对公司债务承担责任，债权人主张其对公司债务承担相应民事责任的，人民法院应依法予以支持。

**第21条【有限责任公司的股东、股份有限公司的董事、控股股东和实际控制人在清算中怠于履行义务的赔偿责任】** ★

有限责任公司的股东、股份有限公司的董事和控股股东，以及公司的实际控制人为二人以上的，其中一人或者数人按照本规定第十八条和第二十条第一款的规定承担民事责任后，主张其他人员按照过错大小分担责任的，人民法院应依法予以支持。

**第22条【股东尚未缴纳的出资在公司解散时应作为清算财产参与清算并用以清偿债务】** ★

公司解散时，股东尚未缴纳的出资均应作为清算财产。股东尚未缴纳的出资，包括到期应缴未缴的出资，以及依照公司法第二十六条和第八十条的规定分期缴纳尚未届满缴纳期限的出资。

公司财产不足以清偿债务时，债权人主张未缴出资股东，以及公司设立时的其他股东或者发起人在未缴出资范围内对公司债务承担连带清偿责任的，人民法院应依法予以支持。

**第23条【股东派生诉讼】** ★★

清算组成员从事清算事务时，违反法律、行政法规或者公司章程给公司或者债权人造成损失，公司或者债权人主张其承担赔偿责任的，人民法院应依法予以支持。

有限责任公司的股东、股份有限公司连续一百八十日以上单独或者合计持有公司百分之一以上股份的股东，依据公司法第一百五十一条第三款的规定，以清算组成员有前款所述行为为由向人民法院提起诉讼的，人民法院应予受理。

公司已经清算完毕注销，上述股东参照公司法第一百五十一条第三款的规定，直接以清算组成员为被告、其他股东为第三人向人民法院提起诉讼的，人民法院应予受理。

# 最高人民法院关于审理著作权民事纠纷案件适用法律若干问题的解释[①]

★★★

(法释[2002]31号,2002年10月12日由最高人民法院审判委员会第1246次会议通过,自2002年10月15日起施行)

**第6条【著作权集体管理组织的诉权:须经著作权人书面授权】** ★

依法成立的著作权集体管理组织,根据著作权人的书面授权,以自己的名义提起诉讼,人民法院应当受理。

**第7条【著作权人的认定规则】** ★★★

当事人提供的涉及著作权的底稿、原件、合法出版物、著作权登记证书、认证机构出具的证明、取得权利的合同等,可以作为证据。

在作品或者制品上署名的自然人、法人或者其他组织视为著作权、与著作权有关权益的权利人,但有相反证明的除外。

**第8条【著作权纠纷证据的认定】** ★

当事人自行或者委托他人以定购、现场交易等方式购买侵权复制品而了取得的实物、发票等,可以作为证据。

公证人员在未向涉嫌侵权的一方当事人表明身份的情况下,如实对另一方当事人按照前款规定的方式取得的证据和取证过程出具的公证书,应当作为证据使用,但有相反证据的除外。

**第19条【出版者、制作者和发行者、出租者对其合法授权与合法来源的举证责任】** ★★

出版者、制作者应当对其出版、制作有合法授权承担举证责任,发行者、出租者应当对其发行或者出租的复制品有合法来源承担举证责任。举证不能的,依据著作权法第四十六条、第四十七条的相应规定承担法律责任。

**第25条【侵犯著作权的赔偿责任标准】** ★★★

权利人的实际损失或者侵权人的违法所得无法确定的,人民法院根据当事人的请求或者依职权适用著作权法第四十八条第二款的规定确定

---

① 简称《著作权纠纷司法解释》。

赔偿数额。

人民法院在确定赔偿数额时,应当考虑作品类型、合理使用费、侵权行为性质、后果等情节综合确定。

当事人按照本条第一款的规定就赔偿数额达成协议的,应当准许。

**第26条【侵犯著作权的赔偿范围】** ★★★

著作权法第四十八条第一款规定的制止侵权行为所支付的合理开支,包括权利人或者委托代理人对侵权行为进行调查、取证的合理费用。

人民法院根据当事人的诉讼请求和具体案情,可以将符合国家有关部门规定的律师费用计算在赔偿范围内。

# 最高人民法院关于适用《中华人民共和国合同法》若干问题的解释(二)①

(法释[2009]5号,2009年2月9日由最高人民法院审判委员会第1462次会议通过,自2009年5月13日起施行)

**第1条【认定合同成立的标准:能够确定当事人名称或者姓名、标的和数量】** ★

当事人对合同是否成立存在争议,人民法院能够确定当事人名称或者姓名、标的和数量的,一般应当认定合同成立。但法律另有规定或者当事人另有约定的除外。

对合同欠缺的前款规定以外的其他内容,当事人达不成协议的,人民法院依照合同法第六十一条、第六十二条、第一百二十五条等有关规定予以确定。

**第2条【合同订立形式;合同的形式】** ★

当事人未以书面形式或者口头形式订立合同,但从双方从事的民事行为能够推定双方有订立合同意愿的,人民法院可以认定是以合同法第十条第一款中的"其他形式"订立的合同。但法律另有规定的除外。

---

① 简称《合同法司法解释二》。

**第 14 条【合同无效的情形:强制性规定】** ★

合同法第五十二条第(五)项规定的"强制性规定",是指效力性强制性规定。

**第 15 条【出卖人一物多卖的责任承担:违约责任】** ★

出卖人就同一标的物订立多重买卖合同,合同均不具有合同法第五十二条规定的无效情形,买受人因不能按照合同约定取得标的物所有权,请求追究出卖人违约责任的,人民法院应予支持。

**第 19 条【明显不合理的低价的确认;视为明显不合理的低价的情形;视为明显不合理的高价的情形;债务人以明显不合理的高价收购他人财产的撤销】** ★

对于合同法第七十四条规定的"明显不合理的低价",人民法院应当以交易当地一般经营者的判断,并参考交易当时交易地的物价部门指导价或者市场交易价,结合其他相关因素综合考虑予以确认。

转让价格达不到交易时交易地的指导价或者市场交易价百分之七十的,一般可以视为明显不合理的低价;对转让价格高于当地指导价或者市场交易价百分之三十的,一般可以视为明显不合理的高价。

债务人以明显不合理的高价收购他人财产,人民法院可以根据债权人的申请,参照合同法第七十四条的规定予以撤销。

**第 21 条【债务人的给付不足以清偿全部债务时的给付抵充顺序】** ★

债务人除主债务之外还应当支付利息和费用,当其给付不足以清偿全部债务时,并且当事人没有约定的,人民法院应当按照下列顺序抵充:

(一)实现债权的有关费用;

(二)利息;

(三)主债务。

**第 24 条【合同解除权的行使规则】** ★

当事人对合同法第九十六条、第九十九条规定的合同解除或者债务抵销虽有异议,但在约定的异议期限届满后才提出异议并向人民法院起诉的,人民法院不予支持;当事人没有约定异议期间,在解除合同或者债务抵销通知到达之日起三个月以后才向人民法院起诉的,人民法院不予支持。

**第 26 条【情势变更规则】** ★★

合同成立以后客观情况发生了当事人在订立合同时无法预见的、非不可抗力造成的不属于商业风险的重大变化,继续履行合同对于一方当事人明显不公平或者不能实现合同目的,当事人请求人民法院变更或者解除合同的,人民法院应当根据公平原则,并结合案件的实际情况确定是否变更或者解除。

**第 27 条【违约金的数额及其调整】** ★

当事人通过反诉或者抗辩的方式,请求人民法院依照合同法第一百一十四条第二款的规定调整违约金的,人民法院应予支持。

**第 28 条【违约金的数额及其调整】** ★

当事人依照合同法第一百一十四条第二款的规定,请求人民法院增加违约金的,增加后的违约金数额以不超过实际损失额为限。增加违约金以后,当事人又请求对方赔偿损失的,人民法院不予支持。

**第 29 条【违约金的数额及其调整】** ★★★★

当事人主张约定的违约金过高请求予以适当减少的,人民法院应当以实际损失为基础,兼顾合同的履行情况、当事人的过错程度以及预期利益等综合因素,根据公平原则和诚实信用原则予以衡量,并作出裁决。

当事人约定的违约金超过造成损失的百分之三十的,一般可以认定为合同法第一百一十四条第二款规定的"过分高于造成的损失"。

# 最高人民法院关于审理商品房买卖合同纠纷案件适用法律若干问题的解释①

★★★

(法释[2003]7 号,2003 年 3 月 24 日由最高人民法院审判委员会第 1267 次会议通过,自 2003 年 6 月 1 日起施行)

**第 1 条【商品房买卖合同的定义】** ★

本解释所称的商品房买卖合同,是指房地产开发企业(以下统称为出卖人)将尚未建成或者已竣工的房屋向社会销售并转移房屋所有权于买受人,买受人支付价款的合同。

**第 2 条【预售许可证是商品房预售合同的生效条件】** ★

出卖人未取得商品房预售许可证明,与买受人订立的商品房预售合同,

---

① 简称《商品房买卖合同纠纷司法解释》。

应当认定无效,但是在起诉前取得商品房预售许可证明的,可以认定有效。

**第 5 条【商品房买卖合同的认定】** ★

商品房的认购、订购、预订等协议具备《商品房销售管理办法》第十六条规定的商品房买卖合同的主要内容,并且出卖人已经按照约定收受购房款的,该协议应当认定为商品房买卖合同。

**第 8 条【导致商品房买卖合同目的不能实现买受人不能取得房屋的情形:未告知买受人又将房屋抵押给第三人、一房二卖;商品房买卖合同目的不能实现买受人无法取得房屋的出卖人的赔偿责任】** ★

具有下列情形之一,导致商品房买卖合同目的不能实现的,无法取得房屋的买受人可以请求解除合同、返还已付购房款及利息、赔偿损失,并可以请求出卖人承担不超过已付购房款一倍的赔偿责任:

(一)商品房买卖合同订立后,出卖人未告知买受人又将该房屋抵押给第三人;

(二)商品房买卖合同订立后,出卖人又将该房屋出卖给第三人。

**第 16 条【商品房买卖合同违约金的调整】** ★★

当事人以约定的违约金过高为由请求减少的,应当以违约金超过造成的损失 30% 为标准适当减少;当事人以约定的违约金低于造成的损失为由请求增加的,应当以违约造成的损失确定违约金数额。

**第 18 条【在法定期限内商品房买受人未取得房屋权属证书的出卖人应承担违约责任】** ★★

由于出卖人的原因,买受人在下列期限届满未能取得房屋权属证书的,除当事人有特殊约定外,出卖人应当承担违约责任:

(一)商品房买卖合同约定的办理房屋所有权登记的期限;

(二)商品房买卖合同的标的物为尚未建成房屋的,自房屋交付使用之日起 90 日;

(三)商品房买卖合同的标的物为已竣工房屋的,自合同订立之日起 90 日。

合同没有约定违约金或者损失数额难以确定的,可以按照已付购房款总额,参照中国人民银行规定的金融机构计收逾期贷款利息的标准计算。

**第 22 条【商品房买卖纠纷中包销人的诉讼地位】** ★★★★

对于买受人因商品房买卖合同与出卖人发生的纠纷,人民法院应当通知包销人参加诉讼;出卖人、包销人和买受人对各自的权利义务有明确约定的,按照约定的内容确定各方的诉讼地位。

# 最高人民法院关于适用《中华人民共和国担保法》若干问题的解释①

★★★

(法释[2000]44号,2000年9月29日由最高人民法院审判委员会第1133次会议通过,自2000年12月13日起施行)

**第2条【反担保的方式;第三人的反担保】** ★

反担保人可以是债务人,也可以是债务人之外的其他人。

反担保方式可以是债务人提供的抵押或者质押,也可以是其他人提供的保证、抵押或者质押。

**第4条【董事、经理的违法担保无效】** ★★

董事、经理违反《中华人民共和国公司法》第六十条的规定,以公司资产为本公司的股东或者其他个人债务提供担保的,担保合同无效。除债权人知道或者应当知道的外,债务人、担保人应当对债权人的损失承担连带赔偿责任。

**第7条【担保合同与主债权合同的关系;担保合同无效的责任承担规则】** ★★★

主合同有效而担保合同无效,债权人无过错的,担保人与债务人对主合同债权人的经济损失,承担连带赔偿责任;债权人、担保人有过错的,担保人承担民事责任的部分,不应超过债务人不能清偿部分的二分之一。

**第8条【主合同无效导致担保合同无效时担保人责任】** ★

主合同无效而导致担保合同无效,担保人无过错的,担保人不承担民事责任;担保人有过错的,担保人承担民事责任的部分,不应超过债务人不能清偿部分的三分之一。

**第9条【担保人对债务人或反担保人的权利】** ★

担保人因无效担保合同向债权人承担赔偿责任后,可以向债务人追偿,或者在承担赔偿责任的范围内,要求有过错的反担保人承担赔偿责任。

---

① 简称《担保法司法解释》。

担保人可以根据承担赔偿责任的事实对债务人或者反担保人另行提起诉讼。

**第10条【主合同解除后担保人的责任】** ★

主合同解除后,担保人对债务人应当承担的民事责任仍应承担担保责任。但是,担保合同另有约定的除外。

**第11条【超越权限订立的担保合同】** ★

法人或者其他组织的法定代表人、负责人超越权限订立的担保合同,除相对人知道或者应当知道其超越权限的以外,该代表行为有效。

**第14条【不具有完全代偿能力的保证人要求免除保证责任的处理】** ★

不具有完全代偿能力的法人、其他组织或者自然人,以保证人身份订立保证合同后,又以自己没有代偿能力要求免除保证责任的,人民法院不予支持。

**第19条【连带共同保证的认定】** ★

两个以上保证人对同一债务同时或者分别提供保证时,各保证人与债权人没有约定保证份额的,应当认定为连带共同保证。

连带共同保证的保证人以其相互之间约定各自承担的份额对抗债权人的,人民法院不予支持。

**第20条【连带共同保证的责任承担】** ★★

连带共同保证的债务人在主合同规定的债务履行期届满没有履行债务的,债权人可以要求债务人履行债务,也可以要求任何一个保证人承担全部保证责任。

连带共同保证的保证人承担保证责任后,向债务人不能追偿的部分,由各连带保证人按其内部约定的比例分担。没有约定的,平均分担。

**第21条【按份共同保证人对于债务人的追偿权】** ★

按份共同保证的保证人按照保证合同约定的保证份额承担保证责任后,在其履行保证责任的范围内对债务人行使追偿权。

**第22条【保证合同的成立】** ★

第三人单方以书面形式向债权人出具担保书,债权人接受且未提出异议的,保证合同成立。

主合同中虽然没有保证条款,但是,保证人在主合同上以保证人的身份签字或者盖章的,保证合同成立。

**第23条【最高额保证合同的担保范围】** ★★

最高额保证合同的不特定债权确定后,保证人应当对在最高债权额限度内就一定期间连续发生的债权余额承担保证责任。

**第30条【债权人与债务人对主合同内容变动的保证人保证责任的承担规则】** ★

保证期间,债权人与债务人对主合同数量、价款、币种、利率等内容作了变动,未经保证人同意的,如果减轻债务人的债务的,保证人仍应当对变更后的合同承担保证责任;如果加重债务人的债务的,保证人对加重的部分不承担保证责任。

债权人与债务人对主合同履行期限作了变动,未经保证人书面同意的,保证期间为原合同约定的或者法律规定的期间。

债权人与债务人协议变动主合同内容,但并未实际履行的,保证人仍应当承担保证责任。

**第31条【保证期间不可中断、中止、延长】** ★

保证期间不因任何事由发生中断、中止、延长的法律后果。

**第32条【保证合同约定的保证期间有瑕疵时保证期间的确定规则】** ★

保证合同约定的保证期间早于或者等于主债务履行期限的,视为没有约定,保证期间为主债务履行期届满之日起六个月。

保证合同约定保证人承担保证责任直至主债务本息还清时为止等类似内容的,视为约定不明,保证期间为主债务履行期届满之日起二年。

**第38条【混合担保的责任承担规则;债权人怠于行使担保物权的后果】** ★

同一债权既有保证又有第三人提供物的担保的,债权人可以请求保证人或者物的担保人承担担保责任。当事人对保证担保的范围或者物的担保的范围没有约定或者约定不明的,承担了担保责任的担保人,可以向债务人追偿,也可以要求其他担保人清偿其应当分担的份额。

同一债权既有保证又有物的担保的,物的担保合同被确认无效或者被撤销,或者担保物因不可抗力的原因灭失而没有代位物的,保证人仍应当按合同的约定或者法律的规定承担保证责任。

债权人在主合同履行期届满后怠于行使担保物权,致使担保物的价值减少或者毁损、灭失的,视为债权人放弃部分或者全部物的担保。保证人在债权人放弃权利的范围内减轻或者免除保证责任。

**第39条【主合同当事人双方协议以新贷偿还旧贷的保证人保证责任承担】** ★

主合同当事人双方协议以新贷偿还旧贷,除保证人知道或者应当知道的外,保证人不承担民事责任。

新贷与旧贷系同一保证人的,不适用前款的规定。

**第40条**【债权人知道或者应当知道主合同债务人采取欺诈、胁迫手段使保证人提供保证的处理】 ★

主合同债务人采取欺诈、胁迫等手段,使保证人在违背真实意思的情况下提供保证的,债权人知道或者应当知道欺诈、胁迫事实的,按照担保法第三十条的规定处理。

**第42条**【保证人追偿权的行使与诉讼时效】 ★★

人民法院判决保证人承担保证责任或者赔偿责任的,应当在判决书主文中明确保证人享有担保法第三十一条规定的权利。判决书中未予明确追偿权的,保证人只能按照承担责任的事实,另行提起诉讼。

保证人对债务人行使追偿权的诉讼时效,自保证人向债权人承担责任之日起开始计算。

**第44条**【人民法院受理债务人破产案件时债权人的权利;保证人对债权人申报债权后未受清偿的部分承担保证责任】 ★★★

保证期间,人民法院受理债务人破产案件的,债权人既可以向人民法院申报债权,也可以向保证人主张权利。

债权人申报债权后在破产程序中未受清偿的部分,保证人仍应当承担保证责任。债权人要求保证人承担保证责任的,应当在破产程序终结后六个月内提出。

**第57条**【流质契约的绝对禁止】 ★

当事人在抵押合同中约定,债务履行期届满抵押权人未受清偿时,抵押物的所有权转移为债权人所有的内容无效。该内容的无效不影响抵押合同其他部分内容的效力。

债务履行期届满后抵押权人未受清偿时,抵押权人和抵押人可以协议以抵押物折价取得抵押物。但是,损害顺序在后的担保物权人和其他债权人利益的,人民法院可以适用合同法第七十四条、第七十五条的有关规定。

**第59条**【未登记抵押权的成立】 ★

当事人办理抵押物登记手续时,因登记部门的原因致使其无法办理抵押物登记,抵押人向债权人交付权利凭证的,可以认定债权人对该财产有优先受偿权。但是,未办理抵押物登记的,不得对抗第三人。

**第73条**【按抵押物实现的价值清偿,不足由债务人清偿】 ★

抵押物折价或者拍卖、变卖该抵押物的价款低于抵押权设定时约定价值的,应当按照抵押物实现的价值进行清偿。不足清偿的剩余部分,由债务人清偿。

第83条【最高额抵押抵押限额的确定】★

最高额抵押权所担保的不特定债权,在特定后,债权已届清偿期的,最高额抵押权人可以根据普通抵押权的规定行使其抵押权。

抵押权人实现最高额抵押权时,如果实际发生的债权余额高于最高限额的,以最高限额为限,超过部分不具有优先受偿的效力;如果实际发生的债权余额低于最高限额的,以实际发生的债权余额为限对抵押物优先受偿。

第85条【债务人或第三人将其金钱以特户、封金、保证金等形式特定化后的优先受偿】★

债务人或者第三人将其金钱以特户、封金、保证金等形式特定化后,移交债权人占有作为债权的担保,债务人不履行债务时,债权人可以以该金钱优先受偿。

第126条【连带保证债权人的诉权】★

连带责任保证的债权人可以将债务人或者保证人作为被告提起诉讼,也可以将债务人和保证人作为共同被告提起诉讼。

# 最高人民法院关于适用《中华人民共和国婚姻法》若干问题的解释(二)①

(法释[2003]19号,2003年12月4日由最高人民法院审判委员会第1299次会议通过,自2004年4月1日起施行)

第11条【夫妻共有财产的认定】★

婚姻关系存续期间,下列财产属于婚姻法第十七条规定的"其他应当归共同所有的财产":

(一)一方以个人财产投资取得的收益;

(二)男女双方实际取得或者应当取得的住房补贴、住房公积金;

---

① 简称《婚姻法司法解释二》。

(三)男女双方实际取得或者应当取得的养老保险金、破产安置补偿费。

**第18条【夫妻以一方名义投资设立独资企业的财产分割】** ★

夫妻以一方名义投资设立独资企业的,人民法院分割夫妻在该独资企业中的共同财产时,应当按照以下情形分别处理:

(一)一方主张经营该企业的,对企业资产进行评估后,由取得企业一方给予另一方相应的补偿;

(二)双方均主张经营该企业的,在双方竞价基础上,由取得企业的一方给予另一方相应的补偿;

(三)双方均不愿意经营该企业的,按照《中华人民共和国个人独资企业法》等有关规定办理。

**第24条【离婚时夫妻共同债务的清偿】** ★★★

债权人就婚姻关系存续期间夫妻一方以个人名义所负债务主张权利的,应当按夫妻共同债务处理。但夫妻一方能够证明债权人与债务人明确约定为个人债务,或者能够证明属于婚姻法第十九条第三款规定情形的除外。

# 最高人民法院关于贯彻执行《中华人民共和国民法通则》若干问题的意见(试行)①

★★

(法(办)发[1988]6号,1988年1月26日最高人民法院审判委员会讨论通过,1988年4月2日公布施行)

**第1条【公民的民事权利能力自出生时开始:户籍证明、医院出具的出生证明、其他证明】** ★★★

公民的民事权利能力自出生时开始。出生的时间以户籍证明为准;没有户籍证明的,以医院出具的出生证明为准。没有医院证明的,参照其他有关证明认定。

**第24条【申请宣告失踪的利害关系人】** ★

申请宣告失踪的利害关系人,包括被申请宣告失踪人的配偶、父母、子

---

① 简称《民通意见》。

女、兄弟姐妹、祖父母、外祖父母、孙子女、外孙子女以及其他与被申请人有民事权利义务关系的人。

**第41条【起字号工商户的诉讼当事人的确立】** ★

起字号的个体工商户,在民事诉讼中,应以营业执照登记的户主(业主)为诉讼当事人,在诉讼文书中注明系某字号的户主。

**第46条【合伙人的认定】** ★

公民按照协议提供资金或者实物,并约定参与合伙盈余分配,但不参与合伙经营劳动的,或者提供技术性劳务而不提供资金、实物,但约定参与盈余分配的,视为合伙人。

**第47条【民事合伙的债务承担规则】** ★

全体合伙人对合伙经营的亏损额,对外应当负连带责任;对内则应按照协议约定的债务承担比例或者出资比例分担;协议未规定债务承担比例或者出资比例的,可以按照约定的或者实际盈余分配比例承担。但是对造成合伙经营亏损有过错的合伙人,应当根据其过错程度相应的多承担责任。

**第49条【个人合伙或者个体工商户因错误登记为集体所有制的企业的处理】** ★

个人合伙、或者个体工商户,虽经工商行政管理部门错误地登记为集体所有制的企业,但实际为个人合伙或者个体工商户的,应当按个人合伙或者个体工商户对待。

**第50条【认定合伙关系:无合伙协议且未登记时的认定方式】** ★★

当事人之间没有书面合伙协议,又未经工商行政管理部门核准登记,但具备合伙的其他条件,又有两个以上无利害关系人证明有口头合伙协议的,人民法院可以认定为合伙关系。

**第51条【合伙经营过程中入伙的处理】** ★

在合伙经营过程中增加合伙人,书面协议有约定的,按照协议处理;书面协议未约定的,须经全体合伙人同意,未经全体合伙人同意的,应当认定入伙无效。

**第52条【个人合伙中合伙人退伙及其赔偿责任】** ★★

合伙人退伙,书面协议有约定的,按书面协议处理;书面协议未约定的,原则上应予准许。但因其退伙给其他合伙人造成损失的,应当考虑退伙的原因、理由以及双方当事人的过错情况,确定其应当承担的赔偿责任。

**第54条【个人合伙合伙人退伙时合伙财产的分割规定】** ★★

合伙人退伙时分割的合伙财产,应当包括合伙时投入的财产和合伙期间积累的财产,以及合伙期间的债权和债务。入伙的原物退伙时原则上应予退还,一次清退有困难的,可以分批分期清退;退还原物确有困难的,可以折价处理。

**第55条【合伙终止时合伙财产处理规则】** ★★

合伙终止时,对合伙财产的处理,有书面协议的,按协议处理;没有书面协议,又协商不成的,如果合伙人出资额相等,应当考虑多数人意见酌情处理;合伙人出资额不等的,可以按出资额占全部合伙额多的合伙人意见处理,但要保护其他合伙人的利益。

**第57条【民事合伙的债务承担规则】** ★

民法通则第三十五条第一款中关于"以各自的财产承担清偿责任",是指合伙人以个人财产出资的,以合伙人的个人财产承担;合伙人以其家庭共有财产出资的,以其家庭共有财产承担;合伙人以个人财产出资,合伙的盈余分配所得用于其家庭成员生活的,应先以合伙人的个人财产承担,不足部分以合伙人的家庭共有财产承担。

**第58条【企业法人的替代责任:工作人员以法人名义从事经营活动致人损失的法人承担赔偿责任】** ★

企业法人的法定代表人和其他工作人员,以法人名义从事的经营活动,给他人造成经济损失的,企业法人应当承担民事责任。

**第59条【企业法人解散、被撤销或宣告破产后的清算义务】** ★

企业法人解散或者被撤销的,应当由其主管机关组织清算小组进行清算。企业法人被宣告破产的,应当由人民法院组织有关机关和有关人员成立清算组织进行清算。

**第60条【清算组的职权】** ★

清算组织是以清算企业法人债权、债务为目的而依法成立的组织。它负责对终止的企业法人的财产进行保管、清理、估价、处理和清偿。

对于涉及终止的企业法人债权、债务的民事诉讼,清算组织可以用自己的名义参加诉讼。

以逃避债务责任为目的而成立的清算组织,其实施的民事行为无效。

**第68条【欺诈行为】** ★★

一方当事人故意告知对方虚假情况,或者故意隐瞒真实情况,诱使对方当事人作出错误意思表示的,可以认定为欺诈行为。

**第122条【公民间生产经营性借贷利率的确定及纠纷处理】** ★

公民之间的生产经营性借贷的利率,可以适当高于生活性借贷利率。如因利率发生纠纷,应本着保护合法借贷关系,考虑当地实际情况,有利于生产和稳定经济秩序的原则处理。

**第 123 条**【公民之间的无息借款逾期未偿还或经催告不偿的准许出借人要求借款人偿还逾期利息】 ★

公民之间的无息借款,有约定偿还期限而借款人不按期偿还,或者未约定偿还期限但经出借人催告后,借款人仍不偿还的,出借人要求借款人偿付逾期利息,应当予以准许。

**第 125 条**【借贷利息的计算】 ★

公民之间的借贷,出借人将利息计入本金计算复利的,不予保护;在借款时将利息扣除的,应当按实际出借数计息。

**第 161 条**【十八周岁民事责任的承担:侵权行为发生时行为人不满十八周岁,诉讼时已满十八周岁】 ★

侵权行为发生时行为人不满十八周岁,在诉讼时已满十八周岁,并有经济能力的,应当承担民事责任;行为人没有经济能力的,应当由原监护人承担民事责任。

行为人致人损害时年满十八周岁的,应当由本人承担民事责任;没有经济收入的,由扶养人垫付,垫付有困难的,也可以判决或者调解延期给付。

# 最高人民法院关于审理买卖合同纠纷案件适用法律问题的解释①

★★

(法释[2012]8 号,2012 年 3 月 31 日由最高人民法院审判委员会第 1545 次会议通过,自 2012 年 7 月 1 日起施行)

**第 1 条**【买卖合同是否成立:书面合同、送货单、收货单、结算单、发票、对账确认函、债权确认书】 ★

当事人之间没有书面合同,一方以送货单、收货单、结算单、发票等主张存在买卖合同关系的,人民法院应当结合当事人之间的交易方式、交易习惯

---

① 简称《买卖合同司法解释》。

以及其他相关证据,对买卖合同是否成立作出认定。

对账确认函、债权确认书等函件、凭证没有记载债权人名称,买卖合同当事人一方以此证明存在买卖合同关系的,人民法院应予支持,但有相反证据足以推翻的除外。

**第3条【无权处分不影响合同的效力;无权处分人的责任承担】** ★

当事人一方以出卖人在缔约时对标的物没有所有权或者处分权为由主张合同无效的,人民法院不予支持。

出卖人因未取得所有权或者处分权致使标的物所有权不能转移,买受人要求出卖人承担违约责任或者要求解除合同并主张损害赔偿的,人民法院应予支持。

**第7条【出卖人义务:交付单证、交付资料】** ★

合同法第一百三十六条规定的"提取标的物单证以外的有关单证和资料",主要应当包括保险单、保修单、普通发票、增值税专用发票、产品合格证、质量保证书、质量鉴定书、品质检验证书、产品进出口检疫书、原产地证明书、使用说明书、装箱单等。

**第8条【增值税专用发票及税款抵扣资料不能单独证明出卖人已履行交付标的物义务;普通发票可以作为付款凭证】** ★

出卖人仅以增值税专用发票及税款抵扣资料证明其已履行交付标的物义务,买受人不认可的,出卖人应当提供其他证据证明交付标的物的事实。

合同约定或者当事人之间习惯以普通发票作为付款凭证,买受人以普通发票证明已经履行付款义务的,人民法院应予支持,但有相反证据足以推翻的除外。

**第13条【合同成立前承运人运输在途标的物已经损毁、灭失的风险负担】** ★

出卖人出卖交由承运人运输的在途标的物,在合同成立时知道或者应当知道标的物已经毁损、灭失却未告知买受人,买受人主张出卖人负担标的物毁损、灭失的风险的,人民法院应予支持。

**第14条【标的物为种类物出卖人未以可识别的方式清楚地将标的物特定于买卖合同的风险负担】** ★

当事人对风险负担没有约定,标的物为种类物,出卖人未以装运单据、加盖标记、通知买受人等可识别的方式清楚地将标的物特定于买卖合同,买受人主张不负担标的物毁损、灭失的风险的,人民法院应予支持。

**第18条【确定检验期间或质量保证期间】** ★

约定的检验期间过短,依照标的物的性质和交易习惯,买受人在检验期间内难以完成全面检验的,人民法院应当认定该期间为买受人对外观瑕疵提出异议的期间,并根据本解释第十七条第一款的规定确定买受人对隐蔽瑕疵提出异议的合理期间。

约定的检验期间或者质量保证期间短于法律、行政法规规定的检验期间或者质量保证期间的,人民法院应当以法律、行政法规规定的检验期间或者质量保证期间为准。

**第 24 条【买卖合同逾期付款违约金的适用规则】** ★★★

买卖合同对付款期限作出的变更,不影响当事人关于逾期付款违约金的约定,但该违约金的起算点应当随之变更。

买卖合同约定逾期付款违约金,买受人以出卖人接受价款时未主张逾期付款违约金为由拒绝支付该违约金的,人民法院不予支持。

买卖合同约定逾期付款违约金,但对账单、还款协议等未涉及逾期付款责任,出卖人根据对账单、还款协议等主张欠款时请求买受人依约支付逾期付款违约金的,人民法院应予支持,但对账单、还款协议等明确载有本金及逾期付款利息数额或者已经变更买卖合同中关于本金、利息等约定内容的除外。

买卖合同没有约定逾期付款违约金或者该违约金的计算方法,出卖人以买受人违约为由主张赔偿逾期付款损失的,人民法院可以中国人民银行同期同类人民币贷款基准利率为基础,参照逾期罚息利率标准计算。

**第 35 条【所有权保留】** ★

当事人约定所有权保留,在标的物所有权转移前,买受人有下列情形之一,对出卖人造成损害,出卖人主张取回标的物的,人民法院应予支持:

(一)未按约定支付价款的;

(二)未按约定完成特定条件的;

(三)将标的物出卖、出质或者作出其他不当处分的。

取回的标的物价值显著减少,出卖人要求买受人赔偿损失的,人民法院应予支持。

**第 36 条【出卖人不能取回标的物的情形:买受人已经支付标的物总价款的百分之七十五以上、第三人善意取得】** ★

买受人已经支付标的物总价款的百分之七十五以上,出卖人主张取回标的物的,人民法院不予支持。

在本解释第三十五条第一款第(三)项情形下,第三人依据物权法第一百零六条的规定已经善意取得标的物所有权或者其他物权,出卖人主张取回标的物的,人民法院不予支持。

**第37条**【买受人在回赎期间内消除出卖人取回标的物的事由的可以回赎标的物;回赎期间内没有回赎标的物可以另行出卖;出卖人另行出卖标的物所得价款的处理】 ★

出卖人取回标的物后,买受人在双方约定的或者出卖人指定的回赎期间内,消除出卖人取回标的物的事由,主张回赎标的物的,人民法院应予支持。

买受人在回赎期间内没有回赎标的物的,出卖人可以另行出卖标的物。

出卖人另行出卖标的物的,出卖所得价款依次扣除取回和保管费用、再交易费用、利息、未清偿的价金后仍有剩余的,应返还原买受人;如有不足,出卖人要求原买受人清偿的,人民法院应予支持,但原买受人有证据证明出卖人另行出卖的价格明显低于市场价格的除外。

**第44条**【出卖人履行交付义务后诉请买受人支付价款买受人以出卖人违约在先为由提出异议的处理】 ★

出卖人履行交付义务后诉请买受人支付价款,买受人以出卖人违约在先为由提出异议的,人民法院应当按照下列情况分别处理:

(一)买受人拒绝支付违约金、拒绝赔偿损失或者主张出卖人应当采取减少价款等补救措施的,属于提出抗辩;

(二)买受人主张出卖人应支付违约金、赔偿损失或者要求解除合同的,应当提起反诉。

**第45条**【债权转让、股权转让等权利转让合同参照适用买卖合同的规定】 ★

法律或者行政法规对债权转让、股权转让等权利转让合同有规定的,依照其规定;没有规定的,人民法院可以根据合同法第一百二十四条和第一百七十四条的规定,参照适用买卖合同的有关规定。

权利转让或者其他有偿合同参照适用买卖合同的有关规定的,人民法院应当首先引用合同法第一百七十四条的规定,再引用买卖合同的有关规定。

# 最高人民法院关于审理证券市场因虚假陈述引发的民事赔偿案件的若干规定①

★★

（法释[2003]2号,2002年12月26日由最高人民法院审判委员会第1261次会议通过,自2003年2月1日起施行）

**第2条【投资人的定义；证券市场的定义】** ★★

本规定所称投资人,是指在证券市场上从事证券认购和交易的自然人、法人或者其他组织。

本规定所称证券市场,是指发行人向社会公开募集股份的发行市场,通过证券交易所报价系统进行证券交易的市场,证券公司代办股份转让市场以及国家批准设立的其他证券市场。

**第17条【证券市场虚假陈述、重大事件、虚假记载、误导性陈述、重大遗漏、不正当披露的定义】** ★★

证券市场虚假陈述,是指信息披露义务人违反证券法律规定,在证券发行或者交易过程中,对重大事件作出违背事实真相的虚假记载、误导性陈述,或者在披露信息时发生重大遗漏、不正当披露信息的行为。

对于重大事件,应当结合证券法第五十九条、第六十条、第六十一条、第六十二条、第七十二条及相关规定的内容认定。

虚假记载,是指信息披露义务人在披露信息时,将不存在的事实在信息披露文件中予以记载的行为。

误导性陈述,是指虚假陈述行为人在信息披露文件中或者通过媒体,作出使投资人对其投资行为发生错误判断并产生重大影响的陈述。

重大遗漏,是指信息披露义务人在信息披露文件中,未将应当记载的事项完全或者部分予以记载。

不正当披露,是指信息披露义务人未在适当期限内或者未以法定方式公开披露应当披露的信息。

---

① 简称《证券虚假陈述案件规定》。

**第 18 条【法院应当认定虚假陈述与损害结果之间存在因果关系的情形】**
★★

投资人具有以下情形的,人民法院应当认定虚假陈述与损害结果之间存在因果关系:

(一)投资人所投资的是与虚假陈述直接关联的证券;

(二)投资人在虚假陈述实施日及以后,至揭露日或者更正日之前买入该证券;

(三)投资人在虚假陈述揭露日或者更正日及以后,因卖出该证券发生亏损,或者因持续持有该证券而产生亏损。

**第 19 条【法院认定虚假陈述与损害结果之间不存在因果关系的情形】**
★★

被告举证证明原告具有以下情形的,人民法院应当认定虚假陈述与损害结果之间不存在因果关系:

(一)在虚假陈述揭露日或者更正日之前已经卖出证券;

(二)在虚假陈述揭露日或者更正日及以后进行的投资;

(三)明知虚假陈述存在而进行的投资;

(四)损失或者部分损失是由证券市场系统风险等其他因素所导致;

(五)属于恶意投资、操纵证券价格的。

**第 20 条【虚假陈述实施日的定义;虚假陈述揭露日的定义;虚假陈述更正日的定义】**
★★

本规定所指的虚假陈述实施日,是指作出虚假陈述或者发生虚假陈述之日。

虚假陈述揭露日,是指虚假陈述在全国范围发行或者播放的报刊、电台、电视台等媒体上,首次被公开揭露之日。

虚假陈述更正日,是指虚假陈述行为人在中国证券监督管理委员会指定披露证券市场信息的媒体上,自行公告更正虚假陈述并按规定履行停牌手续之日。

**第 21 条【发起人、发行人或上市公司虚假陈述给投资人造成损失的赔偿责任;发行人、上市公司负有责任的董监高承担连带责任及责任免除】** ★★

发起人、发行人或者上市公司对其虚假陈述给投资人造成的损失承担民事赔偿责任。

发行人、上市公司负有责任的董事、监事和经理等高级管理人员对前款的损失承担连带赔偿责任。但有证据证明无过错的,应予免责。

**第30条**【虚假陈述行为人在证券交易市场承担民事赔偿责任的范围以投资人实际损失为限；投资人实际损失资金利息】★★

虚假陈述行为人在证券交易市场承担民事赔偿责任的范围，以投资人因虚假陈述而实际发生的损失为限。投资人实际损失包括：

（一）投资差额损失；

（二）投资差额损失部分的佣金和印花税。

前款所涉资金利息，自买入至卖出证券日或者基准日，按银行同期活期存款利率计算。

**第31条**【投资人在基准日及以前卖出证券的投资差额损失的计算方式】★★

投资人在基准日及以前卖出证券的，其投资差额损失，以买入证券平均价格与实际卖出证券平均价格之差，乘以投资人所持证券数量计算。

**第32条**【投资人在基准日之后卖出或仍持有证券的其投资差额损失的计算方式】★★

投资人在基准日之后卖出或者仍持有证券的，其投资差额损失，以买入证券平均价格与虚假陈述揭露日或者更正日起至基准日期间，每个交易日收盘价的平均价格之差，乘以投资人所持证券数量计算。

**第33条**【投资差额损失计算的基准日的定义及确定】★★

投资差额损失计算的基准日，是指虚假陈述揭露或者更正后，为将投资人应获赔偿限定在虚假陈述所造成的损失范围内，确定损失计算的合理期间而规定的截止日期。基准日分别按下列情况确定：

（一）揭露日或者更正日起，至被虚假陈述影响的证券累计成交量达到其可流通部分100%之日。但通过大宗交易协议转让的证券成交量不予计算。

（二）按前项规定在开庭审理前尚不能确定的，则以揭露日或者更正日后第30个交易日为基准日。

（三）已经退出证券交易市场的，以摘牌日前一交易日为基准日。

（四）已经停止证券交易的，可以停牌日前一交易日为基准日；恢复交易的，可以本条第（一）项规定确定基准日。

# 最高人民法院关于审理与企业改制相关的民事纠纷案件若干问题的规定[①]

★

(法释[2003]1号,2002年12月3日由最高人民法院审判委员会第1259次会议通过,自2003年2月1日起施行)

**第1条【人民法院受理企业产权制度改造中发生的民事纠纷案件的范围】** ★

人民法院受理以下平等民事主体间在企业产权制度改造中发生的民事纠纷案件:

(一)企业公司制改造中发生的民事纠纷;

(二)企业股份合作制改造中发生的民事纠纷;

(三)企业分立中发生的民事纠纷;

(四)企业债权转股权纠纷;

(五)企业出售合同纠纷;

(六)企业兼并合同纠纷;

(七)与企业改制相关的其他民事纠纷。

**第6条【新组建的公司对所转移的债务的承担方式】** ★

企业以其部分财产和相应债务与他人组建新公司,对所转移的债务债权人认可的,由新组建的公司承担民事责任;对所转移的债务未通知债权人或者虽通知债权人,而债权人不予认可的,由原企业承担民事责任。原企业无力偿还债务,债权人就此向新设公司主张债权的,新设公司在所接收的财产范围内与原企业承担连带民事责任。

**第7条【企业以其优质财产与他人组建新公司而将债务留在原企业的债务承担】** ★

企业以其优质财产与他人组建新公司,而将债务留在原企业,债权人以新设公司和原企业作为共同被告提起诉讼主张债权的,新设公司应当在所接收的财产范围内与原企业共同承担连带责任。

---

① 简称《企业改制纠纷司法解释》。

**第11条【企业在进行股份合作制改造时公告通知了债权人的后续处理】**

　　企业在进行股份合作制改造时,参照公司法的有关规定,公告通知了债权人。企业股份合作制改造后,债权人就原企业资产管理人(出资人)隐瞒或者遗漏的债务起诉股份合作制企业的,如债权人在公告期内申报过该债权,股份合作制企业在承担民事责任后,可再向原企业资产管理人(出资人)追偿。如债权人在公告期内未申报过该债权,则股份合作制企业不承担民事责任,人民法院可告知债权人另行起诉原企业资产管理人(出资人)。

**第30条【企业兼并协议效力的认定】**

　　企业兼并协议自当事人签字盖章之日起生效。需经政府主管部门批准的,兼并协议自批准之日起生效;未经批准的,企业兼并协议不生效。但当事人在一审法庭辩论终结前补办报批手续的,人民法院应当确认该兼并协议有效。

**第31条【企业吸收合并后被兼并企业的债务的承担方式】**

　　企业吸收合并后,被兼并企业的债务应当由兼并方承担。

# 最高人民法院关于适用《中华人民共和国公司法》若干问题的规定(一)①

(法释[2014]2号,2006年3月27日最高人民法院审判委员会第1382次会议通过,根据2014年2月17日最高人民法院审判委员会第1607次会议《关于修改关于适用〈中华人民共和国公司法〉若干问题的规定的决定》修正)

**第1条【公司法对其实施前的法律纠纷没有溯及力】**

　　公司法实施后,人民法院尚未审结的和新受理的民事案件,其民事行为或事件发生在公司法实施以前的,适用当时的法律法规和司法解释。

---

　　① 简称《公司法司法解释一》。

**第 2 条【公司法对其实施前的法律纠纷可参照适用】** ★★

因公司法实施前有关民事行为或者事件发生纠纷起诉到人民法院的,如当时的法律法规和司法解释没有明确规定时,可参照适用公司法的有关规定。

**第 4 条【股东派生诉讼】** ★

公司法第一百五十一条规定的 180 日以上连续持股期间,应为股东向人民法院提起诉讼时,已期满的持股时间;规定的合计持有公司百分之一以上股份,是指两个以上股东持股份额的合计。

# 最高人民法院关于审理劳动争议案件适用法律若干问题的解释(二)①

★

(法释[2006]6 号,2006 年 7 月 10 日最高人民法院审判委员会第 1393 次会议通过,自 2006 年 10 月 1 日起施行)

**第 1 条【视为劳动争议发生之日的情形】** ★

人民法院审理劳动争议案件,对下列情形,视为劳动法第八十二条规定的"劳动争议发生之日":

(一)在劳动关系存续期间产生的支付工资争议,用人单位能够证明已经书面通知劳动者拒付工资的,书面通知送达之日为劳动争议发生之日。用人单位不能证明的,劳动者主张权利之日为劳动争议发生之日。

(二)因解除或者终止劳动关系产生的争议,用人单位不能证明劳动者收到解除或者终止劳动关系书面通知时间的,劳动者主张权利之日为劳动争议发生之日。

(三)劳动关系解除或者终止后产生的支付工资、经济补偿金、福利待遇等争议,劳动者能够证明用人单位承诺支付的时间为解除或者终止劳动关系后的具体日期的,用人单位承诺支付之日为劳动争议发生之日。劳动者不能证明的,解除或者终止劳动关系之日为劳动争议发生之日。

---

① 简称《劳动争议案件司法解释二》。

**第 3 条【视为拖欠劳动报酬争议的起诉】** ★★

劳动者以用人单位的工资欠条为证据直接向人民法院起诉,诉讼请求不涉及劳动关系其他争议的,视为托欠劳动报酬争议,按照普通民事纠纷受理。

**第 4 条【法院受理劳动关系解除或终止以及支付经济补偿金产生的争议】** ★

用人单位和劳动者因劳动关系是否已经解除或者终止,以及应否支付解除或终止劳动关系经济补偿金产生的争议,经劳动争议仲裁委员会仲裁后,当事人依法起诉的,人民法院应予受理。

# 最高人民法院关于审理建设工程施工合同纠纷案件适用法律问题的解释①

★

(法释[2004]14 号,2004 年 9 月 29 日由最高人民法院审判委员会第 1327 次会议通过,自 2005 年 1 月 1 日起施行)

**第 1 条【建设工程施工合同无效的情形】** ★★

建设工程施工合同具有下列情形之一的,应当根据合同法第五十二条第(五)项的规定,认定无效:

(一)承包人未取得建筑施工企业资质或者超越资质等级的;

(二)没有资质的实际施工人借用有资质的建筑施工企业名义的;

(三)建设工程必须进行招标而未招标或者中标无效的。

**第 2 条【建设工程施工合同无效时承包人的付款请求权】** ★★

建设工程施工合同无效,但建设工程经竣工验收合格,承包人请求参照合同约定支付工程价款的,应予支持。

**第 3 条【建设工程施工合同无效且建设工程经竣工验收不合格时的处理规则】** ★

建设工程施工合同无效,且建设工程经竣工验收不合格的,按照以下情形分别处理:

---

① 简称《建设工程合同纠纷司法解释》。

（一）修复后的建设工程经竣工验收合格，发包人请求承包人承担修复费用的，应予支持；

（二）修复后的建设工程经竣工验收不合格，承包人请求支付工程价款的，不予支持。

因建设工程不合格造成的损失，发包人有过错的，也应承担相应的民事责任。

**第4条【建设工程非法转包、违法分包的处理：合同无效、收缴非法所得】** ★

承包人非法转包、违法分包建设工程或者没有资质的实际施工人借用有资质的建筑施工企业名义与他人签订建设工程施工合同的行为无效。人民法院可以根据民法通则第一百三十四条规定，收缴当事人已经取得的非法所得。

**第10条【建设工程施工合同解除的法律后果：已经完成的建设工程质量合格、已经完成的建设工程质量不合格】** ★

建设工程施工合同解除后，已经完成的建设工程质量合格的，发包人应当按照约定支付相应的工程价款；已经完成的建设工程质量不合格的，参照本解释第三条规定处理。

因一方违约导致合同解除的，违约方应当赔偿因此而给对方造成的损失。

**第13条【擅自使用未经竣工验收建设工程的法律后果：使用部分质量不符合约定、建设工程的合理使用寿命】** ★

建设工程未经竣工验收，发包人擅自使用后，又以使用部分质量不符合约定为由主张权利的，不予支持；但是承包人应当在建设工程的合理使用寿命内对地基基础工程和主体结构质量承担民事责任。

**第14条【建设工程实际竣工日期有争议时的不同处理规则】** ★

当事人对建设工程实际竣工日期有争议的，按照以下情形分别处理：

（一）建设工程经竣工验收合格的，以竣工验收合格之日为竣工日期；

（二）承包人已经提交竣工验收报告，发包人拖延验收的，以承包人提交验收报告之日为竣工日期；

（三）建设工程未经竣工验收，发包人擅自使用的，以转移占有建设工程之日为竣工日期。

**第16条【建设工程的计价：工程量变化、质量标准变化】** ★

当事人对建设工程的计价标准或者计价方法有约定的，按照约定结算工程价款。

因设计变更导致建设工程的工程量或者质量标准发生变化,当事人对该部分工程价款不能协商一致的,可以参照签订建设工程施工合同时当地建设行政主管部门发布的计价方法或者计价标准结算工程价款。

建设工程施工合同有效,但建设工程经竣工验收不合格的,工程价款结算参照本解释第三条规定处理。

**第17条【拖欠工程价款利息的计付标准】** ★★

当事人对欠付工程价款利息计付标准有约定的,按照约定处理;没有约定的,按照中国人民银行发布的同期同类贷款利率计息。

**第18条【建设工程应付款时间】** ★★

利息从应付工程价款之日计付。当事人对付款时间没有约定或者约定不明的,下列时间视为应付款时间:

(一)建设工程已实际交付的,为交付之日;

(二)建设工程没有交付的,为提交竣工结算文件之日;

(三)建设工程未交付,工程价款也未结算的,为当事人起诉之日。

**第19条【建设工程工程量的确认:签证或其他】** ★

当事人对工程量有争议的,按照施工过程中形成的签证等书面文件确认。承包人能够证明发包人同意其施工,但未能提供签证文件证明工程量发生的,可以按照当事人提供的其他证据确认实际发生的工程量。

**第20条【视为认可建设工程合同竣工结算的情形】** ★

当事人约定,发包人收到竣工结算文件后,在约定期限内不予答复,视为认可竣工结算文件的,按照约定处理。承包人请求按照竣工结算文件结算工程价款的,应予支持。

**第26条【建设施工纠纷实际施工人起诉被告的认定】** ★

实际施工人以转包人、违法分包人为被告起诉的,人民法院应当依法受理。

实际施工人以发包人为被告主张权利的,人民法院可以追加转包人或者违法分包人为本案当事人。发包人只在欠付工程价款范围内对实际施工人承担责任。

# 最高人民法院关于审理企业破产案件若干问题的规定①

★

(法释〔2002〕23号,2002年7月18日最高人民法院审判委员会第1232次会议通过,自2002年9月1日起施行)

**第2条【破产案件的管辖】**

基层人民法院一般管辖县、县级市或者区的工商行政管理机关核准登记企业的破产案件;

中级人民法院一般管辖地区、地级市(含本级)以上的工商行政管理机关核准登记企业的破产案件;

纳入国家计划调整的企业破产案件,由中级人民法院管辖。

**第48条【破产清算组成员的产生】**

清算组成员可以从破产企业上级主管部门、清算中介机构以及会计、律师中产生,也可以从政府财政、工商管理、计委、经委、审计、税务、物价、劳动、社会保险、土地管理、国有资产管理、人事等部门中指定。人民银行分(支)行可以按照有关规定派人参加清算组。

**第55条【破产债权的范围】**

下列债权属于破产债权:

(一)破产宣告前发生的无财产担保的债权;

(二)破产宣告前发生的虽有财产担保但是债权人放弃优先受偿的债权;

(三)破产宣告前发生的虽有财产担保但是债权数额超过担保物价值部分的债权;

(四)票据出票人被宣告破产,付款人或者承兑人不知其事实而向持票人付款或者承兑所产生的债权;

(五)清算组解除合同,对方当事人依法或者依照合同约定产生的对债务人可以用货币计算的债权;

(六)债务人的受托人在债务人破产后,为债务人的利益处理委托事务所

---

① 简称《审理企业破产案件规定》。

发生的债权；

（七）债务人发行债券形成的债权；

（八）债务人的保证人代替债务人清偿债务后依法可以向债务人追偿的债权；

（九）债务人的保证人按照《中华人民共和国担保法》第三十二条的规定预先行使追偿权而申报的债权；

（十）债务人为保证人的，在破产宣告前已经被生效的法律文书确定承担的保证责任；

（十一）债务人在破产宣告前因侵权、违约给他人造成财产损失而产生的赔偿责任。

（十二）人民法院认可的其他债权。

以上第（五）项债权以实际损失为计算原则。违约金不作为破产债权，定金不再适用定金罚则。

**第58条**【债务人所欠企业职工集资款的清偿；职工投资不属于破产债权】★★

债务人所欠企业职工集资款，参照企业破产法第三十七条第二款第（一）项规定的顺序清偿。但对违反法律规定的高额利息部分不予保护。

职工向企业的投资，不属于破产债权。

**第61条**【破产债权的范围】★

下列债权不属于破产债权：

（一）行政、司法机关对破产企业的罚款、罚金以及其他有关费用；

（二）人民法院受理破产案件后债务人未支付应付款项的滞纳金，包括债务人未执行生效法律文书应当加倍支付的迟延利息和劳动保险金的滞纳金；

（三）破产宣告后的债务利息；

（四）债权人参加破产程序所支出的费用；

（五）破产企业的股权、股票持有人在股权、股票上的权利；

（六）破产财产分配开始后向清算组申报的债权；

（七）超过诉讼时效的债权；

（八）债务人开办单位对债务人未收取的管理费、承包费。

上述不属于破产债权的权利，人民法院或者清算组也应当对当事人的申报进行登记。

**第64条**【破产财产的范围】★

破产财产由下列财产构成：

（一）债务人在破产宣告时所有的或者经营管理的全部财产；
（二）债务人在破产宣告后至破产程序终结前取得的财产；
（三）应当由债务人行使的其他财产权利。

**第71条【不属于破产财产的范围】** ★

下列财产不属于破产财产：

（一）债务人基于仓储、保管、加工承揽、委托交易、代销、借用、寄存、租赁等法律关系占有、使用的他人财产；

（二）抵押物、留置物、出质物，但权利人放弃优先受偿权的或者优先偿付被担保债权剩余的部分除外；

（三）担保物灭失后产生的保险金、补偿金、赔偿金等代位物；

（四）依照法律规定存在优先权的财产，但权利人放弃优先受偿权或者优先偿付特定债权剩余的部分除外；

（五）特定物买卖中，尚未转移占有但相对人已完全支付对价的特定物；

（六）尚未办理产权证或者产权过户手续但已向买方交付的财产；

（七）债务人在所有权保留买卖中尚未取得所有权的财产；

（八）所有权专属于国家且不得转让的财产；

（九）破产企业工会所有的财产。

**第72条【财产权利人有权取回的财产；财产权利人的债权申报；财产权利人要求等值赔偿的权利】** ★

本规定第七十一条第（一）项所列的财产，财产权利人有权取回。

前款财产在破产宣告前已经毁损灭失的，财产权利人仅能以直接损失额为限申报债权；在破产宣告后因清算组的责任毁损灭失的，财产权利人有权获得等值赔偿。

债务人转让上述财产获利的，财产权利人有权要求债务人等值赔偿。

# 最高人民法院关于审理人身损害赔偿案件适用法律若干问题的解释[①]

(法释[2003]20号,2003年12月4日由最高人民法院审判委员会第1299次会议通过,自2004年5月1日起施行)

**第11条【雇员在雇佣活动中遭受损害的责任承担】**
雇员在从事雇佣活动中遭受人身损害,雇主应当承担赔偿责任。雇佣关系以外的第三人造成雇员人身损害的,赔偿权利人可以请求第三人承担赔偿责任,也可以请求雇主承担赔偿责任。雇主承担赔偿责任后,可以向第三人追偿。

雇员在从事雇佣活动中因安全生产事故遭受人身损害,发包人、分包人知道或者应当知道接受发包或者分包业务的雇主没有相应资质或者安全生产条件的,应当与雇主承担连带赔偿责任。

属于《工伤保险条例》调整的劳动关系和工伤保险范围的,不适用本条规定。

**第16条【所有人或管理人对于物件致害的过错推定责任:构筑物、堆放物、林木、果实坠落致害;设计、施工者的连带责任】**
下列情形,适用民法通则第一百二十六条的规定,由所有人或者管理人承担赔偿责任,但能够证明自己没有过错的除外:

(一)道路、桥梁、隧道等人工建造的构筑物因维护、管理瑕疵致人损害的;

(二)堆放物品滚落、滑落或者堆放物倒塌致人损害的;

(三)树木倾倒、折断或者果实坠落致人损害的。

前款第(一)项情形,因设计、施工缺陷造成损害的,由所有人、管理人与设计、施工者承担连带责任。

**第17条【人身损害赔偿项目:一般人身损害赔偿项目、伤残赔偿项目、死亡赔偿项目】**
受害人遭受人身损害,因就医治疗支出的各项费用以及因误工减少的收

---

[①] 简称《人身损害赔偿司法解释》。

入、包括医疗费、误工费、护理费、交通费、住宿费、住院伙食补助费、必要的营养费，赔偿义务人应当予以赔偿。

受害人因伤致残的，其因增加生活上需要所支出的必要费用以及因丧失劳动能力导致的收入损失，包括残疾赔偿金、残疾辅助器具费、被扶养人生活费，以及因康复护理、继续治疗实际发生的必要的康复费、护理费、后续治疗费，赔偿义务人也应当予以赔偿。

受害人死亡的，赔偿义务人除应当根据抢救治疗情况赔偿本条第一款规定的相关费用外，还应当赔偿丧葬费、被扶养人生活费、死亡补偿费以及受害人亲属办理丧葬事宜支出的交通费、住宿费和误工损失等其他合理费用。

**第18条【精神损害抚慰金的请求权】** ★

受害人或者死者近亲属遭受精神损害，赔偿权利人向人民法院请求赔偿精神损害抚慰金的，适用《最高人民法院关于确定民事侵权精神损害赔偿责任若干问题的解释》予以确定。

精神损害抚慰金的请求权，不得让与或者继承。但赔偿义务人已经以书面方式承诺给予金钱赔偿，或者赔偿权利人已经向人民法院起诉的除外。

**第19条【医疗费计算标准】** ★

医疗费根据医疗机构出具的医药费、住院费等收款凭证，结合病历和诊断证明等相关证据确定。赔偿义务人对治疗的必要性和合理性有异议的，应当承担相应的举证责任。

医疗费的赔偿数额，按照一审法庭辩论终结前实际发生的数额确定。器官功能恢复训练所必要的康复费、适当的整容费以及其他后续治疗费，赔偿权利人可以待实际发生后另行起诉。但根据医疗证明或者鉴定结论确定必然发生的费用，可以与已经发生的医疗费一并予以赔偿。

**第20条【误工费计算标准】** ★

误工费根据受害人的误工时间和收入状况确定。

误工时间根据受害人接受治疗的医疗机构出具的证明确定。受害人因伤致残持续误工的，误工时间可以计算至定残日前一天。

受害人有固定收入的，误工费按照实际减少的收入计算。受害人无固定收入的，按照其最近三年的平均收入计算；受害人不能举证证明其最近三年的平均收入状况的，可以参照受诉法院所在地相同或者相近行业上一年度职工的平均工资计算。

**第21条【人身损害赔偿：护理费计算】** ★

护理费根据护理人员的收入状况和护理人数、护理期限确定。

护理人员有收入的,参照误工费的规定计算;护理人员没有收入或者雇佣护工的,参照当地护工从事同等级别护理的劳务报酬标准计算。护理人员原则上为一人,但医疗机构或者鉴定机构有明确意见的,可以参照确定护理人员人数。

护理期限应计算至受害人恢复生活自理能力时止。受害人因残疾不能恢复生活自理能力的,可以根据其年龄、健康状况等因素确定合理的护理期限,但最长不超过二十年。

受害人定残后的护理,应当根据其护理依赖程度并结合配制残疾辅助器具的情况确定护理级别。

**第 22 条【交通费计算标准】** ★

交通费根据受害人及其必要的陪护人员因就医或者转院治疗实际发生的费用计算。交通费应当以正式票据为凭;有关凭据应当与就医地点、时间、人数、次数相符合。

**第 23 条【伙食费、住宿费计算标准】** ★

住院伙食补助费可以参照当地国家机关一般工作人员的出差伙食补助标准予以确定。

受害人确有必要到外地治疗,因客观原因不能住院,受害人本人及其陪护人员实际发生的住宿费和伙食费,其合理部分应予赔偿。

**第 24 条【营养费计算标准】** ★

营养费根据受害人伤残情况参照医疗机构的意见确定。

**第 25 条【人身损害赔偿项目:残疾赔偿金计算标准】** ★

残疾赔偿金根据受害人丧失劳动能力程度或者伤残等级,按照受诉法院所在地上一年度城镇居民人均可支配收入或者农村居民人均纯收入标准,自定残之日起按二十年计算。但六十周岁以上的,年龄每增加一岁减少一年;七十五周岁以上的,按五年计算。

受害人因伤致残但实际收入没有减少,或者伤残等级较轻但造成职业妨害严重影响其劳动就业的,可以对残疾赔偿金作相应调整。

**第 28 条【被扶养人生活费数额的确定】** ★

被扶养人生活费根据扶养人丧失劳动能力程度,按照受诉法院所在地上一年度城镇居民人均消费性支出和农村居民人均年生活消费支出标准计算。被扶养人为未成年人的,计算至十八周岁;被扶养人无劳动能力又无其他生活来源的,计算二十年。但六十周岁以上的,年龄每增加一岁减少一年;七十五周岁以上的,按五年计算。

被扶养人是指受害人依法应当承担扶养义务的未成年人或者丧失劳动能力又无其他生活来源的成年近亲属。被扶养人还有其他扶养人的,赔偿义务人只赔偿受害人依法应当负担的部分。被扶养人有数人的,年赔偿总额累计不超过上一年度城镇居民人均消费性支出额或者农村居民人均年生活消费支出额。

第36条【人身损害赔偿司法解释的施行日期及其溯及力】★

本解释自2004年5月1日起施行。2004年5月1日后新受理的一审人身损害赔偿案件,适用本解释的规定。已经作出生效裁判的人身损害赔偿案件依法再审的,不适用本解释的规定。

在本解释公布施行之前已经生效施行的司法解释,其内容与本解释不一致的,以本解释为准。

# 最高人民法院关于适用《中华人民共和国企业破产法》若干问题的规定(二)①

(法释[2013]22号,2013年7月29日由最高人民法院审判委员会第1586次会议通过,自2013年9月16日起施行)

第2条【不应认定为债务人财产的范围】★

下列财产不应认定为债务人财产:

(一)债务人基于仓储、保管、承揽、代销、借用、寄存、租赁等合同或者其他法律关系占有、使用的他人财产;

(二)债务人在所有权保留买卖中尚未取得所有权的财产;

(三)所有权专属于国家且不得转让的财产;

(四)其他依照法律、行政法规不属于债务人的财产。

第3条【设定担保物权的特定财产为债务人财产】★

债务人已依法设定担保物权的特定财产,人民法院应当认定为债务人财产。

对债务人的特定财产在担保物权消灭或者实现担保物权后的剩余部分,

---

① 简称《企业破产法司法解释二》。

在破产程序中可用以清偿破产费用、共益债务和其他破产债权。

**第9条**【管理人依据企业破产法第三十一条和第三十二条的规定提起诉讼的处理】　　　　　　　　　　　　　　　　　　　★

管理人依据企业破产法第三十一条和第三十二条的规定提起诉讼,请求撤销涉及债务人财产的相关行为并由相对人返还债务人财产的,人民法院应予支持。

管理人因过错未依法行使撤销权导致债务人财产不当减损,债权人提起诉讼主张管理人对其损失承担相应赔偿责任的,人民法院应予支持。

**第12条**【破产申请受理前一年内债务的清偿】　　　　　　　　★

破产申请受理前一年内债务人提前清偿的未到期债务,在破产申请受理前已经到期,管理人请求撤销该清偿行为的,人民法院不予支持。但是,该清偿行为发生在破产申请受理前六个月内且债务人有企业破产法第二条第一款规定情形的除外。

**第14条**【债务人对以自有财产设定担保物权的债权进行的个别清偿的处理】　　　　　　　　　　　　　　　　　　　　　　　★

债务人对以自有财产设定担保物权的债权进行的个别清偿,管理人依据企业破产法第三十二条的规定请求撤销的,人民法院不予支持。但是,债务清偿时担保财产的价值低于债权额的除外。

**第17条**【管理人依据企业破产法第三十三条的规定提起诉讼的处理】
　　　　　　　　　　　　　　　　　　　　　　　　　　　★

管理人依据企业破产法第三十三条的规定提起诉讼,主张被隐匿、转移财产的实际占有人返还债务人财产,或者主张债务人虚构债务或者承认不真实债务的行为无效并返还债务人财产的,人民法院应予支持。

**第18条**【管理人代表债务人依据企业破产法第一百二十八条的规定提起诉讼的处理】　　　　　　　　　　　　　　　　　　　★

管理人代表债务人依据企业破产法第一百二十八条的规定,以债务人的法定代表人和其他直接责任人员对所涉债务人财产的相关行为存在故意或者重大过失,造成债务人财产损失为由提起诉讼,主张上述责任人员承担相应赔偿责任的,人民法院应予支持。

**第21条**【因破产申请应当中止审理的案件】　　　　　　　　★★

破产申请受理前,债权人就债务人财产提起下列诉讼,破产申请受理时案件尚未审结的,人民法院应当中止审理:

(一)主张次债务人代替债务人直接向其偿还债务的;

（二）主张债务人的出资人、发起人和负有监督股东履行出资义务的董事、高级管理人员，或者协助抽逃出资的其他股东、董事、高级管理人员、实际控制人等直接向其承担出资不实或者抽逃出资责任的；

（三）以债务人的股东与债务人法人人格严重混同为由，主张债务人的股东直接向其偿还债务人对其所负债务的；

（四）其他就债务人财产提起的个别清偿诉讼。

债务人破产宣告后，人民法院应当依照企业破产法第四十四条的规定判决驳回债权人的诉讼请求。但是，债权人一审中变更其诉讼请求为追收的相关财产归入债务人财产的除外。

债务人破产宣告前，人民法院依据企业破产法第十二条或者第一百零八条的规定裁定驳回破产申请或者终结破产程序的，上述中止审理的案件应当依法恢复审理。

**第35条【出卖人破产管理人决定继续履行所有权保留买卖合同的处理】** ★

出卖人破产，其管理人决定继续履行所有权保留买卖合同的，买受人应当按照原买卖合同的约定支付价款或者履行其他义务。

买受人未依约支付价款或者履行完毕其他义务，或者将标的物出卖、出质或者作出其他不当处分，给出卖人造成损害，出卖人管理人依法主张取回标的物的，人民法院应予支持。但是，买受人已经支付标的物总价款百分之七十五以上或者第三人善意取得标的物所有权或者其他物权的除外。

因本条第二款规定未能取回标的物，出卖人管理人依法主张买受人继续支付价款、履行完毕其他义务，以及承担相应赔偿责任的，人民法院应予支持。

**第36条【出卖人破产管理人决定解除所有权保留合同的处理】** ★

出卖人破产，其管理人决定解除所有权保留买卖合同，并依据企业破产法第十七条的规定要求买受人向其交付买卖标的物的，人民法院应予支持。

买受人以其不存在未依约支付价款或者履行完毕其他义务，或者将标的物出卖、出质或者作出其他不当处分情形抗辩的，人民法院不予支持。

买受人依法履行合同义务并依据本条第一款将买卖标的物交付出卖人管理人后，买受人已支付价款损失形成的债权作为共益债务清偿。但是，买受人违反合同约定，出卖人管理人主张上述债权作为普通破产债权清偿的，人民法院应予支持。

**第44条【破产申请受理前六个月内相关债务清偿的处理】** ★

破产申请受理前六个月内,债务人有企业破产法第二条第一款规定的情形,债务人与个别债权人以抵销方式对个别债权人清偿,其抵销的债权债务属于企业破产法第四十条第(二)、(三)项规定的情形之一,管理人在破产申请受理之日起三个月内向人民法院提起诉讼,主张该抵销无效的,人民法院应予支持。

# 最高人民法院关于审理民间借贷案件适用法律若干问题的规定①

(法释[2015]18号,2015年6月23日最高人民法院审判委员会第1655次会议通过,自2015年9月1日起施行)

**第6条【与民间借贷纠纷案件虽有关联但不是同一事实的涉嫌非法集资等犯罪的线索、材料的移送】** ★

人民法院立案后,发现与民间借贷纠纷案件虽有关联但不是同一事实的涉嫌非法集资等犯罪的线索、材料的,人民法院应当继续审理民间借贷纠纷案件,并将涉嫌非法集资等犯罪的线索、材料移送公安或者检察机关。

**第23条【企业法定代表人或负责人以企业名义、个人名义签订民间借贷合同时各方的诉讼地位与责任承担】** ★

企业法定代表人或负责人以企业名义与出借人签订民间借贷合同,出借人、企业或者其股东能够证明所借款项用于企业法定代表人或负责人个人使用,出借人请求将企业法定代表人或负责人列为共同被告或者第三人的,人民法院应予准许。

企业法定代表人或负责人以个人名义与出借人签订民间借贷合同,所借款项用于企业生产经营,出借人请求企业与个人共同承担责任的,人民法院应予支持。

**第25条【民间借贷合同中利息的确定】** ★

借贷双方没有约定利息,出借人主张支付借期内利息的,人民法院不予

---

① 简称《审理民间借贷案件规定》。

支持。

自然人之间借贷对利息约定不明，出借人主张支付利息的，人民法院不予支持。除自然人之间借贷的外，借贷双方对借贷利息约定不明，出借人主张利息的，人民法院应当结合民间借贷合同的内容，并根据当地或者当事人的交易方式、交易习惯、市场利率等因素确定利息。

**第 26 条【民间借贷年利率的限定】** ★★

借贷双方约定的利率未超过年利率24%，出借人请求借款人按照约定的利率支付利息的，人民法院应予支持。

借贷双方约定的利率超过年利率36%，超过部分的利息约定无效。借款人请求出借人返还已支付的超过年利率36%部分的利息的，人民法院应予支持。

**第 27 条【民间借贷案件审理中本金的认定】** ★

借据、收据、欠条等债权凭证载明的借款金额，一般认定为本金。预先在本金中扣除利息的，人民法院应当将实际出借的金额认定为本金。

**第 29 条【逾期利率的确定规则】** ★

借贷双方对逾期利率有约定的，从其约定，但以不超过年利率24%为限。

未约定逾期利率或者约定不明的，人民法院可以区分不同情况处理：

（一）既未约定借期内的利率，也未约定逾期利率，出借人主张借款人自逾期还款之日起按照年利率6%支付资金占用期间利息的，人民法院应予支持；

（二）约定了借期内的利率但未约定逾期利率，出借人主张借款人自逾期还款之日起按照借期内的利率支付资金占用期间利息的，人民法院应予支持。

**第 30 条【同时约定逾期利率、违约金、其他费用的适用规则】** ★

出借人与借款人既约定了逾期利率，又约定了违约金或者其他费用，出借人可以选择主张逾期利息、违约金或者其他费用，也可以一并主张，但总计超过年利率24%的部分，人民法院不予支持。

## 最高人民法院关于审理涉及金融资产管理公司收购、管理、处置国有银行不良贷款形成的资产的案件适用法律若干问题的规定①

(法释[2001]12号,2001年4月3日最高人民法院审判委员会第1167次会议通过,自2001年4月23日起施行)

**第2条【金融资产管理公司受让国有银行债权后诉讼主体的变更】★★**

金融资产管理公司受让国有银行债权后,人民法院对于债权转让前原债权银行已经提起诉讼尚未审结的案件,可以根据原债权银行或者金融资产管理公司的申请将诉讼主体变更为受让债权的金融资产管理公司。

## 最高人民法院关于适用简易程序审理民事案件的若干规定②

(法释[2003]15号,2003年7月4日由最高人民法院审判委员会第1280次会议通过,自2003年12月1日起施行)

**第30条【拒不到庭或中途退庭的处理:原告撤诉;被告缺席判决;文书送达】★★**

原告经传票传唤,无正当理由拒不到庭或者未经法庭许可中途退庭的,可以按撤诉处理;被告经传票传唤,无正当理由拒不到庭或者未经法庭许可中途退庭的,人民法院可以根据原告的诉讼请求及双方已经提交给法庭的证据材料缺席判决。

按撤诉处理或者缺席判决的,人民法院可以按照当事人自己提供的送达地址将裁判文书送达给未到庭的当事人。

---

① 简称《收购、管理、处置国有银行不良贷款形成的资产案件规定》。
② 简称《适用简易程序民事案件规定》。

# 最高人民法院关于审理劳动争议案件适用法律若干问题的解释(三)①

(法释[2010]12号,2010年7月12日由最高人民法院审判委员会第1489次会议通过,自2010年9月14日起施行)

**第1条【法院受理用人单位未办社保且社保机构不能补办而导致劳动者社保待遇损失的赔偿请求】**

劳动者以用人单位未为其办理社会保险手续,且社会保险经办机构不能补办导致其无法享受社会保险待遇为由,要求用人单位赔偿损失而发生争议的,人民法院应予受理。

**第4条【劳动者与未办理营业执照、营业执照被吊销或营业期限届满仍继续经营的用人单位发生争议的用人单位或出资人作为当事人】**

劳动者与未办理营业执照、营业执照被吊销或者营业期限届满仍继续经营的用人单位发生争议的,应当将用人单位或者其出资人列为当事人。

**第9条【劳动者主张加班费时的举证责任】**

劳动者主张加班费的,应当就加班事实的存在承担举证责任。但劳动者有证据证明用人单位掌握加班事实存在的证据,用人单位不提供的,由用人单位承担不利后果。

# 最高人民法院关于审理物业服务纠纷案件具体应用法律若干问题的解释②

(法释[2009]8号,2009年4月20日由最高人民法院审判委员会第1466次会议通过,自2009年10月1日起施行)

**第1条【物业服务合同的约束力】**

建设单位依法与物业服务企业签订的前期物业服务合同,以及业主

---

① 简称《劳动争议案件司法解释三》。
② 简称《物业服务纠纷司法解释》。

委员会与业主大会依法选聘的物业服务企业签订的物业服务合同,对业主具有约束力。业主以其并非合同当事人为由提出抗辩的,人民法院不予支持。

**第6条【未交纳物业费的处理规则】** ★

经书面催交,业主无正当理由拒绝交纳或者在催告的合理期限内仍未交纳物业费,物业服务企业请求业主支付物业费的,人民法院应予支持。物业服务企业已经按照合同约定以及相关规定提供服务,业主仅以未享受或者无需接受相关物业服务为抗辩理由的,人民法院不予支持。

# 最高人民法院关于审理涉及国有土地使用权合同纠纷案件适用法律问题的解释①

(法释[2005]5号,2004年11月23日由最高人民法院审判委员会第1334次会议通过,自2005年8月1日起施行)

**第14条【合作开发房地产合同的定义】** ★

本解释所称的合作开发房地产合同,是指当事人订立的以提供出让土地使用权、资金等作为共同投资,共享利润、共担风险合作开发房地产为基本内容的协议。

**第15条【房地产开发应具备经营资质】** ★

合作开发房地产合同的当事人一方具备房地产开发经营资质的,应当认定合同有效。

当事人双方均不具备房地产开发经营资质的,应当认定合同无效。但起诉前当事人一方已经取得房地产开发经营资质或者已依法合作成立具有房地产开发经营资质的房地产开发企业的,应当认定合同有效。

**第25条【名为合作实为房屋买卖的认定:提供资金的当事人不承担经营风险只分配固定数量房屋的】** ★

合作开发房地产合同约定提供资金的当事人不承担经营风险,只分配固定数量房屋的,应当认定为房屋买卖合同。

---

① 简称《国有土地使用权合同纠纷司法解释》。

# 最高人民法院关于建设工程价款优先受偿权问题的批复①

(法释[2002]16号,2002年6月11日最高人民法院审判委员会第1225次会议通过,自2002年6月27日起施行)

**第1条【承包人的建设工程优先受偿权】** ★

人民法院在审理房地产纠纷案件和办理执行案件中,应当依照《中华人民共和国合同法》第二百八十六条的规定,认定建筑工程的承包人的优先受偿权优于抵押权和其他债权。

**第2条【承包人的工程价款优先受偿权不得对抗已支付全部或者大部分款项的买受人】** ★

消费者交付购买商品房的全部或者大部分款项后,承包人就该商品房享有的工程价款优先受偿权不得对抗买受人。

**第3条【建设工程价款的范围】** ★

建筑工程价款包括承包人为建设工程应当支付的工作人员报酬、材料款等实际支出的费用,不包括承包人因发包人违约所造成的损失。

**第4条【建设工程承包人行使优先权的期限】** ★

建设工程承包人行使优先权的期限为六个月,自建设工程竣工之日或者建设工程合同约定的竣工之日起计算。

---

① 简称《建设工程价款优先受偿权问题的批复》。

# 最高人民法院关于审理劳动争议案件适用法律若干问题的解释①

（法释〔2001〕14号，2001年3月22日最高人民法院审判委员会第1165次会议通过，根据2008年12月16日发布的《最高人民法院关于调整司法解释等文件中引用〈中华人民共和国民事诉讼法〉条文序号的决定》调整）

**第2条**【法院对劳动争议仲裁委员会以不属于劳动争议为由作出不予受理的书面裁决、决定或通知的处理】　　★

劳动争议仲裁委员会以当事人申请仲裁的事项不属于劳动争议为由作出不予受理的书面裁决、决定或者通知，当事人不服，依法向人民法院起诉的，人民法院应当分别情况予以处理：

（一）属于劳动争议案件的，应当受理；

（二）虽不属于劳动争议案件，但属于人民法院主管的其他案件，应当依法受理。

**第5条**【当事人不服劳动争议仲裁委员会为纠正原裁决错误重新作出裁决起诉的，人民法院应当受理】　　★

劳动争议仲裁委员会为纠正原仲裁裁决错误重新作出裁决，当事人不服，依法向人民法院起诉的，人民法院应当受理。

**第13条**【用人单位负举证责任的劳动争议】　　★

因用人单位作出的开除、除名、辞退、解除劳动合同、减少劳动酬、计算劳动者工作年限等决定而发生的劳动争议，用人单位负举证责任。

---

① 简称《劳动争议案件司法解释一》。

# 最高人民法院关于审理融资租赁合同纠纷案件适用法律问题的解释①

(法释[2014]3号,2013年11月25日最高人民法院审判委员会第1597次会议通过,自2014年3月1日起施行)

**第1条【融资租赁法律关系的认定】** ★

人民法院应当根据合同法第二百三十七条的规定,结合标的物的性质、价值、租金的构成以及当事人的合同权利和义务,对是否构成融资租赁法律关系作出认定。

对名为融资租赁合同,但实际不构成融资租赁法律关系的,人民法院应按照其实际构成的法律关系处理。

**第2条【承租人将自有物出卖给出租人再通过融资租赁合同将租赁物租回的效力】** ★

承租人将其自有物出卖给出租人,再通过融资租赁合同将租赁物从出租人处租回的,人民法院不应仅以承租人和出卖人系同一人为由认定不构成融资租赁法律关系。

**第9条【融资租赁中租赁物的善意取得及例外情形】** ★

承租人或者租赁物的实际使用人,未经出租人同意转让租赁物或者在租赁物上设立其他物权,第三人依据物权法第一百零六条的规定取得租赁物的所有权或者其他物权,出租人主张第三人物权权利不成立的,人民法院不予支持,但有下列情形之一的除外:

(一)出租人已在租赁物的显著位置作出标识,第三人在与承租人交易时知道或者应当知道该物为租赁物的;

(二)出租人授权承租人将租赁物抵押给出租人并在登记机关依法办理抵押权登记的;

(三)第三人与承租人交易时,未按照法律、行政法规、行业或者地区主管部门的规定在相应机构进行融资租赁交易查询的;

(四)出租人有证据证明第三人知道或者应当知道交易标的物为租赁物

---

① 简称《融资租赁合同司法解释》。

的其他情形。

**第12条【出租人解除融资租赁合同的情形】** ★

有下列情形之一出租人请求解除融资租赁合同的,人民法院应予支持:

(一)承租人未经出租人同意,将租赁物转让、转租、抵押、质押、投资入股或者以其他方式处分租赁物的;

(二)承租人未按照合同约定的期限和数额支付租金,符合合同约定的解除条件,经出租人催告后在合理期限内仍不支付的;

(三)合同对于欠付租金解除合同的情形没有明确约定,但承租人欠付租金达到两期以上,或者数额达到全部租金百分之十五以上,经出租人催告后在合理期限内仍不支付的;

(四)承租人违反合同约定,致使合同目的不能实现的其他情形。

**第20条【承租人逾期履行付款义务的出租人有权要求支付逾期利息、相应违约金】** ★

承租人逾期履行支付租金义务或者迟延履行其他付款义务,出租人按照融资租赁合同的约定要求承租人支付逾期利息、相应违约金的,人民法院应予支持。

**第21条【出租人的租金支付请求权以及合同解除权】** ★

出租人既请求承租人支付合同约定的全部未付租金又请求解除融资租赁合同的,人民法院应告知其依照合同法第二百四十八条的规定作出选择。

出租人请求承租人支付合同约定的全部未付租金,人民法院判决后承租人未予履行,出租人再行起诉请求解除融资租赁合同、收回租赁物的,人民法院应予受理。

**第26条【融资租赁合同司法解释的适用】** ★

本解释自2014年3月1日起施行。《最高人民法院关于审理融资租赁合同纠纷案件若干问题的规定》(法发〔1996〕19号)同时废止。

本解释施行后尚未终审的融资租赁合同纠纷案件,适用本解释;本解释施行前已经终审,当事人申请再审或者按照审判监督程序决定再审的,不适用本解释。

# 最高人民法院关于适用《中华人民共和国合同法》若干问题的解释(一)①

(法释[1999]19号,1999年12月1日由最高人民法院审判委员会第1090次会议通过,自1999年12月29日起施行)

**第2条【合同法的溯及力】** ★

合同成立于合同法实施之前,但合同约定的履行期限跨越合同法实施之日或者履行期限在合同法实施之后,因履行合同发生的纠纷,适用合同法第四章的有关规定。

**第3条【合同法实施以前成立的合同的效力】** ★

人民法院确认合同效力时,对合同法实施以前成立的合同,适用当时的法律合同无效而适用合同法合同有效的,则适用合同法。

**第9条【未办批准、登记手续的合同效力】** ★

依照合同法第四十四条第二款的规定,法律、行政法规规定合同应当办理批准手续,或者办理批准、登记等手续才生效,在一审法庭辩论终结前当事人仍未办理批准手续的,或者仍未办理批准、登记等手续的,人民法院应当认定该合同未生效;法律、行政法规规定合同应当办理登记手续,但未规定登记后生效的,当事人未办理登记手续不影响合同的效力,合同标的物所有权及其他物权不能转移。

合同法第七十七条第二款、第八十七条、第九十六条第二款所列合同变更、转让、解除等情形,依照前款规定处理。

**第10条【超越经营范围订立合同有效】** ★

当事人超越经营范围订立合同,人民法院不因此认定合同无效。但违反国家限制经营、特许经营以及法律、行政法规禁止经营规定的除外。

**第11条【债权人代位权】** ★

债权人依照合同法第七十三条的规定提起代位权诉讼,应当符合下列条件:

(一)债权人对债务人的债权合法;

---

① 简称《合同法司法解释一》。

(二)债务人怠于行使其到期债权,对债权人造成损害;

(三)债务人的债权已到期;

(四)债务人的债权不是专属于债务人自身的债权。

**第 14 条【代位权诉讼的管辖】** ★

债权人依照合同法第七十三条的规定提起代位权诉讼的,由被告住所地人民法院管辖。

# 最高人民法院关于执行程序中计算迟延履行期间的债务利息适用法律若干问题的解释①

(法释[2014]8 号,2014 年 6 月 9 日最高人民法院审判委员会第 1619 次会议通过,自 2014 年 8 月 1 日起施行)

**第 1 条【迟延履行期间的债务利息进行加倍计算的范围;加倍部分债务利息的计算方法】** ★

根据民事诉讼法第二百五十三条规定加倍计算之后的迟延履行期间的债务利息,包括迟延履行期间的一般债务利息和加倍部分债务利息。

迟延履行期间的一般债务利息,根据生效法律文书确定的方法计算;生效法律文书未确定给付该利息的,不予计算。

加倍部分债务利息的计算方法为:加倍部分债务利息 = 债务人尚未清偿的生效法律文书确定的除一般债务利息之外的金钱债务 × 日万分之一点七五 × 迟延履行期间。

**第 2 条【加倍部分债务利息的起算时间点】** ★

加倍部分债务利息自生效法律文书确定的履行期间届满之日起计算;生效法律文书确定分期履行的,自每次履行期间届满之日起计算;生效法律文书未确定履行期间的,自法律文书生效之日起计算。

---

① 简称《执行程序中计算迟延履行利息司法解释》。

# 最高人民法院关于审理商标民事纠纷案件适用法律若干问题的解释①

(法释[2002]32号,2002年10月12日由最高人民法院审判委员会第1246次会议通过,自2002年10月16日起施行)

**第9条【商标相同和商标近似的界定】**

商标法第五十二条第(一)项规定的商标相同,是指被控侵权的商标与原告的注册商标相比较,二者在视觉上基本无差别。

商标法第五十二条第(一)项规定的商标近似,是指被控侵权的商标与原告的注册商标相比较,其文字的字形、读音、含义或者图形的构图及颜色,或者其各要素组合后的整体结构相似,或者其立体形状、颜色组合近似,易使相关公众对商品的来源产生误认或者认为其来源与原告注册商标的商品有特定的联系。

**第16条【侵犯商标专用权的赔偿数额的计算方式】**

侵权人因侵权所获得的利益或者被侵权人因被侵权所受到的损失均难以确定的,人民法院可以根据当事人的请求或者依职权适用商标法第五十六条第二款的规定确定赔偿数额。

人民法院在确定赔偿数额时,应当考虑侵权行为的性质、期间、后果,商标的声誉,商标使用许可费的数额,商标使用许可的种类、时间、范围及制止侵权行为的合理开支等因素综合确定。

当事人按照本条第一款的规定就赔偿数额达成协议的,应当准许。

**第17条【侵犯商标专用权的赔偿范围:合理费用】**

商标法第五十六条第一款规定的制止侵权行为所支付的合理开支,包括权利人或者委托代理人对侵权行为进行调查、取证的合理费用。

人民法院根据当事人的诉讼请求和案件具体情况,可以将符合国家有关部门规定的律师费用计算在赔偿范围内。

**第21条【侵犯商标专用权的责任承担】**

人民法院在审理侵犯注册商标专用权纠纷案件中,依据民法通则第一百

---

① 简称《商标纠纷司法解释》。

三十四条、商标法第五十三条的规定和案件具体情况,可以判决侵权人承担停止侵害、排除妨碍、消除危险、赔偿损失、消除影响等民事责任,还可以作出罚款、收缴侵权商品、伪造的商标标识和专门用于生产侵权商品的材料、工具、设备等财物的民事制裁决定。罚款数额可以参照《中华人民共和国商标法实施条例》的有关规定确定。

工商行政管理部门对同一侵犯注册商标专用权行为已经给予行政处罚的,人民法院不再予以民事制裁。

# 最高人民法院关于审理劳动争议案件适用法律若干问题的解释(四)①

(法释[2013]4号,2012年12月31日最高人民法院审判委员会第1566次会议通过,自2013年2月1日起施行)

**第5条【劳动者非因本人原因从原用人单位被安排到新用人单位工作计算支付经济补偿或赔偿金的工作年限;劳动者非因本人原因从原用人单位被安排到新用人单位的情形】** ★

劳动者非因本人原因从原用人单位被安排到新用人单位工作,原用人单位未支付经济补偿,劳动者依照劳动合同法第三十八条规定与新用人单位解除劳动合同,或者新用人单位向劳动者提出解除、终止劳动合同,在计算支付经济补偿或赔偿金的工作年限时,劳动者请求把在原用人单位的工作年限合并计算为新用人单位工作年限的,人民法院应予支持。

用人单位符合下列情形之一的,应当认定属于"劳动者非因本人原因从原用人单位被安排到新用人单位工作":

(一)劳动者仍在原工作场所、工作岗位工作,劳动合同主体由原用人单位变更为新用人单位;

(二)用人单位以组织委派或任命形式对劳动者进行工作调动;

(三)因用人单位合并、分立等原因导致劳动者工作调动;

(四)用人单位及其关联企业与劳动者轮流订立劳动合同;

---

① 简称《审理劳动争议案件司法解释四》。

(五)其他合理情形。

# 最高人民法院关于贯彻执行《中华人民共和国继承法》若干问题的意见①

(法(民)发[1985]22号,1985年9月11日最高人民法院发布,自1985年9月11日起施行)

**第1条【继承开始时间】**
继承从被继承人生理死亡或被宣告死亡时开始。
失踪人被宣告死亡的,以法院判决中确定的失踪人的死亡日期,为继承开始的时间。

**第52条【继承开始后遗产分割前继承人死亡的处理】**
继承开始后,继承人没有表示放弃继承,并于遗产分割前死亡的,其继承遗产的权利转移给他的合法继承人。

# 最高人民法院关于《中华人民共和国企业破产法》施行时尚未审结的企业破产案件适用法律若干问题的规定②

(法释[2007]10号,2007年4月23日由最高人民法院审判委员会第1425次会议通过,自2007年6月1日起施行)

**第9条【债权人对债权表记载债权有异议提起诉讼的处理;债权人就争议债权起诉债务人的处理】**
债权人对债权表记载债权有异议,向受理破产申请的人民法院提起诉讼

---

① 简称《继承法问题的意见》。
② 简称《破产法实施前未审结破产案件规定》。

的,人民法院应当依据企业破产法第二十一条和第五十八条的规定予以受理。但人民法院对异议债权已经作出裁决的除外。

债权人就争议债权起诉债务人,要求其承担偿还责任的,人民法院应当告知该债权人变更其诉讼请求为确认债权。

# 最高人民法院关于人民法院民事执行中查封、扣押、冻结财产的规定①

(法释[2004]15号,2004年10月26日由最高人民法院审判委员会第1330次会议通过,根据2008年12月16日发布的《最高人民法院关于调整司法解释等文件中引用〈中华人民共和国民事诉讼法〉条文序号的决定》调整,自2008年12月16日起施行)

**第2条【查封、扣押、冻结财产范围】**

人民法院可以查封、扣押、冻结被执行人占有的动产、登记在被执行人名下的不动产、特定动产及其他财产权。

未登记的建筑物和土地使用权,依据土地使用权的审批文件和其他相关证据确定权属。

对于第三人占有的动产或者登记在第三人名下的不动产、特定动产及其他财产权,第三人书面确认该财产属于被执行人的,人民法院可以查封、扣押、冻结。

**第17条【被执行人将其所有的需要办理过户登记的财产出卖给第三人时查封、扣押、冻结的执行】**

被执行人将其所有的需要办理过户登记的财产出卖给第三人,第三人已经支付部分或者全部价款并实际占有该财产,但尚未办理产权过户登记手续的,人民法院可以查封、扣押、冻结;第三人已经支付全部价款并实际占有,但未办理过户登记手续的,如果第三人对此没有过错,人民法院不得查封、扣押、冻结。

---

① 简称《民事执行查封扣押冻结财产规定》。

# 最高人民法院关于人民法院审理离婚案件处理财产分割问题的若干具体意见①

（法发[1993]32号,1993年11月3日公布施行）

**第17条【夫妻共同债务的认定；不能认定为夫妻共同债务的情形】** ★
夫妻为共同生活或为履行抚养、赡养义务等所负债务,应认定为夫妻共同债务,离婚时应当以夫妻共同财产清偿。

下列债务不能认定为夫妻共同债务,应由一方以个人财产清偿：
(1)夫妻双方约定由个人负担的债务,但以逃避债务为目的的除外。
(2)一方未经对方同意,擅自资助与其没有抚养义务的亲朋所负的债务。
(3)一方未经对方同意,独自筹资从事经营活动,其收入确未用于共同生活所负的债务。
(4)其他应由个人承担的债务。

# 最高人民法院关于确定民事侵权精神损害赔偿责任若干问题的解释②

（法释[2001]7号,2001年2月26日由最高人民法院审判委员会第1161次会议通过,自2001年3月10日起施行）

**第8条【致人精神损害的责任方式】** ★
因侵权致人精神损害,但未造成严重后果,受害人请求赔偿精神损害的,一般不予支持,人民法院可以根据情形判令侵权人停止侵害、恢复名誉、消除影响、赔礼道歉。

因侵权致人精神损害,造成严重后果的,人民法院除判令侵权人承担停

---

① 简称《审理离婚案件处理财产分割问题意见》。
② 简称《精神损害赔偿司法解释》。

止侵害、恢复名誉、消除影响、赔礼道歉等民事责任外,可以根据受害人一方的请求判令其赔偿相应的精神损害抚慰金。

**第 10 条【精神损害赔偿数额的确定标准】** ★

精神损害的赔偿数额根据以下因素确定:

(一)侵权人的过错程度,法律另有规定的除外;

(二)侵害的手段、场合、行为方式等具体情节;

(三)侵权行为所造成的后果;

(四)侵权人的获利情况;

(五)侵权人承担责任的经济能力;

(六)受诉法院所在地平均生活水平。

法律、行政法规对残疾赔偿金、死亡赔偿金等有明确规定的,适用法律、行政法规的规定。

# 最高人民法院关于适用《中华人民共和国婚姻法》若干问题的解释(一)①

(法释[2001]30 号,2001 年 12 月 24 日由最高人民法院审判委员会第 1202 次会议通过,自 2001 年 12 月 27 日起施行)

**第 4 条【补办结婚登记的婚姻关系效力的起算】** ★

男女双方根据婚姻法第八条规定补办结婚登记的,婚姻关系的效力从双方均符合婚姻法所规定的结婚的实质要件时起算。

**第 18 条【第三人知道夫妻财产约定的举证责任】** ★

婚姻法第十九条所称"第三人知道该约定的",夫妻一方对此负有举证责任。

---

① 简称《婚姻法司法解释一》。

# 最高人民法院印发《关于审理公司强制清算案件工作座谈会纪要》的通知[①]

(法发[2009]52号,2009年11月4日公布施行)

**第1条【公司强制清算案件的审理原则】** ★

会议认为,公司作为现代企业的主要类型,在参与市场竞争时,不仅要严格遵循市场准入规则,也要严格遵循市场退出规则。公司强制清算作为公司退出市场机制的重要途径之一,是公司法律制度的重要组成部分。人民法院在审理此类案件时,应坚持以下原则:

第一,坚持清算程序公正原则。公司强制清算的目的在于有序结束公司存续期间的各种商事关系,合理调整众多法律主体的利益,维护正常的经济秩序。人民法院审理公司强制清算案件,应当严格依照法定程序进行,坚持在程序正义的基础上实现清算结果的公正。

第二,坚持清算效率原则。提高社会经济的整体效率,是公司强制清算制度追求的目标之一,要严格而不失快捷地使已经出现解散事由的公司退出市场,将其可能给各方利益主体造成的损失降至最低。人民法院审理强制清算案件,要严格按照法律规定及时有效地完成清算,保障债权人、股东等利害关系人的利益及时得到实现,避免因长期拖延清算给相关利害关系人造成不必要的损失,保障社会资源的有效利用。

第三,坚持利益均衡保护原则。公司强制清算中应当以维护公司各方主体利益平衡为原则,实现公司退出环节中的公平公正。人民法院在审理公司强制清算案件时,既要充分保护债权人利益,又要兼顾职工利益、股东利益和社会利益,妥善处理各方利益冲突,实现法律效果和社会效果的有机统一。

---

① 简称《公司强制清算案件座谈会纪要》。

# 最高人民法院关于人民法院执行工作若干问题的规定(试行)①

(法释[1998]15号,1998年6月11日最高人民法院审判委员会第992次会议通过,根据2008年12月8日由最高人民法院审判委员会第1457次会议通过的《最高人民法院关于调整司法解释等文件中引用〈中华人民共和国民事诉讼法〉条文序号的决定》调整)

**第1条【法院执行机构的设立背景】** ★

人民法院根据需要,依据有关法律的规定,设立执行机构,专门负责执行工作。

**第52条【对被执行人在其他股份有限公司中持有的股份凭证(股票)的处理】** ★

对被执行人在其他股份有限公司中持有的股份凭证(股票),人民法院可以扣押,并强制被执行人按照公司法的有关规定转让,也可以直接采取拍卖、变卖的方式进行处分,或直接将股票抵偿给债权人,用于清偿被执行人的债务。

# 最高人民法院关于人民法院办理执行异议和复议案件若干问题的规定②

(法释[2015]10号,2014年12月29日最高人民法院审判委员会第1638次会议通过,自2015年5月5日起施行)

**第25条【判断案外人是否系权利人的方法】** ★

对案外人的异议,人民法院应当按照下列标准判断其是否系权利人:
(一)已登记的不动产,按照不动产登记簿判断;未登记的建筑物、构筑物

---

① 简称《人民法院执行工作规定》。
② 简称《人民法院办理执行异议和复议案件的规定》。

及其附属设施,按照土地使用权登记簿、建设工程规划许可、施工许可等相关证据判断;

(二)已登记的机动车、船舶、航空器等特定动产,按照相关管理部门的登记判断;未登记的特定动产和其他动产,按照实际占有情况判断;

(三)银行存款和存管在金融机构的有价证券,按照金融机构和登记结算机构登记的账户名称判断;有价证券由具备合法经营资质的托管机构名义持有的,按照该机构登记的实际投资人账户名称判断;

(四)股权按照工商行政管理机关的登记和企业信用信息公示系统公示的信息判断;

(五)其他财产和权利,有登记的,按照登记机构的登记判断;无登记的,按照合同等证明财产权属或者权利人的证据判断。

案外人依据另案生效法律文书提出排除执行异议,该法律文书认定的执行标的权利人与依照前款规定得出的判断不一致的,依照本规定第二十六条规定处理。

# 最高人民法院关于审理旅游纠纷案件适用法律若干问题的规定①

(法释[2010]13号,2010年9月13日由最高人民法院审判委员会第1496次会议通过,自2010年11月1日起施行)

**第14条【旅游辅助服务者致使旅游者人身损害、财产损失的责任承担;旅游经营者未尽谨慎选择义务的补充责任】** ★

因旅游辅助服务者的原因造成旅游者人身损害、财产损失,旅游者选择请求旅游辅助服务者承担侵权责任的,人民法院应予支持。

旅游经营者对旅游辅助服务者未尽谨慎选择义务,旅游者请求旅游经营者承担相应补充责任的,人民法院应予支持。

---

① 简称《旅游纠纷司法解释》。

# 最高人民法院关于审理涉及会计师事务所在审计业务活动中民事侵权赔偿案件的若干规定①

(法释[2007]12号,2007年6月4日最高人民法院审判委员会第1428次会议通过,自2007年6月15日起施行)

**第1条【法院受理注册会计师出具不实报告致人损失的民事侵权赔偿诉讼】** ★

利害关系人以会计师事务所在从事注册会计师法第十四条规定的审计业务活动中出具不实报告并致其遭受损失为由,向人民法院提起民事侵权赔偿诉讼的,人民法院应当依法受理。

**第2条【注册会计师法规定的利害关系人;因合理信赖或使用会计师事务所的不实报告进行交易而遭受损失的自然人、法人或其他组织;不实报告的认定】** ★

因合理信赖或者使用会计师事务所出具的不实报告,与被审计单位进行交易或者从事与被审计单位的股票、债券等有关的交易活动而遭受损失的自然人、法人或者其他组织,应认定为注册会计师法规定的利害关系人。

会计师事务所违反法律法规、中国注册会计师协会依法拟定并经国务院财政部门批准后施行的执业准则和规则以及诚信公允的原则,出具的具有虚假记载、误导性陈述或者重大遗漏的审计业务报告,应认定为不实报告。

---

① 简称《审计活动侵权赔偿规定》。

# 最高人民法院关于审理涉及人民调解协议的民事案件的若干规定①

(法释[2002]29号,2002年9月5日由最高人民法院审判委员会第1240次会议通过,自2002年11月1日起施行)

**第1条【民事调解协议的法律效力】** ★

经人民调解委员会调解达成的、有民事权利义务内容,并由双方当事人签字或者盖章的调解协议,具有民事合同性质。当事人应当按照约定履行自己的义务,不得擅自变更或者解除调解协议。

# 最高人民法院关于审理注册商标、企业名称与在先权利冲突的民事纠纷案件若干问题的规定②

(法释[2008]3号,2008年2月18日最高人民法院审判委员会第1444次会议通过,自2008年3月1日起施行)

**第1条【以他人注册商标使用的文字、图形等侵犯其著作权、外观设计专利权、企业名称权等在先权利为由提起诉讼的受理】** ★

原告以他人注册商标使用的文字、图形等侵犯其著作权、外观设计专利权、企业名称权等在先权利为由提起诉讼,符合民事诉讼法第一百零八条规定的,人民法院应当受理。

---

① 简称《审理调解协议案件规定》。
② 简称《注册商标企业名称在先权纠纷司法解释》。

## 最高人民法院关于审理企业破产案件确定管理人报酬的规定①

(法释[2007]8号,2007年4月4日最高人民法院审判委员会第1422次会议通过,自2007年6月1日起施行)

**第13条【企业破产程序中管理人的报酬计算标准及支付方式】** ★

管理人对担保物的维护、变现、交付等管理工作付出合理劳动的,有权向担保权人收取适当的报酬。管理人与担保权人就上述报酬数额不能协商一致的,人民法院应当参照本规定第二条规定的方法确定,但报酬比例不得超出该条规定限制范围的10%。

## 最高人民法院关于商标法修改决定施行后商标案件管辖和法律适用问题的解释②

(法释[2014]4号,2014年2月10日由最高人民法院审判委员会第1606次会议通过,自2014年5月1日起施行)

**第9条【商标法修改决定施行后商标案件法律适用问题:施行前发生的行为适用修改前商标法的规定、施行前发生持续到该决定施行后的行为适用修改后商标法的规定】** ★

除本解释另行规定外,商标法修改决定施行后人民法院受理的商标民事案件,涉及该决定施行前发生的行为的,适用修改前商标法的规定;涉及该决定施行前发生,持续到该决定施行后的行为的,适用修改后商标法的规定。

---

① 简称《审理企业破产案件确定管理人报酬的规定》。
② 简称《商标案件管辖和法律适用司法解释》。

# 最高人民法院人民法院对外委托司法鉴定管理规定①

(法释[2002]8号,2002年2月22日由最高人民法院审判委员会第1214次会议通过,自2002年4月1日起施行)

**第11条【司法鉴定所涉及的专业未纳入名册时的处理】** ★

司法鉴定所涉及的专业未纳入名册时,人民法院司法鉴定机构可以从社会相关专业中,择优选定受委托单位或专业人员进行鉴定。如果被选定的单位或专业人员需要进入鉴定人名册的,仍应当呈报上一级人民法院司法鉴定机构批准。

# 最高人民法院关于适用《中华人民共和国婚姻法》若干问题的解释(三)②

(法释[2011]18号,2011年7月4日最高人民法院审判委员会第1525次会议通过,自2011年8月13日起施行)

**第18条【离婚后发现夫妻共同财产的分割】** ★

离婚后,一方以尚有夫妻共同财产未处理为由向人民法院起诉请求分割的,经审查该财产确属离婚时未涉及的夫妻共同财产,人民法院应当依法予以分割。

---

① 简称《对外委托司法鉴定规定》。
② 简称《婚姻法司法解释三》。

## 最高人民法院关于印发《第二次全国涉外商事海事审判工作会议纪要》的通知①

(法发[2005]26号,2005年12月26日发布施行)

**第1条【因追加当事人而使得案件具有涉外因素的属于涉外商事纠纷案件】**

人民法院在审理国内商事纠纷案件过程中,因追加当事人而使得案件具有涉外因素的,属于涉外商事纠纷案件,应当按照《最高人民法院关于涉外民商事案件诉讼管辖若干问题的规定》确定案件的管辖。当事人协议管辖不得违反前述规定。

无管辖权的人民法院不得受理涉外商事纠纷案件;已经受理的,应将案件移送有管辖权的人民法院审理。

## 最高人民法院关于正确审理企业破产案件为维护市场经济秩序提供司法保障若干问题的意见②

(法发[2009]36号,2009年6月12日公布施行)

**第16条【人民法院在审理债务人人员下落不明或财产状况不清的破产案件时的处理角度与原则】**

人民法院在审理债务人人员下落不明或财产状况不清的破产案件时,要从充分保障债权人合法利益的角度出发,在对债务人的法定代表人、财务管理人员、其他经营管理人员,以及出资人等进行释明,或者采取相应罚款、训诫、拘留等强制措施后,债务人仍不向人民法院提交有关材料或者不提交全部材料,影响清算顺利进行的,人民法院就现有财产对已知债权进行公平清

---

① 简称《第二次涉外商事海事审判纪要》。
② 简称《审理企业破产案件提供司法保障意见》。

偿并裁定终结清算程序后,应当告知债权人可以另行提起诉讼要求有责任的有限责任公司股东、股份有限公司董事、控股股东,以及实际控制人等清算义务人对债务人的债务承担清偿责任。

# 最高人民法院关于适用《中华人民共和国公司法》若干问题的规定(四)①

(法释[2017]16号,2016年12月5日由最高人民法院审判委员会第1702次会议通过,自2017年9月1日起施行)

**第1条【公司决议纠纷的受理】**

公司股东、董事、监事等请求确认股东会或者股东大会、董事会决议无效或者不成立的,人民法院应当依法予以受理。

**第3条【公司决议纠纷的被告】**

原告请求确认股东会或者股东大会、董事会决议不成立、无效或者撤销决议的案件,应当列公司为被告。对决议涉及的其他利害关系人,可以依法列为第三人。

一审法庭辩论终结前,其他有原告资格的人以相同的诉讼请求申请参加前款规定诉讼的,可以列为共同原告。

**第4条【撤销公司决议的裁判依据】**

股东请求撤销股东会或者股东大会、董事会决议,符合公司法第二十二条第二款规定的,人民法院应当予以支持,但会议召集程序或者表决方式仅有轻微瑕疵,且对决议未产生实质影响的,人民法院不予支持。

**第5条【公司决议不成立的情形】**

股东会或者股东大会、董事会决议存在下列情形之一,当事人主张决议不成立的,人民法院应当予以支持:

(一)公司未召开会议的,但依据公司法第三十七条第二款或者公司章程规定可以不召开股东会或者股东大会而直接作出决定,并由全体股东在决定文件上签名、盖章的除外;

---

① 简称《公司法司法解释四》。

（二）会议未对决议事项进行表决的；

（三）出席会议的人数或者股东所持表决权不符合公司法或者公司章程规定的；

（四）会议的表决结果未达到公司法或者公司章程规定的通过比例的；

（五）导致决议不成立的其他情形。

**第7条【股东有权起诉请求查阅、复制公司文件材料】**

股东依据公司法第三十三条、第九十七条或者公司章程的规定，起诉请求查阅或者复制公司特定文件材料的，人民法院应当依法予以受理。

公司有证据证明前款规定的原告在起诉时不具有公司股东资格的，人民法院应当驳回起诉，但原告有初步证据证明在持股期间其合法权益受到损害，请求依法查阅或者复制其持股期间的公司特定文件材料的除外。

**第8条【股东有"不正当目的"的认定】**

有限责任公司有证据证明股东存在下列情形之一的，人民法院应当认定股东有公司法第三十三条第二款规定的"不正当目的"：

（一）股东自营或者为他人经营与公司主营业务有实质性竞争关系业务的，但公司章程另有规定或者全体股东另有约定的除外；

（二）股东为了向他人通报有关信息查阅公司会计账簿，可能损害公司合法利益的；

（三）股东在向公司提出查阅请求之日前的三年内，曾通过查阅公司会计账簿，向他人通报有关信息损害公司合法利益的；

（四）股东有不正当目的的其他情形。

**第9条【协议不得实质剥夺股东查阅、复制文字材料的权利】**

公司章程、股东之间的协议等实质性剥夺股东依据公司法第三十三条、第九十七条规定查阅或者复制公司文件材料的权利，公司以此为由拒绝股东查阅或者复制的，人民法院不予支持。

**第10条【判决支持查阅、复制文字材料】**

人民法院审理股东请求查阅或者复制公司特定文件材料的案件，对原告诉讼请求予以支持的，应当在判决中明确查阅或者复制公司特定文件材料的时间、地点和特定文件材料的名录。

股东依据人民法院生效判决查阅公司文件材料的，在该股东在场的情况下，可以由会计师、律师等依法或者依据执业行为规范负有保密义务的中介机构执业人员辅助进行。

**第 21 条【损害其他股东优先购买权的民事责任】**

有限责任公司的股东向股东以外的人转让股权,未就其股权转让事项征求其他股东意见,或者以欺诈、恶意串通等手段,损害其他股东优先购买权,其他股东主张按照同等条件购买该转让股权的,人民法院应当予以支持,但其他股东自知道或者应当知道行使优先购买权的同等条件之日起三十日内没有主张,或者自股权变更登记之日起超过一年的除外。

前款规定的其他股东仅提出确认股权转让合同及股权变动效力等请求,未同时主张按照同等条件购买转让股权的,人民法院不予支持,但其他股东非因自身原因导致无法行使优先购买权,请求损害赔偿的除外。

股东以外的股权受让人,因股东行使优先购买权而不能实现合同目的的,可以依法请求转让股东承担相应民事责任。

# 法律规范性文件简全称对照索引表

| 简称(拼音序) | 全 称 | 法合二维码<br>法合引证码 | 页码 |
|---|---|---|---|
| 安全生产法 | 中华人民共和国安全生产法 | L1.1.242 | 0888 |
| 保险法 | 中华人民共和国保险法 | L1.1.59 | 0868 |
| 城镇集体所有制企业条例 | 中华人民共和国城镇集体所有制企业条例 | L1.2.39 | 0908 |
| 担保法 | 中华人民共和国担保法 | L1.1.58 | 0823 |
| 担保法司法解释 | 最高人民法院关于适用《中华人民共和国担保法》若干问题的解释 | L1.3.49 | 0929 |
| 道路交通安全法 | 中华人民共和国道路交通安全法 | L1.1.145 | 0880 |

| 简称(拼音序) | 全 称 | 法合二维码 法合引证码 | 页码 |
|---|---|---|---|
| 道路运输条例 | 中华人民共和国道路运输条例 | L1.2.59 | 0907 |
| 第二次涉外商事海事审判纪要 | 最高人民法院关于印发《第二次全国涉外商事海事审判工作会议纪要》的通知 | L1.3.1742 | 0983 |
| 对外委托司法鉴定规定 | 最高人民法院人民法院对外委托司法鉴定管理规定 | L1.3.25 | 0982 |
| 房地产管理法 | 中华人民共和国城市房地产管理法 | L1.1.105 | 0871 |
| 工伤保险条例 | 工伤保险条例 | L1.2.110 | 0895 |
| 公司登记管理条例 | 中华人民共和国公司登记管理条例 | L1.2.117 | 0890 |
| 公司法 | 中华人民共和国公司法 | L1.1.55 | 0085 |
| 公司法司法解释二 | 最高人民法院关于适用《中华人民共和国公司法》若干问题的规定(二) | L1.3.2218 | 0920 |

| 简称(拼音序) | 全 称 | 法合二维码 法合引证码 | 页码 |
|---|---|---|---|
| 公司法司法解释三 | 最高人民法院关于适用《中华人民共和国公司法》若干问题的规定(三) | L1.3.2219 | 0915 |
| 公司法司法解释四 | 最高人民法院关于适用《中华人民共和国公司法》若干问题的规定(四) | L1.3.2227 | 0984 |
| 公司法司法解释一 | 最高人民法院关于适用《中华人民共和国公司法》若干问题的规定(一) | L1.3.2217 | 0945 |
| 公司强制清算案件座谈会纪要 | 最高人民法院印发《关于审理公司强制清算案件工作座谈会纪要》的通知 | L1.3.1075 | 0976 |
| 公证法 | 中华人民共和国公证法 | L1.1.149 | 0887 |
| 国企富余职工安置规定 | 国有企业富余职工安置规定 | L1.2.162 | 0905 |
| 个人独资企业法 | 中华人民共和国个人独资企业法 | L1.1.64 | 0742 |
| 国有土地使用权出让转让条例 | 中华人民共和国城镇国有土地使用权出让和转让暂行条例 | L1.2.38 | 0910 |

| 简称(拼音序) | 全　称 | 法合二维码<br>法合引证码 | 页码 |
|---|---|---|---|
| 国有土地使用权合同纠纷司法解释 | 最高人民法院关于审理涉及国有土地使用权合同纠纷案件适用法律问题的解释 | L1.3.47 | 0963 |
| 国有资产法 | 中华人民共和国企业国有资产法 | L1.1.224 | 0882 |
| 合伙企业登记管理办法 | 中华人民共和国合伙企业登记管理办法 | L1.2.176 | 0902 |
| 合伙企业法 | 中华人民共和国合伙企业法 | L1.1.61 | 0606 |
| 合同法 | 中华人民共和国合同法 | L1.1.63 | 0791 |
| 合同法司法解释二 | 最高人民法院关于适用《中华人民共和国合同法》若干问题的解释(二) | L1.3.60 | 0925 |
| 合同法司法解释一 | 最高人民法院关于适用《中华人民共和国合同法》若干问题的解释(一) | L1.3.59 | 0968 |
| 婚姻法 | 中华人民共和国婚姻法 | L1.1.42 | 0865 |

| 简称(拼音序) | 全　称 | 法合二维码<br>法合引证码 | 页码 |
|---|---|---|---|
| 婚姻法司法解释二 | 最高人民法院关于适用《中华人民共和国婚姻法》若干问题的解释(二) | L1.3.101 | 0933 |
| 婚姻法司法解释三 | 最高人民法院关于适用《中华人民共和国婚姻法》若干问题的解释(三) | L1.3.102 | 0982 |
| 婚姻法司法解释一 | 最高人民法院关于适用《中华人民共和国婚姻法》若干问题的解释(一) | L1.3.100 | 0975 |
| 继承法 | 中华人民共和国继承法 | L1.1.45 | 0859 |
| 继承法问题的意见 | 最高人民法院关于贯彻执行《中华人民共和国继承法》若干问题的意见 | L1.3.106 | 0972 |
| 建设工程合同纠纷司法解释 | 最高人民法院关于审理建设工程施工合同纠纷案件适用法律问题的解释 | L1.3.73 | 0947 |
| 建设工程价款优先受偿权问题的批复 | 最高人民法院关于建设工程价款优先受偿权问题的批复 | L1.3.72 | 0964 |
| 建设工程质量管理条例 | 建设工程质量管理条例 | L1.2.203 | 0912 |

| 简称（拼音序） | 全 称 | 法合二维码<br>法合引证码 | 页码 |
| --- | --- | --- | --- |
| 建筑法 | 中华人民共和国建筑法 | L1.1.123 | 0875 |
| 交强险条例 | 机动车交通事故责任强制保险条例 | L1.2.189 | 0909 |
| 精神损害赔偿司法解释 | 最高人民法院关于确定民事侵权精神损害赔偿责任若干问题的解释 | L1.3.90 | 0974 |
| 矿产资源法 | 中华人民共和国矿产资源法 | L1.1.179 | 0872 |
| 会计法 | 中华人民共和国会计法 | L1.1.175 | 0854 |
| 劳动法 | 中华人民共和国劳动法 | L1.1.237 | 0843 |
| 劳动合同法 | 中华人民共和国劳动合同法 | L1.1.243 | 0849 |
| 劳动合同法实施条例 | 中华人民共和国劳动合同法实施条例 | L1.2.235 | 0901 |

| 简称(拼音序) | 全　称 | 法合二维码<br>法合引证码 | 页码 |
|---|---|---|---|
| 劳动争议案件司法解释二 | 最高人民法院关于审理劳动争议案件适用法律若干问题的解释（二） | L1.3.152 | 0946 |
| 劳动争议案件司法解释三 | 最高人民法院关于审理劳动争议案件适用法律若干问题的解释（三） | L1.3.153 | 0962 |
| 劳动争议案件司法解释一 | 最高人民法院关于审理劳动争议案件适用法律若干问题的解释 | L1.3.150 | 0965 |
| 劳动争议调解仲裁法 | 中华人民共和国劳动争议调解仲裁法 | L1.1.245 | 0877 |
| 立法法 | 中华人民共和国立法法 | L1.1.36 | 0885 |
| 旅游纠纷司法解释 | 最高人民法院关于审理旅游纠纷案件适用法律若干问题的规定 | L1.3.61 | 0978 |
| 买卖合同司法解释 | 最高人民法院关于审理买卖合同纠纷案件适用法律问题的解释 | L1.3.68 | 0937 |
| 民办非企业单位管理条例 | 民办非企业单位登记管理暂行条例 | L1.2.251 | 0912 |

| 简称(拼音序) | 全 称 | 法合二维码<br>法合引证码 | 页码 |
|---|---|---|---|
| 民法通则 | 中华人民共和国民法通则 | L1.1.46 | 0812 |
| 民事执行查封扣押冻结财产规定 | 最高人民法院关于人民法院民事执行中查封、扣押、冻结财产的规定 | L1.3.314 | 0973 |
| 民通意见 | 最高人民法院关于贯彻执行《中华人民共和国民法通则》若干问题的意见(试行) | L1.3.2220 | 0934 |
| 农村土地承包法 | 中华人民共和国农村土地承包法 | L1.1.67 | 0889 |
| 农业合作社法 | 中华人民共和国农民专业合作社法 | L1.1.71 | 0885 |
| 票据法 | 中华人民共和国票据法 | L1.1.57 | 0888 |
| 破产法实施前未审结破产案件规定 | 最高人民法院关于《中华人民共和国企业破产法》施行时尚未审结的企业破产案件适用法律若干问题的规定 | L1.3.130 | 0972 |
| 企业财务会计报告条例 | 企业财务会计报告条例 | L1.2.282 | 0913 |

| 简称(拼音序) | 全　称 | 法合二维码<br>法合引证码 | 页码 |
| --- | --- | --- | --- |
| 企业法人登记管理条例 | 中华人民共和国企业法人登记管理条例 | L1.2.283 | 0911 |
| 企业改制纠纷司法解释 | 最高人民法院关于审理与企业改制相关的民事纠纷案件若干问题的规定 | L1.3.117 | 0944 |
| 企业破产法 | 中华人民共和国企业破产法 | L1.1.70 | 0456 |
| 企业破产法司法解释二 | 最高人民法院关于适用《中华人民共和国企业破产法》若干问题的规定(二) | L1.3.135 | 0956 |
| 企业所得税法 | 中华人民共和国企业所得税法 | L1.1.221 | 0884 |
| 侵权责任法 | 中华人民共和国侵权责任法 | L1.1.73 | 0862 |
| 人民法院办理执行异议和复议案件的规定 | 最高人民法院关于人民法院办理执行异议和复议案件若干问题的规定 | L1.3.2185 | 0977 |
| 人民法院执行工作规定 | 最高人民法院关于人民法院执行工作若干问题的规定(试行) | L1.3.305 | 0977 |

| 简称(拼音序) | 全　称 | 法合二维码<br>法合引证码 | 页码 |
| --- | --- | --- | --- |
| 人身损害赔偿司法解释 | 最高人民法院关于审理人身损害赔偿案件适用法律若干问题的解释 | L1.3.91 | 0953 |
| 融资租赁合同司法解释 | 最高人民法院关于审理融资租赁合同纠纷案件适用法律问题的解释 | L1.3.2163 | 0966 |
| 商标案件管辖和法律适用司法解释 | 最高人民法院关于商标法修改决定施行后商标案件管辖和法律适用问题的解释 | L1.3.2164 | 0981 |
| 商标法 | 中华人民共和国商标法 | L1.1.43 | 0866 |
| 商标法实施条例 | 中华人民共和国商标法实施条例 | L1.2.321 | 0910 |
| 商标纠纷司法解释 | 最高人民法院关于审理商标民事纠纷案件适用法律若干问题的解释 | L1.3.196 | 0970 |
| 商品房买卖合同纠纷司法解释 | 最高人民法院关于审理商品房买卖合同纠纷案件适用法律若干问题的解释 | L1.3.67 | 0927 |
| 商业特许经营条例 | 商业特许经营管理条例 | L1.2.322 | 0913 |

| 简称(拼音序) | 全 称 | 法合二维码<br>法合引证码 | 页码 |
|---|---|---|---|
| 商业银行法 | 中华人民共和国商业银行法 | L1.1.56 | 0874 |
| 社保费征缴条例 | 社会保险费征缴暂行条例 | L1.2.324 | 0903 |
| 社会保险法 | 中华人民共和国社会保险法 | L1.1.226 | 0881 |
| 涉外民事关系法律适用法 | 中华人民共和国涉外民事关系法律适用法 | L1.1.74 | 0879 |
| 审计活动侵权赔偿规定 | 最高人民法院关于审理涉及会计师事务所在审计业务活动中民事侵权赔偿案件的若干规定 | L1.3.169 | 0979 |
| 审理劳动争议案件司法解释四 | 最高人民法院关于审理劳动争议案件适用法律若干问题的解释（四） | L1.3.154 | 0971 |
| 审理离婚案件处理财产分割问题意见 | 最高人民法院关于人民法院审理离婚案件处理财产分割问题的若干具体意见 | L1.3.97 | 0974 |
| 审理民间借贷案件规定 | 最高人民法院关于审理民间借贷案件适用法律若干问题的规定 | L1.3.2193 | 0959 |

| 简称(拼音序) | 全 称 | 法合二维码 法合引证码 | 页码 |
|---|---|---|---|
| 审理企业破产案件规定 | 最高人民法院关于审理企业破产案件若干问题的规定 | L1.3.126 | 0950 |
| 审理企业破产案件确定管理人报酬的规定 | 最高人民法院关于审理企业破产案件确定管理人报酬的规定 | L1.3.128 | 0981 |
| 审理企业破产案件提供司法保障意见 | 最高人民法院关于正确审理企业破产案件为维护市场经济秩序提供司法保障若干问题的意见 | L1.3.1093 | 0983 |
| 审理调解协议案件规定 | 最高人民法院关于审理涉及人民调解协议的民事案件的若干规定 | L1.3.275 | 0980 |
| 适用简易程序民事案件规定 | 最高人民法院关于适用简易程序审理民事案件的若干规定 | L1.3.261 | 0961 |
| 收购、管理、处置国有银行不良贷款形成的资产案件规定 | 最高人民法院关于审理涉及金融资产管理公司收购、管理、处置国有银行不良贷款形成的资产的案件适用法律若干问题的规定 | L1.3.139 | 0961 |
| 水法 | 中华人民共和国水法 | L1.1.182 | 0884 |
| 探矿采矿权转让管理办法 | 探矿权采矿权转让管理办法 | L1.2.357 | 0906 |

| 简称（拼音序） | 全　称 | 法合二维码 法合引证码 | 页码 |
|---|---|---|---|
| 土地管理法 | 中华人民共和国土地管理法 | L1.1.180 | 0881 |
| 外资企业法实施细则 | 中华人民共和国外资企业法实施细则 | L1.2.386 | 0907 |
| 危险化学品管理条例 | 危险化学品安全管理条例 | L1.2.389 | 0905 |
| 物权法 | 中华人民共和国物权法 | L1.1.72 | 0834 |
| 物业服务纠纷司法解释 | 最高人民法院关于审理物业服务纠纷案件具体应用法律若干问题的解释 | L1.3.45 | 0962 |
| 消保法 | 中华人民共和国消费者权益保护法 | L1.1.54 | 0876 |
| 刑法 | 中华人民共和国刑法 | L1.1.250 | 0857 |
| 增值税条例 | 中华人民共和国增值税暂行条例 | L1.2.451 | 0904 |

| 简称(拼音序) | 全　称 | 法合二维码<br>法合引证码 | 页码 |
| --- | --- | --- | --- |
| 招标投标法 | 中华人民共和国招标投标法 | L1.1.65 | 0889 |
| 证券法 | 中华人民共和国证券法 | L1.1.62 | 0846 |
| 证券投资基金法 | 中华人民共和国证券投资基金法 | L1.1.68 | 0887 |
| 证券虚假陈述案件规定 | 最高人民法院关于审理证券市场因虚假陈述引发的民事赔偿案件的若干规定 | L1.3.141 | 0941 |
| 执行程序中计算迟延履行利息司法解释 | 最高人民法院关于执行程序中计算迟延履行期间的债务利息适用法律若干问题的解释 | L1.3.2166 | 0969 |
| 中外合资经营企业法 | 中华人民共和国中外合资经营企业法 | L1.1.41 | 0878 |
| 中外合资经营企业法实施条例 | 中华人民共和国中外合资经营企业法实施条例 | L1.2.470 | 0909 |
| 中小企业促进法 | 中华人民共和国中小企业促进法 | L1.1.213 | 0883 |

| 简称(拼音序) | 全　称 | 法合二维码<br>法合引证码 | 页码 |
| --- | --- | --- | --- |
| 注册商标企业名称在先权纠纷司法解释 | 最高人民法院关于审理注册商标、企业名称与在先权利冲突的民事纠纷案件若干问题的规定 | L1.3.197 | 0980 |
| 著作权法 | 中华人民共和国著作权法 | L1.1.50 | 0830 |
| 著作权法实施条例 | 中华人民共和国著作权法实施条例 | L1.2.481 | 0893 |
| 著作权纠纷司法解释 | 最高人民法院关于审理著作权民事纠纷案件适用法律若干问题的解释 | L1.3.199 | 0924 |
| 专利法 | 中华人民共和国专利法 | L1.1.44 | 0856 |
| 专利法实施细则 | 中华人民共和国专利法实施细则 | L1.2.484 | 0894 |

# 后记
## 用大数据圆十年说法梦！

### 一、梦回十年——编写本丛书的初衷

作为主编，首先我想谈一下编写本丛书的初衷，这还要从10年前我的个人经历说起。我2006年开始在中国人民大学法学院攻读民商法学博士学位，在完成学业之余，曾经受多家出版社邀请，编写过一些实务类法条图书，主要集中在民法领域。当时，一方面是希望通过编写图书获得一定稿费以支持自己在北京的学业，另一方面也是希望通过系统地编写法条类图书让自己对中国现行法律有更加全面和深刻的认识。实际上，不管是海峡对岸的我国台湾地区，还是我长期访学过的美国和英国，不少学者都深度参与编写法条书、经典案例集或者建设法律、案例数据库的工作。学者的这种参与对司法实务有非常强的促进作用，本身也是学者跟进司法实务的绝佳方式。

我当时参考过市面上绝大多数的实务类法条书，发现包括自己编写的法条书在内，形式上无外乎是将法律条文列出，然后列出与某一法律条文相关的条文，如有需要，还根据编者的理解撰写一定的说明。在编写过程中，我发现这种编写方式有一个致命的缺陷，那就是法条之间的关联是基于编写者的主观认识，这就存在如下三种风险：第一，法条之间的联系是基于编写者个人的判断，或许符合学术观点和立法规划，但在司法实务中可能并非如此。第二，部分法条之间客观上存在明显的或者潜在的矛盾，从编写者的角度只能全部列出，无法也难以确定到底哪些法条才是实务中实际适用的。第三，由于无法作出法律条文之间相关度的判断，只能尽量全面地列举法条，即"宁多毋缺"。

2008—2009年，我获得美国富布赖特基金会资助，到美国康奈尔大学法学院和耶鲁大学法学院完成我的博士论文，同时也有机会深度感受英美判例法的运作方式。我惊讶于判例报告的公开性、延续性和实用性，加上Westlaw

和 LexisNexis 的数字化处理,通过判例法的运作方式,达到与成文法的异曲同工之妙,令我十分羡慕。同时也认识到,对法律条文的研究和阐释,如果不能与司法判例结合起来,就只可能沦落为法律人的纯粹想象而丧失其实用性。而当时国内尚无权威的判例获取渠道,裁判文书公开的前景也不明朗,对此也只能望洋兴叹。

因此,尽管我编写的实务类法条书销量甚好(可能只是专业领域的原因),但在我 2009 年到四川大学法学院任教之后,只是应邀完成了自己主攻的《侵权责任法》的相关图书编写,就停止了全部同类图书的编写和更新工作。究其主要原因,还是对法条书的这种编写方式以及它对司法实务的实际作用持保留态度。当时我就在想,如果有一天,各级人民法院能够公布全部的裁判文书,我们再通过软件(当时还没有"大数据"的概念)分析一下实务中每个法律条文的实际适用情况,不但会对学术研究和立法活动有极大的促进作用,也可以避免之前编写这类图书的诸多弊端,就可以圆了自己编写一套真正贴近和促进司法实务的法条书的梦想!

## 二、"用大数据说法"之梦

一晃又是五年。2014 年初,最高人民法院建立"中国裁判文书网",开始公布裁判文书。截至 2018 年 8 月 31 日,公布的裁判文书总量已经超过 5000 万份。尽管比起各级人民法院每年超过 1600 万件的审结、执结案件总量,这似乎还远未达到全面公布的程度①,但已经为"法律大数据分析"提供了足够大的数据样本。

几乎就在同时,"大数据分析"的春风刮遍神州。谈不上跟风,我总算是弄明白了自己想做的事情原来叫作"法律+大数据分析"。所以,从 2014 年开始酝酿,2015 年开始筹备,四川大学法学院法律大数据实验室(以下简称"法律大数据实验室")终于于 2016 年初挂牌成立了。

作为国内高校第一家"法律大数据"专业研究机构,从酝酿之初,我就确定了机构的宗旨——"用大数据说法"。这个口号的灵感,来自于中央电视台

---

① "中国裁判文书网"2014 年公布裁判文书约 535 万篇,同期审结、执结案件 1381 万件;2015 年公布裁判文书约 713 万篇,同期审结、执结案件 1673 万件。参见王竹:《法律大数据要注重质与量的提升》,《社会科学报》2016 年 6 月 2 日第 4 版。

两个黄金栏目的宣传语,即焦点访谈栏目的"用事实说话"和今日说法栏目的"今日说法"。我个人认为,"法律+大数据分析"是未来法学研究的一个重要发展方向,而这种新的研究方法最简洁的表达,就是"用大数据说法!"

在追求"用大数据说法"的梦想过程中,我首先面临的不可回避的问题,就是缺乏现成的可用于法律领域的"大数据分析"技术。我并不认为,法律人需要从最初就自己掌握"大数据分析"技术,我们需要掌握的是符合法律人思维的算法设计。我之前编写实务类法条图书和担任"中国民商法律网"编辑部主任期间设计数据库的经历,再加上恶补一些必要的大数据分析的基础知识,让我勉强能够胜任这一工作。很有幸,我找到了志同道合而且是技术流取向的"法合实验室"(www.LawSum.com),而且欣闻他们获得了最高人民法院信息中心的权威授权,可以合法地使用和分析"中国裁判文书网"公布的全部裁判文书。万事俱备,开工!

### 三、十年梦终圆

经过与蒋浩老师和陆建华编辑的沟通,我们一拍即合!这套"法律大数据·案由法条关联丛书",就是"法律大数据实验室"与北京大学出版社共同策划的"法律大数据"系列丛书之一。本丛书首先由数据合作伙伴"法合实验室"利用大数据分析技术对"中国裁判文书网"公布的超过 5000 万份裁判文书进行分析,提供基础数据支持;然后由"法律大数据实验室"组织司法实务和学术研究领域的法律专业人士进行分析,首度体现了"法律+大数据分析"完美结合的理念。

通过"法律+大数据分析"的方式编写本套"法律大数据·案由法条关联丛书",是"法律大数据实验室"践行"用大数据说法"理念的初步尝试,也是我构想的"法律大数据报告"(Big Law DataReport,简称"BL-DL")的首次出版。①

除了精确地展示司法实务中不同案由和不同法律条文的实际适用情况,并体现法律专业人士的经验判断之外,本丛书还将持续跟进"中国裁判文书

---

① 2016 年初,"法律大数据实验室"联合"法合实验室"通过微信公众号发布了《法律大数据双年报》(2014—2015 年)第 001—008 号。

网"公布案件的进度和司法实务以及理论进展,基于最鲜活、权威的法律大数据,服务法律共同体,推动中国法治化进程!

  本丛书的编写离不开大量的基础性后台编辑工作,这些都是我的学生团队多年来的工作成果积累,他们是:刘雨林、李东岳、孙琦琳、饶王林、栾维维、赵晓芹、张建芳、蔡娜、朱律、舒星旭、王蕾、冯瑶、江霞、方延、舒栎宇、谈亮、李莎莎、祝婉丽、钟琴、向新梅、刘娟、张益珍、周旭、曾勇、陈了、杨亦楠、时爽、余盛军、杨彧、张晶、云姣、王轶晗、张雨、徐丹、何丹、詹诗渊、吉星、罗雅文、程丽莉、唐烨、杨淇茜、苟海川、刘丽均、孟琪、冯沛波、王艳玲、余翔宇、邹勋、徐永炜、聂超、蔡婧雪、崔梅楠、刘潺和刘忠炫。牛津大学法学院的博士生苏颖和吴至诚从英美判例法角度对本丛书的编写提供了大量有益的建议和意见。"法合实验室"的张恒、代杨、孙兆云、王世坤和秦雷为本丛书的编写提供了数据支持。在此一并致谢!

  "用大数据说法"这一全新理念还在逐步完善,"法律大数据实验室"也在逐渐成长。对于本丛书以及"法律大数据实验室"的后续作品,欢迎读者提出宝贵意见和建议!

王竹

法学博士、教授、博士生导师

四川大学法学院法律大数据实验室主任

中国人民大学民商事法律科学研究中心侵权法研究所副所长

2016 年 8 月 21 日于牛津大学 Worcester 学院湖畔 初稿

2018 年 8 月 31 日 修改

法律大数据实验室

bldl.scu.edu.cn

联系方式:biglawdata@163.com